全国翻译硕士专业学位（MTI）入学考试必备！



# 汉语写作与百科知识

主　编：刘军平

副主编：汪　涛

参编者：蔡　演　蔡　翔　陈　锐　鞠　娜　李　奕
刘　野　潘珊珊　唐　偲　田卓灵　肖　遥
谢雨霖　赵梦露　郑　念　黄文娟

WUHAN UNIVERSITY PRESS
武汉大学出版社

**图书在版编目(CIP)数据**

汉语写作与百科知识/刘军平主编．—武汉：武汉大学出版社，2012.7
(2021.4 重印)
ISBN 978-7-307-09841-1

Ⅰ.汉…　Ⅱ.刘…　Ⅲ.汉语—写作—研究生—教材　Ⅳ.H15

中国版本图书馆 CIP 数据核字(2012)第 107724 号

责任编辑:谢群英　　责任校对:刘　欣　　版式设计:韩闻锦

---

出版发行:**武汉大学出版社**　(430072　武昌　珞珈山)
(电子邮箱:cbs22@ whu.edu.cn 网址:www.wdp.com.cn)
印刷:湖北金海印务有限公司
开本:787×1092　1/16　印张:42.25　字数:1002 千字　插页:1
版次:2012 年 7 月第 1 版　2021 年 4 月第 18 次印刷
ISBN 978-7-307-09841-1/H · 896　定价:78.00 元

---

CONTENTS 目录

# 第一单元 中国哲学知识

中国哲学是中国文化的重要组成部分，是中国人对于人生社会和自然的整体关系的深刻认识。中国哲学在其发展的过程中，大体经历了四个时期：第一时期是创立期，指先秦哲学，其代表为“五经”与孔子、老子、墨子、孟子、庄子、荀子等诸子百家；第二时期是扩大期，指汉至唐代的哲学，其代表为董仲舒、魏晋玄学、隋唐佛教与道教哲学及《五经正义》；第三时期是融合期，指宋至清代的哲学，其代表是张载、二程（程颢和程颐）、朱熹、陆九渊、王守仁、王夫之及以朱熹的《四书章句集注》为代表的四书学新系统；第四时期是潜藏期，指清末民初以来的哲学，即现代哲学，该时期中外诸思潮相互激荡，出现了中国化的马克思主义哲学——毛泽东思想，以及自由主义、文化保守主义的哲学思潮。

在第一时期，孔子及其后的儒家继承三代大传统的天、帝、上帝、天命、天道的终极信仰，以礼乐文明为背景，以“天人性命”问题为枢纽，肯定天道、天命下贯为人之性，创立了凸显人性尊严、人道自觉、人格独立的“仁”学系统，侧重解决天人之际中“人是什么”的问题及人之所以为人的问题。与之并行的是老子与道家。道家继承上古与春秋思想家有关“天”、“气”和“阴阳”的观念，形成连续性、整体性的宇宙观及宇宙生成论，创立了凸显天道与超越境界的“道”学系统，侧重解决天人之际中“天是什么”的问题及万物之所以为万物的问题。墨家与儒家同源，墨子与老子、孔子一样，反思文明源头，思考天人性命问题以及文化制度对于人的限制问题。简而言之，诸子百家都是环绕天人性命之学这一中心而展开论辩的。特别值得注意的是，《易传》的天地人系统，其宇宙生命、气化流行、继善成性、德业双修论，是儒道思想的大综合。

在第二时期，“天人性命”之学得以深化和扩大。汉代哲学之“天人感应”中人的生存，生死神形问题与人性问题；魏晋玄学中的有无、本末、体用、重玄诸说；佛教中的“圆融三谛”诸论，都是围绕着人的精神超越与现世生存（圣与凡）这一中心问题而展开的。

第三时期的哲学，真正实现了儒释道三教的融合，特别是以儒家思想为主体的融合。宋元明清是“道学”或“理学”作为精神世界的时期。这一时期的哲学思想重塑了中国人的终极信念与价值系统，从高的层次和水平上回归中国人的精神源头，即回归“六经”、《论语》和《孟子》，其中心就是对佛道二教作内在性的批评、扬弃、消化，重建中国人自己的宇宙论与本体论，解决中国人的精神归宿问题及超越追求与现实关怀的关系问题。

第四时期的哲学在内容和形式上有了很大的区别，它是在回应西方文明的挑战并与之对话中产生出来的，其中心课题是普遍与特殊、传统与现代的问题。

# 第一章
# 先 秦 哲 学

中国古代哲学诞生于五帝与夏、商、周时代。先民们在认识并参与自然、社会的活动中，逐渐有了哲学的慧识。主要是围绕天人、古今、知行、名实等问题展开的。诸子百家是对春秋战国时期各种学术派别的总称。“诸子”，是指先秦时期思想领域内反映各阶层、阶层利益的思想家及著作，也是先秦至汉代各种思想学派的总称。

司马迁的父亲司马谈在《论六家要旨》中，将百家首次划分为儒、墨、名、法、道、阴阳六家。后来刘歆在《七略》中，又在司马谈划分的基础上，增纵横、杂、农、小说为十家。后来，人们去掉小说家，将剩下的九家称为“九流”。

## 第一节　中国古代哲学的发端

### （一）天道观

天道观主要围绕是不是本原的问题进行论辩。在先秦哲学中，无论是唯物主义和唯心主义的哲学体系，都把自己的天道观作为立论的总依据。

### （二）天道与人道

天道与人道是中国哲学的一对范畴。天道指天的运动变化规律。人道指人类行为的规范或规律。中国古代哲学家大都认为天道与人道一致，以天道为本，天道具有某种道德属性，是人类道德的范本。

### （三）五行学说

五行学说以日常生活的五种物质金、木、水、火、土元素作为构成宇宙万物及各种自然现象变化的基础。这五种物质各有不同属性。如金有肃杀、收敛之性，木有生长发育之性，水有寒凉、滋润之性，火有炎热、向上之性，土有和平、存实之性。五种元素在天上形成五星，即金星、木星、水星、火星、土星，在地上就是金、木、水、火、土五种物质，在人就是仁、义、礼、智、信五种德行。

## 第二节　儒　　家

### （一）孔子

孔子（公元前551—前479年）姓孔名丘，字仲尼，鲁国陬邑（今山东省曲阜市东南）人，他的祖先是宋国的贵族，宋国又是商王室的后代。孔子 3 岁丧父，少时“贫且贱”，30 岁左右开始兴办私学，在社会上渐渐有了名声。50 岁时，他当上了鲁国的“中都宰”，后升任“大司寇”。后因时局动荡、齐人离间，孔子不得已率弟子离开鲁国，奔走列国，度过了 14 年的流亡生涯。他持守道义，不畏辛劳，与弟子“习礼大树下”，“讲诵弦歌不衰”。68 岁时返回鲁国，他在生命的最后五年，专门从事讲学和整理古代文献典籍，删修六经。孔子最大的贡献是创造性地奠定了中华民族人文精神的核心价值观。孔子一生志事，在于政治和教育。

### 1. 天命论

“天”关涉人的类本质和类特性。天不仅是人的信仰对象，是一切价值的源头，而且也是人可以上达的境界。人本着自己的天性，在道德实践的功夫中可以内在地达到这一境界。孔子强调要在认识活动中，特别是在道德活动中去体认天命。孔子承认民间信仰，承认鬼神的存在，强调祭祀的虔诚，“祭如在，祭神如神在”，但他消解了鬼神迷信，至少是存而不论，“敬鬼神而远之”。“子不语怪、力、乱、神”，对其不轻易表态。

### 2. “仁”学意涵

“仁”是孔子最核心的思想。“仁”学的主要内涵可以概括为：

第一，以“爱人”为仁。“樊迟问仁，子曰：‘爱人。’问智，子曰：‘知人。’”孔子主张仁智双彰，以爱人为仁，知人为智。虽然孔子主张“泛爱众”，但他和早期儒家主张的“爱”是有差别的。“子曰：弟子入则孝，出则弟，谨而信，泛爱众，而亲仁。”这是说少年在家孝顺父母，出外敬爱年长的人，做事谨慎，说话信实，广泛地亲爱人众，亲近有仁德的人。可见，泛爱众的前提是孝，即首先爱自己的父母，然后再推而广之。

第二，以“克己复礼”为“仁”。“子曰：‘克己复礼为仁。一日克己复礼，天下归仁焉！为仁由己，而由人乎哉？’”“克”是“约”的意思，克己是约束、克制、修养自己，复礼是合于礼。礼是一定社会的规矩、规范、标准、制度、秩序，用来节制人们的行为，调和各种冲突，协调人际关系。孔子一方面肯定“克己复礼”，主张以礼修身，强调教养的重要性，另一方面则转向内在的道德自我的建立，强调“为仁由己”。

第三，“忠”与“恕”接近于“礼”。“子贡问曰：‘有一言而可以终生行之者乎？’子曰：‘其恕乎。己所不欲，勿施于人。”君子终身奉行的“恕道”是：自己所不想要的东西，绝不要强加给别人。这里强调的是一种宽容精神与沟通理性，设身处地地为别人着想。“忠”就是“中”，讲的是人的内心，“人之生也直，枉之生也幸而免。”是指人的生存由于正直，不正直的人也可以生存，那是他侥幸地免于祸害。“忠”又是尽己之心。“己欲立而立人，己欲达而达人”，这是内心真诚的直德的不容已的发挥。“恕”讲的是待人接物，是推己之心。

### 3. 方法论

孔子说：“性相近也，习相远也。”他肯定人的品质差异往往在“习”而不在“性”，认为后天文化教育环境使人与人之间有了较大差别。这是“有教无类”和“举贤才”思想的人性论依据。

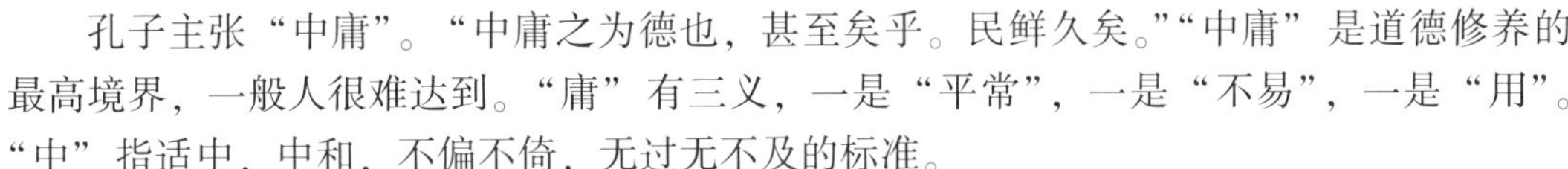


孔子主张“中庸”。“中庸之为德也，甚至矣乎。民鲜久矣。”“中庸”是道德修养的最高境界，一般人很难达到。“庸”有三义，一是“平常”，一是“不易”，一是“用”。“中”指适中，中和，不偏不倚，无过无不及的标准。

## （二）孟子

孟子（公元前372—前289年），名轲，战国中期邹国人。孟子继承并发扬了孔子的思想，成为仅次于孔子的一代儒家宗师，有“亚圣”之称，与孔子合称为“孔孟”。在我国历史上，孟子第一次把“教”与“育”两个字联用，以“得天下英才而教育之”为君子三乐之一。

### 1. 性善论

孟子认为，人有自然的食色之性，但人之所以为人，或者说人与禽兽的本质差异，在于人有内在的道德的知、情、意，这是人所固有的道德属性。他说：“恻隐之心，人皆有之；羞恶之心，人皆有之；恭敬之心，人皆有之；是非之心，人皆有之。”恻隐，同情，内心不安，不忍人之心（不忍牛无辜被杀等），是善的开端、萌芽。这是人内在固有的，而不是外力强加的。

孟子认为，每个人生下来都有“恻隐之心”，“羞恶之心”，“辞让之心”，“是非之心”，即“四端”。“四端”如果能发展起来，就成为“仁”、“义”、“礼”、“智”的“四德”。他认为“四德”是“四端”的发展，所以这“四德”都是“我固有之”。他认为所谓“圣人”，就是能把“四端”发展到最完全的程度。“恻隐之心”是“四端”之首，也是其根本；“仁”是“四德”之首和根本。人人既然都有“四端”，要是能“扩而充之”，都可以成为“圣人”，所以他认为，“人皆可以为尧舜”。

### 2. 仁政说

仁政学说的目的是为民。孟子把道德仁义推行到社会、国家的治理之中。他提出“亲亲而仁民，仁民而爱物”的推恩原则。孟子发展了孔子的“庶、富、教”和“富而后教”的思想，提出教育是“行仁政”、“得民心”的重要手段。孟子“仁政”思想是对孔子“德治”、“钟民”思想的发展，他提出了“民贵君轻”的著名思想。

### 3. 知言养气

孟子针对道义的修养提出了著名的“养气”说。“气”实际上指由心中充实积蓄的道德修养表露出来的一种刚毅威严的力量。“养气”就是培养道德力量的过程，从而达到“富贵不能淫，贫贱不能移，威武不能屈”的境界。“养气”方能“知言”，可以根据道德准则去判断言辞的邪正。

孟子还创造了“浩然之气”的名词。他说：“我善养吾浩然之气。”《孟子》中论“浩然之气”是其言论中的重要部分。它不是道德教条，而是概括地讲一种精神境界。“浩然之气”是靠“养”的，其方法就是“配义与道”，即了解一种义理，对之有确信，可称为“明道”，以及常做他所认为是应该做的事，称为“集义”。

4. 舍生取义

孟子提倡宏大刚毅、坚定不移的气节和情操，崇尚死而后已、无所畏惧的精神。在生死与道德发生冲突时，“生亦我所欲也，义亦我所欲也；二者不可得兼，舍生而取义者也”。

## （三）荀子

荀子，名况，亦称孙卿（约公元前298—前238年），战国后期赵国人。他曾在齐国游学，是“稷下先生”之一，并成为他们的领袖(“祭酒”)。荀子一生的主要时间和精力是用于研究和传习儒家经典以及从事教学。荀子的著作有《荀子》三十二篇。与《论语》等儒家语录体著作不同,《荀子》开创了儒家学派中个人著作体的先河。

1. 性恶论

与孟子的“性善论”不同，荀子提出“性恶论”的主张。他指出：“人之性，恶；其善者，伪也。”与生俱来的本能是“性”，而后天习得的则是“伪”。“伪”是“人为”的意思。

针对人性的缺点，荀子提出“化性起伪”。这有用人力改变自然的意义，和他的“制天命而用之”的思想是一致的。导情、化性而起伪，改变人性，造就治世，是荀子的主要思路。荀子主张“性伪合而天下治”。通过后天的教育，或通过国家刑罚与社会规范的制约，使人以理性支配感性，维护社会道德秩序，达到天下出于治、合于善的目标。《劝学》篇作为中国最早的教育学论文，被列在《荀子》之首，可见荀子对后天学习的重视。

2. 礼论

荀子说：“礼有三本：天地者，生之本也；先祖者，类之本也；君师者，治之本也。”这是说，礼有三种本源：天地是生命的本源，先祖是族类的本源，君长是政治的本源。礼制是为了人心的安定，社会的秩序化。

3. 天论

荀子在《天论》篇中提出“天行有常”，指出：“天行有常，不为尧存，不为桀亡。应之以治则吉，应之以乱则凶。”天道即自然规律，并不与人事相涉，不以人的意志为转移。社会的治乱不是由于天的主使。他反对用祭祀来求雨解旱，反对“卜筮然后决大事”。他认为悼念死者的祭祀，只是表示思慕之情，是尽“人道”而不是“鬼事”。

荀子又提出“明于天人之分”的思想，也就是界定好天的职分和人的职分。他主张不要迷信天，但要尊重天道，在尊重的前提下，人是有所作为的。

荀子进而提出了“制天命而用之”的思想，指出：“强本而节用，则天不能贫；养备而动时，则天不能病；修道而不贰，则天不能祸。故水旱不能使之饥渴，寒暑不能使之疾，袄怪不能使之凶。”“人定胜天”，是荀子深信不疑的。与其迷信、思慕、歌颂“天”的权威，等待“天”的恩赐，不如了解自然，掌握规律，使自然得到充分合理的利用。

# 第三节　道　　家

## （一）老子

老子（约公元前571—前471年），字伯阳，谥号聃，又称李耳。楚国苦县厉乡曲仁里（今河南省鹿邑县太清宫镇）人，是我国古代伟大的哲学家和思想家，道家学派创始人。

### 1. 道

老子哲学体系的核心是“道”。老子认为。道既是天地万物产生的本源：“道生一，一生二，二生三，三生万物”，又是世间一切事物运行的自然规律：“人法地，地法天，天法道，道法自然”。道不是静止的，而是运动的。万物的运动源于其内部正反因素的矛盾推动，这就是“反者道之动”。由于道的运动性与变化性，所以很难用言语来形容表达，所以说“道可道，非常道”。

### 2. 体“道”的功夫与境界

#### 2.1　为道日损

老子认为，获得知识靠积累，要用加法或乘法，一步步肯定；而体验或把握“道”则要用减法或除法，一步步否定。“为学日益，为道日损，损之又损，以至于无为，无为而无不为。”减损知、欲、有为，才能照见大道。“损”，是修养的功夫，是一个过程。

#### 2.2　涤除玄监

“戴营魄抱一，能毋离乎？专气致柔，能婴儿乎？涤除玄监，能毋疵乎？爱民活国，能毋以知乎？天门启阖，能为雌乎？明白四达，能无以知乎？”“涤除玄监”即洗去内心的尘垢。老子认为，德养深厚的人，如无知无欲的赤子婴孩，柔弱平和，身心不分离，这才合于“道”。

#### 2.3　致虚守静

“致虚极，守静笃，万物并作，吾以观复。”老子认为，通过“致虚”、“守静”到极致的修养功夫，人们大道与万物同体融合。平等观照的大智慧，即与“道”合一的境界。

#### 2.4　澄明境界

老子推崇的美德是见素抱朴、少私寡欲、贵柔守雌、慈俭谦退、知足不争、致虚守静、清静无为、返璞归真，老子以此为至圣与大仁。道家强调无用之用，把“无”作为“道”最崇高的性相。

## （二）庄子

庄子（约公元前375—前300年），名周，宋国蒙（今河南商丘东北）人。他曾做过蒙地漆园小吏。后来厌恶政治，脱离仕途，靠编草鞋糊口，过着隐居生活。庄子及其学派的学术结晶便是《庄子》一书。此书现存共三十三篇，其中内篇七，外篇十五，杂篇十一。庄子思想的核心是“自然”，主张人之精神的自由与解放。

1. 万物齐一

庄子认为，万物一体，物我不分，所以他说要“齐物我”、“齐是非”。前者是消除物我的界限，达到天人合一的境界；后者则有意取消是非之争的祸害之源，使万物返回自然发展的状态。

2. 安之若命

庄子万物齐一的哲学观，反映到人生实践上，表现为自然无为的处事原则，也就是用完全顺从自然的态度来对待人生。

## 第四节 墨　　家

### 墨子

墨子（约公元前468—约前376年），名翟，鲁国人（今山东滕州人）。墨子是我国战国时期著名的思想家、教育家、科学家、军事家、社会活动家，墨家学派的创始人。创立墨家学说，与儒学并称显学，并有《墨子》一书传世。

墨子思想十分丰富，主旨为“兴天下之利，除天下之害”。提出尚贤、尚同、节用、节葬、非乐、非命、天志、明鬼、兼爱、非攻等墨家十大主张，以兼爱为本。

1. 兼相爱与交相利

墨子主张兼爱互助。“相爱”指国与国、家与家、人与人之间相互爱护，所以又叫“兼相爱”，即不分人我、彼此，一同天下之利害、好恶，把“兼相爱”看成是“仁者”所追求的最高道德观念。

墨子反对战争，反对亏人以自利。墨子以兼为善，以兼为利，其“兼爱”的背景为“互利”。

2. 天志、明鬼与非命、节葬

墨子以“天”为宇宙和人类社会的最高主宰，以“天志”为最高准则和尺度，用以衡量天子、王公大人等的刑政和言论。在“天志”面前，人人平等。墨子的“明鬼”论认为鬼神有除暴安良、主持正义、威慑警戒的功能。他认为，命定论是帮助暴君来欺骗百姓的，使百姓安于接受现实，无所作为。墨子相信鬼神，祭祀鬼神，肯定人鬼同利，但又主张“薄葬”。他认为，厚葬久丧并不能富贫众寡，定危治乱，不是什么“仁也、义也、孝子之事”，而是辍民之事，糜民之财。

3. “三表法”

墨子提出了检验认识的三条标准：“何谓三表？子墨子言曰：有本之者，有原之者，有用之者。于何本之？上本之于古者圣王之事。于何原者？下原察百姓耳目之实。于何用之？废（发）以为刑政，观其中国家百姓人民之利。此所谓三表也。”这就是要以古代圣王的历史记载、老百姓的亲身经验和实际运用是否符合国家人民的利益，来判断认识正确与否。

## 第五节　其他诸家略说

### （一）法家

法家是诸子百家中较晚的派别，强调以法治国，其思想是后来中央集权专制理论（帝王之术）的基础。其创始人是李悝，代表人物是商鞅、韩非子、李斯。法家有代表作《韩非子》。

韩非子的主要思想：韩非总结先前法家慎到、申不害、商鞅三大派的观点，提出以法治为中心，综合运用“法”、“势”、“术”。法即君主制定的法令；势即君主的权势地位；术即君主心中权术。此即帝王之术，是后世封建统治的理论基础。

### （二）阴阳家

该学派在“术学”基础上糅合阴阳五行发展而成，在汉代地位突出，被司马迁列为六家之首。

其代表人物是邹衍，其主要思想：（1）五德终始说，即社会发展按五德（五行）演变；（2）中国（赤县神州）只是天下八十州的一个。

### （三）名家

先秦称辩者为名家，与墨家一脉相承。该派以辨析名实问题为核心，发展了古代逻辑学。公孙龙的“白马非马”论是古代最重要的辩题。代表作《公孙龙子》。

其代表人物惠施，又称惠子，主张广泛地分析世界上的事物并从中总结出世界的规律，将事物相对面夸大，否定事物本身的稳定性，不承认具体事物的特点。其主要观点有“万物说”和“历物之意”十事。

“万物说”是对于事物现象的解释，这是惠施的哲学；“历物之意”是普遍地考察事物的本质和规律，这是惠施的科学。

“历物之意”十事：

（1）至大无外，谓之大一；至小无内，谓之小一。

（2）无厚不可积也，其大千里。

（3）天与地卑，山与泽平。

（4）日方中方睨，物方生方死。

（5）大同而与小同异，此之谓小同异；万物毕同毕异，此之谓大同异。

（6）南方无穷而有穷。

（7）今日适越而昔来。

（8）连环可解也。

（9）我知天下之中央，燕之北，越之南也。

（10）泛爱万物，天地一体也。

公孙龙的“白马非马”论从内涵和外延两方面论证了一般与特殊、属名与种名所指对象（范围）和属性（内容）是不相等的。这肯定了不同概念的确定性和不矛盾性。

### （四）纵横家

纵横即连横与合纵，分别代表当时处理国与国关系的两种策略，“横则秦帝，纵则楚王”，纵横家是战国时以从事政治外交活动为主的一派，可谓中国最早也最特殊的外交政治家，代表人物是苏秦和张仪。

### （五）兵家

兵家是研究军事理论、从事军事活动的学派。代表人物是孙武、孙膑。其代表作《孙子兵法》是中国第一部系统的兵书，孙武著。该著作寓兵于哲，闻名海外。书中富有谋略与智慧，现今已成为指导经济、政治、文化、外交、体育等各个方面的经典。

### （六）农家

研究产业政策与生产技术的一个学派，主张军民同耕，代表人物是许行。

### （七）杂家

该派杂糅各家学说，代表人物是吕不韦，代表著作是《吕氏春秋》。

**一、选择题**

1. 世界上第一部系统兵书《孙子兵法》享誉中外，它的作者是________。
   A. 孙策　　B. 孙武　　C. 孙膑　　D. 孙叔敖
2. 下列人物中没有亲自著书立说阐发其思想观点的是________。
   A. 孔子　　B. 孟子　　C. 老子　　D. 墨子
3. 以法制为中心，综合运用“法势术”是法家成熟的表现，而提出这一理论的是________。
   A. 慎到　　B. 韩非　　C. 商鞅　　D. 李悝
4. 战国时期，与儒家学说并称为两大显学的是________。
   A. 法家　　B. 道家　　C. 墨家　　D. 兵家
5. “水则载舟，水则覆舟”是我国古代思想史上________提出的著名论点。
   A. 老子　　B. 孟子　　C. 荀子　　D. 墨子
6. 在我国历史上，________第一次把“教”与“育”两个字联用，以“得天下英才而教育之”为君子三乐之一。
   A. 孔子　　B. 孟子　　C. 荀子　　D. 庄子
7. 名家的代表人物是惠施，其主要观点有“万物说”和“历物之意”十事。以下不属于“历物十事”的是：________。
   A. 连环可解也

B. 我知天下之中央，燕之北，越之南也

C. 天与地卑，山与泽平

D. 矩不方，规不可以圆

8. 孟子针对道义的修养提出了著名的“养气”说。“养气”就是培养道德力量的过程，从而达到“________”的境界。

A. 亲亲而仁民，仁民而爱物

B. 富贵不能淫，贫贱不能移，威武不能屈

C. 万物皆备于我

D. 泛爱万物，天地一体也

9. 墨子是墨家学派的创始人，其主旨为“兴天下之利，除天下之害”。他提出了墨家十大主张。下列选项中不属于十大主张的是________。

A. 尚贤　　B. 天志　　C. 兼爱　　D. 德治

10. “仁”是孔子最核心的思想。下列说法中不属于孔子“仁”的观点有：________。

A. 仁者爱人　　B. 杀身成仁　　C. 己所不欲，勿施于人　　D. 不怨天，不尤人

**二、填空题**

1. 孔子主张“中庸”。“中庸之为德也，甚至矣乎。民鲜久矣。”“中庸”是道德修养的最高境界，一般人很难达到。“庸”有三义，一是“________”，一是“________”，一是“用”。

2. “四端”说是孟子思想的一个重要内容，也是他对先秦儒学理论的一个重要贡献。这“四端”包括“恻隐之心”，“羞恶之心”，“________”，“________”。

3. 儒家倡导建构人文世界，以人文化成天下；道家主张要回归到自然而然的自然境界。儒家把“________”作为“道”最崇高的性相；道家把“________”作为“道”最崇高的性相。

4. “人之性，恶；其善者，伪也。”针对人性的缺点，荀子提出“________”，主张用人力改变自然，和他的“________”的思想是一致的。

5. 司马迁的父亲司马谈在《________》中，将百家首次划分为儒、墨、名、法、道、阴阳六家。

# 第二章 两汉哲学

西汉初期，天下始定，思想界努力从秦朝“焚书坑儒”极端专制主义及其文化政策的打击和周秦之际残酷战争的创伤中复苏。另一方面，由于秦朝用法家的办法，刑罚严苛，而汉高祖将秦朝苛刻的法律一律废除，只立了三条简单的约法，这对当时的老百姓来说，是一个大解放。以后的吕后、文帝、景帝都本着高祖这个精神对待百姓。这就是所谓黄老之学。

之后汉武帝改变汉初以“黄老”治国的基本政策，独尊儒术，设立“五经博士”，推动了两汉经学的发展。两汉经学是两汉时期训解和阐发儒家经典的宗旨及其方法的学问，也称为汉代儒学，经学是两汉学术思想的主流。

## 第一节　汉初的黄老思想

黄老道家盛行于西汉初期，但其思想渊源可以一直追溯到战国中期。在齐国的稷下学宫，以慎到、田骈、接子、环渊等为代表的一批学者对老子的道家思想进行了改造和发展。他们保留了老子的天道观念和柔顺、无为思想，同时又吸纳了诸子百家、特别是法家思想中的积极因素，形成了“以虚无为本，以因循为用”、强调人君南面之术的新的道家学派，集中体现了道家在政治哲学方面的新发展。为了托名自重，这个新学派假借了黄帝和老子的名义，称自己的学说是从黄帝、老子一直传下来的，故而名为“黄老道家”。

这一思想能够在西汉初期盛行并成为官方认可的意识形态，是由汉初各种因素综合作用的结果：(1) 汉初窘迫的经济现状决定了战乱之后只能推行“与民休息”政策；(2) 是对秦朝穷兵黩武、劳民伤财的极端政策的反动；(3) 与汉初有远见的统治者的大力推动分不开。

汉初黄老思想的主要代表人物有曹参和窦太后。汉统一天下后，曹参被任命为齐国相国，采纳了“善治黄老言”的盖公的主张，采用黄老清静无为之术作为治国指导思想，“相齐九年，齐国安集，大称贤相”。其后出任汉朝相国。

窦太后是汉文帝的皇后，历文帝、景帝、武帝三朝，是黄老道家思想最坚定的信奉者和推行者。

汉初四代帝王均采取了以黄老道家思想为指导的“休养生息”经济政策，经过70余年的调养生息，出现了后被史学家称为“文景之治”的繁荣景象。

# 第二节　陆贾、贾谊

## （一）陆贾

陆贾（约公元前240—前170年），汉初思想家，政治家。楚人。早年随刘邦平定天下，口才极佳，常出使诸侯。刘邦即帝位后，他受命出使南越，说服尉佗接受汉朝赐予的南越王印，称臣奉汉约，被任为太中大夫。刘邦即位之初，重武力，轻诗书，以“居马上得天下”自矜，陆贾则建议重视儒学，“行仁义，法先圣”，提出“逆取顺守，文武并用”的统治方略，遂受命总结秦朝灭亡及历史上国家成败的经验教训，共著文12篇，每奏一篇，高祖无不称善，故名其书为《新语》。

“逆取顺守”策略

陆贾认为打天下当然必须靠武力扩张、法令严明，也就是凭借“居马上”来“逆取”；可一旦得到天下后，治理天下应该采取宽舒、中和的“顺守”之术。

“顺守”的关键在于施行仁义。但“仁”和“义”并不是居于最高位置的，在他的思想顶端，是“道”和“德”。但他的“道”和“德”观念归属于道家的黄老学派，他认为“道莫大于无为，行莫大于谨敬”，其境界应该是悠然清静的，是无为而无不为、无治而无不治的。

## （二）贾谊

贾谊（公元前200—前168年），汉族，洛阳（今河南省洛阳市东）人。西汉初年著名的政论家、文学家。18岁即有才名，年轻时由河南郡守吴公推荐，20余岁被文帝召为博士。不到一年被破格提为太中大夫。但是在23岁时，因遭群臣嫉恨，被贬为长沙王的太傅。后被召回长安，为梁怀王太傅。梁怀王坠马而死后，贾谊深感歉疚，直至33岁忧伤而死。其著作主要有散文和辞赋两类。散文如《过秦论》、《论积贮疏》、《陈政事疏》等都很有名；辞赋以《吊屈原赋》、《鹏鸟赋》最著名。

贾谊集中选取了儒家“仁义”思想中的“崇礼”和“重民”二者加以发挥。贾谊认为，“礼”在国家社会政治生活中居于核心的位置，它是道德仁义得以实现的保障，是教化风俗得以完善的依靠。没有了“礼”，是非纷争便无法得到裁决，君臣父子的伦常秩序也无法得到确定。

“礼”是安邦治国、归附百姓的基石。“礼”的实质在于“分别”，分别出君臣父子、尊卑长幼的等级秩序，并使诸等级各居其位、各安其事，从而避免攘夺、僭越等破坏等级秩序的现象发生。所以，“礼”是社会等级秩序的表现形式，更是秩序背后的合法性的根据。

贾谊的另一个独特的理论贡献就是他深入地比较了“礼”与“法”的关系。

从作用的机制来看，“礼”是在邪恶发生之前，通过礼仪规范、道德教化来加以引导和化解；而“法”则是邪恶发生之后，制定法令刑律来对之进行惩罚。

秦末农民战争的巨大力量也使贾谊意识到民众的重要性。所以，他把“重民”看做是施行仁义的一个不容忽视的方面，所以他说“夫民者，万世之本也，不可欺。凡居于上位者，简士苦民者是谓愚，敬士爱民者是谓智。夫愚智者，士民命之也”。

## 第三节　董　仲　舒

董仲舒（公元前179—前104年），广川（今河北枣强）人，西汉时期著名经学家、哲学家。因善治《春秋》，在景帝时被举为博士。汉武帝即位，在全国范围内举贤良文学以求治国之方。董仲舒先后三次上《天人三策》，进一步发挥了赵绾、王臧、田蚡等人的崇儒思想，主张顺应《春秋》“大一统”的趋势，结束“师异道，人异论，百家殊方，指意不同”的思想混乱局面，实现思想上的“大—统”。具体地说，就是“诸不在六艺之科、孔子之术者，皆绝其道，勿使并进”，从而达到“统纪可一而法度可明，民加所从”的目的，这就是著名的“推明孔氏，抑黜百家”。董仲舒的这一思想深得武帝赏识，但他本人并未受到重用，只好退而修学著书。

董仲舒的著作很多，除《天人三策》之外，后人合为《春秋繁露》，今存17卷82篇。

### 1. “人副天数”说

首先，“天”具有自然属性。董仲舒认为：天是宇宙中一切事物的根源；包括人在内的万物都是由“天”产生的。他说道：

其次，天还是神性意义上的天，是神圣的主宰，是众神中的最高神。

最后，天还具有道德属性。突出天的道德属性是董仲舒“天论”最具特色的地方。将天的道德性界定为爱、乐、严、哀等人性化的具体属性是董仲舒的独创。他将春、夏、秋、冬四季与爱、乐、严、哀四情一一对应起来。

在董仲舒看来，天的自然属性之间是不矛盾的。其中，天的自然属性是一切事物产生和存在的基础；神圣的主宰性则是天作用的核心特性；而天的主宰性又是以道德化的形式表现出来的。以此为基础，董仲舒建构起一个包容一切、庞大杂糅的“天”的系统。

董仲舒天人关系理论的起点是“人为天所生”。人类乃是模仿、类比他的“曾祖父”——天——而生育长养的。这就是“人副天数”。“数”是指天与人构成的各个部分上的数量指标。“副”可以解释为“符合”，即人符合天数或人是天的副本。

### 2. 天人感应论

董仲舒认为，哲学所要讨论的一个重要问题就是所谓“天人相与之际”，汉朝人简称为“天人之际”。

“天人同类”观念是董仲舒所宣扬的天人感应论的一个理论基础。人是效仿天的形象而产生的，人是天的副本，而天是人的“曾祖父”。因此，人与天是同类的。而“同类”事物之间会出现相感相动的现象。所以，天与人之间也存在着相互感应的关系，这就是所谓“天人感应”。

尽管“天人感应”是一个人作用于天、天作用于人的循环系统，但这里的“人”却不是一般的普通人，而是人间政治的最高统治者。董仲舒极为看重统治者在天人感应过程中的作用。为此，他专门用了一个词——“天子”来象征统治者。

董仲舒完全继承了西周“以德配天”的“受命”思想，并将其发展得更加精致，提出了“受命改制”主张。

“改制”思想的一个重要表现是“三统三正”说的提出。董仲舒认为，每一个以“德”受命的王朝都必须用合乎这种“德”的方式来进行统治。所谓“三统”，就是黑统、内统、赤统；一定的“德”总是与一定的“统”相对的。每个新受命王朝在改变服制时，应该循环采用黑、白、赤三种颜色。所谓“三正”，就是寅正、丑正和子正。一个新的王朝受命，在它改变历法时，应该轮流采用夏历的寅（一月）、丑（十二月）、子（十一月）为一年的开始（正月）。“三统三正”说是董仲舒天人感应思想的推广。

### 3. 人性论和伦理学说

董仲舒提出了性分三品、王道教化的人性论和阳尊阴卑、等级森严的纲常伦理学说。

他认为性分三品，有“圣人之性”，纯善；有“斗宵（小人）之性”，纯恶。这二者都不是人性的代表。又有“中民之性”，这才是人性的代表，才是普遍的人性说，普遍的人性有善有恶，也可善可恶。天有阴阳，人性禀天，故亦有善恶。

人禀阳而为性，是善质；又禀阴而为情，是恶质。人性的善恶，全在后天的教化。他形象地比喻说：“性比于禾，善比于米。米出禾中，而禾未可全为米也；善出性中，而性未可全为善也。善与米，人之所以继天而成于外，非在天所为之内也。”人性待教育而为善，犹禾谷待浇灌而出米也。他又比喻说：“卵待覆（孵）而为雏，茧待缫而为丝。”这些都强调后天人为的作用。

董仲舒提出了著名的“三纲”思想。“三纲”是指“君为臣纲，父为子纲，夫为妻纲”，要求为臣、为子、为妻的必须绝对服从于君、父、夫，同时也要求君、父、夫为臣、子、妻作出表率。它反映了封建社会中君臣、父子、夫妇之间的一种特殊的道德关系。

## 第四节　谶纬之学与《白虎通》

谶纬，是中国古代谶书和纬书的合称。谶是秦汉间巫师、方士编造的预示吉凶的隐语，方士把一些自然界的偶然现象作为天命的征兆而编造出来的隐语或预言，常附有图，又称图谶。“纬”是相对“经”而言的，《四库全书总目提要》说：“谶者诡为隐语，预决吉凶”；“纬者经之支流，衍及旁义”。谶与纬作为神学预言，实质上并没有多大区别，但就产生的先后说，则谶先于纬。汉以前在燕齐一带的方士中就编造有“谶语”。秦始皇时，方士卢生入海求仙，带回《图录》一书，中有“亡秦者胡也”的谶语。《史记》中也载有《秦谶》。汉武帝以后，独尊儒术，经学地位提高，产生了依傍、比附经义的纬书。纬以配经，故称“经纬”；谶以附经，称为“经谶”。

《白虎通》，又称《白虎通义》、《白虎通德论》全书共 44 篇，今存 43 篇。东汉汉章帝建初四年（79 年）朝廷召开白虎观会议，由太常、将、大夫、博士、议郎、郎官及诸生、诸儒陈述见解，“讲议五经异同”，意图弥合今、古文经学异同。汉章帝亲自裁决其经义奏议，会议的成果由班固写成《白虎通义》一书，简称《白虎通》。《白虎通》是以今文经学为基础，初步实现了经学的统一。该书是汉代谶纬之学发展的又一个重要标志。

《白虎通》构建了以“三纲六纪”为核心的伦理纲常。三纲即：君为臣纲，父为子纲，夫为妻纲。六纪即：诸父、兄弟、族人、诸舅、师长、朋友。

《白虎通》一书第一次以官方神学的形式确定了伦理纲常等级结构的合法地位，对后世的伦理和政治产生了重要影响。

## 第五节　扬　　雄

扬雄（公元前53—前18年）西汉官吏、学者。一作“杨雄”，本姓杨，扬雄好奇，特自标新，易姓为扬。扬雄少时好学，博览多识，酷好辞赋。口吃，不善言谈，而好深思。家贫，不慕富贵。40岁后，始游京师。大司马王音召为门下史，推荐为待诏。后经蜀人杨庄引荐，被喜爱辞赋的成帝召入宫廷，侍从祭祀游猎，任给事黄门郎。其官职一直很低微，历成、哀、平“三世不徙官”。王莽称帝后，扬雄校书于天禄阁。后受他人牵累，即将被捕，于是坠阁自杀，未遂。后召为大夫。《三字经》把他列为“五子”之一：“五子者，有荀扬，文中子，及老庄。”

### 1.《法言》

《法言》是扬雄拟《论语》体裁，采用问答形式而撰写的哲学著作，成书于汉哀帝元寿元年。《法言》十三卷，其基本宗旨是用礼义、孔孟之道，批判先秦诸子及谶纬、神仙迷信，维护儒家正统观念，故名之曰“法言”。主张文学应当宗经、征圣。强调知识的重要，反对老庄“学无益”之观点，人性论上主张善恶混合说，承认历史之进化，肯定改革之必要，且因其对宗教迷信的批判，成为王充唯物主义学说的先导。

### 2.《太玄》

扬雄以《周易》为群经之首，故模仿《周易》形式写作《太玄》，用来阐述他的哲学体系和宇宙论。《太玄》糅合了儒家、道家和阴阳家的学说。其首先从《老子》“玄之又玄”中概括出“玄”(玄奥）的概念，以玄为中心，按天地人三道的分类建立了一个形而上学体系。《太玄》认为一切事物从发展到旺盛到消亡都可分成九个阶段。唐朝诗人李白的《侠客行》最后一句“白首太玄经”，即指此书。

## 第六节　桓　　谭

桓谭（公元前23—前50年），东汉哲学家、经学家。字君山，沛国相（今安徽濉溪县西北）人。爱好音律，善鼓琴，博学多通，遍习五经，喜非毁俗儒。著作有《新论》二十九篇，早佚。

### 1. 反对谶纬

桓谭针对汉光武帝刘秀正迷信谶记，多以它来决定疑难，上《抑谶重赏疏》，劝谏光武帝。他说：儒家的传统，“咸以仁义正道为本，非有奇怪虚诞之事”。孔子难言天道性命，子贡等人不得而闻，后世俗儒岂能通之！“今诸巧慧小才伎数之人，增益图书，矫称谶记，以欺惑贪邪，诖误人主，焉可不抑远之哉！”他指出，谶纬的预言“虽有时合”，然如同占卜一样只是一种偶然性，不足为信。他希望光武帝听取意见，“屏群小之曲说，述《五经》之正义”。他深信自己的观点正确，有益于正道，“合人心而得事理”。同时，桓谭还向光武帝建议，在进行统一战争时，应当重赏将士，使其尽心效力，不可听任他们勒索百姓，“虏掠夺其财物”，使兵民各生狐疑，而不得早日安平。

基于这一观点，桓谭还反对灾异迷信。他说：“灾异变怪者，天下所常有，无世而不然。”对于怪异现象，只要明君、贤臣等能够修德、善政“以应之”，就可以逢凶化吉，“咎殃消亡而祸转为福”。尽管他还保留了天人感应思想的因素，但在当时仍具有进步意义。

### 2. 形神关系

桓谭于《新论形神》篇，专论形神关系，对战国以来社会上流行的神仙方术迷信思想严肃地进行了批判。桓谭认为，人的生长老死和一切生物的自然本性一样，无可改易。

方士宣称精神独立于形体之外，而且对形体起决定性作用，故人“养神保真”就可以长生不死。桓谭与此论针锋相对，论说精神依赖于形体，形体对精神起决定性作用。他以蜡烛与烛火的关系，作为形体与精神关系的比喻，论道：“精神居形体，犹火之然（燃）烛矣……烛无，火亦不能独行于虚空。”就是说，蜡烛点燃而有烛火，蜡烛烧尽，烛火就熄灭，就不可能凭空燃火。人老至死，就不可能再存在精神，“气索而死，为火烛之俱尽矣”。至于养身，可能延长人的寿命，但也不能使人长生；生命是有限的，“至寿极亦独死耳”。他认为，明智之士不会相信长生不死的谎言，只有愚昧者才迷信之，“明者知其难求，故不以自劳”，徒劳是无益的。

## 第七节　王　　充

王充（27—?），字仲任，会稽上虞人（今属浙江绍兴），他的祖先从魏郡元城迁徙到会稽。王充年少时就成了孤儿，乡里人都称赞他孝顺。后来到京城，到太学（中央最高学府）里学习，拜扶风人班彪为师。著有《讥俗节义》、《政务》、《论衡》、《养性》等书。《论衡》是王充的代表作品，全书共计十三卷，八十五篇，佚亡一篇。主要阐述了作者无神论的思想观点，对当时社会上谶纬盛行，社会上层和民间流行各种神秘主义进行了批判。该书是中国历史上一部不朽的无神论著作。

### 1. 天自然无为

王充认为天和地都是无意志的自然的物质实体，宇宙万物的运动变化和事物的生成是自然无为的结果。他认为万物是由于物质性的“气”，自然运动而生成的，“天地合气，万物自生”，生物间的相胜是因为各种生物筋力的强弱、气势的优劣和动作的巧便不同，并非天的有意安排，天不是什么有意志能祸福的人格神。

### 2. 天不能故生人

王充认为天是自然，而人也是自然的产物，“人，物也；物，亦物也”，这样就割断了天人之间的联系。他发扬了荀子明于天人之分的唯物主义思想。他说：“人不能以行感天，天亦不能随行而应人”。他认为社会的政治、道德与自然界的灾难无关，所谓“天人感应”的说法只是人们以自己的想法去比拟天的结果。

### 3. 神灭无鬼

王充认为人有生即有死。人所以能生，由于他有精气血脉，而“人死血脉竭，竭而精气灭，灭而形体朽，朽而成灰土，何用为鬼？”他认为人死犹如火灭，火灭为何还能有光？他对于人的精神现象给予了唯物主义的解释，从而否定鬼的存在，破除了“善恶报应”的迷信。

### 4. 今胜于古

王充反对“奉天法古”的思想，认为今人和古人相“齐”，今人与古人气禀相同，古今不异，没有根据说古人总是胜于今人，没有理由颂古非今。他认为汉比过去进步，汉在“百代之上”，因为汉在“百代”之后。这种见解与“天不变道亦不变”的思想是完全对立的。

## 一章一练

**一、选择题**

1. 黄老思想在西汉初期盛行并成为官方认可的意识形态，是汉初各种因素综合作用的结果。下列选项中不属于其汉初盛行的因素是：________。

   A. 窘迫的经济现状　　B. 前朝的极端政策

   C. 今文经学发展，灾异之说蔓延　　D. 有远见的统治者的大力推动

2. 贾谊是汉初最伟大的政论家和哲学家，他集中选取了儒家“仁义”思想中的“崇礼”和“重民”二者加以发挥。以下不属于贾谊关于“崇礼”的论述是：________。

   A. 礼者，所以固国家，定社稷，使君无失其民者也

   B. 尊卑大小，强弱有位，礼之数也

   C. 道之以德，齐之以礼，有耻且格

   D. 夫礼者禁于将然之前，而法者禁于已然之后

3. 董仲舒主张“诸不在六艺之科、孔子之术者，皆绝其道，勿使并进”，这实际上就是主张________。

   A. 推明孔氏，抑黜百家　　B. 统纪可一而法度可明

   C. 逆取顺守　　D. 居马上得天下

4. 第一次以官方神学的形式确定了伦理纲常等级结构的合法地位，对后世的伦理和政治产生重要影响的著作是________。

   A.《天人三策》　B.《白虎通》　C.《法言》　D.《太玄》

5. 唐朝诗人李白的《侠客行》最后一句“白首太玄经”，指的是________。
   A.《周易》　B.《法言》　C.《老子》　D.《太玄》
6. 董仲舒认为，哲学所要讨论的一个重要问题就是所谓“天人相与之际”。他所宣扬的天人感应论的理论基础是________。
   A. 天副人数　B. 以德配天　C. 天人同类　D. 天人之际
7. 突出天的道德属性是董仲舒“天论”最具特色的地方。他将天的道德性界定为________。
   A. 喜怒哀乐　B. 爱乐严哀　C. 仁义礼智　D. 温良恭俭
8.《白虎通》是汉代谶纬之学发展的一个重要标志，其中提出了“六纪”。下列选项中不属于“六纪”的是________。
   A. 夫妻　B. 兄弟　C. 诸舅　D. 朋友
9. “人之所以生者，精气也。死而精气灭。能为精气者，血脉也。”该结论是由下列哪位思想家提出的？________。
   A. 扬雄　B. 王充　C. 桓谭　D. 董仲舒
10. 汉代王充一共写过四本书，其中一本被称为“疾虚妄古之实论，讥世俗汉之异书”，该书是________。
   A.《讥俗节义》　B.《政务》　C.《养性》　D.《论衡》

**二、填空题**

1. 汉代的董仲舒将天道和人事相比附，提出了“________”说，成为古代封建统治的理论基础之一。
2. 董仲舒提出了著名的“三纲”思想。“三纲”是指“君为臣纲，__________，__________”。
3. 《白虎通》构建了以“三纲六纪”为核心的伦理纲常，其中“六纪”指的是：________、兄弟、族人、________、师长、朋友。
4. 有文形容汉代大思想家________“恭愿仁顺，礼敬具备，矜庄寂寥，有巨人之志”。
5. “精神居形体，犹火之然（燃）烛矣……烛无，火亦不能独行于虚空。”此句以蜡烛与烛火的关系，作为形体与精神关系的比喻，它的作者是________。

# 第三章
# 魏晋玄学

魏晋玄学，与世俗所谓玄学、玄虚实有不同。观念应出自《老子》，王弼注《老子》时，曾提出“玄者，物之极也。”“玄者，冥也。默然无有也。”它是探索万物根源、本体等层次的观念。对于当时所流行的相关论题，魏晋人又称为“名理”之学，详加分析事物观念，考究“形名”、“言意”等论题。

魏晋时人注重《老子》、《庄子》和《周易》，称之为“三玄”，而《老子》、《庄子》则被视为“玄宗”。魏晋玄学的主要代表人物有何晏、王弼、阮籍、嵇康、向秀、郭象等。

## 第一节　何晏、王弼

何晏（约193—249年），字平叔，南阳宛（今河南南阳）人，东汉末年大将军何进孙，曹操女婿，三国时期玄学家，魏晋玄学贵无派创始人，与王弼并称“王何”，魏晋玄学的创始人之一。何晏少时聪慧过人，曹操宠若诸公子。何晏又以容貌绝美著称于世，但性骄矜，故为文帝所恶、长期不得任用。何晏娶金乡公主为妻，赐爵为列侯。官拜散骑侍郎、侍中、吏部尚书，后为司马懿所杀。何晏主张儒道合同，引老以释儒。今存《论语集解》、《景福殿赋》、《道论》等。

何晏是“正始玄风”的主要倡导者之一。在哲学上，他主张以“无”为立论之本，提倡“贵无本”。他认为“道”或“无”能够创造一切，“无”是最根本的，“有”靠“无”才能存在，由此建立起“以无为本”，“贵无”而“贱有”的唯心主义本体论学说。还认为圣人无喜怒哀乐，圣人无累于物，也不复应物，因此主张“圣人无情”说，即认为圣人可完全不受外物影响，而是以“无为”为体。

王弼（226—249年），字辅嗣，山阳郡（今河南省焦作市山阳区）。又说为今山东金乡县西北人。中国哲学史上少有的少年天才哲学家。魏晋玄学理论最重要的奠基人。王弼“幼而察慧，年十余，好老氏，通辩能言”。王弼人生短短24载，但学术成就卓著。他著有《周易注》、《周易略例》、《老子注》、《老子指略》、《论语释疑》等数种。

王弼主张“以无为本”的宇宙观和本体论。王弼“以无为本”思想的基本意义有两个方面。一是宇宙观意义：“无”是宇宙万物赖以化生和形成的根本；二是社会政治意义：“无”是社会政治生活的支配力量和决定因素，人类社会的一切事功业绩皆靠“无”得以完成，一切个人皆以“无”得以安身立命。

## 第二节　阮籍、嵇康

“竹林玄学”是魏晋玄学发展的第二个阶段，得名于这一时期非常活跃的“竹林七贤”。所谓“竹林七贤”包括嵇康、阮籍、山涛、向秀、刘伶、王戎及阮咸七人。这一时期的显著变化是《庄子》取代了《论语》的地位，与《周易》、《老子》一起构成了所谓的“三玄”。

阮籍（210—263年）字嗣宗，陈留尉氏（今河南开封）人。诗人，“竹林七贤”之一。曾任步兵校尉，人称阮步兵。与嵇康并称嵇阮。今存散文九篇，其中最长及最有代表性的是《大人先生传》。另又存赋六篇，其中述志类有《清思赋》、《首阳山赋》；咏物类有《鸠赋》、《猕猴赋》。考《隋书·经籍志》著录阮籍集十三卷，惜已佚。明代张溥辑《阮步兵集》，收《汉魏六朝百三家集》。

嵇康（223—262年），字叔夜，汉族，原籍绍兴，谯郡铚县（今安徽省濉溪县）人。嵇康在正始末年与阮籍等竹林名士共倡玄学新风，主张“越名教而任自然”、“审贵贱而通物情”，成为“竹林七贤”的精神领袖之一。在整个魏晋文艺界和思想界，嵇康都是一位极有魅力的人物，他的人格和文化影响是巨大而深远的。嵇康是著名的琴艺家和哲学家。创作有《长清》《短清》《长侧》《短侧》，合称“嵇氏四弄”，与东汉的“蔡氏五弄”合称“九弄”。隋炀帝曾把“九弄”作为科举取士的条件之一。其留下的“广陵绝响”的典故被后世传为佳话。他的《声无哀乐论》《与山巨源绝交书》《琴赋》《养生论》等作品亦是千秋相传的名篇。

阮籍和嵇康以名教与自然的关系为核心，将玄学探讨的领域拓展到文学、美学、语言哲学等多个方面。“名教”指的是社会的等级名分、伦理仪则、道德法规等的统称；“自然”则是指人的本初状态或自然本性，同时指天地万物的自然状态。

## 第三节　裴頠、郭象

魏晋玄学发展到元康时期，进入到第三阶段。裴頠从玄学内部修正了“贵无论”的偏差，提出了“崇有”哲学。

裴頠（267—300年），字逸民，河东闻喜（今山西闻喜县）人，西晋哲学家，著有《崇有论》。裴頠出身于官宦世家，其祖父裴茂在东汉末任郡守、尚书；父裴徽则是曹魏时冀州刺史。裴頠少时聪颖，善谈《老子》、《易经》等著作。曹魏时为权臣司马昭之僚属，至晋朝立国任散骑常侍，为晋武帝司马炎之近臣。晋惠帝时为国子祭酒，兼右军将军。

裴頠认为，总括万有的“道”，不是虚无，而是“有”的全体，离开万有就没有独立自存的道。他的观点有力地批驳了“贵无”派认为万物背后有“道”、万有背后有“无”的唯心主义观点。

他主张，世界万物是互相联系、互相依赖的，并不需要有一个虚无的“道”来支持，万有并不以“无”作为自己存在的条件。

万有最初的产生都是自本自生，万有既然是自生的，则其本体就是它自身，“无”不能成为“有”的本体。在裴頠看来，万物的本体就是事物自身的存在，万物皆因“有”而生成，不能从“无”而派生。同时他又认为，“无”是“有”的丧失和转化。

他认为，“无”不能对事物的存在和发展起积极作用，只有“有”才对事物的发展变化起积极的影响。他说：“心非事也，而制事必由于心，然不可以制事以非事，谓心为无也；匠非器也，而制器必须于匠，然不可以制器以非器，谓匠非有也。”也就是说，心灵和实践是两码事，不能认为心是无的。工匠不是器物，但是，制造器物必须依靠工匠。

郭象（约 252—312 年），字子玄。河南洛阳人。官至黄门侍郎、太傅主簿。好老庄，善清谈。曾注《庄子》，由向秀注“述而广之”，别成一书，“儒墨之迹鄙，道家之言遂盛焉”。后向秀注本佚失，仅存郭注，流传至今。

郭象反对有生于无的观点，认为天地间一切事物都是独自生成变化的，万物没有一个统一的根据，在名教与自然的关系上，他调和二者，认为名教合于人的本性，人的本性也应符合名教。他以此论证封建社会的等级制度的合理性，认为社会中有各种各样的事，人生来就有各种各样的能力。有哪样能力的人就做哪一种事业，这样的安排既是出乎自然，也合乎人的本性。

## 一章一练

**一、选择题**

1. 何晏是魏晋玄学“贵无派”创始人，他是“________”的主要倡导者之一。
   A. 崇有　B. 以无为本　C. 正始玄风　D. 重玄
2. 王弼“幼而察慧，年十余，好老氏，通辩能言”，学术成就卓著。下列说法中哪一项不属于王弼的主张？________。
   A. 以无为本　B. 崇本息末　C. 无不可以训　D. 疾虚妄
3. 下列作品中不属于阮籍作品的是________。
   A.《大人先生传》　B.《崇有论》　C.《通老论》　D.《达庄论》
4. 裴頠认为，总括万有的“道”，不是虚无，而是“有”的全体，离开万有就没有独立自存的道。他的观点有力地批驳了下列哪一派的观点：________。
   A. 贵无　B. 崇有　C. 重玄　D. 复性
5. 主张“圣人无情”说，认为圣人可完全不受外物影响，而是以“无为”为体的是________。
   A. 王弼　B. 何晏　C. 向秀　D. 嵇康
6. 阮籍心目中的理想形象也是自然精神的凝聚。这个形象是________。
   A. 域中君子　B. 大人先生　C. 竹林七贤　D. 圣王
7. 与何晏相近，王弼哲学的根本主张也是讨论“无”。下列各项中属于王弼提出来的观点有：________。
   A. 无为有之始，有从无中生　B. 举本统末
   C. 夫道者，唯无所有者也　D. 大象无形
8. 因遭陷害而被司马昭处死，临刑前弹奏《广陵散》，曲罢摔琴，从容赴死，留下“广陵绝响”的典故的哲学家是________。

A. 阮籍　　B. 何晏　　C. 嵇康　　D. 向秀

9. 裴頠生活的时代，玄学的发展出现了极端的现象，一些人标榜“贵无自然”，以为非礼毁法就是自然，严重地破坏了社会风气。针对于此，裴頠提出了________。

A. 各适其性　　B. 崇有论　　C. 越名教而任自然　　D. 各安其分

10. 玄学中是有派别的，玄学家们对于有无的了解有所不同，因此就分为三派。下面不属于玄学派别的是________。

A. 贵无论　　B. 崇有论　　C. 无无论　　D. 释私论

## 二、填空题

1. 魏晋玄学观念应出自《老子》，王弼注《老子》时，曾提出“玄者，物之极也”。魏晋时人将《老子》、《________》和《________》，称之为“三玄”。

2. 嵇康主张“审贵贱而通物情”，是“竹林七贤”的精神领袖之一。嵇康哲学的核心主题是________与________的关系。

3. 王弼在摈斥象数之学“案文责卦”的传统解《易》方法后，提出一种新的解《易》方法，那就是________。

4. 魏晋时期的玄学是探索万物根源、本体等层次的观念。玄学中实际上有两个主要派别，即“________”和“________”。

5. 玄学是三国魏晋时期流行的一种社会思潮，它一改汉代哲学的繁琐和神秘，在思想界吹起了一阵思辨的清风。玄学的方法是________。

## 第四章
# 隋唐时期的道教、佛教和儒家哲学

隋唐两代为中国封建社会鼎盛时期，统治者采取了儒、释、道兼宗的政策，提供了三教互相批判又互相吸收的条件。

佛教哲学关于心性、理事问题的讨论；韩愈的道统说；柳宗元、刘禹锡关于天人关系的讨论成为这一时期哲学的中心问题。

佛教哲学讨论心性、理事问题的目的在于否定客观世界的真实性，解决成佛的问题，但各宗派的观点有很大不同。主张印度佛教唯识学说的唯识宗强调境不离识，“万法唯识”，认为凡夫只有转识成智才能成佛。具中国化特点的天台宗、华严宗、禅宗则认为人心即“真心”，其自性本觉，只因妄念所蔽，故为凡夫。如能熄灭妄念，使觉性复原就可成佛。尤其禅宗，创顿悟学说，立无念为宗，主张见性成佛，在唐代后期广为流传。与心性问题相联系，在理事关系上天台宗主张三谛圆融，华严宗提出理事无碍，事事无碍。

为与佛教抗衡，唐代中期韩愈提出了儒家的道统说。韩愈认为儒家道统所传之道即仁义道德，此道统自尧、舜、禹、汤、文、武、周公传至孔、孟，孟子以后道统中断。他认为自己的使命就是继承孟子，延续儒家道统。他主张佛教为夷狄之法，唯儒家道统才是正统。韩愈复兴儒学的努力对后世中国哲学的发展产生了重要影响。

柳宗元、刘禹锡继续中国哲学关于天人关系的讨论。柳宗元提出天无意识，不能“赏功而罚祸”，天地起源于元气。刘禹锡提出“天与人交相胜”、“天与人不相预”等观点，反对天人感应论。

## 第一节　成　玄　英

成玄英（608—?），字子实，杰出的道教学者，道教理论家。陕州（今河南陕县）人。曾隐居东海。贞观五年（631），唐太宗召其至京师，加号“西华法师”。唐高宗永徽四年（653 年）中，被流放到郁州（今江苏连云港市云台山）。

成玄英精研《老子》《庄子》之学，著有《老子道德经开题序诀义疏》和《南华真经疏》。他在注疏中着重阐发“重玄”思想，是重玄学派的代表人物，使“重玄之学”成为唐朝初年道教哲学的一大主流。

成玄英认为“玄”是“不滞”(类似于不执著）的名称，不滞于有、也不滞于无，是谓“玄”。所谓重玄，即“玄之又玄”。

一切有形之物的名字都是假名，而无形之物（如“道”“自然”等）不能视为假名，道是自然之理，使万物自然而然地生成。人的主观心识与客观万物都是因缘和合而成的。

“道”本性静，众生皆可修道，只是得返本归根，静心养道，方能得正果。认为“静是长生之本，躁是死灭之原”，“静则无为，躁则有欲。有欲生死，无为长存”。修道者应该“去躁为静”，无欲无为。怎么样才能做到“无欲无为”呢？就是摒弃功名利欲。他称“善恶两忘，刑名双遣，故能顺一中之道，处真常之德，虚夷任物，与世推迁。养生之妙，在乎兹矣”。如此就“能保守身形”，“尽其天命”。

## 第二节　唯识宗、天台宗、华严宗和禅宗

唯识宗的实际创始人为玄奘及其弟子窥基。此宗重视分析、研究诸法性相之学，故名唯识宗，分析法相的最终结果是“万法唯识”，故又称唯识宗。

窥基揉译出《成唯识论》一书成为我国唯识宗的主要经典。窥基著作甚多，曾有“百本疏主”的佳誉。

天台宗实际创始人为陈隋之际的智顗，曾常住于天台，并卒于此。因其以《妙法华莲经》为宗旨，又称为“法华宗”。他确立了止、观双修的原则，他所著的《法华玄义》、《摩柯止观》、《法华文句》被称为天台三大部。

华严宗是以《华严经》为核心经典建立起的宗派。法藏为其实际创始人，他曾为武则天讲解《华严经》，受到武则天重视，封其为“贤首大师”，因而华严宗又称贤首宗。

禅宗，又称佛心宗、达摩宗、无门宗。据记载，禅宗以迦叶为初祖，经阿难等，至菩提达摩，凡 28 人，是西天二十八祖。慧能继位六祖后避难南方，15 年后于曹溪大振禅风，是为南禅宗之祖。此后，禅宗遍行中国，形成五家七宗。五家即临济宗、曹洞宗、沩仰宗、云门宗、法眼宗。七宗就是在五家之外加上由临济宗分出的黄龙派和杨岐派，合称为七宗。

## 第三节　隋唐经学与儒家哲学

### 1. 隋唐经学

唐太宗即位，有感于当时经学混乱，繁杂无主，决心由朝廷出面来撰修、颁布统一的经书。由孔颖达等人统合五经的经义，撰修了综合各家之长的《五经正义》。

《五经正义》是第一次以官方名义对五经作系统的整理。“五经”具体指儒家五部最重要的经典，即《周易》、《尚书》、《诗经》、《礼记》、《春秋》。而所谓《五经正义》是以南学为主，遍采各家专著而成的，包括《周易正义》10 卷，《尚书正义》20 卷，《毛诗正义》70 卷，《礼记正义》63 卷，《春秋正义》60 卷，又称《春秋左传正义》。

《经典释文》是初唐时期的又一部经学研究成果，作者是著名经学家陆德明。该书最大的特色在于它系统地整理了汉代以来经典文字的音义。它的第二个特色就是选取善本、遍采众说。

### 2. 韩愈、李翱

韩愈（768—824 年），字退之，出生于河南河阳（今河南孟县），祖籍郡望昌黎郡（今河北省昌黎县），自称昌黎韩愈，世称韩昌黎；晚年任吏部侍郎，又称韩吏部。卒谥

文，世称韩文公。唐代文学家，与柳宗元是当时古文运动的倡导者，合称“韩柳”。苏轼称赞他“文起八代之衰，道济天下之溺，忠犯人主之怒，勇夺三军之帅”(八代：东汉，魏，晋，宋，齐，梁，陈，隋)。散文，诗，均有名。著作有《昌黎先生集》。

韩愈在理论上反对佛教、道教的著作是《原道》。

韩愈指出佛教是与中华文化全然不同的“夷狄之法”，奉行佛教实质上是举夷狄之法，而加之先王之教之上。韩愈所无法接受的是佛教从根本上抛弃了中华文化赖以赓续不绝的先贤圣王之教。

其次，在韩愈眼中，佛、老所谓“夷狄之法”、离乱之教最荒谬的地方在于它们有悖于天理人伦。佛教引导信徒抛弃君臣、父子、夫妇之情，去追寻超越世间的彼岸天国；道教鼓励人们摒弃仁义、脱离社会，以达致虚幻缥缈的神仙世界。

最后，佛、老的兴盛造成了社会经济的破坏和平民百姓的苦难。

但是，韩愈的主张却激怒了唐宪宗。此后，韩愈进而提出了儒家的“道统”之说，即先王之教是由儒家所传承的；儒家在传承先王之教的历史过程中，形成了一个清晰的序列。

韩愈提出了“性三品”说。他认为，“性”是与生俱来的先天本质，分为上、中、下三品，内涵主要包括仁、义、礼、智、信五德。“情”是人性与外物相接触后产生的感受，也可以分为上、中、下三品，具体表现为喜、怒、哀、惧、爱、恶、欲七种基本情绪。

李翱（772—841 年），字习之，唐陇西成纪（今甘肃秦安东）人，一说为赵郡（今河北赵县）人。唐朝文学家、哲学家。曾历任国子博士、史馆修撰、礼部郎中、中书舍人、桂州刺史、山南东道节度使等职。李翱与韩愈亦师亦友，著有《复性书》。

李翱反对韩愈“性分善恶”的观点，主张“性”只有一种，即纯善无恶之性。李翱提出“复性”说，是指恢复到人性的原本面目，并不是要另外习得一个性，或发展出一个性。“复性”的关键落实到“节情”上，即对不善的情有所节制。

### 3. 柳宗元、刘禹锡

柳宗元（773—819 年），字子厚，唐代河东郡（今山西省永济市）人，唐代著名文学家、思想家，唐宋八大家之一。著名作品有《永州八记》等六百多篇文章，经后人辑为三十卷，名为《柳河东集》。因为他是河东人，人称柳河东，又因终于柳州刺史任上，又称柳柳州。与韩愈同为中唐古文运动的领导人物，并称“韩柳”。哲学著作有《天说》《天对》《封建论》等。柳宗元的作品由唐代刘禹锡保存下来，并编成集，有《柳河东集》《柳宗元集》。

柳宗元认为，作为自然之物存在的天地、元气、阴阳是无法起到“赏功而罚祸”的作用。一切功过赏罚都只能是人间的事情，所谓“功者自功，祸者自祸”，功与过，赏与罚只能是由人世的行为来决定，而与天地无关。此外，他还得出天人“其事各行不相预”的重要结论。

在《封建论》中，他认为中国古代最重要制度之一的“分封建国制”，无论是其产生，还是其消亡都是由客观的历史之“势”所决定的，而不取决于圣人的主观意愿。

刘禹锡（772—842 年），字梦得，汉族，祖籍洛阳，唐朝文学家，哲学家，自称是汉中山靖王后裔。唐代中晚期著名诗人，有“诗豪”之称。《天论》较集中地代表了他的哲学成就。

刘禹锡关注的问题也集中在“天人关系”上。他指出，“大凡入形器者，皆有能有不能”。“天”和“人”这两种最重要的有形有器之物，必然各有所长各有所短，各有所能与不能，彼此的作用不可取代。这就是“天与人交相胜”。

尽管刘禹锡在提法上是天与人“交相胜”，实际上更偏向于“人胜天”的一面。人何以能胜天？关键在于人能行“法制”。他将人与法的关系分为三种情形：“法大行”、“法小弛”和“法大弛”。

## 一章一练

**一、选择题**

1. 佛教是宗教，佛学是作为佛教理论基础的哲学体系。佛教和佛学的理论前提是________。
   A. 神不灭论　　B. 生死轮回　　C. 因果报应　　D. 无明
2. 道教在隋唐时期受到官方青睐，有了较大发展，朝廷制定道举制度，以四子真经开科取士。四子真经不包括________。
   A.《南华真经》　　B.《冲虚真经》　　C.《通玄真经》　　D.《天隐子》
3.《五经正义》是第一次以官方名义对五经作系统的整理。这部著作以南学为主，遍采各家专著而成的，共由五部分组成。下列不属于《五经正义》的作品是________。
   A.《周易正义》　　B.《春秋左传正义》　　C.《毛诗正义》　　D.《乐记正义》
4. 天台宗实际创始人为陈隋之际的智顗（Yi），他所著的三部经典被称为天台三大部。下列著作中不属于天台三大部的是________。
   A.《法华玄义》　　B.《法华文句》　　C.《华严经》　　D.《摩柯止观》
5. 禅宗，又称佛心宗、达摩宗、无门宗，以迦叶为初祖，________继位六祖后避难南方，15年后于曹溪大振禅风，是为南禅宗之祖。
   A. 慧睿　　B. 慧能　　C. 慧严　　D. 慧观
6. 认为佛教、道教是与中华文化全然不同的“夷狄之法”，佛、老最荒谬的地方在于它们有悖于天理人伦的思想家是________。
   A. 明道先生　　B. 昌黎先生　　C. 象山先生　　D. 甘泉先生
7. 在综合考察了孔子、孟子、董仲舒、扬雄等人的相关论述后，韩愈提出了“性三品”说。下列关于“性三品”的说法错误的是：________。
   A.“性”是与生俱来的先天本质
   B.“性”分为上、中、下三品
   C.“性”的内涵主要包括仁、义、礼、智、信五德
   D.“性”具体表现为喜、怒、哀、惧、爱、恶、欲七种基本情绪
8. 李翱反对韩愈“性分善恶”的观点，主张“性”只有一种，即纯善无恶之性。他认为，性情相依，不可缺一。因此李翱主张________。
   A. 性相近　　B. 动心忍性　　C. 复性　　D.“情”是“性”之静

9. 刘禹锡认为“天”和“人”这两种最重要的有形有器之物，必然各有所长各有所短，各有所能与不能，彼此的作用不可取代。这就是________。

A. 天与人交相胜　B. 天人感应　C. 天人之际　D. 阴骘之说

10. 柳宗元在《封建论》中对中国古代最重要的一种制度进行了详细阐述。这种制度是________。

A. 科举制　B. 封建君主制　C. 井田制　D. 分封建国制

**二、填空题**

1. 佛教是宗教，佛学是作为佛教理论基础的哲学体系。佛教和佛学的中心问题是形神问题，佛学的方法是________。
2. 成玄英精研《老子》《庄子》之学，他认为“玄”是“不滞”的名称，不滞于有、也不滞于无，是谓“玄”。他是________学派的代表人物
3. 隋唐时期是道教和佛教的兴旺时期，李渊父子宣布儒、佛、道三家，尊________为首。
4. 窥基揉译出________一书成为我国唯识宗的主要经典。窥基著作甚多，曾有“百本疏主”的佳誉。
5. 唐太宗即位，有感于当时经学混乱，繁杂无主，决心由朝廷出面来撰修、颁布统一的经书。这部由孔颖达等人所撰修的经书叫《________》。

# 第五章
# 宋明理学

宋明理学是以儒学为主干，融合佛道两家的智慧，综合创造的新形态哲学。理学重建了宇宙本体论和心性修养论，重建了道德形上学的体系。作为一种文化现象，理学是整个东亚文明的体现。它不仅成了宋元明清时期士人们的主流话语，支配着士人们的精神生活，而且在朝鲜半岛、日本列岛和越南等国家和地区都得到深化与发展。

在宋明理学中最主要和最有影响的派别是以程颐、朱熹为重要代表的理学学派和以陆九渊、王守仁为重要代表的心学学派。

## 第一节　张　载

张载（1020—1077 年），字子厚，大梁（今河南开封）人，徙家凤翔郿县（今陕西眉县）横渠镇，人称横渠先生。他是程颢、程颐的表叔，与周敦颐、邵雍、程颐、程颢，合称“北宋五子”。张载是理学支脉“关学”创始人，封先贤，奉祀孔庙西庑第 38 位。张载本着“为天地立心，为生民立命，为往圣继绝学，为万世开太平”之宏愿，又具“俯而读，仰而思”、“志道精思”之功，最终成为一代儒学宗师，理学奠基人。其主要著作有《正蒙》、《易说》等，他的著作合编为《张载集》。

### 1. “太虚即气”与“一物两体”

“太虚即气”或称“虚空即气”，是张载宇宙论的最基本命题。张载认为，宇宙的本原是气。他说：“太虚无形，气之本体。”气有聚散而无生天，气聚则有形而见形成万物，气散则无形可见化为太虚。他认为宇宙是一个无始无终的过程，在这个过程中充满浮与沉、升与降、动与静等矛盾的对立运动。

他还把事物的矛盾变化概括为“两与一”的关系，说：“两不立则一不可见，一不可见则两之用息。”认为两与一互相联系、互相依存，“有两则有一”，“若一则有两”。张载认为，没有对立面也就不可能形成统一体，没有统一体，对立的两方面将无法相互作用，故“一”中涵“两”，“两”在“一”中，这就是“一物两体”。

### 2. “天地之性”与“大其心”

在社会伦理方面，他提出“天地之性”与“气质之性”的区别。天地之性是本然之性，为人所共有，都是善的；气质之性则是人形成后才有的。各人的气质可能有偏，于是有善有恶。对于不善的气质，须用教育功夫使之复归于善，把后来的气质之性去掉，以回复本来的天地之性。他主张通过道德修养和认识能力的扩充去“尽性”。他主张温和的社会变革，实行井田制，实现均平，"富者不失其富"贫者"不失其贫"。

在认识论方面，他提出"见闻之知"与"德性之知"的区别，见闻之知是由感觉经验得来的，德性之知是由修养获得的精神境界，进入这种境界的人就能"大其心则能体天下之物"。

3. "知礼成性"与"气质变化"

张载主张通过道德修养和认识能力的扩充去"尽性"。圣人即天地之性，所以他的教育目的在于学为圣人。为要达到此目的，他十分重视"礼"的教育，要求学生习礼，"动作皆中礼，则气质自然全好"。他把动作中礼当做变化气质的主要途径，由此，他主张"知礼成性"，一方面须有较深的知识，一方面谦恭合礼。他认为，"强学以胜其气"是人成性成圣的关键因素。

## 第二节　程颢、程颐（二程）

程颢（1032—1085年）、程颐（1033—1107年）。二人为嫡亲兄弟，河南洛阳人，均出生于黄州黄陂县（今湖北省黄冈市红安县）。程颢字伯淳，又称明道先生。生于宋仁宗明道元年，卒于宋神宗元丰八年。官至监察御史里行。

程颐，字正叔，又称伊川先生。生于宋仁宗明道二年，卒于宋徽宗大观元年。曾任国子监教授和崇政殿说书等职。

二人都曾就学于周敦颐，并同为宋明理学的奠基者，世称二程。由于兄弟二人不仅是河南洛阳人，而且长期在洛阳讲学，故二人所创立的学派被称为"洛派"。二程的言论和著作，后人编为《二程全书》，现有中华书局校勘本《二程集》。

"天理"与"性"

二程所开创的新儒学之所以称之为"理学"而成为两宋理学的主流和典型形态，是因为"天理"或"理"是他们整个学说的基础和核心范畴。

为了给人的道德心性提供一个新的解释与说明，他们以先秦儒家经典《中庸》、《易传》、《孟子》为依据把人的道德之"性"与天道、天理联系起来，视此"性"为在人之天道、天理。

天地之化育是一个生生流行、浑然无间的总体过程，人与万物同为大化流行中之物，皆从"生生之理"而来，此理在天为天之道，在物为物之理，在人为人之性。所谓物我一体、天人一贯，即在于人与万物"皆完此理"。

在二程看来，天理具有绝对性、普遍性、恒常性。他们所谓"性"即人之仁义或仁义礼智信之性。"性"在社会生活中的具体表现就是"礼"，君臣父子兄弟夫妇朋友之人伦以及礼具有天理的意义。

## 第三节　朱　熹

朱熹（1130—1200年）字元晦，一字仲晦，号晦庵、晦翁、考亭先生、云谷老人、沧州病叟、逆翁。徽州府婺源县（今江西省婺源）人。19 岁进士及第，曾任荆湖南路安抚使，仕至宝文阁待制。为政期间，申敕令，惩奸吏，治绩显赫。南宋著名的理学家、思想家、哲学家、教育家、诗人、闽学派的代表人物，世称朱子，是孔子、孟子以来最杰出的弘扬儒学的大师，他所创立的学派被后人称为“闽学”。为了帮助人们学习儒家经典，他又从儒家经典中精心节选出“四书”(《大学》、《中庸》、《论语》、《孟子》），并刻印发行。

朱子的哲学思想以太极论、理气论、性理论（心性论）为核心，强调“无极而太极”、理气浑然一体的理学观。他认为，三代以天理行，此后以人欲行，因此要恢复三代之至治，则必须存天理、灭人欲，尊王贱霸。

### 1. 理气论

朱熹哲学思想的核心及其出发点是“太极”，“太极”即“理”，“无极”是对“太极”的修饰。朱熹所谓的理，有几方面互相联系的含义：（1）理是先于自然现象和社会现象的形而上者。他认为理比气更根本，逻辑上理先于气；同时，气有变化的能动性，理不能离开气。他认为万物各有其理，而万物之理终归一，这就是“太极”；（2）理是事物的规律；（3）理是伦理道德的基本准则。

太极是天地万物之理的总体。“太极只是一个理字”。太极即包括万物之理，万物便可分别体现整个太极。这便是人人有一太极，物物有一太极。每一个人和物都以抽象的理作为它存在的根据，每一个人和物都具有完整的理，即“理一”。气是朱熹哲学体系中仅次于理的第二个范畴。它是形而下者，是有情、有状、有迹的；它具有凝聚、造作等特性。它是铸成万物的质料。天下万物都是理和质料相统一的产物。朱熹认为理和气的关系有主有次。理生气并寓于气中，理为主，为先，是第一性的，气为客，为后，属第二性。

### 2. 动静观

朱熹主张理依气而生物，并从气展开了一分为二、动静不息的生物运动，这便是一气分做二气，动的是阳，静的是阴，又分做五气（金、木、水、火、土），散为万物。一分为二是从气分化为物过程中的重要运动形态。朱熹认为由于对立统一，而使事物变化无穷。他探讨了事物的成因，把运动和静止看成是一个无限连续的过程。时空的无限性又说明了动静的无限性，动静又是不可分的。这表现了朱熹思想的辩证法观点。朱熹还认为动静不但相对待、相排斥，并且相互统一。朱熹还论述了运动的相对稳定和显著变动这两种形态，他称之为“变”与“化”。他认为渐化中渗透着顿变，顿变中渗透着渐化。渐化积累，达到顿变。

### 3. 格物致知论

朱熹用《大学》“致知在格物”的命题，探讨认识领域中的理论问题。在认识来源问题上，朱熹既讲人生而有知的先验论，也不否认见闻之知。他强调穷理离不得格物，即格物才能穷其理。朱熹探讨了知行关系。他认为知先行后，行重知轻。从知识来源上说，知在先；从社会效果上看，行为重。而且知行互发，“知之愈明，则行之愈笃；行之愈笃，则知之益明”。

4. 心性理欲论

在人性论上，朱熹发挥了张载和程颐的天地之性与气质之性的观点，认为“天地之性”或“天命之性”专指理言，是至善的、完美无缺的；“气质之性”则以理与气杂而言，有善有不善，两者统一在人身上，缺一则“做人不得”。与“天命之性”和“气质之性”有联系的，还有“道心、人心”的理论。朱熹认为，“道心”出于天理或性命之正，本来便禀受得仁义礼智之心，发而为恻隐、羞恶、是非、辞让，则为善。“人心”出于形气之私，是指饥食渴饮之类。如是，虽圣人亦不能无人心。不过圣人不以人心为主，而以道心为主。他认为“道心”与“人心”的关系既矛盾又联结，“道心”需要通过“人心”来安顿，“道心”与“人心”还有主从关系，“人心”须听命于“道心”。朱熹从心性说出发，探讨了天理人欲问题。他以为人心有私欲，所以危殆；道心是天理，所以精微。因此朱熹提出了“遏人欲而存天理”的主张。朱熹承认人们正当的物质生活欲望，反对佛教笼统地倡导无欲，他反对超过延续生存条件的物质欲望。

## 第四节　陆　九　渊

陆九渊（1139—1193 年）号象山，字子静，书斋名“存”，抚州金溪（今江西临川）人。世人称存斋先生，因其曾在贵溪龙虎山建茅舍聚徒讲学，因其山形如象，自号象山翁，世称象山先生、陆象山。陆九渊是个神童，三四岁时向父亲提出“天地何所之”的疑问，久思竟至废寝忘食。他在“金溪三陆”中最负盛名，是著名的理学家和教育家，与当时著名的理学家朱熹齐名，史称“朱陆”。是宋明两代主观唯心主义——“心学”的开山祖。明代王阳明发展其学说，成为中国哲学史上著名的“陆王学派”，对近代中国理学产生深远影响。被后人称为“陆子”。

1. “本心”与“心即理”

“本心”是陆九渊学说中的核心观念，其学围绕“本心”观念展开。他认为，人一旦对自身所本有的道德意识有一种真切的感受和体会时，就有可能觉悟到此“本心”即“四端之心”、“四端之心”即“本心”。

他说：“人皆有是心，心皆具是理，心即理也。”作为道德情感、道德法则、道德意志相统一的“本心”或“心即理”之心并非人的一种生理意义、心理意义和社会学意义的心，而是为每个人所本有、具普遍性与恒久性的“同心”或“大心”。

2. “发明本心”的修养论

陆九渊不仅继承了孟子“本心”观念，而且其心学也是以孟子的此“先立乎其大者”作为其宗旨。

“发明本心”即孟子的“求放心”，陆九渊将其作为“为学功夫”。

# 第五节 王 守 仁

王守仁（1472—1529 年），幼名云，字伯安，号阳明子，谥文成，人称王阳明。浙江承宣布政使司绍兴府余姚县（今浙江省余姚县）人。明代最著名的思想家、哲学家、书法家和军事家、教育家、文学家，官至南京兵部尚书、南京都察院左都御史，因平定宸濠之乱等军功而封爵新建伯，隆庆时加侯爵。王守仁是陆王心学之集大成者，非但精通儒、释、道三教，而且能够统军征战，是中国历史上罕见的全能大儒。

因他曾在余姚阳明洞天结庐，自号阳明子，故被学者称为阳明先生，后世现在一般都称他为王阳明，其学说世称“阳明学”。在中国、日本、朝鲜半岛以及东南亚国家都有重要而深远的影响。王守仁留有三本传世之作《传习录》、《阳明全书》(即《王文成公全书》)三十八卷(门人所辑)、《大学问》。《大学问》被认为是王阳明最重要的哲学著作。

### 1. “心即理”说

在宋明理学中，陆、王并称，是因为他们都持有“心即理”的观点和立场。依照王守仁的看法，心即理，无须求理于外，孝忠信仁之理实际上是人在道德实践中将心之理赋予行为和事物的，而非存在于父母君友民身上。

### 2. “知行合一”说

在知与行的关系上，王守仁从“天地万物本吾一体”出发，强调要知，更要行，知中有行，行中有知，所谓“知行合一”，二者互为表里，不可分离。知必然要表现为行，不行则不能算真知。

### 3. “致良知”说

“良知”的观念源于《孟子·尽心上》：“人之所不学而能者，其良能也；所不虑而知者，其良知也。孩提之童无不知爱其亲者，及其长也，无不知敬其兄也。”

据此，良知指人的不依赖于环境、教育而先天具有的道德意识和道德情感。

“致良知”就是使良知致其极，“充拓”致其极，即是扩充良知本体至其全体呈露、充塞流行，“无有亏缺障蔽”。

一章一练

## 一、选择题

1. 为了帮助人们学习儒家经典，朱熹从儒家经典中精心节选出“四书”。下列不属于“四书”的著作是________。

A.《大学》　B.《中庸》　C.《论语》　D.《易经》

2. 朱熹认为，三代以天理行，此后以人欲行，因此要恢复三代之至治，则必须“存天理、灭人欲，尊王贱霸”。朱熹哲学思想的核心及其出发点是________。

A. 仁　B. 五行　C. 太极　D. 阴阳

3. 张载与周敦颐、邵雍、程颐、程颢，合称“北宋五子”。下列各项中，不属于张载提出的观点的有________。

   A. 太虚即气　　B. 强学以胜其气　　C. 大其心　　D. 心性理欲

4. 程颢、程颐所开创的新儒学被称之为“理学”而成为两宋理学的主流和典型形态。二程属于________。

   A. 关学　　B. 濂学　　C. 闽学　　D. 洛学

5. 二程同为宋明理学的奠基者。下列有关二程主张错误的是：________。

   A. 以先秦儒家经典《中庸》、《论语》、《孟子》为依据把人的道德之“性”与天道、天理联系起来

   B. 天理具有绝对性、普遍性、恒常性

   C. “性”在社会生活中的具体表现就是“礼”

   D. 二人所创立的学派被称为“洛派”

6. 陆九渊与当时著名的理学家朱熹齐名，史称“朱陆”。他是________的开山祖。

   A. 理学　　B. 心学　　C. 阳明学　　D 濂学

7. 陆九渊开创了“心学”学派，“本心”是他学说中的核心观念，其学围绕“本心”观念展开。下列关于“本心”说法错误的一项是：________。

   A. 人皆有是心，心皆具是理，心即理也

   B. 陆九渊继承了孟子“本心”的观念

   C. 陆九渊反对孟子的“求放心”

   D. 本心即“仁义之心”

8. 所谓“知行合一”，即二者互为表里，不可分离。知必然要表现为行，不行则不能算真知。“知行合一”说是由________提出的。

   A. 明道先生　　B. 象山先生　　C. 陆子　　D. 阳明子

9. 王守仁在去世前曾说：“吾平生讲学，只是‘致良知’三字。”“致良知”的基本意义不包括________。

   A. 充其恻隐之心　　B. 依良知而行　　C. 义利双行　　D. 使良知致其极

10. 王守仁精通儒、释、道三教，而且能够统军征战，是中国历史上罕见的全能大儒。下列不是王守仁提出的“心即理”主张有：________。

    A. 心外无理，心外无善

    B. 无心外之理，无心外之物

    C. 心者人之神明，所以具众理而应万事者也

    D. 心外无理，心外无义

**二、填空题**

1. 朱熹世称朱子，是孔子、孟子以来最杰出的弘扬儒学的大师，他所创立的学派被后人称为________。

2. 朱子的哲学思想以太极论、理气论、________为核心，强调“无极而太极”、理气浑然一体的理学观。

3. 程朱理学是宋明理学中的主要学派之一。“程”是指北宋的________、________，“朱”指南宋的朱熹。

4. 陆九渊开创了“心学”学派，“本心”是他学说中的核心观念，其学围绕“本心”观念展开。“本心”即“________”。

5. 朱注《四书》被定为元代开科取士的主要内容，这也为陆学的复性提供了可能。随着儒学的发展，这种兼融朱陆的方法便成为元代儒学的趋势，这种趋势被称为________。

## 第六章
# 清代至现代哲学

明政权的灭亡，在汉族知识分子中激起了极大的震荡。对他们来说，那真是一个“天崩地解”的时代。在明清巨变所激起的反思思潮中，黄宗羲、方以智等是最为重要的思想家。

1894年，中国在甲午战争中惨败于日本，帝国主义列强乘势加快了瓜分中国的步伐，中国面临亡国灭种的空前危机。在此前后，一批具有资产阶级新思想的知识分子强烈地认识到，唯有变法图强，才能救国保种，康有为、谭嗣同和严复就是这批知识分子的代表人物。

## 第一节 黄 宗 羲

黄宗羲（1610—1695年），字太冲，号梨洲，世称南雷先生或梨洲先生，浙江宁波余姚明伟乡黄竹浦（今黄埠镇）人。明末清初经学家、史学家、思想家、地理学家、天文历算学家、教育家。黄宗羲与顾炎武、王夫之并称明末清初三大思想家（或明末清初三大儒）；与弟黄宗炎、黄宗会号称浙东三黄；与顾炎武、方以智、王夫之、朱舜水并称为“明末清初五大师”。黄宗羲亦有“中国思想启蒙之父”之誉。黄宗羲一生著作宏富，主要有《明儒学案》、《宋元学案》、《明夷待访录》、《南雷文定》等。

在哲学上，黄宗羲基本上属于心学一系的学者，但他也在其哲学中加进许多气学的因素。

### “盈天地皆心”与“盈天地间皆气”

黄宗羲对心学的继承，主要表现在其“盈天地皆心”一说中，即是王守仁“充塞天地”的灵明之说的活用。明确肯定“心即理”，而且认为仁义内在、与生俱来，求理即求所谓本心之理，凡此都说明黄宗羲继承了心学的基本观点。

对传统的理气观，黄宗羲明确反对朱熹的理先气后之说。他认为，理气虽有二名，但并非就是二物，气是指沉浮升降的主体，理则是沉浮升降的规则，所以说不过是一物二名而已。另一方面，他认为人真实存在的只有气质之性。他不仅用气说明心的生成，而且还用一气流行说明人的喜怒哀乐与仁义礼智。

## 第二节 方 以 智

方以智（1611—1671年），字密之，号曼公，又号鹿起，别号龙眠愚者，反清失败，

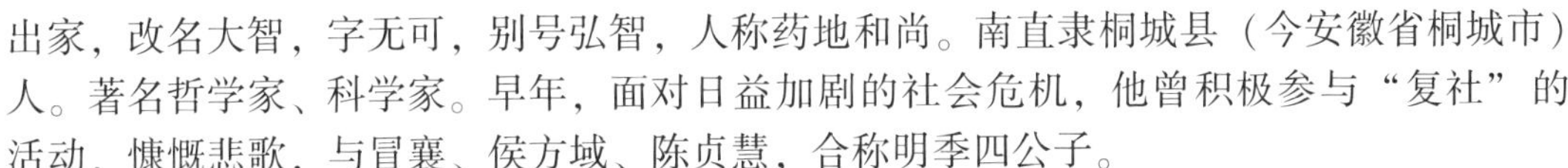

出家，改名大智，字无可，别号弘智，人称药地和尚。南直隶桐城县（今安徽省桐城市）人。著名哲学家、科学家。早年，面对日益加剧的社会危机，他曾积极参与“复社”的活动，慷慨悲歌，与冒襄、侯方域、陈贞慧，合称明季四公子。

1. “质测即藏通几”

方以智将所有的知识分为三大类：质测、宰理和通几。质测，相当于实证自然科学；宰理，则指传统的“外王之术”，相当于社会政治学和经济学；通几，指研究事物存在依据的学科，大体相当于现在的哲学。

他认为，质测包含着通几。通几只有质测化才能真正发挥通几的作用，而质测也只有以通几为方向和指导，才能真正发挥其作用。质测、通几不可偏废，二者具有互补关系。

此外，他主张“心物交格”。他第一次区别了心和脑，认为人的神明在脑而不在心。

2. “气—火”一元与“盈天地者皆物”

方以智肯定整个宇宙是一种物质性的存在，他以气来作为万物统一的基础。他以传统的五行说明气的物种基本属性。他说“气凝为形，蕴发为光，窍激为声，皆气也，而“未凝未发未激之气尚多，故概举气、形、光、声四几焉”。方以智以火为气的产物，同时又以火为天地万物生生不息的内在根源，所谓“物物之生机皆火”。他以火表征物质的运动，以水表征万物的滋生。

## 第三节　康有为、谭嗣同、严复

康有为（1858—1927年），又名祖诒，字广厦，号长素，又号长素、明夷、更甡、西樵山人、游存叟、天游化人，晚年别署天游化人，广东南海人，人称“康南海”，清光绪年间进士，官授工部主事。出身于仕宦之家，乃广东望族，世代为儒，以理学传家。近代著名政治家、思想家、社会改革家、书法家和学者，信奉孔子儒家学说，并致力于将儒家学说改造为可以适应现代社会的国教，曾担任孔教会会长。著有《康子篇》、《新学伪经考》等。

康有为主张“元气—仁本说”说。康有为沿袭董仲舒对于《春秋》“元”义的阐释和传统的气一元论思想，并吸纳近代西方自然科学知识，形成了他的“元气”说。“元气”是其哲学思想中具有本体论意义的基本范畴。他认为“元气”乃是包括人在内的万物之本。他甚至将“电”比附为“不忍人之心”的“仁”。

谭嗣同（1865—1898年），汉族，湖南浏阳人，是中国近代资产阶级著名的政治家、思想家，维新志士。他主张中国要强盛，只有发展民族工商业，学习西方资产阶级的政治制度。公开提出废科举、兴学校、开矿藏、修铁路、办工厂、改官制等变法维新的主张。写文章抨击清政府的卖国投降政策。1898年变法失败后被杀，年仅三十三岁，与康广仁、林旭、杨深秀、杨锐、刘光第合称“戊戌六君子”。

谭嗣同主张“以太—仁—心力”说。“以太”(Ether）是经典物理学的概念，曾被认为是传播光、电、磁的介质，均匀弥散于空间。直到20世纪初狭义相对论得到证明后，“以太”假说才被否定。他认为，“以太”是“原质之原”，宇宙是“以太—仁”的复合体。“仁以通为第一义”，而其所以能“通”，是因为具有“以太”、“电”、“心力”等

“所以通之具”。

严复（1854—1921年）原名宗光，字又陵，后改名复，字几道，汉族，福建侯官人，是清末很有影响的资产阶级启蒙思想家，翻译家和教育家，是中国近代史上向西方国家寻找真理的“先进的中国人”之一，自号“天演祖哲学家”。

严复主张“气一元”论，认为“气”是由基本粒子构成的物质，内含吸力（爱力）和斥力（拒力），具有物理质量，可以被感知。他又认为人的认识来源于感觉经验。此外，他翻译《天演论》，指出进化论的要义即“物竞天择”，肯定生命和人类的起源是依照自然进化的规律。

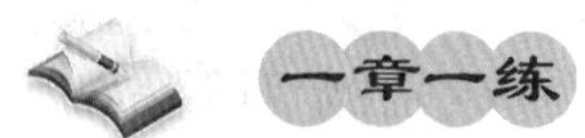

## 一章一练

**一、选择题**

1. 黄宗羲是明亡的亲身经历者。作为士族子弟，他在一系列抗清活动失败后，从总结明亡教训的角度写成《________》一书，对专制皇权进行批判。

A. 明夷待访录　B. 明儒学案　C. 南雷文定　D. 思问录

2. 黄宗羲有“中国思想启蒙之父”之誉，在哲学上，他主张________。

A. 盈天地皆心　B. 一本而万殊　C. 质测即藏通几　D. 盈天地者皆物

3. 第一次区别了心和脑，认为人的神明在脑而不在心的哲学家是________。

A. 康有为　B. 黄宗羲　C. 方以智　D. 谭嗣同

4. 康有为沿袭董仲舒对于《春秋》“元”义的阐释和传统的气一元论思想，并吸纳近代西方自然科学知识，形成了他的“元气”说。以下对于其“元气”说描述不正确的是：________。

A. “元气”乃是包括人在内的万物之本

B. 康有为的“元气”说仍然带有浓厚的传统思辨性

C. 康有为正确地区分了“元气”的物质性和精神性的关系

D. 康有为将“元气”所包含的“电”理解为“神”

5. 对于方以智“质测即藏通几”的说法，下列各项不正确的是：________。

A. 通几包含于质测　B. 质测、通几不可偏废

C. 通几包含质测　D. 通几护质测之穷

6. 虽然黄宗羲基本上属于心学一系的学者，但其论述更多的却是气。以下最能表明他从心学走向气学的论述是：________。

A. 盈天地皆心　B. 盈天地间皆气

C. 充塞天地　D. 功夫所至，即其本体

7. 下列著作中由方以智所著的是________。

A.《原善》　B.《物理小识》　C.《原道》　D.《天演论》

8. 谭嗣同主张“以太—仁—心力”说。以下关于“以太”的说法不正确的是：________。

A. “以太”（Ether）是经典物理学的概念

B. 20世纪初广义相对论得到证明后，“以太”假说才被否定

C. “以太”曾被认为是传播光、电、磁的介质

D. 谭嗣同认为，“以太”是“原质之原”，宇宙是“以太—仁”的复合体。

9. 关于黄宗羲“一本而万殊”的学术史观表述不正确的是________。

A. 尊重史实　B. 推崇出新　C. 辨析源流　D. 相反相因

10. “气—火”一元论是由________提出的。

A. 方以智　B. 黄宗羲　C. 谭嗣同　D. 严复

## 二、填空题

1. 方以智肯定整个宇宙是一种物质性的存在，他以气来作为万物统一的基础。认为“气”具有四种变化形态，即气、________、________、声四种。

2. 清初哲学家方以智将所有的知识分为三大类：质测、________和________。

3. 严复是中国近代史上向西方国家寻找真理的“先进的中国人”之一，自号“________”。

4. 康有为致力于将儒家学说改造为可以适应现代社会的国教，著有《________》、《新学伪经考》等。

5. 1897 年发表了著名的《论世变之亟》、《原强》、《救亡决论》、《辟韩》四篇论文，抨击专职，呼吁救亡图存的哲学家是________。

## 备考习题

## 一、选择题

1.《白虎通》一书第一次以官方神学的形式确定了伦理纲常等级结构的合法地位，对后世的伦理和政治产生了重要影响。它构建了以“________”为核心的伦理纲常。

A. 三纲六纪　B. 三纲五常　C. 三从四德　D. 三统三正

2. 王充在思想上继承了荀子的理性主义传统，非常看重经验实证。他高举起“________”的旗帜，主张“实诚”之学。

A. 圣人生而知之　B. 疾虚妄　C. 人副天数　D. 以法为教

3. 董仲舒完全继承了西周“以德配天”的“受命”思想，并提出了“三统三正”说，其中“三统”指的是王朝在改变服制时，应该循环采用________三种颜色。

A. 赤、黄、银　B. 黑、赤、黄　C. 黑、白、黄　D. 黑、白、赤

4. “三纲”是指“君为臣纲，父为子纲，夫为妻纲”，要求为臣、为子、为妻的必须绝对服从于君、父、夫，同时也要求君、父、夫为臣、子、妻作出表率。“三纲”是由________提出的。

A. 孔子　B. 孟子　C. 董仲舒　D. 贾谊

5. 汉初四代帝王均采取了以________思想为指导的“休养生息”经济政策，经过 70 余年的调养生息，出现了后被史学家称为“文景之治”的繁荣景象。

A. 黄老　B. 儒家　C. 墨家　D. 老庄

6. 阴阳五行家在“术学”基础上糅合阴阳五行发展而成，在汉代地位突出，被司马迁列为六家之首。下列著作不属于阴阳家的是________。

A.《洪范》　B.《月令》　C.《邹子》　D.《天玄》

7. 法家是诸子百家中较晚的派别，强调以法治国，其思想是后来中央集权专制理论（帝

王之术）的基础。其创始人是________。

A. 李悝　　B. 商鞅　　C. 韩非子　　D. 李斯

8. 墨子创立墨家学说，与儒学并称显学，并有《墨子》一书传世，并提出墨家十大主张，其学说的主旨是________。

A. 兼相爱　　B. 兴天下之利，除天下之害

C. 化性起伪　　D. 明于天人之分

9. 老子哲学体系的核心是“道”。老子推崇的美德不包括________。

A. 见素抱朴　　B. 慈俭谦退　　C. 清静无为　　D. 安之若命

10. 庄子主张人之精神的自由与解放，主张要“齐物我”、“齐是非”。那么庄子思想的核心是________。

A. 万物一齐　　B. 自然　　C. 安之若命　　D. 道

11. 老子的“道”又叫做“无”、“无名”、“朴”、“一”、“大”。体“道”的功夫和境界中不包含________。

A. 涤除玄监　　B. 为道日损　　C. 物我不分　　D. 致虚守静

12. 孟子认为“四端”如果能发展起来，就成为“四德”。“四德”之首和根本是________。

A. 仁　　B. 义　　C. 礼　　D. 智

13. 孔子把德育放在首位。他认为教育的根本目的在于培养人的高尚道德情操。教育的具体科目表现为“六艺”。下列不是这“六艺”的一项是________。

A. 礼　　B. 乐　　C. 御　　D. 法

14. 在名教与自然的关系上，调和二者，认为名教合于人的本性，人的本性也应符合名教的是________。

A. 郭象　　B. 裴頠　　C. 阮籍　　D. 嵇康

15. 与何晏相近，王弼哲学的根本主张也是讨论“无”。下列各项中不属于王弼提出来的观点是：________。

A. 崇本息末　　B. 举本统末

C. 夫道者，唯无所有者也　　D. 得意忘象

16. 玄学是三国魏晋时期流行的一种社会思潮，它一改汉代哲学的繁琐和神秘，在思想界吹起了一阵思辨的清风，其方法是“辨名析理”。这四个字是由________提出来的。

A. 郭象　　B. 嵇康　　C. 阮籍　　D. 何晏

17. 佛教是宗教，佛学是作为佛教理论基础的哲学体系。佛教和佛学的中心问题是________。

A. 一般与特殊问题　　B. 有无问题　　C. 形神问题　　D. 天人问题

18. 佛教是宗教，佛学是作为佛教理论基础的哲学体系。以下关于佛学的主张错误的是：________。

A. 中和　　B. 生死轮回

C. 每一个个体就是一个造物主，有多少个体就有多少造物主　　D. 神不灭论

19.《五经正义》第一次以官方名义对五经做了系统的整理。“五经”具体指儒家五部最重要的经典。下列不属于“五经”的著作是________。

A.《周易》　B.《尚书》　C.《诗经》　D.《乐经》

20. 在综合考察了孔子、孟子、董仲舒、扬雄等人的相关论述后，韩愈提出了“性三品”说。下列关于“性三品”的说法错误的是：________。

A.“性”是与生俱来的先天本质

B.“性”分为上、中、下三品

C.“性”的内涵主要包括仁、义、礼、智、信五德

D.“性”具体表现为喜、怒、哀、惧、爱、恶、欲七种基本情绪

21. 认为佛教、道教是与中华文化全然不同的“夷狄之法”，佛老最荒谬的地方在于它们有悖于天理人伦的思想家是________。

A. 李翱　B. 柳宗元　C. 刘禹锡　D. 韩愈

22. 朱熹世称朱子，是孔子、孟子以来最杰出的弘扬儒学的大师，他所创立的学派被后人称为________。

A. 关学　B. 濂学　C. 闽学　D. 洛学

23.“恻隐之心”，“羞恶之心”，“辞让之心”，“是非之心”被孟子称之为“四端”。“四端”如果能发展起来就成为“四德”，即________。

A. 忠孝节义　B. 温良恭俭　C. 仁义礼信　D. 仁义礼智

24. 魏晋流行至今的《庄子》通行本有三十三篇。下列不属于《庄子》的主要表现形式的是________。

A. 寓言　B. 重言　C. 警言　D. 卮言

25. 《中庸》原是《小戴礼记》中的第31篇。下列关于《中庸》叙述不正确的是：________。

A.《中庸》的主要思想观点源于子思

B. 该书提出了“尊德性”与“道问学”的统一

C.“中”是道之体，是性之德

D. 该书认为由至诚而明后善，是贤人的自然天性

26.《法言》是模仿《论语》的形式创作的一部著作，以诠说孔学、批驳众说。该书的作者是________。

A. 扬雄　B. 桓谭　C. 王充　D. 孟轲

27. 董仲舒探讨了天与人的关系。他认为，人与天就应该是同构、同类的，因而在命运上也是相互联系的，由此，他提出了著名的________。

A. 天人三策　B. 天人感应　C. 人副天数　D. 天人之际

28. 理学是对宋明600多年儒学的总称。因重视阐释义理，兼谈生命，故有理学之称。北宋理学四大家中不包括________。

A. 朱熹　B. 周敦颐　C. 程颐　D. 程颢

29.“内圣外王”是儒家提倡的修养济世人生的途径，下列表述不正确的是：________。

A. 提倡通过修身、齐家、治国、平天下的路径来实现

B.“内圣”指人的内心修养进程

C.“外王”是指社会功用

D.“平天下”是达到“内圣外王”的基础和根本

30. 三纲五常是对中国封建社会基本道德规范的集中概括。“三纲”是指“君为臣纲，父为子纲，夫为妻纲”；“五常”即仁、义、礼、智、信。三纲五常连用始于________。
A. 孔子　　B. 董仲舒　　C. 周敦颐　　D. 朱熹

**二、填空题**

1. 六经是经过孔子删定，向弟子讲授的教材，它实际上是指后世所说的“五经”和后来失传的《________》。
2. 《白虎通》，是以________为基础构建了以“三纲六纪”为核心的伦理纲常。三纲即：君为臣纲，父为子纲，夫为妻纲。六纪即：诸父、兄弟、族人、诸舅、________、朋友。
3. 受到孔子的“唯上智与下愚不移”思想的影响，董仲舒提出了性分三品：圣人之性、________、________。
4. 韩非的法治思想集中体现在他所提出的一套完整的以“法”为中心，法、________、________相结合的君主集权思想中。
5. 孟子认为人与禽兽的本质差异，在于人有内在的道德的知、情、意，这是人所固有的道德属性。他提出了“四德”：“________”、“________”、“礼”、“智”。
6. 以名教与自然的关系为核心，将玄学探讨的领域拓展到文学、美学、语言哲学等多个方面的两位思想家是________和________。
7. 魏晋时人注重《老子》、《庄子》和《周易》称之为“三玄”，而________和________则被视为“玄宗”。
8. 阴阳五行家和易传都提出了各自的世界图式，这两种图式各有自己的体系：阴阳家不讲________，易传不讲________。
9. “正始玄风”的倡导者的根本主张是讨论“无”。第一次引入“本末”概念来讨论“有无”的关系，并提出“举本统末”、“以无为本”的思想家是________。
10. 玄学是三国魏晋时期流行的一种社会思潮，它一改汉代哲学的繁琐和神秘，在思想界吹起了一阵思辨的清风。玄学的方法是________。
11. 唐太宗即位，有感于当时经学混乱，繁杂无主，决心由朝廷出面来撰修、颁布统一的经书。这也是第一次以官方名义对五经作系统的整理，这部经书是《________》。
12. 天台宗实际创始人为陈隋之际的智顗，曾常住于天台，并卒于此。因其以《________》为宗旨，又称为“法华宗”。
13. 被苏轼称赞为“文起八代之衰，道济天下之溺，忠犯人主之怒，勇夺三军之帅”的唐代文学家是________。
14. 刘禹锡认为“人胜天”，原因在于人能行“法制”。他将人与法的关系分为三种情形：“________”、“法小弛”和“________”。
15. 为了帮助人们学习儒家经典，朱熹从儒家经典中精心节选出“四书”，即《大学》、《________》、《论语》、《孟子》，并刻印发行。
16. 清初哲学家方以智将所有的知识分为三大类：质测、________和________。
17. 北宋五子的中坚，创立关学，又是气学的著名代表，提出“太虚即气”、“一物两体”的是________。
18. 提出“民为贵，社稷次之，君为轻”，主张实行仁政、养民和以德服人的是________。

19. 先秦时用古文（篆书）书写的，由汉代学者训释的儒家经典被称为________。
20. 在子思子的德气论的“五行”学说基础上，________还创造了“浩然之气”的名词。
21. ________篇是中国最早的教育学论文，被列在《荀子》之首，可见荀子对后天学习的重视。

**三、名词解释**

1. 天行有常
2. 为道日损
3. 克己复礼
4. 涤除玄监
5. 天人感应
6. 今文经派
7. 名教与自然
8. 兼相爱
9. 安之若命
10. 知言养气

**四、简答题**

1. 简述王弼主张的“以无为本”的宇宙观和本体论。
2. 简述孟子的“性善论”。
3. 简述朱熹所注的“格物致知”论。
4. 简述方以智的“质测即藏通几”说。

# 第二单元
# 中国文学知识

中国的文学史和中国文明一样，源远流长。当我们翻开中国文学史，透过苍凉而厚重的文字，扑面而来的是古先贤亲切的面容，博大的胸怀，磊落的人格，深邃的思想，和谐的心灵……当我们和着历史的春夏秋冬，徜徉于中国文学的百花园中，那些梅兰竹菊，风花雪月，那些悲欢离合，诗酒琴棋，和着浓浓的书香，让我们在一种极度的愉悦中体验着与古先贤们进行心灵沟通与对话的过程。当“关关雎鸠，在河之洲”的咏叹在耳畔响起，当“开轩面场圃，把酒话桑麻”的场面次第展开，当“庭院深深深几许”的闲愁悄悄袭来，当“高堂明镜悲白发，朝如青丝暮成雪”的无奈挥之不去……掩上书卷，我们总会发出会心的微笑，内心油然而生一种感动。这正是中国文学的魅力所在。

本部分所描述的中国文学史范围限于远古到近代，按照中国文学发展的脉络，在内容上分为先秦，秦汉，魏晋南北朝，隋唐五代，宋辽金，元代，明代，清代和近代九个时段。根据MTI翻译硕士入学考试中《汉语百科知识与写作》的要求将此部分划分为两大章：中国古代文学史和中国现代文学史。为了方便复习备考，提高效率，编者在编写本部分时特地选用了以词条的形式将重点文学常识列举出来，方便记忆。且每一章的后面都设计了习题，以供及时回顾和检查所学习的内容。最后的备考习题基本涵盖了这一部分的重要考点，为大家提供了模拟真实考场和测试自己的平台。下面简要介绍这两章（中国古代文学史和中国现代文学史）的编写结构和备考策略：

第一章中国古代文学史共分为八小节：先秦文学，秦汉文学，魏晋南北朝文学，隋唐五代文学，宋辽金文学，元代文学，明代文学和清代文学。每一小节的前面都附有知识总述，对这一节的社会历史背景和主要文学现象，流派及代表人物做简要概括，让读者对本节的知识框架有整体性的把握。接下来的知识讲解部分涵盖每一节的重点文学常识，对于易混淆和相对复杂的知识点，编者于前都给出了相对应的知识准备和链接，目的是让读者能轻松地理解和识记；第二章中国现代文学史较之前一章在考试范围，考点比例上都相对小一些，所以编者摘取了中国现代文学史中的核心人物，对其代表作品、文学风格和影响做了简要的概括和评析，供读者参考。

在复习备考的过程中，希望读者能把握重点，特别是中国古代文学史部分，不仅要记忆以词条形式给出的重要考点，而且还要做好相关知识准备和链接里的内容和注释，把握重点和知识点。

# 第一章
# 中国古代文学史

中华文明是多元的，悠久的。从先秦文学到清代文学，是历史的不断前进也是文学的不断演变。我们从中领略到《诗经》的瑰丽，《史记》的深沉，田园诗人的灵动，南北朝民歌的淳朴，以“诗仙”“诗史”为代表的盛世唐朝的千姿百态，豪放派与婉约派的争相媲美，散曲杂剧的悠扬沁心，还有四大名著的不朽魅力。以此，本章共分八节：先秦文学，秦汉文学，魏晋南北朝文学，隋唐五代文学，宋辽金文学，元代文学，明代文学和清代文学。从 MTI《汉语百科知识与写作》的考试要求出发，以知识准备和历史背景为链接，侧重于文学常识的识记以便于读者复习备考。

## 第一节　先秦文学

先秦文学，是指先民进入到文明社会起，到秦统一六国（前 221）以前的文学。夏商周时代，由于文字的逐步使用，口头传播的歌谣和言辞故事被史官记录下来。《诗经》收录了周代的诗歌三百多篇；《尚书》收录了夏商周三代帝王用以行使政权的典、谟、誓、命、训、诰等讲话和言辞，是先秦一部重要的散文作品集。春秋战国是一个思想界的繁荣时期，百家蜂起，诸子争鸣，导致了当时说理散文的勃兴。如《老子》《墨子》《庄子》《孟子》《荀子》《韩非子》等；爱国诗人屈原的《离骚》将先秦诗歌创作推向了一个后世瞩目的高度。

总之，先秦文学史是中国文学的开端，在文学体式，创作方法，文学精神等多方面为后世文学树立了光辉的典范。

### • 中国文学的摇篮——上古神话

神话产生于科学极不发达的远古时代，是以故事的形式表现的远古人类对自然、社会现象的认识和愿望，是人们借助现象和幻想，用一种不自觉的艺术方式加工过的自然和社会形态本身。中国古代四大神话是：女娲补天、共工触山、后羿射日和嫦娥奔月。《山海经》是保留神话最多的古代典籍，可以说是中国神话的宝库。

中国古代神话的价值在于：孕育了民族精神；蕴含着中国古代哲学的萌芽；对后世文学产生了重要的影响；上古神话不仅是中国文学的摇篮，同时也是孕育民族精神的沃土。

### • 我国第一部诗歌总集——《诗经》

《诗经》本名《诗》，《诗三百》，汉代始尊称为《诗经》，是春秋时编成的一部上古诗歌总集，共收入西周初年到春秋中叶的诗三百零五篇。

《诗经》的六义即风，雅，颂，赋，比，兴。前三个是指《诗经》的体式：风即国风，十五国风多为民间歌谣；雅即大雅和小雅，为朝廷朝会燕享之乐章；颂即周颂，鲁颂和商颂，为祭祀时颂赞之乐歌。后三个是指《诗经》的创作手法：赋，即直截了当地陈述所要表达的思想内容；比，则是用熟悉的事物比拟陌生的事物；兴，指诗歌音乐上的起调或引起主题的景物或象征物。可以说，“六义”所形成的现实主义创作方法以及“比兴”诗学传统，对后世诗歌创作产生了重要影响。

- **先秦散文（历史散文和诸子散文）**

历史散文

1.《左传》，又称《春秋左氏传》，旧传为《春秋》之传（即为解释《春秋》）而作，其著者为鲁国史官左丘明，是我国第一部比较完备的编年体史书，以《鲁史》为中心，旁及同时代各国之事，将春秋时流传下来的著名人物的精彩辞令记录下来，既有利于人物形象的塑造，同时也增加了语言的艺术性。总之，《左传》在叙事写人方面均达到了很高成就，为后世叙事文学树立了光辉的典范。

2.《国语》，我国第一部国别体史书，全书二十一卷，记事起于周穆王（公元前967年），终于鲁悼公（公元前453年），分叙周、鲁、齐、晋、郑、吴、越等国之事，反映了各国的社会政治大轮廓，展示了相关人物的精神面貌，全书以记言为主，语言古朴简明，人物刻画生动。

3.《战国策》，记载战国时代纵横家言论的历史散文集。它的体例与《国语》相同，但以记言为主。由汉代刘向整理成书，全书分十二策，共三十三篇。上接春秋，下讫秦并六国，按国别记述东周、西周、秦、齐、楚、赵、魏、韩、燕、宋、卫、中山诸国军政大事，重于记载谋臣策士游说诸侯的事迹，力在阐明一定的政治主张和斗争策略。

诸子散文(“百家争鸣”的产物，各个学派都通过著述来阐述自己的学说)：

1.《老子》，老子姓李，名耳，字聃。《老子》共八十一章，分上、下两篇。上篇《道经》三十七章，下篇《德经》四十四章，合曰《道德经》。像“有所为，有所不为”，“无为而无不为”，“千里之行，始于足下”，“天网恢恢，疏而不漏”等这些我们耳熟能详的智言警句皆出自于《老子》。

2. 孔子，儒家思想代表人。《论语》就是记载孔子及其弟子言行的语录体书，起自《学而》，终于《尧曰》，凡二十篇，俗云前十篇为“上论”，后十篇为“下论”。仁、义、礼、智、信是贯穿《论语》始末的重要思想，而“仁”又是其核心。《论语》也是著名的十三经（指对中国传统文化影响最为深远的十三部儒家典籍，分别为：《诗经》《尚书》《仪礼》《周礼》《礼记》《周易》《春秋公羊传》《春秋穀梁传》《春秋左氏传》《论语》《孟子》《孝经》《尔雅》）。

《论语》，语录体，是中国古代散文的一种体式。常用于门人弟子记录先生的言行，也用于佛门的传教记录。因其偏重于只言片语的记录，短小简约，不重文采，不讲求篇章结构，也不讲求篇与篇之间甚至段与段之间时间及内容上的必然联系，还没有构成单篇的、形式完整的篇章，故称之为“语录体”。

3. 孟子名轲，字子舆，继孔子后又一位儒家思想大家。《孟子》，主要记录了孟子的谈话。长于论辩是《孟子》一书的显著特点，此书中的论辩文将逻辑推理的方法运用得十分巧妙灵活；同时也善于譬喻，抽象难懂的道理一经生动鲜活的比喻便明了了，比如我们所熟悉的“缘木求鱼”，“一毛不拔”，“杯水车薪”等；《孟子》散文的浩然之气也是其特色。《孟子》被后人推为儒家经典，成为后代儒生必读的“四书”之一。（四书指的是：《大学》《中庸》《论语》《孟子》；五经指的是：《诗》《书》《礼》《易》《春秋》）。

《孟子》，对话体散文，先秦诸子散文的一种体式，常以对话为结篇方式，展开论述。它体现了对话者的在场性，容易给读者一种如同置身于当时的语境之中，聆听古代贤哲教诲的感觉，生动而形象。《孟子》便是典型的对话体散文集，它通过对话展开论辩说理。对话体是语录体散文向专题性论文过渡的一种文学形式。

4. 《庄子》，庄子，名周，道家思想代表人物，有着消极悲观的虚无思想。《庄子》本有五十二篇，今存三十三篇，分内篇，外篇，杂篇三部分，内篇出自庄子之手，外篇和杂篇为庄子门人后学之作；整部书大量运用语言故事析理辩说，以神奇怪诞，汪洋恣肆享誉；《逍遥游》是《庄子》中的名篇。

5. 《荀子》，荀况，字卿，著名思想家，文学家，儒家代表人物之一，时人尊称“荀卿”。荀子以孔学为本，综合各家的思想，加以补充修正，建立了一种新儒学，近于法家的学说。《荀子》共三十二篇，起自《劝学》，终于《尧问》，认为“人性本恶”，“其善者伪也，伪是人为之意，也就是要用人力来改变人性本恶的本质，崇礼而勤学。

6. 《韩非子》，韩非子（约公元前280—约前233），韩非的学说以人性本恶为基本出发点，非对礼乐教化，主张以法治国。《韩非子》五十五篇，最能表现韩非哲学智慧和文学才能的还是其中的三百多则寓言，它们取材于历史和现实，经作者的加工提炼，形象地体现了他的法家思想和社会人心的深刻认识，如“郑人买履”，“滥竽充数”，“守株待兔”，“自相矛盾”等家喻户晓的成语故事。他的文章以说理为主，直指要害，缜密透彻，有极强的说服力。

## • 屈原与《离骚》

屈原（约公元前353—前283年），名平，字原，伟大的爱国诗人。他前期的作品有《橘颂》（忠于祖国的青春誓言）和《九歌》（一组祭祀鬼神的古老乐曲）。前304年，屈原被流放汉北，期间作《离骚》，晚年被流放于江南之野，写下《九章》。《离骚》的艺术特点：第一，具有浓郁的浪漫主义气息；第二，香草美人的独特比兴；第三，幻想与现实交织的宏伟结构；第四，创造了一种新的诗体。

《楚辞》是指以具有楚国地方特色的乐调、语言、名物而创作的诗歌，是以战国时楚国屈原的创作为代表的新体诗。楚辞的直接渊源是以《九歌》为代表的楚地民歌。《楚辞》是继《诗经》之后，我国古代又一部具有深远意义的诗歌集。由于屈原的《离骚》是《楚辞》的代表作品，《楚辞》又被称为“骚”或“骚体”。

## • 宋玉与悲秋伤逝的永恒母题

宋玉（约公元前319—约前262年），他的代表作是《九辨》、《高唐赋》、《神女赋》、《风赋》、《登徒子好色赋》。

《九辨》是宋玉的代表作，也是中国文学史上第一部情深意长的悲秋之作。它在模仿屈原的《离骚》和《涉江》的基础上写成；最能显示楚骚精神的浪漫主义色彩，是楚辞中的精品之作；它长于铺排，善于描摹，意境高远，情感悲戚凝重；大量采用双声叠韵的连绵词和叠音词。诚为中国传统文学的悲秋母题。

## 第二节 秦汉文学

秦汉文学指的是秦统一六国（公元前221年）到东汉末汉献帝建安元年（196）的文学。公元前209年，西汉建立。通过汉初的“文景盛世”，到汉武帝即位，国家经济力量雄厚，大量引进外来文化，产生了汉大赋和《史记》。

两汉文人创造了多种文学样式。作为主流的辞赋在这一时期得到了极大的发展，著名的辞赋家有贾谊，司马相如，东方朔，扬雄等；诗歌方面，出现了新体的五言诗，《古诗十九首》是其典范。闪现着特异光彩的汉乐府民歌，也展示了其独特的风采，如《陌上桑》和《孔雀东南飞》；散文创作也成就卓著，既有以政论为主的实用性散文，又有宏伟的史传散文，如司马迁的《史记》，班固的《汉书》。

### • 李斯《谏逐客书》

李斯（公元前？—前208年），秦代著名的政治家，文学家和书法家，代表作《谏逐客书》，是一篇典型的说理文，取得了较高的艺术成就。文章言辞恳切，善用比喻，说理透彻；结构曲折多变，严谨有序；文采斐然，气势雄浑奔放，句式趋于骈偶化，辞赋化的风格十分突出。

### • 贾谊

贾谊（公元前200—前168年），贾谊把汉代政论散文的创作推向了一个新的高潮，他的专题政论文《过秦论》和疏牍文《论积贮疏》是最好的体现；他的辞赋创作在当时也独标高格，如骚体赋《吊屈原赋》和《鹏鸟赋》，开启了汉代骚体赋重在抒写个人遭遇的先河。

骚体赋，汉赋的一种，体式句型继承骚体，而以赋为名，故称。骚体赋继承了《楚辞》的怨刺传统，多抒写朝廷忠奸不分，贤人怀才不遇。

### • 刘安《淮南子》

刘安（公元前179—前122年），汉高祖刘邦的孙子。

《淮南子》，原称《鸿烈》、《淮南鸿烈》，是刘安及其门客仿照《吕氏春秋》集体撰写的一部著作，原书内篇二十一卷，外篇三十三篇，至今存世的只有内篇，它继承了先秦道家的思想，发挥了儒家思想的“仁者爱人”及法家的历史进化观念，倡导阴阳五行学说，还囊括了丰富的医学内容等，所以《汉书·艺文志》把它归到了杂家一类。

《淮南子》既有史料价值，又有文学价值。首先，它处处紧密关注现实，多用历史、神话、传说和故事来说理，具有很强的文学色彩。其次，行文多铺排渲染，重视语言的修饰，大量使用排比式的句子，与贾谊等人共同开启了后世骈文的先河。

- **汉赋代表作家司马相如**

散体赋兴起于汉武帝之时，是一种综合了诗、骚、散文等文体因素而被作家重新加工过的新型文体。它是一种独特的描绘性文本，它致力于在时间的深度和空间广度中建立一个深宏博大的对象整体，运用丰富的想象和夸张的才能从各方面对这个整体作细密的描绘。散体赋的另一个重要特征是类型化倾向突出。司马相如的《子虚赋》和《上林赋》把散体赋的创作推向了成熟阶段。

司马相如（约公元前179—前118年），代表作：《子虚赋》，《上林赋》，《哀二世赋》，《长门赋》。

《子虚赋》讲述楚臣子虚出使齐国，齐王盛待子虚，并展示了一场大规模的畋猎；《上林赋》紧接上篇详细描绘了上林苑游猎的盛况；这两篇赋堪称姊妹篇，两赋内容相连，构思一贯，实为一篇作品的上下篇，故又称《天子校猎赋》。

《长门赋》因细腻描写了皇后的孤独和悲哀，成为后世“宫怨”文学的源头。

- **东方朔之游戏之作《答客难》**

东方朔（约公元前154—前93年），字曼倩。

诙谐赋，汉赋的一种，它出现有别于传统的审美情趣和文学观，不以讽喻谏说为宗旨，而以愉悦耳目为创作目的。诙谐赋的代表作有东方朔的《答客难》、扬雄的《解嘲》、班固的《答兵戏》、张衡的《应间》等。

《答客难》以主客问答的形式，阐明自己虽有苏秦，张仪之才，但时代已经发生了变化，随着汉武帝对诸侯国的逐渐削弱，士人们已经失去了往日受尊重的地位，而成了君主任意摆布的玩偶，“用之则为虎，不用则为鼠”是对文人不幸命运的总结。

- **司马迁与史传文学的典范之作《史记》**

司马迁（公元前145—约前87年），《史记》原名《太史公书》，全书以“究天人之际，通古今之变，成一家之言”为写作宗旨，包括十二本纪，三十世家，七十列传，十表，八书，共一百三十篇，讲述了上至黄帝，下至汉武帝太初年间约三千年间的政治、经济、文化等方面的历史，涉及各个阶层的人物故事，是古代第一部由个人独立完成的具有完整体系的著作，也是我国第一部纪传体通史。鲁迅称之为“史家之绝唱，无韵之离骚”。

《史记》之所以被称为“史家之绝唱”的原因：实录精神；批判精神；人文精神。

- **汉乐府叙事诗的双璧：《陌上桑》和《孔雀东南飞》**

乐府，“乐府”在不同的时代具有不同的含义。先秦时期，指主管音乐的官府；汉代把配乐演唱的诗称为“歌诗”，这种歌诗在魏晋以后也称为乐府；唐代出现了新乐府；而宋元以后，词和曲的别称也叫乐府。

汉代的乐府包括叙事诗和抒情诗，其中叙事诗的成就更为突出，它以“感于哀乐，缘事而发”为创作主旨，具有很强的针对性。

汉代重建并扩大了乐府机构，对民歌的集中、整理和保存起到了良好的作用，促进了汉代乐府诗歌的发展。现存乐府民歌基本都收录在宋代郭茂倩所编的《乐府诗集》中。

《陌上桑》的艺术成就在于：作品塑造了一个兼相貌、品德、性格和心灵美于一身的女性形象；作品采用了镜里看花式烘托对比手法；具有幽默风趣的风格特点。

《孔雀东南飞》传唱的是一出震撼人心的爱情悲剧。全诗是现实主义和浪漫主义的紧密结合；生动活泼的语言，完整紧凑的结构，繁简得当的剪裁都使得这首诗达到了汉乐府民歌的最高水平。

- **我国第一部纪传体断代史《汉书》**

班固（32—92年），字孟坚。其代表作：《汉书》及赋作《两都赋》。

《汉书》是我国第一部纪传体的断代史，记事始于汉高祖，止于王莽末年，全书由十二本纪，八表，十志，七十列传组成，是《史记》之后史传散文的又一个高峰。与《史记》相比较而言，《汉书》的思想宗旨是正统的儒学，因而在叙事写人方面缺乏深刻的独立性和批判性。

《两都赋》模仿了司马相如赋中相互论辩的结构模式，文风典雅，具有鲜明的思辨色彩，着实确定了京都赋（汉代散体赋的一种体裁，以歌颂城市的风物建筑为主，在铺排和夸张中展示城市的繁华富丽）的基本格式。

- **文人五言诗的压卷之作：《古诗十九首》**

汉代文人五言诗的作者除了张衡、班固等外，还有一些没有留下姓名的诗作，这些诗作在思想内容和审美艺术上取得了不菲的成就，在文学诗歌史上的意义深远。梁文帝萧统选取了其中的十九首编入《文选》，题名为“古诗”。

《古诗十九首》所写内容不是游子之歌便是思妇之词，主要内容是对生命短暂和命运无常的感叹。比如：“人生天地间，忽如远行客”(《青青陵上柏》)，“去者日以疏，来者日以亲”(《去者日以疏》) 等。

《古诗十九首》取得了巨大的艺术成就，刘勰称赞它是“五言之冠冕”，钟嵘也说它“一字千金”。它的艺术成就表现在：情感真挚动人；具有民歌的特点；借景抒情，以景衬情，移情入景（诸如“四顾何茫茫，东风摇百草”，“盈盈一水间，默默不得语”等）。总之，在五言诗的发展史上，它占据着关键性的地位，它的形式、题材、语言风格和表现技巧等对后代诗歌产生了深远的影响。

## 第三节　魏晋南北朝文学

魏晋南北朝动荡离乱的四百年间，社会思想极其复杂又极其活跃自由。受时风影响，诗歌、散文、辞赋、小说、文论色彩纷呈，名篇佳作大量涌现。

汉末建安诗坛以“三曹”为核心，“七子”为羽翼，形成邺下文人集团，他们逞才使气，慷慨悲歌，留下“建安风骨”的独特艺术魅力，还有由阮籍、嵇康等组成的“竹林七贤”；晋宋之交的陶渊明用清新自然的田园诗洗尽玄言诗的深奥难懂，与此同时，谢灵运完成了从玄言诗到山水诗的转变，齐代的谢朓也是创作山水诗的优秀诗人，合称“大小谢”；南北朝民歌风格迥异，南朝《西洲曲》和北朝《木兰诗》遥相辉映；刘义庆的

《世说新语》和东晋干宝的《搜神记》是志人小说和志怪小说的代表。

总之，魏晋南北朝时期是中国思想史上第二个百家争鸣时期，也是中国文学史上最具创造力的时期。

## • “三曹”“七子”与建安文学

曹操（155—220年），字孟德。曹操在文学上的成就主要在于善于运用乐府旧题反映乱离的社会现实，表现统一天下的雄心壮志，抒发时光匆匆，人生苦短的感叹，奠定了建安文学的情感基调，代表作有《蒿里行》。

曹丕（187—226年），《典论·论文》是重要的文学批评著作。

曹植（192—232年），被誉为“绣虎”，“三曹”中数他的作品对后世影响最大，代表作《铜雀台赋》《洛神赋》《白马篇》《美女篇》等。

“七子”是孔融、陈琳、王粲、徐幹、阮瑀、应玚、刘桢。

“三曹”、“七子”为代表的邺下文人集团创作了很多反映社会动乱现实与民生疾苦的作品，又表现了统一天下、建功立业的理想与壮志，他们创作了一大批文学作品，形成了内容充实，感情丰富的特点，有着鲜明的时代特色，具有慷慨悲凉的风格，这种文学艺术特色被称之为“建安风骨”，建安文人直接继承汉乐府民歌的现实主义传统，掀起一个诗歌高潮。

## • 竹林七贤与正始文学

曹魏后期，政局异常混乱黑暗，此时的诗人有很强的危机感，幻灭感。高涨的政治热情，政治理想随着时局的变化逐渐冷却，所以抒写个人精神苦痛，内心忧愤的诗增多且诗歌受到清谈风尚的影响逐渐与玄理结合，含蓄隐约，与建安诗坛形成了不同的诗歌风貌，称为“正始之音”。正始文学的代表“竹林七贤”：阮籍、嵇康、山涛、向秀、王戎、刘伶、阮咸。其中，数阮籍、嵇康的文学成就最高。

阮籍（210—263年），字嗣宗，他的文学成就充分体现在其政治抒情组诗《咏怀诗》八十二首，是其政治生涯和心理感受的真实记录。

嵇康（223—262年），字夜叔，代表作《与山巨源绝交书》、《幽愤诗》。

## • 《搜神记》与鬼怪世界

志怪小说，即魏晋南北朝时期盛行的记述神仙方术，鬼怪妖魅，殊方异物，佛法灵异的小说，与志人小说相对而言，它的兴盛与当时民间巫风，道教及佛教的盛行有关。志怪小说对后世影响巨大，唐传奇即于此基础上发展而来。

干宝（？—339年），作为魏晋志怪小说的突出代表，《搜神记》中的许多故事都是非常优美动人甚至是惊心动魄。

《搜神记》中有很多我们熟知的名篇《干将莫邪》《董永》《东海孝妇》《嫦娥奔月》等。

## • 陶渊明和他的田园牧歌

田园诗，是以描写田园风光与农村生活，农务劳作体验为主要内容的诗歌。田园说也是我国农业文明的产物。陶渊明是我国文学史上第一个致力于田园诗歌创作的诗人，是我国田园诗的鼻祖，他与谢灵运的山水诗对唐代“山水田园派”的形成产生了重要而深远的影响。

陶渊明（约365—427年），字元亮，或名潜，字渊明。代表作：《五柳先生传》(陶渊明鲜活生动的自画像，也是他人生志趣的真切表露)；《桃花源记》（陶渊明对自己心目中理想的“小国寡民”社会的细描慢绘)；《归去来兮辞》。

最能代表他的诗歌艺术特色的是他大量的田园诗，很多我们都耳熟能详，如“少无适俗韵，性本爱丘山”，“暖暖远人村，依依墟里烟”，“开荒南野际，守拙归园田”，“此中有真意，欲辩已忘言”等。

- **狂傲放浪的山水诗人谢灵运**

山水诗，中古诗歌的一种体式，产生于晋宋之间，与田园诗的产生时代，背景大致相当。由谢灵运开创，山水诗让自然界的山水成为独立的审美对象，成为诗歌吟咏描摹的对象，使中国诗歌的题材扩大了，并开启了南朝一代新的诗歌风尚，把诗歌从枯燥无味的玄言中解放了出来，标志着一种新的自然审美观念与趣味的产生。

谢灵运（385—433年)，他与谢朓并称为“大小谢”。谢灵运的诗写得确实富丽精工，他诗中的许多佳句脍炙人口，被后世长久垂范，如“池塘生春草，园柳变鸣禽”(《登池上楼》)，“白云抱幽石，绿筱媚清涟”(《过白岸亭》)，“林壑敛暝色，云霞收夕霏”(《石壁精舍还湖中作》)。如果说陶诗是写意的山水画的话，那么谢诗就是写实的工笔画。

- **《世说新语》与魏晋风度**

志人小说，就是记录人物逸闻轶事，言谈举止的小说，志人小说在魏晋南北朝时盛行开来，这和当时社会喜好品评人物，崇尚清谈的风气有很大关系，成就和影响最大的就是刘义庆的《世说新语》。

刘义庆（403—444年)。《世说新语》是一部记述人物言行的志人小说，主要记录了魏晋名士的逸闻轶事和玄虚清谈，是一部关于魏晋风度的故事集。此书分为《德行》《言语》《政事》《文学》《雅量》等三十六门，即三十六篇。鲁迅说《世说新语》是一部名士教科书，其中所呈现的魏晋风度成了一种人格范式，让后世文人学士顶礼膜拜。

- **文学批评家刘勰和《文心雕龙》**

骈文，形成于六朝，又称“骈体文”或“骈俪文”，“骈偶文”，因其常用四字句，六字句，所以也称为“四六文”或“骈四俪六”。其主要特点是讲究对仗，在声韵上讲究平仄对仗工整的铿锵和谐，在修辞上注重藻饰和用典。

刘勰（约465—约532年)，字彦和。《文心雕龙》一书将传统文学观念与时代思潮相结合，认真总结了历代文学创作和文学理论批评的丰富经验，构筑起了一个完整的理论体系，《文心雕龙》之于我国文学理论批评史上的意义，如同里程碑，总结过去，指引未来；《文心雕龙》一书虽为议论文，但本身却采用骈文写成，使骈文说理的艺术更臻于极致。

### • 南北朝民歌

南朝民歌分为“吴歌”和“西曲”两种。南朝民歌大部分产生于城市，多半出自于商贾，歌女，船户，中下层文士，以及市民之口，述说着城市中下层居民的生活与内心情感，男女之情是人们不厌其烦反复咏唱的内容，比如情意缠绵的《西洲曲》，堪称南朝民歌中的绝佳之作。总之，南朝民歌给人的整体感觉都是清新艳丽，浪漫色彩浓厚，基调哀怨伤感，少欢娱之辞，南朝民歌还有一个特点就是喜欢用双关隐语。

北朝民歌风格迥然有异，北方高峻巍峨的大山和广袤的原野养就了他们胸怀开阔的性格与精神气质，他们作歌抒怀，直率粗犷，质朴刚健。长篇叙事诗《木兰诗》是北朝民歌中最为杰出的作品，与南朝的《西洲曲》遥相辉映，并举为“双璧”。

## 第四节　隋唐五代文学

公元589年，隋统一全国，结束了南北分裂的政治局面，公元618年隋被李唐所灭，虽然只有三十余年的时间，但它为唐代文学的辉煌成就做了准备。唐代是中国封建社会的鼎盛时期，呈现出一种开放而自信的宏大气魄和兼容并包的明快活力。

“初唐四杰”及之后的杜审言、沈佺期、宋之问等人使五言、七言律诗的体式得以固定，古、近体诗的界限得以明确；李白、高适、岑参为代表的边塞诗人变现了雄壮刚健的内涵，王维和孟浩然等山水田园诗人更多地展现出盛唐诗歌空明静逸的一面，称盛唐之音；安史之乱后，唐王朝由盛转衰，“诗史”杜甫的诗深刻反映了时代的悲剧，以韩愈、孟郊为代表的韩孟诗派更关注内心世界而以白居易、元稹为代表的元白诗派则较多关注现实，到晚唐时期，杜牧和李商隐永怀古咏史和爱情主题见证了一个帝国的衰亡；唐代散文与小说成就显著，以韩愈、柳宗元为代表发起的古文运动提倡“文以载道”，传奇小说的创作十分繁荣；词的创作上，晚唐五代词人的才情令文学史别开生面，温庭筠创立“花间派”，还有南唐后主李煜的词，歌咏闺情抒写闲愁。

### • 初唐四杰

王勃（650—676年），代表作《送杜少府之任蜀州》，特别是“海内存知己，天涯若比邻”千百年来引起了人们的共鸣；《滕王阁序》也是一篇千古传诵的佳作，“落霞与孤鹜齐飞，秋水共长天一色”众人为之折服。

杨炯（650—约693年），其诗歌成就主要体现在边塞题材方面，代表作《从军行》。

卢照邻（约634—约686年），代表作七言歌行《长安古意》。

骆宾王（约627—约684年），代表作《咏鹅》。

“初唐四杰”对五言律诗的定型，唐诗风骨的形成都有贡献。

### • 陈子昂与“唐诗风骨”

陈子昂（661—702年），字伯玉，代表作：《登幽州台歌》和组诗《感遇》（“感于心，因于遇”而作）三十八首。陈子昂的最大贡献在于提出了讲究风骨的诗歌理论，纠正了初唐绮靡诗风；与“四杰”，沈宋等不同，陈主张恢复“诗言志”的风雅传统，诗歌应该表现出对重大人生和社会问题的强烈关注，具有阳刚之气，有“风骨”。

- **王维和山水田园诗**

王维（701—761年），字摩诘，官至尚书右丞，世称王右丞，因其与佛教深厚的渊源，王维又被称为“诗佛”。他的田园诗代表作：《山居秋暝》《竹里馆》《鸟鸣涧》《渭川田家》等。

王维的作品常常在不经意间流露出禅理，大都呈现出一种清幽淡雅，静逸明秀的艺术魅力，他的创作“诗中有画，画中有诗”，总的来说，王维的诗可吟、可观、可思，他与孟浩然、裴迪、储光羲、祖咏等人结为诗友，创作了大量的山水田园诗，从而形成了山水田园诗派。

- **孟浩然田园山水诗的“平淡”特色**

孟浩然，本名浩，字浩然，盛唐著名诗人。代表作：《临洞庭湖赠张丞相》，《耶溪泛舟》等。他的山水诗上承谢灵运，下启王维，其作品主要写田园隐逸和山水行旅。孟浩然诗的风格，可用“平淡”二字概括。

- **“诗仙”李白**

李白（701—762年），字太白，号青莲居士。代表作：《梦游天姥吟留别》《渡荆门送别》《金陵酒肆留别》《早发白帝城》《侠客行》等。

李白的诗歌，题材丰富，形式多样，达到了唐诗的顶峰，可概括为豪迈与飘逸，诗圣杜甫也赞誉他“笔落惊风雨，诗成泣鬼神”，如“安能摧眉折腰事权贵，使我不得开心颜”，“仰天大笑出门去，我辈岂是蓬蒿人”等；如果要为李白的诗意人生总结几个“关键词”，那么“诗，酒，侠，月”大致不会错，把酒、倚剑、问月和诗相交织，用现代著名诗人余光中的话说，李白“酒入愁肠，七分化作月光，余下三分呼为剑气，秀口一吐，就是半个盛唐”。

- **边塞诗人高适、岑参**

盛唐边塞诗派，由于盛唐开疆拓土的战争和正常的文化经贸交流往来的日益频繁，民族的迁徙融合的逐渐扩大，边塞生活逐渐进入人们的视野，诗人们继承前代反映战争主题的传统，把军旅生活的各个侧面，边塞特异的民情风俗以及绚丽多姿的塞外风光尽收眼底，创作出或雄奇或悲壮的边塞诗，体现出盛唐知识分子立功边塞，奋发昂扬的时代精神。盛唐边塞诗派的诗人除了高适、岑参以外还有王昌龄，王之涣、崔颢等人。

高适（约700—765年），字达夫，世称“高常侍”。代表作：《燕歌行》、《别董大》、《塞上听笛》等。有传诵至今的佳句如：“男儿本自重横行，天子非常赐颜色”，“战士军前半死生，美人帐下犹歌舞”，“少妇城南欲断肠，征人蓟北空回首”，“君不见沙场征战苦，至今犹忆李将军”等。

岑参（约715—769年），世称“岑嘉州”。岑参边塞诗最令人称道的是奇绝丰富的想象，如《白雪歌送武判官归京》中的“忽如一夜春风来，千树万树梨花开”，还有代表作《走马川行奉送封达夫出师西征》等。

比较而言，高适、岑参的诗反映的是边关将士的奋发豪情，但高适重在写诗，直抒胸臆，岑参则更多地体现的是一种磅礴的情怀——表现出深沉的现实主义。

### • “诗史”杜甫

杜甫（721—770年），字子美。代表作：“三吏”(《石壕吏》《新安吏》《潼关吏》)；“三别”(《新婚别》《垂老别》《无家别》)；《登高》(古今七言律诗第一)，《望岳》《壮游》《兵车行》《丽人行》等。

杜甫以饥寒之身而常怀济世之志，所以作品中选择受剥削的下层百姓作为诗篇主人公，正面地展示他们在动荡时代的艰辛生活和悲苦心情，在以往的文人中比较罕见，这不但加强了文学关注社会的深度和广度，而且昭示出个人审美倾向性的重大变化；在诗歌艺术创新，特别是在律诗创作技巧探索方面，杜甫有集大成之功。为了扩大律诗的表现范围，他的律诗总是以组诗的形式出现，著名的有《秋兴》八首，《羌村》三首，《秦州杂诗》二十首等，特别是《秋兴》，被誉为杜甫律诗登峰造极之作。

杜甫对诗史的贡献在于开法门无数：他的诗歌关注社会，关注百姓生活“感事写意”的一面，为白居易、元稹等人发扬；讲究练字造句，这种形式方面的追求为韩愈、李贺等人继承；而杜诗在感事抒怀中频繁插入对时政见解的做法成为宋诗以议论为诗的先声。

### • 韩愈，孟郊崇奇尚怪之风

古文运动，是由韩愈、柳宗元发起的一场文学革新运动，其目的在于反对六朝以来的骈文而提倡“奇句单行”，上继先秦两汉的古文，特别是韩愈，苏轼赞誉他“文起八代之衰”；这场运动发展至韩柳方有了明确的理论纲领，即“文以明道”，“明道”强调的是文章的教化作用，韩柳强调“道”，更重视“文”，“文”即文采，主张将个人情绪体验融入作品，将文章的审美性和抒情性完美结合，同时又注重对骈文长处的吸收融合，这场运动延伸至宋初、唐宋古文运动的影响极为深远。

韩愈（768—824年），字退之，世称“韩昌黎”。韩愈的诗，崇尚奇绝险怪，他一生特别喜爱奇异壮丽的景物，因此常以硬毫健笔描绘奇异景物，反映自然中的奇特美，在写法上提倡“以文为诗”。代表作：《南山》、《陆浑火山》等。

韩孟“险怪诗派”，主要人物除了韩愈，比较有名的还有孟郊、李贺、贾岛、姚合等。韩孟诗派在理论上提出“不平则鸣，笔补造化”的主张。“不平则鸣”指人的内心产生感伤或哀怨的心绪时就应该付诸笔端，而“笔补造化”强调的是诗人对诗中要表达内容的主观规划。在创作上，这一派的诗人特别喜欢用一些新奇甚至怪诞的意象，主张以丑为美，如此渲染出光怪陆离的意境，颇具后现代的意思。

### • 杜牧，李商隐与晚唐文坛

从穆宗开始，唐帝国进入晚期，中唐诗坛那种活泼与锐气已经随着韩孟、元白的离去而消逝无踪。诗人更重视诗歌技巧，平易的语言风格逐渐为精雕细琢取代。内容方面，随着文人士大夫生活范围的日趋狭小和对现实的绝望失落，更多地转向个人内心世界的开拓，晚唐诗歌的代表人物是杜牧和李商隐，后世称之为“小李杜”。

杜牧（803—853年），字牧之。代表作：《阿房宫赋》《登乐游原》《题宣州开元寺水阁》等。“千年一觉扬州梦，赢得青楼薄幸名”的咏叹还萦绕在耳旁。总之，杜牧的诗既不晦涩，也不庸俗，无论咏史还是抒怀，都寄托着对国事日衰的唐帝国和个人命运的感叹。

李商隐（812—858 年），字义山，号玉溪生。代表作：《锦瑟》《碧城》《圣女祠》等。李商隐的无题诗凄美朦胧，以朦胧的情思和意境表现出一种“哀乐循环无端”的情感境界，这种情感多是以悲剧性的爱情相思呈现出来，但它又能旁通生命的其他领域，比如政治的失意，个人的沉沦，年华的消逝，家国的衰颓等。总之，李商隐的诗歌创作，对心灵的开掘所达到的深度是前所未有的。

### • 唐传奇与市井百态

唐传奇，其实就是流行于唐时的文言小说，它的发展有一个漫长的过程。初唐时属于草创时期，如王度《古镜记》等大多保留有六朝志怪小说的特质；中唐进入繁荣时期，涌现出一批名家名作如元稹《莺莺传》，白行简《李娃传》，陈鸿《长恨歌传》，李朝威《柳毅传》，李公佐《南柯太守传》，沈既济《枕中记》；传奇到了晚唐盛极而衰，如《虬髯客传》等。

唐传奇的产生与发展，为后代小说提供了丰富的材料和叙事模式，在中国小说发展史上，它占有重要的地位。

### • 花间词鼻祖温庭筠

词，是一种与音乐关系密切的艺术形式，这种新兴的诗体，其实就是配合燕乐这种当时的“流行音乐”节拍演唱的歌词，所谓“由乐以定词”，所以又被称为“曲词”或“曲子词”。后来随着文人对这种文学样式的重现，它慢慢地脱离了音乐而成为一种纯文学体裁。从体制上说，词多为长短句的杂言形式，所以词又有“长短句”的别称，且词有词牌，对平仄，声韵有严格要求，多数还分段，每一段落称为一片或一阕。真正将词的境界扩展，用词的形式表现广阔生活、深刻思想的是宋人。

温庭筠（812—870 年），字飞卿，其作品《花间集》共六十六首，他诗文词俱佳——在晚唐与李商隐并称为“温李”。

他是晚唐诗人中写词最多的作家，其词几乎全是写女人、相思，风格香软。温庭筠开一派之词风，被誉为花间派的鼻祖，也是“词为艳科”的第一人。比如他的代表作《菩萨蛮》，在短小的篇幅中精心描摹女子的容貌、服饰、意象，这就是后人概括温词的一大特点；温庭筠是第一位大力作词的文人，他的创作为文人词开拓了一个新局面，自此，词从声律、手法、意境等方面走向于有别于诗的道路，婉约缠绵的词风也是从他这里形成的，对之后南唐词人的影响很大。

### • “词中之帝”李煜

李煜（937—978 年），南唐的末代皇帝，后世称为李后主。一首《浪淘沙》将国破家亡的悲恸与感伤寄托在字里行间：“帘外雨潺潺，春意阑珊。罗衾不耐五更寒。梦里不知身是客，一晌贪欢。独自莫凭栏，无限江山，别时容易见时难。流水落花春去也，天上人间。”

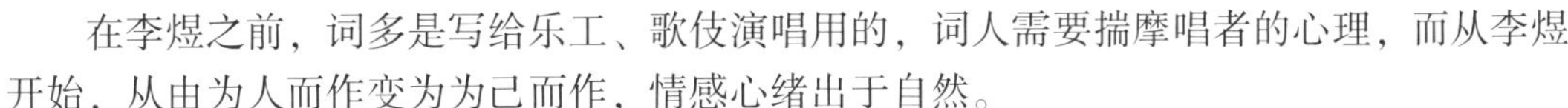

在李煜之前，词多是写给乐工、歌伎演唱用的，词人需要揣摩唱者的心理，而从李煜开始，从由为人而作变为为己而作，情感心绪出于自然。

## 第五节　宋辽金文学

宋朝军事“积弱不振”，而文化却十分发达。宋代文学首推宋词，以柳永、李清照、姜夔等为代表的婉约一派，风格婉约清丽，含蓄可人，他们重视声律，讲究艺术技巧，非常重视对词的体制以及词学理论的建设。以“苏辛”为代表的豪放派词人，主要贡献在于对词的题材和风格的开拓。婉约派体现的是词为“艳科”的本色，“苏辛”则是词的创格；宋诗在唐诗高峰之后亦有独到之处，宋诗在创作上具有议论化、散文化等倾向；宋代散文也取得了很大的成就，“唐宋八大家”中有六位是宋人；辽金文学受中原文化的影响，加上游牧民族特有的刚健、豪放气质，呈现出一种独特的风貌。总之，宋代文化显得文雅精致，纤巧细腻，文人心态普遍呈现出一种收敛内向。

### • 柳永词的市井情调

柳永（约987—约1055年），原名三变，字景庄，后改名永，字耆卿，排行第七，故又称柳七。

柳永写的词，谱的曲，词丽调美，通俗易懂，内容又是市井生活——即“讲述老百姓自己的故事”，号称“凡有井水处，皆能歌柳词”。他还写了不少关于爱情的词，这类词作多以女性口吻写成，如“针线闲拈伴伊坐，和我，免使年少，光阴虚过”(《定风波》)，还有一首著名描写杭州的《望海潮》；他的另一类词，描写羁旅行役的感伤惆怅，呈现出迥异于前的严肃深沉，比如著名的《雨霖铃》、《八声甘州》等作品。

### • 闲雅隽永的晏殊

晏殊（991—1055年），字同叔，与其子晏几道合称为“二晏”，与欧阳修并称为“欧晏”。

他的词作大都承袭了南唐词人清秀婉丽的风格，但又洗尽其中的浮艳之气，表现出一种纯净典雅的风貌。比如那首著名的《浣溪沙》，将心灵的触须伸向人心的深处，触摸到富贵也无法消除对生命流逝的哀伤与无奈，特别是“无可奈何花落去，似曾相识燕归来”两句将人心中似乎都有，却又无法准确表达出的微妙细腻，刹那间的感触以诗意而又富有哲理的语言描写出来。

### • 文坛领袖欧阳修

欧阳修（1007—1072年），字永叔，自号醉翁，晚年号“六一居士”，唐宋八大家（韩愈、柳宗元、苏洵、苏轼、苏辙、王安石、曾巩）之一。代表作：《醉翁亭记》、《秋声赋》。

欧阳修本人大力提倡古文创作，对韩、柳二人的文章下过很大的功夫进行学习，但他又不拘泥于复古，其《醉翁亭记》就是个很好的例子；同时在创作中，有意吸收骈文的长处，在句式、押韵等方面进行大胆再造革新，创造出一种新的赋体形式——文赋，既部分保留了骈赋、律赋在形式上的对仗铺排，又有散文的灵活自如，最有代表性的就是《秋声赋》。

### • 苏轼的人生与创作

当代人把苏轼对词的改革概括为“以诗为词”。苏轼对词的这种全面革新，主要表现在：提高词的品格；扩大词的境界；改变词的风格；推进了词律的发展。苏轼（1037—1101 年），字广瞻，号东坡居士，有《东坡全集》。代表作：《题西林壁》《赤壁赋》《念奴娇·赤壁怀古》等。

苏轼的诗表现了他对民生疾苦的深切关注，而苏轼在词方面的贡献更为全面，他主张“以诗为词”，把词家善写之“情”与诗家善言之“志”贯通，把文章道德与儿女私情相结合。从苏轼起，词的表现境界和范围都得到了质的提高和飞跃，词在文学体裁上的地位开始能与诗歌并驾齐驱。苏轼的词，历代以来评之曰“豪”，他被视为宋词中重要一派——豪放派的先驱。

### • 黄庭坚与江西诗派

黄庭坚（1045—1105 年），字鲁直，号山谷道人，因排行第九，故又被称为黄九，苏轼称他“超逸绝尘，独立万物之表”。代表作：《寄黄几复》。

黄庭坚的诗，文人气息特别浓厚，宋诗的“资书以为诗”很大程度上就是从他这儿开始的，具体而言，就是字斟句酌且爱用典故，这些特点都在他的名作《寄黄几复》中得到了体现；黄庭坚在诗歌理论方面提出“夺胎换骨，点铁成金”，因为他的创作和理论的可操作性，所以一时间很多志士纷至沓来，逐渐形成一个流派——江西诗派。

### • 富艳精工的周邦彦词

周邦彦（1056—1121 年），字美成，晚年自号清真居士，是北宋末年宫廷词人的代表，著有《清真集》。

《兰陵王·柳》是其代表作，字美，调工，律严，一脱柳词之市井气，更符合文人雅士，特别是通音律者的审美趣味。周邦彦十分重视词的音乐性，对章法、句法、炼字、音律的追求近乎苛刻，他又被称为“格律派”的创始者，对南宋词坛姜夔一派的词人有很大的影响。

### • 婉约词人李清照

李清照（1084—约 1155 年），自号易安居士，今传《漱玉词》。

李清照的创作分为两个阶段：靖康之乱之前，她与赵明诚婚姻生活美满安逸，作品表现出的是一种安闲宁静，即使略带感伤也是淡淡的，比如：“莫道不消魂，帘卷西风，人比黄花瘦”(《醉花阴》)；而南渡之后，她的词风有巨大的变化，昔日淡然可解得忧愁此刻全然化为彻骨的凄惨悲凉，如《声声慢》；当然面对国仇家恨，词人并非纯然只有哀伤，同样也有豪迈之语，如：“生当作人杰，死亦为鬼雄。至今思项羽，不肯过江东。”(《夏日绝句》)

**• 历代诗人之冠：陆游**

陆游（1125—1210年），字务观，自号“放翁”，有词集《放翁词》或《渭南词》。他被誉为“小太白”，其诗兼容李白之飘逸奔放与杜甫的沉郁顿挫。

陆游的诗作有很大一部分都是在表达爱国情怀，始终把个人与国家，民生紧紧联系在一起，赤心不改，如：“僵卧孤村不自哀，尚思为国戍轮台”（《十一月四日风雨大作》）；除了英雄豪情，陆游的诗还有清新隽永，闲适平淡的一面，如妇孺皆知的“山重水复疑无路，柳暗花明又一村”（《游山西村》），“小楼一夜听春雨，深巷明朝卖杏花”（《临安春雨初霁》）；英雄也有儿女情长，他与唐婉的爱情悲剧让他写下了《钗头凤》的哀叹曲。

陆游的形象不是冷漠而僵硬的，他对国家有担当，对生活充满热情，对爱情忠贞不渝，堪称“亘古男儿一放翁”（梁启超《读陆放翁集》之二）。

**• 爱国诗人辛弃疾**

辛弃疾（1140—1207年），字幼安，号稼轩，著有《稼轩长短句》，辛弃疾也被视为宋词豪放派一派的代表人物，与苏轼一起并称“苏辛”。

他的词颇有一种“龙腾虎跃”的英雄气，如“千古江山，英雄无觅，孙仲谋处”（《永遇乐·京口北固亭怀古》），“醉里挑灯看剑，梦回吹角连营”（《破阵子·为陈同甫赋壮词以寄》），词中对历史上的壮士豪杰的缅怀，大量军事意象的动态运用，都使辛弃疾的作品在苏轼豪迈的基础上，境界更显开阔，被称为“稼轩体”；当然，他的词也有或妩媚或清新的婉约姿容，比如《青玉案·元夕》中的“自怜幽独，伤心人别有怀抱”；还有展现田园生活和隐逸情趣的作品，如《清平乐》、《西江月·夜行黄沙道中》等。

**• 江湖雅士姜夔**

姜夔（约1155—约1209年），字尧章，号白石道人，著《白石道人诗集》《白石道人词集》。

姜夔的词最有名的莫过于《暗香》、《疏影》，篇名源自林逋的咏梅名篇《山园小梅》中的“疏影横斜水清浅，暗香浮动月黄昏”化用而来；另外一首名作《扬州慢》。

姜词的艺术特色，宋人张炎概括为兼具“清空骚雅之长”。“清空”是指其词含蓄而空灵，他喜欢从虚处着笔，遗貌而取神，从侧面烘托要表达的东西；“骚雅”指姜词能够继承自诗骚而来的比兴寄托传统。

**• 民族英雄文天祥《正气歌》**

文天祥（1236—1282年），字宋瑞，别号文山，南宋民族英雄。

代表作：《正气歌》，为后世慨然吟诵的两句“人生自古谁无死，留取丹青照汗青”。

**• 元好问与金代诗歌**

元好问（1190—1257年），字裕之，号遗山。代表作：《摸鱼儿》、《论诗绝句三十首》。

“问世间，情是何物？直教生死相许”的刻骨铭心之语就是出自于《摸鱼儿》，这首词风格婉约又不失刚健，豪放之中兼有婀娜之姿，这正是元好问词的主要特征，他被誉为金代的“桂冠诗人”，最有代表性的是著名的“纪乱诗”，表现出“高视一世”的艺术禀赋；在文学批评方面也是一位大家，最能代表他诗歌评论成就的是著名的《论诗绝句三十首》。

## 第六节　元代文学

元代文学大致分为叙事和抒情两类，其中叙事文学成就较高，主要包括话本和戏剧。话本是说话人的底本，在当时涌现出一大批名家如高秀英、时小童等；元代戏剧的表演要素日益完善，出现了杂剧和南戏两个剧种。北方戏剧圈以大都为中心，流行杂剧，剧作以水浒故事、公案故事、历史传说为题材，表现为激昂明快的风格，杰出作家有关汉卿、马致远、王实甫等。南方戏剧圈的剧作大多注重表现爱情婚姻、家庭伦理等社会问题，杰出作家有高明、郑光祖、乔吉。杂剧和南戏的剧本都包括曲词、宾白、科介，具有完整的故事情节，人物形象在戏剧冲突中表现明显；元代的抒情文学类型有散曲和诗，词、散曲是元代文坛上出现的新样式。

总的来说，元代通俗文学摆脱了传统的“温柔敦厚”，用自然本色的笔调勾勒出了丰富奇特的元代文坛。

### • 关汉卿与《窦娥冤》

杂剧，是戏剧的一种，其名称最早见于晚唐，到宋、元其表演要素日益完备，同时流行于宫廷和民间。元代杂剧的体制一般是四折一楔子，每折相当于一幕。演剧角色分为旦、末、净三类。杂剧的曲调是由北方民间歌曲，少数民族的乐曲和中原传统的曲调结合而成。北方的杂剧和南方的南戏互补互汇，促进了元代戏剧的发展，使元杂剧进入黄金时期。

关汉卿（约1225—约1302年），号斋叟，是元初最有影响的戏曲作家，在世界文学艺术史上也享有盛誉，被称为“东方的莎士比亚”。他是元曲“四大家”(关汉卿、白朴、马致远、郑光祖）之一。

《窦娥冤》是关汉卿戏剧的代表作，故事框架与汉代民间故事“东海孝妇”相似，同时它是元代最具震撼力的悲剧杰作，剧本写窦娥一生曲折的生活历程，展示了她由顺从命运到反抗命运的经过；此外，他的《哭笑存》《蝴蝶梦》《鲁斋郎》等剧同样表现了下层民众与上层官僚富豪的矛盾，剧中主人公大多具有坚强的意志，敢于和恶势力作斗争，他们的悲惨遭遇最后都能通过清官解决，这寄托着作者的美好愿望。

### • 白朴和《梧桐雨》

白朴（1226—1306年），字仁甫，一字太素，号兰谷。他一生所作杂剧十六种，今存完整的剧作有两种《梧桐雨》和《墙头马上》。《梧桐雨》是根据白居易的《长恨歌》改编的，但在主题、情节、人物形象方面都有很大的创新。近代学者王国维都说：“白仁甫《秋夜梧桐雨》剧，沉雄悲壮，为元曲冠冕。”

**• 王实甫《西厢记》**

王实甫，名德信，他创作的杂剧共十四种，现存完整的有《西厢记》、《破窑记》和《丽春堂》。

《西厢记》是他的杂剧代表作，明初贾仲明曾称赞“天下夺魁”，充分肯定了这部作品的艺术价值；《西厢记》是参照唐代元稹的《会真记》(《莺莺传》）和金代董解元的《西厢记诸宫调》改编的，《西厢记》中的语言和表演结合，具有丰富的动作性；具有很强烈的反封建礼教和婚姻制度的思想，是那个时代高扬的一面旗帜，可谓“前无古人”，它对后来爱情题材的小说、戏剧影响很大，《牡丹亭》、《红楼梦》等都继承了《西厢记》中婚恋自由的思想；最后，《西厢记》中“愿天下有情人终成眷属”的思想，在那个黑暗的年代吹响了嘹亮的号角，后来很多作家的爱情题材剧，基本都遵循了王实甫开拓的这一创作路线。

**• 马致远与元初散曲**

马致远（？—约1321)，是当时影响最大的“曲状元”。他善于写杂剧，有著名的《汉宫秋》传世；马致远散曲中最著名的是［越调・天净沙］《秋思》(“枯藤老树昏鸦，小桥流水人家，古道西风瘦马，夕阳西下，断肠人在天涯”），全曲情景交融，诗情画意，被后人称为“秋思之祖”。

**• 南戏“四大传奇”**

《荆钗记》《白兔记》《拜月亭记》《杀狗记》在元代南戏中被称为“四大传奇”。

**• 高明之《琵琶记》**

高明（约1336—约1375年)，字则诚，自号菜根道人。

《琵琶记》是由宋代戏文《赵贞女蔡二郎》改编而来的；其戏剧冲突是按双线结构展开的，这样的戏剧结构加强了戏剧的悲剧气氛；《琵琶记》一出，即成为南戏创作的范本，并获得了“曲祖”、“南曲之宗”的称誉。

## 第七节　明代文学

明代诗文总体成就不高，小说等通俗文学蔚为大观。明初诗文先有“台阁体”，后有“茶陵诗派”，再后有“前七子”、“后七子”、“唐宋派”等，但均以复古为革新。明中叶后，先后有“公安派”、“竟陵派”。

明代戏剧创作形成了特点，徐渭的杂剧《四声猿》以其突破性开晚明戏曲先声，之后以《宝剑记》《浣纱记》《鸣凤记》为代表的三大传奇问世。被誉为“千秋词匠”的汤显祖创作出了明代传奇中最优秀的作品《牡丹亭》。传奇创作方面，有沈璟的“吴江派”，他们注重格律，也有一定影响。

明代小说成就最高，产生了《三国演义》《水浒传》《西游记》《金瓶梅》，它们都是反映明代社会变革，世态变化的巨著名篇。白话短篇小说则有冯梦龙的“三言”，凌濛初的“二拍”。除此之外，晚明小品文也很有特点，张岱是成就最高的一家。

### • 罗贯中与《三国演义》

历史演义，就是用通俗的语言，将历史上的战争兴废、朝代更替等作为基本题材，组织成完整的故事，并以此表明一定的政治思想、道德观念和美学理想的小说样式。中国古代长篇章回小说是以历史演义作为开端的，世界各国都没有历史演义这一品种，它具有鲜明的中国特色。

罗贯中，号湖海散人，著有《三国志通俗演义》《隋唐两朝志传》《残唐五代史演义》等长篇小说和几部杂剧，《三国演义》是我国“四大名著”之一，是我国长篇小说的开端，成为最通行的章回小说。

《三国演义》以三国时期魏、蜀、吴三个政治军事集团之间的离合争斗和兴衰成败为主线，描写了从东汉末年天下大乱到西晋初期江山一统近百年的历史演变。它是根据晋朝史学家陈寿撰写的正史《三国志》，并参考宋代以来说唱文学和民间传说中流行的三国故事，经过作者精心再创作而成书的；《三国演义》的人物描写比较突出，不仅数量众多，而且风神独具；《三国演义》还特别善于描写战争；再者，《三国演义》结构宏伟壮阔，情节曲折生动，语言简洁明快。总之，它对后世文学和人民生活都产生了巨大而深远的影响。

### • 施耐庵与《水浒传》

英雄传奇，是在戏曲前代文学各种艺术积累的基础上逐渐形成，它的艺术渊源是史传文学和说话艺术。史传文学的思想精神、人物和故事情节，结构模式和叙述视角，多被英雄传奇模仿、借鉴。说话艺术在篇幅上为英雄传奇长篇化提供了条件，它使用的技巧和手法也为后世英雄传奇所效法，尤其是在体制上的特点直接影响到英雄传奇“分章别回”形式的形成。英雄传奇小说可以将历史记载和民间传说结合起来，着重刻画英雄人物和描绘其传奇般的事迹，故事虚多于实，它创作的目的是为了宣扬英雄良将的“忠义”精神。

### • 刘基和寓言名作《郁离子》

刘基（1311—1375 年），字伯温。

《郁离子》分十八章，共一百八十一则寓言故事。从内容上看，《郁离子》中有不少寓言故事隐喻了元朝末年的政治和社会状况，批判了现实的黑暗和不公；《郁离子》更多地反映了刘基的哲学观、政治观、道德观、经济观、人才观，表达了安邦定国的治世主张，刷新世风的改革要求，是中国寓言文学园地中里程碑式的著作。

### • 吴承恩《西游记》

《西游记》为神魔小说，是古代章回小说的一大门类，也是紧接着历史演义小说之后出现的又一个重要小说创作流派。这类小说多以神佛魔怪的出生修行、飞升斗法等作为题材内容，参照现实生活中政治、伦理、宗教等方面的矛盾和斗争，比附性地编织了神怪形象系列，并将一些零散、片断的故事系统化、完整化，故事情节真幻相间，又能从读者的愿望和审美观出发，在小说中描写社会百态，反映世俗生活情趣，隐晦曲折地批判弊政陋风，寄寓作者拯世济民的人生理想和重建社会秩序的主张，后来又出现了像《封神演义》等神魔小说。

吴承恩（约 1500—约 1582 年），字汝忠，号射阳山人。《西游记》的作者。“中国四大名著”之一的《西游记》是一部充满幻想，情节离奇的神魔小说。

《西游记》的文学成就首先在于人物形象的成功塑造；还表现在其精巧的故事情节；寄寓着对现实的批评，从而使小说具有很强的真实感，对于世态的讽刺是小说的重点；最后，小说对人性弱点的讽刺也是十分深刻的。

### • 汤显祖与《牡丹亭》

四大声腔、剧种或腔调在音乐或演唱方法上具有较多共同性被称为一种声腔，或归为一个声腔系统。明代中期（即嘉靖年间），传奇成为剧坛上的主流艺术。从明初到嘉靖约两个世纪内，在南方众多的地方声腔中，弋阳腔、余姚腔、海盐腔、昆山腔脱颖而出，流传很广，它们被称为“四大声腔”。

汤显祖（1550—1616 年），字义仍，号海若，若士，又号清远道人。除《牡丹亭》外，汤显祖还有《紫钗记》《南柯记》《邯郸记》，由于这四部传奇都是以梦境作为剧情发展的关键，而汤显祖是临川人，后世就把它们合称为“临川四梦”；《牡丹亭》的价值在于其反封建的倾向，还具有浓郁的浪漫主义色彩，曲词优美，清丽典雅，深情缠绵，余韵悠长；世人熟知的“情不知所起，一往而深，生者可以死，死可以生”(《牡丹亭》题词）是汤显祖“至情”呼唤着精神的自由和个性的解放。

### • 兰陵笑笑生《金瓶梅》

世情小说，也叫人情小说，直接从现实的社会生活中选取题材，它所塑造的人物不再是超人或半超人的传奇人物，而是现实生活中的普通人。“世情小说”以产生于明代中后期的《金瓶梅》作为代表，《红楼梦》、《醒世姻缘传》等作品都曾受到它的影响。

《金瓶梅》全书一百回，从《水浒传》中西门庆和潘金莲的故事推演而来，描写了恶霸西门庆横行乡里的劣迹和荒淫污秽的生活，从而暴露明代中叶以来社会的黑暗和腐朽。

《金瓶梅》是我国第一部以现实社会和家庭社会生活为题材的小说。作者用较多笔墨对西门庆家庭内部矛盾进行了描写，也是我国第一部由作家独立创作的长篇小说，它的出现开启了文人独立创作小说的新路，也是举世公认的明代“四大奇书”之一。

### • 冯梦龙与“三言”

冯梦龙（1574—1646 年），在思想上深受李贽的影响，成为晚明崇尚真情，表现世俗这一文学思潮的代表人物，成为通俗文学的一代大家。最有名的作品就是“三言”，包括《喻世明言》《警世通言》《醒世恒言》三部白话短篇小说集。

## 第八节　清代文学

清朝是满族建立的专制王朝，统治者提倡程朱理学，鼓吹用封建礼教来禁锢思想。清代文网严密，形成了趋向内敛的性情和偏好精深雅正的审美趣味。清代文学以小说的成就最为突出。蒲松龄的《聊斋志异》集志怪、传奇之大成。《儒林外史》是中国古代小说史上讽刺小说的典范。《红楼梦》不仅是清代一部伟大的现实主义作品，也是中国古代小说发展的最高峰。

清诗也取得了较大的成就，呈现出“中兴”的局面。近体诗的创作继唐诗、宋诗之后又达到一个高潮，主要流派有“虞山诗派”、“神韵派”、“格调派”、“肌理派”、“性灵派”。清代词人纷起如纳兰性德、张惠言等；散文方面，清初顾炎武、黄宗羲、王夫之等的政论散文，汪琬等的传记散文都很有名，“桐城派”古文长盛不衰；清代传奇方面有《长生殿》《桃花扇》《清忠谱》三部杰作，清代的戏曲理论也有新的发展，李渔的《闲情偶寄》中有关戏曲部分的论述，集我国古代戏曲理论之大成。总之，清朝是中国古典文学全面繁荣的时期，成就巨大。

- **顾炎武与清初诗坛**

顾炎武（1613—1682 年），原名绛，字忠清。

顾炎武现存诗歌四百多首，不论是咏史、吊祭，还是游览、拟古，都是围绕着反清复明主题展开的，内容可歌可泣，格调悲壮苍凉，语言简朴古雅，达到思想性和艺术性的高度统一。他的诗对清初和晚清诗坛产生了巨大的影响，尤其是以他为代表的遗民诗人群，体现了清初的时代精神，给诗歌这种古老的文学形式注入了新的生命，他的一句“保天下者，匹夫之贱，与有责焉”后世概括成了一句名言“天下兴亡，匹夫有责”。

- **纳兰性德和他的词作**

纳兰性德（1655—1685 年），字子若，他与曹贞吉、顾贞观合称“京华三绝”。他写了《金缕曲》二首表达对友人的无限思念和立誓救援的决心；名作《长相思》：“山一程，水一程，身向榆关那畔行。夜深千帐灯。风一更，雪一更，聒碎乡心梦不成。故园无此声。”

王国维在《人间词话》中说纳兰性德是“北宋以来，一人而已”；《蕙风词话》的作者况周颐也把他推到“国初第一词人”的位置，他凭借自己高超的艺术造诣，成为词史上“清词中兴”过程中的关键人物。

- **洪昇《长生殿》**

洪昇（1645—1704 年），《长生殿》共有五十出，取材于民间长期流传的唐明皇和杨贵妃的爱情故事，取白居易《长恨歌》中的“七月七日长生殿”一句作为题目。

《长生殿》一方面颂扬了唐明皇和杨贵妃之间的爱情，另一方面它联系“安史之乱”前后广阔的社会背景，批判统治阶级荒淫误国的罪恶，抒发了国破家亡的感慨，昆曲中有一首著名的折子戏就是取自《长生殿》；《长生殿》艺术表现细腻，带有浓厚的抒情色彩。作者善于用优美流畅、富于诗意的唱词来描绘人物在不同景况下情绪心理的变化。

- **蒲松龄《聊斋志异》**

蒲松龄（1640—1715 年），字留仙，号柳泉，“聊斋”是他的书斋名，“志异”就是专门记载那些稀奇古怪的故事。这部用文言文写成的短篇小说集，展示了那个时代丰富的社会生活，思想内容精深，艺术造诣高超，代表了中国文言小说发展的最高峰；《聊斋志异》通过谈狐说鬼宣泄心中的不平，是一部“孤愤之书”，鲁迅先生在《中国小说史略》中赞扬《聊斋志异》使“读者耳目，为之一新”，十分精辟地指出这部书所取得的文学成就。

- **吴敬梓《儒林外传》**

吴敬梓（1701—1754 年），《儒林外史》是我国古代成就最高的讽刺小说。讽刺小说就是用冷嘲热讽的笔调来描写人物和事件的小说样式，而该小说揭露科举制度的种种弊端，进而讽刺了整个封建制度和统治阶级，它对后代文学产生了深远的影响，比如晚清谴责小说《官场现形记》《孽海花》《二十年目睹之怪现状》，都从中吸取了大量的营养。

- **曹雪芹与《红楼梦》**

曹雪芹（约 1715—约 1763 年），名霑，字梦阮，号雪芹，又号芹圃，芹溪。

一般认为《红楼梦》前八十回由曹雪芹亲自撰笔完成，高鹗续写了后四十回。《红楼梦》问世不久，就流传着两句话：“开谈不说《红楼梦》，读尽诗书也枉然。”作为“四大名著”之一，《红楼梦》代表了中国古典小说发展的最高峰，是一部描述封建社会后期社会生活的“百科全书”式作品，因为整部书在内容上写的是贾宝玉和林黛玉的爱情悲剧故事，但小说并未停留在这一点上，而是借助重要人物的活动，描写了荣国府和宁国府两个官僚世家从繁荣到衰败的全过程，这在一定意义上可以看做是整个封建社会命运的写照，并且在人物形象的塑造上也取得了突出的艺术成就，就如曹雪芹自己说的那样：“字字看来皆是血，十年辛苦不寻常。”

## 一、选择题

1. ________收录了夏商周三代帝王用以行使政权的典、谟、誓、命、训等讲话和言辞，是先秦一部重要的散文作品集。

   A.《尚书》　B.《左传》　C.《论语》　D.《国语》

2. 司马相如独步文坛，除《子虚赋》和《上林赋》外，其他作品如《哀二世赋》开启了后来纪行类赋的先河，《大人赋》则在充满幻想与传奇的自然景色的描绘中，为游仙文学奠定了基础，________因细腻描写了皇后的孤独和悲哀，成了后世“宫怨”文学的源头。

   A.《天子校猎赋》　B.《洛神赋》　C.《长门赋》　D.《高唐赋》

3. 高明________一出，即成了南戏创作的范本，并获得了“曲祖”,“南曲之宗”的称誉。

   A.《桃花扇》　B.《琵琶记》　C.《西厢记》　D.《梧桐雨》

4. “帘外雨潺潺，春意阑珊，罗衾不耐五更寒……流水落花春去也，天上人间。”王国维在《人间词话》中对这首词的作者高度评价：“词至后主而眼界始大，感慨遂深，遂变伶工之词而为士大夫之词。”他是________

   A. 温庭筠　B. 李煜　C. 李商隐　D. 李清照

5. 在________的笔下，边塞的风物人情，无不呈现出新鲜瑰丽的色彩，显得那样新奇不凡，他以梨花喻雪，“忽如一夜春风来，千树万树梨花开”。

A. 高适　　B. 岑参　　C. 王之涣　　D. 崔颢

6. ________的创作“诗中有画，画中有诗”，呈现出一种清幽淡雅，静逸明秀，他的诗可吟，可听，可观，可思。

A. 王维　　B. 孟浩然　　C. 祖咏　　D. 储光羲

7. 作为魏晋志怪小说的突出代表，________中的许多故事都是非常优美动人甚至是惊心动魄的，其中有名篇《干将莫邪》。

A.《神异志》　　B.《搜神记》　　C.《冥祥记》　　D.《博物志》

8. 建安七子中，以________成就最高，他的诗歌、辞赋都独步当时，号称“七子之冠冕”。

A. 孔融　　B. 陈琳　　C. 王粲　　D. 刘桢

9. ________是我国第一部纪传体的断代史，记事始于汉高祖，止于王莽末年，全书由十二本纪、八表、十志、七十列传组成，是《史记》之后史传散文的又一个高峰。

A.《左传》　　B.《战国策》　　C.《国语》　　D.《汉书》

10. “情不知所起，一往而深，生者可以死，死可以生。”这是汤显祖“至情”论的呼唤，也是________的题词，它与《紫钗记》《南柯记》《邯郸记》并称为“临川四梦”。

A.《西厢记》　　B.《牡丹亭》　　C.《郁离子》　　D.《莺莺传》

## 二、填空题

1. ________是宋玉的代表作，也是中国文学史上第一篇情深意长的悲秋之作，它在模仿屈原《离骚》和《涉江》的基础上写成，但有着十分鲜明的个性特色，成为中国传统文学的悲秋母题。
2. 四书指的是《大学》、《中庸》、________和《孟子》。
3. 仁，义，礼，智，信是贯穿《论语》始末的重要思想，而________又是其核心。
4. 中国古代章回小说是以历史演义开始的，世界各国都没有历史演义这一品种，它具有鲜明的中国特色，________是我国长篇小说的开端，成为最通行的章回小说。
5. ________第一次将那些被历代统治阶级视为“寇”和“贼”的起义写进小说，开创了“英雄传奇”这一长篇通俗文学新样式。

## 三、名词解释

1. 志怪小说　　2. 国语
3. 乐府双璧　　4. 山水诗
5. 建安风骨

## 四、简答题

1. 为什么说《红楼梦》是封建社会后期一部“百科全书”式的作品？
2. 简述“诗仙”李白及其诗歌的特点及影响。

# 第二章
# 中国现代文学史

中国现代文学指以1919年五四运动前后为开端至1949年中华人民共和国成立这一时期的文学，主要包括在此期间发生的文学运动、文学论争、文艺思潮和出现的文学社团、文学流派以及所有不同类型作家的创作。

中国现代文学经历了三个明显的发展阶段：

1. 第一个阶段（1917—1927年），通常称为五四时期的文学。这是现代文学开拓与奠基阶段。鲁迅、郭沫若等一批现代文学的奠基人及其现代文学的奠基作品，文学研究会和创造社等最初一批重要的社团流派，都出现在这一阶段。基本特征是：从文学革命向革命文学发展，即由文学形式的外在改革逐渐转向思想内涵的深刻变化。

2. 第二个阶段（1928—1937年），常称为左翼时期的文学。现代文学发展成熟阶段。这一时期左翼文学迅速发展、高涨，并成为文学发展的主潮。除一批左翼作家作品之外，还出现了巴金、老舍、沈从文、曹禺等一大批风格独特的作家及其代表作，并出现了众多的社团流派，形成了现代文学的繁荣局面。

3. 第三个阶段（1938—1949年），一般称为抗日战争与解放战争时期的文学。主要特点是民族斗争与阶级斗争对文学发展产生了巨大的影响。以1942年延安文艺座谈会的召开为界分为两个阶段。前一阶段是抗战时期的文学，后一阶段文学又分为解放区、国统区、沦陷区的文学。中国现代文学30年，随着新民主主义革命历史的发展而发展的，是和新民主主义革命斗争相辅相成的，同时又具有相对独立的鲜明特征。在30年的文学发展中，虽然出现了多样的创作方法，但总的来说，是以革命现实主义的创作方法为主流，为人生、为革命的现实主义的基本精神渗透在整个现代文学的各个层面。在这一章的编写中按顺序将主要的作家一一列举出来，对其生平、作品、风格和在现代文学上的影响作简要介绍。

## 知识讲解

- **鲁迅**

鲁迅（1881—1936年），原名周树人，字豫才。代表作：《坟》《热风》《呐喊》《彷徨》《野草》《朝花夕拾》。

小说方面：除历史故事改编集《故事新编》外，还创作了《呐喊》《彷徨》两个短篇小说集，从发表时间顺序上排列分别为：《狂人日记》《孔乙己》《药》《风波》《故乡》《阿Q正传》《祝福》《在酒楼上》《孤独者》《伤逝》《离婚》等，其中有影响巨大的如

《阿Q正传》。《阿Q正传》是中国现代最早涉猎社会边缘人物题材的小说，寓庄于谐是它最大的艺术特点，寓悲于喜让它的悲剧艺术达到了中国现代文学前所未有的艺术境界。

散文、小品杂文方面：鲁迅的纯散文作品集是《朝花夕拾》，其中有我们熟知的《从百草园到三味书屋》，另一部散文集《野草》；杂文集《坟》、《热风》等。他是中国现代杂文写作的奠基者和领航人，特点表现在思维简洁、逻辑性强，举证涉猎古今中外的各种典集、史实，行文中常夹叙夹议，虚实并举，思想深刻，擅用讽刺笔法。

- **郭沫若**

郭沫若（1892—1978年）。《女神》是郭沫若的第一本诗集，也是他的代表作，其中收录了《凤凰涅槃》等草创时期的精品，《凤凰涅槃》堪称五四白话新潮诗歌创作的经典；1941年他整理创作出了大型历史剧《棠棣之花》，此后接连创作出了《屈原》《虎符》《高渐离》《孔雀胆》《南冠草》等六部历史剧。

- **郁达夫**

郁达夫（1898—1945年），代表作：《沉沦》《春风沉醉的晚上》《薄奠》《迟桂花》。

郁达夫的小说向来以颓废著称，擅长于欲望的描写；惯于在人情的细微处落笔，善于捕捉“多事之秋”的场景，感触细密、敏锐；他认为，“‘文学作品，都是作家的自叙传’这一句话，是千真万确的”，在这样的文学观念鼓励下，郁达夫小说格外钟情于第一人称叙事，富有个性的“我”的创造成为郁达夫小说的一大亮点。

- **茅盾**

茅盾（1896—1981年），原名沈德鸿，他是文学研究会发起人之一，对倡导新文学，介绍西方文学新潮，特别是对写实主义、自然主义和现实主义文学的倡导起着举足轻重的作用。代表作：《春蚕》《林家铺子》《子夜》。

他的小说往往围绕着主人公的某种行为连接成完整的故事，但他的小说情境外延性丰富，关注问题有特点。

- **老舍**

老舍（1899—1966年），原名舒庆春，代表作：《离婚》《骆驼祥子》《我这一辈子》《月牙儿》《四世同堂》。

北方白话小说以语言诙谐、直白和俏皮著称，老舍的小说秉承了这一传统。在中国现代作家中，有两位作家对民族性或国民性的关注十分引人注目，一位是鲁迅，一位是老舍。

- **沈从文**

沈从文（1902—1988年），原名沈岳焕，代表作：《边城》《丈夫》《萧萧》《柏子》《八骏图》。

他的作品中的特点常常流露出一种淡淡的感伤氛围和悲剧情怀，但它与当时流行的一般社会批评意识强烈的作品风格有所不同，其悲悯意识来自于对人性的叩问，来自对人生本性

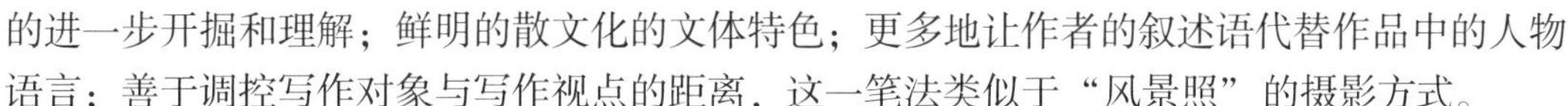

的进一步开掘和理解；鲜明的散文化的文体特色；更多地让作者的叙述语代替作品中的人物语言；善于调控写作对象与写作视点的距离，这一笔法类似于“风景照”的摄影方式。

- **巴金**

巴金（1904—2005年），原名李尧棠，代表作：“爱情三部曲”(《雾》《雨》《电》)，“激流三部曲”(《家》《春》《秋》三部曲)。

他的文学创作的特点积聚了朴素的人道主义情感，不避讳自己的真情实感，真挚和真情是他作品的一大亮色；《家》是巴金影响最大的作品，也是巴金创作倾向的一个代表，一个封建大家庭的维系有其内部的经济关系，礼仪习俗，家法家规，这些都与社会制度和社会组织形式有某种协调对应的关系，挖掘封建家庭运行规则的不合理，揭示它的内在矛盾，无疑等于敲响了封建社会灭亡的丧钟，作品中质朴、拙讷的艺术情趣，坚持了作者一贯的倾诉式写作风格。

- **曹禺**

曹禺（1910—1996年），原名万家宝，代表作：《雷雨》《日出》《原野》《北京人》。

曹禺的戏剧创作充满着纯正、浓郁的悲剧氛围，彰显了悲剧表现人生情感的深度和力度。

- **张爱玲**

张爱玲（1920—1995年），原名张煐，代表作：《倾城之恋》《金锁记》《红玫瑰与白玫瑰》《封锁》《连环套》。

作为女作家，她所体察倾诉的是生活中的小事件，可题旨所涉总与人间大爱相关；精通心理分析理论，她的小说常常涉足于人们心理的幽暗；语言老到，描写精细，极具视觉冲击力；创造了20世纪中国现代城市里的诗意，从某种意义上说，她的小说已经从女人的世界迈入了人类的世界，她的出现是中国女性文学意识成熟的体现。

**一、选择题**

1. 鲁迅的________是中国现代最早涉猎社会边缘人物，企图剖析中国国民性的一种尝试。
   A.《药》　B.《孔乙己》　C.《故乡》　D.《阿Q正传》
2. ________的结尾留有“安特莱夫式的阴冷”，其中“白描”的手法却是传统中国小说所特有的。
   A.《药》　B.《狂人日记》　C.《阿Q正传》　D.《祝福》
3. 以________为代表的郭沫若白话新诗创作，在语言的白话化和流畅程度上是同时期其他新诗人所不能比拟的。
   A.《女神》　B.《星空》　C.《瓶》　D.《凤凰涅槃》
4. ________向以颓废著称，擅长于欲望的描写，他的小说格外钟情于第一人称叙事，富有个性的“我”成为其小说的一大亮点。

A. 巴金　　B. 老舍　　C. 郁达夫　　D. 沈从文

5. ________被认为是“问题小说”的代表作家，她从富于女性意识的立场出发，写下了众多充满着“爱的哲学”的文本，如《寂寞》《分》《繁星》等。

A. 丁玲　　B. 萧红　　C. 冰心　　D. 张爱玲

6. “男人对于女人的怜悯也近于爱……总带点崇拜性”，“恋爱中的男子向来喜欢说，恋爱中的女人向来喜欢听。恋爱的女人破例地不大爱说话，因为下意识地她知道：男人彻底地懂得了一个女人之后，是不会爱她的……” ________聪颖敏感的心灵，老到细腻的语言，她的出现是中国女性文学意识成熟的体现。

A. 卢隐　　B. 凌叔华　　C. 张爱玲　　D. 冰心

7. ________对倡导新文学，介绍西方文学新潮，特别是写实主义、自然主义和现实主义文学的提倡起到举足轻重的作用，他的代表作是《子夜》。

A. 巴金　　B. 茅盾　　C. 沈从文　　D. 老舍

8. 觉慧是巴金所钟爱的人物，在觉慧身上我们也能看到作者的身影，他真诚地面对人生，严肃地剖析自己，是________中透露的创作风格。

A.《复活》　　B.《家》　　C.《寒夜》　　D.《春》

9. 老舍最为人称道的是长篇小说________。

A.《月牙》　　B.《离婚》　　C.《骆驼祥子》　　D.《我这一辈子》

10. ________小说具有鲜明的文体特色，人们往往用散文化小说来形容它，其作品一般慎让作品人物自己发言，更多是用作者的叙述语言来“越俎代庖”。

A. 沈从文　　B. 巴金　　C. 徐志摩　　D. 曹禺

**二、填空题**

1. 沈从文散文化小说善于调控写作对象与写作视点的距离，往往让描写对象不太靠近“镜头”，又不远离“镜头”，这一笔法颇类似于________的摄影方式。

2. 钱锺书的________以对人生的富有哲理性和文化蕴涵的思考为写作重点，充分发挥了小说的语言艺术特性。

3. ________的问世标志着中国话剧的成熟，他的作品还有《日出》《原野》《北京人》，奠定了曹禺在中国话剧史上的不朽地位。

4. 在中国现代作家中，有两位作家对国民性或民族性的关注十分引人注目，一位是鲁迅，另一位是________。

5. ________是新月社和新月诗派主要成员，他的《翡冷翠的一夜》《再别康桥》《沙扬娜拉一首》是中国现代诗歌的名篇。

**三、名词解释**

1. 阿Q正传　　2. 激流三部曲

3. 凤凰涅槃　　4. 鲁迅风

5. “问题小说”

**四、简答题**

1. 怎样理解鲁迅杂文的写作特点？

2. 怎样理解《家》的创作成就？

## 备考习题

### 一、选择题

1. 《论语》以当时通俗平易、明白晓畅的口语为主，形成简明深刻，语约义丰，隽永淡远的风格，且句式多变，长短不拘，有很强的表现力，是典型的________。

   A. 对话体　　B. 语录体　　C. 论辩体　　D. 寓言体

2. ________我国第一部较为完备的编年体史书。

   A.《国语》　　B.《史记》　　C.《左传》　　D.《战国策》

3. 《诗经》的六义即风，雅，颂，赋，比，兴。前三个是体式，后三个是创作手法。在《卫风·硕人》中形容美人“肤如凝脂”，这运用得是六义中的________。

   A. 风　　B. 雅　　C. 比　　D. 兴

4. 长于________是《孟子》一书显著的特点，他将逻辑推理的方法运用得十分巧妙灵活。

   A. 论辩　　B. 寓言　　C. 比喻　　D. 修饰

5. ________以神奇怪诞，汪洋恣肆享誉，整部书大量运用寓言故事分析辩说，无边无际的奇思妙想充溢着全书。

   A.《老子》　　B.《庄子》　　C.《孟子》　　D.《韩非子》

6. ________是继《诗经》之后，我国古代又一部具有深远意义的诗歌集，屈原的《离骚》是其中的代表作品，所以它又被称为“骚”或“骚体”。

   A.《史记》　　B.《古诗十九首》　　C.《楚辞》　　D.《乐府诗集》

7. ________是西汉淮南王刘安及其门客仿照《吕氏春秋》集体撰写的一部著作。《汉书·艺文志》将它归到了杂家一类。

   A.《淮南子》　　B.《七发》　　C.《国语》　　D.《上吴王书》

8. ________全书以“究天人之际，通古今之变，成一家之言”为写作宗旨，讲述了上至皇帝下至汉武帝太初年间约三千年间的历史，是古代第一部由个人独立完成的具有完整体系的著作，也是我国第一部纪传体通史。

   A.《汉书》　　B.《史记》　　C.《国语》　　D.《战国策》

9. 汉代的乐府包括叙事诗和抒情诗，其中叙事诗的成就更为突出一些，它以“感于哀乐，缘事而发”为创作主旨，比如说那首________就运用了镜里看花式烘托对比的手法。

   A.《孔雀东南飞》　　B.《陌上桑》　　C.《木兰辞》　　D.《东门行》

10. 班固的________模仿了司马相如赋中相互论辩的结构模式，并确定了京都赋的基本格式。

    A.《二京赋》　　B.《蜀都赋》　　C.《两都赋》　　D.《三都赋》

11. “四顾何茫茫，东风摇百草”，“盈盈一水间，默默不得语”这些诗句都写得情景难分，情意委婉缠绵。它们出自于________，刘勰称赞它是“五言之冠冕”。

    A.《诗经》　　B.《乐府诗集》　　C.《古诗十九首》　　D.《楚辞》

12. “少无适俗韵，性本爱丘山”，“暧暧远人村，依依墟里烟”，“开荒南野际，守拙归园田”这些清丽飘逸的诗都是出自他之手，他以《五柳先生传》为自画像，他是________。

    A. 谢灵运　　B. 陶渊明　　C. 孟浩然　　D. 谢朓

13. ________总结了历代文学创作和文学理论批评的丰富经验，构筑了一个完整的理论体系，是我国文学理论批评史上的里程碑。

A.《世说新语》 B.《文心雕龙》 C.《诗品》 D.《文选》

14. 长篇叙事诗《木兰诗》是北朝民歌中最杰出的作品，它与南朝的________遥相辉映，被并举为“双璧”。

A.《莫愁乐》 B.《子夜歌》 C.《西洲曲》 D.《敕勒歌》

15. ________是“初唐四杰”之一，他在人间匆匆停留了二十七个春秋，但他以自己辉煌的作品千古留名，如“海内存知己，天涯若比邻”，“落霞与孤鹜齐飞，秋水共长天一色”。

A. 杨炯 B. 王勃 C. 卢照邻 D. 骆宾王

16. 被后人称为“诗佛”，在山水田园诗的发展上有着杰出贡献的是________。

A. 谢灵运 B. 王维 C. 孟浩然 D. 陶渊明

17. ________的《登高》被誉为古今七律第一。

A. 李白 B. 王粲 C. 杜甫 D. 崔颢

18. ________的诗崇尚险怪，常以硬毫健笔描摹奇异景物，反映自然生活中的奇特美，并与孟郊在理论上提出了“不平则鸣，笔补造化”的主张。

A. 柳宗元 B. 韩愈 C. 孟浩然 D. 秦观

19. 白居易的诗最重要的特点就是浅显易懂、明白如话。________是他的代表作之一，全诗描写了唐玄宗和杨贵妃的爱情悲剧。

A.《琵琶行》 B.《长恨歌》 C.《秦中吟》 D.《新乐府》

20. 温庭筠诗词的特点是擅长描写女子的容貌、服饰、意象等，他开了“词为艳科”的先河，他被誉为________的鼻祖。

A. 竟陵派 B. 桐城派 C. 花间派 D. 江西派

21. 被誉为“梅妻鹤子”的________，一句“疏影横斜水清浅，暗香浮动月黄昏”堪称咏梅绝唱。

A. 林靖和 B. 柳永 C. 李清照 D. 姜夔

22. ________的词，谱的曲，词丽调美，通俗易懂，内容又是市井生活，比如那首著名的《雨霖铃》。

A. 姜夔 B. 柳永 C. 晏殊 D. 欧阳修

23. 晏殊一首________，将心灵的触须伸向人心的深处，触摸到富贵也无法消除对生命流逝的哀伤和无奈，特别是那句“无可奈何花落去，似曾相识燕归来”。

A.《浣溪沙》 B.《八声甘州》 C.《雨霖铃》 D.《定风波》

24. 作为“唐宋八大家”之一的________大力提倡古文运动，他的名篇《醉翁亭记》是个很好的例子，再者还有其文赋《秋声赋》。

A. 苏轼 B. 欧阳修 C. 柳宗元 D. 曾巩

25. 从________起，词的境界和表现范围都得到了质的提高，词在文学体裁上的地位开始能与诗歌并驾齐驱。

A. 苏轼 B. 欧阳修 C. 李清照 D. 黄庭坚

26. 富艳精工的________词，一脱柳永词之市井之气，他写出了著名的《兰陵王·柳》，他被称为“格律派”的创始人。

A. 周邦彦　　B. 姜夔　　C. 李清照　　D. 陆游

27. “生当作人杰，死亦为鬼雄。至今思项羽，不肯过江东”出自哪位词人之手？

A. 陆游　　B. 苏轼　　C. 李清照　　D. 柳永

28. “千古江山，英雄无觅，孙仲谋处”，“梦里挑灯看剑，梦回吹角连营”辛弃疾的词充满了对历史上的壮士豪杰的缅怀，境界更显开阔，被称为________。

A. 稼轩体　　B. 幼安体　　C. 东坡体　　D. 尧章体

29. “人生自古谁无死，留取丹心照汗青”是________写的《过零丁洋》。

A. 闻一多　　B. 文天祥　　C. 辛弃疾　　D. 陆游

30. “问世间，情是何物？直教生死相许”的刻骨铭心之语出自于元好问的《摸鱼儿》一词，他是________代的“桂冠诗人”。

A. 金　　B. 元　　C. 明　　D. 清

## 二、填空题

1. ________是关汉卿戏剧代表作，故事框架与汉代的民间故事“东海孝妇”很相似。
2. 王实甫的________吹响了“愿天下有情人终成眷属”的嘹亮号角。
3. 蒲松龄________通过谈狐说鬼宣泄心中的不平，是一部“孤愤之书”。
4. ________被誉为“小太白”，其诗兼容李白的飘逸奔放与杜甫的沉郁顿挫，真正堪称“亘古男儿一放翁”。
5. “池塘生春草，园柳变鸣禽”，“白云抱幽石，绿筱媚清涟”都是出自________之手，如果说陶渊明是写意的山水画的话，那么他的诗就是写实的工笔画。
6. ________的一句话被后人概括为“天下兴亡，匹夫有责”，用来唤醒人心，反抗强暴，复兴国家。
7. 王国维《人间词话》说________是“北宋以来，一人而已”，与曹贞吉和顾贞观合称“京华三绝”。
8. ________的问世标志着中国话剧的成熟，他的作品还有《日出》《原野》《北京人》，奠定了曹禺在中国话剧史上的不朽地位。
9. 老舍最为人称道的是长篇小说________。
10. 钱锺书的________以对人生的富有哲理性和文化蕴涵的思考为写作重点，充分发挥了小说的语言艺术特性。

## 三、名词解释

1. 世情小说
2. 英雄传奇
3. 语录体
4. 《诗经》六义
5. 楚辞
6. 《古诗十九首》
7. 田园诗
8. 南北朝民歌
9. 古文运动

## 四、简答题

1. 杜甫诗歌的艺术成就对后世有怎样的影响？
2. 吴承恩《西游记》以及相继出现的“神魔小说”对中国文学有怎样的影响？

# 第三单元
# 中国历史地理知识

## 上篇：历史篇

中国是历史悠久、幅员辽阔的文明古国。它东南濒临太平洋西部边缘海，西北深入亚洲腹地，北部为蒙古高原，西南与南亚次大陆相接。南北跨温、热两大气候带，地形和气候条件多样复杂，有着丰富的水利、生物和矿产资源。中国人民的祖先很早就劳动、生息在中国广阔的土地上，不断地改造周围的自然界，使中国的地理环境在约一万年的时间里起了很大的变化。当各族人民相继进入新石器时代后，生产工具的不断改进，如铁器的出现和普遍使用，大大提高了人类改造自然的能力；同时由于生产力发展而引起的社会制度的种种变革，以及人类对自然界愈来愈多的索取，对中国的自然环境和社会环境的变化产生了巨大的影响。

本单元将中国历史和中国地理常识分篇进行总结概括，力求结构清晰、内容完整、条理分明、易于识记。历史篇分为史前史、古代史、近代史（上）、近代史（下）、现代史五章。每章后都有“一章一练”，分为选择题和填空题，是对重点知识部分内容的考查和补充。

史前史以概念理解为主，了解我国原始社会的发展历程。古代史以朝代时期为顺序，每节由概述开篇，重点突出政治经济制度、重大历史事件、历史人物，并帮助考生熟悉各时期经济发展与城市勃兴、科技文化、考古名址及著名文物、历史成语典故等情况。章首辅以千年皇朝歌和中国历史朝代表，帮助考生记忆。近代史（上）为1840年至1919年间的历史，分为反对外国侵略的斗争、对国家出路的早期探索、其他重大历史事件三节。近代史（下）为1919年至1949年间的历史，着重掌握30年间重大历史事件。现代史部分为大事年表。

地理篇分为中国自然地理、人文地理、中国地理常识三章。

第一章从地形、气候、河流和湖泊、自然资源四节，以表格形式对中国自然地理的重点知识进行整理概述。第二章从疆域和行政区划、人口和民族、交通商业和旅游三节对中国人文地理的重要内容进行总结整合。第三章为中国地理常识，以识记为主。

# 第一章
# 史前史（约170万年前—约公元前21世纪）

原始社会是我国历史上的第一个社会形态，它延续的时间很长，历史发展的进程相当缓慢。在原始社会，人们过着集体劳动、平均分配的无阶级、无剥削的原始共产主义生活。原始社会分为原始群、母系氏族公社和父系氏族公社三个阶段。

## 第一节　原　始　群

（一）概述：原始群是人类最早的社会组织形式。分为两个阶段：早期阶段的人类叫做“猿人”，有元谋猿人、蓝田猿人、北京猿人，晚期阶段的人类叫做“古人”。

（二）文献记载

（三）《吕氏春秋·恃君览》：“昔太古尝无君矣，其民聚生群处，知母不知父，无亲戚、兄弟、夫妻、男女之别，无进退揖让之礼。”

## 第二节　母系氏族公社

（一）概述：母系氏族公社是继原始群之后形成的以血缘为纽带的人类共同体。

（二）氏族制的确立

（三）主要文化遗存：仰韶文化、河姆渡文化、马家窑文化。母系氏族公社普遍形成了人口较多、规模较大的长期定居的村落，如西安半坡、临潼姜寨等。

## 第三节　父系氏族公社和原始社会的解体

（一）概述：父系氏族公社是继母系氏族公社之后的又一个社会阶段，是由原始社会向阶级社会过渡的历史时期。

（二）父权制的确立：大约在距今4000年，黄河流域和长江流域的母系氏族公社逐渐过渡到父系氏族公社。主要有龙山文化、大汶口文化、良渚文化。

（三）私有制、阶级及国家的出现。

## 第二章
# 中国古代史（约前21世纪—1840年）

从步入文明的门槛之日起，中国先后经历了夏朝、商朝、西周、春秋、战国、秦朝、西汉、东汉、三国、西晋、东晋十六国、南北朝、隋朝、唐朝、五代、宋辽夏金、元朝、明朝和清朝等历史时期。历代统治者，以其各自的政绩在历史舞台上演出了内容不同的剧目，或名垂青史，或遗臭万年。其中在夏、商、西周和春秋时代，经历了奴隶社会发展的全部过程。从战国开始，封建社会孕育形成，秦朝则建立了中国历史上第一个中央集权的大一统封建帝国。此后，两汉王朝是封建社会迅速成长的阶段，唐、宋时期经历了封建社会最辉煌的时代，至明、清两代，封建社会盛极而衰，并最终步入多灾多难的近代社会。

- **千年皇朝歌：**

夏禹商汤周武王，春秋战国有几强。
秦始皇，汉刘邦，三国归晋南北方。
杨花李花开隋唐，五代十国运不长。
赵匡胤，宋汴梁，西夏辽金南渡江。
忽必烈，朱元璋，大元一统日月光。
只因清朝皇太极，一遇辛亥皆成往。

- **中国历史朝代表**

| 朝代 | 起讫年代 | 开国皇帝/国君 | 都城 | 今地 |
| --- | --- | --- | --- | --- |
| 夏朝 | 约公元前2049—前1577年 | 大禹姒文命 | 阳城，斟鄩，帝丘，原，老丘，西河（平阳，安邑，晋阳） | 山西、河南一带 |
| 商朝 | 约公元前1577—前1046年 | 成汤子天乙 | 西亳，商，殷 | 河南安阳（中后期） |
| 西周 | 公元前1046—前771年 | 周武王姬发 | 镐京 | 陕西西安 |
| 东周 | 公元前770—前256年 | 周平王姬宜臼 | 洛邑 | 河南洛阳 |
| 春秋 | 公元前770—前481年 | | | |
| 战国 | 公元前403—前221年 | | | |
| 秦朝 | 公元前221—前206年 | 始皇帝嬴政 | 咸阳 | 陕西咸阳 |

续表

| 朝代 | 起讫年代 | 开国皇帝/国君 | 都城 | 今地 |
| --- | --- | --- | --- | --- |
| 西汉 | 公元前 202—前 8 年 | 汉高帝刘邦 | 长安 | 陕西西安 |
| 新朝 | 9—23 年 | 新始祖王莽 | 常安 | 陕西西安 |
| 东汉 | 25—220 年 | 汉光武帝刘秀 | 洛阳 | 河南洛阳 |
| 三国 | 220—280 年 | | | |
| 魏 | 220—265 年 | 魏文帝曹丕 | 洛阳 | 河南洛阳 |
| 蜀汉 | 221—263 年 | 汉昭烈帝刘备 | 成都 | 四川成都 |
| 吴 | 222—280 年 | 吴大帝孙权 | 建业 | 江苏南京 |
| 西晋 | 265—316 年 | 晋武帝司马炎 | 洛阳 | 河南洛阳 |
| 东晋 | 317—420 年 | 晋元帝司马睿 | 建康 | 江苏南京 |
| 南北朝 | 420—589 年 | 东晋之后分南北朝，南方依次演化为宋齐梁陈四朝，称为南朝，北方先被前秦统一，后为北魏所替代，北魏又分化成东西两魏，各有更代，最后统一于北周。 | | |
| 隋朝 | 581—618 年 | 隋文帝杨坚 | 大兴 | 陕西西安 |
| 唐朝 | 618—907 年 | 唐高祖李渊 | 长安 | 陕西西安 |
| 五代十国 | 907—960 年 | 公元 907 年到 960 年，中原相继出现了后梁、后唐、后晋、后汉、后周五个朝代，这五个朝代之外，还相继出现了前蜀、后蜀、吴、南唐、吴越、闽、楚、南汉、南平（即荆南）和北汉十个割据政权。 | | |
| 北宋 | 960—1127 年 | 宋太祖赵匡胤 | 开封 | 河南开封 |
| 南宋 | 1127—1279 年 | 宋高宗赵构 | 临安 | 浙江临安 |
| 辽国 | 907—1125 年 | 辽国耶律阿保机 | 皇都 | 辽宁 |
| 西夏 | 1032—1227 年 | 景帝李元昊 | 兴庆府 | 宁夏银川 |
| 金 | 1115—1234 年 | 金太祖阿骨打 | 会宁 | 阿城（黑） |
| 元朝 | 1206—1368 年 | 铁木真 | 大都 | 北京 |
| 明朝 | 1368—1644 年 | 明太祖朱元璋 | 北京 | 北京 |
| 清朝 | 1616—1912 年 | 皇太极 | 北京 | 北京 |

- **古代史分时期概况**

# 第一节　夏商西周时期

## （一）时期概述

大约公元前2070年，禹建立了我国历史上的第一个奴隶制王朝——夏朝，从此，“世袭制”代替了“禅让制”，“家天下”取代“公天下”。为维护奴隶主贵族的统治，夏朝已有军队、监狱、刑法等。

商朝是我国历史上第二个奴隶制王朝，是奴隶社会的发展时期。商族以玄鸟为始祖的神话，《国语·周语》说“玄王勤商，十有四世而兴”，即所谓商族的“先祖”时期。商朝自商汤建立，盘庚迁殷，至武丁统治，成为商王朝极盛时期。商朝出现了甲骨文，历法也逐渐完善，有大月、小月之分，季节与月份有大体固定的关系，已有“春”“秋”之称。

周朝分西周和东周两个时期，公元前770年，周幽王子平王迁都洛邑（今河南洛阳），史称平王东迁以前为西周，以后为东周，其中西周是奴隶社会的鼎盛时期。西周的政治制度的基本形式是“分土封侯”制。在王位继承之上，西周确立了宗法制。西周时期实行井田制，农业是最重要的生产部门，施肥、灌溉等农业技术开始应用，农作物种类很多，曾有“百谷”之称。

## （二）政治经济制度

1. 禅让制
2. 王位世袭制
3. 井田制
4. 分封制
5. 宗法制

## （三）重要事件

1. 夏桀亡国
2. 成汤建商
3. 盘庚迁殷，由亳迁至殷，殷在河南安阳小屯村附近
4. 武丁中兴
5. 牧野之战
6. 武王伐纣
7. 国人暴动
8. 周公制礼作乐
9. 烽火戏诸侯
10. 平王东迁，由镐迁至洛，故分为东西周，西周都丰镐，东周都洛阳

### （四）历史人物

1. 妇好
2. 姜尚

### （五）科技文化

1. 夏朝时青铜器的发明，标志着中国历史由石器时代进入了铜器时代。

2. 商朝重视天象观测，其卜辞中留下了世界上最早的新星观测记录。数学方面，商朝人已采用10进制计算法，卜辞中最大的数字为三万。

3. 西周沿用商朝的上衣下裳之制，而材料和手工比商朝更精细讲究，不同等级之间的差异也更显著。西周后期，锦开始出现。共和元年，即公元前841年，中国历史从此有了准确的纪年。

### （六）考古名址及著名文物

1. 二里头遗址——绿松石镶嵌龙（中国较早的龙图腾）
2. 河南偃师市，夏代的国都，中国最早的王朝都城遗址
3. 殷墟遗址——司母戊鼎（最重的青铜器）、四羊方尊、大禾鼎；殷墟甲骨
4. 妇好墓——玉凤
5. 三星堆遗址——三星堆纵目人神像、青铜大立人像
6. 毛公鼎
7. 玉鹿

### （七）历史成语典故

1. 太公钓鱼，愿者上钩
2. 不食周粟
3. 周公吐哺
4. 防民之口，甚于防川

## 第二节　东周之春秋战国时期

### （一）概述

东周（公元前770—前256年）是指周朝的后半段。东周前半期，诸侯争相称霸，持续了两百多年，称为“春秋时代”；后半期，剩下的诸侯大国继续互相征战，称为“战国时代”。

平王东迁后，政治方面“礼坏乐崩”，出现大国争霸局面，周天子的威望一落千丈，王室的安危取决于诸侯、霸主的相背。春秋时代是我国社会大变革的时代，即奴隶社会瓦解的时期。

战国时代是我国封建社会的开端，全国仍处于分裂割据状态，但趋势是通过兼并战争

逐步走向统一，到战国初年，大国有齐、楚、燕、韩、赵、魏、秦，史称为“战国七雄”。战国时期，封建制度在各国相继建立，韩、赵、魏“三家分晋”，齐国“田氏代齐”，新兴地主阶级夺取了政权。秦孝公任用商鞅变法，秦国成为封建国家，为后来嬴政统一中国奠定了基础。这一时期，思想、文化、科学技术空前繁荣，出现了“百家争鸣”的局面。

### （二）政治经济制度变迁

1. 鲁国首行“初税亩”
2. 井田制的瓦解
3. 商鞅在秦国推行县制
4. 封建官僚制度建立

### （三）重要事件

1. 春秋五霸
2. 葵丘之会
3. 晋文公退避三舍
4. 城濮之战
5. 楚庄王问鼎
6. 三家分晋
7. 战国七雄
8. 楚国吴起变法
9. 商鞅变法
10. 马陵之战
11. 长平之战
12. 荆轲刺秦王
13. 秦灭六国

### （四）历史人物

1. 齐桓公
2. 管仲
3. 商鞅
4. 孙膑
5. “战国四公子”：齐国孟尝君、赵国平原君、魏国信陵君、楚国春申君
6. 孔子
7. 屈原

### （五）城市勃兴

随着手工业和商业的发展，城市人口不断增加，规模不断扩大，新的城市也不断出现。当时较大的城市有齐国的临淄（今山东淄博），燕国的涿（今河北涿州）、蓟（今北

京)。赵国的邯郸（今河北邯郸西南)，楚国的宛（今河南南阳）等。

### (六) 科技文化

1. 春秋时期，天文历法有很大进步。《春秋》中记录了当时观察到的日食30次，地震7次，并留下了最早的彗星记录，如记载公元前613年出现的哈雷彗星：“秋七月，有星孛入于北斗。”天文学家公认这是哈雷彗星在世界上最早的记录。

2. “百家争鸣”。“百家争鸣”是人们对春秋战国时期在学术文化方面出现的众多流派，奇花竞放的赞誉。“百家争鸣”对当时的社会变革及文化发展，起了促进作用。战国末年，在赵国首都邯郸出现名辩与墨辩之争，成为“百家争鸣”的尾声，至秦始皇“焚书坑儒”，定法家思想与一尊，持续了两百多年的学术争鸣也就宣告结束。

3. “四书五经”。“四书五经”是儒家经典“四书”和“五经”的总称。“四书”指《礼记》中的《大学》《中庸》和《论语》《孟子》；“五经”指《诗》《书》《易》《礼》《春秋》。

4. 《孙子兵法》——是我国也是世界上最早的兵书，为春秋时代齐国孙武所著。

5. 《甘石星经》——是我国也是世界上最早的天文学著作，为后人将齐国人甘德著《天文星占》与魏国人石申著《天文》合为一部而成。

### (七) 考古名址及著名文物

1. 越王勾践剑
2. 莲鹤方壶
3. 曾侯乙墓——曾侯乙编钟
4. 都江堰，秦国李冰父子设计

### (八) 历史成语典故

1. 管鲍之交
2. 退避三舍
3. 一鸣惊人
4. 问鼎中原
5. 鞭长莫及
6. 卧薪尝胆
7. 围魏救赵
8. 合纵连横
9. 远交近攻
10. 胡服骑射
11. 完璧归赵
12. 毛遂自荐

## 第三节　秦朝、两汉时期

### (一) 概述

秦朝是我国历史上第一个专制主义中央集权的封建王朝，也是我国历史上第一次大统一的开始。秦王嬴政即位后，开始了大规模统一战争，先后吞并六国，于公元前221年统一了中国，建都咸阳，此后相继统一了东南、西南地区。秦王嬴政为加强专制主义中央集权，自称皇帝，即秦始皇。在全国范围内废除分封制，推行郡县制；统一文字，统一货币和度量衡，这些措施有利于巩固统一，并对后世产生了深远的影响。公元前209年，陈胜、吴广掀起了中国历史上第一次农民大起义。公元前207年，秦朝灭亡。秦朝共传二世，历时15年，是我国历史上最短命的一个封建王朝。

汉朝是我国历史上继秦朝之后的第一次大统一的继续，所以有秦汉之称。汉朝分为西汉和东汉，分别建都于长安和洛阳。西汉前期，出现了"文景之治"的盛况。汉武帝时期，是西汉最强盛的时期，专制主义中央集权进一步加强。公元8年，外戚王莽代汉称帝，公元25年，皇族刘秀重建汉朝，史称东汉。东汉时期，出现了我国历史上第一次外戚、宦官专权的局面。东汉末年，政治更加腐败，阶级矛盾激化，爆发了黄巾起义，瓦解了东汉王朝的统治，形成军阀割据混战的局面，东汉政权名存实亡。至延康元年（220年）曹丕称帝，东汉灭亡。

秦汉时期专制主义中央集权制度的建立和不断巩固，保障了国家的独立稳定，促进了生产发展，经济的繁荣，文化教育的发展，科学技术的进步，使得秦国成为当时世界上技术先进、经济富饶、文化优秀、国力强盛、地大物博、人口众多的强大帝国。

### （二）政治经济制度

1. 皇帝制和三公九卿制
2. 郡县制
3. 郡国并行制
4. 重农抑商政策
5. "与民休息"政策
6. 和亲制度
7. 内外朝制度
8. 察举制与征召制
9. 盐铁官营
10. 推恩令
11. 释奴令

### （三）重要事件

1. 泰山封禅
2. 统一货币、度量衡、文字
3. 徐福东渡
4. 修建万里长城
5. 焚书坑儒
6. 陈胜吴广起义
7. 巨鹿之战
8. 鸿门宴

9. 刘邦称帝
10. 汉承秦制
11. 文景之治
12. 七国之乱
13. 张骞出使西域
14. 设置西域都护
15. 昭君出塞
16. 王莽改制
17. 光武中兴
18. 党锢之祸
19. 黄巾起义
20. 董卓专权

### （四）历史人物

1. 嬴政
2. 陈胜
3. 项羽
4. 刘邦
5. 汉武帝
6. 张骞
7. 张衡
8. 张仲景
9. 华佗

### （五）经济发展与城市勃兴

西汉后期，铁器基本取代铜器，成为主流；金属冶炼业中，以铜器业较为发达，西汉同期种类繁多，其中最著名的是铜镜、铜钱；丝织业发达，以长安和临淄为全国丝织业中心；漆器业、手工艺品制造业等有较大发展。京师长安是西汉时期最大的都市。

### （六）科技文化发展

1. 医学的发展。西汉时期，中医发展迅速，其独特疗法——针灸疗法已有发展。著名的医学家有淳于意、楼护等。东汉时著名的医学家有张仲景和华佗，张仲景写成《伤寒杂病论》，被后代中医奉为“医圣”；华佗发展了我国的麻醉学和外科手术学，还自创“五禽之戏”。

2. 造纸术的发明。西汉时期出现了纸，1957 年在西安灞桥的西汉早期墓葬中，发现了一些用麻类纤维制成的残纸，这是世界上已知最原始的人造纸片。东汉和帝时，宦官蔡伦改进造纸方法，称“蔡侯纸”。

3.《史记》——我国第一部纪传体通史，西汉司马迁撰，记载了上自上古传说中的黄帝时代，下至汉武帝元狩元年间共 3000 多年的历史。

4.《汉书》——我国第一部纪传体断代史，东汉班固编撰，记述了上起西汉的汉高祖元年（公元前206年），下至新朝的王莽地皇四年（公元23年），共230年的史事。

5.《九章算术》——我国现存的一部最古老的数学著作。

### （七）考古名址及著名文物

1. 秦始皇陵——秦陵兵马俑
2. 阿房宫遗址——云纹高足玉杯
3. 长沙马王堆汉墓——“T”形彩绘帛画、素纱禅衣
4. 西汉中山靖王墓（河北满城）——长信宫灯，金缕玉衣
5. 甘肃天水西汉古墓
6. 铜奔马（马踏飞燕）
7. 击鼓说唱俑

### （八）历史成语典故

1. 指鹿为马
2. 王侯将相
3. 背水一战
4. 约法三章
5. 明修栈道，暗度陈仓
6. 楚河汉界
7. 项庄舞剑，意在沛公
8. 四面楚歌
9. 萧规曹随
10. 成也萧何，败亦萧何
11. 罢黜百家
12. 苏武牧羊
13. 得陇望蜀
14. 投笔从戎

## 第四节　三国两晋南北朝时期

### （一）概述

三国时代名，指东汉以后魏、蜀、吴三国鼎立时期，起自曹丕代汉的初黄元年（220年），止于西晋统一中国的太康元年（280年），分为“群雄割据”“三国鼎立形成”“三国对峙走向统一”三个阶段。三国历史的特点是时势造英雄，英雄造时势。

两晋南北朝是介于秦汉和隋唐两次长期大统一之间的一个动荡和分裂时代，也是佛教大发展的时期。两晋指西晋和东晋。西晋灭亡后，北方进入“五胡十六国”大动乱，南方则建立了东晋。北方十六国最后被北魏统一，北魏以后又分裂为东魏、北齐和西魏、北

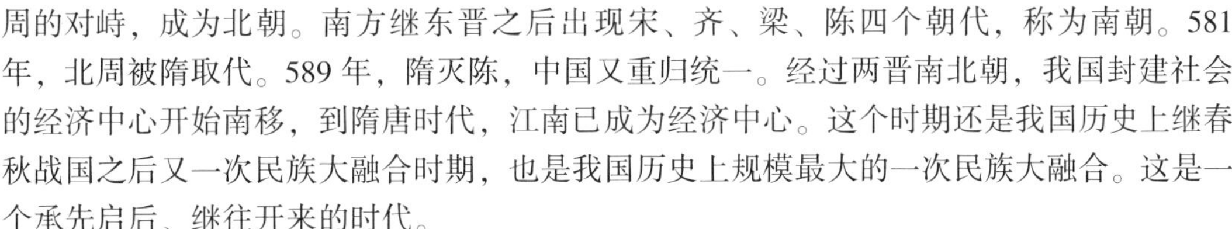

周的对峙，成为北朝。南方继东晋之后出现宋、齐、梁、陈四个朝代，称为南朝。581年，北周被隋取代。589年，隋灭陈，中国又重归统一。经过两晋南北朝，我国封建社会的经济中心开始南移，到隋唐时代，江南已成为经济中心。这个时期还是我国历史上继春秋战国之后又一次民族大融合时期，也是我国历史上规模最大的一次民族大融合。这是一个承先启后、继往开来的时代。

### （二）政治经济制度

1. 屯田制
2. 九品中正制
3. 世兵制
4. 西晋分封制

### （三）重要事件

1. 挟天子以令诸侯
2. 官渡之战
3. 赤壁之战
4. 三国鼎立
5. 三国归晋
6. 八王之乱
7. 淝水之战
8. 佛教盛行
9. 三武灭佛
10. 北魏孝文帝改革

### （四）历史人物

1. 曹操
2. 蔡文姬
3. 刘备
4. 诸葛亮
5. 孙权

### （五）经济发展与城市勃兴

西晋末年的战乱，引起了人们从北向南的大迁徙。东晋时期，江南的经济呈现出繁荣的势头，江苏南部和浙江一带发展最快，奠定了经济中心逐渐南移的基础。

### （六）科技文化发展

1. 两晋时期，文化繁盛，以玄学为代表的哲学思潮，对当时文人的思想影响很大。在文学艺术领域，出现了陶渊明、王羲之、顾恺之等众多开一代风气之先的巨匠，对后世产生了巨大影响。

2. 南北朝时期的文化艺术，在两晋的基础上继续发展，出现了《神灭论》、《后汉书》、《文心雕龙》等划时代的著作；文学上，山水诗从玄言诗中独立出来，奠定了在诗坛中的地位。此外，绘画、雕刻等艺术成就斐然，对后世产生了较为深远的影响。

3. 《三国志》——西晋陈寿编写的一部主要记载魏、蜀、吴三国鼎立时期的纪传体国别史。

### （七）考古名址及著名建筑、文物

1. 敦煌莫高窟
2. 云冈石窟
3. 龙门石窟
4. 嵩山少林寺
5. 黄鹤楼

### （八）历史成语典故

1. 七步成诗
2. 伯仲之间
3. 三顾茅庐
4. 草船借箭
5. 刮目相看
6. 司马昭之心，路人皆知
7. 百足之虫，死而不僵
8. 乐不思蜀
9. 草木皆兵
10. 吴下阿蒙

## 第五节　隋唐及五代十国

### （一）概述

隋朝是我国历史上第二个大统一的开始。591 年，隋文帝杨坚代北周称帝，国号隋。589 年，隋灭陈统一全国。隋朝的统一，有利于加强民族融合，促进社会经济的发展及中外交流，有力地推动了思想文化的南北合流。618 年，隋炀帝在江都（今扬州）被杀，隋朝灭亡。

唐朝是我国历史上第二个大一统的继续，是继汉朝之后中国多民族国家壮大、发展的第二个历史阶段，是我国封建社会最辉煌的时期。618 年，李渊乘隋末农民大起义，隋朝土崩瓦解之机称帝，国号唐，建都长安。755 年的安史之乱，是唐朝从强盛到衰落的转折点。唐朝中期以后，政治腐败，赋税繁重，战乱迭起，阶级矛盾激化。唐朝末年，爆发了农民起义。907 年，朱温灭唐。

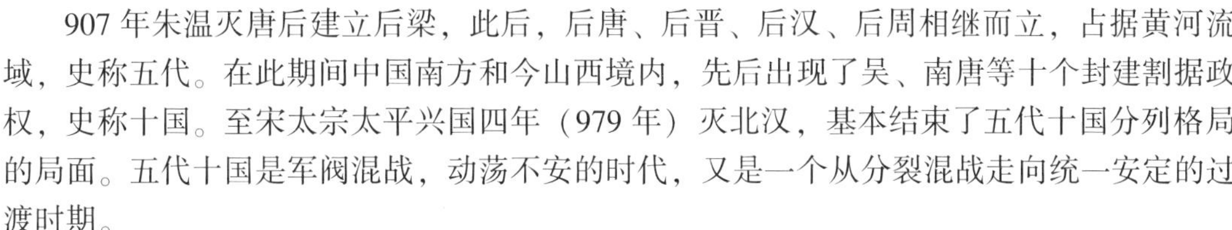

907 年朱温灭唐后建立后梁，此后，后唐、后晋、后汉、后周相继而立，占据黄河流域，史称五代。在此期间中国南方和今山西境内，先后出现了吴、南唐等十个封建割据政权，史称十国。至宋太宗太平兴国四年（979 年）灭北汉，基本结束了五代十国分列格局的局面。五代十国是军阀混战，动荡不安的时代，又是一个从分裂混战走向统一安定的过渡时期。

### （二）政治经济制度

1. 三省六部制
2. 科举制度
3. 均田制
4. 租庸调制
5. 府兵制
6. 均田制
7. 募兵制
8. 两税法

### （三）重要事件

1. 开皇之治
2. 营建东都洛阳
3. 开通大运河
4. 玄武门之变
5. “天可汗”
6. 贞观之治
7. 玄奘取经
8. 文成公主入藏
9. 日本遣唐使
10. 册封南诏
11. 统一西域
12. 开元盛世
13. 鉴真东渡
14. 安史之乱
15. 黄巢起事
16. 朱温灭唐
17. 五代更迭，十国分立
18. 陈桥兵变

### （四）历史人物

1. 李世民

2. 武则天
3. 李隆基
4. 鉴真
5. “儿皇帝”石敬瑭
6. 词人皇帝李煜

### （五）经济发展与城市勃兴

唐天宝年间，出现仓廪丰实的繁荣景象。安史之乱后，北方经济遭到严重破坏，南方经济相对安定，农业发展很快。唐代，西京长安是全国最大的城市，东京洛阳是第二大城市。扬州也是当时的名城，商业十分繁荣。

五代十国时期，南方出现“圩田”。五代时期，手工业十分发达，吴越的越州秘色瓷器是当时瓷器中的最上品。南方的商业也日益活跃，吴越都城杭州是当时东南最繁荣的大都市，成都的市场也十分繁荣。经过五代时期的发展，全国的经济中心已经由黄河流域转移至长江流域，南方逐渐赶超北方，开始在全国占据更重要的地位。

### （六）科技文化发展

1. 隋朝医学相当发达。到了唐代，孙思邈的《千金方》，被后世医家认为是我国早起的临床医学百科全书。

2. 唐朝是我国文化艺术发展的黄金时代，涌现了一大批文学家、史学家、艺术家和科学家，其中最著名的有诗人李白、杜甫、王维、孟浩然、王昌龄，书法家颜真卿，画家吴道子、李思训，音乐家李龟年，史学家刘知幾，科学家僧一行，等等。

### （七）考古名址及著名文物、建筑

1. 大运河
2. 赵州桥
3. 法门寺地宫——是世界上迄今为止发现的年代最久远、规模最大、等级最高的佛塔地宫
4. 布达拉宫
5. 骆驼载乐俑（唐三彩）
6. 兽首玛瑙杯
7. 越州秘色瓷器

### （八）历史成语典故

1. 天子门生
2. 请君入瓮
3. 房谋杜断
4. 口蜜腹剑

# 第六节　宋辽夏金元时期

## （一）概述

宋辽夏金时期，主要是10世纪至13世纪，以汉族为主体的多民族国家与几个少数民族政权并立的历史。这一历史时期除了汉族地区建立的宋王朝之外，在各少数民族地区先后出现过几个地方行政权，主要有契丹族建立的辽，党项族建立的大夏政权，后来东北地区女真建立的大金政权。宋朝分两个阶段，960年赵匡胤建立宋至1127年金灭宋，都城开封，史称北宋；1127年，宋徽宗第九子赵构称帝，后迁都临安（今杭州），史称南宋。整个宋朝都处在北方少数民族政权的威胁之下。“称臣纳贡”，“积贫积弱”是宋朝社会的真实写照。同时，其经济文化高度发达，在当时世界上居于领先地位。

元朝是我国历史上第一个由少数民族蒙古族建立的统一的封建王朝。1206年，铁木真统一蒙古，被推为成吉思汗，建立了大蒙古汗国。1271年，忽必烈改国号为元。1279年，灭南宋残余势力，实现了全国的大统一。元朝是中国多民族国家空前发展、壮大的时期，实现了包括辽东、漠北、西域、吐蕃、云南等地区的大统一，奠定了我国辽阔的版图。元朝社会经济和文化有了更大的发展，城市十分繁荣，是中外交通和经济、文化交流的鼎盛时期。1368年，朱元璋的明军攻占大都，元朝灭亡。

## （二）政治经济制度

1. 金国猛安谋克制
2. 元朝行省制
3. 元朝的民族歧视政策

## （三）重要事件

1. 杯酒释兵权
2. 杨家将抗辽
3. 澶渊之盟
4. 庆历和议
5. 王安石变法
6. 靖康之变
7. 岳飞抗金
8. 绍兴和议
9. 文天祥抗元
10. 南宋灭亡

## （四）历史人物

1. 岳飞
2. 辛弃疾

3. 文天祥
4. 耶律阿保机
5. 完颜阿骨打
6. 成吉思汗（铁木真）
7. 忽必烈
8. 马可·波罗

### （五）经济发展与城市勃兴

宋朝农业生产不断发展，农具得到进一步改进，农业生产技术明显提高，兴修了钱塘江堤等水利工程，引进了越南占城稻等农作物新品种。手工业高度发达，矿冶业、造船业、瓷器业、雕版印刷业和造纸业兴盛。官窑、钧窑、定窑、汝窑、哥窑是北宋五大名窑，南宋时景德镇已成为全国著名的瓷都。此外，宋朝时中国的海外贸易非常繁荣，远远超过前代。北宋东都开封和南宋都城临安为当时最发达的城市。

元朝设立劝农司，指导、督促各地的农业生产；手工业方面，其规模和产品质量都超过宋金时代。元朝设置管理海外贸易的机构"市舶司"，泉州是当时对外贸易的最大商港。元朝时大都和杭州是最繁华的城市。

### （六）科技文化发展

1. 宋词与唐诗并称，是宋代文学成就的一个重要标志。著名词人有柳永、苏轼、辛弃疾、李清照等。

2. 《资治通鉴》——北宋司马光编撰，为我国第一部编年体通史，记载了从战国到五代1362年的历史。

3. 四大发明中活字印刷术、指南针、火药的发明在宋朝最终完成。

4. 《梦溪笔谈》——北宋沈括的笔记体著作，内容涉及天文、历法、气象、农业、艺术等诸多领域。

5. 元曲是元代文学的代表，与唐诗、宋词、明清小说并称，是元代戏剧和散曲的合称。关汉卿（《窦娥冤》）、马致远（《汉宫秋》）、郑光祖（《倩女离魂》）、白朴（《墙头马上》）被誉为"元曲四大家"。

6. 《东方见闻录》——意大利人马可·波罗著亚洲见闻录。

7. 《授时历》——元朝郭守敬制定的新历法，是我国古代推算最精确和使用最久的历法。

### （七）考古名址及著名文物、建筑

1. 开封铁塔
2. 定窑孩儿枕
3. 鬼谷子下山图罐
4. 元青花

### （八）历史成语典故

1. 进退失据
2. 过河拆桥
3. 墙头马上
4. 逢人说项
5. 笔走龙蛇

## 第七节　明清（鸦片战争前）时期（1368—1840）

### （一）概述

1368 年，朱元璋推翻元朝，在应天（今南京）称帝，国号明。1421 年，明成祖朱棣迁都北京。前期，明王朝政治基本稳定，经济空前繁荣，统一的、多民族的国家达到了鼎盛时期，这时中国在世界上仍处于领先地位。中后期，明朝内忧外患愈演愈烈，到 1644 年李自成攻破北京，明朝灭亡。明朝是我国在世界舞台上由领先到逐渐落伍的转折期。

清朝是我国历史上最后一个封建王朝，也是我国历史上第二个由少数民族满族建立的统一的封建王朝。1616 年，努尔哈赤称汗，国号“大金”，1636 年，其子皇太极称帝，始定国号大清，改族名为满洲。顺治元年（1644 年），清军入关，定都北京，开始建立在全国的统治。康乾期间是清朝的鼎盛时期，其后逐渐衰落。1840 年，中英鸦片战争爆发，中国沦为半殖民地半封建社会。1912 年，宣统帝溥仪宣布退位，清朝灭亡。清朝前期政绩十分突出，达到了中国历史上的又一个高峰，仍是亚洲头等强国，但与西方新崛起的资本主义国家比，已经明显落伍，中国近代落伍受辱的命运在这时已经注定。

### （二）政治经济制度

1. 废除丞相制度，设立内阁制
2. 明朝宦官制度发展到巅峰
3. “改土归流”制度
4. “一条鞭法”
5. 八旗制度
6. 达赖班禅制度
7. 设立军机处
8. 摊丁入亩
9. 闭关政策

### （三）重要事件

1. 大兴文字狱
2. 颁布《大明律》
3. 靖难之役

4. 成祖迁都
5. 郑和下西洋
6. 戚继光抗倭
7. 葡萄牙侵占澳门
8. 荷兰入侵台湾
9. 东林党争
10. 闯王进京
11. 清兵入关
12. 郑成功收复“台湾”
13. 雅克萨之战和《尼布楚条约》
14. 康乾盛世
15. 虎门销烟
16. 第一次鸦片战争

### (四) 历史人物

1. 朱元璋
2. 郑和
3. 戚继光
4. 利玛窦
5. 张居正
6. 李自成
7. 汤若望
8. 郑成功
9. 康熙
10. 林则徐

### (五) 经济发展与城市勃兴

明清两朝的鼎盛时期，封建经济高度繁荣。农业方面，引入高产农作物新品种——玉米和甘薯，经济作物棉花的种植面积扩大，农业生产商品化，棉花、烟草、花卉等实现生产区域化；手工业方面，革新工具——“纱绸机”，发明双色套印技术，分工日益细密，“织造尚松江，浆染尚芜湖”，新生产关系即资本主义萌芽出现；商业方面，国内市场扩大，商品种类增多，封建城市兴旺（南京、北京和江浙地区），货币发达（白银）。

### (六) 科技文化发展

1. 《永乐大典》——明朝永乐年间明成祖敕令编纂，是中国历史上最早、最大的一部百科全书。

2. 《四库全书》——清朝乾隆时期委派学者编纂，是我国最大的一部丛书。

3. 戏剧：《牡丹亭》——明代汤显祖著，是明代戏剧中最负盛名的剧作；《长生殿》——清初洪昇作；《桃花扇》——清初孔尚任作。

4. 四大名著——《三国演义》(元明之际·罗贯中)《水浒传》(元末明初·施耐庵)《西游记》(明·吴承恩)《红楼梦》(清·曹雪芹)。

5.《聊斋志异》——清代蒲松龄著文言短篇小说集。

6.《儒林外史》——清代吴敬梓著讽刺小说。

7.《本草纲目》——明代医药学家李时珍编写的一部具有总结性的药物学巨著。

8.《农政全书》——明代徐启光著农学和生物学专著。

9.《天工开物》——明末宋应星著农业和手工业专著。

10.《徐霞客游记》——明末徐霞客著，中国最早的一部野外考察记录的地理名著。

### （七）名胜古迹及著名文物

1. 北京明十三陵
2. 北京故宫
3. 北京颐和园
4. 北京圆明园
5. 北京天坛
6. 承德避暑山庄
7. 大禹治水玉山

**一、选择题**

1. 春秋战国时期，诸侯国之间发生了一系列战争。其中坑杀 40 多万赵兵的著名战役是________。

A. 城濮之战　　B. 桂陵之战　　C. 马陵之战　　D. 长平之战

2. 反映春秋战国时期我国官营手工业技术的著作是________。

A.《墨经》　　B.《春秋》

C.《考工记》　　D.《尚书》

3. 右图反映的官职开始设立是在________。

A. 春秋时期　　B. 秦朝

C. 西汉　　D. 东汉

4. 两汉基本上沿袭秦朝的制度，史称“汉承秦制”。下列属于汉朝继承秦朝的制度的是________。

A. 三公九卿制　　B. 刺史制度　　C. 察举制　　D. 编户齐民制度

5. 丝绸之路是历史上横贯欧亚大陆的贸易交通线，在历史上促进了欧亚非各国和中国的友好往来。丝绸之路开通于________。

A. 春秋时期　　B. 战国时期　　C. 西汉时期　　D. 东汉时期

6. 宇文恺是隋朝著名建筑师。隋文帝曾下令让他主持营建新都，此新都为________。

A. 长安　　B. 大兴城　　C. 开封　　D. 洛阳

7. 北宋司马光在《资治通鉴》中写道：“扬州富庶甲天下，时人称‘扬一益二’。”“扬一

益二”中的“益”是指________。

A. 成都　　B. 广州　　C. 杭州　　D. 洛阳

8. 海上丝绸之路（陶瓷之路）是古代中国与外国交通贸易和文化交往的海上通道，起点是福建泉州。唐朝时经过海上“丝绸之路”最远可到达________。

A. 印度　　B. 孟加拉　　C. 波斯湾　　D. 非洲东海岸

9. 中国古代的桥梁建筑技术是非常高超的。其中以坚固实用、美丽壮观而闻名中外的卢沟桥是________。

A. 北宋建造　　B. 辽代建造　　C. 金代建造　　D. 元代建造

10. 明朝时期，把西方天文、数学、地理等方面的著作介绍给中国，又把中国的儒家和道家学说介绍给西方，开西学东渐之先河的是________。

A. 利玛窦　　B. 南怀仁　　C. 严复　　D. 孟德斯鸠

**二、填空题**

1. 造纸技术的发明，是中华民族对世界文明的杰出贡献之一。纸成为主要的书写材料是在________________。
2. 汉武帝派________两次出使西域。西汉设立____________，新疆地区正式归属于中央政权。
3. 唐朝的科举制度的常设的两个科目是________和________。
4. 南宋时，________成为全国重要的粮仓。“苏湖熟，天下足”反映了当时的情况。
5. 清朝时，1662 年________从________殖民者手中收复台湾。

# 第三章
# 中国近代史（从鸦片战争到五四运动前夜，1840—1919 年）

1840 年，英国发动了侵略中国的鸦片战争。中国历史的发展从此发生重大转折。鸦片战争以后，中国不断遭受外来侵略，逐渐沦为半殖民地半封建社会，中国历史进入近代史阶段。在此期间，中国社会的阶级关系也发生了深刻的变化，地主和农民的阶级矛盾更加激化，新兴的工人阶级和资产阶级在近代中国诞生。帝国主义和中华民族的矛盾，封建主义和人民大众的矛盾贯穿整个中国半殖民地半封建社会的始终，近代以来伟大的中国革命，是在这些主要矛盾及其激化的基础上发生和发展起来的，挽救中华民族危机是近代中国人民斗争的出发点。1840 年鸦片战争至 1919 年五四运动前夜，是中国历史上风云变幻的八十年。

## 第一节　反对外国侵略的斗争

### 1. 第一次鸦片战争

1.1　时间：1840 年 6 月至 1842 年 8 月

1.2　重要事件：封锁珠江口、广州三元里人民抗英斗争

1.3　签订条约：中英《南京条约》、中美《望厦条约》、中法《黄埔条约》

1.4　历史影响：中国开始沦为半殖民地半封建社会

### 2. 第二次鸦片战争

2.1　时间：1856 年至 1860 年

2.2　重要事件：火烧圆明园、辛酉政变

2.3　签订条约：中英、中法《天津条约》、中英、中法《北京条约》、中俄《瑷珲条约》

2.4　历史影响：半殖民地化程度进一步加深

### 3. 中法战争

3.1　时间：1883 年 12 月

3.2　重要事件：镇南关大捷

3.3　签订条约：《中法新约》

3.4　历史影响：民族危机逐渐加深

### 4. 甲午中日战争

4.1 时间：1894 年至 1895 年
4.2 重要事件：旅顺大屠杀
4.3 签订条约：中日《马关条约》
4.4 历史影响：列强对中国的经济侵略由商品输出为主发展到以资本输出为主的阶段。帝国主义掀起瓜分中国狂潮，并走向联合，利益趋向一致。

### 5. 八国联军侵华战争

5.1 时间：1900 年至 1901 年
5.2 重要事件："两宫西狩"
5.3 签订条约：中国与英国、美国、俄国、德国、日本、奥地利、法国、意大利、西班牙、荷兰、比利时十一个国家签订《辛丑条约》。
5.4 历史影响：中国社会完全沦入半殖民地半封建社会的深渊。

## 第二节　对国家出路的早期探索

### 1. 太平天国起义

1.1 时间：1851 年至 1864 年
1.2 重要事件：金田起义
1.3 历史人物：洪秀全
1.4 重要文件：《天朝田亩制度》《资政新篇》
1.5 历史评价：太平天国是一次反帝反封建的农民运动，是中国历史上规模最大、人数最多、时间最长的一次农民战争，是中国几千年来农民战争的最高水平，它沉重地打击了中外反动势力。并对亚非人民的反殖民斗争起到了巨大的鼓舞作用，体现了时代新特点。

### 2. 洋务运动

2.1 时间：19 世纪 60 年代初至 90 年代中期
2.2 主要内容：引进和学习西方的先进科技
2.3 代表人物：中央：奕䜣；地方：曾国藩、李鸿章、左宗棠、张之洞
2.4 口号："自强""求富"
2.5 重要成就：筹建了中国历史上的第一支近代化海军——北洋舰队
2.6 历史影响：中国出现了第一批近代工业企业，客观上促进了中国资本主义的产生和发展，为中国的近代化开辟了道路。

### 3. 戊戌变法

3.1 时间：1898 年

3.2　代表人物：光绪、康有为、梁启超、“戊戌六君子”

3.3　结局：失败

3.4　历史评价：戊戌变法是中国近代史上具有重大意义的事件，是一次爱国救亡运动，也是一次进步的政治改良运动，又是一次思想启蒙运动。

### 4. 辛亥革命与君主专制制度的终结

4.1　重要事件

4.1.1　成立同盟会（1905年，日本东京，《民报》）

4.1.2　清末“新政”

4.1.3　保路运动

4.1.4　武昌首义（1911年10月10日）

4.1.5　建立民国（1912年1月1日，南京，《中华民国临时约法》）

4.1.6　清帝退位（1912年2月12日）

4.2　历史人物：孙中山、袁世凯、黎元洪、段祺瑞

4.3　重要主张：三民主义

4.4　历史评价：辛亥革命推翻了统治中国近代长达270多年的腐败屈辱的清王朝，结束了中国两千多年的封建君主专制制度，建立起资产阶级共和国，推动了历史的前进。它沉重打击了帝国主义的侵略势力，为民族资本主义的发展创造了有利的条件，对近代亚洲各国被压迫民族的解放运动，产生了比较广泛的影响。

## 第三节　其他重大历史事件

1. 台湾建省（刘铭传）
2. 义和团运动
3. 袁世凯称帝
4. 护国战争
5. 张勋复辟
6. 签订“二十一条”
7. 新文化运动

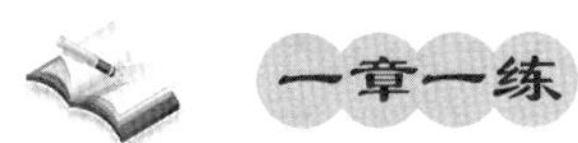


**一、选择题**

1. “师夷之长技以制夷”的提出者是________。

   A. 龚自珍　　B. 林则徐　　C. 洪仁玕　　D. 魏源

2. 由李鸿章管辖的清政府海军主力是________。

   A. 广东水师　　B. 北洋水师　　C. 南洋水师　　D. 福建水师

3. 第二次鸦片战争时期，侵占我国北方大量领土的国家是________。

   A. 日本　　B. 俄国　　C. 德国　　D. 英国

4. 鸦片战争前，中国社会经济中占统治地位的是________。

A. 商品经济　　B. 自然经济　　C. 半殖民地经济　　D. 资本主义经济

5. 下列太平天国的诸活动中，能与当时世界历史潮流同步的是________。

A. 颁布《天朝田亩制度》　　B. 洪仁玕的《资政新篇》

C. 严惩外国侵略者　　D. 反对腐朽没落的封建统治

6. 中国历史上第一部具有资产阶级共和国宪法性质的法典是________。

A.《钦定宪法大纲》　　B.《中华民国临时约法》

C.《资政新篇》　　D.《中华民国约法》

7.《新青年》是谁在上海创办的？________。

A. 陈独秀　　B. 胡适　　C. 李大钊　　D. 鲁迅

8. 中国第一个全国性的统一的资产阶级革命政党是________。

A. 兴中会　　B. 同盟会　　C. 国民党　　D. 文学社

9. 下面哪一个口号不是五四运动期间学生在示威游行时高呼的口号：________。

A. “打倒列强，除军阀”　　B. “废除二十一条”

C. “拒绝在和约上签字”　　D. “外争国权，内惩国贼”

10. 下列不平等条约中，赔款数额最多的是________。

A.《南京条约》　　B.《北京条约》　　C.《马关条约》　　D.《辛丑条约》

**二、填空题**

1. 中英《南京条约》规定，清朝政府开放广州、厦门、福州、________、________等五处为通商口岸（史称“五口通商”）。

2. “大将筹边尚未还，湖湘子弟满天山”说的是晚清远戍新疆的著名湘军将领________。

3. 戊戌变法期间，设立____________，为我国近代史上第一所国立综合性大学。

4. 1901年签订的《辛丑条约》划定____________为“使馆界”。

5. 武昌起义后，起义军宣布改国号为中华民国，废除清朝宣统年号，改用________纪元。

# 第四章
# 中国近代史（从五四运动到新中国成立，1919—1949年）

在1919年五四运动至1949年新中国成立以前这个时期，中国仍然是半殖民地半封建社会，社会的主要矛盾仍然是中国人民同外国帝国主义和本国封建主义（后来又有官僚资本主义）的矛盾；农民仍然是反帝反封建斗争的主力，工人阶级、学生群众和新兴的民族资产阶级这些新的社会力量发展了起来；而工人阶级则代替资产阶级成了新式的资产阶级民主革命的领导力量。在中国工人阶级的先锋队——中国共产党的领导下，中国人民经过长期、艰苦、曲折的斗争，推翻了半殖民地半封建的社会制度，取得了新民主主义革命的胜利，创建了中华人民共和国，基本上完成了争取民族独立、人民解放的任务，从而为实现国家繁荣富强、人民共同富裕创造了前提，开辟了道路。

## 第一节　北洋军阀统治时期

1. 时间：1912年至1928年（北洋政府是由北洋军阀控制的北京中华民国政府的通称）
2. 重要事件
   2.1　五四运动
   2.2　中国共产党成立
   2.3　二七大罢工
3. 历史人物：陈独秀、李大钊、毛泽东

## 第二节　第一次国共合作

1. 时间：1924年至1927年
2. 标志：1924年1月国民党第一次代表大会召开
3. 重要事件
   3.1　筹建黄埔军校
   3.2　五卅运动
   3.3　省港大罢工
   3.4　中山舰事件
   3.5　北伐战争
   3.6　反革命政变
4. 历史人物：蒋介石、周恩来、汪精卫

5. 破裂：1927 年 7 月 15 日，汪精卫发动反革命政变，第一次国共合作破裂，国民革命最后失败。

## 第三节　国共对峙的十年

1. 时间：1927 年至 1937 年
2. 重要事件
   2.1　八一南昌起义
   2.2　宁汉合流
   2.3　东北易帜
   2.4　九一八事变
   2.5　红军长征（遵义会议）
   2.6　日本建立“满洲国”傀儡政权
   2.7　华北事变
   2.8　西安事变
3. 历史人物：张学良、王明、溥仪、杨虎城

## 第四节　全民族的抗日战争

1. 爆发标志：1937 年 7 月 7 日，日本制造卢沟桥事变，开始全面侵华，也是中国人民进行全国性抗战的开始。1945 年 9 月 9 日，侵华日军向中国呈交投降书，抗日战争胜利结束。

2. 抗日民族统一战线最终建立：1937 年，蒋介石发表庐山谈话。
3. 重要事件
   3.1　卢沟桥事变
   3.2　淞沪会战
   3.3　南京大屠杀
   3.4　台儿庄大捷
   3.5　平型关大捷
   3.6　百团大战
   3.7　皖南事变
   3.8　中共七大
   3.9　抗战胜利
4. 历史人物：彭德怀、张自忠

## 第五节　两种中国命运的决战

1. 重要事件
   1.1　重庆谈判

1.2 内战爆发
1.3 三大战役
1.4 七届二中全会
1.5 渡江战役
1.6 中国人民政治协商会议
1.7 中华人民共和国成立

2. 历史人物：邓小平、林彪

一章一练

**一、选择题**

1. 中国新民主主义革命伟大开端的标志是________。
   A. 新文化运动　B. 五四运动　C. 中国共产党成立　D. 新中国建立

2. 中国无产阶级诞生于________。
   A. 19 世纪四五十年代　B. 19 世纪 70 年代
   C. 19 世纪 90 年代　D. 第一次世界大战期间

3. 国共两党第一次合作的政治基础是________。
   A. 中国共产党民主革命纲领　B. 旧三民主义
   C. 新三民主义　D. “联俄、联共、辅助农工”的三大政策

4. 1927 年蒋介石发动“四·一二”反革命政变的地点是________。
   A. 广州　B. 南昌　C. 上海　D. 武汉

5. 确立中国共产党对军队的绝对领导的是________。
   A. 南昌起义　B. 秋收起义　C. 三湾改编　D. 广州起义

6. 1915 年，护国运动开始，与之相隔 12 年的历史大事是________。
   A. 中国共产党成立　B. 五四运动爆发
   C. 五卅运动爆发　D. 国民大革命失败

7. 确立毛泽东思想为党的指导思想的大会是________。
   A. 中共一大　B. 中共二大　C. 中共七大　D. 中共八大

8. 抗日战争中，张自忠将军壮烈殉国的战役是________。
   A. 淞沪会战　B. 台儿庄战役
   C. 枣宜会战　D. 豫湘桂战役

9. 全面抗战爆发后，中国军队取得的首次大捷是________。
   A. 淞沪会战　B. 太原会战
   C. 平型关战役　D. 徐州会战

10. 1946 年 6 月全面内战爆发，其标志是国民党军队大举进攻________。
    A. 中原解放区　B. 晋冀鲁豫解放区　C. 陕北解放区　D. 山东解放区

**二、填空题**

1. 五四运动发生的导火线是____________上中国外交的失败。
2. 1923 年 9 月 4 日，共产党员________以个人身份第一个加入国民党。

3. 在卢沟桥事变中奋起抵抗日军侵略的中国军队是________________。
4. 抗日民族统一战线正式建立的标志是____________________。
5. 1947 年 6 月，__________和__________率领大军千里跃进大别山，揭开了人民解放军战略反攻的序幕。

# 第五章
# 中国现代史（1949 年至今）

中国现代史是指 1949 年 10 月中华人民共和国成立至今的历史，分为新民主主义社会与社会主义社会两大历史阶段。这一时期也是中国人民建立政权、巩固政权、探索与发展中国，使中国走向富强、民主、自立的一段发展史。新中国成立以来，我国在经济建设、民主法制、科学技术、国防建设、民族团结、文化教育、对外交往各方面取得显著成就。我国综合国力不断提高，国家日益繁荣富强，人民生活明显改善。“一国两制”由构想变为现实，祖国和平统一大业取得历史性进展。

**中国现代史大事年表**

1949 年 9 月：第一届政协会议召开，通过《共同纲领》等。

1949 年 10 月 1 日：开国大典，中华人民共和国成立；在筹建新中国之时，提出实行民族区域自治；中华人民共和国成立后，明确提出要解放台湾；中华人民共和国成立前夕，成立第一支海军——华东军区海军；中华人民共和国成立前夕，空军成立；在中华人民共和国成立的第一年里（1949. 10—1950. 10）同前苏联等 17 个国家建立外交关系。

1950 年：美国侵略朝鲜，将战火烧到中朝边境，并派第七舰队侵入台湾海峡，阻止中国解放台湾，中国人民志愿军赴朝作战，抗美援朝战争爆发；颁布《中华人民共和国土地改革法》，进行土地改革。

1951 年：西藏和平解放，祖国大陆获得统一，各族人民实现大团结。

1952 年：年底，土地改革基本完成，摧毁了两千多年的封建土地制度。

1953 年：美国被迫在朝鲜停战协定上签字，抗美援朝胜利；“一五”计划开始执行；社会主义改造开始；周恩来在接见印度代表团时，首次提出和平共处五项原则。

1954 年：第一届人大召开，制定《中华人民共和国宪法》；国家对资本主义工商业进行社会主义改造，发展公私合营；中国首次以五大国之一的身份参加日内瓦会议。

1955 年：全国掀起农业合作化的高潮；万隆亚非会议，周恩来提出“求同存异”的原则。

1956 年：长春第一汽车制造厂生产出第一辆解放牌汽车；年底，三大改造基本完成，社会主义制度基本建立，进入社会主义初级阶段；中共八大召开。

1957 年：武汉长江大桥建成；“一五”计划超额完成，开始改变工业落后的面貌。

1958 年：提出建设社会主义的总路线，发动“大跃进”和人民公社化运动。

60 年代初：西藏完成民主改革，废除封建农奴制，进入社会主义阶段。

1964 年：10 月，第一颗原子弹爆炸成功。

1966 年：“文革”开始，发出开展“无产阶级文化大革命”的决定，成立“中央文革小组”。

1970 年：第一颗人造地球卫星“东方红一号”发射成功，成为第五个能独立发射人造地球卫星的国家。

1971 年：粉碎林彪反革命集团；美国总统尼克松的国家安全事务助理基辛格访华；第 26 届联合国大会恢复中国在联合国的合法权利，恢复中国安理会常任理事国的席位。

1972 年：美国总统尼克松访华，在上海签署《中美联合公报》。日本首相田中角荣访华，中日建交。

1976 年：人民群众悼念周恩来、抨击“四人帮”的“四五”运动；毛泽东逝世；粉碎江青反革命集团，“文革”结束。

1977 年：恢复高考。

1978 年：展开关于真理标准问题的讨论；召开十一届三中全会。

1979 年：中美正式建交。

1980 年：为刘少奇恢复名誉，党的历史上最大的冤案得以平反；建立深圳、珠海、汕头、厦门等经济特区。

1982 年：颁布第四部《中华人民共和国宪法》；中共十二大召开，邓小平提出建设有中国特色的社会主义。

1984 年：中英两国政府就中国收回香港问题签署联合声明；射击运动员许海峰为中国赢得奥运史上的第一枚金牌。

1987 年：中共十三大召开，形成社会主义初级阶段理论，提出党在社会主义初级阶段的基本路线，作出分三步走的战略部署；中国和葡萄牙两国政府就中国收回澳门问题签署联合声明。

1993 年：“汪辜会谈”。

1997 年：中共十五大召开，把邓小平理论确立为党的指导思想；7 月 1 日，中华人民共和国香港特别行政区正式成立。

1999 年：我国第一艘无人飞船“神舟一号”发射成功；12 月 20 日中国对澳门恢复行使主权。

2001 年：北京申奥成功；亚太经合组织会议在上海召开，是中国迄今举行的规模最大、规格最高的多边外交活动；中国加入世界贸易组织。

2002 年：中共十六大召开，形成以胡锦涛为核心的第四代党中央领导集体。

2003 年：我国第一艘载人飞船神舟五号成功升上太空，首位宇航员是杨利伟。

2008 年：8 月 8 日至 8 月 24 日北京举办奥运会。

2010 年：5 月 1 日至 10 月 31 日上海举办世博会；11 月 12 日至 27 日广州举办亚运会。

## 一章一练

### 一、选择题

1. 我国对资本主义工商业进行社会主义改造的途径是：________。

   A. 和平赎买　　B. 国家资本主义

   C. 利用、限制、改造　　D. 团结、批评、改造

2. 标志我国两千多年的封建剥削土地制度被彻底废除的是：________。

A. 西藏的和平解放　　B. 对农业社会主义改造的完成

C. 抗美援朝的胜利　　D. 土地改革的完成

3. 我国社会主义初级阶段起始于：________。

A. 中华人民共和国成立　　B. 国民经济恢复任务完成

C. “文化大革命”结束　　D. 对生产资料私有制社会主义改造任务完成

4. 人民公社化运动对我国国民经济造成严重伤害，其错误的实质是：________。

A. 生产关系的调整不符合生产力的实际水平

B. 打破国家财政收支平衡

C. 破坏国民经济正常的比例关系

D. 没有注意到生态环境的保护

5. “九一三事件”指的是：________。

A. “文化大革命”的全面发动

B. 林彪反革命集团被粉碎

C. 中央“文革”小组基本取代中央政治局的职能

D. 江青反革命集团被粉碎

6. 实现了建国以来党的历史上具有深远意义的伟大转折的会议是：________。

A. 中共“八大”　　B“中共十一届三中全会”

C. 中共“十二大”　　D. 中共“十三大”

7. “四个现代化”的宏伟目标是在哪一届全国人民代表大会提出来的？________。

A. 第五届　　B. 第四届　　C. 第三届　　D. 第二届

8. 中国农民说：吃饭靠“两平”，一靠邓小平，二靠袁隆平。袁隆平的主要成就是：________。

A. 培育籼型杂交水稻，提高粮食产量　　B. 研制导弹、原子弹获得成功

C. 提出实行家庭联产承包责任制　　D. 实业救国

9. 引发“文化大革命”的导火线是：________。

A. 吴晗发表《海瑞罢官》

B.《炮打司令部——我的一张大字报》发表

C. 中共中央发出“五一六通知”

D.《评新编历史剧〈海瑞罢官〉》发表

10. 中共八大坚持的经济建设方针是：________。

A. 综合发展　　B. 平衡发展

C. 重点发展重工业　　D. 综合平衡中稳步前进

**二、填空题**

1. 到________年底，我国基本完成了对农业、手工业、资本主义工商业的社会主义改造。

2. “芝麻赛玉米，玉米比人大”这句打油诗出自于 20 世纪 50 年代，它反映的是________时期的浮夸风。

3. 1978 年中共十一届三中全会提出“______________________”的法制建设方针。

4. 1982 年，英国首相____________访问中国，邓小平就香港前途问题与其进行了会谈。

5. 1999 年我国成功发射第一艘无人飞船__________。

# 下篇　地理篇

## 第一章
## 中国自然地理

中国位于亚欧大陆东部，太平洋西岸，海岸线漫长，大部分地区位于北半球的中纬度，地势起伏大，地形种类多，气候多样，河流湖泊众多，自然资源种类多且总量大。

### 第一节　中国的地形

1. 地势：西高东低，呈三级阶梯状

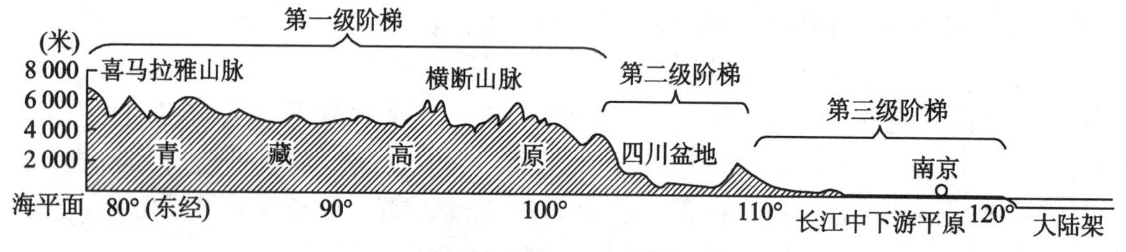

中国沿北纬 32°地势剖面

| 阶梯 | 界线 | 主要地形 | 海拔 |
|---|---|---|---|
| 一 | 昆仑山、祁连山、横断山脉 | 高原、盆地 | 4 000 米以上 |
| 二 | 雪峰山、巫山、太行山、大兴安岭 | 三大高原、三大盆地 | 1 000~2 000 米 |
| 三 | | 三大平原、三大丘陵 | 500 米以下 |

［补充］位于我国一级阶梯和二级阶梯交界线上的水电站主要有：黄河的龙羊峡、刘家峡、李家峡等，长江及其支流上的龚嘴、二滩等；位于我国二三级阶梯上的水电站有：黄河的小浪底等，长江上的三峡、葛洲坝等，西江上游的天生桥、龙滩、岩滩等。

2. 地形特点：地形多种多样，山区面积广大

3. 主要山脉

3.1 东北—西南走向，最西列是大兴安岭—太行山—巫山—雪峰山；中间一列是长白山—武夷山；最东列是台湾山脉，其主峰玉山是我国东南沿海最高的山峰。

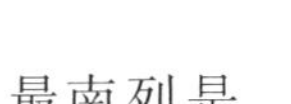

3.2　东西走向，最北列是天山—阴山；中间一列是昆仑山—秦岭；最南列是南岭。

3.3　西北—东南走向，主要有阿尔泰山，祁连山、巴颜喀拉山等。多在我国西部。

3.4　弧形山系，是世界最高山脉喜马拉雅山，其主峰珠穆朗玛峰海拔 8 848 米，为世界最高山峰，位于中国与尼泊尔交界处。

3.5　南北走向，主要有贺兰山、横断山脉等。

4. 主要地形

4.1　四大高原

| 名称 | 主　要　特　征 |
| --- | --- |
| 青藏高原 | 世界最高大高原，高寒、冰川广布、雪山连绵 |
| 内蒙古高原 | 我国第二大高原，最平坦的高原，风力作用强烈，西部风蚀地貌典型 |
| 黄土高原 | 世界黄土分布最广，流水侵蚀作用强烈，千沟万壑 |
| 云贵高原 | 地势西高东低，石灰岩广布，流水溶蚀作用强烈，多喀斯特地貌，地表崎岖不平，有许多“坝子” |

4.2　四大盆地

| 名　称 | 主　要　特　征 |
| --- | --- |
| 塔里木盆地 | 面积最大的盆地，有最大沙漠——塔克拉玛干沙漠和最大内流河 |
| 准噶尔盆地 | 第二大盆地 |
| 柴达木盆地 | 地势最高的盆地，大部分为沙漠、戈壁，有“聚宝盆”之称 |
| 四川盆地 | 也称“紫色盆地”，最湿润的外流盆地，西有面积较大的成都平原 |

4.3　三大平原

| 名　称 | 主　要　特　征 |
| --- | --- |
| 东北平原 | 我国面积最大、地势最高（200 米以下）的平原，地势坦荡，黑土深广，多沼泽低地 |
| 华北平原 | 我国最完整的平原，由黄淮海冲积而成。地势低平（多在 50 米以下），旱涝、盐碱、风沙等自然灾害频发 |
| 长江中下游平原 | 我国最低平的平原（多在 50 米以下，下游长江三角洲则海拔在 10 米以下），河湖密布，为著名水乡 |

4.4 三大丘陵

| | 风景旅游区 |
|---|---|
| 辽东丘陵 | 千山 |
| 山东丘陵 | 泰山 |
| 东南丘陵 | 黄山、庐山、武夷山、“桂林山水” |

## 第二节 中国的气候

### 1. 冬夏季气温分布特点及原因

| 季节 | 分布特点 |
|---|---|
| 冬季1月 | 南暖北寒、南北温差大 |
| 夏季7月 | 全国普遍高温、南北温差小 |

### 2. 温度带划分及其分布

我国根据≥10℃积温自北向南划分五个温度带，即寒温带、中温带、暖温带、亚热带、热带，同时另有一个独特的青藏高原气候区。

### 3. 影响我国的气象和气候灾害

| 灾害 | 多发地区 | 多发季节 | 特点 |
|---|---|---|---|
| 梅雨 | 江淮地区 | 春末夏初 | 阴雨连绵——降水多；出现“空梅”天气——干旱 |
| 伏旱 | 长江中下游地区 | 7月 | 天气酷热少雨，抗旱任务艰巨 |
| 台风 | 东南沿海 | 夏秋 | 狂风暴雨 |
| 春旱 | 华北 | 3~5月 | 空气干燥，土壤缺水，河湖水位下降 |
| 夏涝 | 华北、南方地区 | 6~8月 | 洪涝灾害 |
| 倒春寒 | 东部季风区 | 3~5月 | 春季出现强低温和雨雪天气 |
| 寒潮 | 除青藏高原以外的广大地区 | 冬季半年，以春秋两季最严重 | 大风、雨雪、冻害时间长，范围广 |
| 风沙天气 | 三北地区 | 春秋两季，以春季最严重 | 风大，大气含沙量大，能见度低，影响范围广，一般与寒潮路径相同 |
| 暴雨洪涝 | 除西部一些沙漠地区以外的广大地区 | 夏秋 | 降水强度大，时间短，形成洪涝，我国南方（和东部）地区多大暴雨和特大暴雨 |
| 干旱 | 华北、西北 | 冬春 | 空气干燥，土壤缺水，是突出的世界性问题，影响经济发展和社会安定 |

# 第三节　中国的河流和湖泊

## 1. 河流的基本特点

| 基本特点 | 内　　容 |
|---|---|
| 河流众多 | 流域面积超过 1 000 平方千米以上的河流，就有 1 500 多条 |
| 水量丰富 | 河流年径流量达 27 000 亿立方米，仅次于巴西、俄罗斯、居世界第三位 |
| 水能蕴藏量极大 | 水力资源蕴藏量达 6.8 亿千瓦，居世界首位 |

## 2. 内外流河

| 流域区域 | 分界线 | 占全国总面积 | 主要大河 |
|---|---|---|---|
| 外流区域 | 北段大致沿着大兴安岭—阴山—贺兰山—祁连山（东端）一线；南段沿巴颜喀拉山—冈底斯山一线。（与季风区非季风区的界线大体相近） | 2/3 | 流入太平洋：长江、黄河、珠江、松花江、海河、辽河、澜沧江（境外称湄公河）<br>流入印度洋：雅鲁藏布江（在印度境内称布拉马普特拉河）、怒江<br>流入北冰洋：额尔齐斯河 |
| 内流区域 | | 1/3 | 流入沙漠或内陆湖泊：塔里木河 |

# 第四节　中国的自然资源

**• 基本特征**

1. 自然资源总量大、种类齐全。我国是世界资源大国。不仅如此，我国还是世界上少数几个矿种比较齐全的国家之一。

2. 人均资源占有量不多，许多资源人均占有量居世界后列。

3. 自然资源形势严峻。由于利用不当、管理不善，自然资源遭到破坏和浪费的现象严重。

## 一、选择题

1. 有关我国地理位置的叙述，正确的是：________。

A. 位于东半球，亚洲东部，西临太平洋

B. 领土最北端在漠河，最南端在曾母暗沙

C. 从经度来看，我国全属东经度；从纬度来看，我国全属低纬度

D. 我国南部有北回归线穿过

2. 秦岭——淮河以南大部分属于：________。

A. 湿润区、亚热带　　B. 湿润区、热带

C. 半湿润区、亚热带　　D. 半湿润区、暖温带

3. 四川盆地与准噶尔盆地相比较，其相同点是：________。

A. 都位于地势的第二级阶梯上　　B. 都有绿洲农业

C. 都属外流区域　　D. 都分布有丰富的煤、铁、石油等

4. 黄河、长江干流流经的省级行政区和地形区有：________。

A. 青海、西藏和青藏高原　　B. 四川、甘肃和四川盆地

C. 青海、四川和青藏高原　　D. 青海、甘肃和黄土高原

5. 位于新疆中部的山地是________。

A. 阿尔泰山　　B. 昆仑山　　C. 天山　　D. 祁连山

6. 下列山脉既是我国地势第二级和第三级阶梯的界线，又是季风区和非季风区界线的是________。

A. 太行山脉　　B. 大兴安岭　　C. 秦岭　　D. 贺兰山

7. 下列地区中，水土搭配不合理的是：________。

A. 长江中下游平原　　B. 四川盆地

C. 华北平原　　D. 东南丘陵

8. 下列自然资源，全部属于可再生资源的是：________。

A. 石油、森林、煤炭、太阳能　　B. 阳光、土地、水、草原

C. 铁矿、天然气、铀矿、阳光　　D. 森林、水、天然气、铁矿

9. 下列四幅景观图所在地区水土流失最为严重的是________。

A. ①图　　B. ②图　　C. ③图　　D. ④图

10. 我国冬季南北气温相差很大，最主要的影响因素是________。

A. 纬度因素　　B. 海陆位置　　C. 地形因素　　D. 人为因素

**二、填空题**

1. 我国第一阶梯为青藏高原，平均海拔在 4 000 米以上，号称“________”。

2. 长江的中游段是指从________至________的河流一段。

3. 南水北调工程就是把长江水系丰富的水资源，通过引水工程调到我国缺水严重的________、________地区，这一工程又分为东、中、西三条调水路线。

4. 我国最长内流河为__________。

5. 在我国濒临的四个海中，全部位于近海大陆架的是________和________。

# 第二章
# 中国人文地理

中国幅员辽阔、人口众多、历史悠久、地理环境复杂多样、经济增长较快，是一个发展中大国，在世界上占有举足轻重的地位。

## 第一节　中国的疆域、行政区划

### 1. 中国的位置

1.1　半球位置：北半球、东半球

1.2　海陆位置：亚洲的东部、太平洋的西岸

1.3　纬度位置：南北跨纬度近50°，大部分在温带，南部小部分在热带，没有寒带。

### 2. 中国的疆域

2.1　领土总面积

陆地面积有960万平方千米（还有37万平方千米的海洋国土、300万平方千米专属经济区）。在世界各国中，仅次于俄罗斯、加拿大，是世界第三大国。

2.2　领土范围

最北端：黑龙江漠河以北黑龙江主航道中主线（53°N多）

最南端：南海南沙群岛上的曾母暗沙（4°N附近）

最东端：黑龙江与乌苏里江主航道中心线汇合处（135°E多）

最西端：新疆帕米尔高原（73°E附近）

南北跨纬度近50°N，约5500千米，东西跨经度60°多、约5 000千米，是一个地域辽阔、自然环境差异十分显著的国度。

### 3. 疆界和邻国

3.1　陆界和邻国

我国陆上国界长达2万多千米，共有14个陆上邻国，从鸭绿江口开始到北仑河口依次为朝鲜、俄罗斯、蒙古、哈萨克斯坦、吉尔吉斯斯坦、塔吉克斯坦、阿富汗、巴基斯坦、印度、尼泊尔、不丹、缅甸、老挝、越南。

3.2　海上疆界和隔海相望国家

我国有18 000千米长的海岸线。我国的临海有渤海、黄海、东海、太平洋、南海。我国的内海有渤海和琼州海峡。

海峡：台湾海峡、琼州海峡、渤海海峡。

半岛：我国的半岛自北向南有辽东半岛、山东半岛、雷州半岛。

岛屿：我国是世界上岛屿众多的国家之一。我国90%的岛屿分布在东海和南海。台湾岛、海南岛、崇明岛分别是我国第一、第二、第三大岛。舟山群岛、庙岛群岛、澎湖列岛、南海诸岛是我国的四大群岛。浙江省是我国岛屿分布最多的省。

与我国隔海相望的国家有：韩国、日本、菲律宾、马来西亚、文莱、印度尼西亚。

### 4. 我国的行政区划

三级行政区：我国疆域辽阔，为了便于行政管理，有利于经济发展和民族团结，全国的行政区域，基本分为省（自治区、直辖市、特别行政区）、县（自治县、市）、乡（镇）三级，我国拥有34个省级行政区（包括23个省、4个直辖市、5个自治区和香港、澳门特别行政区）。

- **各省级行政单位的简称**

| 名称 | 简称 | 行政中心 |
| --- | --- | --- |
| 北京市 | 京 | 北京 |
| 天津市 | 津 | 天津 |
| 重庆市 | 渝 | 重庆 |
| 上海市 | 沪 | 上海 |
| 河北省 | 冀 | 石家庄 |
| 山西省 | 晋 | 太原 |
| 内蒙古自治区 | 内蒙古 | 呼和浩特 |
| 辽宁省 | 辽 | 沈阳 |
| 吉林省 | 吉 | 长春 |
| 黑龙江省 | 黑 | 哈尔滨 |
| 江苏省 | 苏 | 南京 |
| 浙江省 | 浙 | 杭州 |
| 安徽省 | 皖 | 合肥 |
| 福建省 | 闽 | 福州 |
| 江西省 | 赣 | 南昌 |
| 山东省 | 鲁 | 济南 |
| 河南省 | 豫 | 郑州 |
| 湖北省 | 鄂 | 武汉 |
| 湖南省 | 湘 | 长沙 |

续表

| 名称 | 简称 | 行政中心 |
|---|---|---|
| 广东省 | 粤 | 广州 |
| 广西壮族自治区 | 桂 | 南宁 |
| 海南省 | 琼 | 海口 |
| 四川省 | 川或蜀 | 成都 |
| 贵州省 | 贵或黔 | 贵阳 |
| 云南省 | 云或滇 | 昆明 |
| 西藏自治区 | 藏 | 拉萨 |
| 陕西省 | 陕或秦 | 西安 |
| 甘肃省 | 甘或陇 | 兰州 |
| 青海省 | 青 | 西宁 |
| 宁夏回族自治区 | 宁 | 银川 |
| 新疆维吾尔自治区 | 新 | 乌鲁木齐 |
| 香港特别行政区 | 港 | 香港 |
| 澳门特别行政区 | 澳 | 澳门 |
| 台湾省 | 台 | 台北 |

## 第二节　中国的人口和民族

### 1. 中国的人口

中国第六次人口普查资料显示，中国人口（2010 年）为 13.7 亿，是世界上人口最多的国家。我国人口的突出特点是人口基数大，人口增加快，庞大的人口数量严重地制约了我国社会的发展，所以国家把实行计划生育作为一项长期的基本国策；其主要内容是：控制人口数量，提高人口素质；其具体要求是：晚婚晚育，少生优生。

### 2. 中国的民族

中国共有 56 个民族，是一个统一的多民族社会主义国家。其中汉族人口最多，占 92%。其他 55 个民族称为少数民族，其中壮族人口最多，有 1 500 多万人。超过 400 万的少数民族还有：满、回、苗、维吾尔、藏、彝、土家、蒙古族等。

民族分布特点：大杂居、小聚居

各民族的地区分布状况：汉族的分布遍及全国，主要集中在东部和中部；少数民族多分布在西南、西北和东北等边疆地区。云南省是我国少数民族最多的省份。

民族政策：我国实行平等、团结、互助的民族政策，各民族不论大小，一律平等。国家尊重少数民族的文化、风俗习惯、宗教信仰等，在少数民族聚居的地区实行民族区域自治（如自治区、自治州、自治县、民族乡等）的政策。国家根据各少数民族的特点和需要，帮助各少数民族加快发展本地区的经济、文化和各项社会事业。

# 第三节 中国的交通、商业和旅游

## 1. 交通

### 1.1 铁路运输

铁路是我国最重要的运输方式，主要铁路枢纽有：北京、沈阳、兰州、郑州、徐州、株洲、南昌、上海等。

南北干线：

①京广线 ②京哈线 ③京沪线 ④京九线 ⑤同蒲线

⑥太焦线 ⑦焦柳线 ⑧宝成线 ⑨成昆线

东西干线：

A. 京包线 B. 包兰线 C. 陇海线 D. 兰新线

E. 沪杭线 F. 浙赣线 G. 湘黔线 H. 贵昆线

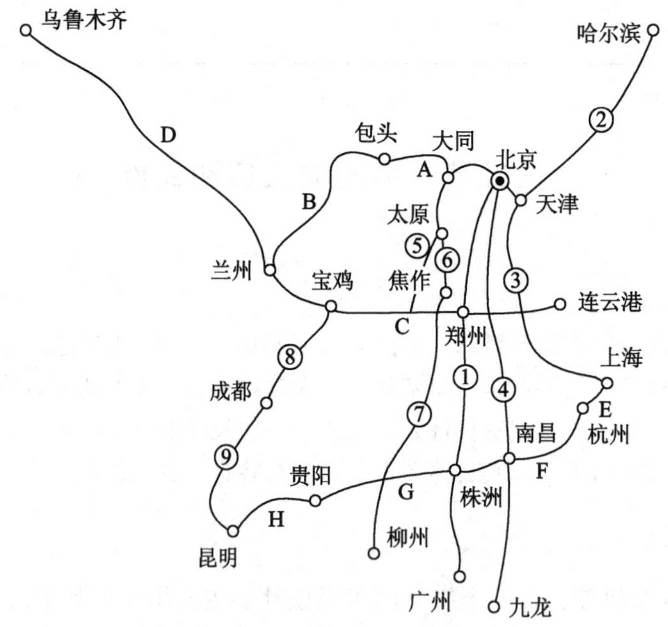


“五纵”与陇海线、长江干流交汇处的城市

| “五纵”名称 | 京沪线 | 京九线 | 京广线 | 焦柳线 | 宝成—成昆线 |
|---|---|---|---|---|---|
| 与陇海线交汇处的城市 | 徐州 | 商丘 | 郑州 | 洛阳 | 宝鸡 |
| 与长江干流交汇处的城市 | 南京 | 九江 | 武汉 | 枝城 | 攀枝花 |

1.2　公路运输

我国公路发展很快，通往西藏的有新藏公路、川藏公路、青藏公路、滇藏公路。20世纪80年代（特别是近年）以来，高速公路建设迅速发展。如北京一天津一塘沽线、沈阳一大连线、京沪高速公路等。

1.3　内河运输

我国内河航道有11万千米。航运比较发达的航道有长江、京杭运河、珠江、松花江。长江是我国内河航道的大动脉，被誉为“黄金水道”。重庆、武汉、南京、上海是沿岸重要港口。

1.4　海洋运输

我国海上航运分为沿海航运和远洋航运。沿海航运可以分为以大连、上海为中心的北方航区和以广州为中心的南方航区；主要通航：秦皇岛、天津、烟台、青岛、连云港、南通、宁波、温州、福州、湛江、北海等主要海港，远洋航线可通达世界150多个国家和地区，远洋运输总载重吨位居世界第2位。

1.5　航空运输，已形成以北京为中心的航空运输网，600多条航线联系亚、欧、非、美和大洋洲的许多国家及国内重要城市。北京、上海、广州、乌鲁木齐是重要的国际航空港。

## 2. 中国的商业

我国的商业中心大多分布在经济发达、人口稠密和交通便利的东部地区。上海是全国最大的商业中心，北京次之。

中国对外贸易的主要对象：美国、日本、韩国、西欧和东南亚各国。

主要外贸口岸有：沿海的上海、广州、天津、大连等，以及边境城镇。

## 3. 中国的旅游业

3.1　自然风光：长江三峡、桂林山水、安徽黄山、四川的九寨沟、湖南张家界、台湾日月潭、杭州西湖、吉林白头山、福建武夷山等。

3.2　古代文化艺术宝藏：万里长城、西安的秦陵兵马俑、北京故宫、承德的避暑山庄、洛阳龙门石窟、敦煌莫高窟的壁画、拉萨的布达拉宫等。

3.3　革命纪念地：湖南韶山毛泽东故居、井冈山、延安等。

3.4　民族风情：壮族的火把节、傣族的泼水节等。

### 一、选择题

1. 下列省区轮廓与其对应的简称不正确的是________

A. 

B. 

C. 

D. 

2. 下列四组国家中，全部为我国陆上邻国的是________。

A. 俄罗斯、泰国 B. 缅甸、孟加拉国 C. 巴基斯坦、日本 D. 越南、印度

3. 由于对地区经济的发展起着极其重要的作用，被人们形象地喻为经济发展的“先行官”的是________。

A. 农业 B. 工业 C. 旅游业 D. 交通运输

4. 在我国，有许多城市是综合交通运输枢纽。下列城市，哪个是铁路—水运枢纽呢？________。

A. 乌鲁木齐 B. 武汉 C. 济南 D. 北京

5. 澳门的小伟全运会期间来济南游玩，经过的铁路线是________。

A. 京沪线 B. 京广线 C. 京九线 D. 焦柳线

6. 与传统工业相比，高新技术产业有自己的特点。你知道发展高新技术产业的最重要条件是什么吗？________。

A. 自然资源丰富 B. 科技力量雄厚 C. 位置优越 D. 劳动力资源充足

7. 属于澳门特别行政区特点的是：________。

A. 由香港岛、九龙和新界三部分及周围岛屿组成

B. 邻近经济特区深圳

C. 是国际金融中心、贸易中心、运输中心

D. 博彩旅游业是经济支柱

8. 我国最大的稀土矿产地是________。

A. 金昌 B. 和田 C. 白云鄂博 D. 克拉玛依

9. 下列省区中人口密度最大的是________。

A. 青海 B. 云南 C. 山东 D. 甘肃

10. 下列叙述正确的是：________。

A. 重工业是以生产生活资料为主的工业

B. 珠江三角洲地区是我国以重工业为主的综合性工业基地

C. 辽宁省的中南部地区是我国著名的重工业基地

D. 秦山核电站位于江苏省境内

**二、填空题**

1. 我国最北面的省级行政区是________。

2. “落霞与孤鹜齐飞，秋水共长天一色”出自唐代诗人王勃歌颂__________的文章。

3. ________是我国最大的商品性大豆和出口大豆生产基地。

4. 我国哪一个省级行政单位毗邻的省区最多？________。

5. “三北”防护林分布在西北、________、________风沙危害严重的地区。

# 第三章
# 中国地理基本常识

1. 中国领土东西跨经度有 60 多度，跨了 5 个时区，东西距离约 5 200 公里。
2. 中国领土南北跨越的纬度近 50 度，南北距离约为 5 500 公里。
3. 中国岛屿大约有 5 000 多个，绝大部分分布在长江口以南的海域。
4. 辽东半岛位于辽宁省南部，是中国第二大半岛，中国最大的半岛是山东半岛。
5. 台湾海峡位于福建省与台湾省之间，从南到北连接着南海和东海，是中国海上运输的重要通道，人们称它为“海上走廊”。
6. 中国是一个多地震的国家，台湾省是中国地震最频繁的省份。
7. 东面同中国相邻的国家有朝鲜；北面同中国相邻的国家有俄罗斯、蒙古；西北面同中国相邻的国家有哈萨克斯坦、吉尔吉斯斯坦、塔吉克斯坦；西面同中国相邻的国家有阿富汗、巴基斯坦；西南面同中国相邻的国家有印度、尼泊尔、不丹；南面同中国相邻的国家有缅甸、老挝、越南。
8. 同中国隔海相望的国家有 6 个。东面同中国隔海相望的国家为韩国、日本；东南面同中国隔海相望的国家为菲律宾；南面同中国隔海相望的国家为马来西亚、文莱、印度尼西亚。
9. 因位于黄河北岸而得名的河北省，在古代它的部分土地属于冀州，所以河北简称“冀”，河北省人民政府所在地是石家庄。
10. 河南是中国古代文明的两个重要发祥地之一，它是中国古代“九州”中的“豫州”，因此简称“豫”，河南省人民政府所在地是郑州，有大量古代历史和文化遗址。
11. 有“古代历史的博物馆”之称的陕西省，是古代秦国的所在地，所以称“秦”或“陕”。陕西省人民政府所在地西安市（古称长安），是我国著名的“千年古都”。
12. 有“煤海”之称的山西省，因位于太行山的西面而得名，简称“晋”，山西省人民政府所在地是太原市。
13. 内蒙古自治区横贯我国东北、华北、西北，简称“内蒙古”，内蒙古自治区人民政府所在地呼和浩特市，意思是“青色的城市”。
14. 辽宁因省内有一条辽河而得名，简称“辽”，省人民政府所在地是沈阳市。
15. 吉林省位于东北平原的中心，简称“吉”，省人民政府所在地长春市是中国的“汽车城”。
16. 有“北大仓”（粮仓）之称的黑龙江省是中国最北的省份，也是最东的省份，简称“黑”。黑龙江省人民政府所在地哈尔滨市，又称“冰城”，每年的元旦到春节期间，这里举办冰雕艺术节。
17. 甘肃省是中国古代“丝绸之路”的必经之地，省人民政府所在地是兰州市。

18. 青海湖古代叫“西海”，蒙古语称“库库诺尔”，意思是“青色的湖”。青海省就是因它而得名的，这是我国唯一以湖泊而得名的省，省人民政府所在地是西宁市。
19. 西藏自治区位于中国的西南边疆。从公元7世纪开始就与内地在政治、经济、文化等方面经常往来，促进了藏、汉民族之间的交流与发展。
20. 西藏自治区人民政府所在地是拉萨市，在藏语中是“圣地”或“佛地”的意思。又因这里一年四季晴空万里，日照时间长，人们把它叫做“日光城”。
21. 同缅甸、老挝、越南相邻的中国西南边疆省份是云南省，简称“滇”或“云”。
22. 云南省人民政府所在地昆明市，是中国的历史文化名城之一，也是闻名中外的“春城”。这里冬天不冷，夏天不热，气候温和，四季如春。
23. “天无三日晴，地无三尺平”指的是贵州省，简称“黔”或“贵”，省人民政府所在地是贵阳市。
24. 贵州省出产的茅台酒被列为世界三大蒸馏名酒之一，也是中国的国酒。
25. 因为物产丰富而被称为“天府之国”的四川省，简称“蜀”，省人民政府所在地是成都市。
26. 湖北省因地处洞庭湖以北而得名，简称“鄂”，省人民政府所在地武汉市水陆交通便利，夏季气温高，有“火炉”之称。
27. 湖南省因位于洞庭湖以南而得名。因境内最大的河流湘江流经全省，所以简称“湘”，省人民政府所在地是长沙市。
28. 江西省地处长江中下游南岸，赣江是省内最大的河流，所以简称“赣”。省人民政府所在地是南昌市。
29. 安徽省出产“文房四宝”中的纸、墨、砚，它简称“皖”，省人民政府所在地是合肥市。
30. 因位于太行山以东而得名的山东省，在古代是齐国和鲁国的所在地，所以简称“鲁”。
31. 山东省人民政府所在地济南市，是中国著名的“泉城”。
32. 江苏省位于中国华东地区，简称“苏”，省人民政府所在地南京市是著名的“六朝古都”。
33. 浙江省位于中国东南部沿海的中段，简称“浙”。浙江省人民政府所在地杭州市，风景优美，是我国“七大古都”之一。
34. 福建省位于中国东南沿海的南段，简称“闽”，因境内第一大河闽江而得名。
35. 福建省人民政府所在地福州市，又称“榕城”，因城中榕树多而得名。
36. 厦门市位于福建省东南沿海，是中国五个经济特区之一。境内有“海上花园”与“钢琴之岛”之称的鼓浪屿是著名的旅游景点。
37. 福建省对面是中国的宝岛台湾，简称“台”，台北和高雄是两个最大的城市。
38. 北京市，是中华人民共和国的首都，简称“京”。
39. 天津市是首都北京的门户，简称“津”，是全国著名的经济中心。
40. 上海位于长江的入海处，简称“沪”，是全国最大的工业基地、商业中心、贸易中心。
41. 上海的东方明珠电视塔的高度位居亚洲第一，世界第三。
42. 有“东方夏威夷”美称的海南省，简称“琼”，省人民政府所在地是海口市。
43. 广东省人民政府所在地广州市（又名“羊城”和“花城”）有2000多年历史，也是

中国南方最大商贸中心。

44. 深圳毗邻香港，是中国第一个经济特区，这里的“锦绣中华”是世界上面积最大、内容最丰富的实景微缩景区。
45. 中国五大经济特区是，广东的深圳、珠海、汕头，福建的厦门以及海南省。
46. 海南省是中国最大的经济特区。
47. 西藏是中国人口数量最少的省（区）。
48. 中国华侨、华人主要分布在东南亚。
49. 同一省区里居住民族最多的是云南省。
50. 中国各民族分布状况是：汉族的分布遍及全国，主要集中在东部和中部。少数民族主要分布在西南、西北、东北等边疆地区。
51. 傣族主要分布在云南省西双版纳地区，人口有 100 多万。主要节日有“关门节”、“开门节”、“泼水节”。
52. 苗族主要分布在贵州、云南，人口有 740 多万。这是一个爱歌舞的民族，芦笙是流行各苗族地区著名的乐器。蜡染、剪纸等工艺美术品很有名。
53. 回族是中国少数民族中人口较多、分布最广的一个民族，人口约为 900 万。信仰伊斯兰教。汉语为本民族的共同语言。
54. 喜马拉雅山的主峰珠穆朗玛峰耸立在中国与尼泊尔边境上，海拔 8 844.43 米，是世界第一高峰。
55. 青藏高原是世界最高的高原，平均海拔 4 000 米以上。高原上，雪山、冰川很多，有“固体水库”之称。
56. 西藏有三大特产：藏羊、牦牛和酥油茶，统称“藏北三宝”。
57. 塔里木盆地位于新疆境内，在天山以南，是中国面积最大的盆地。
58. 塔克拉玛干沙漠是中国面积最大的沙漠，也是世界最大的流动沙漠。
59. 准噶尔盆地位于新疆境内，在天山以北。由于降水较多，农牧业发达，被誉为“塞北江南”。
60. 柴达木盆地平均海拔在 3 000 米左右，是中国地势最高的盆地。盆地里盐矿丰富，据初步估计，足够全世界的人食用一万年。
61. 成都平原在四川盆地西部，因有两千多年历史的“都江堰”自流灌溉，农业发达，农产品丰富，所以四川省自古有“天府之国”的美称。
62. 黑龙江省的大庆油田是中国最大的油田。
63. 长江中下游地区是中国稻米和淡水鱼主要产区，所以有“鱼米之乡”的美称。
64. 历史相传的五岳：东岳是泰山（山东）、西岳是华山（陕西）、北岳是恒山（山西）、南岳是衡山（湖南）、中岳是嵩山（河南）。
65. 泰山脚下的岱庙是历代皇帝举行大典、祭祀泰山神和居住的地方，它与北京故宫、曲阜孔庙一起誉为中国三大宫殿建筑群。
66. 西岳华山雄奇险峻，自古有“华山天下险”之称。
67. 北岳恒山最奇特景点是悬空寺。它建造在 30 米高的悬崖峭壁上。
68. 位于湖南省中部的南岳衡山，是古代传说中的火神祝融埋葬的地方。衡山脚下的南岳庙，占地面积 9 800 平方米，是五岳寺庙中规模最大、总体布局最完整的古建筑群之一。

69. 嵩山位于河南省登封市境内，被称为“中岳”。自古代起，它就成为中国宗教、文化活动的重要地区。嵩山的名胜古迹很多，其中最有名的是少林寺。
70. 中国的四大佛教名山：山西五台山、四川峨眉山、安徽九华山、浙江普陀山。
71. 山海关位于河北省秦皇岛市东北 15 公里，是万里长城的起点，号称“天下第一关”。
72. 甘肃省敦煌县的莫高窟、山西大同市的云冈石窟、河南省洛阳市的龙门石窟规模特大，艺术最精，称为中国三大石窟。
73. 莫高窟俗称“千佛洞”，是中国三大石窟中规模最大的一座，保存了长达 1000 多年的古代珍贵壁画和彩塑艺术品，是世界现存佛教艺术的宝库。
74. 中国的吐鲁番盆地中部的艾丁湖，湖面低于海平面 154 米，是中国地势最低的地方。
75. 夏季中国气温最高的地方是吐鲁番，七月平均气温在约 33 摄氏度以上，人称“火州”。
76. 夏季中国长江沿岸的不少沿江城市气温较高。重庆、武汉、南京号称中国“三大火炉”。
77. 中国降水最多的地方在台湾省东北部的火烧寮，年平均降水量达 6 558 毫米。
78. 中国降水最少的地方则数吐鲁番盆地中的托克逊，年平均降水量仅 5. 9 毫米。
79. 六月中旬，在江淮流域，细雨连绵长达一个月之久，此时正值梅子黄熟季节，因此人们称之为“梅雨”。
80. 长江全长 6 300 公里，它的长度、流量位居中国第一，世界第三。
81. 长江发源于青藏高原上的唐古拉山脉，流经中国 11 省、自治区、直辖市，注入东海。
82. 黄河发源于青藏高原，长度 5 500 公里，是中国第二长河，也是中华民族的母亲河。
83. 世界上开挖最早、最长的人工运河是京杭大运河，它全长 1 800 公里。
84. 青海湖位于青海省，是中国面积最大、水容量最多的湖泊。
85. 中国五大淡水湖是：江西的鄱阳湖、湖南的洞庭湖、江苏与浙江之间的太湖、江苏的洪泽湖、安徽的巢湖。其中面积最大的淡水湖是鄱阳湖。
86. 位于中国新疆的塔里木盆地北缘的塔里木河，是中国最大的内流河。
87. 雅鲁藏布江大峡谷是世界最大的峡谷。
88. 中国北方以旱地为主，南方以水田为主。
89. 中国海域辽阔，近海渔场很多，东海素有“天然鱼仓”之称。舟山渔场是中国第一大渔场。
90. 中国三大航天中心是：四川的西昌、甘肃的酒泉、山西的太原。
91. 中国有四大名园，即北京颐和园、承德避暑山庄、苏州拙政园和留园。前两个是北方皇家园林的代表，后两个是南方园林的代表。
92. 中国古代有四大工程，即长城、都江堰、灵渠和大运河。
93. 人参、鹿茸、貂皮，人称东北三宝。
94. 大熊猫人称“国宝”，是著名的珍稀动物。主要分布在青藏高原东缘、四川省北部和西南部的高山箭竹林地带。
95. 中国最大的港口是上海，其吞吐量位居世界第三位。
96. 已经回归祖国的香港特别行政区是三大国际金融中心之一。

97. 中国是瓷器的故乡，被世界称为“东方瓷园”。江西省景德镇是中国的“瓷都”。
98. 江苏省的宜兴有“陶都”之称，其紫砂工艺品最为独特。
99. 杭州出产的丝绸不但花色繁多，而且质量精美。千百年来一直是中国著名的“丝绸之府”。
100. 被誉为“天上云霞，地下鲜花”的杭州织锦，色彩美丽，工艺精巧。

## 备考习题

### 一、选择题

**政治制度的建设与创新是人类社会进步的重要表现。据此回答 1~4 题。**

1. 秦朝李斯推行郡县制的主张被称为“千古创论”。郡县制：________。
   A. 始建于战国　　B. 终于汉初分封王国
   C. 利于加强中央集权　　D. 便于扩大秦国版图
2. 隋唐时期创新许多制度，其中“免役收庸”的制度比较接近于下列哪位思想家的主张？________。
   A. 墨子　　B. 孟子　　C. 庄子　　D. 韩非子
3. 宋太祖对中国古代政治制度建设做出的最主要贡献是：________。
   A. 实现了国家的大统一　　B. 建立了完备的监察制度
   C. 削夺了地方节度使的兵权　　D. 较好地解决了中央和地方的矛盾
4. 藏文史籍《萨加世系史》载：“元帝辖十一省，西藏之地面虽不足一省，但因为它是八思巴的住地和教法所在，故作为一省委付与八思巴。”管理这一省的中央机构是________。
   A. 中书省　　B. 西藏行省　　C. 巡检司　　D. 宣政院

**长江流域是我国经济比较发达的地区，据此回答 5~7 题。**

5. 水利工程的兴修促进了经济的发展，下列水利工程属于长江流域的有________。
   ①都江堰　②芍陂　③邗沟　④广通渠
   A. ①②③④　　B. ①②③　　C. ①③　　D. ①④
6. 符合下列三项条件的城市是今天的________。
   ①魏晋时期是南方有名的造纸中心　②隋朝时是南北水运交通枢纽　③唐朝后期是全国最繁华的工商业城市
   A. 苏州　　B. 扬州　　C. 杭州　　D. 成都
7. 明清时期，松江地区形成“棉七稻二”甚至“棉九稻一”的农业经营新格局，这种格局的出现说明________。
   ①农业生产商品化程度提高　②资本主义萌芽在棉纺织业领域首先兴起　③松江地区成为棉纺织业中心　④农村专业生产区逐渐形成
   A. ①②③④　　B. ①④　　C. ①③④　　D. ②④
8. 明朝时期，江浙地区城镇如雨后春笋般蓬勃兴起。这些城镇的主要特点有________。
   ①多为工商业城市　②有些出现了新的生产方式　③呈现专业化特色　④具有浓厚的政治色彩

A. ①②③　　B. ②③④　　C. ①②④　　D. ①③④

**民族发展，国家统一是历史发展的主流。据此回答 9～12 题。**

9. “劝君更尽一杯酒，西出阳关无故人”。王维诗中的“君”将前往________。

A. 西域都护府辖区　　B. 安西都护府辖区

C. 瀚海都督府辖区　　D. 伊犁将军辖区

10. 政治稳定、经济繁荣的北宋与辽、西夏并立，其原因是________。

A. 国防虚弱　　B. 豪强争夺　　C. 藩镇割据　　D. 分封诸侯

11. 忽必烈与努尔哈赤对本民族历史发展最重要的贡献是：________。

A. 统一了本民族各部　　B. 创制了本民族的文字

C. 加快本民族封建化过程　　D. 称皇帝，建立国家

12. 为了稳定边疆，完成国家统一，清政府采取了一系列措施，其中历经康熙、雍正、乾隆三代的是：________。

A. 收复台湾　　B. 平定准噶尔贵族叛乱

C. 平定三藩之乱　　D. 颁布《钦定西藏章程》

**中国古代文明博大精深，在物质文明和精神文明方面成就斐然。回答 13～15 题。**

13. 下列中国古代科学文化成就，由我国少数民族人民创造的是________。

A.《齐民要术》　　B.《天工开物》　　C.《论衡》　　D.《四部医典》

14. 唐代传奇、北宋风俗画、宋词元曲和明清小说出现的社会条件相同的是：________。

A. 长安、东京、大都、北京的繁荣

B. 春秋战国以来的文化底蕴

C. 人民生活水平的提高

D. 城市工商业的发展，满足市民阶层的精神需求

15. 元明清时期的下列文化现象，具有时代转折趋向的是________。

①古典科技巨著涌现　②早期民主启蒙思想萌发　③市民文学兴起　④显示中华文明博大气象的大型图书编纂完成　⑤西学东渐

A. ②③⑤　　B. ①②④　　C. ②⑤　　D. ②④⑤

16. 英国通过《虎门条约》取得了“片面最惠国待遇”，这意味着：________。

A. 英国取得了在中国东南沿海通商口岸进行贸易的特权

B. 其他列强从中国攫取的各项特权，英国可以援例享有

C. 英国取得了独占中国内地市场的贸易特权

D. 英国取得了与中国共同商定中国关税税率的特权

17. 雨果曾愤怒地谴责道：“两个强盗走向圆明园，一个抢了东西，一个放了火……”这两个强盗是________。

A. 英国和法国　　B. 英国和美国　　C. 美国和俄国　　D. 法国和俄国

18. 近代中国海关管理权落入外国人手中，始于________。

A. 中日《马关条约》的签订　　B. 海关总税务司的设置

C. 关税协定权的确定　　D. 英德借款合同的签订

19. “大将筹边尚未还，湖湘子弟满天山。新栽杨柳三千里，引得春风度玉关。”这首诗颂扬了一位晚清名将率军收复新疆，治理边疆的业绩。这位名将是________。

A. 林则徐　　B. 曾国藩　　C. 刘铭传　　D. 左宗棠

20. 义和团运动的性质是：________。

A. 农民反帝反封建运动　　B. 反封建的农民运动

C. 农民反封建反侵略运动　　D. 农民反帝爱国运动

21. 1902 年，北京城一茶馆里四位中国人在聊天，张义说："我参加过公车上书。"李辛说："我参加过义和团运动。"王平说："我家住在东交民巷。"赵洋说："我在京师大学堂读书。"他们当中谁的话不符合当时的现实？________。

A. 张义　　B. 李辛　　C. 王平　　D. 赵洋

22. 辛亥革命是中国近代史上一次政治上、思想上的大解放。这里"思想上的大解放"是指：________。

A. 结束了 2000 多年的封建君主专制制度

B. 促进了中国民族资本主义的发展

C. 使民主共和的观念深入人心

D. 沉重打击了中外反动势力

23. 第一个共产主义小组建立地点是________。

A. 北京　　B. 广州　　C. 上海　　D. 济南

24. 中国人民自近代以来第一次从帝国主义手中收回侵略的权利是：________。

A. 关税自主权　　B. 片面最惠国待遇

C. 领事裁判权　　D. 汉口九江英租界

25. 毛泽东关于"枪杆子里面出政权"的著名论断，提出是在________。

A. 三湾改编时　　B. 古田会议上　　C. 中共六大上　　D. 八七会议上

26. 中共解决中国由新民主主义向社会主义革命转变的重大问题的会议是________。

A. 中共"二大"　　B. 八七会议　　C. 中共七大　　D. 七届二中全会

27. 从 1931 年"九一八"事变到 1937 年 9 月第二次国共合作正式建立，中国共产党对蒋介石为代表的大地主大资产阶级的策略经历了________。

A. 由"反蒋抗日"到"逼蒋抗日"再到"联蒋抗日"

B. 由"反蒋抗日"到"促蒋抗日"再到"联蒋抗日"

C. 由"反蒋抗日"到"逼蒋抗日"再到"拥蒋抗日"

D. 由"反蒋抗日"到"促蒋抗日"再到"拥蒋抗日"

28. 以下各项政策中属于加强各阶层人民的团结，巩固抗日民族统一战线的政策的是________。

A. 减租减息　　B. 精兵简政　　C. 大生产运动　　D."三三制"原则

29. 1946 年召开的政治协商会议，斗争的焦点是________。

A. 和平建国问题　　B. 训政和宪政问题

C. 政权和军队问题　　D. 军党分立问题

30. 1949 年 4 月，宣告国民党在大陆 22 年统治覆灭的重大历史事件是人民解放军解放________。

A. 北平　　B. 天津　　C. 南京　　D. 广州

31. 从连云港乘火车沿陇海线西行至兰州，可以顺道游览的旅游景点是________。

A. 避暑山庄、泰山　　B. 杭州西湖、苏州园林
C. 桂林山水、黄山　　D. 秦陵兵马俑、龙门石窟

32. 位于渤海沿岸的港口城市是________。
A. 大连、天津　　B. 秦皇岛、连云港
C. 青岛、大连　　D. 天津、秦皇岛

33. 世界上绝大多数动植物都能在我国找到适合生长的地方，主要因为________。
A. 季风气候显著　　B. 气候复杂多样
C. 夏季普遍高温　　D. 雨热同期

34. 我国季风区与非季风区的地理界线是下列中的“________”。
A. 大兴安岭—太行山—巫山—雪峰山
B. 昆仑山—祁连山—横断山
C. 大兴安岭—阴山—贺兰山—巴颜喀拉山—冈底斯山
D. 青藏高原的东南边缘—秦岭—淮河

35. 下列四大高原中，崩塌、滑坡、泥石流等地质灾害发生较频繁的是________。
A. 云贵高原　　B. 青藏高原　　C. 黄土高原　　D. 内蒙古高原

36. 纵贯我国东北平原、华北平原、长江中下游平原和珠江三角洲的铁路干线是________。
A. 京广线　　B. 京哈线　　C. 京哈—京广线　　D. 焦柳线

37. 下列著名风景名胜区属于喀斯特地形的是：________。
A. 峨眉天下秀
B. 桂林“碧莲玉笋世界”
C. 白头山天池湖水碧蓝、白色群峰倒映风光
D. 挺拔险峻、登之可“一览众山小”的泰山

38. 我国少数民族集中分布的地区是________。
A. 东北、东南、西北　　B. 西南、西北、东北
C. 西南、西北、东南　　D. 东北、西南、东南

39. 我国北方各地区共同具有的自然特征是：________。
A. 河流都有较大的含沙量　　B. 1 月平均气温在 0℃以下
C. 都位于地势第三阶梯上　　D. 植被类型都是亚热带常绿阔叶林

40. 黄河上游与长江上游共同的特点是：________。
A. 水力资源丰富　　B. 含沙量大
C. 有冰期　　D. 流量小，灾害最多

**二、填空题**

1. 公元前 1046 年，________伐纣灭商，建立周朝，史称西周。
2. 秦始皇北击________，南平________，疆域不断扩大，形成中国历史上第一个统一的多民族的封建国家，成为当时的世界大国。
3. 中国的四大发明中，造纸术在________就已经发明了，东汉________改进造纸术。
4. 广州是隋唐时期“海上丝绸之路”的重要港口，这条“海上丝绸之路”和汉朝的“海上丝绸之路”最远分别可到达______________________________。

5. 1894 年，孙中山在檀香山成立中国第一个革命团体________。
6. 1912 年 2 月，在________威逼下，宣统帝颁布退位诏书，清王朝结束。
7. 1937 年秋，中国共产党制定了________________路线，开展游击战争，建立抗日根据地，坚持长久的敌后战场的抗战。
8. 国民党正面战场包括淞沪会战、太原会战、________会战、________会战。
9. 五四运动发生的导火线是________年，________上中国外交的失败。
10. 1928 年 5 月 3 日，日军无理由袭击北伐军、残杀平民数以百计酿成“________”。
11. 1949 年，毛泽东发表了____________一文，指出要建立的新中国是工人阶级领导的以工农联盟为基础的人民民主专政。
12. 战国时期著名的水利工程有：李冰主持的________和郑国主持的________工程。
13. 1859 年洪仁玕提出了________，具有鲜明的资本主义色彩，是先进的中国人最早提出的在中国发展资本主义的方案。
14. 1921 年中共一大在________召开，标志着中国共产党的诞生。
15. 1979 年元旦，全国人大常委会发表________，发出海峡两岸和平统一的呼吁。
16. 我国明朝最具影响的旅行家是________。
17. 我国最大盐场为________。
18. 我国冬季最冷的地方在黑龙江的________镇。
19. 京九铁路与长江的交叉点是________。
20. 香港区旗是________花红旗，红白不同色象征“一国两制”；澳门区旗是________色旗帜，三朵白莲花象征其由三个岛屿组成。

**三、名词解释**

1. 张骞通西域
2. 郑和下西洋
3. 百日维新
4. 武昌起义
5. 科举制度
6. 蔡元培
7. 魏源
8. 孔子
9. 梁启超
10. 《史记》
11. 《水经注》
12. 西域
13. 长江三峡
14. 二十四史
15. 庙号

**四、简答题**

1. 为什么说鸦片战争是中国近代史的起点？
2. 略述“百家争鸣”发生的社会背景？
3. 列举五位在抗日战争中涌现出来的民族英雄。
4. 三峡地区水能丰富，主要原因是什么？
5. 简述华北地区缺水问题产生的原因。

# 第四单元
# 当代政治、经济、法律知识

## 第一章
## 政治常识

### 一、党的历届代表大会

以党的历次代表大会为主线来阐述党的一些重大理论政策，自1978年党的十一届三中全会以来，在历次党的代表大会上形成了指导中国建设的重要思想路线和方针政策。

#### （一）十一大："文革"中后的首次大会

1977年党的十一大召开，宣告了"文化大革命"已经结束，但直到1978年党的十一届三中全会，才将党和国家工作的着重点转移到现代化建设上，从而实现了新中国成立以来党和国家历史上具有深远意义的伟大转折。党的十一届三中全会重新确立了党的马克思主义的思想路线。全会坚决批判了"两个凡是"的错误方针，高度评价了关于真理标准问题的讨论，确定了解放思想、开动脑筋、实事求是、团结一致向前看的指导方针；重新确立了马克思主义的政治路线。全会果断地停止使用"以阶级斗争为纲"和"无产阶级专政下继续革命"的口号，作出把工作重点转移到社会主义现代化建设上来的战略决策，并富有远见地提出了对党和国家各个方面的工作进行改革的任务；重新确立了党的正确的组织路线。提出要健全社会主义民主和加强社会主义法制的任务，审查和解决了党的历史上一批重大冤假错案和一些重要领导人的功过是非问题。

#### （二）十二大：开创社会主义现代化建设新局面

1982年十二大召开，邓小平在这次大会上第一次提出了"建设有中国特色的社会主义"的崭新命题。明确指出："马克思主义的普遍真理同我国的具体实际结合起来，走自己的路，建设有中国特色的社会主义，这就是我们总结长期历史经验得出的基本结论。"

中共第十二次全国代表大会，标志着党成功地实现了具有重大历史性意义的伟大转变。它开始把中国带入建设有中国特色的社会主义的新的政治轨道。

### （三）十三大：阐述社会主义初级阶段理论

1987 年十三大召开，十三大第一次系统地阐明了关于社会主义初级阶段的理论，明确概括了党在社会主义初级阶段的基本路线。大会指出，我国社会主义初级阶段是特指我国在生产力落后、商品经济不发达条件下建设社会主义必然要经历的特定阶段。这一论断包括两层含义：第一，我国社会已经是社会主义社会；第二，我国的社会主义社会还处在初级阶段，我们必须从这个实际出发，而不能超越这个阶段。大会提出了党在社会主义初级阶段的基本路线，即“一个中心，两个基本点”。大会还制定了到 21 世纪中叶经济发展分三步走、实现现代化的发展战略，并提出了政治体制改革的任务。

### （四）十四大：确立邓小平建设有中国特色社会主义理论在全党的指导地位；明确经济体制

1992 年初邓小平发表南方谈话后，为党的十四大召开作了充分的理论准备，1992 年 10 月十四大召开，这次大会做出了三项具有深远意义的决策：一是确立邓小平建设有中国特色社会主义理论在全党的指导地位；二是明确经济体制改革的目标是建立社会主义市场经济体制；三是要求全党抓住机遇，加快发展，集中精力把经济建设搞上去。

### （五）党的十五大：高举邓小平理论伟大旗帜

1997 年党的十五大召开，在大会通过的党章中，把邓小平理论同马列主义、毛泽东思想一起作为中国共产党的指导思想。大会指出，中国共产党要高举邓小平理论伟大旗帜，把建设有中国特色社会主义事业全面推向 21 世纪。

### （六）十六大：把“三个代表”确立为全党的指导思想

2002 年党的十六大召开，这次大会是我们党新世纪乘胜前进，规划新世纪中国发展重大战略的会议，也是与时俱进，为指导思想增添理论新成果的代表大会，在大会通过的党章中，把“三个代表”确立为全党的指导思想。并实现了我们党承前启后，完成整体性新老交替的任务。大会的主题是：高举邓小平理论的伟大旗帜，全面贯彻“三个代表”重要思想，继往开来，与时俱进，全面建设小康社会，加快推进社会主义现代化，为开创中国特色社会主义事业新局面而奋斗。“三个代表”重要思想代表中国先进生产力的发展要求，代表中国先进文化的前进方向，代表中国最广大人民的根本利益，是统一的整体，相互联系，相互促进。发展先进的生产力，是发展先进文化，实现最广大人民根本利益的基础条件。人民群众是先进生产力和先进文化的创造主体，也是实现自身利益的根本力量。不断发展先进生产力和先进文化，归根到底就是为了满足人民群众日益增长的物质文化生活需要，不断实现最广大人民的根本利益。

### （七）十七大：深入贯彻落实科学发展观

2007 年党的十七大召开，高举中国特色社会主义伟大旗帜，以邓小平理论和“三个代表”重要思想为指导，深入贯彻落实科学发展观，继续解放思想，坚持改革开放，推动科学发展，促进社会和谐，为夺取全面建设小康社会新胜利而奋斗。十七大将“建设”改为“发展”，表明中国特色社会主义伟大事业站在了一个新的起点上，开始了新的伟大征程。科学发展观的第一要义是发展，核心是以人为本，基本要求是全面协调可持续，根本方法是统筹兼顾。发展，对于全面建设小康社会、加快推进社会主义现代化，具有决定性意义。科学发展和社会和谐是内在统一的。没有科学发展就没有社会和谐，没有社会和谐也难以实现科学发展。实现社会公平正义是中国共产党人的一贯主张，是发展中国特色社会主义的重大任务。要按照民主法治、公平正义、诚信友爱、充满活力、安定有序、人与自然和谐相处的总要求和共同建设、共同享有的原则，着力解决人民最关心、最直接、最现实的利益问题，努力形成全体人民各尽其能、各得其所而又和谐相处的局面，为发展提供良好社会环境。

## 二、中国特色社会主义政治

### （一）中国特色社会主义民主政治制度

人民民主专政是有中国特色的无产阶级专政。巩固和完善人民民主专政的国体，坚持和完善人民代表大会制度，坚持和完善共产党领导的多党合作和政治协商制度，坚持民族区域自治制度以及基层群众自治制度。

### （二）建设社会主义政治文明

没有民主就没有社会主义，就没有社会主义现代化。发展社会主义民主政治、建设社会主义政治文明，最根本的是要把坚持党的领导、人民当家做主和依法治国有机地统一起来。深化政治体制改革，扩大社会主义民主，尊重和保障人权。

### （三）建设社会主义法治国家

#### 1. 依法治国的概念及意义

依法治国是党领导人民治理国家的基本方略。在我国，依法治国就是广大人民群众在党的领导下，依照宪法和法律的规定，通过各种途径和形式管理国家事务、管理经济和文化事业、管理社会事务，保证国家各项都依法进行。

依法治国是进一步发展社会主义民主政治的基本要求，是发展社会主义市场经济的客观需要，是建设中国特色社会主义文化的重要条件，是实现国家长治久安的重要保障。

#### 2. 怎样建设社会主义法治国家

（1）国家应该加强法制建设。社会主义法制建设的基本要求是：有法可依、有法必依、执法必严、违法必究。有法可依是指立法，制定完备的法律。有法必依，就是要求任何组织和个人严格遵守法律的规定。执法必严，就是要求执法机关和执法人员在执行法律的时候必须严格、严肃、严明，切实依据法律规定的内容、原则和程序办事。违法必究，要求对一切违法犯罪行为都依法追究法律责任，并予以制裁，任何组织和个人都不能例外，这是健全社会主义法治的重要保障。

（2）公民要树立法制观念。我们要做知法、守法、护法的合格公民。

（3）国家要健全法律监督和制约机制，公民要依法行使自己的监督权、批评权、建议权。

## 三、构建社会主义和谐社会

### （一）构建社会主义和谐社会的重要性和紧迫性

社会和谐是中国特色社会主义的本质属性。是中国推进经济社会发展的重要目标，也是中国经济社会发展的重要保障。构建和谐社会是科学发展观的核心内容，是经济和社会发展的最终归宿，是党从全面建设小康社会全局出发提出的一项重大战略任务。具体表现为农村与城市和谐发展，人与自然和谐发展，人与社会和谐发展，社会与经济和谐发展，政治与经济和谐发展，物质文明与精神文明和谐发展。

### （二）和谐社会的基本特征

和谐社会的特征：民主法治、公平正义、诚信友爱、充满活力、安定有序、人与自然和谐相处。民主法治，就是社会主义民主得到充分发扬，依法治国基本方略得到切实落实，各方面积极因素得到广泛调动；公平正义，就是社会各方面的利益关系得到妥善协调，人民内部矛盾和其他社会矛盾得到正确处理，社会公平和正义得到切实维护和实现；诚信友爱，就是全社会互帮互助、诚实守信，全体人民平等友爱、融洽相处；充满活力，就是能够使一切有利于社会进步的创造愿望得到尊重，创造活动得到支持，创造才能得到发挥，创造成果得到肯定；安定有序，就是社会组织机制健全，社会管理完善，社会秩序良好，人民群众安居乐业，社会保持安定团结；人与自然和谐相处，就是生产发展，生活富裕，生态良好。这些基本特征是相互联系、相互作用的，需要在全面建设小康社会的进程中全面把握和体现。

### （三）构建社会主义和谐社会的工作方法总体思路

必须树立和落实科学发展观，坚持以经济建设为中心，坚持“五个统筹”，促进社会主义物质文明、政治文明、精神文明建设与和谐社会建设全面发展。构建社会主义和谐社会的指导思想、基本原则和目标任务，加快推进以改善民生为重点的社会建设。

## 四、国际战略和外交政策

### （一）和平与发展是当今时代的主题

和平与发展是当代世界的两大主题，是邓小平国际战略的核心思想，是邓小平整个外交思想的主线。世界多极化在曲折中发展，这是当今国际形势的一个突出特点。国际格局走向多极化，是时代进步的要求，符合各国人民的利益。

### （二）坚持独立自主的和平外交政策

反对霸权主义，维护世界和平是我国对外政策的基本方针和首要任务。独立自主是我国对外政策的根本原则。在和平共处五项原则基础上发展我国同世界各国的关系。中国外交工作的立足点是加强和巩固同广大发展中国家的团结与合作。维护我国的独立和主权，促进世界的和平发展，是我国外交政策的基本目标。

和平共处五项原则是我国处理国际关系的基本原则。

### （三）中国坚持走和平发展的道路

中国坚持世界和平与发展的道路，反对各种形式的霸权主义和强权政治。推动建设持久和平、共同繁荣的和谐世界。中国始终不渝走和平发展道路。第一，坚持多边主义，实现共同安全。第二，坚持互利合作，实现共同繁荣。第三，坚持包容精神，共建和谐世界。第四，坚持积极稳妥方针，推进联合国改革。

### （四）维护世界和平，促进共同发展

第一，反对霸权主义和强权政治，维护世界和平与发展。第二，维护世界多样性，促进国际关系民主化和发展模式多样化。第三，树立新的安全观念，努力营造长期稳定的国际和平环境。第四，推动建设持久和平与共同繁荣的和谐世界。

## 五、国际性政治组织——联合国

### （一）概况

联合国是一个统一的世界性、综合性的政府间国际组织，截至 2011 年有 193 个会员国。联合国大会总部所在地是美国纽约、瑞士日内瓦、奥地利维也纳、肯尼亚内罗毕。主要出版物有《联合国记事》季刊，用中文、英语、法语、西班牙语、俄语和阿拉伯语六种文字发行。联合国作为当今世界最大、最重要、最具代表性和权威的国际组织，其国际集体安全机制的功能已经得到国际社会的普遍认可。联合国在维护世界和平，缓和国际紧张局势，解决地区冲突方面，在协调国际经济关系，促进世界各国经济、科学、文化的合作与交流方面，都发挥着积极的作用。

### （二）联合国的主要机构及其他附属机构

联合国设有联合国大会、联合国安全理事会、联合国经济及社会理事会、联合国托管理事会、国际法院和联合国秘书处等 6 个联合国主要机构。

### （三）联合国的语言和翻译

联合国官方正式使用的语言有 6 种，按英文字母顺序为阿拉伯语、汉语、英语、法语、俄语、西班牙语。6 种语言同等有效，代表们发言时可以任意选用其中一种。秘书处日常使用的工作语言，则有英语和法语两种，实际上英语使用更广泛。

## 一章一练

### 一、选择题

1. 在党的________上，提出“建设有中国特色社会主义”的任务，形成了这一理论的主题。

A. 十一届三中全会　　B. 十二大
C. 十三大　　D. 十四大

2. 建设有中国特色的社会主义经济的基本目标是：________。

A. 在社会主义条件下发展市场经济，不断解放和发展生产力
B. 坚持和完善社会主义公有制为主体、多种所有制经济共同发展的基本经济制度
C. 坚持和完善对外开放，积极参与国际经济合作和竞争
D. 建立社会主义市场经济体制

3. 从邓小平同志关于社会主义本质的新的概括来看，实现社会主义的关键是：________。

A. 必须抓住经济建设这个中心
B. 要发展生产力，就必须坚持改革开放
C. 必须坚持公有制和按劳分配的主体地位
D. 坚持共同富裕，防止两极分化

4. 中国共产党十六大报告指出，贯彻“三个代表”重要思想，本质在于：________。

A. 坚持以经济建设为中心　　B. 坚持四项基本原则
C. 坚持改革开放　　D. 坚持执政为民

5. 反对霸权主义和强权政治，维护世界和平，是________。

A. 我国外交政策的基本目标　　B. 我国外交政策的根本原则
C. 我国处理国际关系的基本原则　　D. 我国对外政策的纲领

6. 我国坚持独立自主的和平外交政策，要把________。

A. 实行真正的不结盟放在首位
B. 国家主权和国家利益放在首位
C. 对国际问题采取客观公正的态度放在首位
D. 反对霸权主义，维护世界和平放在首位

7. “三个有利于”的标准是：________。

A. 经济标准　　B. 政治标准
C. 价值标准　　D. 判断各方面工作是非得失的标准

8. 科学发展观是指：________。

A. 坚持以人为本，树立全面、协调、可持续的发展观，促进经济社会和人的全面发展
B. 坚持以人为本
C. 坚持以经济建设为中心
D. 实现经济社会更快更好的发展

9. 按照十六大精神，全面建设小康社会的经济目标是：________。

A. 到建党 100 周年时，人均国民生产总值达到 8 000 美元

B. 2010 年，国民生产总值比 2000 年翻一番，基本实现工业化

C. 2020 年，GDP 是 2000 年的四倍

D. 2050 年，国民生产总值比 2020 年再翻两番，基本实现现代化

10. 社会主义时期中国共产党实现历史性转折的标志是党的________。

A. 八大　　B. 十一届三中全会　　C. 十二大　　D. 十四大

## 二、填空

1. 在我国，________是解决社会主要矛盾的根本途径。
2. 中国共产党十六大报告指出，贯彻“三个代表”重要思想，本质在于________。
3. 马列主义、毛泽东思想、邓小平理论的精髓是________。
4. 社会主义初级阶段基本路线的主要内容是________。
5. “一国两制”的政策在特别行政区成立以后，将至少保持________不变。

# 第二章 经济常识

## 第一节 宏观经济

### 一、经济总量和总需求、总供给

#### 1. 宏观经济总量指标

1936年英国凯恩斯《就业、利息与货币通论》出版，标志着现代宏观经济学的建立。主要指标：

①国民生产总值（GNP）是指一国居民在一年内生产的产品和劳务的市场价格总额；

②国民生产净值（NNP）由国民生产总值减占生产中固定资产的消耗得到的国民生产净值；

③国民收入（NI）。这里的国民收入是狭义的，指全部要素的收入，在数量上的NNP减去政府的间接税；

④个人收入（PI）是经过再分配的国民收入，在数量上的国民收入减去社会保险税、公司未分配利润等，加上政府的养老金、失业救济金等；

⑤个人可支配收入（DI）。个人可支配收入指的是个人收入减去所得税。居民用它进行消费和储蓄。在宏观经济分析中，个人可支配收入是个人可支配收入的总产出减去政府的税收再加上政府的转移支付；

⑥GNP价格矫正指数。它是名义GNP对实际GNP的比率。是衡量一国价格总水平的上涨程度。

⑦国内生产总值（GDP）。它是指一国在一定时期内，在其领土范围内，本国和外国居民生产的最终产品和劳务的价格总额。

#### 2. 总需求

总需求是指对一国总产业的意愿总购买。在封闭经济中，总需求包括居民消费需求、企业投资需求和政府购买需求。如果考虑开放经济，则需要考虑加上出口需求。

#### 3. 总供给

总供给是指一国全部企业愿意并且能够提供的总产出量。在封闭经济中，是总供给的消费加储蓄加税收之和，如果考虑开放经济，则要加上进口。

总供给的问题取决于劳动的投入量即就业量。它受到名义工资和价格水平的影响。

### 4. 总需求和总供给的均衡

在市场经济中，总需求是决定总供给的重要因素。当总需求与总供给相等时，经济处于均衡状态。在总供给等于总需求决定的均衡点时，决定总需求的产品市场和货币市场以及决定总供给的劳动市场同时处于均衡。

## 二、经济增长、经济周期波动

### 1. 经济增长

经济增长率的高低是衡量一个国家总体经济实力增长速度的标志，它体现了一个国家在一定时期内经济总量的增长速度。劳动和资本常常被看做是影响长期经济增长的两个基本要素。

### 2. 经济增长方式及其转换

经济增长方式主要有粗放型增长和集约型增长两种。粗放型增长，是指在生产要素效率不变的情况下，主要依靠增加要素投入量而实现的经济增长。集约型增长则是指在要素投入数量不变的情况下，主要依靠提高生产要素效率而实现的经济增长。

### 3. 经济周期

任何一个国家的经济运行都不可能表现为直线式的增长，而是呈现一定的波动。在时间序列，一国经济总量呈现扩张、收缩、再扩张、再收缩的变化。这种经济现象称为经济周期（亦称经济波动、商业循环）。

特征：①不是表现在个别部门上，而是表现在国民经济的各个部门上；②可以把一个经济周期看成四个首尾衔接的阶段；③具有反复性。

机制主要有：①银行信用的扩张和收缩导致经济波动；②投资的扩张和收缩导致经济波动；③企业家的创新活动对经济活动的影响。

### 4. 经济波动的自发性

经济扩张和收缩存在累积效应。累积效应是由乘数效应和加速效应交织产生的。

乘数理论指出：单位自发性支出的增加会引起支出连锁地增加，从而使总产出以一种放大的形式增加。

由于经济波动的自发性，完全避免经济波动几乎是不可能的事。但政府应尽可能地减少经济波动。最明显的政策主张有两个：

一是凯恩斯的政策，其特征是相机抉择。二是货币主义的政策，其特征是单一的货币规则，即通过稳定的货币发行使经济保持稳定。

## 三、通货膨胀和通货紧缩

### 1. 概念

所谓通货膨胀是指货币供应量超过流通领域对货币的实际需求量而引起的货币贬值，

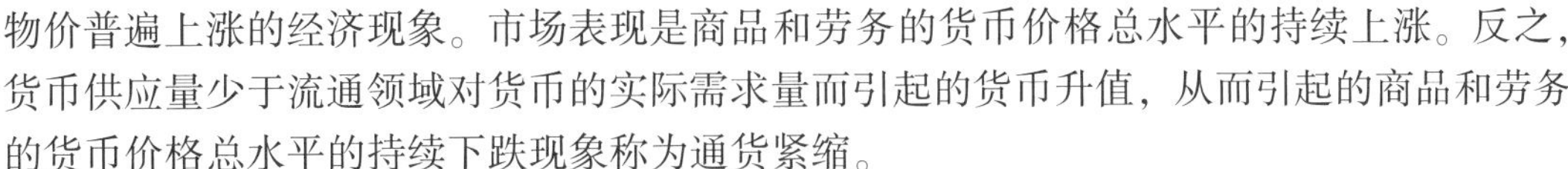

物价普遍上涨的经济现象。市场表现是商品和劳务的货币价格总水平的持续上涨。反之，货币供应量少于流通领域对货币的实际需求量而引起的货币升值，从而引起的商品和劳务的货币价格总水平的持续下跌现象称为通货紧缩。

### 2. 影响

通货膨胀的影响：通货膨胀首先给工人和农民带来深重的灾难。它使得物价不断上涨，货币购买力不断下降，由此引起工人实际工资急剧下降，生活日益贫困，通货膨胀也严重影响一般公职人员和知识分子的生活，因为他们的薪金也不能按物价上涨的程度而相应增长。

通货紧缩的影响：通货紧缩会加速经济衰退。物价的下降会使实际利率上升，债务人的负担加重，利润减少，严重时引起企业亏损和破产。经济形势的恶化与人们的预期心理相互作用，会使经济陷入螺旋式的恶性循环之中。

### 3. 通货膨胀应对措施

①紧缩性货币政策　紧缩性货币政策是指中央银行通过减少货币发行来降低流通中的货币量来抑制通货膨胀。运用货币政策来抑制通货膨胀主要通过两条途径来实现：一是降低货币供应量的增长率。二是提高利率。

②紧缩性财政政策　紧缩性财政政策主要是通过削减政府支出和增加财政收入来抑制通货膨胀。运用财政政策来治理通货膨胀主要是通过以下几种方式：一是增加税收，使企业和个人的利润和收入减少，从而使其投资和消费支出减少；二是削减政府的财政支出，以消除财政赤字、平衡预算，从而消除通货膨胀的隐患；三是减少政府转移支付，减少社会福利开支，从而起到抑制个人收入增加的作用。

③收入政策。收入政策的理论基础是成本推进型的通货膨胀。收入政策指通过限制提高工资和获取垄断利润，控制一般物价的上涨幅度。

### 4. 通货紧缩应对政策

①宽松的货币政策　采用宽松的货币政策，可以增加流通中的货币量，从而刺激总需求。

②宽松的财政政策　扩大财政支出，可以直接增加总需求，还可以通过投资的“乘数效应”带动私人投资的增加。

③结构性调整　对由于某些行业的产品或某个层次的商品生产绝对过剩引发的通货紧缩，一般采用结构性调整的手段，即减少过剩部门或行业的产量，鼓励新兴部门或行业发展。

④完善社会保障体系　建立健全社会保障体系，适当改善国民收入的分配格局，提高中下层居民的收入水平和消费水平，以增加消费需求。

## 四、宏观调控

1. 财政政策效应

财政政策是指政府通过改变政府购买、转移支付、税收等手段，对总需求、总产出施加影响，促使宏观经济运行优化。增加政府购买、增加转移支付、降低税收都会使总需求扩张，所以称为扩张性财政政策，反之则是紧缩性财政政策。

2. 货币政策效应

货币政策是指政府（中央银行）通过改变货币供给量影响总需求从而影响总产出的政策。增加货币量称为扩张性货币政策，减少货币供给量称为紧缩性货币政策。

3. 财政政策和货币政策的综合效应

①扩张性财政政策加扩张性货币政策。也称双松政策。影响：使总产出有较大的增加，而对利息影响较小。

②紧缩性财政政策加紧缩性货币政策。也称双紧政策。影响：对抑制总需求有很好的效果，对利息影响较小。

③扩张性财政政策加紧缩性货币政策。影响：对总需求、总产出影响较小，而使利息显著提高。

④紧缩性财政政策加扩张性货币政策。影响：对总需求、总产出影响较小，而使利息显著下降。

4. 收入政策效应

在通货膨胀十分严重的时候，政府往往采用限制物价和工资上涨的政策。这种政策称为收入政策。

## 第二节　微观经济

### 一、消费者理论

1. 效用和边际效用

边际效用指最后增加的一单位商品或劳务所具有的效用。

2. 需求和供给

均衡价格被认为是经过市场的供应自发调节而形成的，即“看不见的手”的作用。

3. 需求弹性和供给弹性

4. 消费者行为的序数效用解释和差异曲线

序数效用的主要分析工具是无差异曲线。

消费者的购买受到消费者收入和商品价格的约束，这种约束可以以消费可能线或预算线描述。

把预算线和无差异曲线结合，它们的切点就是消费者均衡点。

### 二、生产者理论

1. 利润与成本

短期成本包括①不变成本；②可变成本；③边际成本（注意重点掌握）；④平均成

本；⑤平均不变成本；⑥平均可变成本；⑦总成本。

2. 边际产量递减与规模报酬

边际产量递减规律是指如果一种生产要素的数量保持不变，不断地追加另一种生产要素到一定程度，最后追加的一单位可变要素所带来的产出增加量将越来越小。

掌握该规律对我们的经济分析和经济决策有重要意义。(要学会用此规律分析问题)

3. 企业面临的市场需求

4. 均衡产量和均衡价格

我们称能够获得最大限量利润的产量称为均衡产量。均衡产量应该是使边际收益最大的边际成本的产量，即厂商获得最大利润的条件是边际成本的边际收益。

### 三、企业制度和法人治理结构

1. 现代企业组织和制度

从企业的资产组织形式看，企业可以分为以下三类，①业主制企业；②合伙制企业；③公司，包括有限责任公司，股份有限公司（与前者的区别在于股份有限公司的产权的社会化和量化）。

股东大会是公司最高权力机关，它是股东行使权力、表达意志的场所。

董事会作为公司法人，具有对公司财产的占有、使用、处置和重大经营决策权，但不直接进行经营管理，直接负责经营管理的是由董事会任命的总经理。

监事会是股东大会选出的公司监察机构。

2. 企业法人治理结构

偏离利润最大化的企业经营目标主要有三种：①销售收入最大化；②经理效用最大化；③内部人控制。

## 第三节　国际经济

### 一、国际经济贸易

1. 经济国际化的趋势

经济国际化有如下表现：①国际分工进一步向纵深和广阔方向迅速发展；②国际贸易在克服保护主义障碍中保持良好的增长势头；③生产要素国际间流动更加频繁，突出表现在资本流动异常活跃，资本流动已经替代国际贸易成为促进经济全球化的最主要的推动力量；④区域一体化出现了不同于以往的新特点。

### 2. 国际贸易发展的基础和利益

①国际贸易的基础：国际分工是指各国在从事商品生产时，相互间实际的劳动分工，是社会分工向国际范围的扩展，是国际贸易和世界市场的基础。

②国际贸易的利益

静态利益：开展贸易后，贸易双方所获得的直接的经济利益，它表现为在资源总量不断增加，生产技术条件没有改进的前提下，通过贸易分工而实现的实际福利增长。

动态利益：开展贸易后，对贸易双方的经济和社会发展所产生的间接的积极影响。

### 3. 国际贸易服务

当代国际贸易发展的一个新特点是服务贸易的迅速增长。广义的国际服务贸易即相对于有形贸易的一切无形贸易，它除了包含狭义国际服务贸易概念的所有内容外，还包括海外投资的收入和支出。国际上普遍接受的是广义的国际服务贸易概念。

### 4. 政府对进出口贸易的干预

①对进口贸易的干预

主要采取关税限制（壁垒）和非关税限制（壁垒）；非关税壁垒包括：进口配额制、进口许可证、"自动"出口限制、进口押金制、最低限价制。

②对出口贸易的干预

政府干预出口贸易以刺激出口增加的主要措施是出口补贴。出口补贴分为直接补贴和间接补贴两种。间接补贴包括出口退税、出口信贷等。实行出口补贴的目的是降低本国出口产品的价格，提高在国际市场上的竞争力，扩大出口。

### 5. 对外开放的战略模式选择

①初级产品出口导向型。这种战略模式强调发展中国家以本国廉价劳动力开发本国盛产的农、矿、特产等初级产品，出口创汇，然后用外汇进口制成品。

②进口替代型。是指以国内生产的产品替代进口产品。

③出口导向型。也称出口主导。其中对原来实行初级产品出口导向模式的国家，则称为出口替代，即用加工的初级产品、半制成品和制成品来替代初级产品的出口，并以此推动本国的工业化。

## 二、国际金融

1. 国际收入与国际收支平衡

国际收入平衡表可以分为三个基本账户：经常性账户、资本项目账户、平衡项目账户。

国际收支失衡的类型：

①季节性和偶然性的失衡

②周期性的失衡

③结构性失衡

④货币性失衡

⑤不稳定的投机与资本外逃造成的失衡

自动调节机制分为三类：

①汇率调节机制

②收入调节机制

③货币调节机制

政府调节国际收支的政策性措施：

①外汇缓冲政策

②汇率调整政策

③需求管理政策

④直接管制政策

2. 外汇与外汇市场

3. 汇率变动对经济的影响。(要掌握汇率对进口贸易、国内物价、国内生产、就业水平、产业结构和国际关系的影响)

4. 国际直接投资与跨国公司

按结构分，跨国公司可分为：横向型跨国公司、垂直型跨国公司、混合型跨国公司。

## 三、国际经济组织

1. 定义：两个或两个以上国家政府或民间团体为了实现共同的经济目标，通过一定的协议形式建立的具有常设组织机构和经济职能的组织。狭义的国际经济组织：限于国家政府间组织，不包括非政府间组织。

2. 基本特征：是国家之间的组织，不是凌驾于国家之上的组织；成员一般是国家，但在某些特殊情况下，非主权实体也取得了一些国际经济组织的正式成员或准成员资格；调整国际经济组织成员间关系的基本原则是国家主权平等原则；调整国际经济组织成员间关系的法律规范是国际经济组织法。

3. 主要国际经济组织：

(1) 国际货币基金组织（IMF）

国际货币基金组织于1945年12月27日成立，截至2011年6月，有187个成员国。

主要宗旨是：稳定国际汇兑，消除妨碍世界贸易的外汇管制，在货币问题上促进国际合作，并通过提供短期贷款，解决成员国国际收支暂不平衡时产生的外汇资金需求。它的资金来源于各成员国认缴的份额。各成员国的份额由该组织根据各国的国民收入、黄金和外汇储备、进出口贸易额以及出口的波动性等经济指标确定。成员国的主要权利是按所缴份额的比例借用外汇。

(2) 世界银行集团（WBG）

世界银行成立于1945年12月27日，1946年6月开始营业。凡是参加世界银行的国家必须首先是国际货币基金组织的会员国。世界银行集团目前由国际复兴开发银行（即世界银行)、国际开发协会、国际金融公司、多边投资担保机构和解决投资争端国际中心五个成员机构组成。

世界银行集团的宗旨：通过提供资金、经济和技术咨询、鼓励国际投资等方式，帮助成员国、特别是发展中国家提高生产力，促进经济发展和社会进步，改善和提高人民生活水平。

（3）世界贸易组织（WTO）

①发展历史：世贸组织是一个独立于联合国的永久性国际组织，到 2011 年底为止，世贸组织正式成员已经达到156 个。1995 年 1 月 1 日正式开始运作，该组织负责管理世界经济和贸易秩序，总部设在瑞士日内瓦。其基本原则是通过实施市场开放、非歧视和公平贸易等原则，来实现世界贸易自由化的目标。1996 年 1 月 1 日，它正式取代关贸总协定临时机构。世贸组织是具有法人地位的国际组织，在调解成员争端方面具有更高的权威性。它的前身是1947 年订立的关税及贸易总协定。与关贸总协定相比，世贸组织涵盖货物贸易、服务贸易以及知识产权贸易，而关贸总协定只适用于商品货物贸易。

自 2001 年 12 月 11 日开始，中国正式加入 WTO，标志着中国的产业对外开放进入了一个全新的阶段。

②组织宗旨：提高生活水平，保证充分就业和大幅度、稳步提高实际收入和有效需求；扩大货物和服务的生产与贸易；坚持走可持续发展之路，各成员方应促进对世界资源的最优利用、保护和维护环境，并以符合不同经济发展水平下各成员需要的方式，加强采取各种相应的措施；积极努力确保发展中国家，尤其是最不发达国家在国际贸易增长中获得与其经济发展水平相适应的份额和利益；建立一体化的多边贸易体制。

③五大职能：管理职能、组织职能、协调职能、调节职能、提供职能

④基本原则

**互惠原则**也叫对等原则，是 WTO 最为重要的原则之一，是指两成员方在国际贸易中相互给予对方贸易上的优惠待遇。

**透明度原则**是指 WTO 成员方应公布所制定和实施的贸易措施及其变化情况，没有公布的措施不得实施，同时还应将这些贸易措施及其变化情况通知世贸组织。

**市场准入原则**是可见的和不断增长的，它以要求各国开放市场为目的，有计划、有步骤、分阶段地实现最大限度的贸易自由化。世界贸易组织不允许缔约国以不公正的贸易手段进行不公平竞争，特别禁止采取倾销和补贴的形式出口商品，对倾销和补贴都做了明确的规定，制定了具体而详细的实施办法，世界贸易组织主张采取公正的贸易手段进行公平的竞争。

**经济发展原则**也称鼓励经济发展与经济改革原则，该原则以帮助和促进发展中国家的经济迅速发展为目的，针对发展中国家和经济接轨国家而制定，《原则》包含许多给予这些国家的特殊优惠待遇。

**非歧视原则**，这一原则包括两个方面，一个是最惠国待遇，另一个是国民待遇。

## 第四节　金 融 经 济

### 一、金融工具

#### 1. 货币及其形态

货币的四大职能：交换媒介、价值尺度、支付功能、价值贮藏手段。

### 2. 金融工具

（1）信用及信用形式。信用是以偿还本息为条件的暂时让渡商品或货币的借贷行为。所谓信用形式，就是表现借贷关系特征的形式。信用可分为商业信用、银行信用、国家信用、消费信用。

商业信用——赊销商品，预付货款

银行信用——是在商业信用的基础上发展起来的一种更高层次的信用形式。其在现代经济信用体系中占有核心的地位，占有主导作用。

国家信用——国债

消费信用——是指工商企业、银行和其他金融机构对消费者提供的信用，其形式多种多样。

（2）金融工具。金融工具包括债权凭证和所有权凭证（仅有股票一种）。

金融工具按金融市场交易偿还期划分，可分为长期金融工具和短期金融工具。短期的金融工具又称货币市场上的金融工具，包括本票、汇票、支票、大额定期存单、银行承兑汇票、短期政府公债等；长期金融工具是指资本市场上的金融工具，包括中长期政府公债和股票。

### 3. 利息和利率

了解利率的分类：引起利率变动的因素主要有：社会平均利润率的变动、经济的周期性变动、国家经济政策的变动。

了解利率变动对经济运行发生的调节和杠杆作用。特别要注意利率对物价的影响。利率变动与物价变动有着密切的关系。当政府采取扩张性的货币政策时，松的货币政策导致价格和利率的反向变化。当政府采取扩张性财政政策时，导致物价和利率的同方向变化。

## 二、金融市场

1. 金融市场及其分类

重点掌握货币市场和资本市场。货币市场又称短期金融市场，指期限在一年以内的短期金融工具的交易市场。资本市场是指期限在一年以上的长期金融交易市场——证券市场和股票市场。

2. 货币市场

货币市场是中央银行执行货币政策的重要场所。中央银行执行货币政策主要有三种方式：调整法定存款准备金率、调整再贴率和公开市场业务。

3. 证券市场

证券流通市场包括证券交易所集中交易市场、场外市场、二板市场。

4. 证券交易

包括现货交易、信用交易、期货交易、期权交易。股价指数被称为“经济的晴雨表”。

## 三、金融机构

1. 金融机构的构成

银行类金融机构可分为中央银行、商业银行和专业银行。

①中央银行。发行的银行、政府的银行、银行的银行。中央银行一般性政策工具有以下三种：公开市场业务、再贴现率、存款准备率。

②商业银行

③专业银行是经营指定范围的业务和提供专门性的金融服务的机构，包括开发银行、投资银行、储蓄银行、进出口银行、农业银行等等。非银行机构包括保险公司、投资公司、财务公司、信用合作社。

货币政策的终极目标是稳定物价、充分就业、经济增长和国际收支平衡。

**一、选择题**

1. 社会主义社会保持总需求与总供给之间的大体平衡是指：________。
   A. 消费资料的总供给与生产单位对生产资料的总需求之间的平衡
   B. 生产资料的总供给与生产资料的总需求之间的平衡
   C. 社会总产品的价值量和实物量之间的平衡
   D. 社会可供购买的商品总量与社会有支付能力购买的商品之间的平衡
2. 实现可持续发展的关键是：________。
   A. 积极发展第三产业
   B. 提高科技水平、发展教育
   C. 正确处理速度、比例、结构、效益的关系
   D. 处理好经济发展同人口、资源、环境的协调发展
3. 下列对 CPI（居民消费价格指数）的认识正确的是：________。
   A. CPI 反映一定时期内居民所购生活消费品的价格程度的绝对数
   B. CPI 用来分析消费品非零售价对居民生活费用支出的影响程度
   C. CPI 反映居民所购生活消费品的价值和服务项目价格变动趋势
   D. CPI 是采用指数商品加权平均的方法算出来的
4. 在经济衰退时期，有利于扩大内需的政策措施是：________。
   A. 降低税率　　B. 提高利率
   C. 缩减财政支出　　D. 提高存款准备金率
5. 汇率贬值将会引起________。
   A. 国内生产总值增加，贸易收支状况改善
   B. 国内生产总值增加，贸易收支状况恶化
   C. 国内生产总值减少，贸易收支状况恶化
   D. 国内生产总值减少，贸易收支状况改善
6. 衡量一个国家经济总量的指标不包括________。

A．国民总收入　　B．货币总量
C．国内生产总值　　D．外汇储备

7．利率是一国政府调控宏观经济的重要杠杆。变动利率对经济影响的一般规律是：________。
A．提高利率，储蓄减少　　B．降低利率，投资会减少
C．提高利率，会抑制通货膨胀。　　D．降低利率，消费会减少

8．世贸组织规则，要求所有成员对来自某一成员的产品所给予的利益、优待、特权和豁免，应当无条件地给予来自其他所有成员的相同产品，这一原则被称为________。
A．最惠国待遇原则
B．国民待遇原则
C．互惠原则
D．透明度原则

9．社会主义金融市场的基础是________。
A．资金市场　　B．证券市场　　C．外汇市场　　D．期货市场

10．“金砖四国”（BRIC）引用了巴西、俄罗斯、印度和中国四国英文的首字母。由于该词与英语单词的砖（Brick）类似，因此被称为“金砖四国”。后来哪个国家加入了“金砖国家”？“金砖四国”的英文单词因此变为“BRICS”，并改称为“金砖国家”。
A．沙特阿拉伯　　B．苏丹　　C．南非　　D．西班牙

## 二、填空题

1．拉动经济增长的需求有：投资需求、消费需求、________。
2．经济学领域所谓的“看不见的手”的最初提出者是________。
3．经济增长方式主要有粗放型增长和________两种。
4．公司的最高权力机关是________。
5．1995 年 1 月 1 日________正式生效运转，取代 1947 年以后的关税与贸易总协定。

# 第三章
# 法　　律

## 第一节　法学基础理论

### 一、法的概念和本质

1. 法是由国家制定、认可并保证实施的，反映由特定物质生活条件所决定的统治阶级意志，以权利和义务为内容，以确认、保护和发展统治阶级所期望的社会关系和社会秩序为目的行为规范体系。

2. 共同本质：法是统治阶级意志的表现。

3. 基本特征：(1) 法是调整人的行为或社会关系的规范；(2) 法是由国家制定或认可，并具有普遍约束力的社会规范；(3) 法是以国家强制力保证实施的社会规范；(4) 法是规定权利和义务的社会规范。

### 二、法律制度的相关概念

1. 法的制定：指一定的国家机关依照法定职权和法定程序制定、修改、废止法律和其他规范性法律文件的一种专门活动，一般也称为法律的立、改、废活动。

2. 法的渊源：

(1) 宪法

(2) 法律

(3) 行政法规

(4) 地方性法规

(5) 自治条例、单行条例

(6) 行政规章

(7) 国际条约

3. 法律部门：

(1) 宪法

(2) 行政法

(3) 民法

(4) 婚姻法

(5) 经济法

(6) 劳动法

（7）环境法

（8）刑法

（9）诉讼法

（10）军事法

### 三、法律实施中的相关概念

1. 法律实施包括执法、司法和守法。

2. 法律适用的要求：准确，指适用法律时，事实要调查清楚，证据要准确；合法，指司法机关审理案件时要合乎国家法律的规定，依法办案；及时，指司法机关办案时在正确、合法的前提下，还必须做到遵守时限。

3. 法律适用的原则：公民在法律面前一律平等；以事实为根据，以法律为准绳；司法机关依法独立行使职权；实事求是，有错必纠。

4. 法律关系的基本特征：法律关系是以权利义务为内容的社会关系；法律关系是由国家强制力保证的社会关系；法律关系是以现行法律存在为前提的社会关系。它不属于物质关系，而是一种思想关系。

5. 违法的分类：刑事违法、民事违法、行政违法、违宪行为。

## 第二节　宪法的基本理论

### 一、宪法的概念及原则

1. 宪法是规定国家根本制度、集中表现各种政治力量实际对比关系、规范国家权利和保障公民基本权利的国家根本法。

2. 我国宪法的基本原则：人民主权原则；基本人权原则；法治原则；民主集中制原则。

### 二、宪法规定的国家机构

1. 全国人民代表大会及常务委员会

全国人民代表大会职权：全国人民代表大会行使修改宪法，监督宪法的实施，制定和修改基本法律，组织其他中央国家机关决定重大国家事项，罢免其他中央国家机关组成人员的职权。

2. 中华人民共和国主席

国家主席是一个相对独立的国家机关，其主要职权有：根据全国人民代表大会及其常务委员会的决定，公布法律，任免国务院总理、副总理、国务委员、各部部长、各委员会主任、审计长、秘书长，批准和废除同外国缔结的条约和重要协定。

3. 国务院

组成：总理、副总理、国务委员、各部部长、各委员会主任、审计长、秘书长。总理、副总理、国务委员连续任职不得超过两届。总理、副总理、国务委员、秘书长组成国务院常务委员会。

4. 中央军事委员会。

组成：主席、副主席、委员

5. 地方各级人民代表大会及地方各级人民政府、县级以上人民代表大会每届任期五年。乡、民族乡、镇的人民代表大会任期三年。

6. 民族自治地方的自治机关。

7. 人民法院和人民检察院监督。

## 第三节　行政法概述

### 一、行政法的概念

1. 行政法上的“行政”指“公共行政”，指国家行政机关对国家与公共事务的决策、组织、管理和控制。

2. 行政行为概述

（1）行政行为的主要特征有：从属法律性；裁量性；单方意志性；效力先定性；强制性。

（2）行政行为合法的条件：

A. 行政行为的主体合法

B. 行政行为应当符合行政主体的权限范围

C. 行政行为的内容应当合法、适当

D. 行政行为应当符合法定规定

（3）行政行为无效的条件：

A. 行政行为具有特别重大的违法情形或具有明显的违法情形

B. 行政主体不明确或明显超越相应行政主体职权的行政行为

C. 行政主体受胁迫做出的行政行为

D. 行政行为的实施将导致犯罪

E. 没有可能实施的行政行为

（4）行政行为撤销的条件：

A. 行政行为合法要件缺损

B. 行政行为不适当

3. 行政法的基本原则

（1）行政合法性原则

（2）行政合理性原则

（3）行政应急性原则

### 二、行政主体的职权与职责

1. 行政职权是国家行政权的转化形式，主要包括以下内容：①行政立法权；②行政决策权；③行政决定权；④行政执行权；⑤行政强制执行权；⑥行政命令权；⑦行政处罚权；⑧行政司法权。

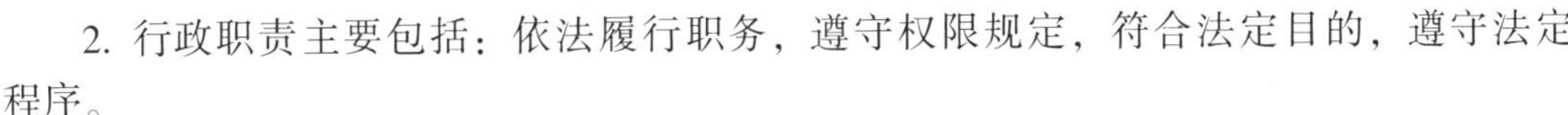

2. 行政职责主要包括：依法履行职务，遵守权限规定，符合法定目的，遵守法定程序。

### 三、行政行为无效的法律后果

①行为相对方可在任何时候请示有权国家机关宣布该行为无效；②有权机关可在任何时候宣布相应行政行为无效；③行政行为被宣布无效后，行政主体通过该行为从行政相对方获得的一切均应返回相对方；所赋予的一切义务均应取消；对相对方所造成的实际损失，均应赔偿。

## 第四节　民　　法

### 一、概念

形式意义上的民法就是指民法典，实质意义上的民法是指所有调整民事关系的法律规范的总称。我国民法是调整平等主体的自然人、法人和其他组织之间的财产关系和人身关系的法律规范的总和。

### 二、我国民法的调整对象

民法调整平等主题之间的人身和财产关系

1. 财产关系：指人民在商品生产、分配、交换和消费过程中形成的具有经济内容的关系（债权关系，物权关系，财产继承和其他具有财产内容的民事关系）。

2. 人身关系：没有直接财产内容但又具有人身属性的社会关系（非财产性、专属性、固有性）。

包括基于人格产生的人身关系（生命和健康、姓名、肖像、名誉、荣誉）。

基于一定身份的人身关系（亲属、知识产权）。

### 三、我国的民法体系

（1）总则：调整对象，基本原则，民事主体制度，法律行为制度，代理制度，诉讼时效制度。

（2）物权法：以所有权为核心。

（3）债权法：以合同法为核心的债法规定。

（4）关于人格权的法律规定（人格权法）。

（5）知识产权法：不写进民法典的原因是——纯粹的历史原因；知识产权大多不是民法渊源，多为程序和管理的法规，易变，不符合民法的稳定性。而写入民法典的原因主要是知识产权是一种民事权利，其本质属性是财产权利和人身权利的结合。

（6）侵权行为法：相对独立于债法，从债法中独立出来，原因有二——此法不仅调整财产关系也调整人身关系；适用的调整方法不同于债法。

（7）关于婚姻家庭的规定（亲属法）。

（8）财产继承法。

（9）大量的商事法律法规。游离于民法典之外，原因是：商事法律法规太庞大；并且包含相当的管理方面的规范，变动不定。

### 四、我国民法的适用

适用原则：上位法优先于下位法；新法优先于旧法；特别法优先于普通法；法律文本优先于法律解释规范；强行法优先于任意法。

## 第五节　刑　　法

### 一、刑法的概念和基本原则

1. 刑法是统治阶级为了维护其阶级利益和统治秩序，以国家的名义制定的有关什么行为是犯罪和对犯罪者适用何种刑罚的法律规范的总称。

2. 刑法的基本原则，是贯穿于刑法全部内容，对定罪量刑和刑罚的执行具有直接指导作用的准则，是指导和制约刑事立法、刑事司法的基本规则。我国刑法中规定的基本原则有：

（1）罪刑法定原则

（2）法律面前人人平等原则

（3）罪责刑相适应原则

### 二、犯罪

1. 犯罪是阶级社会中的一种社会政治现象。一般来说，犯罪是指统治阶级通过法律规定的，因危害其经济利益和统治秩序而用刑罚加以禁止的行为。

犯罪具有以下特征：严重的社会危害性；刑事违法性；应受刑罚处罚性。

2. 犯罪构成

犯罪构成是指我国刑法规定的，决定某一具体行为社会危害性及其程度，而为该行为构成犯罪所必需的一切客观和主观要件的总和。任何一种犯罪的成立都必须同时具备四个条件，即犯罪客体、犯罪客观方面、犯罪主体和犯罪主观方面。

### 三、正当防卫和紧急避险

1. 正当防卫

正当防卫是指为了国家、公共利益、本人或者他人的人身、财产和其他权利免受正在进行的不法侵害，而采取的制止不法侵害的行为。因采取正当防卫而使不法侵害人造成损害的，不负刑事责任。

2. 紧急避险

紧急避险是指为了使国家、公共利益、本人或他人的人身、财产和其他合法权利免受正在发生的危险，不得已而采取的损害较小合法权益，以保护较大合法权益的行为。

## 四、犯罪的预备、未遂和中止

犯罪的预备、未遂和中止以及犯罪的既遂，是故意犯罪行为发展中可能出现的几个不同的形态。故意犯罪过程是行为人的主观到客观的发展过程，这一过程中存在因主客观各种原因停止下来的犯罪形态，包括犯罪的预备、未遂、中止。

## 五、刑罚

刑罚是指刑法明文规定的，由国家审判机关依法对犯罪人适用的限制或剥夺其某种权益的最严厉的强制性法律制裁方法。

刑罚的种类：

我国《刑罚》分为主刑和附加刑两类，主刑和附加刑又各有多种。属于主刑的各个刑种只能独立适用；属于附加刑的各个刑种既可以独立适用，也可以作为主刑的附加刑适用。

（1）主刑：主刑指审判机关对犯罪分子判处刑罚时，只能独立适用，不能附加适用的刑罚。我国《刑法》规定的主刑有管制、拘役、有期徒刑、无期徒刑和死刑五种。

（2）附加刑：罚金，剥夺政治权利，没收财产，驱逐出境。

# 第六节　经　济　法

## 一、经济法的调整对象

经济法是调整因国家对经济活动的管理所产生的社会经济关系的法律规范的总称。

1. 市场主体组织关系。是指国家在对市场主体的活动进行管理，以及市场主体在自身运行过程中所发生的社会关系。

2. 市场运行调控关系。是指国家为了建立社会主义市场经济秩序，维护国家、生产经营者和消费者的合法权益而干预市场所发生的经济关系。

3. 宏观经济调控关系。是指国家从长远和社会公共利益出发，对关系国计民生的重大经济因素，实行全局性的管理过程中与其他社会组织所发生的具有隶属性或指导性的社会经济关系。

4. 社会保障关系。是指国家在对作为劳动力资源的劳动者实行社会保障过程中发生的经济关系。

## 二、我国经济法主要包括四大方面的内容

1. 关于企业组织管理的法律规范，如《公司法》、《中外合资经营企业法》、《中外合作经营企业法》、《合伙企业法》、《个人独资企业法》等；

2. 关于市场管理的法律规范，如《反不正当竞争法》、《消费者权益保护法》、《产品质量法》、《证券法》等；

3. 关于宏观调控的法律规范，如《统计法》、《森林法》、《土地管理法》、《矿产资源法》、《对外贸易法》等；

4. 关于社会保障的法律规范，如《残疾人保障法》、《劳动法》、《失业保险条例》等。

## 三、经济法的巨大作用

1. 坚持以公有制为主体、多种所有制经济共同发展；
2. 引导、推进和保障社会主义市场经济体制的建立和完善；
3. 扩大对外经济技术交流和合作；
4. 保证国民经济持续、快速、健康发展。

## 一章一练

**一、选择题**

1. 法律义务是指法律关系主体：________。
   A. 可以自己做出一定的行为　　B. 可以要求他人做出一定的行为
   C. 必须做出一定的行为　　D. 可以要求他人不做出一定的行为
2. 物权是指权利人对物的________。
   A. 直接占有和支配　　B. 间接占有和支配
   C. 直接占有，间接支配　　D. 间接占有，直接支配
3. 我国现在实行的政党制度是________。
   A. 一党制　　B. 多党制
   C. 多党合作　　D. 中国共产党领导下的多党合作
4. 行政机关对自己制定的法律所作的解释属于________。
   A. 立法解释　　B. 行政解释
   C. 司法解释　　D. 适用解释
5. 法的适用是指：________。
   A. 国家司法机关根据法定职权和法定程序，具体应用法律处理案件的专门活动
   B. 国家行政机关及其公职人员在行使职权过程中，贯彻和实施法律的活动
   C. 国家立法机关制定法律的活动
   D. 法律在社会实际生活中的具体运用和实现
6. 法律终止生效是法律时间效力的一个重要问题。在以默示废止方式终止法律生效时，一般应当选择下列哪一条原则？________。
   A. 特别法优于一般法　　B. 国际法优于国内法
   C. 后法优于前法　　D. 法律优于行政法规
7. 《中华人民共和国宪法》规定："人民法院依照法律规定独立行使审判权，不受行政机关、社会团体和个人的干涉。"该规定表明________。
   A. 司法主体具有法定性　　B. 司法活动具有程序性
   C. 司法权具有权威性　　D. 司法权行使的独立性
8. 下列哪些属于最重要的基本人权？________。
   A. 生存权　　B. 人身权利

C. 发展权　　　　　　　　　　　　D. 政治权利

9. 我国宪法规定，宪法的修改须经全体代表的________以上多数通过方为有效。

A. 二分之一　　　　　　　　　　　B. 三分之二

C. 五分之三　　　　　　　　　　　D. 五分之四

10. 律师法、公证法属于________这一部门法。

A. 行政法　　　B. 宪法　　　C. 民法　　　D. 诉讼程序法

## 二、填空题

1. 根据《劳动法》规定，劳动合同可以约定试用期，试用期最长不得超过________。
2. 国籍的取得方式基本上可分为两大类：一是________取得国籍，二是________取得国籍。
3. 按照法的适用范围的不同，法可分为一般法和________。
4. 在我国整个法律解释体系中，________（国家机关）的解释具有最高效力。
5. 法律事实分为两类：一类是法律事件，另一类是________。

# 备考习题

## 一、选择题

1. 我国现阶段的主要矛盾决定了我们必须________。

A. 把发展生产力放在各项工作的首位

B. 把发展文化教育放在首位

C. 把思想政治工作放在首位

D. 把军队建设放在首位

2. 社会主义初级阶段是________。

A. 任何国家都必须经历的阶段

B. 任何社会主义国家都必须经历的阶段

C. 我国建设社会主义必须要经历的起始阶段

D. 资本主义进入社会主义要经历的阶段

3. 十二届六中全会把革命理想划分为共同理想和最高理想，现阶段我国人民的共同理想是：________。

A. 把我国建设成为富强、民主、文明的社会主义现代化国家

B. 国民生产总值翻两番

C. 初步实现四个现代化

D. 消灭剥削、消除两极分化，达到共同富裕

4. 构建社会主义和谐社会，是巩固党执政的社会基础的必然要求。巩固党执政的社会基础，这意味着：________。

①把新的社会阶层团结和凝聚在党的周围，但无必要将其吸收到党内

②最广泛最充分地调动一切积极因素，为全面建设小康社会提供广泛的力量支持

③推动我国先进生产力发展和社会全面进步的根本力量已不再是包括知识分子在内的工人阶级和广大农民

④新的社会阶层是中国特色社会主义事业的建设者，也是我们党执政必须团结和依靠的重要力量

A. ①④　　B. ②③　　C. ①③　　D. ②④

5. 邓小平提出，建立国际政治经济新秩序，必须________。

A. 以四项基本原则为基础　　B. 以和平共处五项原则为基础

C. 以平等互利为基础　　D. 以互不侵犯为基础

6. 下列不属于我国外交政策的宗旨是：________。

A. 维护世界和平，促进共同发展　　B. 推进国际关系民主化

C. 反对霸权主义和强权政治　　D. 独立自主

E. 坚持和平共处五项原则

7. 下列关于安理会的表述正确的是：________。

①对维护国际和平与安全负主要责任

②对实质性问题的审议坚持“大国一致”原则

③对实质性问题的审议，五个常任理事国必须都投赞成票

④是和平解决国际争端的司法机构

A. ①②③　　B. ②③　　C. ①②　　D. ①②③④

8. 下列对“联合国的成立是人类历史上一件具有划时代意义的大事”理解正确的是：________。

①联合国是世界上第一个宣布以维护世界和平为宗旨的国际组织

②联合国以维护国际和平与安全，促进国际合作与发展为活动宗旨

③联合国大会是唯一有权采取行动维护国际和平与安全的机构

④除政治外，联合国的活动范围还涉及经济、文化等领域

A. ①②　　B. ②③　　C. ③④　　D. ②④

9. 在我国的政党制度中，中国共产党是执政党，各民主党派是________。

A. 在野党　　B. 反对党　　C. 执政党　　D. 参政党

10. 社会主义民主政治的本质要求是________。

A. 人民当家做主　　B. 共产党的领导　　C. 依法治国　　D. 以德治国

11. 我国的国体是________。

A. 人民民主专政　　B. 多党合作制度

C. 民主协商制度　　D. 民主主义制度

12. 科学发展观的第一要义是________。

A. 发展　　B. 创新　　C. 实事求是　　D. 改革

13. 科学发展观坚持全面发展和________。强调全面推进经济建设、政治建设、文化建设、社会建设，实现经济发展和社会全面进步。

A. 以人为本　　B. 协调发展　　C. 增收节支　　D. 增加效益

14. 党的十七大报告明确提出________理论体系，并指出：这一理论体系是包括邓小平理论、“三个代表”重要思想以及________等重大战略思想在内的科学理论体系。

A. 科学社会主义　　科学改革观

B. 中国特色社会主义　　科学发展观

C. 社会主义民主政治　　和谐发展观

D. 有中国特色社会主义　可持续发展观

15. 党的________把"三个代表"重要思想和马克思列宁主义、毛泽东思想、邓小平理论一道确立为我们党的指导思想，明确写进党章。

A. 十四大　　B. 十五大　　C. 十六大　　D. 十七大

16. 作为调节社会经济运行的一种重要经济杠杆，提高税率通常是：________。

A. 提高政府的财政收入　　B. 抑制投资，有利于防止经济过热

C. 刺激消费　　D. 失业率波动不定

17. 在社会经济运行中，当通货膨胀率上升时，一般会导致________。

A. 失业率上升　　B. 失业率保持稳定不变

C. 失业率下降　　D. 失业率波动不定

18. 经济学上所推崇的"橄榄型"收入分配结构，是指低收入和高收入相对较少、中等收入占绝大多数的分配结构。我国正在采取措施，实施"提低、扩中、调高、打非、保困"的方针，使收入分配朝着"橄榄型"方向发展。这主要是为了促进________。

A. 生产的发展　　B. 效率的提高

C. 社会的公平　　D. 内需的扩大

19. 经济全球化是________。

A. 资本主义基本矛盾发展的客观趋势

B. 生产社会化发展的客观趋势

C. 垄断资本主义发展的客观趋势

D. 发达资本主义国家进行资本输出的客观趋势

20. 市场机制作用得到充分发挥的前提是________。

A. 政府放弃宏观调控　　B. 政府加强宏观调控

C. 完备、统一的市场体系　　D. 计划与市场相结合

21. 货币的本质是________。

A. 商品交换的媒介　　B. 衡量商品价值大小的尺度

C. 一般等价物　　D. 社会财富的代表

22. 影响社会总供求形成的最根本的因素是________。

A. 物质生产的发展规模和水平　　B. 进口商品的规模和水平

C. 出口商品的规模和水平　　D. 商品储备运用的规模

23. 我国国有经济在国民经济发展中的主导作用和优势，主要是通过________。

A. 国有资产在社会总资产中的量的优势体现出来

B. 国有大型企业和企业集团的规模和实力体现出来

C. 对经济发展的控制力和其市场竞争力体现出来

D. 国家对市场活动的正确指导和有效调控体现出来

24. 下列关于通货膨胀的说法正确的是：________。

A. 发行纸币一定会引起通货膨胀

B. 没有多发行纸币就一定不会引起通货膨胀

C. 通货紧缩比通货膨胀好，消费者可以得到更多的实惠，有利于提高人民生活水平

D. 在通货膨胀的情况下，应当减少流通中的纸币量，从而有利于抑制通胀

25. 经济一体化可以分为各种类型，其中一种类型是________。在这种类型下，各成员国只是相互免征关税，以保证商品在各成员国之间的自由流动。

A. 经济联盟　　B. 共同市场　　C. 自由贸易区　　D. 关税同盟

26. 市场体制的三大支柱是：________。

A. 生产资料市场、劳动力市场、消费品市场

B. 商品市场、资本市场、劳动力市场

C. 商品市场、生产资料市场、技术信息市场

D. 资本市场、劳动力市场、房地产市场

27. 在我国现阶段，必须坚持公有制为主体、多种经济成分共同发展的方针。这就要求在社会总资产中，________。

A. 非公有制经济所占比重逐步下降

B. 公有制经济所占比重逐步上升

C. 公有制经济所占比重超过私营经济

D. 公有制经济所占比重超过非公有制经济

28. 受国家机关、国有公司、企业单位，事业单位、人民团体委托管理、经营________的人员，利用职务上的便利，侵吞、窃取、骗取或者以其他非法手段占有财物的，以贪污论处。

A. 公开财产　　B. 公共财物　　C. 国有财物　　D. 国有财产

29. 根据我国宪法规定，下列关于私有财产权的表述哪一项是不正确的？________。

A. 公民合法的私有财产不受侵犯

B. 国家依照法律规定保护公民的私有财产权和继承权

C. 任何人不得剥夺公民的私有财产

D. 国家为了公共利益的需要，可以依照法律规定对公民的私有财产实行征收或征用并给予补偿

30. 下列关于行政法规解释的哪种说法是正确的？________。

A. 国务院各部门可以根据国务院授权解释行政法规

B. 行政法规条文本身需要作出补充规定的，由国务院解释

C. 在审判活动中行政法规条文本身需要进一步明确界限的，由最高人民法院解释

D. 对具体应用行政法规的问题，各级政府可以请求国务院法制机构解释

31. 下列哪一种行为可以构成伪证罪？________。

A. 在民事诉讼中，证人作伪证的

B. 在刑事诉讼中，辩护人伪造证据的

C. 在刑事诉讼中，证人故意作虚假证明意图陷害他人的

D. 在刑事诉讼中，诉讼代理人帮助当事人伪造证据的

32. 犯罪行为的最基本特征是：________。

A. 刑事违法性　　B. 社会危害性

C. 应受刑罚惩罚性　　D. 行为人具有主观恶性

33. 甲携带凶器拦路抢劫，黑夜中遇到乙便实施暴力，乙发现是自己的熟人甲，便喊甲的

名字，甲一听便住手，还向乙道歉说："对不起，认错人了。"甲的行为属于下列哪一种情形？________。

A. 实行终了的犯罪未遂　　B. 预备阶段的犯罪中止
C. 未实行终了的犯罪未遂　　D. 实行阶段的犯罪中止

34. 宪法的制定与修改都要经过特别程序，这种特别程序区别于________。

A. 普通法律　　B. 一般法律　　C. 特别法律　　D. 基本法律

35. 我国宪法规定的公民在法律面前一律平等原则是指：________。

A. 18 周岁以上的公民在法律面前平等
B. 人民在法律面前平等
C. 凡具有中华人民共和国国籍的人在法律面前平等
D. 居住在中国境内的人在法律面前平等

36. 从违法行为的构成要素看，判断某一行为是否违法的关键因素是什么？________。

A. 该行为在法律上被确认为违法
B. 该行为有故意或过失的过错
C. 该行为由具有责任能力的主体做出
D. 该行为侵犯了法律所保护的某种社会关系

37. 下列不属于法的基本特征的表述是：________。

A. 法是调节人们行为的规范　　B. 法由国家制定或认可
C. 法规定人们的权利、义务、权力　　D. 法是阶级社会特有的产物

38.《中华人民共和国国籍法》指：________。

A. 一个独立的法律部门　　B. 从属于宪法部门
C. 从属于民法法律部门　　D. 从属于行政法法律部门

39. 在我国，根据有关法律规定，法律监督的专门国家机关是________。

A. 国家监察机关　　B. 国家检察机关
C. 国家审判机关　　D. 国家立法机关

40. 根据我国宪法的规定，下列有关公民基本权利的宪法保护的表述，哪一个是正确的？________。

A. 一切公民都有选举权和被选举权
B. 宪法规定了对华侨、归侨权益的保护，但没有规定对侨眷权益的保护
C. 宪法对建立劳动者休息和休养的设施未加以规定
D. 公民合法财产的所有权和私有财产的继承权规定在宪法"总纲"部分

## 二、填空题

1. 社会主义和谐社会的六大特征是________、公平正义、诚信友爱、充满活力、安定有序、人与自然和谐相处。
2. 当今世界局势发展方向是________。
3. 联合国的主要审议机构是________。
4. 我国国家的最高权力机关是________。
5. 科学发展观的核心是________。
6. 1982 年 9 月 1 日，邓小平在中国共产党第________次全国代表大会上提出了"建设有

中国特色社会主义”的主题。
7. 党的十一届六中全会通过的________，标志着党胜利地完成了指导思想上的拨乱反正。
8. 总需求是指对一国总产业的意愿总购买。在封闭经济中，总需求包括居民消费需求、企业投资需求和政府购买需求。如果考虑开放经济，则需要考虑加上________。
9. 税收是国家为实现其职能，凭借政治权力，依法无偿取得财政收入的基本形式。具有________、无偿性、固定性三个基本特征。
10. 价格围绕价值上下波动是________的表现形式。
11. 货币具有交换媒介、价值尺度、________、价值贮藏四种基本手段。
12. 通货膨胀可以分为两种类型，即________和成本推动的通货膨胀。
13. 公司包括有限责任公司和________两种类型。
14. ________是规定国家根本制度、集中表现各种政治力量实际对比关系、规范国家权力和保障公民基本权利的国家根本法。
15. 犯罪构成是指我国刑法规定的，决定某一具体行为社会危害性及其程度，而为该行为构成犯罪所必需的一切客观和主观要件的总和。任何一种犯罪的成立都必须同时具备四个条件，即________、犯罪客观方面、犯罪主体和犯罪主观方面。
16. 我国刑罚分为主刑和附加刑两类，主刑和附加刑又各有多种。其中主刑包括：管制、________、有期徒刑、无期徒刑和死刑五种。
17. 具有民事权利能力和民事行为能力，依法独立享有民事权利和承担民事义务的组织是________。
18. 财产所有权是指所有人依法对自己的财产享有占有、使用、收益和________的权利。
19. 合同法的基本原则是________、自愿原则、公平原则、诚实信用原则。
20. 法定继承的顺序中第一顺序继承人是配偶、子女、________。

**三、名词解释**

1. 国体
2. 社会主义初级阶段
3. 霸权主义
4. 宏观调控
5. 通货膨胀
6. 国内生产总值
7. 边际效用
8. 正当防卫
9. 知识产权
10. 公民

**四、简答题**

1. 为什么要坚持科学发展观？全面落实科学发展观有什么重要意义？
2. 我国独立自主的和平外交政策包括哪些具体内容？
3. 简述在现实条件下，人民币汇率升值对经济可能带来的影响。
4. 简述通货膨胀产生的原因。
5. 什么是犯罪？犯罪的基本特征有哪些？

# 第五单元
# 西方文化知识

## 第一章
## 古希腊罗马历史

幼发拉底河和底格里斯河流域在希腊语中被称作“美索不达米亚”，特指两河之间的广大区域。这两条河流都发源于土耳其东部的亚美尼亚山区，它们并行而下，自西北向东南注入碧波荡漾的波斯湾。千百年来，定期的河流泛滥虽给两河流域带来了灾害，但也在这里形成一大片肥沃的冲积平原，为人们从事劳作创作了极佳的条件。这片冲积平原面积广袤，它东抵扎格罗斯山，西到叙利亚沙漠，南达波斯湾，北及托罗斯山，囊括了今天的以色列、巴勒斯坦、黎巴嫩、约旦部分地区，叙利亚、土耳其南部以及伊拉克大部分地区，其形状宛如一弯在沙漠中升起的新月，故称为“新月沃土”。

### 第一节　美索不达米亚：人类文明的摇篮

美索不达米亚文明的创建者是苏美尔人，他们在公元前 5500 年左右来到美索不达米亚南部，并于公元前 3000 年在这里建立了一些小城市。随着城市规模的扩大，周边的乡村也纳入城市的政治、经济生活之中，城邦开始出现。著名的城邦有埃利都、乌尔、乌鲁克、乌玛和拉伽什。这些城邦是美索不达米亚的基本单位。

苏美尔人共建了 12 座城邦，为了获得新的土地和水源，城邦之间经常会发生战争。对苏美尔人来说，内乱还不足以致命，更可怕的是外患。在苏美尔的北部，由闪米特人建立的城市阿卡德逐渐兴起。公元前 2350 年，他们的国王萨尔贡征服了苏美尔诸城邦，建立起世界上第一个帝国。帝国的疆界从波斯湾直抵地中海，几乎囊括了整个美索不达米亚。

幸运的是，阿卡德人继承了苏美尔人的文化，他们在帝国政府的过程中将美索不达米亚文明传播到整个“新月沃土”之地。阿卡德人的帝国只维持了 150 年便被来自伊朗的古提人所灭，古提人的政权在美索不达米亚南部一个世纪之后也开始走向衰落，而此时，苏美尔人也迎来了自己的复兴。公元前 2113 年，乌尔的国王乌尔纳姆建立起强大的乌尔第三王朝，重新将美索不达米亚南部统一到苏美尔人手中。

两河流域复杂的民族构成和城邦林立的特点，使这里向来都不是一块宁静之地。公元前 1950 年，来自伊朗西南部的埃兰人占领了乌尔，乌尔第三王朝和苏美尔文明的伟大时代结束。大约 50 年之后，居住在苏美尔人西北部的一支属于闪族的阿摩利人在巴比伦城建立起一个王朝。之后，巴比伦的统治者汉穆拉比发动了一系列征服战争，将美索不达米亚的大部分地区统一起来。巴比伦人同样沿袭了苏美尔的宗教、法律及历法，保证了美索不达米亚文明的延续性。

公元前 9 世纪，生活在美索不达米亚北部，底格里斯河上游的亚述人迅速崛起，亚述军队不仅横扫了整个两河流域，也在公元前 671 年入侵非洲北部的另一个大国埃及。在亚述帝国的鼎盛时期，它的疆域横跨亚非两洲，囊括了几乎整个近东。亚述帝国的严酷统治引起了被征服者的反抗。公元前 612 年，来自伊朗高原的米底人，联合居住在巴比伦南部的伽勒底人，攻克了亚述帝国的都城尼尼微。7 年之后，亚述帝国彻底覆灭，昔日帝国的辉煌迅速被人遗忘。亚述帝国灭亡后，迦勒底人重建了著名的巴比伦城，恢复了古代巴比伦的荣光，迦勒底人因此也被称为新巴比伦人，他们建立的国家被称为新巴比伦帝国。尼布甲尼撒二世在位期间，新巴比伦帝国达到鼎盛，巴比伦也称为古代世界最伟大的城市之一。

巴比伦最著名的建筑是被称作古代世界“七大奇迹”之一的“空中花园”。空中花园是尼布甲尼撒二世为了满足妻子安美依迪丝的思乡之情而建。安美依迪丝来自米底，她厌倦了巴比伦一望无际的平原，思念家乡的苍翠青山。于是，尼布甲尼撒二世平地堆起了这座高达 100 多米的花园。

公元前 562 年，尼布甲尼撒二世去世，标志着新巴比伦帝国黄金时代的结束。然而，仅仅三年后，居住在伊朗南部的波斯人中，有一位伟大的君主登上了王位，他的英明很快超越尼布甲尼撒二世。这个人就是居鲁士。居鲁士征服了北方的米底王国，统一了伊朗，并带领波斯人走向帝国之路。公元前 547 年，居鲁士征服了西方强邻吕底亚王国，随后又使爱奥尼亚海岸的希腊城邦臣服，将整个小亚细亚纳入自己手中。之后，他挥兵东下，相继征服伊朗东部的粟特，帕提亚和大夏诸地。公元前 539 年，居鲁士攻下伟大的巴比伦城，成为美索不达米亚的统治者。居鲁士死后，他的继承者继续扩大帝国的版图。公元前 525 年，其子冈比西斯入侵埃及，将这个古老的国家并入波斯帝国。公元前 521 年，波斯王大流士击败了雅利安人组织涣散的军队，将波斯的疆域扩张到印度西北部地区。于是，在经历了 2000 多年群雄并起的混乱局面后，包括美索不达米亚在内的整个近东终于走向统一。

## 第二节　希腊文明的开端：米诺斯文明与迈锡尼文明

从历史渊源上来看，西方文明最初的发源地可以追溯到位于爱琴海南端入口处的克里特岛。文化学家和历史学家们通常把克里特（米诺斯）文明以及后来出现的迈锡尼文明一起统称为爱琴文明。克里特的居民热衷于航海业和商业。灿烂辉煌的克里特文明本身是埃及、西亚、小亚细亚以及来自北方的游牧民族等多种文化相互交融的结果。爱琴文明大约存在了 900 多年的时间。到了公元前 14 世纪左右，一场突如其来的灾难使得灿烂的米诺斯王国迅速衰亡。就在克里特文明衰落的同时（或者稍早一些时候），在希腊本土上出现了另一个新兴的文明形态——迈锡尼文明。迈锡尼文明是由一支来自北方的印欧语系游牧民族——亚加亚人所建，实际上是北方游牧文化与克里特文明相融合的结果。而那些自称为阿卡亚人的游牧征服者，就是最初的希腊人。到了公元前 12 世纪末期，一支来自北方的更野蛮的印欧语系游牧入侵者多利安人冲入了希腊半岛，摧毁了迈锡尼文明，并且使爱琴海地区陷入了长达三个多世纪的“黑暗时代”。在经历了 300 多年的“阵痛”之后，从公元前 8 世纪开始，一个崭新的希腊城邦文明崛起于爱琴海世界。

在“黑暗时代”的末期，将逐渐黯淡的克里特、迈锡尼神话传说传给希腊人的主要是赫西奥德的《神谱》和荷马的两部史诗。他们通过一种开创性的编纂整理工作，把一个系统化了的美丽无比的希腊神话世界呈现在走出“黑暗时代”的希腊人面前。从文化学的角度来看，赫西奥德的《神谱》具有两方面的重要意义：第一，它通过神系的生殖原则反映了一种朴素的宇宙起源论和自然演化观；第二，它蕴涵着一种以自我否定为动力的社会进化思想。

## 第三节　希腊城邦文化：斯巴达与雅典

在黑暗时代的末期，一批新兴的城市国家——城邦（Polis）开始取代建立在氏族和部落基础上的农村公社，野蛮的军事民主制逐渐让位于以成文法律为基本规范的文明社会。从公元前 8 世纪到前 6 世纪的二百年间，城邦国家如同雨后春笋一般涌现出来。一个殖民地一旦建立起来，很快就脱离了母邦的控制，成为一个在政治方面完全独立的城邦。在公元前 6 世纪前后，地中海地区的各种大大小小的城邦多如牛毛。这种分离主义的政治态度和自由主义的生活信念构成了希腊城邦社会的重要特征。希腊城邦的政治制度在公元前 8 至前 6 世纪之间经历了重大的变革过程：除了斯巴达等极少数城邦之外，大多数希腊城邦都在公元前 8 至前 6 世纪之间完成了从君主政治向民主政治或僭主政治的转化，最具有代表性的就是雅典。

斯巴达维持着一种强有力的寡头统治形式。斯巴达社会分为三个阶层，居统治地位的是斯巴达人（Spartans）；柏里伊赛人（Perioikoi），即边民或邻人；希洛人（Helots），即在斯巴达人的征服活动中沦为奴隶的土著民族。斯巴达的政体形式据说是由吕库古创立的。根据普鲁塔克的记载，吕库古的改革措施主要集中在三个方面，第一是建立了元老院。同时建立公民大会。后来在斯巴达的政治体制中又产生了五人监察团，成为主持元老院和公民大会的常设行政机构，即实际上的政府。第二是定期重新分配土地，废止一切奢侈无用的技艺，甚至连货币也取消了。第三是设立公共食堂，所有的斯巴达人都必须在指定的食堂里共同就餐。这些改革措施无疑加强了斯巴达人的凝聚力和战斗力，这种优势使得斯巴达人在伯罗奔尼撒战争中最终战胜了雅典人而成为全希腊的霸主。

与保守愚昧的斯巴达相反，雅典是一个开放文明的城邦，甚至带有几分浮华奢靡的成分。开明贵族德拉古在公元前 621 年制定了第一部成文法典，对贵族的权利进行了适当的限制。此后梭伦又在公元前 594 年进行了更为彻底的政治改革。梭伦通过法律的形式废除了债务奴隶制，设置了四百人会议和公民陪审法庭。继梭伦之后，僭主庇西特拉图和民主派领袖克利斯梯尼又先后进行了政治改革，基本确立了雅典的民主制度，摧毁了传统贵族依凭的氏族秩序。到了伯里克利时代，雅典的民主制使其成为希腊诸城邦中最繁盛和最强大的城邦。

雅典的立法权属于“公民大会”(Assembly)，其职能是制定法律、批准或否决“五百人会议”的提案，以及使用贝壳流放法来惩罚那些对城邦公共利益造成危害的领导人。雅典的行政权属于“五百人会议”(Council of Five Hundred)，“五百人会议”的成员任期两年，这样就使得几乎每一个雅典公民都有机会在一段时间里成为城邦的行政首脑。在伯里克利当政期间，一个相当于英国内阁的十将军委员会成为城邦的实际上的军事、行政和司法中枢。

早期希腊文明的一个显著特点，就是那种强烈的“分离主义”倾向。发生在公元前5世纪上半叶的希波战争开始悄悄地破坏希腊城邦的分离主义原则，而不久以后继起的伯罗奔尼撒战争则敲响了分离主义的丧钟。

希波战争的直接原因是由于公元前500年小亚细亚的希腊城邦米利都反抗波斯人统治的起义。在希波战争中，雅典人联合爱琴海地区的一些希腊城邦组建了提洛同盟。战后，“同盟”逐渐变成了一个“帝国”，雅典人从自由主义和分离主义的楷模走向了帝国主义。另一方面，一直与雅典分庭抗礼的希腊另一大城邦斯巴达在希腊半岛南部建立了包括科林斯、西库昂、麦加拉和底比斯等重要城邦在内的伯罗奔尼撒同盟，与地峡对面的提洛同盟争夺希腊的霸权。这种帝国主义式的对峙最终导致了公元前431年爆发的伯罗奔尼撒战争，这场战争奏响了希腊城邦制的挽歌。

希波战争在自由主义和分离主义的希腊土地上播下了帝国主义的种子，伯罗奔尼撒战争则揭开了希腊统一运动的序幕。伯罗奔尼撒战争结束后，建立在提洛同盟基础之上的雅典帝国土崩瓦解，公元前371年，一向在军事上战无不胜的斯巴达被新崛起的底比斯击败。公元前359年，腓力二世将整个希腊置于自己的统治之下。公元前336年亚历山大继承了王位，将松散的希腊联盟(“科林斯同盟”）整合为一个统一的马其顿帝国。

亚历山大帝国虽然在亚历山大死后瓦解了，但是建立在埃及和东方的托勒密王国和塞琉西王国仍然在持续不断地推行着亚历山大的“希腊化”政策。这两个王国的统治者都是希腊人，他们有意或无意地把希腊的生活方式和文化成果在他们统治的疆域内加以推广。但是在“希腊化”时代，源于东方（波斯和埃及）的君主专制主义和官僚体制、奢侈放荡的享乐主义，以及形形色色的神秘主义和彼岸主义的宗教信仰，正随着希腊化的过程悄悄地浸入西方文化的肌体，潜移默化地改变着西方文化的面貌。

## 第四节　罗马帝国的兴衰历程

罗马在起源方面不像希腊和东方国家那样有一个古老悠久的文明源流，它缺乏一个循序渐进的历史过程，而是一种强制性的混杂产物。公元前7世纪以后，埃特鲁斯坎人征服了罗马，建立起一个王国，即罗马历史上的“王政时期”。在经历了七个国王的统治之后，拉丁人终于联合起来推翻了最后一位埃特鲁斯坎人的国王——骄傲者“塔克文”的政权，建立起罗马共和国，从此揭开了独立的拉丁罗马国家的历史序幕。在共和国时期，罗马开始迅速地向外扩张，在短短的几个世纪里，罗马就从一个七丘之山的小国发展为一个地跨欧亚非三大洲、囊括了整个地中海世界的超级大国。在恺撒时代、奥古斯都时代和安敦尼努王朝（96—192）的罗马人眼里，罗马帝国就是整个世界，以至于罗马人用自信得近乎狂妄的口气宣称："条条大路通罗马！"

在罗马初创的王政时期，它的政治权力机构有三个，这就是库里亚大会（Comitia Curiata，即建立在血缘关系上的胞族会议）、元老院（即长老议事机关）和国王。王政时期结束后，早期的罗马共和国实行寡头政治，少数贵族家族控制着最重要的权力机构元老院，并产生出两个为期一年的行政首长——执政官。公元前470年左右，平民迫使贵族同意设立保护平民权利的保民官，公元前366年产生了第一位平民出身的执政官，按照惯例，执政官任期满后即自动进入元老院，这样就打破了贵族垄断元老院的一体化局面。到了公元前2世纪下半叶，格拉古兄弟的两次改革均以失败告终，平民与元老院之间的矛盾终于演变成不可调和之势，激起了内战，并导致了军事独裁制的出现。马略和苏拉都以军事独裁的方式来统治罗马，但是他们两人在政治上却分别代表平民和元老的利益。苏拉独裁后出现的"前三头同盟"（克拉苏、庞培、恺撒）第一次公开地表露了骑士阶层对元老院权力的蔑视。公元前49年，恺撒击溃了庞培与元老院的同盟。恺撒遭到了他的政敌们的暗算，屋大维依凭着与恺撒的亲戚关系跃居高位，与恺撒部将安东尼、李必达结成反对元老院的"后三头同盟"。击败了共同的敌人之后，"后三头同盟"分裂。

公元180年，随着"五贤帝"中的最后一位马可·奥勒留——一位斯多噶主义的哲学家皇帝的去世，罗马帝国的"黄金时代"结束了。在康茂德及其后继者统治期间，宠臣当政，暴力迭起，宫廷禁卫军的权力越来越大，皇帝实际上成为了军队手中的傀儡。这种人人自危的局面到戴克里先和君士坦丁两位铁腕皇帝的统治期间才稍稍得到缓解，但是这两位皇帝面对混乱而无序的庞大帝国而采取了分区治理的政策，其结果导致了帝国的分裂。君士坦丁皇帝虽然曾一度统一了东西两个帝国，但是到了狄奥多西皇帝之后，帝国再度分裂，而且从此以后再也没有能够统一。不久以后，西罗马帝国成为日耳曼蛮族入侵的牺牲品，东罗马帝国虽然幸免于难，却在其后的历史中日益边缘化，从西方文化中逐渐地淡出。

罗马法是罗马人对于西方文化的最重要的贡献。公元前450年颁布的《十二铜表法》是罗马的第一个成文法。到了恺撒时代，各种法律、法规和法令已经多得令人无从适应。罗马历代法律的最终成果则是公元6世纪编纂的《查士丁尼法典》。罗马法的来源非常繁杂，既有公民大会的决议和元老院的指令，也有执政官的公告和皇帝的政令，此外还包括法学家们的法律解释和司法案例。从内容上看，罗马法已经广泛地涉及民法、商法、刑法等诸多领域。从法律规范的范围来看，罗马法又可分为公民法、万民法和自然法。其自然法的思想成为近代西方自然法学派的重要理论渊源。

罗马法肇始于共和国时期，在帝国时期获得了长足的发展，日益丰富和精确化，公元439年生效的《狄奥多西法典》是罗马帝国最后一部官方的成文法规汇编。这部法典对入侵的日耳曼蛮族产生了重大的影响，公元5—6世纪蛮族统治者们所制定的法律，如公元500年的《狄奥多里克敕令》、506年的《阿拉里克二世法典》、517年的《勃艮第罗马法》等，几乎都是以它为参照的。到了查士丁尼时代，罗马法的一切伟大成就都被编纂到《民法大全》中，它包括汇集历代罗马成文法的《法典》、精选历代法学家的法律著作和言论的《学说汇纂》、阐述法学原理的教科书《法学阶梯》和汇编查士丁尼所颁布的律令的《新敕》等四个部分。《民法大全》既是罗马法的总汇，又是中世纪教会法的基本依据，并且通过中世纪继续对现代西方法律体系发生着深刻的影响。

源于希腊和东方世界的柔靡之风越来越深地侵蚀着罗马英雄主义的肌体，到了帝国时期竟成为罗马人的一种普遍的生活态度。公元1世纪以后，罗马每年都要从印度、中国和其他亚洲国家输入大量的奢侈品。罗马人的宴会铺张得令人难以置信。到了尼禄当权的时代（54—68），放荡行为已经成为司空见惯之事。到了公元3世纪，整个罗马帝国都陷入了“世纪末”的恐慌之中。公元476年，精气耗尽的罗马帝国终于在日耳曼蛮族的冲击之下土崩瓦解。

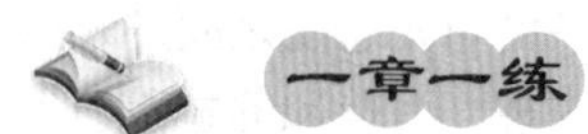

## 一章一练

### 一、选择题

1. 美索不达米亚文明的创建者是________。

   A. 米底人　　B. 苏美尔人　　C. 阿卡德人　　D. 埃兰人

2. 罗马法制定和实施的最终目的是：________。

   A. 顺应经济的发展变化
   B. 维系和稳定帝国的统治
   C. 对罗马统治者的财产加以保护
   D. 把罗马法律和政治制度推向帝国的每一个角落

3. 文明多样性是人类社会的客观现实。公元前6—前5世纪中国、希腊政治发展的特点分别是：________。

   A. 从诸侯国家走向统一/建立起民主政治
   B. 中央集权制度形成/雅典民主政治奠基
   C. 官僚政治趋于完备/确立三权分立机制
   D. 专制皇权正式确立/居民参与公民政治

4. 古罗马法学家西塞罗曾经说：“环顾我们国家中的其他部分，你会发现一切都依照规则和法律的规定而运转。”这句话反映出当时罗马社会________。

   A. 人人精通法律　　B. 法律适用于所有人
   C. 法律至上的原则　　D. 统治阶级没有特权

5. 古罗马《民法大全》规定：“世代相传的习俗应受到尊重和服从，不得轻视，但其有效性不应凌驾于理性或法律之上。”这段话说明：________。

   A. 罗马法尊重习俗但高于习俗　　B. 习俗凌驾于罗马法之上
   C. 罗马法倡导对习俗的尊重　　D. 罗马法与习俗是不相容的

6. 从适用范围看，《十二铜表法》是罗马国家制定的________。

   A. 适用于所有罗马人的法律　　B. 调整国内民族关系的法律
   C. 调整公民内部关系的法律　　D. 调整罗马人与外来人关系的法律

7. 下列对古希腊的著名雕像《维纳斯》和中国秦朝的兵马俑两者的表达准确的是：________。

A. 体现了人文主义精神　　B. 产生于商品经济的发展
C. 产生于农耕经济的发展　　D. 一定程度上反映了当时的社会政治状况

8. 促成古希腊民主政治形成的因素包括：________。
①古希腊的自然地理环境　　②古希腊的城邦制度
③古希腊的神话传说　　④古希腊系统的法制建设
A. ①②　　B. ①②③　　C. ②③④　　D. ①②③④

9. 18 世纪英国诗人雪莱曾写道："我们的法律、文学、宗教和艺术都起源于希腊。如果没有希腊，我们现在还可能愚昧、无知、与野人无异。"雪莱认为希腊文明与近代西方文明之间的关系是：________。
A. 希腊人的法学体系沿用至今　　B. 近代西方文明是古希腊文明的复原
C. 希腊文明涵盖了近代西方文明　　D. 希腊文明是近代西方文明的源头

10. 当时希腊有许多像雅典一样的城邦，以下对城邦的说法不正确的是：________。
A. 城邦是希腊的一种国家形态　　B. 小国寡民是各城邦的特色
C. 城邦是孕育古希腊民主政治的摇篮　　D. 是众多城市联合组成的国家形态

## 二、填空题

1. 新巴比伦帝国什么时候达到鼎盛时期________。
2. 直接民主是古希腊时期雅典民主政治的主要特色之一，与这一特色形成有关的是________。
3. 古希腊民主制的特征可以概括为人民主权、轮番而治。体现这两项内容的制度包括公民大会和________、________。
4. 苏格拉底因"腐蚀雅典青年，并否定传统的神"的罪名被判处死刑。当时的宣判机关是________。
5. "如果在夜里行窃的人被人当场杀死，则这种杀人的行为被认为是合法的。"(《十二铜表法》第八表，第十二条）以上规定反映的实质是________。

# 第二章
# 中世纪西欧与基督教文明

“中世纪”一词由文艺复兴时期的人文主义者率先使用，用来称呼从罗马帝国灭亡到他们那个时代之前的历史。在人文主义者看来，他们所处的时代是“现代”，希腊—罗马时期是辉煌的古代，而“中世纪”则是一个文化发展的黑暗期。现代学者的研究发现，中世纪其实是西方文明发展史上的一个极为重要的阶段，它既有对古典文化的继承，也奠定了西方基督教文明的基础，同时也将日耳曼文化的因素渗透到社会的方方面面，这些都为现代西方文明的诞生做好了铺垫。美国历史学家哈斯金斯说过，历史的连续性排除了中世纪与文艺复兴这两个相互衔接的历史时期之间有巨大差别的可能性，中世纪并不像人们曾经认为的那么黑暗，那么停滞；而文艺复兴也不是那么亮丽，那么突然。

但是，在某种意义上，中世纪文明较之古代文明，断裂性似乎更大于连续性。与古代的理性主义相比，这是一个信仰的时代，中世纪的社会、政治、经济以及文化方面的建设都围绕基督教而展开，体现出一种不同于以往的文明特质和发展图景。基督教不仅仅是一种宗教，它更是一种文明，正是由于它对古典文明创造性地吸收，以及对日耳曼传统富有成效地改造，才使得中世纪西方能够继续保持文化上的活力和动力。

## 第一节　基督教对中世纪欧洲的整合

中世纪早期，罗马帝国的灭亡，“蛮族”的入侵使欧洲陷入政治上的混乱与无序之中，教会此时却从长期依附于皇权的地位中解放出来，成为欧洲秩序的重建者。首先，教会在帝国崩溃后的权力真空中显示了强大的凝聚力，从精神上统一着欧洲。其次，教会继承了罗马帝国普世统治的传统，肩负着征服异教欧洲的使命。

在所有皈依基督教的蛮族国家中，法兰克王国的实力最为强大，通过国王查理的连年征战，法兰克实现了疆域的扩张，教会势力也在“蛮族”欧洲稳定下来。和萨拉森人的战争开启了基督徒抵制伊斯兰教扩张的序幕。公元800年圣诞节，教皇利奥三世将皇冠戏剧性地加于查理头上，并尊称为“罗马人的皇帝”时，其意义并不在于罗马帝国的再生，而标志着基督教欧洲的诞生。然而，843年查理曼帝国的分裂却使教会陷入到一场危机之中。教会受到封建国家的盘剥，使之世俗化。一场新的改革运动从封建社会中兴起，以抵抗教会的世俗化危机。运动最初始于10世纪初期克吕尼修道院的隐修主义和禁欲主义，但后来它的目标却超出了改革隐修制度的初衷，成为一场要求教会独立于世俗权力，树立教皇绝对权威的遍及欧洲的教会改革运动。教会改革获得极大成功，教皇收回了主教续任权，实行僧侣独身制度，并下令根除圣职买卖现象，教皇取代世俗君主成为基督教臣民的最高领袖。改革后的教廷，也因此成为罗马普世性传统和国际秩序的仲裁者。

教会改革的同时，基督教在欧洲也获得极大发展。新兴基督教国家的出现，扩大了基督教欧洲的范围，使基督教成为真正欧洲性的宗教。同时，新兴基督教国家接受罗马教廷的庇护，承认教皇的领导地位，虽然这并不意味着任何直接的政治控制，但表明他们已经认同并归属于基督教世界大一统的秩序之中。

法兰克国王查理加冕为皇帝后，世人便尊称他为查理曼。查理曼对于欧洲的意义不仅在于他将几乎整个西欧统一起来，还在于他与教会的联合保证了基督教文明在欧洲的确立。查理曼也推动了西欧封建制度的巩固与发展，推动了中世纪早期欧洲文化发展。

## 第二节　中世纪的王权与教权：剑与十字架的较量

中世纪的欧洲长期处于教会与国家，王权与神权的二元统治下。963 年，德国皇帝奥托一世在罗马召集宗教会议，缺席审判了教皇约翰二十世，并将之废黜，首开皇帝控制教皇选举的特权。10 世纪中期以后，教会发起了改革运动，旨在提高教会的声望，加强教皇的权力。双方角力的重点是“主教叙任权”的归属问题。格列高利七世声称，教皇是普天下教会的最高领袖和唯一有权任免主教的人，也是世俗的最高主宰者。1076 年，他开除了欧洲最有权势的君主，德国皇帝亨利四世的教籍。其后果对亨利四世是致命的。亨利四世通过忍辱“悔罪”，重新得到人民的支持，重夺政权后宣布废黜格列高利七世，另立教皇克莱芒三世。1122 年，亨利的儿子亨利五世与教皇卡里克斯图斯签订《沃尔姆斯宗教协定》，罗马教皇和德国皇帝之间关于主教叙任权的争斗暂告终结。

不过，教俗之间的斗争并没有因此消失，反而愈演愈烈。1198 年，英诺森三世在罗马成为教皇，他提出了著名的“日月论”，来解释教权与王权之间的关系。1202 年，英诺森三世整合西欧的力量，发动了著名的第四次十字军东征，俨然当时俗世事务的主导者。英诺森三世在位期间，教皇的权力达到顶峰。但是，1296 年，被称作“美男子”的法国国王腓力四世为支撑庞大的军政开支，下令对天主教教会财产征收 20%的所得税，招致教皇卜尼法斯八世的强烈不满。双方经过一系列角逐后，教皇最终败在了君主的军队之下。1414 年，德国皇帝西吉斯蒙德出面召开康斯坦茨宗教会议，迫使三个教皇同时退位，并选出新的教皇马丁五世，这才结束了近 40 年的教会大分裂。教权由此一蹶不振，这场剑与十字架的较量，君主笑到了最后。

## 第三节　十字军东征

中世纪盛期，西方基督教世界最著名的历史事件就是十字军东征。从表面看，十字军东征是西欧的基督徒对东方的穆斯林教徒发动的一系列宗教战争，意欲夺回基督教的圣城耶路撒冷。但是深入分析，十字军东征的原因是复杂和多方面的：塞尔柱的威胁，基督徒去圣地朝圣的渴望，对十字军参加者作出的免罪承诺，商业动机，欧洲人的尚武精神，以及面对共同的敌人欧洲人在精神上形成的团结一致的意识。

耶稣蒙难和复活之地耶路撒冷在基督徒心中一直是一个光辉的圣地。自从 1071 年耶路撒冷落入凶悍的塞尔柱突厥人之手以后，西方基督徒的朝觐活动不得不中止，圣地也遭到异教徒的破坏和亵渎。格列高利七世在位时（1073—1085）就曾经策划组织十字军东征之事，乌尔班二世任教皇时开始付诸实施。首批十字军于1096年在“穷汉”瓦尔特和“隐士”彼得的率领下从法国出发，后来与由贵族们率领的十字军主力部队汇合在一起，终于在1099年7月15日攻占耶路撒冷。

对第一次十字军东征结束后，当大批基督徒带着劫掠的财富满载而归时，穆斯林又开始威胁和逐渐蚕食西方人设在东方的那些据点和公国。于是基督教世界又组织了一系列不成功的十字军东征。在第四次和第五次十字军东征之间，西方基督教世界还组织了一支儿童十字军，这支毫无战斗力的童子军刚刚到达地中海，其中的许多人就被商人拐卖到埃及和东方沦为奴隶。1291年拉丁王国在东方的最后一个据点亚克城落入穆斯林之手，喧闹一时的十字军东征也就从此偃旗息鼓。

## 第四节　西欧封建社会的生活

在西欧封建社会中，从王公贵族到平民百姓都把基督教信仰当做至高无上的真理来加以维护，基督教的基本精神——唯灵主义深入人心。从国家的行政事务到个人的日常生活，事无巨细均打上了基督教信仰的深深烙印。中世纪的西欧人在物质生活方面并不抱有太多的奢望，这一方面是由于基督教教义对于现实世界的贬抑态度所致，另一方面则是由于长期停滞不前的生产力水平和封闭狭隘的文化视野极大地限制了人们的物质想象力。他们缺乏一种关于社会进步的观念。对于他们来说，只有一种情况可以彻底地改变世代相袭的生活方式，那就是天国中的生活景象；而在现世中，苦难、贫穷、暴力、动乱等“潘多拉的灾难”注定了要与生活永远相随。

天国与人间的这种强烈反差表现在中世纪的一切文化作品中（尤其典型地表现在骑士文学和哥特式建筑中），并且培育了一种植根于基督教特有的“痛苦的极乐”的精神氛围之中的浪漫主义。

在用基督教的唯灵主义圣水浇灌的蛮族文化园圃里，生长出来一支绚丽夺目的花朵，这就是在中世纪骑士文学中所表现的那种忠诚、勇敢、高尚、纯洁的骑士精神（Chivalry）。武士的忠诚勇敢、基督徒的谦恭虔敬，以及对理想中的女性的纯洁爱情，这就是骑士文学中所表现的骑士的三大美德。然而，中世纪基督教精神的最典型的表现形式还不是骑士文学，而是哥特式建筑。12世纪以后，哥特式艺术——它的最高成就表现在哥特式教堂建筑中——作为一种熔铸了浓厚的基督教唯灵主义意蕴的新颖形式，成为风靡欧洲的高贵典雅的艺术风格。

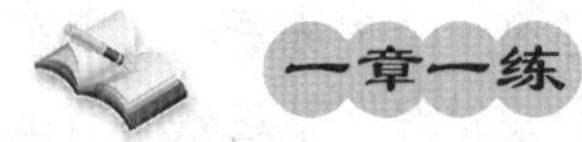


**一、选择题**

1. 被称为欧洲的“大学之母”的学校是________。

   A. 巴黎大学　　B. 牛津大学　　C. 剑桥大学　　D. 博洛尼亚大学

2. 造成7世纪30年代以后，法兰克王权衰弱、宫相把持朝政局面的根本原因是：________。

   A. 王族成员间为互争王位彼此残杀

B. 主教们在政治上疏远王室而导致后者孱弱无能
C. 国王们不断的无条件的土地分赏
D. 国王们的慵懒昏聩和宫相们的政治谋略

3. 早期基督教的根本特点是：________。
A. 最初作为犹太教的一个分支　　B. 一神论和救世主观念
C. 信奉《新约》，而非《旧约》　　D. 世界性信仰，打破民族宗教的狭隘性

4. 欧洲民族大迁徙结束的标志是：________。
A. 西罗马帝国的灭亡
B. 奥多雅克蛮族王国的灭亡
C. 查士丁尼灭亡东哥特王国
D. 伦巴蒂王国的建立

5. 在中古西欧，一个男人的梦想和最高荣耀是________。
A. 成为贵族　　B. 成为绅士　　C. 成为武士　　D. 成为骑士

6. 下列各项表述不正确的是：________。
A. 封君封臣制是西欧封建制度的核心
B. 封君封臣制的基础是封土制
C. 在封君封臣制的基础上，形成了封建贵族等级制度
D. 西欧封建等级制度中，骑士是贵族中的第一等级

7. 下列对西欧基督教会的评价不切合实际的是：________。
A. 欧洲最大的封建主　　B. 封建制度的精神支柱
C. 它的上层人物日益腐化堕落　　D. 对西欧科学文化的发展作出了重大贡献

8. 罗马帝国灭亡后，欧洲的精神领袖是________。
A. 佛教及喇嘛　　B. 伊斯兰教及穆斯林
C. 罗马天主教和教皇　　D. 法兰克宫廷及国王

9. 基督教国家把每年的12月25日定为圣诞节，因为这一天是________。
A. 上帝赐福日　　B. 耶稣诞生日　　C. 基督传教日　　D. 上帝降临日

10. 下列各项不属于世界三大宗教的是________。
A. 基督教　　B. 伊斯兰教　　C. 道教　　D. 佛教

## 二、填空题

1. 被近代史学家誉为“欧洲之父”的是________。
2. 基督教是由哪一支犹太分离教派演变而来的？________。
3. 基督教正式成为罗马国教是在________统治时期。
4. 法兰克王国的建立者是________。
5. 西欧封建制度的核心是________。

# 第三章
# 西方近现代文化

文艺复兴的最大特点是将西方人从中世纪的神学束缚中解放出来，强调了人的价值，人的独立性与自主性，以及人类生活的现世意义。由此所产生的个人主义，深刻改变了西方人的价值观、世界观、宗教观以及生活方式，使他们在文学、艺术、教育、政治思想、科技等方面都取得了前所未有的成就。这些成就所体现出的时代气息如此强烈，以至于人们清楚地意识到他们正身处一个新时代，正在见证思想和文化的伟大复兴。

## 第一节　文艺复兴：个人主义和人文主义

文艺复兴思想观念领域里所引发的革命性变化，集中体现在对人的概念的重新界定上。“人文主义者”(Humanist) 最初是指一批专门从事西塞罗的所谓“人文学”(Studia humanitati) 的研究者。这种“人文学”包括修辞学、文法、历史、诗歌和伦理学等，但是并不包括自然科学和哲学。人文主义者以精通古典文化而著称，然而他们却根据一种感性原则来取舍古典文化。近代民族语言文学的创始人彼特拉克（Petrarch，1304—1374）在这方面堪称为典范。西塞罗的思想与他的华美文风深受热衷感性的意大利人喜爱，同时，伊壁鸠鲁的快乐主义实际上奠定了整个意大利人文主义的理论基础。人文主义者反对基督教的唯灵主义理想，揭露神职人员的虚伪丑行，但是他们却并不想触动罗马天主教会一统天下的政治格局。他们利用罗马教会的保护来揭露基督教信仰和道德的虚伪性。

个人主义解放了人性，也构成了人文主义的核心观念。但是，与个人主义相比，人文主义的内涵更为丰富，它不仅仅表现为对人之价值的肯定，更是一种世界观和价值取向。在哲学上，它表现为人本主义；在文学上，它表现为古典主义；在艺术上，它表现为现实主义；在伦理上；它表现为反禁欲主义；在政治上，它表现为民族主义。总之，人文主义突破了中世纪的神权主义与宿命论，宣告了现代意识的全方位觉醒。

## 第二节　马丁·路德的宗教改革

在 1500 年的德国和北欧，一般人民的经济生活水平和文化修养较之 10 世纪时的状况并没有什么实质性的改变。罗马教会对信仰的亵渎、堕落的道德状况、对北方民族的长期欺压愚弄，以及与日耳曼诸侯们所结下的历史宿怨，共同促成了北部欧洲的宗教改革运动。

1514 年阿尔贝特决定在他管辖的三个教区内出售修建圣彼得大教堂的赎罪券，而负责这次兜售活动的就是多米尼克修会的台彻尔，他宣称“钱箱一响，灵魂升天”，激怒了马丁·路德，成为了宗教改革运动的直接导火索。1517 年 10 月 31 日，路德在维滕贝格大教堂门口贴出了“欢迎辩论”的《九十五条论纲》，对“这种荒唐的赎罪教义”进行了猛烈的抨击。1520 年他发表了《致德意志民族基督教贵族书》、《教会被囚巴比伦》和《基督徒的自由》，这三篇文章标志着他与罗马教廷的公开决裂，同时也阐明了新教的基本原则。这三篇文章很快就传遍德国，并传入瑞士、法国、荷兰、意大利、英国等地。在国内，路德成为受人敬仰的民族英雄；在整个欧洲，他成为公认的宗教改革领袖。同年 10 月，罗马教廷在德国公布了将路德革除教籍的上谕，路德针锋相对，当即发表《敌基督的谕令应予反对》一文，宣布罗马教廷已成为敌基督的中心。萨克森选帝侯腓特烈为了帮助路德躲避帝国的通缉令，将他藏匿到艾森纳赫附近的瓦尔特堡。在隐居期间，路德把《圣经》译成德语。宗教改革导致了基督教世界的大分裂，造成了新教与天主教之间的对立，但是路德的初衷并非是要分裂教会，他只是想革除教会的弊端。路德打破了神圣与世俗之间壁垒森严的对立状态，在个人的内在信仰和精神自由的基础上重建了基督教。

## 第三节 加尔文的宗教改革

瑞士的宗教改革运动最初由“民众神父”乌利希·茨温利（Ulrich Zwingli，1484—1531）在苏黎世发起。茨温利死后，瑞士宗教改革的中心就由苏黎世转移到日内瓦，其事业由加尔文所继承和发扬光大。1540 年改革派掌权，把加尔文请回日内瓦，此后加尔文在日内瓦进行改革，日内瓦成为归正宗的坚强堡垒，而加尔文本人也因此而成为归正宗的缔造者和宗教领袖。

加尔文在宗教思想上与路德的最大不同之处在于，除了坚持“因信称义”之外，加尔文也强调“善功”对于得救的重大意义。这种禁欲主义的新教伦理对于英美资本主义的早期发展起到了至关重要的推动作用。但是，这种新教禁欲主义在十六七世纪也明显地继承了中世纪天主教禁欲主义的一些不宽容成分。

在遭到各种宗教力量反对的恶劣环境中，加尔文派通过不懈的努力终于发展成为一个国际性的新教教派。在尼德兰，加尔文教在当地人民反对西班牙统治者的民族解放斗争和资产阶级革命活动中扮演了一个极为重要的角色，并且在后来成立的联省共和国（即荷兰共和国）中一直发挥着中流砥柱的作用。在不列颠，加尔文教不仅成为诺克斯领导的苏格兰宗教改革的旗帜，而且还在英格兰引发了 16 世纪 40 年代的清教徒革命（即英国资产阶级革命）。在法兰西，加尔文教徒构成了胡格诺派（Huguenots，即“结盟者”）的主体，在法国西南部形成了很大的势力。在美国，独立战争在很大程度上是在信奉加尔文教的新英格兰孕育的。一直到 20 世纪上半叶，清教徒的“勤俭清洁”精神始终是美国文化的主体精神。

除了新教三大主流教派外，16 世纪还出现了一支更激进的新教教派，即再洗礼派（Anabaptists）。该派的主要特点是否认罗马教会对婴儿施洗的效力，认为只有那些能够行使自由意志的成年人自愿接受的洗礼才具有宗教效力。再洗礼派盛行于德国、瑞士、荷兰等国的农民和下层民众中。再洗礼派的信徒们在一些地方建立了财产公有的社会制度，成为最早实施共产主义理想的先驱者。

## 第四节　宗教改革的历史意义

宗教改革对于西方文化转型和近代欧洲政治、经济、文化格局的发展具有深远的影响，它构成了西欧资本主义发生、发展和欧洲现代化过程的历史前提之一。欧洲现代化过程中发生的一系列重大变革，都与宗教改革有着密切的内在联系。宗教改革不仅成为欧洲中世纪文化与近代文化的历史分水岭，而且也成为南北欧洲综合力量对比发生根本性逆转的关键原因。综观宗教改革对于西方文化的重要影响，其意义可以分为宗教的和世俗的两个方面。从宗教方面来看，宗教改革克服了罗马天主教在灵魂与肉体、天国与人间之间造成的二元对立以及由这种对立所导致的信仰虚假和道德堕落，把基督教的宗教理想与平凡的现实生活和谐地统一起来。从世俗方面来看，宗教改革导致了基督教世界的分裂，对于近代民族意识的觉醒和民族国家的发展起到了重要的促进作用；宗教改革也促成了政教分离，使世俗权力从此摆脱了宗教的控制。此外，新教伦理还为资本主义经济发展提供了一种合理性的根据。

然而，宗教改革也存在着许多明显的弊端。第一，对于各种新兴的科学思想路德教徒、加尔文教徒和天主教徒一样加以排斥和迫害。第二，16 世纪的新教徒在对待信仰的问题上与天主教徒一样缺乏宽容。第三，宗教改革除了再洗礼派之外，大多数新教教派缺乏社会平等和政治民主的观念。

## 第五节　地理大发现：航海活动与海外扩张

15 世纪西欧大规模的航海活动是由葡萄牙王子亨利（1394—1460）拉开序幕的。1487 年葡萄牙航海家巴特洛缪・迪亚斯终于绕过了非洲大陆最南端的好望角，进入印度洋。1498 年瓦斯科・达・伽马经过非洲东海岸和阿拉伯海，到达了位于印度次大陆南端的马拉巴尔海岸，打通了从葡萄牙到印度的海上航线。1500 年，卡布拉尔发现了南美洲的巴西。1511 年阿方索・德・阿尔布克尔克穿越并占领了马六甲海峡，将印度洋置于葡萄牙人的控制之下。

由于葡萄牙已经控制了向南绕过好望角而进入阿拉伯海和印度洋的航路，西班牙人只得向正西和西南方向进行航海活动。1492 年哥伦布到达了中美洲的巴哈马群岛。后来哥伦布又先后到达了加勒比海沿岸的中美洲和南美洲北部的一些地方，为西班牙帝国在南美洲建立殖民地奠定了基础。继哥伦布之后，西班牙的探险家们又发现了巴西以南的南美洲海岸，并且深入内地。另一位受雇于西班牙王室的航海家亚美利哥・韦斯普西（Amerigo Vespucci）在 1505—1510 年期间数次前往南美洲进行探险活动，他断定哥伦布发现的这块陆地是一个“新大陆”。1513 年瓦斯科・奴涅斯・巴尔沃亚首次穿越巴拿马地峡发现了太平洋，1519 年到 1522 年麦哲伦船队完成了人类历史上第一次环球航行，从而证明整个世界在海洋上是相通的。

葡萄牙和西班牙的航海活动为这两个国家的海外贸易和殖民侵略开辟了广阔的前景，西欧不仅加强了与亚洲古老文明国家（印度和中国等）之间的商业联系，而且也在新发现的美洲大陆建立了最初的殖民地。在整个 16 世纪，葡萄牙控制了由东南进入印度洋的航道，西班牙则控制了通往中美洲和南美洲的航道。新兴资本主义国家英国、荷兰和法国为了获取海外利益不得不向西北方向寻找通往亚洲的新航道，这个目标虽然没能实现，但是却在北美洲建立了殖民地。

葡萄牙和西班牙在整个16世纪几乎垄断了对东方和新大陆的贸易，成为当时欧洲最富庶、强大的国家。1580年以后，西班牙与葡萄牙由于王室联姻而处于同一个国王的统治之下，联合之后的伊比利亚王国更是成为全欧洲最强大的国家。荷兰、英国、法国等新殖民主义国家最初是通过海上走私和袭击葡萄牙、西班牙的航运来加强自己的力量，继而通过在亚洲、非洲建立贸易据点和扩大海外殖民地来与葡萄牙、西班牙等国家相抗争。在激烈的竞争过程中，英国、荷兰、法国等国家也紧随葡萄牙加入到非洲猎奴，从而掀起了贩卖奴隶的高潮。随着西方列强海外扩张和殖民活动的发展，非洲、美洲等比较落后的地区很快就成为西欧列强瓜分的俎上肉，亚洲那些古老的文明社会则与西方殖民主义者进行了数百年的对抗，到了19世纪也相继沦为西方的殖民地或半殖民地。航海活动和地理大发现不仅使贫穷落后的欧洲走上了一条富强之道，而且从根本上改变了整个世界的格局。

## 一章一练

### 一、选择题

1. 在中世纪的欧洲，“人类把自己用才华和智慧创造的一切几乎都视为上帝的恩典”。下列各项中，最先给这种认识带来冲击的是________。

   A. 新航路的开辟　　B. 文艺复兴　　C. 宗教改革　　D. 启蒙运动

2. 马丁·路德在宣传他的“信仰得救”思想时说过这样的话：“信徒一不靠教皇，二不靠圣礼，只有靠终生‘悔改’，才是基督的正道。”该话的思想从本质上________。

   A. 指出了基督教徒的信仰途径　　B. 找到了基督教的正道
   C. 体现了新兴资产阶级的要求　　D. 升华了欧洲启蒙运动的精神

3. 18世纪的法国，越来越多的人不再盲从统治者的说教，学会了用自己的头脑思考问题。他们思考的问题与文艺复兴、宗教改革时期相比，突出表现在：________。

   A. 批判神权统治　　B. 鼓吹人性解放　　C. 倡导思想自由　　D. 构建理性王国

4. 18世纪，西方启蒙运动兴起，人文主义思想发展为理性主义。下列因素中对这一发展起推动作用的有________。

   ①人本主义的进一步发展　　②资本主义民主制度的建立
   ③近代自然科学的产生和发展　　④工业革命的进行

   A. ①②④　　B. ①③④　　C. ②③④　　D. ①②③

5. 康德在哲学领域掀起了一场“哥白尼式的革命”，主要是因为________。

   A. 他使哲学真正成为一门独立的学科
   B. 他使哲学真正成为一门研究“人”的学问
   C. 其自由平等思想推动了启蒙运动的发展
   D. 其理性批判哲学，最终确立了人类的主体地位

6. 意大利是古代罗马的故乡，有大量的古代希腊罗马文化遗存。文艺复兴时期，有的人文主义者提出：精通古典即可成为上帝造物中的最优秀者。这表明他们强调对古典的

学习和研究________。

A. 只是与人的世俗生活相关　　B. 只是与人的宗教生活相关

C. 可以显著提升个人的素质　　D. 须符合对古典的传统阐释

7. 对文艺复兴时期天文学研究成果的评述，不正确的是：________。

A. 否定了中世纪天文学的理论　　B. 采取科学的态度和方法

C. 是文艺复兴深入发展的产物　　D. 标志着近代科学的形成

8. 文艺复兴运动发源于意大利的深刻社会背景是：________。

A. 自然科学的飞速发展　　B. 新科技迅速应用于工业生产

C. 资产阶级统治的确立　　D. 最早出现了资本主义的萌芽

9. 伏尔泰逝世 13 年后的 1791 年，他的遗骨被迁葬到巴黎先贤祠。迁葬之日，六七十万人迎送灵柩。他被法国人民爱戴的原因是：________。

A. 他发展了洛克的分权学说，明确提出“三权分立”学说

B. 热情倡导“社会契约”论和“人民主权”说

C. 他是法国启蒙运动不可争辩的领袖，影响深远

D. 编撰了《百科全书》，使启蒙思想深入人心

10. “欧洲人进行了思想理论的探索，但美洲却首先成为政治实践的土壤。”18 世纪晚期，北美人民实践欧洲启蒙思想的表现有________。

①为摆脱殖民统治进行民族独立战争　　②实行三权分立的政治体制

③消除种族歧视，构建平等社会　　④建立联邦共和国政府

A. ①②③　　B. ①②④　　C. ②③④　　D. ①③④

**二、填空题**

1. 与文艺复兴和宗教改革比较，启蒙运动最大的特点是________。

2. 罗马城内有架“圣梯”，凡人只要爬上去便可赎罪。一天，有人爬到中间，又突然退了下来，旁人问其原因，他说：“只要心中有了信仰，就能赎罪，不必在乎表面的礼仪。”这个人是________。

3. 文艺复兴运动首先兴起于意大利的根本原因是________。

4. 欧洲文艺复兴时期，英国有位著名的大戏剧家，同时中国也有一位，这两个人是________和________。

5. 欧洲人开辟新航路的主要原因是________。

# 第四章
# 科技革命与理性时代的到来

文艺复兴给欧洲人带来了新的文化情趣，地理大发现则让欧洲人眼界更为开阔，让欧洲人具有如此信心的一个原因要归功于欧洲科学技术的不断发展。17 世纪开始，随着实验科学的出现，现代科学得以在欧洲诞生。18 世纪是启蒙时代，也是理性时代。启蒙思想家认为自然科学的研究方法可以用于观察和认识人类社会。这种科学和理性至上的精神使人们相信，启蒙运动的理性之光可以驱除人类头脑中的无知与蒙昧，引导人们一步步走出充满传统教义、非理性、盲目信念以及专制的黑暗时代。

18 世纪的最后几十年是一个变动不居的时代，它对人类生活、社会结构和政治制度的影响之大，足以用“革命”一词来概括。在这场西方文明的制度性变革中，一次源自英国的工业革命和两次发生在美国和法国的政治革命，使整个西方发生了翻天覆地的变化，这股革命之风也很快吹向了全世界，迫使西方之外的传统社会发生痛苦而艰难的现代转变。

## 第一节　16—17 世纪的天文学革命

16—17 世纪的科学革命率先发轫于天文学领域，对代表了中世纪神学宇宙观的“托勒密体系”进行了颠覆。“托勒密体系”体现了中世纪神学与希腊科学的协调，是长期以来解释世界的起源、结构和目的的权威模式。15 世纪中叶，数学家和天文学家已经普遍认识到“托勒密体系”的缺陷。哥白尼以“日心说”揭开了这场革命的序幕。“日心说”推翻了 1000 多年来占统治地位的宇宙观，为人们描绘了一幅关于太阳系的科学图景，奠定了现代天文学的坚实基础。十六七世纪之交，观测天文学的长足进展，尤其是行星运动三定律的提出，不但修正了哥白尼的宇宙模型，更为哥白尼学说提供了强有力的证据。尽管哥白尼体系的确立已经是一个不争的事实，但行星运动的动力问题却一直没能得到解决。直到 1687 年牛顿发表《自然哲学的数学原理》，这一关键性问题才得到彻底解决。牛顿的这些科学发现构成了所谓的经典力学体系，是 16—17 世纪科学革命的顶峰，它在相当大的程度上“引起了精确科学的进步，引起了一系列真正的总飞跃”。牛顿之后，科学以其理性的力量承担了解释整个世界的工作。从纯力学体系发展而来的机械论观点广泛流传，使得生理学、解剖学、化学等实验科学领域发生了一系列变革。

## 第二节　第一次科技革命

18 世纪中叶以机械化为主要特征的第一次技术革命开始了。这次技术革命以纺织机械的革新为起点，以蒸汽机的发明为标志，以蒸汽动力的广泛应用为契机，最终实现了生产方式从手工作坊到机械化的转变。所谓技术革命，是指技术本身产生的影响全局的、飞跃性的进步，包括技术体系、技术结构、技术规范的根本变革，意味着人类实践手段或方式的飞跃。不过，从科学技术的发展史来看，科学革命的发生与技术革命的出现并没有一种必然的因果关系。16—17 世纪的科学革命首先是一场思想或理智上的观念变革，是一种科学理论的建构。它源自科学的内在价值，目的在于解释或构筑世界的秩序。所以，科学革命在思想领域的影响要远大于社会实践领域。因此，现代科学取得成功之后，并没有立即带来一场技术革命。

不过，技术革命得以发生，最终的原因还是生产力的发展。以第一次技术革命为例，它的发生就是为了满足英国工业革命对高效率生产的要求。而生产力的高度发展，也将为科学应用于技术或者科学向生产力直接转化提供契机。所以说，科学革命推动技术的革新，技术的革新反过来又将科学的进一步发展提到日程之上。

作为西方文明发展内在逻辑的产物，科学革命在西方的出现具有重大的历史意义，远远超过了改变人类理解力和改造大自然的专门知识范畴，对西方人的世界观、西方社会发展的方方面面都产生了深刻的影响，也进而使西方文明具有不同于其他文明的特殊内涵。首先，科学革命为科学的发展赢得了独立的地位。科学革命最重要的意义就在于使科学从神学的桎梏中摆脱出来，走上了独立发展的道路。其次，科学革命勾画了认识世界的新图景。在中世纪神学的世界观中，整个世界是一个等级分明、地位悬殊的体系。再次，科学革命提供了认识自然的新方法。现代科学是在科学实验的基础上发展起来的。培根从经验主义出发，主张广泛搜集材料，进行大量实验，通过比较从证据中探究结果。笛卡儿则以理性主义为指导，强调科学始于怀疑，不能迷信那些被信以为真的东西，只有符合逻辑的推理才是科学的方法，才能达到真理。最后，科学革命开辟了学校教育和科学研究的新途径。受科学革命的影响，学校教育发生了巨大变化，大学开始设置更多的自然科学课程，以满足人们希望掌握科学知识来更好地认识自然界的需求。

## 第三节 启蒙运动

18 世纪是启蒙时代，也是理性时代。之所以这么说，是因为启蒙思想家认为自然科学的研究方法，也就是理性，也可以用于观察和认识人类社会。这种科学和理性至上的精神使人们相信，启蒙运动的理性之光可以祛除人类头脑中的无知与蒙昧，引导人们一步步走出充满传统教义、非理性、盲目信念以及专职的黑暗时代。18 世纪的启蒙运动兴起于英国，然后迅速遍及欧洲主要国家乃至北美。相比而言，法国的启蒙运动声势最大、力度最强、影响也最为深远。18 世纪的法国虽然在社交礼仪和文学艺术方面引导着欧洲的新潮流，但是在宗教信仰方面却极其保守顽固。在这种情况下，18 世纪法国启蒙运动必然要把矛头首先对准天主教会。从结果上看，启蒙运动对宗教信仰的批判不仅导致了那种“借助上帝来宣扬唯物主义”的自然神论，而且在某些激进思想家如“上帝的私敌”的霍尔巴赫那里达到了一种“战斗的无神论”。启蒙思想家用“健全的理性”和历史事实作为武器，揭穿了笼罩在基督教信仰之上的神圣光环，断定基督教乃至一切宗教都是欺骗和愚昧的结果。正是由于启蒙思想家们首先在思想领域中把天上的国王（上帝）送上了断头台，18世纪末叶的法国人民才能够理直气壮地在政治领域中把人间的国王（路易十六）送上断头台。

启蒙思想家所倡导的理性具有以下几个主要特点。首先，理性意味着怀疑。它是科学发现和追求真理的前提。其次，理性就是批判。对习以为常和约定俗成的经验和事实进行分析，寻找其根据和理由，必要时持怀疑态度，这就是批判的基本要求。最后，理性代表了对人类美好未来的追求和向往。18世纪的人们普遍认为，随着理性进入社会的各个领域，人类将不断进步，迈入完美的理性社会。

## 第四节　启蒙的意图：理性的宗教和公正的社会

启蒙思想家在知识领域和现实生活中的一切活动，归根结底是为了完成两个方面的任务：打倒宗教上的专制和打倒政治上的专制。前者是人们获得关于自然和社会的真理、可靠知识的障碍，后者则是人类不平等、社会不公正的根源。宗教虽然是启蒙思想家攻击的主要目标，但他们并非要否定上帝和抛弃信仰，他们反对的是迷信、偏见和宗教狂热，因为他们带来了宗教上的不宽容和迫害。他们认为，基督教本质上是理性的实践、美德的实行和神秘的沉思。宗教生活的根基在于道德良心和内在情感，而不在于知识理性，这是卢梭关于宗教的最基本的思想。在卢梭的基础上，康德把上帝从外在的自然界中驱逐出去，以把对上帝的信仰重新建立在更加牢固的基础上，这个基础就是内在的道德。继康德之后，19世纪德国神学家施莱尔马赫又进一步把宗教信仰的根基从知识和道德转向情感，认为宗教的全部内容都活生生地流溢于个人的内在而神秘的直观感受和自由心情之中。这样一来，宗教就真正成为个人的事情，宗教信仰被归结于心理学。从此之后，自然界完全成为科学的领地，上帝只关心人们的精神世界。基督教信仰在现代西方人那里成为一种与科学理性并存的文化习惯。

启蒙运动本身具有一种双重性或内在矛盾。它一方面竭力促使人摆脱权力与宗教的控制，最大限度地解放人，另一方面却又让人陷入到一种新的权力和专制的统治当中。必须看到理性与权力之间的矛盾。启蒙要求理性包括权力，但理性的发展带来知识的膨胀，从而加剧了权力的集中，泯灭了人独立思考的能力，减少了个性发展的可能。

## 第五节　英国工业革命

工业革命是指用机器生产代替手工劳动，从工厂手工业向机器大工业转变的过程。随着英国君主立宪制的确立，加速了圈地运动，产生了大批无产者。同时海外贸易和殖民地的开发，使大量财富集中到英国资产阶级手中。另外经典力学、热力学等学科的理论创新也为工业革命带来了契机。工业革命从英国开始不是偶然的，这是有深刻政治前提、社会经济前提和科学技术前提的。17世纪的英国资产阶级革命，推翻了英国的封建专制制度，建立了资产阶级和土地贵族联盟为基础的君主立宪制度，从而成为世界上第一个确立资产阶级政治统治的国家。资产阶级利用国家政权加速推行发展资本主义的政策和措施，促进了工业革命各种前提条件的迅速形成。

英国工业革命从18世纪80年代开始，到19世纪中期基本结束。在工业革命前的几十年里，技术上的变革已经开始不断发生，它们出现在棉纺织业领域里并非偶然。首先，棉纺织业是一个新兴工业部门，发展较为容易。其次，棉纺织工业具有投资少、见效快、利润高等特点，使它成为当时工厂手工业的中坚。1733 年，机械师约翰·凯伊发明了飞梭，这是棉纺织业中出现的一项重要发明。但这只是改革了手工工具的部件，并不是机器的发明。1764 年，哈格里夫斯发明了可以同时纺出八根纱线的珍妮纺纱机，织布的速度进一步提高。水力纺纱机和“骡机”先后发明，水力开始代替人力。新机器的发明需要新的动力。1784 年，经过几次改进，瓦特终于改善了蒸汽机的设计与使用，使其功效得到了极大提高。蒸汽机是工业革命时代意义最为深远的一项发明，人类在历史上第一次拥有了自己可以随意支配的动力。蒸汽机和其他机器的广泛使用需要煤和铁供应量的增加，这又促使了采矿业和冶铁业的发展。这样，人类不仅进入了蒸汽时代，也跨入了钢铁时代。

发源于英国而后波及欧美主要国家的第一次工业革命，具有划时代的历史意义，对人类社会的演进产生了空前深刻、巨大的影响。它为新生的资本主义制度奠定了坚实的物质基础，促使欧美诸国先后实现工业化，由农业国变成工业国。它为英国提供了历史机遇，利用工业化先发优势，确立了“世界工厂”的地位。工业革命给人类带来了进步和幸福，同时也使人类面临新的矛盾和挑战。

## 第六节　北美独立战争和法国大革命

几乎与英国工业革命同时，远在北美大陆的美国发生了争取自由和独立的革命，它使美国成功摆脱了它的母国，建立了一个新的联合政府。美国革命的胜利被许多欧洲国家看做是自由对专制的胜利，对欧洲产生了巨大的影响，加快了那里的政治发展。

美国独立战争是世界史上第一次大规模的殖民地争取民族独立的战争，它的胜利，给大英帝国的殖民体系打开了一个缺口，为殖民地民族解放战争树立了范例。1775 年 4 月 19 日，波士顿人民在列克星敦上空打响了独立战争的第一枪，列克星敦的枪声拉开了美国独立战争的序幕。为了联合抗英，北美第二次大陆会议于 6 月 14 日决定，建立各殖民地联合武装力量即大陆军，任命华盛顿为总司令。10 月 13 日，又决定建立大陆舰队。1776 年 7 月 4 日，大陆会议通过《独立宣言》，宣告美利坚合众国诞生。战争初期，双方力量相差悬殊。英国是世界上最强大的殖民国家，拥有世界第一流的海军，驻北美英军约 3 万人，装备精良，训练有素；北美殖民地人口仅 300 万，兵力不足，装备落后，缺乏训练。但是，殖民地军民联合，同仇敌忾，又有优秀的领导者和军事指挥员，英军的海上补给线却时常被干扰，在北美不得人心，所以最终殖民地获得胜利，并且独立了。

法国革命的起因同样源于一场财政危机，而加剧这场财政危机的一个原因是法国参加了美国的独立战争，为此背下了巨额国债，预算赤字也不断攀升。1789 年，国王召开三级会议筹款。会议期间，第三等级代表不愿顺从国王，自成国民议会，国王企图派兵将他们逮捕，巴黎人民闻讯发动了起义。7 月 9 日国民议会宣布改称制宪议会，要求制定宪法，限制王权。路易十六意识到这危及了自己的统治，调集军队企图解散议会。7 月 12 日，巴黎市民举行声势浩大的示威游行支持制宪议会。次日，巴黎教堂响起钟声，市民与来自德国和瑞士的国王雇佣军展开战斗，在当天夜里就控制了巴黎的大部分地区。7 月 14

日人民群众攻克了象征封建统治的巴士底狱，革命取得初步胜利。这一天后来成为了法国国庆日。法国大革命是一次广泛而深刻的政治革命和社会革命，从巴黎人民攻占巴士底狱到热月政变，法国大革命经历了五年的历程，其势如暴风骤雨，迅猛异常。在三次起义中，人民群众都显示出伟大的力量，一再把革命从危机中挽救过来，并推动它进一步向前发展，它结束了法国一千多年的封建专制制度。法国大革命是世界近代史上规模最大、最彻底的资产阶级革命，它摧毁了法国的封建专制制度，震撼了整个欧洲大陆的封建秩序，建立起资产阶级的政治统治，促进了资本主义经济的发展，传播了资本主义自由民主的进步思想。期间所颁布的《人权宣言》和拿破仑帝国时期颁布的《民法典》(后改名《拿破仑法典》) 被称为新社会的出生证书。在世界历史上产生了深远的影响。这次革命也为此后的各国革命树立了榜样，因此具有世界意义。

## 一章一练

### 一、选择题

1. 18 世纪下半叶，工业革命首先从哪国开始的？________。

   A. 英国　　B. 美国　　C. 法国　　D. 德国

2. 工业革命发端于英国的原因是：________。

   ①英国资产阶级革命的胜利，为进一步发展生产力开拓了广阔空间　②活跃的国内外商业贸易，扩大了对商品的需求　③殖民掠夺积累了大量资本　④农业经营方式改变和农村社会变动，为工业革命的开展作了充分的准备。

   A. ①②③④　　B. ①②③　　C. ②③④　　D. ①③④

3. 1782 年，在前人研究的基础上，改良了蒸汽机的是________。

   A. 富尔顿　　B. 瓦特　　B. 克隆普顿　　D. 哈格里夫斯

4. 18 世纪 60 年代，机器的发明和使用最早发生在________。

   A. 交通运输　　B. 冶金业　　C. 采矿业　　D. 棉纺织业

5. 法国大革命爆发的标志是：________。

   A. 颁布《人权宣言》　　B. 处死国王

   C. 攻占巴士底狱　　D. 成立法兰西第一共和国

6. 英国资产阶级革命、美国独立战争、法国大革命的相同之处是：________。

   A. 发生的原因都是因为本国的封建统治阻碍了资本主义的发展

   B. 都推翻了封建统治

   C. 都建立了共和国

   D. 都促进了本国资本主义经济的发展

7. 马克思说，启蒙思想家“已经用人的眼光来观察国家，并且从理性和经验中而不是从神学中引申出国家的自然规律”。其中“理性”的含义是：________。

   A. 独立的思考与自主的精神　　B. 君主的权力与党派的信仰

   C. 国家的意志与精神的寄托　　D. 权威的判断与历史的传统

8. 文艺复兴和启蒙运动是欧洲历史上著名的思想解放运动，在此期间，出现了许多时代巨人，他们呼唤用理性的阳光驱散现实的黑暗。下面搭配错误的一项是：________。

A. 彼特拉克——以“人学”对抗“神学”
B. 康德——提出三权分立学说
C. 卢梭——倡导“人民主权”学说
D. 狄德罗——宣扬科学与理性

9. 与文艺复兴相比，启蒙运动在反封建方面的突出特点是：________。
A. 要求摆脱天主教神学的束缚　　B. 具有强烈的人文主义的色彩
C. 矛头直指封建专制制度　　D. 与封建势力妥协

10. 中国的新文化运动与欧洲的启蒙运动相比，相同之处不包括：________。
A. 初兴之时都是宣传资产阶级的文化
B. 都是新的历史条件下的思想解放运动
C. 都具有反封建斗争的性质
D. 在运动中其思想潮流发生了变化

**二、填空题**

1. 最早成功地开办了机器纺纱厂的是________，被誉为“近代工厂之父”。
2. 1814 年，英国人________成功研制出世界上第一台蒸汽机车。开创了人类陆地交通新纪元。
3. 1784 年，英国工程师科尔特发明“________”用焦炭炼出熟铁和钢，这一技术发明把英国的钢铁生产推举到世界前列。
4. 蒸汽机的广泛运用，为工业革命注入强大活力，并将其推进到一个崭新的________时代。
5. 拿破仑时期颁布的法律文件是________。

# 第五章
# 西方文化的现代化转型

人们对于20世纪的回忆，有相当一部分停留在两次惨痛的世界大战上。人们或许会问：为什么在短短30年内，两次大规模的战争都源于欧洲？对于这样一个问题人们会提出许多解答，但有一点是毋庸置疑的，那就是欧洲已经失去了整体的利益和有效地协调机制，以至于矛盾无法化解，国家之间不断滋生猜忌。而科技进步所带来的乐观主义已经不足以弥合欧洲人的创痛，他们反而在民族主义的狂热下日益滑向战争的边缘。经历了两次世界大战的欧洲终于没落了，它让出了世界霸主的地位，变得四分五裂又软弱无力，似乎直到今天也没有恢复往昔的活力。

## 第一节　第一次世界大战

20世纪初的欧洲沉浸在欢快、乐观的氛围之中。科技在进步，物质财富在增加，人口的快速增长不再成为国家发展的羁绊，反而被视作一种潜在的力量。政治制度不断明朗化，社会的包容性也越来越强，尽管仍然存在贫穷和不平等，一个以中产阶级为主题的社会正在兴起。但欧洲内部由来已久的均势传统仍然能够保持欧洲各种力量之间的平衡。

第一次世界大战的直接起因，源于1914年6月28日奥匈帝国的王位继承人弗朗茨·斐迪南大公及其妻子索菲遇刺于波斯尼亚的萨拉热窝。这一事件其实只是战争爆发的导火索，此前欧洲敌对国为争夺海外领地和谋求国际影响力而展开的冲突，则是战争发生的长时段因素。长久而持续的危机加剧了各国之间的紧张状态，也巩固了协约国集团和同盟国集团各自的联盟关系，它们是第一次世界大战交战的双方。在战争开始的头两年，多数平民和士兵都支持他们的政府，但到了1916年春，在全面战争的压力下，人们的热情开始衰退。各国人民民族主义情绪高涨，革命的迹象已经悄然显现。1917年，第一次世界大战终于迎来了它的转折点。这一年发生了两件大事，一是美国的参战，二是俄国十月革命的爆发。美国的参战改变了交战双方的力量对比，这一点对战争的走势是决定性的。而俄国社会主义革命的成功，则激励了德国和奥匈帝国国内的革命力量，从内部瓦解了同盟国的抵抗。1918年11月11日，新成立的德意志共和国在停战协定上签字，第一次世界大战结束。

长达四年的战争屠杀，使交战双方都付出了惨重的代价。战争给法国北部和比利时造成了彻底的破坏，英法两国遭受的经济损失大约占国民财富的30%。文明社会因战争而受到如此惨重的蹂躏，这在历史上还是头一次。

## 第二节 破产的和平：巴黎和会

1919 年 1 月，27 个战胜国代表齐聚巴黎凡尔赛宫的镜厅，共同就战后的和平问题召开会议。这个和会是胜利国举行的和会，又是大国操纵的和会。美国总统威尔逊、英国首相劳埃德·乔治、法国总理克列孟梭主导了和会的进行。和会上签订了《凡尔赛和约》，同时还分别同奥地利、匈牙利、土耳其等国签订了一系列和约。它们构成了凡尔赛体系，确立了一战后由美、英、法等主要战胜国主导的国际政治格局。会议通过了一系列措施来重塑现实政治格局，遏制德国及苏俄等战败国，与此同时又通过筹组国际联盟来企图建立理想的国际外交规范。

《凡尔赛和约》的苛刻条件不论对战败者还是胜利者来说，其后果都是危险的。德国是一个大国，有恢复元气的巨大能力。没有什么能阻止这一点。丘吉尔对此颇为了解，他说法国对德国的仇恨是“超出了人性的”。和会对德国进行的宰割性惩罚措施，严重伤害了德国人民的民族感情，被德国人普遍认为这是“强加的和平”。战后，德国的民族主义高涨，也为后来纳粹势力在德国的登场和希特勒撕毁和约扩军备战提供了口实。英法也因此对德国感到有愧，使得后来绥靖主义盛行。而意大利国内法西斯势力的兴起，原因竟然是一战以后“分赃太少”，以及战后不久的国内经济危机。至于远东方面的问题，和会上并没有得到实际的解决，中国山东的归属问题就是代表之一。值得一提的是，在巴黎和会的这个问题上面，美国方面无论是总统威尔逊本人还是代表团成员们，都明确表示支持中国收回山东权益的主张。在中国的要求被无理拒绝以后，美方代表团成员曾经全体离场以示抗议。当时的中国，曾经因此一度对美国颇有好感，威尔逊总统也因此成为当时国人比较敬佩的“世界大人物”之一。因此，为了协调各国在亚太地区的未解决矛盾，才又有了两年后的华盛顿会议。包括中国的山东问题，都是在那次会议上得到处理的。

巴黎和会在协调一战参战战胜国家之间的矛盾上起到了一定的作用，但是其强权政治的霸道措施，未能从根本上协调好各国的争议，比如对殖民地进行“任统治”按照民族自决原则处理民族关系，实际上都是为了维护战胜国的利益，无论战胜国与战败国，还是在战胜国之间，还是殖民地和半殖民地与帝国主义之间，他们之间的矛盾仍然未彻底解决，但是却埋下了战争的种子。

## 第三节 第二次世界大战

1929 年 10 月，美国华尔街崩盘，金融风暴席卷了整个资本主义世界。德国对第一次世界大战怨恨，《凡尔赛和约》的严酷条款，意大利的纳粹党利用大萧条崛起。20 世纪 30 年代，希特勒开始秘密武装德国。德国、意大利与日本签订反共产主义协定，并且干预西班牙内战。1938 年，德国派兵占领了奥地利。1939 年，德国威胁并占领捷克斯洛伐克，随即签订《德苏互不侵犯条约》。1939 年 9 月 2 日，德国利用闪电战入侵波兰，两天后，不列颠王国与法兰西共和国对德国宣战。1940 年 3 月，德国与苏联将波兰瓜分，苏联吞并巴尔干国家，此外还进攻芬兰以报苏芬战争之仇。同年四月，德国闪击挪威的培尔根和奥斯陆，并且彻底控制丹麦王国。5 月丹麦王国签署《反共产主义协定》，随即德国闪击尼德兰及比利时王国，德国占领荷兰及比利时后随即立刻闪击法国，6 月法国投降，建立维奇法国政权。接着德军大规模毁灭性轰炸不列颠，准备横渡英吉利海峡，但是英国在不列颠战役的胜利毁掉了德军的不灭神话，使得英国暂时安全。1941 年希特勒突然将枪口对准东欧，分别将匈牙利，保加利亚，罗马尼亚，斯洛文尼亚拉入轴心国，分别签订《反共产主义协定》，1941 年 6 月，希特勒与苏联撕下脸皮，撕毁《德苏互不侵犯条约》，向苏联发动极大规模的进攻，一度到达莫斯科近郊。

在东亚，日本决定利用欧洲的局势夺取欧洲国家在远东的殖民地，1941 年，日本袭击珍珠岛、关岛及菲律宾，激怒了美国，美国在 3 天后与所有轴心国宣战。日本占领了大部分东亚国家，但是在 1942 年中途岛战役的失败使得日本在东亚局势很不乐观，美国主导进攻，向日本逼近。在北非，1943 年英国击败意大利，盟军于西西里岛登陆，入侵意大利，法西斯政权被推翻，墨索里尼被游击队处死。德军攻击斯大林格勒而失败，红军开始反击德国。1944 年英国军队利用信鸽传给盟军在诺曼底登陆。盟军迅速反击，占领德国本土。同时苏联将德国从本土彻底逐出。1945 年德军投降，希特勒自杀。同时美国在莱特湾战役几乎消灭了日本海军。1945 年 8 月美国用原子弹轰炸广岛及长崎。9 月日本投降。在第二次世界大战中有 6 000 万人民死亡。是历史上最大的战争。

## 第四节　西方政治的变革

17—18 世纪西欧的思想家们试图重新树立起罗马法中的自然法的权威，以自然法代替中世纪的神法作为国家权力和一切法律的最终根据。这些思想家们被后世称为“自然法学派”。自然法学派的社会契约论是从一个假定的前提中引申出来的，这个前提认为，在国家出现以前人类处于无社会联系的“自然状态”。在“自然状态”中，虽然不存在具体的法律，但是却存在着抽象的“自然法”。自然法学派认为，“自然状态”中利益的冲突往往使人们陷入了普遍的战争状态。为了保障自身的安全和其他基本权利，人们通过签订契约而建立起国家。霍布斯认为人们在签订契约时放弃了自己的所有权利，自愿交给国家，因此国家的权力是绝对的。到了 1688 年“光荣革命”时期，洛克进一步阐述了一旦政府的行为违背了自身的宗旨，人民就有权起来推翻政府。在洛克的社会契约论中已经蕴含着社会革命的思想，这种社会革命的思想到了 18 世纪激进的法国启蒙思想家卢梭那里就变成了战斗的号角。卢梭认为，社会契约本身就是富人欺骗穷人的结果，人民就有权起来用暴力推翻暴君，重新订立平等、自由的契约以保障自身的权利。卢梭还在洛克的“自然权利”的基础上进一步提出了人生而平等的“天赋人权”，阐发了“主权在民”的政治思想。到了 19 世纪 70 年代，随着德意志的统一，西欧各国的资产阶级政权基本确立，初步完成了政权的转移和政治文化的现代化转型。

在近代资产阶级革命的过程中，自然法学派尤其是洛克和卢梭的自由平等、“自然权利”、“天赋人权”、“主权在民”的思想在美国《独立宣言》、法国《人权宣言》等一系列资产阶级文献中以宪法的形式被确定下来。可以说，自然法学派的政治理论和 18—19 世纪西欧各国的政治实践已经为西方现代国家创立了基本的政治模式，为资本主义世界的政治现代化进程奠定了重要的基础。

## 第五节 国际格局的变迁

自从拿破仑帝国崩溃以后，欧洲各大国就试图重新恢复15、16世纪以来的“势力均衡”的国际格局。1815年建立的“神圣同盟”旨在确保各大国既定的势力范围，通过国际制衡的方式来维护维也纳会议划定的各国边界和镇压各国革命。在维也纳会议之后的一百年间，未发生大范围的国际战争。1914年欧洲爆发了第一次世界大战。仅仅十多年后，在全世界范围内就爆发了更加酷烈的第二次世界大战。第二次世界大战结束以后，整个世界又被卷入到以美国和西欧资本主义国家为一方、以苏联和东方社会主义国家为另一方的“冷战”时代。一直到20世纪90年代初期，“冷战”时代才最终结束。

20世纪50年代如火如荼般兴起的民族解放运动，使得西方列强所建立的全球殖民体系土崩瓦解，一种全球分裂和政治—文化多元并立的国际格局逐渐显露。但是一直到苏联解体之前，这种多元化的文化格局仍然被资本主义与社会主义这两大阵营之间的政治对立和军事对抗所掩盖。与19世纪末叶、20世纪初期全球殖民体系达到顶峰状态时的情况相比，今天的西方文化在世界范围内的影响力无疑正在减弱。许多具有共性的价值观念和制度体系已经成为全人类共同的文化财富。那些具有民族特色的传统文化价值正在寻求与这些共性因素有机融合的途径和方式，从而形成一种既能够保持自身特色、又能够彼此和谐共存的世界文化新秩序。

## 第六节 西方现代科技的巨大成就与精神苦恼

20世纪迅猛发展的科学技术已成为一把双刃剑，它既可能成为引导人们进入天堂的神灯，也可能成为毁灭人类的潘多拉匣子。原子能的发现和运用既为人类征服自然提供了巨大的能量，也为人类的自我毁灭打开了方便之门。分子生物学的兴起和发展不仅在理论上将生物进化的动力还原到分子水平的基因突变，而且更重要的是推动了以基因工程为核心的现代生物工程技术的发展。生物工程技术一方面为植物品种的改良、动物的驯化、生物医学的发展以及人类遗传疾病的治愈开辟了光辉的前景，另一方面却引发了严重的遗传学隐患和伦理学危机。计算机或电脑技术日新月异的发展也使得人们面临着一种尴尬：在电子信息时代，一方面人们之间的空间距离被大大地缩小了，另一方面人们之间的心理距离却在日益扩大。在现代科技发展的其他方面，情况也是如此——空间技术和能源技术的开发既为人类开辟了更加广阔的活动范围和提供了更加强大的征服手段，同时也造成了环境污染、能源枯竭等不可逆转的危机；高科技含量的广告传媒的泛滥使得人们的生活与消费越来越方便，同时也使日常生活日益变得单一化和平面化。

敏感的西方哲学家和科学家们意识到，科学技术在现代不仅成为巨大的生产力，而且还成为一种专制性的意识形态。在这种意识形态的统治下，不仅自然界日益沦为人类的奴隶，而且人类自身也被异化为科学技术的手段。

一、选择题

1. 第一次世界大战中，西线 1916 年的大规模战役有________。
   ①马恩河战役　②东普鲁士战役　③凡尔登战役　④索姆河战役
   A. ①②　　B. ③④　　C. ①③④　　D. ②④
2. 1917 年俄国二月革命的结果是：________。
   A. 推翻了沙皇的统治
   B. 建立了苏维埃政权
   C. 俄国退出第一次世界大战
   D. 在二月革命影响下，交战各国都发生了革命运动
3. 第一次世界大战的性质是：________。
   A. 帝国主义战争，同时又具有民族解放的正义性质
   B. 初期是帝国主义战争，后来演变成反帝国主义的正义战争
   C. 帝国主义的掠夺战争
   D. 民族解放战争
4. 第二次世界大战全面爆发的标志是________。
   A. 慕尼黑阴谋　　B. 德军突袭波兰　　C. 日军偷袭珍珠港　　D. 德军突袭苏联
5. 二战中领导苏联军民英勇抗击法西斯侵略的是________。
   A. 列宁　　B. 丘吉尔　　C. 罗斯福　　D. 斯大林
6. 苏联卫国战争开始的标志性事件是________。
   A. 德军突袭苏联　　B. 不列颠之战　　C. 日本偷袭珍珠港　　D. 卢沟桥事变
7. 珍珠港事件发生于________。
   A. 1939 年 9 月　　B. 1940 年 5 月　　C. 1941 年 6 月　　D. 1941 年 12 月
8. 提出“冷战”的美国总统是________。
   A. 罗斯福　　B. 华盛顿　　C. 林肯　　D. 杜鲁门
9. “冷战”政策主要目的是为了对付________。
   A. 英法等西欧国家　　B. 战败的法西斯国家
   C. 苏联等社会主义国家　　D. 亚非拉第三世界
10. 1962 年古巴导弹危机说明了________。
   A. 苏联在争霸中占优势　　B. 美国在争霸中占优势
   C. 美国想占领古巴　　D. 苏联想占领古巴

二、填空题

1. 第一次世界大战的导火线是____________。____________年____________月，奥匈帝国向塞尔维亚宣战，第一次世界大战爆发。
2. 战争开始后，欧洲形成了________________、________________、________________三条战线，起决定作用的是________________和________________。
3. 1918 年 11 月，第一次世界大战以________________失败宣告结束，这是一场帝国主义

的________________。

4. __________年9月1日，德国军队对__________发动突然袭击。英法对德国宣战，第二次世界大战全面爆发。

5. 希特勒上台后大肆扩张，在吞并________（国）之后，又把侵略矛头指向__________。

## 备考习题

### 一、选择题

1. 下列关于欧洲早期工人运动兴起原因的错误说法是：________。
   A. 资本主义经济的发展
   B. 工人阶级队伍的壮大
   C. 欧洲工人阶级经历着深重的苦难
   D. 欧洲工人阶级认识到了他们苦难深重的根源

2. 下列符合布雷顿森林体系建立的背景是：________
   ①二战后，欧洲丧失了世界中心地位，原有的经济格局发生了深刻变化
   ②英、法、德、意等国成为资本主义世界的二等、三等国家
   ③美国在国际贸易和金融方面确立了统治地位
   ④美国掌握着世界上最丰富的黄金储备
   A. ①③　　B. ①②④　　C. ①②③　　D. ①②③④

3. 从20世纪五六十年代开始，西欧大国法国和联邦德国放弃历史“宿怨”，走向联合，融入欧洲一体化进程。对此理解正确的有________。
   ①经济联系日益密切
   ②两国在国际舞台上的作用日益增强
   ③为了直接对抗美国
   ④民族间、国家间的和解与相互尊重值得肯定
   A. ①②④　　B. ②③④　　C. ①②　　D. ①③

4. 有学者认为：“西方是经济全球化最大的赢家，第三世界却可悲地扮演着输家的角色。”对此认识正确的是：________。
   ①经济全球化加剧了全球竞争中的利益失衡
   ②经济区域化阻碍了全球化的实现
   ③经济全球化加强了西方国家的经济优势
   ④发展中国家必须全面实现西方化
   A. ①②③　　B. ②③④　　C. ②④　　D. ①③

5. 关于经济全球化，下列说法中不正确的是：________。
   A. 经济全球化的本质是资本在全球范围内的新一轮扩张
   B. 经济全球化给各国经济提供了同等的发展机会
   C. 经济全球化催生了知识经济的兴起和发展
   D. 经济全球化和经济区域化是当今世界经济发展的两个主要趋势

6. 一位美国历史学家这样总结道：“在欧洲的海外扩张中最重要的人物不是哥伦布、达·

伽马、麦哲伦，而是那些拥有资本的企业家们。”对这一点最恰当的解释是：________。

A. 否认了航海家们的贡献

B. 企业家为航海活动提供了物质支持

C. 突显了企业家的作用

D. 资本的发展和需求是海外扩张的根本原因

7. 下列关于英国海外殖民扩张的表述，正确的是：________。

①歼灭“无敌舰队”，使英国开始走上殖民扩张的道路

②英国组织垄断性的贸易公司，发展海外贸易，拓展殖民地

③发达的手工业生产，为英国的海外殖民活动奠定了物质基础

④建立起一支欧洲最强大的海军，为争夺殖民地提供了武力后盾

A. ①②③　　B. ①②④　　C. ①③④　　D. ①②③④

8. 世纪中期的一位英国记者报道：“没有一个曼彻斯特的工人没有钟表，这是他们须臾不可离开的东西……（他们）最通常的物品是那小小的荷兰机械，有一个忙碌的摆，在整个世界面前公开而公正地摆动着。”这一材料表明，当时的曼彻斯特________。

A. 钟表工业非常发达　　B. 工厂纪律严格

C. 工人消费水平较高　　D. 贫富差距缩小

9.《欧洲经济史》描述了 18 世纪中期以来欧洲某些地区的现象，“贵族的炫耀生活，受到财富日益增长的资产阶级的仿效，甚至受到挑战。虽然他们有时被人轻蔑地说成是‘暴发户’，但是，他们的购买力形成了他们自己的竞相仿效的基础”。这段描述说明：________。

A. 工业革命已经影响到社会生活

B. 启蒙思想的传播消除了人们的等级观念

C. 政治革命使封建贵族告别了昔日生活

D. 科技进步降低了生产成本，物价相对低廉

10. 马克思曾说过：只要英国人“把机器应用于一个有煤有铁的国家的交通上”，“就无法阻止这个国家去制造这些机器了”。对于马克思的这段话，理解正确的是：________。

A. 殖民活动的历史作用主要是建设性的

B. 工业革命加速了西方殖民体系的崩溃

C. 煤和铁是一个国家获得独立的根本条件

D. 殖民活动在客观上传播了新的生产方式

11. 与智者学派相比，苏格拉底对“人”的研究进一步深化，主要体现在：________。

A. 人是认识客观事物的主体

B. 人对客观世界的认识来自感觉，没有感觉就没有认知

C. 知识即美德，道德和知识合二为一

D. 人都可以根据自己的标准判断是非

12. 普罗泰格拉说“关于神，我无法知道它们存在还是不存在。因为有许多障碍使我们得不到这种知识，一则这个问题暧昧不明，再则人生是短暂的”。对此正确的是：________。

A. 对神的敬畏，感到人的渺小

B. 怀疑神的权威，开始注重人的研究

C. 在当时起到思想解放的作用

D. 是西方人文精神的最初体现

13. 欧洲的中世纪，被称为“黑暗时代”。这时期所发展的一套社会制度和生活方式，大抵而言是________。

A. 城邦　B. 封建制度和庄园生活　C. 市民政治　D. 议会政治

14. “教堂中信众们虔诚地歌颂上帝，罗密欧却想着如何利用向领主借来的犁栽种春麦，增加收获，好应付领主的索求以及一家嗷嗷待哺的老小。”以上所描述的情形可能发生在________。

A. 古希腊　B. 古代埃及　C. 法兰克王国　D. 波斯帝国

15. 在中世纪的欧洲，“人类把自己用才华和智慧创造的一切几乎都视为上帝的恩典”。下列各项中，最先给这种认识带来冲击的是________。

A. 新航路的开辟　B. 文艺复兴　C. 宗教改革　D. 启蒙运动

16. 著名的存在主义哲学家雅斯贝尔斯指出：人类在公元前6世纪到前4世纪大致都出现了对以后各自文明有决定性影响的古典文化，这一时期被称之为“轴心时代”，在轴心时代出现的对后来欧洲文明产生巨大影响的古典文化是________。

A. 希腊文化　B. 日耳曼文化　C. 基督教　D. 印度文化

17. 马克思称苏格拉底是“哲学的创造者”，是“智慧”的化身。这主要是指：_______。

A. 他首先对客观世界进行哲学思考　B. 他强调个人利益，创立诡辩学派

C. 他把讨论的重点从自然转移到社会　D. 他开始了对人本身的哲学认识

18. 15世纪“西欧人的发财梦做得很是时候”，这样评论主要是因为：________。

A. 当时了解到东方有很多财富　B. 当时已具备了海外探险和扩张的条件

C. 资本主义萌芽已经产生　D. 东西方的力量对比发生了变化

19. 新航路开辟从资本主义发展的角度来说，最重要的影响是：________。

A. 促进资本主义迅速发展　B. 加强了世界各地的联系

C. 促使欧洲商业发生重大变化，贸易量大增

D. 引起了殖民扩张和加速了资本的原始积累

20. 郑和下西洋与欧洲冒险家开辟新航路的最大不同点是：________。

A. 航海的时间与规模不同　B. 航海的范围不同

C. 航海的结果对各自支持航海国家的影响不同

D. 航海的动机及世界影响不同

21. 英国最终确立了世界殖民霸权地位是在________。

A. 击败西班牙“无敌舰队”之后　B. 发布《航海条例》后

C. 三次英荷战争后　D. 英法七年战争后

22. 17—18世纪的殖民扩张活动在资本主义发展早期的主要作用是：________。

A. 抢占了广大海外市场　B. 加速资本原始积累

C. 削弱封建贵族势力　D. 是由剥削剩余价值转化而来的

23. 工业革命、第二次科技革命和第三次科技革命是人类历史上的三次科技革命，它们的

相同之处是：________。
A. 从发明和使用机器开始　　B. 使人类进入了“电气时代”
C. 电子计算机的广泛应用　　D. 促进了经济发展，改变了人们生活

24. 下列交通工具中，在动力的使用方面和第一次工业革命有紧密关系的是________。
A. 汽船　　B. 汽车　　C. 飞机　　D. 磁悬浮列车

25. 1912 年豪华游轮“泰坦尼克号”在大西洋触冰沉没，所幸有 600 多人获救，这是因为当时动用了________。
A. 雷达技术　　B. 声呐技术　　C. 无线电技术　　D. 通讯卫星技术

26. 在第三次科技革命中，最具有划时代意义，并得到迅速发展和广泛应用的是________。
A. 核反应堆　　B. 电子计算机
C. 生物工程业　　D. 高分子合成化工业

27. 19 世纪六七十年代，欧美资产阶级革命和改革潮流兴起的根本原因是：________。
A. 启蒙思想在世界得到广泛传播　　B. 工业革命后资本主义的发展
C. 封建统治严重阻碍资本主义发展　　D. 封建统治面临空前危机

28. 魏源在《海国图志》中提出“师夷长技以制夷”。“长技”在当时不可能包括________。
A. 蒸汽机　　B. 火车　　C. 汽车　　D. 轮船

29. “二战期间，美国研制了原子弹并用于实践；1946 年美国投入使用的第一台电子计算机，最初是用来计算炮弹弹道的；德国人研制成功远程液体燃料火箭，是用于空袭英国的。”以上史实说明：________。
A. 科技革命是战争爆发的导火索　　B. 科技是决定战争胜负的关键
C. 二战加速了第三次科技革命的到来　　D. 第三次科技革命加速了二战的爆发

30. 下列发生在法国资产阶级革命期间的历史事件，按时间先后顺序排列，正确的是________。
①通过《人权宣言》　②攻占巴士底监狱　③建立共和国　④建立法兰西第一帝国
A. ①③④②　　B. ①②④③　　C. ②①③④　　D. ②③①④

## 二、填空题

1. 从 11 世纪起，欧洲城市开始兴起。在众多的城市中，________和________成为政治、经济以及文化的中心。
2. 古代希腊、罗马文明衰落后，欧洲进入了________，直到 16 世纪。人们把这段历史称为________。
3. 公元前 4 世纪成为地跨欧亚非三洲大帝国的是________。
4. ________使资本主义国家逐步确立其对世界的统治；________使世界开始连成一个整体。
5. 世界上第一次群众性的政治性的无产阶级革命运动是________，他的革命纲领是________。
6. 一战前形成的________和________两大军事集团，不断扩军备战，加速了一战爆发。
7. 英国科学家________是近代自然科学的奠基人之一，提出相对论的（爱因斯坦）是 20 世纪最伟大的科学家之一。

8. 科学进化论的创立者是________，他的科学巨著是________。
9. 1848 年________的发表标志着________的诞生。
10. 在西欧城市兴起过程中，________阶级形成，他们的出现为________的兴起奠定了阶级基础。
11. 爱因斯坦提出的相对论为________的发明和________的应用提供了理论基础。
12. ________世纪初，帝国主义把世界瓜分完毕，世界殖民体系最终确立。
13. 1889 年，国际社会主义者代表大会在巴黎召开，宣告________成立。
14. 近代化学的创始人是________。
15. 19 世纪中期，现实主义和________绘画先后在欧洲兴起。
16. 帝国主义矛盾产生的最根本原因是________。
17. 第一次世界大战中发生在西线的主要战役有马恩河战役、________、________和日德兰海战四个主要战役。
18. 18 世纪前期的德国音乐家巴赫，被称为________。19 世纪初期的音乐家________是世界近代史上最伟大的音乐家。
19. 浪漫主义画派的代表作《自由引导人民》的作者是________。
20. 彼得一世的改革使俄国摆脱了落后，他被后世尊称为________。
21. 俾斯麦任普鲁士宰相期间，发动了三次________，使德意志统一得以实现。
22. 19 世纪 90 年代法国人________发明了第一辆汽车。1903 年美国人________发明了飞机。
23. 1870 年 9 月 4 日，巴黎人民发动起义，推翻了________，成立了第三共和国。
24. 在意大利统一的过程中，出现了一位传奇式的英雄________。1860 年他率领千人组成的________，远征西西里王国。
25. 美国内战前夕，北方和南方的矛盾日益尖锐，矛盾的焦点是________。

**三、名词解释**

1. 克里特文明
2. 十二铜表法
3. 三级会议
4. 经院哲学
5. 玛雅文明
6. 光荣革命
7. 莱克星顿枪声
8. 《独立宣言》
9. 热月政变
10. 滑铁卢战役
11. 门罗主义
12. 萨拉热窝事件
13. 陶片放逐法
14. 幕府政治
15. 非暴力不合作运动

**四、简答题**

1. 简述拿破仑战争以后欧洲政治形势的特点。
2. 形成“冷战”局面的原因是什么？
3. 简述公元前 8 至前 6 世纪希腊城邦海外殖民活动的原因、范围及影响。
4. 简述凡尔赛体系的实质及内在矛盾。
5. 简述西欧中世纪城市兴起的背景、途径和历史意义。

# 第六单元
# 主要英语国家概况

对于备战 MTI 专业研究生考试的广大考生而言，了解世界各国的地理人文，风土人情是十分必要的。这些知识不仅是“百科知识”这门考试的重要组成部分，而且与翻译人员的语言水平和专业素养息息相关。本单元将从多个方面介绍英国、美国、加拿大、澳大利亚这些主要英语国家的百科知识。同时，希望考生在学习本单元后，能自主按照框架、逻辑整理其他重要国家的相关知识。

本单元分为三个部分：概述、重点知识、备考习题。在重点知识部分，第一章首先介绍英国概况。第一节　国土与人民；第二节　英国的起源；第三节　英国的形成；第四节　向现代英国的过渡；第五节　大英帝国的兴衰；第六节　20 世纪的英国；第七节　英国经济；第八节　政治与社会；第九节　英国政府；第十节　教育与文化。其中第二节到第六节可以概括为英国历史，这几节按时间顺序详细介绍英国历史，信息量大，需要记忆的内容也很多，很多历史事件容易被出成名词解释题，如百年战争、玫瑰战争、宪章运动、工业革命等。这些重要历史事件大多已给出较详细的定义或解释，考生可以参考其他书籍进行补充。其他几节均按该节内容可出题的考点按条叙述，方便考生在学习时把握重点、考点，按顺序逐条掌握。同时，也可以将平时积累的这方面知识，以条目的形式补充到相应的内容里。

第二章介绍美国概况，与英国概况划分方法相近，由于美国历史较短，所以仅用第二节进行介绍。第三章和第四章分别介绍加拿大和澳大利亚。第三章分为国土与人民；加拿大历史；加拿大经济；加拿大政治；新闻传媒。第四章与第三章划分一致。相较于前两章，这两章内容较为简略。

每章后有“一章一练”供考生学习完该章后使用，选择题一般先易后难，前面一般属于记忆类型，后面在记忆的基础上进行分析。填空题基本都是记忆型的填空。第三部分备考习题是对“一章一练”部分练习的补充和强化，可在系统学习完本章后使用。

限于篇幅，本单元对各国的外交、军事未有涉及，对社会、文化方面也只能提纲挈领地导读。

# 第一章 英国概况

英国全称大不列颠及北爱尔兰联合王国，是由英格兰、苏格兰、威尔士和北爱尔兰组成的联合王国，统于一个中央政府和国家元首。英国是世界上第一个工业化国家，是一个具有多元文化和开放思想的社会。首都伦敦是欧洲最大和最具国际特色的城市。

英国的艺术、音乐、文化和饮食一直受到来自世界各地不同国家的人民和民族习惯的影响，并与许多国家有着悠久而密切的联系。直到现在，它仍与美国、加拿大、澳大利亚和新西兰等英语国家保持着牢固的关系。

英国是欧盟成员国，25年来，在维护和发展欧盟与中国的关系方面，它是始终不渝和热心的支持者。英国是欧盟国家在中国最大的投资者。

英国的经济在世界上占第五位，而且是欧洲最大的金融中心。伦敦的金融市场吸引着世界各地的众多公司来此利用英国的商业契机。

两百多年来，英国的各类学校和大专院校随着该国举世瞩目的技术、工业和金融革命而发展起来。但是，其一流的教育历史更为悠久，可追溯到800多年前牛津大学和剑桥大学成立的时代。

## 第一节 国土与人民

### 1. 各组成部分

（1）不列颠群岛由两个大岛——大不列颠岛（较大的一个）和爱尔兰岛，及成千上万个小岛组成。

（2）英格兰位于大不列颠岛南部，是最大，人口最稠密的地区。

苏格兰位于大不列颠的北部。首府：爱丁堡。

威尔士位于大不列颠的西部。首府：加的夫（卡迪夫）

北爱尔兰是英国第四个区域。首府：贝尔法斯特。

（3）英联邦是曾为英国殖民地的、但现已独立国家所构成的自由联合体。它成立于1931年，至1990年止已有50个成员国。

### 2. 地理概况

（1）国土面积达243 000平方千米。

（2）地理位置：英国是一个岛国，位于大西洋北部，与欧洲大陆的北海岸隔海相望。南面的英吉利海峡和东面的北海将它与欧洲其他部分隔开。英吉利海峡是英国与法国分界

线，该海峡最窄处为多佛海峡。

（3）地理特征：英国的西部和北部主要是高地，东部和东南部主要是低地。

英格兰位于英国南部，占英国总面积的60%，奔宁山脉是其主要山脉。

苏格兰位于英国北部，为三个自然区域：北部为高地，海拔1 343米的英国最高峰——本尼维斯山坐落于此；中部为低地，是苏格兰人口最密集，工业最发达地区；南部为山陵地区。

威尔士位于英国西部，斯诺多尼亚是威尔士的最高点，海拔1 085米。

（4）河流与湖泊：塞文河是英国最长的河流。全长338公里。

泰晤士河是英国第二大河，也是英国最重要的河。全长336公里。

讷湖（内伊湖）是英国最大的湖，位于北爱尔兰。面积为396平方公里。克莱德河是苏格兰最重要的河流。

### 3. 气候

（1）英国有利的气候条件：英国属于海洋性气候：冬季不过于寒冷，夏季不过于炎热。全年有稳定可靠的降雨量，气温变化幅度小。

（2）影响英国气候的因素：

环绕四周的海水。冬天，海水可使岛内气温升高，夏天则使气温降低，从而起到平衡季节温差的作用；一年四季盛行的西南风和西风在冬季从大西洋带来温暖、潮湿的空气，使气温适宜；北大西洋暖流经不列颠群岛西海岸，使气候变暖。

（3）降雨量：英国全年降雨量稳定，平均降雨量超过1000毫米。英国北部、西部雨量过多，但是南部、东部有所缺乏。

### 4. 资源

英国是欧盟中能源资源最丰富的国家，主要有煤、石油、天然气、核能和水力等。能源产业在英国经济中占有重要地位。英国森林覆盖面积为281万公顷，占本土面积12%左右。主要工业原料依赖进口。

### 5. 人口

（1）人口分布：英国人口约570万，分布极不均匀，90%是城市人口，只有10%是农村人口。英国人口组成为：英格兰人（81.5%），苏格兰人（9.6%），威尔士人（1.9%），爱尔兰人、北爱尔兰人和其他民族居民。

（2）英伦三岛民族的祖先：英格兰人祖先属于盎格鲁-撒克逊人，而苏格兰、威尔士和爱尔兰人属于凯尔特人。

（3）个性差别：威尔士人感情丰富，情绪高涨，热爱音乐，为过去感到自豪。

苏格兰人通常被认为严肃、谨慎而且节俭，但是他们同样也热情、大方且友好。爱尔兰人充满魅力，生性活泼。

（4）英格兰南方人和北方人语言上的差别：南方人讲的英语接近BBC，北英格兰人的发音通常要比南英格兰人发言区域要宽些。

（5）威尔士人以这样的方式使他们的语言及文化保持活力。一年中他们有称之为

"艺术年会"的唱歌、跳舞、诗歌节。一年中最重要的节日是全国诗歌音乐比赛会。在那里会举行威尔士诗歌、音乐、唱歌和艺术比赛。

(6) 北爱尔兰存在的主要问题：作为统治者的新教徒与要求更多社会、政治及经济权利的罗马天主教徒之间的斗争。

(7) 移民：自从二战以来约有三百万人来到英国生活、工作。

## 第二节 英国的起源（公元前5000—1066年）

### 1. 早期的居民（公元前5000—前55年）

(1) 人们所知的英国最早居民是伊比利来人。

(2) 约公元前2000年，从现在的荷兰和莱茵兰地区来了宽口陶器人。

(3) 约公元前700年，凯尔特人来到不列颠岛。

(4) 克尔特人来到不列颠有三次高潮。第一次高潮是约公元前600年盖尔人的来临；第二次高潮是约公元前400年布立吞（不列颠）人的抵达；第三次是约公元前150年比利时人的到达。

### 2. 罗马人统治时期的英国（公元前55—410年）

(1) 有记录的英国历史开始于罗马人的入侵。公元前55年和54年，罗马将军朱略斯·恺撒两次入侵英国，均未成功。直到公元43年，克劳锹才成功占领不列颠。将近四百年里，英国人处于罗马人的占领下，但这并非是完全的占领。

(2) 罗马对英国的影响：罗马人修建了许多城镇网，道路、澡堂、庙宇和其他建筑物。他们还很好地利用了英国的自然资源。罗马人还把基督教新宗教带到不列颠。

(3) 罗马对不列颠的影响有限的原因：首先，罗马人把不列颠人当做奴隶社会的属民来对待。其次，在4世纪罗马人和不列颠人通婚。最后，罗马人也未影响普通不列颠人的语言和文化。

### 3. 盎格鲁-撒克逊人（公元446—871年）

(1) 盎格鲁-撒克逊时代（奠定了英国的基础）五世纪中叶，朱特人、撒克逊人和盎格鲁人不断入侵不列颠。这是三支日耳曼（条顿）部落。

居住在朱特兰岛（现丹麦南部）上从事打鱼农耕的朱特人先抵不列颠。后来从德国北部来的使用短剑的撒克逊人在埃塞克斯、苏塞克斯和威塞克斯建立了王国，统治期从5世纪末至6世纪初。6世纪后半叶，同样来自德国北部的盎格鲁人，在东盎格利亚、麦西亚以及诺森伯利来定居，同时他们也把名字给了英国人。这七个主要王国（肯特、埃塞克斯、苏塞克斯、威塞克斯、东盎格利亚、麦西亚和诺森伯利亚），合称为七王国。

(2) 最早的盎格鲁-撒克逊人改信基督教

盎格鲁-撒克逊人把日耳曼宗教带到了英国。除了康瓦尔、威尔士、苏格兰和爱尔兰中的凯尔特人还信奉基督教外，基督教很快就消失了。公元597年，教皇格里高一世把罗马圣安德鲁修道院的副院长圣奥古斯丁派遣到英格兰，其使命是使异教徒的英国人皈依基督教。公元579年圣奥古丁成为坎特伯雷大主教。在使国王和贵族皈依基督教方面，奥古斯丁特别成功。但是普通人的皈依很大程度上归功于北部修士们的传教活动。

（3）早期盎格鲁-撒克逊人为英国做出的贡献

盎格鲁-撒克逊人为英国国家的形成打下了基础。首先，他们把国家划分为郡，郡法庭和郡法官，或行政司法长官负责执法。其次，他们设计的窄条三圃田农耕制沿用至18世纪。此外，他们还建立了领地制。最后，他们还创立了议会（贤人会议），向国王提供建议，这就成为了今天仍存在的枢密院的基础。

### 4. 北欧海盗和丹麦人的入侵

（1）入侵者是挪威人和丹麦人，从8世纪末开始，他们不断袭击英格兰的各个地方。9世纪，尤其是公元835—878年间已成为严重问题。他们甚至占领了约克郡，公元867年时的基督教中心。到9世纪中叶，北欧海盗和丹麦人威胁到撒克逊人的威塞克斯王国的安全。

（2）艾尔弗雷德国王（849—899）和他所作出的贡献

阿尔弗雷德是威塞克斯的国王。他打败了丹麦人，并于公元879年与他们达成了友好协议。协议规定丹麦人控制英格兰北部和西部（丹麦法区），而他统治其他地区。他还劝服一些丹麦首领成为基督教徒。

他因为建立了强大舰队，而以"英国海军之父"闻名于世。他改组了"弗立德"(撒克逊军队)，使之更为高效。他将一本拉丁语的书翻译成英语。同时他还建立了学校，并且阐明了法律制度。所有这一切使他当之无愧于"阿尔弗雷德大王"的称号。

### 5. 诺曼征服（公元1066年）

（1）威廉在爱德华死后入侵英国的原因

据说，爱德华国王曾答应把英格兰王位传给诺曼底公爵威廉，但是贤人会议挑选了哈罗德为国王。公元1066年10月，在哈斯丁斯附近的激烈交锋中，威廉打败了哈罗德军队，同时哈罗德也在此战争中战死。

（2）诺曼征服及其产生的影响

1066年的诺曼征服也许是英国历史上的最著名事件。征服者威廉几乎没收了所有土地，将其分发给他的诺曼追随者。他用强有力的诺曼政府代替了软弱的撒克逊政府。于是，封建制度在英国完全建立。开放了与欧洲大陆的关系，文明和商业得到发展，引进了诺曼——法国文化、语言、举止和建筑。教会与罗马的联系更为密切，教会法庭与世俗法庭分离。

（3）英国是一个集不同民族于一体的国家。许多英国人的祖先是古盎格鲁和撒克逊人。而还有一些英国人是诺曼血统。

## 第三节　英国的形成（公元1066—1381年）

### 1. 诺曼统治（公元1066—1381年）

（1）威廉一世的统治（公元1066—1087年）在威廉统治下的英国封建制度

在威廉统治下，英国的封建制度得到完全确立。根据此制度，国王拥有全国所有土地。威廉把英国的大片土地分给贵族，条件是换取对方服役和收租。这些地产分散于各处，这样土地拥有者就不易联合起来反叛国王。已成为国王土地承租人的贵族又把土地分配给小贵族、骑士和自由民，同样换取货物和服役。在封建等级底层的是农奴。英国封建制独有的特色就是，无论是土地承租人还是佃户，都必须要宣誓效忠于直接领主，而且要效忠于国王。

(2) 亨利二世国王和他的改革

亨利二世采取了一些措施巩固君主制。他迫使弗兰德斯雇佣军离开英国，收回史蒂芬森赠出的皇室土地；拆除几十座史蒂芬森时造的城堡，加强并扩大了他的行政长官们的权力，依靠由英国自由民组成的民兵获取军事支持。

亨利二世大大加强了王家法院，扩展了其司法工作的职权范围。他将全国分为六个审判区。案件更多地由巡回法官审理，并不偏不倚地使用法律。在他统治时期，逐渐建立起超越地方领主法律的普遍法。另外，他用陪审员制度代替了旧的残酷的审判制度。他坚持被控犯有刑事罪的神职人员应由国王法庭审判，而不由主教法庭审判。

### 2. 《大宪章》的内容及意义

《大宪章》是约翰国王1215年在封建贵族压力下签订的。《大宪章》总共63条，其中最重要的内容是：(1) 未经大议会同意，不得征税；(2) 只有根据国家有关法律才能逮捕、监禁自由人以及剥夺他们的财产；(3) 教会应享受其所有权利且有选举自由；(4) 伦敦和其他城镇应保留其古时的权力和特权；(5) 全国要使用统一的重量和长度度量衡。尽管人们普遍认为《大宪章》为英国的自由奠定了基础，但该宪章只是规定国王和贵族之间封建关系和法律关系的文件，保证了教会的自由，限制了国王权力。《大宪章》的精神是限制国王权力，使其在英国封建法律允许的范围内活动。

### 3. 英国议会的起源

大议会是当今英国议会的原型。1265年，西门德孟福尔召开大议会，各县有两名骑士，各镇有两名市民参加。大议会发展到后来演变成议会，分为上议院和下议院。其作用是咨询而非决定；也没有选举和政党。议会的最重要的部分是上议院。

### 4. 百年战争及其结果

百年战争指1337年到1453年英法之间一场断断续续的战争，战争的起因既有领土因素又有经济因素。领土起因尤其是与英国国王拥有法国的阿基坦大片公爵领地有密切关系，随着法国国王势力日增，他们渴望占领这片在他们领土内的土地。经济原因则与弗兰德斯有关。弗兰德斯地区生产棉布的城镇是英国羊毛的主要进口商，但这些城镇在政治上却效忠法国国王。其他原因还有英国试图阻止法国帮助苏格兰人，以及不断觉醒的民族意识。

把英国人赶出法国对两个国家都是幸事：如果英国人继续留在法国，那么法国人在领土和财富上所占的优势必然会阻碍分离的英国民族的发展；而法国民族被外国势力占领了众多的领土，发展更是长期受阻。

5. 黑死病

黑死病是指由鼠疫蚤传播的致命的淋巴腺鼠疫，是一种流行疾病，在 14 世纪传播到欧洲。1348 年夏天横扫全英国。英国的人口在 14 世纪末从 400 万锐减至 200 万。

黑死病对经济造成的后果更为深远。鼠疫导致了大片土地无人照管和劳动力极度匮乏。地主想把耕地变为人力需求较少的牧场。存活的农民处于有利的计价还价地位，从农奴变为雇佣劳动力。于是一些支付不起或不愿意支付较高工资的地主想方设法迫使农民重返农奴地位。1351 年政府颁布“劳工法令”，规定农民们涨工资的要求，或者是雇主支付比地方官制订的工资水平要高的工资都是犯罪。

6. 1381 年农民起义及其意义

1381 年 6 月，在瓦特 · 泰勒和杰克 · 斯特劳领导下，凯特郡和埃塞克斯郡的农民和市民武装起来发动起义，并向伦敦进发。国王被迫接受了他们的要求。大多数起义农民解散回家，但泰勒和其他坚决的农民留下来要求得到更多的法律、宗教和政治权利。泰勒在又一次与国王的会见中被杀死。

尽管起义被血腥镇压，但在英国历史上留下了深远的影响。这次起义具有真实的社会性，把矛头直接对准了富有的教职人员、律师和地主。这次起义沉重打击了封建农奴制度，产生了全新的自耕农阶级，为资本主义发展铺设了道路。

## 第四节　向现代英国的过渡

1. 玫瑰战争

玫瑰战争是指，从 1455 年到 1485 年，以红玫瑰为象征的兰开斯特大家族和以白玫瑰为象征的约克家族之间战争的普遍接受的名称。1485 年，兰开斯特家族的后代亨利都铎取得了博斯沃恩战役的胜利，建立了都铎王朝。这些战争使英国的封建主义受到致命打击，贵族阶层受到了削弱。

2. 英国的宗教改革

（1）原因：亨利八世负责进行教会的宗教改革。改革教会的渴望已有多年，现在又受到马丁 · 路德成功的鼓舞，许多人认为时机已到；人们痛恨教职人员的威望和财富；亨利需要钱。

（2）过程改革以争取离婚而开始，以脱离教皇而告终。亨利八世欲与阿拉贡的凯瑟琳离婚，但是教皇拒绝了。亨利改革的目的是摆脱英国教会与教皇的联系，成立独立的英格兰教会。1529 年至 1534 年间逐渐地与罗马脱离了关系。他解散了所有英国的修道院和修女院，因为后者对教皇比对英国国王更忠诚。1534 年的《继位法》和 1535 年的《至尊法案》使改革具有了可行性。1535 年他获得“英格兰教会最高首脑”之称号。

（3）影响：亨利的改革强调了君主权力，自然加强了亨利的地位；议会以往从未做过如此漫长而重要的工作，自然其重要性也有所加强；他对教皇权力的打击鼓舞许多人批评指责天主教会，并希望从天主教转向新教。

### 3. 伊丽莎白的宗教改革和外交政策

伊丽莎白的宗教改革是各种观点的妥协。她中断玛丽与罗马的关系，恢复父王独立的英格兰教会，也就是说保持天主教教条及习俗，但不受教皇控制。她的宗教和解既不被极端的新教徒（即清教徒）所接受，也不为虔诚的天主教徒所接受。

近30年的时间，伊丽莎白成功地令两大天主教强国法国和西班牙互相斗杀，从而免于英国卷入任何主要的欧洲国的冲突。通过她从未具体化的联姻，伊丽莎白设法与法国维持友好关系，因此英国能面对来自西班牙的危险。

### 4. 英国文艺复兴的特点

（1）英国文化的复兴并不是直接通过古典作品，而是通过受古典作品影响同时代的欧洲人实现的；

（2）英格兰作为一个与大陆隔离的国家，其社会历史进程很大程度上独立于欧洲其他国家；

（3）由于14世纪伟大的天才诗人乔叟的出现，英国本国文学得以蓬勃发展，能够在吸收外国文学影响的同时，并未处于从属地位；

（4）英国文艺复兴文学首先是艺术的，其次才是哲学的和学术的；

（5）文艺复兴和英格兰的宗教改革在时间上有所交叉。

### 5. 内战及影响

由于查尔斯的“君权神授”统治权，他与议会的对质发展成了内战。战争开始于1642年8月22日，结束于1651年。最后查尔斯被处死。

英国内战又称为清教徒革命。这是议会和国王间的冲突，也是城市中产阶级的经济利益与皇室传统经济利益之间的冲突。城市中产阶级经济利益刚好与他们的宗教（清教）思想吻合，相应地，皇室传统的经济利益则与圣公会教的宗教信仰结合在一起。英国内战不仅推翻了英国的封建制度，而且动摇了欧洲封建经济的基础。英国内战通常被看做是现代世界史的开端。

### 6. 王政复辟

1658年奥利弗克伦威尔去世，他的儿子理查德继任护国公，政权立即开始瓦解。克伦威尔的一位将军乔治蒙克占领伦敦，安排新的议会选举。1660年选出的议会要求上一任长期流亡法国的国王的儿子回国做国王查尔斯二世，从而解决了危机。这就是所谓的王政复辟。

### 7. 1688年光荣革命

1685年查尔斯二世去世，由其弟詹姆斯二世继位。詹姆斯二世从小在欧洲流亡长大，是个天主教徒，他希望不放弃个人宗教信仰统治国家。但是1688年的英国已不像40年前那样能容忍天主教徒当国王了。英国政客反对詹姆斯二世，他们呼吁信奉新教的国王，奥兰治亲王威廉入侵英国夺取王位。1688 年 11 月 15 日威廉在托尔比登陆并占领伦敦。这一占领相对平静，既未流血也未处死国王，所以就称为“光荣革命”。

8. 1605 年的火药阴谋案

1605 年的火药阴谋案是最著名的天主教阴谋。1605 年 11 月 5 日，几个狂热的天主教徒企图在议会大厦炸死国王和大臣。盖伊·福克斯在地窖放了炸药桶，结果阴谋被暴露，福克斯和同伙被立即处死。现在每年 11 月 5 日英国都要举行庆祝仪式，点燃火堆，焚烧盖伊·福克斯模拟像并燃放烟火。

## 第五节　大英帝国的兴衰

1. 辉格党人和托利党人

这两个政党名称皆起源于 1688 年的光荣革命。辉格党人是指那些反对绝对王权，支持新教徒宗教自由权利的人。辉格党人在 19 世纪中叶与持不同意见的托利党人结盟组成自由党。托利党人是指那些支持世袭王权、不愿去除国王的人。托利党是保守党的前身。

2. 18 世纪末的农业革命

18 世纪末、19 世纪初的农业革命期间，随着《圈地法》的颁布，传统的“开放田地”制结束。圈地运动持续了近一个多世纪。农业圈地运动的利弊共存：

（1）由于大农场兼并了小农场，农场成为越来越重要的生产单位；

（2）人们消费的蔬菜、牛奶及奶制品越来越多，饮食种类愈加丰富；

（3）圈地对佃农而言是场灾难，他们被赶出土地，被迫到城镇找工作。圈地运动导致了大规模的移民，尤其是移民移至新大陆。

（4）农村关系中产生了新的阶级对立。

3. 工业革命（1780—1830 年）

（1）工业革命指的是 17 世纪末 18 世纪初英国工业的机械化，以及因此而导致的社会结构和经济结构的变化。

（2）英国成为第一个工业化的国家，原因如下：

优越的地理位置，交通便利，水资源及矿产资源丰富；

政治局面稳定，对海外贸易和殖民地兴趣日增；

国际贸易给商人和城市银行家带来财富，为工业化提供了大笔资金；

1688 年光荣革命限制了君主的权力，这使得强大的经济利益集团能对议会政策施加影响；

1707 年后，英格兰、苏格兰和威尔士形成关税联盟，1807 年后爱尔兰加入。因此，全国市场不再受困于内部的关税障碍；

圈地运动和其他农业改良为增加的人口提供了粮食，为工厂提供了劳动力，为工业提供了所需的一些原材料。

（3）工业革命中一些重大创新

1733 年，约翰凯的飞梭；

1766 年詹姆士·哈格里夫斯珍妮纺纱机；

1769 年理查德·阿克赖特的水力纺织机；

1779 年塞缪尔·克朗普顿的走绽纺纱机；

1784 年爱德蒙·卡特莱特发明的力织机；

1765 年詹姆斯·瓦特的高效蒸汽机。

### 4. 工业革命的结果

（1）英国成为了“世界工厂”；

（2）城镇迅速兴起，成为国家财富的源泉。

（3）机械化摧毁了不能投入其中的人们的生活。工人们在可怕的条件下劳动与生活。

（4）工业革命产生了工人阶级，即无产阶级。后来形成了工会制度。

### 5. 宪章运动（1836—1848 年）

宪章运动是 19 世纪三四十年代英国发生的争取实现人民宪章的工人运动，是世界三大工人运动之一。宪章运动的目的是，工人们要求取得普选权，以便有机会参与国家的管理。“普选权问题是饭碗问题”，工人阶级希望通过政治变革来提高自己的经济地位。

（1）议会改革的原因：权力由贵族操纵；城镇和农村，北方和南方的代表权极不平等；还有各种称之为衰败或口袋选区的选区。

（2）三个改革法案：1832 年的《改革法案》（也称为 1832 年的大宪章）废除了“衰败选区”；在新兴城镇中较为公平地重新分配了议席；以财产价值为基础给予许多屋主和佃农。1834 年的《新贫困法》强迫穷人进工厂，而没有给他们足够的钱在自己的家里生存。1838 年《人民宪章》。

（3）人民宪章

1832 年的《改革法案》和《新贫困法》引起了普遍不满。1836 年，一群技术工人和小店主组成伦敦工厂联盟。他们于 1838 年起草了有关政治要求的宪章（人民宪章），想把它呈送给议会。宪章有六点内容：所有成年男子都有选举权；进行无记名投票；平等选区；议员选举废除财产资格要求；议员应有报酬；议会每年六月进行大选。

（4）宪章运动的结果

由于领导层的软弱和分歧，由于缺少与工会的协调，宪章运动失败了。当时的工人阶级还未成熟，没有正确的革命理论武装的政党领导。但是，宪章运动是第一次全国范围的工人阶级运动，引起了对许多严重问题的关注。在 1858 年至 1918 年间，六项要求逐渐达到，尽管第六项从未实现。列宁说宪章运动是“第一个广泛的、真正群众参与的、有政治组织形式的无产阶级革命运动”。

### 6. 工会和工党

（1）1871 年通过的《工会法》使工会合法化并给其财政保障。

（2）工党起源于独立工党，于 1893 年 1 月成立。1900 年，工会代表，独立工党和许多小型社会主义社团一起成立了工人代表委员会。1906 年的大选迫使工人代表委员会及时更名为工党。

### 7. 殖民扩张

（1）自治领的兴起

英国殖民扩张开始于 1583 年纽芬兰的殖民化。在 18 世纪末、19 世纪初，受到海外移民浪潮的鼓舞，英国殖民者很快地扩张到加拿大、澳大利亚、新西兰。到 1900 年英国已建立了“日不落”的大英帝国，包括受保护国、英国殖民地、势力范围和自治领，占世界人口与面积的 25%。

1763 年签订的《巴黎条约》将加拿大割让给英国。1774 年的《魁北克法》保证了法国的权益。之后，1791 年《加拿大条约》把加拿大分为上加拿大和下加拿大，前者是英国人的定居地，后者是法国人的居住点。1867 年《英国北美法案》确定加拿大为自治领。

1788 年英国人开始把囚犯流放到澳大利亚。1816 年开始可以自由定居，1840 年后囚犯不再流放到澳大利亚。1851 年至 1892 年的淘金热使更多的人涌入澳洲。1901 年，六个自治领统一为一个自治领——澳大利亚独立联邦。

1600 年英国东印度公司的建立是经济渗透的实例。到 1819 年英国对印度的征服已基本完成。1857 年东印度公司孟加拉军队的当地士兵发动兵变后，1858 年印度改由英国君主统治。1877 年维多利亚女王正式成为印度女皇。

（2）对非洲的掠夺

19 世纪初英国的占领地局限于西海岸的堡垒和奴隶交易点。整个 19 世纪欧洲人逐渐发现并殖民了非洲内陆。在这场瓜分竞赛中英国占了较大的优势。除了不断扩张的南部和西部殖民地后，英国又觊觎东北的埃及和苏丹。

（3）侵略中国

1840 年英国和中国发动了鸦片战争。从那时起，英国逐渐侵略了中国的许多沿海城市，并签订了许多不平等条约。

## 第六节　21 世纪的英国

### 1. 两次世界大战期间的英国

第一次世界大战是从 1914 年至 1918 年，战争主要在两大欧洲集团间进行。“同盟国”，包括德国和奥匈帝国，和“协约国”，包括英国、法国和俄罗斯。第一次世界大战中英国损失惨重。除了劳动力的损失，还有巨大的经济与社会瓦解。

第二次世界大战开始后，当阿道夫·希特勒及纳粹主义显示他们对欧洲的侵略意图时，首相张伯伦发现他的绥靖政策已站不住脚，只得于 1939 年 9 月 3 日对德宣战。

1929 年纽约股票交易所崩溃的影响迅速波及欧洲，到 1931 年英国进入经济大萧条。

### 2. 战后的英国

（1）第二次世界大战最为深远的结果之一是加速了大英帝国的瓦解。

（2）1952年伊丽莎白公主加冕成为伊丽莎白女王二世。新发明的电视使许多人看到了加冕仪式的过程。

（3）1973年1月，英国终于成为欧洲经济共同体的正式成员国。1973年仍称为共同市场。1973年英国经历了第一次石油禁运。

（4）撒切尔主义

1979年撒切尔夫人成为英国第一任女首相。她提出的政策为“撒切尔主义”。其内容包括国有工业私有化，采用货币主义政策以控制通货膨胀，削弱工会的影响，加强市场因素在经济中的作用，强调法律和秩序。在一定程度上讲，她的计划是成功的。她领导英国经济度过了一段最繁华的时期。

## 第七节　英国经济

英国是欧盟成员国中能源资源最丰富的国家，主要有煤、石油、天然气、核能和水力等，但主要工业原料依靠进口。英国是世界上第六大经济体，欧盟内第三大经济体，2009年国内生产总值约22 608亿美元。私有企业是英国经济的主体，占国内生产总值的60%以上。服务业是英国经济的支柱产业，占国内生产总值的3/4。受全球金融危机影响，英国金融业遭受重创，经济形势严峻。英国政府债务2011年年底首次突破1万亿英镑（约合1.56万亿美元）大关。

### 1. 农业

（1）英国农牧渔业主要包括畜牧、粮食、园艺、渔业，可满足国内食品需求总量的近2/3。农用土地占国土面积的77%。英国是欧盟国家中最大捕鱼国之一。

（2）特征：少量人口从事农业生产；农业生产机械化程度高。

### 2. 工业

（1）英国主要工业有：采矿、冶金、化工、机械、电子、电子仪器、汽车、航空、食品、饮料、烟草、轻纺、造纸、印刷、出版、建筑等。

（2）生物制药、航空和国防是英国工业研发的重点，也是英国最具创新力和竞争力的行业。

（3）随着服务业的不断发展，英国制造业自20世纪80年代开始萎缩，80年代和90年代初两次经济衰退加剧了这一态势。英国制造业中纺织业最不景气，但电子和光学设备、人造纤维和化工产品，特别是制药行业仍保持雄厚实力。

### 3. 服务业

（1）服务业包括金融保险、零售、旅游和商业服务等，是英国经济的支柱产业。

（2）伦敦是世界著名金融中心，拥有现代化金融服务体系，从事跨国银行借贷、国际债券发行、基金投资等业务，同时也是世界最大外汇交易市场、最大保险市场、最大黄金现货交易市场、最大衍生品交易市场、重要船贷市场和非贵重金属交易中心，并拥有数量最多的外国银行分支机构或办事处。

（3）英国旅游收入占世界第五位，仅次于美国、西班牙、法国和意大利，旅游业是英国最重要的经济部门之一，产值占国内生产总值的5%，从业人员210万人。主要旅游地区有：伦敦、爱丁堡、加的夫（卡迪夫）、布赖顿、格林尼治、斯特拉福、牛津和剑桥等。主要观光景点有：歌剧院、博物馆、美术馆、古建筑物、主题公园和商店等。

（4）每年4月1日开始新的财政年度。政府财政预算支出包括公共支出（中央政府和地方政府开支）、支付债务利息和财务调整。财政预算收入含直接税、间接税和国民保险税收入三项。

（5）英国主要银行有：英格兰银行：1694年成立，1946年成为英国的中央银行，是世界上第一家中央银行。汇丰控股公司；皇家苏格兰银行；苏格兰哈里法克斯银行；巴克莱银行。

## 第八节　政治与社会

### 1. 君主制

（1）英国政体为君主立宪制。国王或女王是国家元首、最高司法长官、武装部队总司令和英国圣公会的"最高领袖"，形式上有权任免首相、各部大臣、高级法官、军官、各属地的总督、外交官、主教及英国圣公会的高级神职人员等，并有召集、停止和解散议会，批准法律，宣战媾和等权力，但实权在内阁。

（2）伊丽莎白二世，她的全称是"上帝神佑，大不列颠及北爱尔兰联合王国以及她的其他领土和领地的女王，英联邦元首，国教保护者伊丽莎白二世"。

（3）君主政体实际已无实权。它的权力受限于法律和议会。君主立宪制是从1688年的光荣革命后开始的。

### 2. 法律

联合王国不实行完全统一的法律制度。联合王国所有法律制度的一个共同特点是没有一部完整的法典。法典来源包括：（1）成文法；（2）大量的"不成文法"或习惯法；（3）衡平法；（4）欧共体法。另一个共同的特点是刑法和民法之间的区别。主要有大宪章（1215年）、人身保护法（1679年）、权利法案（1689年）、议会法（1911年，1949年）以及历次修改的选举法、市自治法、郡议会法等。

### 3. 政党

政党体制从18世纪起即成为英宪政中的重要内容。现英国主要政党有：（1）工党：工党于1900年成立，原名劳工代表委员会，1906年改用现名。近年来，工党更多倾向于关注中产阶级利益，与工会关系在一定程度上有所疏远。工党在政治上宣传"新工党、新英国"，建立现代福利制度；经济上主张减少政府干预，严格控制公共开支，保持宏观经济稳定增长；外交上主张积极参与国际合作，把与美国和欧盟关系视为两大外交支柱，主张在条件成熟时加入欧元区。工党2001年时有党员近40万人，是当时英国第一大党。

2003年因布莱尔政府与美国布什政府发动伊拉克战争，导致大量党员退党。截至2004年，党员人数降至约25万人。

（2）保守党：保守党前身为1679年成立的托利党，1833年改称现名。保守党支持者多来自企业界和富裕阶层。保守党主张自由市场经济，严格控制货币供应量，减少公共开支，压低通货膨胀，限制工会权利，加强“法律”和“秩序”等。近年来，该党提出“富有同情心的保守主义”，关注教育、医疗、贫困等社会问题。强调维护英国主权，反对“联邦欧洲”、欧盟制宪及英国加入欧元区，但强调英国应该在欧盟内发挥积极作用。保守党现有党员约30万名。

（3）自由民主党：自由民主党1988年3月由原自由党和社会民主党内多数派组成。自由民主党主张维持与工党的合作关系，推动在地方选举及下院选举中实行比例代表制。在公共服务、社会公正、环境保护等问题上的主张比工党更“进取”。

（4）英国其他政党还有：苏格兰民族党、威尔士民族党、绿党、英国独立党、英国国家党，北爱尔兰一些政党如：北爱尔兰统一党、民主统一党、社会民主工党、新芬党等。

### 4. 全国医疗保健计划

（1）英国被认为是福利制度的国家。此制度的所需资金来源于全国保险税和赋税。在英国，这主要是指国民保健制度，国民保险和社会保障制度。

（2）不管个人收入如何，国民保健制度为每个居民提供全面医疗服务。英国于1948年确立此制度。英国国民保健制度82%以下的费用来自普通税收，其他部分来自：国民保险金中的国民保险金部分；像对家庭开的药单和普通牙科治疗所收的费用；其他收入，包括出售土地和增收计划的收益。

（3）国民保健制度中多数牙科治疗都要收取一定比例的费用，包括检查费。视力检查对儿童免费。国民保健制度对事故、急诊或传染病的治疗不收费，中央政府直接负责国民保健制度，由全国各地的保健机构和卫生委员会实施。

（4）家庭保健服务由医生、牙医、眼科大夫和药剂师提供给病人。为获得国民保健制度的服务，人们必须在普通开业医生的名册上注册。

（5）地区普通医院提供全面的医院服务。也有为儿童，精神病人，有学习障碍者，老人和特殊病人开设的专门医院或病区。

（6）国民保健制度是英国最大的用人机构。近几十年来，因为资金不足，许多比较富裕的人正逐渐转向私人的医疗保健机构。

（7）在英国，个人社会服务向老人，残疾人，有学习障碍者，精神病人，有特殊家庭困难的人等提供援助。地方政府社会服务委员会提供法定援助。

### 5. 社会保险

（1）社会保险制度设立的目的是保障经济困难的人们的基本生活水平，政府开支的近三分之一用于社会保险计划。此计划给老人，病人，残疾人，失业者，寡妇，抚育幼儿者或低收入者提供经济帮助。

（2）大不列颠的社会保险由社会保险部独立执行机构管理，在北爱尔兰则是社会保险局。

（3）需要先交费的社会安全福利（个人有工作收入时交，无收入时领），其中包括：退休金，失业金，病残福利金，孕产期补助金，寡妇补助金。

（4）不需要先交费的福利金，包括战争伤亡抚恤金，工伤致残救济金，儿童补助金，低收入家庭补助金。

6. 宗教

（1）在英国，人人都有信仰宗教的权利，社会和政府不得干涉。他可以随意改变宗教信仰，可以在教职、礼拜或仪式中表明他的信仰。因此，在英国各中心地区也形成了多种不同的宗教信仰蓬勃发展的局面。

（2）国教：英国有两大国教，在英格兰是英格兰国教，在苏格兰是苏格兰教会（长老教）。

（3）英格兰国教与君主有独特的联系。因为君主作为“国教的捍卫者”必须是此教会中的一员，他在登基时必须承诺维持国教。国教还通过上议院与政府联系。没有议会同意，英格兰教会不可随意改变“国教祈祷书”中规定的礼拜仪式。

（4）苏格兰教的管理是长老制，也就是由教士和长老治理。他们被授予圣职，王室高级代表通常代表君主光临会议。

（5）非国教教会：圣公会；自由教；罗马天主教等。

（6）节假日：圣诞节，复活节，圣灵降临节等。

（7）英国有两个“官方的”教堂：即英格兰教堂（英国圣公教会）和苏格兰教堂（长老教派）。

（8）有很多个性鲜明的历史人物都脱胎于英国的宗教历史，其中包括在英国发动新教改革的亨利八世、充满神秘色彩的圣帕特里克（现在每年世界各地都庆祝他的节日）；以及大名鼎鼎的罗宾汉传奇故事中12世纪时的狮心王里察德等。

## 第九节　英国政府

1. 议会

（1）英国是中央集权国家，而不是联邦制国家。议会由君主，上议院和下议院组成。

（2）议会的主要作用是：通过立法；投票批准税为政府工作提供资金；检查政府政策和行政管理，包括拨款提议；当天的议题辩论。

（3）贵族院（上议院）由神职贵族和世俗贵族组成。它的主要作用是用议员的丰富经验帮助立法。换而言之，非选举的上议院是修正议院，补充由选举产生的下议院。

（4）下议院（平民院）由成人普选产生，由651名议员组成。下议院拥有最终立法权。

（5）英国被划分为651个选区，每个选区选一名下议院议员。大选必须五年举行一次，但经常不到五年就进行一次选举。

（6）英国有很多政党，但有两个主要的政党——保守党和工党。从1945年以来，两党一直轮流执政，在大选中获多数议席因而在下议院拥有多数支持者的政党组建政府，多数党领袖由君主任命为首相。获得第二多数议席的政党则正式成为“反对党”，有自己的领袖和影子内阁。反对党的目的是帮助制定政策，它可以经常给政府提出批评性的建议和修正议案。

2. 内阁和内阁部长

政府实行内阁制。由君主任命在议会中占多数席位的政党领袖出任首相并组阁，向议会负责。2007 年 5 月，英国内政部改组，分为内政部、司法部两个独立部门。内政部专责安全、反恐、移民，打击犯罪、毒品、反社会行为及建立身份证制度等事务；新成立的司法部取代宪政事务部，并接管原内政部监狱、缓刑及审判等事务。

（1）首相主持内阁，负责分配大臣们的职能，在定期会见女王时向女王报告政府事务。内阁在首相的主持下，每周开会几小时，以决定在重大问题上政府的政策。

（2）内阁的所有决定由大臣集体向议会负责，各大臣又为各自部门的工作向议会负责。

3. 枢密院

（1）枢密院原来是政府行政权力的源泉，给君主提供“私人”建议。它在历史上也称为国王议会。今天它的主要作用是礼节性的，如建议君主批准政府的法令。

（2）它的主要成员有 400 人左右，包括内阁阁员，下议院院长及英国、英联邦的高级政治家等。

4. 政府各部和公务员部

（1）主要的政府部门包括：财务部，内务部，外交部，国防部等。

（2）文职人员部的成员被称为公务员。公务员主要是通过竞争考试录用。公务员部门不属于任何政党，政府的变更并不影响部门职员的变更。英国现约有 541 800 名公务员。

5. 地方政府部门

（1）英格兰和威尔士实行两级地方政府制——郡和比郡小的区。现在英格兰和威尔士分为 53 个郡，郡下分为 369 个区。

（2）大伦敦被分为 32 个行政区。

6. 刑事诉讼程序

（1）在英格兰和威尔士，一旦警察指控某人犯有刑事罪，皇家检察总署就要接管此案，并独立地审核证据以决定是否起诉。

（2）在英国，所有的刑事审判都在法院公开进行。因为刑法认为，在消除合理怀疑证明被告有罪之前，他是无辜的。原告与被告同样平等，审判时被告不必回答警察的问题，不许强迫被告提供证据。每位被告都有权雇佣律师为其辩护。如果他不能支付律师费，可以用公用费用提供帮助。在由陪审团进行的刑事审判中，法官判刑，但陪审团决定

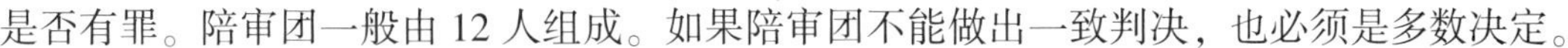

是否有罪。陪审团一般由 12 人组成。如果陪审团不能做出一致判决，也必须是多数决定。

(3)“无罪”裁决意味着被告无罪，并且永远不得再以此罪名对其指控。

### 7. 司法机构

英国有三种不同的法律体系：英格兰和威尔士实行普通法系，苏格兰实行民法法系，北爱尔兰实行与英格兰相似的法律制度。司法机构分民事法庭和刑事法庭两个系统。在英格兰和威尔士，民事审理机构按级分为郡法院、高等法院、上诉法院民事庭、上院。刑事审理机构按级分为地方法院、刑事法院、上诉法院刑事庭、上院。上院为英最高司法机关，是民事、刑事案件的最终上诉机关。

1986 年成立皇家检察院，隶属于国家政府机关，负责受理所有由英格兰和威尔士警察机关提交的刑事诉讼案。总检察长和副总检察长是英国政府的主要法律顾问并在某些国内和国际案件中代表王室。

### 8. 刑事法庭

(1) 英格兰和威尔士的刑事法庭

治安（警事）法庭负责审理判决犯罪，也审理“任意方式”罪行。治安法庭对公众和媒体公开，通常由三位无薪的“外行”地方官——地方治安官组成，由懂得法律知识的书记员和助手给他们提供法律规定和程序方面的建议。治安法庭审察时没有陪审团。

青少年法庭，负责审理 18 岁以下青年的大多数案件。

皇家刑事法庭负责审理最严重的罪行和由地方法官提交的“任意方式”罪行。皇家刑事法庭由高级法院法官，全职巡回法官和兼任刑事法官主持。为审理刑事案，英格兰和威尔士被分为六个巡回区，每个巡回区又分区域，每个区域有一个或多个高级法庭和皇家刑事法庭。

(2) 苏格兰的刑事法庭

英格兰有三种刑事法院：高级法院；郡法院；区法院。

英格兰有两种刑事诉讼：庄重诉讼和即决诉讼。庄重诉讼里，被告由陪审团和法官审理。在即决诉讼中，法官独自审理，不用陪审团。

(3) 北爱尔兰的刑事法庭

涉及轻微犯罪的案件由治安法庭听审，法庭由全职的法律合格的常驻治安法官主持。郡法庭主要是民事法庭。皇家刑事法庭根据起诉进行刑事审判。

### 9. 民事法庭

(1) 英格兰和威尔士的民事法庭

治安法庭只有一定的民事审判权。主要行使民事司法权的是民事法院，高等法院处理更为复杂的民事案。

(2) 苏格兰的民事法庭

民事法院包括郡法院和巡回法院（最高中心法院）。

(3) 北爱尔兰的民事法院

郡法院主要是民事法院。治安法庭也审理某些有限类型的民事案件。高等法院就是高级民事法院。

## 第十节　教育与文化

### 1. 教育

（1）英格兰、威尔士和苏格兰实行 5~16 岁义务教育制度，北爱尔兰实行 4~16 岁义务教育制度。义务教育归地方政府主管，高等教育则由中央政府负责。

（2）英国教育体系一般分为五个阶段：

第一阶段是 3~5 岁的幼儿园教育。

第二阶段是 5~11 岁的小学教育。

第三阶段是 11~16 岁的中学教育。5~16 岁为法律规定的强制教育阶段。适龄儿童必须入学，由国家负责必需的学费、书籍和必要的供应。16~18 岁是中学高级班（或大学预备班），为中学至大学的过渡期。

第四阶段为大学教育。一般从 18 岁开始，读本科需要 3~4 年（医科为 5 年），可取得学士学位。硕士通常为 1~2 年，博士为 3~5 年；第五阶段为 16 岁以后的继续教育。包括青年和成人的职业教育（正规大学不算在内），方式有全日、半日和业余时间。学制的长短在各地、各部门、各专业均不相同。

（3）英国重视教育和科研水平的提高，目前正进行教育改革，允许高校增收学费，同时继续加大教育投资。中小学公立学校学生免交学费，约占学生总数的 93%。私立学校师资条件与教学设备都较好，但收费高，学生多为富家子弟。

### 2. 文化

英国是世界文化大国之一，文化产业发达。

（1）全国约有 2 500 家博物馆和展览馆对外开放，其中大英博物馆、国家美术馆等闻名于世。

（2）英国的各大城市，特别是伦敦，以其美丽风景、受到良好保护的公园而声名远扬。包括海德公园、圣詹姆士公园和格林公园在内的伦敦皇家园林代表了欧洲园林艺术的最高水平。

（3）大量珍贵的古式建筑都被完好地保留了下来，其中包括当今仍然为人所用的马尔伯勒公爵的布莱尼姆宫、德文郡公爵的察兹沃斯宫、巴斯侯爵的朗利特庄园，这些王公贵族在都铎王朝、汉诺威王朝、温莎王朝及其他历史时期修建的私人庄园和宅邸是英国历史建筑的典型代表。

（4）英国皇家芭蕾舞团、伦敦交响乐团等艺术团体具有世界一流水准。

（5）每年举行约 500 多个专业艺术节，其中爱丁堡国际艺术节是世界上最盛大的艺术节之一。

（6）自 1176 年开始，每年在威尔士举办威尔士艺术节，它是最重要的威尔士人及音乐家的比赛大会。

（7）1992 年举办了首次国家音乐节。

（8）布克文学奖设立于1969年，是英国最重要的文学奖之一，每年颁发一次，主要授予当年出版的优秀长篇英文小说。小说作者必须是英国、爱尔兰或者其他英联邦国家的公民。

（9）英国新闻出版业发达，其中报纸的人均销量比任何发达国家的都多。目前全国共有约1 300多种报纸，8 500种周刊和杂志，其中全国性日报11份，每周日发行的报纸11份。主要报纸杂志有：《每日快报》、《每日邮报》、《每日镜报》、《每日星报》、《太阳报》、《金融时报》、《每日电讯报》、《卫报》、《独立报》、《泰晤士报》、《星期日快报》、《星期日镜报》、《星期日邮报》、《人民报》、《星期日电讯报》、《观察家报》、《星期日泰晤士报》和《经济学家》等。

（10）通讯社主要有三家：路透社、新闻联合社、AFX新闻有限公司。

（11）1926年英国广播公司成立。

（12）英国共有5家通过地面发射的覆盖全国的电视台，即英国广播公司（BBC）、第三频道（ITV）、第四频道（Channel 4）、第五频道（FIVE）和专门针对威尔士地区并使用威尔士语的S4C。此外还有卫星电视和有线电视，如天空电视等。

### 3. 体育

（1）许多国际体育项目是由认真对待休闲时间的英国人引进的，在英国，人们广泛参与体育。

（2）足球（soccer），在英格兰和欧洲是最受欢迎的运动，其传统老家在英格兰，出现于19世纪。

（3）拉格比球比赛于19世纪初创立于沃尔威克郡的拉格比学校，该校因此而得名。

（4）板球，是英国人最典型的体育运动，自从16世纪以来已存在。国际比赛是5天的康希尔决赛。

（5）尽管网球已打了好几个世纪，但现代比赛却起源于19世纪末的英格兰。主要比赛是一年一度的温布尔登两周赛，这是四大满贯网球锦标赛之一。

（6）英国参加田径的人很多，例如伦敦的马拉松赛，每年春季举行。

（7）高尔夫球的故里是苏格兰，自从17世纪以来这项运动就在那儿盛行。全世界最古老的高尔夫俱乐部也在那里：爱丁堡高尔夫球会员荣誉公司。业余球员参加沃尔克公开赛，职业球员参加雷德尔杯比赛。

## 一章一练

**一、选择题**（书后的答案对有些选择题进行了解析。）

1. 人们所知的英国最早居民是________。

A. 伊比利来人　　B. 盎格鲁人　　C. 凯尔特人　　D. 朱特人

2. 英国最大的湖是________

A. 温德米尔湖　　B. 尼斯湖　　C. 内伊湖　　D. 苏必利尔湖

3. 英国议会起源于________。

A. 现代议会　　B. 上议院　　C. 下议院　　D. 大议会

4. 英国制造业中________最不景气。

A. 纺织业　B. 化工业　C. 制药业　D. 电子和光学设备

5. 英法百年战争发生于________。

A. 1327—1453 年　B. 1337—1453 年　C. 1347—1453 年　D. 1357—1453 年

6. 下列关于英国内战描述错误的是：________。

A. 英国内战又称为清教徒革命

B. 这是议会和国王之间的冲突

C. 城市中产阶级的经济利益与皇室传统经济利益之间的冲突

D. 英国内战没能够推翻了英国的封建制度，但动摇了欧洲封建经济的基础

7. 下列关于英国国民保健制度说法正确的是：________。

A. 所需资金来源于全国保险税

B. 根据个人收入，国民保健制度为每个居民提供全面医疗服务

C. 英国于 1948 年确立此制度

D. 国民保健制度中多数牙科治疗为免费

8. 下面关于亨利八世宗教改革评述正确的是：________。

A. 1555 年他获得“英格兰教会最高首脑”称号

B. 改革强调君主权力

C. 议会重要性大大削弱

D. 改革使英国与罗马教皇关系更加紧密

9. 诺曼征服的影响不包括：________。

A. 没收所有土地，将其分发给追随者

B. 把基督教这门新宗教带到不列颠

C. 封建制度在英国完全建立

D. 引进了诺曼——法国文化

10. 下面哪项关于英国首相的描述是错误的？________。

A. 由女王任命　B. 负责主持内阁

C. 负责分配大臣们的职能　D. 每四年选举一次

**二、填空题**

1. 英伦三岛民族的祖先有__________、__________。

2. 盎格鲁-撒克逊时代（5 世纪中叶），__________、__________和__________不断入侵不列颠。

3. 由于__________的“君权神授”统治权，他与议会的对质发展成了内战。战争开始于 1642 年 8 月 22 日，结束于 1651 年。

4. 英国农业的特征是__________和__________。

5. 辉格党人和托利党人，这两个政党名称皆起源于__________。

# 第二章
# 美国概况

美国的全称为美利坚合众国，总面积930万平方公里，仅次于俄罗斯、加拿大和中国，居世界第四位。美国的人口约2.5亿人，美国的官方语言为英语，货币为美元，国花是玫瑰，国鸟为白头雕（兀鹰），国歌为“星条旗之歌”。美国的首都是位于东海岸的华盛顿哥伦比亚特区，主要城市是纽约、洛杉矶、芝加哥、费城、旧金山、亚特兰大、休斯敦、底特律、西雅图等。美国是当今世界高度发达的国家，生产规模巨大，经济结构完整，国民生产总值长期居世界第一位。美国文化教育的高水平也决定了美国在世界科技方面的领先地位。

## 第一节　国土与人民

### 1. 地理概况

（1）国土面积达930万平方公里（其中陆地面积915.8960万平方公里），本土东西长4 500公里，南北宽2 700公里，海岸线长22 680公里。

（2）位于北美洲中部，领土还包括北美洲西北部的阿拉斯加和太平洋中部的夏威夷群岛。北与加拿大接壤，南靠墨西哥和墨西哥湾，西临太平洋，东濒大西洋。

（3）阿巴拉契亚山脉和落基山脉是美国的两座大山脉。阿巴拉契亚山脉由东北延绵至西南；相反，落基山脉由西北延绵至东南。

（4）落基山脉是北美大陆的脊梁，也被称为大陆分水岭。

（5）密西西比河是美国最长河流，长达6 000公里，被称作“众水之父”或“老人河”。

（6）俄亥俄河被称作美国的鲁尔河，因为它就像德国鲁尔河一样，沿河有丰富的高品质的焦煤资源，并且因其钢铁产业而著名。另外，该河还为原材料提供了廉价的水路运输。

（7）太平洋沿岸有两大河：科罗拉多河及哥伦比亚河。哥伦比亚河起源于加拿大。

（8）格兰德河是美国和墨西哥之间的界河。

（9）美国最重要的湖泊是五大湖：苏必利尔湖，密歇根湖，休伦湖，伊利湖和安大略湖，其中，苏必利尔湖为世界最大淡水湖，密歇根湖在美国境内。除密歇根湖外，另外四个湖位于美国和加拿大交界处。

（10）莫纳洛阿火山是世界最大的活火山。

### 2. 气候

（1）大部分地区属于大陆性气候，南部属亚热带气候。

（2）具体而言，美国东北部为湿润的大陆性气候；东南部为湿润的亚热带气候；太平洋西北岸为海洋性气候；加州太平洋沿岸南部为地中海式气候，夏季温暖干燥，冬季湿润。

（3）中北部平原温差很大，芝加哥 1 月平均气温-3℃，7 月 24℃；墨西哥湾沿岸 1 月平均气温 11℃，7 月 28℃。

（4）除了纬度以外，影响美国气候的最主要因素为：太平洋、大西洋、墨西哥湾、五大湖。

### 3. 人口

（1）就人口而言，美国是世界人口第三大国，仅次于中国和印度。

（2）就传统而言，美国人的主流人群为英国新教徒的白人。

（3）1992 年，美国有 2 000 万移民，占其总人口的 7.8%。如今美国移民的 80%到 90%主要来源于亚洲和拉美国家。

（4）移民是美国人口增长的重要因素。19 世纪末 20 世纪初，纽约的埃利斯岛是一个重要的移民入境接待点。

（5）美国历史上第一批移民来自英国和荷兰。

（6）第一次移民潮始于 1810 年，于 1845 年达到高潮。第二次移民潮发生于 1860—1890 年期间。第三次移民潮，也是三次移民浪潮中最大的一次发生于 1890—1914 年。

（7）美国国内有四次大规模的人口流动：第一次（1865—1880 年）由东岸地区向西流动；第二次（1980—1920 年）由农村向城市流动；第三次（1920—1960 年）南部黑人向其他地区流动；第四次（1960 至今）由东北部及北部地区向西部及南部流动。

（8）有 1/5 的美国人每年搬一次家。

（9）美国人口最多的少数民族是黑人，大约占总人口的 12.1%，第一批黑人作为奴隶于 1619 年运抵北美。

（10）讲西班牙语的美国人在其他种族的民族中失学率最高，阻挡他们在劳动力市场获得成功的最主要的是教育程度低。

（11）美国少数民族人口中增长最快的是亚裔美国人，亚裔美国人中又以华裔美国人最多。

（12）专家指出亚洲三大传统可以用来解释亚裔美国人的成功：教育、工作努力和家庭。

（13）美国最大的土著群落位于科罗拉多高原。

（14）新英格兰人最初曾被称作“美国佬”这一名称，后来渐渐指所有的美国人。

（15）大西洋中部海岸地区的人口占美国总人口的 1/5。

### 4. 行政区划与重要城市

全国共分 50 个州和 1 个特区（哥伦比亚特区），有 3 042 个县。联邦领地包括波多黎

各和北马里亚纳；海外领地包括关岛、美属萨摩亚、美属维尔京群岛等。

| Major Regions | Names | Capitals and Major Cities |
|---|---|---|
| District of Columbia | 哥伦比亚特区 | Washington 华盛顿（美国首都） |
| The Northeast Part, the New England States | Maine 缅因州 | Augusta 奥古斯塔 |
| | New Hampshire 新罕布什尔州 | Concord 康考德 |
| | Vermont 佛蒙特州 | Montpelier 蒙彼利埃（the nation's smallest state capital） |
| | Massachusetts 马萨诸塞州 | Boston 波士顿 |
| | Connecticut 康涅狄格州 | Hartford 哈特福德 |
| | Rhode Island 罗得岛州 | Providence 普罗维登斯 |
| The Middle Atlantic States | New York 纽约州 | Albany 奥尔巴尼（注：纽约市也属于纽约州） |
| | Pennsylvania 宾夕法尼亚州 | Harrisburg 哈里斯堡 |
| | New Jersey 新泽西州 | Trenton 特伦顿 |
| | Delaware 特拉华州 | Dover 多佛 |
| | Maryland 马里兰州 | Annapolis 安纳波利斯 |
| | Virginia 弗吉尼亚州 | Richmond 里士满 |
| | West Virginia 西弗吉尼亚州 | Charleston 查尔斯顿 |
| The Southern Atlantic States | North Carolina 北卡罗来纳州 | Raleigh 罗利 |
| | South Carolina 南卡罗来纳州 | Columbia 哥伦比亚 |
| | Georgia 佐治亚州 | Atlanta 亚特兰大 |
| | Florida 佛罗里达州 | Tallahassee 塔拉哈西 |
| | Alabama 阿拉巴马州 | Montgomery 蒙哥马利 |
| | Mississippi 密西西比州 | Jackson 杰克逊 |
| | Tennessee 田纳西州 | Nashville 纳什维尔 |
| | Louisiana 路易斯安那州 | Baton Rouge 巴吞鲁日 |
| | Arkansas 阿肯色州 | Little Rock 小石城 |
| | Texas 得克萨斯州 | Austin 奥斯丁 |
| | Oklahoma 俄克拉荷马州 | Oklahoma 俄克拉荷马城 |
| The Central States | Wisconsin 威斯康星州 | Madison 麦迪逊 |
| | Illinois 伊利诺伊州 | Springfield 斯普林菲尔德 |
| | Kentucky 肯塔基州 | Frankfort 法兰克福 |

续表

| Major Regions | Names | Capitals and Major Cities |
|---|---|---|
| | Indiana 印第安纳州 | Indianapolis 印第安纳波利斯 |
| | Ohio 俄亥俄州 | Columbus 哥伦布 |
| | Michigan 密歇根州 | Lansing 兰辛 |
| | Minnesota 明尼苏达州 | St Paul 圣·保罗 |
| | Iowa 爱荷华州 | Des Moines 得梅因 |
| | Missouri 密苏里州 | Jefferson City 杰斐逊城 |
| | North Dakota 北达科他州 | Bismarck 俾斯麦 |
| | South Dakota 南达科他州 | Pierre 皮尔 |
| | Nebraska 内布拉斯加州 | Lincoln 林肯 |
| | Kansas 堪萨斯州 | Topeka 托皮卡 |
| The Western States | Washington 华盛顿州 | Olympia 奥林匹亚 |
| | Oregon 俄勒冈州 | Salem 塞勒姆 |
| | California 加利福尼亚 | Sacramento 萨克拉门托 |
| | Montana 蒙大拿州 | Helena 赫伦纳 |
| | Idaho 爱达荷州 | Boise 博伊西 |
| | Nevada 内华达州 | Carson City 卡森城 |
| | Utah 犹他州 | Salt Lake City 盐湖城 |
| | Arizona 亚利桑那州 | Phoenix 菲尼克斯 |
| | Wyoming 怀俄明州 | Cheyenne 夏延 |
| | Colorado 科罗拉多州 | Denver 丹佛 |
| | New Mexico 新墨西哥州 | Santa He 圣菲 |
| Off the Mainland | Alaska 阿拉斯加州 | Juneau 朱诺 |
| | Hawaii 夏威夷州 | Honolulu 火奴鲁鲁 |

（1）阿拉斯加和夏威夷是最近加入美国的两个新州。阿拉斯加在加拿大的西北部首府为朱诺。夏威夷位于太平洋中部，首府为夏威夷。

（2）在美国所有州中，阿拉斯加是面积最大的州，罗得岛最小。但仅就美国大陆而言，最大的州是得克萨斯州。

（3）许多重点大学如耶鲁大学，哈佛大学和麻省理工学院都坐落于新英格兰。

（4）纽约州是美国东北部的一个州。在 1788 年被承认为最初的十三个殖民地之一。19 世纪 20 年代和 30 年代伊利运河和铁路线的开通促进了西部地区的经济繁荣，并建立起了纽约市，作为国家金融中心。

（5）芝加哥是五大湖最大最忙的港口，也是该地区最大的工商业中心。

（6）底特律被称作“汽车之都”，奥马哈被称作“农业之都”。
（7）科罗拉多市被称作“西部钢城”。
（8）丹佛市是大平原地区最大的城市。
（9）得克萨斯是美国石油和天然气储量最大的州。

## 第二节　美国历史

### 1. 发现新大陆

1492 年，意大利航海家哥伦布发现新大陆。

### 2. 殖民地时期

（1）“最早的美国人”是印第安人，英国于 1607 年在美国建立了第一个殖民地，即在弗吉尼亚的詹姆斯。

（2）1607—1733 年，英国在北美洲的东海岸建立了十三个殖民地。

（3）1620 年，有 201 名英国清教徒乘坐一艘名为“五月花号”的船到达了普利茅斯并建立了殖民地。

（4）从 1630—1643 年，约有 200 艘船把 2 万英国人送抵马萨诸塞湾殖民地。

（5）殖民主义者新生活方式的这些特点在美国人性格形成中发挥了重要作用：建立代议制政府，法治，对个人权利的尊重，宗教上的宽容及强烈的个人进取心。

### 3. 独立战争

（1）1744 年 9 月，第一届大陆会议在费城召开，鼓励美国人拒绝购买英国货物。

（2）1775 年，马萨诸塞的农民和英国军队在列克星敦和康科德的战斗标志着独立战争的爆发。

（3）1775 年第二次大陆会议在费城召开。会议组建大陆军并任命乔治 · 华盛顿为总司令。

（4）1776 年，托马斯 · 杰斐逊起草《独立宣言》，它明确阐述了支撑这场革命的政治理论，这一理论来源于英国著名哲学家约翰 · 洛克。

（5）1776 年的圣诞节，美军在新泽西的特伦顿挫败英军，这之后不久，美军在萨拉托加击败英军，史称“萨拉托加大捷”。这次胜利被认为是北美独立战争的转折点，并直接导致美法联军的建立。

（6）1783 年 9 月签订《巴黎和约》，英国正式承认美国独立。

（7）1789 年，美国联邦政府成立。华盛顿成为美国第一任总统。

（8）《联邦文集》被认为是对美国宪法最好的解释，也是美国最重要的政治理论著作之一。

（9）成为宪法的前 10 条修正案被称为《人权法案》。

（10）1781 年美国各州批准了被称为《联邦条款》的文件，它有两个缺陷：一是没有执行或执法机构，二是国会由于过于庞大起不到政府的作用，而且国会无权征税。

（11）1787年在费城召开的制宪会议上，除了罗得岛外，其他所有州都参加了，大家讨论如何使《联邦条款》能够满足需要。

### 4. 1812年战争

（1）英美最后一次交火是1812年的英美战争。

（2）这次战争使美国人民意识到强大的国家政府的重要性。同时使得美国人民更加团结一心。

### 5. 美国内战

（1）1861年4月，美国内战爆发。

（2）北方联军在尤利西斯·格兰特的指挥下，在宾夕法尼亚的葛底斯堡击败了南方联盟军，葛底斯堡大捷是美国内战的转折点。

（3）美国内战期间，林肯发表了《解放奴隶宣言》。

（4）1863年11月9日，林肯在葛底斯堡阵亡将士公墓落成仪式上发表了简短的演说，他以令人难忘的语言结束了演说“民有，民治，民享的政府永远不会从地球上消失”。

（5）1865年12月，废除黑奴（第十三条修正案）正式写入宪法。

### 6. 镀金时代与20世纪的美国

（1）历史学家将内战结束到20世纪初期这段时间成为“镀金时代”。这个名称取自马克·吐温1873年的同名著作。

（2）美国20世纪初经济增长出现的三大特点：大公司的出现、城市化及新技术的迅速发展。

（3）1903年，莱特兄弟发明了第一架飞机，但只飞行了12秒。1911年格伦·E. 库利斯设计了一架飞机，并成功试飞。

（4）第一次世界大战开始时，美国宣布保持中立，但在行动和思想上都没有做到中立，美国真正奉行的是支持协约国的政策。

（5）许多历史学家都把美国的20世纪20年代描写成一个物质上的成功，精神是迷惘或漫无目标的时期。

### 7. 大萧条与新政

（1）1929年股票市场的崩溃是长达四年的经济大萧条的开端。

（2）罗斯福针对当时的实际，顺应广大人民群众的意志，大刀阔斧地实施了一系列旨在克服危机的政策措施，历史上被称为“新政”。目的在于“拯救美国民主”及克服资本主义制度有史以来最严重的经济危机。罗斯福新政措施使总统权力全面扩张，终于逐步建立了以总统为中心的三权分立的新格局。他是总统职权体制化的开拓者。

（3）新政首先从金融入手。主要内容包括：整顿和改革财政金融；调节工业生产；限制农业生产；调节劳资关系，举办公共工程和社会救济。

### 8. 美国与第二次世界大战

（1）1941 年珍珠港事件促使美国加入轴心国。

（2）“二战”期间，美国的外交政策大体上是针对英国和前苏联的，所有外交政策的两个主导原则是：赢得战争，按美国利益建立战后政治格局并阻止苏联的过度扩张。

（3）“二战”期间，英，美，苏三国领导人共会晤了三次：

1943 年 11 月举行了德黑兰会议

1945 年 2 月的雅尔塔会议决定建立联合国组织

第三次是在 1945 年 7、8 月间波茨坦会议。

### 9. “二战”后期

（1）1949 年 3 月 12 日杜鲁门总统在国会联席会议上公开宣布了遏制政策。

“杜鲁门主义”被普遍地认为是美国外交政策上的一个新的急剧转变，其对全世界的影响相当于 1823 年宣布西半球不再受欧洲殖民主义支配的门罗主义。苏联认为杜鲁门主义是美国方面对苏联控制地区与苏俄扩张的一个公开威胁。“杜鲁门主义”是对别国内政的干涉，被学者认为是美苏之间“冷战”正式开始的重要标志。

（2）为了保护西欧不受苏联扩张影响，美国决定给予西欧国家经济支援，此举后来被称作“马歇尔计划”。

“马歇尔计划”，官方名称为欧洲复兴计划，是“二战”后美国对被战争破坏的西欧各国进行经济援助、协助重建的计划，对欧洲国家的发展和世界政治格局产生了深远的影响。该计划于 1947 年 7 月正式启动，并整整持续了 4 个财政年度之久。在这段时期内，西欧各国通过参加经济合作发展组织总共接受了美国包括金融、技术、设备等各种形式的援助合计 130 亿美元。

（3）美国于 1949 年 4 月 4 日签订的北大西洋公约标志着美国开始致力于在苏联及其盟国周围建立军事同盟。

（4）1950 年 6 月朝鲜战争爆发，美国杜鲁门政府第七舰队进驻台湾海峡，阻止中国人民解放军解放台湾。

（5）1955 年 12 月 1 日，美国亚拉巴马州蒙哥马利市的一位名叫罗莎-帕克斯的黑人女缝工不愿给白人让座而被捕，引起蒙哥马利抵制公共汽车公司运动，由马丁·路德·金领导，后发展成为一场黑人争取平等地位与权力的全国性民权运动。

（6）从 1946 年到 1961 年，是美国历史上的生育高峰期。

（7）1972 年 2 月尼克松与毛泽东会晤，双方签署了《上海联合公报》。这次来访结束了中美 23 年的敌对关系，为 1979 年 1 月正式建交奠定了基础。

（8）水门事件：在 1972 年的总统大选中，为了取得民主党内部竞选策略的情报，1972 年 6 月 17 日，以美国共和党尼克松竞选班子的首席安全问题顾问詹姆斯·麦科德为首的 5 人闯入位于华盛顿水门大厦的民主党全国委员会办公室，在安装窃听器并偷拍有关文件时，当场被捕。由于此事，尼克松于 1974 年 8 月 8 日宣布将于次日辞职，从而成为美国历史上首位辞职的总统。

## 第三节 美国经济

美国具有高度发达的现代市场经济，其国内生产总值和对外贸易额居世界首位。美国自然资源丰富。煤、石油、天然气、铁矿石、钾盐等矿物储量均居世界前列。战略矿物资源钛、锰、钴、铬等主要靠进口。森林面积约44亿亩，覆盖率达33%。

### 1. 农业

（1）农业高度发达，机械化程度高。

（2）在美国，耕地广，而从事农业生产的人口占总人口的比率十分小。

（3）美国是世界上最大的农产品出口国。

（4）新英格兰由美国东北部六个州组成，由于土壤多石，不利于农业生产，乳制品业是最重要的农业活动。

（5）由于美国中西部地区土壤肥沃，降雨丰富，生长季长，该地区是美国最重要的农业区。

（6）旱地农业、灌溉农业和牛羊牧业是美国西部大平原地区的主要活动。

（7）美国的玉米产量几乎占到世界总产量的50%，是世界最大的玉米生产国和出口国，玉米带主要位于中西部地区，衣阿华是主要的玉米生产州。

（8）小麦是美国最重要的食用作物，年产量仅次于玉米。“小麦带”也位于中西部地区。

（9）美国的大米出口量仅次于泰国，居世界第二位。

### 2. 工业

（1）制造业在工业中占有主导地位，是美国经济的重要基础支柱。

（2）美国产业转型加快，制造业所占比重呈下降趋势，劳动密集型产业进一步被淘汰或转移到国外。

（3）信息、生物等高科技产业发展迅速，利用高科技改造传统产业也取得新进展。美国主要工业产品有汽车、航空设备、计算机、电子和通讯设备、钢铁、石油产品、化肥、水泥、塑料及新闻纸、机械等。

（4）美国中西部也是主要的制造业区各最主要的重工业区。

（5）休斯敦被称作世界化工之都，是美国西南部地区最大的商业中心，也是石油化工和合成橡胶中心，还是宇航中心所在地。

（6）加利福尼亚已超过纽约，成为美国人口最多的州，其飞机和导弹加工业，造船业和食品加工业居世界首位。

（7）五大湖区周围的中西部，大西洋中部各州，南部和太平洋沿岸为美国主要的工业区。

### 3. 服务业

（1）最大的四家零售商为：沃尔玛、西尔斯·雷巴克、塔尔盖特、联邦百货。

（2）最大的三家人寿保险公司为：大都会人寿保险、宝德信金融集团、纽约人寿保险。

（3）在遭遇“9·11”恐怖袭击后，美国旅游业 2001 年、2002 年连续两年下滑，2003 年才开始恢复。

（4）外国游客主要来自加拿大、法国、巴西、英国、日本、中国等国。

（5）2008 年 3、4 月间，以美国第五大投资银行贝尔斯登被强制收购为标志，美国次贷危机由房地产领域的局部性危机骤然升级为影响美国金融体系正常运转的系统性危机。

（6）2008 年 9 月以后，随着雷曼兄弟、美国国际集团等多家重量级金融机构短时间内集中破产、被兼并或由政府接管，次贷危机迅速演变成大萧条以来最严重的金融危机。

（7）2009 年下半年起美国金融体系逐步恢复稳定。2010 年 7 月，奥巴马政府签署《多德-弗兰克华尔街改革和消费者保护法》，开启美国自“大萧条”以来最严厉的金融监管改革。

## 第四节　政治与社会

### 1. 宪法

（1）1776 年 7 月 4 日制定了宪法性文件《联邦条例》。

（2）1787 年 5 月制定了宪法草案，1789 年 3 月第一届国会宣布生效。它是世界上第一部作为独立、统一国家的成文宪法。

（3）宪法的主要内容是建立联邦制的国家，各州拥有较大的自主权，包括立法权；实行三权分立的政治体制，立法、行政、司法三部门鼎立，并相互制约。

（4）两个世纪以来，共制定了 27 条宪法修正案。重要的修改有：1791 年 9 月由国会通过的包括保证信仰、言论、出版自由与和平集会权利在内的宪法前 10 条修正案，后通称“民权法案”(或“权利法案”)；1865 年和 1870 年通过的关于废除奴隶制度和承认黑人公民权利的第 13 条和第 15 条修正案；1951 年通过的规定总统如不能行使职权由副总统升任总统的第 25 条修正案。

（5）有两种情况可以提出修改宪法条款，但不管是哪种，修正案必须经过 3/4 人员的批准才能生效。

### 2. 政党

美国有多个党派，但在国内政治及社会生活中起重大作用的只有共和党和民主党。

（1）共和党：成立于 1854 年。1861 年林肯就任总统，共和党首次执政。此后至 1933 年的 70 多年中，除 16 年外，共和党一直主政白宫。1933 年至 2001 年之间，曾有艾森豪威尔、尼克松、里根、乔治·布什和小乔治·布什执政。共和党全国委员会主席现为雷恩斯·普利巴斯。该党没有固定的党员人数，一般在总统大选中投共和党候选人票者就成为其党员。

（2）民主党：1791 年成立，当时称共和党。1794 年改称民主共和党，1828 年改为民主党。1861 年南北战争前夕，民主党内部分裂，该党的南方奴隶主策划叛乱。南北战争结束后，民主党在野 24 年。1885 年克利夫兰当选总统。此后该党又大部分时间在野。1933 年开始，民主党人罗斯福、杜鲁门、肯尼迪、约翰逊、卡特、克林顿、奥巴马先后当选总统执政。现任全国委员会主席为黛比·舒尔茨。该党没有固定的党员人数，一般在总统大选中投民主党候选人票者就成为其党员。

（3）其他政党有绿党和改革党等。

### 3. 社会福利

（1）美国的社会福利分为社会保险和非社会保险两种。

（2）社会保险福利项目有：老残保险、失业保险和其他就业保险。

（3）非社会保险福利项目有：对抚养儿童困难家庭的补助、社会保障收入、食品券、医疗补助、住房补助和能源补助。

### 4. 医疗保障体系

（1）美国的医疗保障体系主要由联邦医疗保险和政府医疗补助两部分组成。

（2）联邦医疗保险主要为 65 岁以上老人、残障人士和晚期肾衰竭病人提供医疗保障，政府医疗补助则是为低收入者及符合特定标准的个人与家庭提供健康保险服务。

（3）奥巴马政府执政后，大力推动医保改革立法进程。2010 年 3 月，美国国会通过以“全覆盖”和“低成本”为核心的医保改革法案。

### 5. 节假日

（1）在美国有以下节日为全国节日：圣诞节，感恩节，劳动节，独立纪念日，新年，哥伦布纪念日，华盛顿诞辰纪念日，阵亡将士纪念日和退伍军人节。

（2）复活节源于古挪威的春天太阳节，是第二个重要的基督教节日，滚彩蛋是殖民者最初的复活节传统，至今仍每年在白宫草坪举行，鸡蛋和野兔被认为是多产和新生活的象征，是复活节的象征物。

（3）为庆祝阵亡纪念日，盛大仪式通常在华盛顿特区附近的阿灵顿国家公墓的无名将士墓前举行。

（4）独立日纪念是美国最重要的爱国节日，也是国家的生日，军队每年都会鸣放 13 响礼炮来庆祝。家长们也往往带孩子们去参观美国的诞生地——费城。

（5）万圣节除夕是孩子们的节日夜晚，“你想挨捉弄，还是款待我们”（trick or treat）是万圣节的孩子们常说的话。

（6）退伍军人节，以前称作休战日，最初是为了纪念 1918 年第一次世界大战停战协议的签订。

（7）感恩节的主题一直是和平、丰收、健康和快乐，感恩节是由清教徒发起的，第一个感恩节是于 1621 年 12 月 13 日由居住在普利茅斯的英国移民庆祝的，烤火鸡、南瓜饼、越橘酱等是感恩节的传统食品。

（8）圣诞节是美国最大的、最受美国人喜欢的节日，在许多地区，感恩节后的第一个星期五是一年中最忙的购物日——是购买圣诞节礼物的第一天。

# 第五节　美国政府

美国为联邦制的国家，各州拥有较大的自主权，包括立法权；实行三权分立的政治体制，立法、行政、司法三部门鼎立，并相互制约。

## 1. 国会

（1）国会是最高立法机构，由参议院和众议院两院组成。

（2）国会的主要职权有：立法权、行政监督权、条约及官员任命的审批权（参议院）和宪法修改权。对总统、副总统的复选权等。

（3）国会可通过不需要总统签署的决议案，它们无法律作用。

（4）国会对总统、副总统及官员有弹劾权，提出弹劾之权属于众议院，审判弹劾之权属于参议院。

（5）两院议员由各州选民直接选举产生。

（6）参议员每州2名，共100名，任期6年，每两年改选1/3。

（7）众议员按各州的人口比例分配名额选出，共435名，任期2年，期满全部改选。

（8）两院议员均可连任，任期不限。参众议员均系专职，不得兼任政府职务。

## 2. 总统

（1）行政权属于总统，国家元首和政府首脑职权集中于总统一人，总统兼任武装部队总司令，总统不对国会负责。

（2）总统的行政命令与法律有同等效力。

（3）美国总统由全国投票选举产生，为行政部门的领导。宪法规定总统必须是美国本土出生的美国公民，至少年满35岁，总统选举每四年举行一次。

（4）在美国，赢者全赢的制度适用于除缅因州外的各州。

（5）50个州加上哥伦比亚特区共有538位总统候选人，他们组成选举团，要成为美国总统，候选人则要获得270票。

（6）总统为间接选举产生。

（7）美国总统任期为4年，每位总统任期最多只能两届，总统宣誓就职仪式是由美国首席大法官主持的。

## 3. 政府内阁

（1）政府内阁由各部部长和总统指定的其他成员组成。

（2）内阁实际上只起总统助手和顾问团的作用，没有集体决策的权力。

## 4. 司法机构

（1）根据宪法规定，美国的司法权属于最高法院，司法体系结构为：最高法院，11个上诉法院，91个地方法院，3个有特殊司法权的法院，美国的法官是由总统任命并由参议院批准的。

（2）最高法院是美国最高等的法院，也是唯一有权解释的机构，目前法院由一名首席大法官和 8 名助理法官组成。

（3）高等法院最初只对两种案件拥有司法权：涉及国外达官贵人，或由一个州为一方当事人。

（4）设联邦最高法院、联邦法院、州法院及一些特别法院。

（5）联邦最高法院由首席大法官和 8 名大法官组成，终身任职。

（6）联邦最高法院有权宣布联邦和各州的任何法律无效。

## 第六节 教育与文化

### 1. 教育

（1）美国正规的教育由初等、中等和高等教育组成，初等、中等教育属公立教育，是免费和义务的。中小学教育主要是由各州教育委员会和地方政府管理。

（2）学校分为公立和私立两种。公立中小学比私立多，而私立大学比公立大学多。

（3）美国没有全国统一的教育体制，而是由各州为自己辖区内的学校制定政策，所以 50 个州的教育体制相差很大。多数州实行十年制义务教育。

（4）美国的高等教育始于 1636 年哈佛学院的建立。

（5）高等教育有两年制的初级学院和技术学院、四年制的大学本科和二至四年的研究生院。

（6）著名高等学府有：哈佛大学、麻省理工学院、哥伦比亚大学、加利福尼亚大学伯克利分校、斯坦福大学、芝加哥大学、乔治·华盛顿大学、耶鲁大学、加州理工学院、约翰斯·霍普金斯大学、普林斯顿大学和杜克大学等。

（7）美国高等教育有三大职能：教学，研究和公众服务。

（8）每个地方学区都有一个由选民选举产生的管理委员会，它主要有三个职责：聘用教师和学校员工；决定适合当地的课程；制定和批准执行教育计划的预算，通常，教育委员会要选一位督学，作为地方一级的重要教育行政官员。

（9）除了一些由天主教会赞助的大学外，美国所有的大学都有一个主要由外行人员组成的托管委员会管理。

（10）社区学院奉行教育既为个人又为社会服务的宗旨，它包含了托马斯·杰斐逊教育既是实用的又是自由这一信仰。

（11）到 20 世纪 80 年代中期席卷全国的教育改革的浪潮有两个重点：提高教学标准；学校的结构改革。

（12）1983 年《危险中的国家》发表，引用了成人文盲比例高、学生技能下降、教育水准下降等例子，该报告提出了五点建议。

（13）1991 年 4 月 18 日，布什总统发表《美国 2000：教育战略》。该项计划提出了六项目标。

## 2. 文化

（1）自然/文化遗产：大沼泽地国家公园、大雾山国家公园、克卢恩和兰格尔-圣伊莱亚斯诸公园、马默斯洞穴国家公园、奥林匹克国家公园、霍德伍德公园、黄石国家公园、独立大厅、弗德台地国家公园、卡霍基亚墩群遗址、科罗拉多大峡谷、纳塞米蒂国家公园、查科国家历史公园、蒙蒂塞洛和弗吉尼亚大学（前者为杰弗逊故居）、夏威夷火山国家公园。

（2）美国音乐奖是美国重要的音乐奖项之一，每年颁发一次，包括 20 个奖项。美国音乐奖的提名名单由组委会根据歌手及乐队当年的唱片销量和电台播放率确定。

（3）得克萨斯文艺复兴节始于 20 世纪 70 年代，每年 10 月的第二个周末开幕，至 11 月底感恩节前夕结束。得克萨斯文艺复兴节有两个主要目标：一是让得克萨斯人，特别是青少年，追溯和体验来自欧洲祖先的生活和经历；二是让长期生活在休斯敦的人们，在心旷神怡的秋天有一个休闲去处。

（4）美国梦，是一种相信只要在美国经过努力不懈的奋斗便能获得更好生活的理想，亦即人们必须透过自己的工作勤奋、勇气、创意和决心迈向繁荣，而非依赖于特定的社会阶级和他人的援助。

（5）被称为“四巨头”的运动领域包括棒球、美式足球、冰上曲棍球和篮球。

（6）并非所有的美国文化都是源自其他国家，电影的诞生和发展便都源自美国。由迪士尼开创的卡通技术也是源自美国。美国也是世界上电视技术发展和普及最早的国家之一。

（7）美国报业系统庞大，美国最有影响的三大报纸为《纽约时报》、《洛杉矶时报》和《华盛顿邮报》。

（8）美联社是美国最大的通讯社，1848 年在芝加哥成立，1893 年成为联营公司，1990 年总部迁至纽约。

（9）美国最大的两家对外广播机构为美国之音和美军广播电视网，均属官方电台。美国最大的全国性广播网是全国广播公司、哥伦比亚广播公司、美国广播公司、有线新闻广播公司和福克斯电视台等。

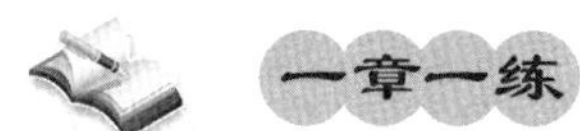


**一、选择题**（书后的答案对有些选择题进行解析。）

1. 美国最长的河流是________。

   A. 俄亥俄河　　B. 鲁尔河　　C. 密西西比河　　D. 格兰德河

2. 时间上最后加入美国的两个新州是：________。

   A. 新罕布什尔州和夏威夷　　B. 新墨西哥州和阿拉斯加

   C. 新罕布什尔州和阿拉斯加　　D. 阿拉斯加和夏威夷

3. 仅就美国大陆本土而言，最大的州是________。

   A. 得克萨斯州　　B. 罗德岛　　C. 阿拉斯加　　D. 缅因州

4. 被认为是对美国宪法最好的解释的是________。

A.《联邦条款》　B.《联邦文集》　C.《联邦条例》　D.《民权法案》

5. 历史学家将内战结束到 20 世纪初期这段时间成为“镀金时代”。这个名称取自________的同名著作。

A. 爱默生　B. 海明威　C. 霍桑　D. 马克·吐温

6. 被称作世界化工之都的是________

A. 休斯敦　B. 加利福尼亚　C. 波士顿　D. 丹佛

7. 有两种情况可以提出修改宪法条款，但不管是哪种，修正案必须经过________的批准才能生效。

A. 1/2　B. 3/2　C. 3/4　D. 4/5

8. 下列关于“马歇尔计划”说法正确的是：________。

A. 官方名称为西欧复兴计划

B. 是二战后美国对被战争破坏的东欧各国进行经济援助、协助重建的计划

C. 该计划于 1948 年 7 月正式启动

D. 整整持续了四个财政年度之久

9. 下列关于美国政党说法错误的是：________。

A. 共和党没有固定的党员人数，一般在总统大选中投共和党候选人票者就成为其党员

B. 民主党于 1791 年成立，当时称共和党

C. 民主统一党、社会民主工党、新芬党

D. 1933 年开始，民主党人罗斯福、杜鲁门、肯尼迪等先后当选总统执政

10. 下列关于美国国会说法正确的是：________。

A. 国会可通过不需要总统签署的决议案，它们无法律作用

B. 国会的主要职权有：立法权、行政权、条约及官员任命的审批等

C. 国会对总统、副总统及官员有弹劾权，提出弹劾之权属于参议院，审判弹劾之权属于众议院

D. 两院议员由各州选民间接选举产生

**二、填空题**

1. 专家指出可以用来解释亚裔美国人的成功的亚洲三大传统是__________，__________，__________。

2. 英国于 1607 年在美国建立了第一块殖民地，即在__________。

3. 1620 年，有 201 名英国清教徒乘坐一艘为__________的船到达了__________并建立了殖民地。

4. 英美最后一次交火是__________。

5. 美国 20 世纪初经济增长出现的三大特点：__________，__________，__________。

# 第三章
# 加拿大概况

加拿大素有“枫叶之国”的美誉，加拿大各省都有省花，有的还有省树，唯独没确定国花和国树。事实上，枫树、枫叶已被加拿大人民视为国树、国花来珍爱，枫叶是加拿大民族的象征。1980 年 7 月 1 日，即国庆日，加拿大政府宣布《啊，加拿大》为正式国歌，并在首都渥太华举行了国歌命名仪式。国兽为海狸。国球为冰球。现代冰球运动在加拿大发展起来，目前加拿大拥有冰球运动员的数量在世界上排名第一。

## 第一节　国土与人民

### 1. 地理概况

（1）加拿大地理面积为 998 万多平方公里，居世界第二位，其中陆地面积 909.3507 万平方公里，淡水覆盖面积 89.1163 万平方公里。

（2）地理位置：位于北美洲北部（除阿拉斯加半岛和格陵兰岛外，整个北半部均为加拿大领土）。东临大西洋，西濒太平洋，南接美国本土，北靠北冰洋。西北与美国的阿拉斯加州接壤，东北隔巴芬湾与格陵兰岛相望。海岸线长 24 万多公里。

（3）地理特征：东部为丘陵地带，南部有与美国接壤的大湖和圣劳伦斯地区，地势平坦，多盆地。西部为科迪勒拉山区，是加拿大最高的地区，许多山峰在海拔 4 000 米以上。北部为北极群岛，多系丘陵低山。中部为平原区。

（4）最高山洛根峰，位于西部的洛基山脉，海拔为 5 951 米。

（5）加拿大是世界上湖泊最多的国家之一。

### 2. 气候

（1）因受西风影响，加拿大大部分地区属于大陆性温带针叶林气候。

（2）东部气温稍低，南部气候适中，西部气候温和湿润，北部为寒带苔原气候。北极群岛，终年严寒。中西部最高气温达 40℃以上，北部最低气温低至-60℃。

### 3. 人口

（1）总人口为 3 350 万人（2010 年）。

（2）主要为英、法等欧洲后裔，土著居民（印第安人、米提人和因纽特人）约占 3%，其余为亚洲、拉美、非洲裔人等。来自印度、巴基斯坦和斯里兰卡的南亚移民人口达到 130 万，超过华裔成为加拿大最大的少数族裔。

(3) 英语和法语同为官方语言。居民中信奉天主教的占45%，信基督教新教的占36%。

4. 行政区划与重要城市

(1) 行政区划

a. 全国分10个省和3个地区。

b. 10个省是：艾伯塔省、不列颠哥伦比亚省、新斯科舍省、马尼托巴省、新布(不)伦瑞克省、纽芬兰—拉布拉多省、安大略省、爱德华王子岛省、魁北克省、萨斯喀彻温省。

c. 三个地区是：西北地区、育空地区和努纳武特地区。各省设有省政府和选举产生的省议会，地区也设立相应职位和机构。努纳武特地区是1999年4月1日正式设立的，由因纽特人自己管理。

(2) 重要城市

a. 首都为渥太华，地处安大略省。全国政治、经济、文化、交通中心。春季市内一片葱绿，到处可见大块草地上开放着色彩艳丽的郁金香花，因此渥太华又称"郁金香城"。

b. 多伦多，安大略省省会，加拿大第一大城市和金融中心，也是加拿大英语区域的经济、文化中心。

c. 温哥华、蒙特利尔。

## 第二节　加拿大简史

(1) 加拿大原为印第安人和因纽特人居住地，16世纪沦为法、英殖民地。

(2) 1867年，英国将加拿大省、新布伦瑞克省和诺瓦斯科舍省（现称为新斯科舍省）合并为联邦，成为英国最早的自治领。此后，其他省也陆续加入联邦。

(3) 1926年，英国承认加拿大的"平等地位"，加拿大始获外交独立权。

(4) 1931年，加拿大成为英联邦成员国，其议会也获得了同英国议会平等的立法权，但仍无修宪权。

(5) 1982年，英国女王签署《加拿大宪法法案》，加拿大议会获得立宪、修宪的全部权力。

## 第三节　加拿大经济

加拿大是西方七大工业化国家之一，制造业、高科技产业、服务业发达，初级制造业和农业是国民经济的主要支柱。加拿大以贸易立国，对外贸依赖性较大，经济上受美国影响较深。加拿大地域辽阔，森林、矿藏、能源等资源丰富。

矿产有60余种，其中钾的储量居世界第一，铀、钨、钼的储量居世界第二，镉、铝的储量居世界第三。原油储量居世界第二。森林面积居世界第三，淡水资源占世界的9%。

1. 农业

（1）农业以麦类为主，主要种植小麦、大麦、亚麻、燕麦、油菜子、玉米等作物。
（2）渔业很发达，是世界上最大的鱼产品出口国。

2. 工业

工业以石油、金属冶炼、造纸为主。

3. 服务业

（1）据世界旅游组织统计，加拿大在世界旅游收入排名第九。
（2）主要旅游城市有温哥华、渥太华、多伦多、蒙特利尔、魁北克市等。
（3）主要银行有：加拿大皇家银行：成立于1869年，是最大的民营银行。
加拿大帝国商业银行：为加拿大第二大银行。
蒙特利尔银行：成立于1817年，为加拿大第三大银行。
（4）加拿大经济对外贸依赖严重。主要贸易对象是美国、中国、日本、欧盟国家。

## 第四节 加拿大政治

1. 宪法

（1）加拿大至今没有一部完整的宪法，主要由在各个不同历史时期通过的宪法法案所构成。

（2）包括1867年在英国议会通过的《不列颠北美法案》、1867—1975年通过的宪法修正案，以及1982年在加拿大议会通过的《1982年宪法法案》。

（3）根据宪法，加拿大实行联邦议会制，国家元首为英国女王，由总督代表女王执掌国家的行政权。总督由总理提名，女王任命，任期为5年。英语、法语均为官方语言。

（4）宪法宗旨：和平、秩序和良政。

2. 议会

（1）联邦议会是国家最高权力和立法机构，由参议院和众议院组成，参众两院通过的法案由总督签署后成为法律。

（2）总督有权召集和解散议会。

（3）参议院共105席，名额按各省人口比例和历史惯例分配。

（4）参议员由联邦总理提名，总督任命。

（5）1965年6月2日前任命的参议员为终身制，此后任命的到75岁退休。

（6）众议院共308席，众议员由按各省人口比例划分的联邦选区直接选举产生，任期为4年。

3. 政府

政府为内阁制，是执行机构。由众议院中占多数席位的政党组阁，其领袖任总理，领导内阁。

4. 司法机构

（1）加拿大设联邦、省和地方（一般指市）三级法院。

（2）联邦法院一般受理财政、海事和有关经济方面的案件。

（3）最高法院由 1 名大法官和 8 名陪审法官组成，主要仲裁联邦和各省上诉的重大政治、法律、有关宪法问题以及重大民事和刑事案件。最高法院的裁决为终审裁决。

（4）最高法院的法官均由总理提名，总督任命，75 岁退休。

（5）各省设有省高等法院和省法院，主要审理刑事案件及其他与该省有关的重要案件，但也有一些省级法院审理民事案件。

（6）地方法院一般审理民事案件。

5. 政党

（1）加拿大保守党：原称自由保守党，1942 年改称进步保守党。2003 年 12 月 8 日，进步保守党同加拿大联盟合并，改名保守党。

（2）自由党：于 1873 年成立。被称为“加拿大的天然执政党”，是交替执政的两个政党之一。

（3）魁北克集团：1990 年成立。该集团代表魁北克人的利益，主张魁北克独立。

（4）新民主党：由“平民合作联盟”与“加拿大劳工大会”于 1961 年联合而成，从未执政，但长期跻身议会反对党阵营。

（5）加拿大绿党：于 1983 年创立，从未进入议会。

（6）其他政党还有：社会信用党、加拿大党、加拿大共产党等。

（7）加拿大自 1867 年建立联邦以来，基本上由自由党和保守党轮流执政。

## 第五节　新闻出版

加拿大主流媒体在全国范围内形成了“两报”(《环球邮报》、《全国邮报》)、“两社”(加拿大通讯社、加西通讯社)、“两台”(加拿大广播公司电视台、加拿大电视台）为主导的基本格局。此外，还有一些重要的地区性大报，如《多伦多星报》、《蒙特利尔日报》、《渥太华公民报》和《魁北克新闻报》。

**一、选择题**（书后的答案对有些选择题进行了解析。）

1. 加拿大东北隔________与格陵兰岛相望。

A. 巴芬湾　　B. 亚丁湾　　C. 多佛海峡　　D. 苏伊士运河

2. 加拿大划分为三个地区，其中________由因纽特人自己管理。
   A. 西北地区　B. 育空地区　C. 努纳武特地区　D. 魁北克地区
3. 加拿大第一大城市和金融中心是________。
   A. 渥太华　B. 温哥华　C. 多伦多　D. 蒙特利尔
4. 主张魁北克独立的加拿大政党是________。
   A. 自由党　B. 加拿大绿党　C. 新民主党　D. 魁北克集团
5. 世界上最大的鱼产品出口国是________
   A. 日本　B. 加拿大　C. 挪威　D. 英国
6. 下列关于加拿大的说法错误的是：________。
   A. 参众两院通过的法案即可成为法律
   B. 联邦议会是国家最高权力和立法机构
   C. 总督有权召集和解散议会
   D. 参议员由联邦总理提名，总督任命
7. 根据宪法，加拿大实行________。
   A. 政府内阁制　B. 联邦议会制　C. 君主立宪制　D. 民主共和制
8. 下列关于加拿大的说法错误的是：________。
   A. 总督由总理提名，女王任命，任期为 5 年
   B. 英语、法语均为官方语言
   C. 由总理代表女王执掌国家的行政权
   D. 国家元首为英国女王
9. 下列关于加拿大的说法正确的是：________。
   A. 联邦议会由上议院和下议院组成
   B. 总理有权召集和解散议会
   C. 众议员由间接选举产生
   D. 参议院名额按各省人口比例和历史惯例分配
10. 下列关于加拿大说法正确的是：________
    A. 加拿大是西方五大工业化国家之一
    B. 制造业、服务业发达，但高科技产业欠发达
    C. 经济上受英国影响较深
    D. 以贸易立国，对外贸依赖较大

**二、填空题**

1. 加拿大设________、________和________三级法院。
2. 加拿大自 1867 年建立联邦以来，基本上________和________轮流执政。
3. 加拿大主流媒体在全国范围内形成了“两报”是________和________。
4. 加拿大全国划分为三个地区，分别是：________，________，________。
5. 加拿大宪法的宗旨是：________、________和________。

# 第四章
# 澳大利亚概况

澳大利亚全称澳大利亚联邦。“澳大利亚”一词，意即“南方大陆”。欧洲人在17世纪初叶发现这块大陆时，误以为这是一块直通南极的陆地，故取名“澳大利亚”。澳大利亚为英联邦成员国，英国女王为澳大利亚的国家元首。国旗的左上角有英国国旗图案，表明澳大利亚与英国的传统关系。国庆日为1月26日（1788年）。国花为金合欢。国树为桉树。国鸟为琴鸟。

澳大利亚悉尼歌剧院是世界著名的建筑物。悉尼歌剧院的屋顶覆盖着成千上万片白瓷砖，被人们赞誉为“形若洁白的蚌壳，宛如出海的风帆”，而歌剧院的设计者则把它描述为“宛如一只巨大且具有异国情调的鸟”。

## 第一节　国土与人民

### 1. 地理概况

（1）面积769.2万平方公里，占大洋洲的绝大部分。

（2）地理位置：位于南太平洋和印度洋之间，由澳大利亚大陆和塔斯马尼亚岛等岛屿和海外领土组成。它东濒太平洋的珊瑚海和塔斯曼海，西、北、南三面临印度洋及其边缘海，海岸线长约3.67万公里。

（3）地理特征：全国分为东部山地、中部平原和西部高原3个地区。虽四面环水，沙漠和半沙漠却占全国面积的35%。

（4）全国最高峰科修斯科山海拔2 230米。

（5）最长河流墨尔本河长3 490里。

（6）中部的埃尔湖是澳大利亚的最低点，湖面低于海平面12米。

（7）在东部沿海有全世界最大的珊瑚礁——大堡礁。北部地属热带气候。

（8）大部分地区属温带气候。内陆地区干旱少雨。

### 2. 人口

（1）总人口2206.6万人，其中英国及爱尔兰后裔占74%，亚裔占5%，土著居民占2.2%，其他民族占18.8%，

（2）英语为官方语言。

（3）大多数信奉基督教。

（4）澳大利亚是典型的移民国家，被社会学家喻为“民族的拼盘”。自英国移民踏上

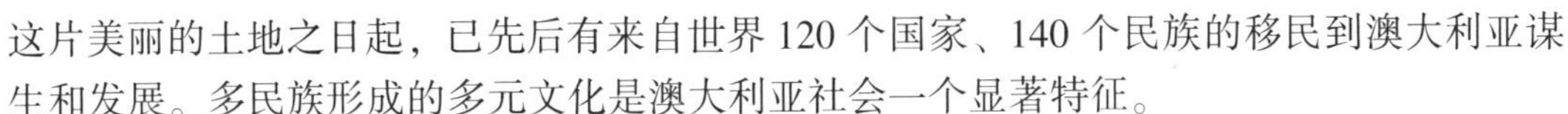

这片美丽的土地之日起，已先后有来自世界 120 个国家、140 个民族的移民到澳大利亚谋生和发展。多民族形成的多元文化是澳大利亚社会一个显著特征。

3. 行政区划

（1）澳大利亚全国分为 6 个州和两个地区。

（2）6 个州是：新南威尔士、维多利亚、昆士兰、南澳大利亚、西澳大利亚、塔斯马尼亚。

（3）两个地区是：北部地方、首都直辖区。

（4）各州有自己的议会、政府、州督和州总理。

（5）国家首都为堪培拉。

## 第二节　澳大利亚简史

（1）澳大利亚最早的居民为土著人。

（2）1770 年，英国航海家詹姆斯·库克抵达澳大利亚东海岸，宣布英国占有这片土地。

（3）1788 年 1 月 26 日，英国流放到澳大利亚的第一批犯人抵达悉尼湾，英国开始在澳建立殖民地，后来这一天被定为澳大利亚国庆日。

（4）1900 年 7 月，英国议会通过“澳大利亚联邦宪法”和“不列颠自治领条例”。

（5）1901 年 1 月 1 日，澳大利亚各殖民区改为州，成立澳大利亚联邦。

（6）1931 年，澳大利亚成为英联邦内的独立国家。

（7）1986 年，英议会通过“与澳大利亚关系法”，澳获得完全立法权和司法终审权。

## 第三节　澳大利亚经济

澳大利亚是一个后起的工业化国家，农牧业、采矿业为传统产业，是世界上最大的羊毛和牛肉出口国，最大的铝矾土、氧化铝、钻石、铅、钽生产国，最大的烟煤、铝矾土、氧化铝、铅、钻石、锌及精矿出口国。近年来，澳大利亚的制造业和高科技产业发展较快，服务业已成为国民经济主导产业。

1. 农业

（1）澳大利亚农牧业发达，素有“骑在羊背上的国家”之称。

（2）是世界上最大的羊毛和牛肉出口国。

（3）主要农作物有小麦、大麦、油籽、棉花、蔗糖和水果。

（4）澳大利亚是世界上第三大捕鱼区，渔业资源丰富，最主要的水产品有对虾、龙虾、鲍鱼、金枪鱼、扇贝、牡蛎等。

2. 工业

以矿业、制造业和建筑业为主。

3. 服务业

（1）服务业是澳大利亚经济最重要和发展最快的部门。已成为国民经济支柱产业。

（2）产值最高的行业是房地产及商务服务业、金融保险业。

（3）澳大利亚旅游资源丰富，著名的旅游城市和景点遍布澳大利亚全国。

（4）拥有霍巴特的原始森林国家公园、墨尔本艺术馆、悉尼歌剧院、大堡礁奇观、土著人发祥地卡卡杜国家公园、土著文化区威兰吉湖区及独特的东海岸温带和亚热带森林公园等景点，每年都吸引大批国内外游客来澳大利亚观光旅游。

（5）澳大利亚股票市场发达。股票市场由澳大利亚股票交易所运作。

（6）三种传统主要股票指数包括综合普通股指数、综合工业股指数和综合资源股指数。

（7）澳大利亚对国际贸易依赖较大。澳大利亚与130多个国家和地区有贸易关系。

（8）澳大利亚出口以能矿资源和农牧业产品为主，进口以制造产品为主。

## 第四节　澳大利亚政治

1. 总督

（1）英国女王是澳大利亚的国家元首，由女王任命的总督为法定的最高行政长官。

（2）总督由总理提名，由女王任命。

（3）澳大利亚总督代表英国女王行使在澳大利亚联邦内的职权。

（4）总督有权任免官员、统辖军队、召开和解散议会以及审批议会议案等，但在行使这些权力时须征得联邦总理同意。

2. 议会

（1）联邦议会是澳大利亚的最高立法机构，成立于1901年，由女王（澳总督为其代表）、众议院和参议院组成。

（2）1992年12月17日，澳大利亚联邦政府内阁会议决定，澳大利亚的新公民不再向英国女王及其继承人宣誓效忠。

（3）议会实行普选。众院有150名议员，按人口比例选举产生，任期为3年。参议院有76名议员，6个州每州12名，2个地区各2名。各州参议员任期为6年，每3年改选一次，各地区参议员任期为3年。

3. 政府

（1）联邦政府由众议院多数党或政党联盟组成，该党领袖任总理，各部部长由总理任命。

（2）政府一般任期为3年。

### 4. 司法机构

（1）最高司法机构是联邦高等法院。它对其他各级法院具有上诉管辖权，并对涉及宪法解释的案件做出决定。

（2）联邦高等法院由 1 名首席大法官和 6 名大法官组成。

（3）各州设最高法院、区法院和地方法院。

（4）首都地区和北领地区只设最高法院和地方法院。

### 5. 政党

澳大利亚有大小政党几十个，主要政党有：

（1）澳大利亚工党：成立于 1891 年，为澳大利亚最大政党，同工会关系密切，工会会员多为其集体党员。

（2）自由党：1944 年成立，前身是 1931 年成立的澳大利亚联合党。主要代表工商业业主的利益，曾多次执政。

（3）国家党：成立于 1918 年，原称乡村党，后称国家乡村党，1982 年改用现名。其势力范围主要在农村地区，代表农场主利益，1996 年至 2007 年与自由党联合执政。

其他小党有澳大利亚民主党、绿党和澳大利亚共产党等。

## 第五节　新 闻 出 版

（1）澳大利亚有 4 大报业集团：先驱报和时代周刊杂志集团、默多克新闻公司、费尔法克斯公司和帕克新闻联合控股公司。

（2）默多克新闻公司发展最快，近年来还买下了英国的《泰晤士报》和美国的《纽约邮报》，已成为国际性的报业集团。

（3）主要报刊有：《澳大利亚人报》、《悉尼先驱晨报》、《世纪报》、《金融评论报》、《堪培拉时报》。

（4）澳大利亚有期刊 1 400 多种，《澳大利亚妇女周刊》是发行量最大的刊物。《公报》周刊（1880 年创刊）是最老的刊物之一。

（5）澳大利亚联合新闻社是澳大利亚最大通讯社，总部在悉尼，1964 年起与路透社结为联社。

（6）澳大利亚有三个管理广播电视系统的法定机构：澳大利亚广播公司（ABC）；澳大利亚广播事业局；澳大利亚特别节目广播事业局。

**一、选择题**（书后的答案对有些选择题进行了解析。）

1. ________被定为澳大利亚国庆日。

A. 1 月 16 日　　B. 2 月 26 日　　C. 1 月 26 日　　D. 2 月 16 日

2. 1770 年，航海家________抵达澳大利亚东海岸，宣布英国占有这片土地。

A. 詹姆斯·库克　　B. 哥伦布　　C. 迪亚斯　　D. 弗勒基

3. 澳大利亚政府一般任期为________年。

A. 2　　B. 3　　C. 4　　D. 5

4. 1778 年 1 月 26 日，英国流放到澳大利亚的第一批犯人抵达________，英国开始在澳大利亚建立殖民地。

A. 基茨港　　B. 卡奔塔利亚湾　　C. 皮里港　　D. 悉尼湾

5. 澳大利亚最大党是________。

A. 工党　　B. 民主党　　C. 自由党　　D. 国家党

6. 近年来，________买下了《泰晤士报》和《纽约邮报》，成为国际性的报业集团。

A. 先驱报和时代周刊杂志集团　　B. 默多克新闻公司

C. 帕克新闻联合控股公司　　D. 费尔法克斯公司

7. ________是典型的移民国家，被社会学家喻为"民族的拼盘"。

A. 美国　　B. 澳大利亚　　C. 加拿大　　D. 新西兰

8. 下列关于澳大利亚的说法正确的是：________。

A. 是一个后起的工业化国家　　B. 采矿业为新兴产业

C. 近年来制造业发展较慢　　D. 世界最大的鱼产品出口国

9. 下列关于澳大利亚的说法错误的是：________。

A. 最大的铝矾土、钻石、铅、钽生产国

B. 最大的烟煤、锌及精矿出口国

C. 工业已成为国民经济主导产业

D. 制造业和高科技产业发展较快

10. 澳大利亚和加拿大的共同点不包括：________。

A. 英国女王是国家元首

B. 由女王任命的总督为法定的最高行政长官

C. 对国际贸易依赖较大

D. 国家被划分为三个地区

## 二、填空题

1. 澳大利亚经济最重要和发展最快的行业是__________。
2. 澳大利亚最长的河流是__________。
3. 世界上最大的羊毛和牛肉出口国是__________。
4. 澳大利亚的最高立法机构是__________。
5. 澳大利亚最大的通讯社是__________。

## 备考习题

**一、选择题**（书后的答案对有些选择题进行了解析。）

1. 英国最高峰是________。

A. 诺丁山　　B. 本尼维斯山　　C. 斯诺多尼亚　　D. 卡尔顿山

2. 黑死病导致英国在当时损失________人口。

A. 3/4　　B. 1/4　　C. 2/3　　D. 1/2

3. 以下说法错误的是：________。

A. 盎格鲁-撒克逊人为英国国家的形成打下了基础

B. 他们把国家划分为郡，郡法庭和郡法官，或行政司法长官负责执法

C. 他们设计的窄条三圃田农耕制沿用至 18 世纪

D. 他们还创立了贤人会议，向国王提供建议，这就成了今天议会的基础

4. 1763 年签订的《巴黎条约》将________割让给英国。

A. 加拿大　　B. 澳大利亚　　C. 新西兰　　D. 台湾省

5. ________沉重打击了封建农奴制度，产生了全新的自耕农阶级，为资本主义发展铺设了道路。

A. 光荣革命　　B. 宪章运动　　C. 1381 年的起义　　D. 内战

6. 下列关于英国文艺复兴说法正确的是：________。

A. 英国文艺复兴文学首先是艺术的，其次才是哲学的和学术的

B. 英国文化的复兴是直接通过古典作品实现的

C. 由于 13 世纪伟大诗人乔叟的出现，英国本国文学得以蓬勃发展

D. 文艺复兴发生在英格兰的宗教改革之后

7. 通常被看做是现代世界史的开端的是________。

A. 第一次工业革命　　B. 第二次工业革命　　C. 百年战争　　D. 英国内战

8. 五大湖中完全在美国境内的是________。

A. 伊利湖　　B. 密歇根湖　　C. 安大略湖　　D. 苏必利尔湖

9. 工业革命的结果不包括：________。

A. 英国成了“世界工厂”

B. 城镇迅速兴起，成为国家财富的源泉

C. 机械化摧毁了不能投入其中的人们的生活。工人们在可怕的条件下劳动与生活

D. 为工厂提供了劳动力，为工业提供了所需的一些原材料

10. 美国被称作农业之都的城市是________。

A. 亚特兰大　　B. 哥伦比亚　　C. 奥马哈　　D. 皮尔

11. 列宁说________是“第一个广泛的、真正群众参与的、有政治组织形式的无产阶级革命运动”。

A. 巴黎公社运动　　B. 宪章运动

C. 里昂工人起义　　D. 西里西亚织工起义

12. 英国殖民扩张开始于：________。

A. 纽芬兰的殖民化　　B.《巴黎条约》将加拿大割让给英国

C.《英国北美法案》确定加拿大为自治领土　　D. 东印度公司的建立

13.《大宪章》的主要内容不包括：________。

A. 未经大议会同意，不得征税

B. 只有根据国家有关法律才能逮捕、监禁自由人以及剥夺他们的财产

C. 教会应享受其所有权利且有选举自由

D. 伦敦和其他城镇不得保留其古时的权力和特权

14. 欧盟成员国中能源资源最丰富的国家是________。

A. 德国　　B. 英国　　C. 法国　　D. 瑞士

15. 1867 年《英国北美法案》确定加拿大为________

A. 美属殖民地　　B. 独立国家　　C. 自治领　　D. 中立国家

16. 下列关于黑死病说法正确的是：________。

A. 黑死病在 16 世纪传播了到欧洲

B. 英国的人口在 14 世纪末从 400 万人锐减至 200 万人

C. 黑死病对政治的影响比对经济的影响更为深远

D. 1351 年政府颁布“新贫困法”，规定农民们涨工资的要求，或者是雇主支付比地方官制订的工资水平要高的工资都是犯罪

17. 世界最大外汇交易市场、最大保险市场、最大黄金现货交易市场、最大衍生品交易市场是________

A. 伦敦　　B. 纽约　　C. 香港　　D. 洛杉矶

18. 英国君主立宪制是从________后开始。

A. 英国内战　　B. 宪章运动　　C. 光荣革命　　D. 宗教改革

19. 关于英国体育下列说法正确的是：________。

A. 足球（soccer），在英格兰和欧洲是最受欢迎的运动，其传统老家在苏格兰，出现于 19 世纪

B. 英国参加田径的人很多，例如曼彻斯特的马拉松赛，每年春季举行

C. 板球，是英国人最典型的体育运动，自从 16 世纪以来已存在。国际比赛是 5 天的康希尔决赛

D. 高尔夫球的故里是英格兰，自从 18 世纪以来这项运动就在那儿盛行

20. 下列关于美国政党说法错误的是：________。

A. 美国有多个党派，但在国内政治及社会生活中起重大作用的只有共和党和民主党

B. 共和党成立于 1854 年。1861 年林肯就任总统，共和党首次执政

C. 民主党于 1791 年成立，当时称共和党。1794 年改称民主共和党，1828 年改为民主党

D. 民主党拥有固定的党员人数，一般在总统大选前加入民主党选举阵营的不能算为其党员

21. 关于美国的社会福利说法错误的是：________。

A. 美国的社会福利分为社会保险和非社会保险两种

B. 社会保险福利项目有：老残保险、失业保险和其他就业保险

C. 社会保障收入属于社会保险

D. 非社会保险福利项目有：对抚养儿童困难家庭的补助、食品券、医疗补助等

22. 关于美国医疗保障体系说法正确的是：________。

A. 美国的医疗保障体系主要由联邦医疗保险、政府医疗补助、私人赞助三部分组成

B. 联邦医疗保险主要为 60 岁以上老人、残障人士和晚期肾衰竭病人提供医疗保障

C. 政府医疗补助则是为低收入者及符合特定标准的个人与家庭提供健康保险服务

D. 奥巴马政府执政后，延缓了医保改革立法进程

23. 下列关于复活节说法错误的是：________。
   A. 复活节源于古挪威的春天太阳节
   B. 是第二个重要的基督教节日
   C. 鸡蛋和火鸡被认为是多产和新生活的象征，是复活节的象征物
   D. 滚彩蛋是殖民者最初的复活节传统，至今仍每年在白宫草坪举行
24. 下列叙述错误的是：________。
   A. 美国两院议员由各州选民直接选举产生
   B. 美国参议员每州 2 名，共 100 名，任期为 6 年，每两年改选 1/3
   C. 美国众议员按各州的人口比例分配名额选出，任期 2 年，期满全部改选
   D. 美国两院议员均可连任，最多连任两届
25. 下列叙述正确的是：________。
   A. 总统的行政命令没有法律效力
   B. 总统必须是美国本土出生的美国公民，至少年满 35 岁
   C. 总统选举每五年举行一次
   D. 总统为直接选举产生
26. 下列叙述错误的是：________。
   A. 在美国，总统选举赢者全赢的制度适用于全国
   B. 美国总统任期为 4 年
   C. 每位美国总统任期最多只能两届
   D. 总统宣誓就职仪式是由美国首席大法官主持的
27. 下列说法错误的是：________。
   A. 美国的法官是由总统任命并由参议院批准的
   B. 最高法院是美国最高等的法院，也是唯一有权解释的机构
   C. 联邦最高法院无权宣布联邦和各州的任何法律无效
   D. 联邦最高法院由首席大法官和 8 名大法官组成，终身任职
28. 美国的高等教育始于：________。
   A. 哈佛学院的建立　　B. 教育部的成立
   C. 耶鲁大学的建立　　D.《教育战略》的发表
29. 罗斯福新政最新从________行业着手。
   A. 工业　　B. 金融业　　C. 农业　　D. 旅游业
30. 下列关于美国节日说法正确的是：________。
   A. 独立日纪念是美国的生日，军队每年都会鸣放 13 响礼炮来庆祝
   B. 为庆祝阵亡纪念日，盛大仪式通常在白宫前的草坪上举行
   C. “你想捉弄还是款待我们”是复活节的孩子们常说的话
   D. 退伍军人节最初是为了纪念 1812 年英美战争——最后一次英美交火决定的

**二、填空题**

1. 在__________统治下，英国的封建制度得到完全确立。
2.《大宪章》的精神是__________，使其在英国封建法律允许的范围内活动。
3. 在__________年，在瓦特 · 泰勒和杰克 · 斯特劳领导下，凯特郡和埃塞克斯郡的农民

和市民武装起来发动起义，并向伦敦进发。国王被迫接受了他们的要求。

4. 1871 年通过的________使工会合法化并给其财政保障。
5. 英国内战又称为________。
6. 英国内战是________和________间的冲突。
7. 1688 年 11 月 15 日威廉在托尔比登陆并占领伦敦。这一占领既未流血也未处死国王，被称为________。
8. ________是指那些支持世袭王权、不愿除去国王的人，是保守党的前身。
9. 18 世纪末、19 世纪初的农业革命期间，随着________的颁布，传统的“开放田地”制结束。
10. 英国义务教育归________主管，高等教育由________负责。
11. 英国通讯社主要有三家：________、________、________。
12. 世界上最大的农产品出口国是________。
13. 美国最大的通讯社是________。
14. ________标志着美国开始致力于在苏联及其盟国周围建立军事同盟。
15. 美国的社会福利分为________和________两种。
16. 美国的医疗保障体系主要由________和________两部分组成。
17. 美国高等教育有三大职能：________，________，________。
18. 社区学院奉行教育既为个人又为社会服务的宗旨，它包含了________教育既是实用的又是自由的这一信仰。
19. 成为宪法的前十条修正案被称为________。
20. “骑在羊背上的国家”是指________。

**三、名词解释**

1.《大宪章》
2. 百年战争
3. 宪章运动
4. 玫瑰战争
5. 英国内战
6. 撒切尔主义
7. 波士顿倾茶事件
8. 杜鲁门主义
9. 马歇尔计划
10. 水门事件

**四、简答题**

1. 罗马人的统治给英国造成了哪些影响？又有哪些原因使得罗马对英国的影响有限？
2. 简述亨利八世进行的宗教革命。
3. 简述美国独立战争的经过。

# 第七单元
# 西方翻译理论知识

翻译是吸收域外文化成果最直接的有效方式，通过翻译，我们可以借鉴世界上先进的成果，博采众长，为我所用。还能把我们悠久的文化和新时期的现状介绍给国外，使世界更好地了解中国。翻译最本质的作用是为人类拆除语言文字障碍，促成不同社会、不同地域、不同文化背景的国家和民族之间的沟通与交流。正是由于翻译的作用，整个世界在文化的相互交流中获得益处，并丰富着人类的文化多样性。

任何事物都有其历史。翻译作为一项古老的活动，历史更是十分悠久。正如培根所言，读史使人明智。要学好翻译，我们必须对其过去的发展经过、成长历程有所知觉，有所了解。对这一历史了然于胸，有助于我们从一个更高的层面、更广的角度对这一学科加以把握。

西方的翻译历史，和中国的翻译历史一样源远流长。从总体上了解和把握西方翻译的历史，就微观上来讲，对于增强我们的学术修养，扩大我们的知识面具有十分重要的意义；从宏观上看，还有助于进一步深化研究，吸收西方翻译理论的养料，用于中国翻译学学科建设。

本着这一目的，本单元试图为读者有系统、有重点地勾画出西方翻译理论自古希腊古罗马以来至现代的翻译理论发展概貌。整个部分分十章，语言虽然精简，内容却十分丰富，涉及的理论范围和时间跨度非常之大。这十章内容分别对西方翻译史上著名理论家，诸如杰罗姆、西塞罗、维吉尔、贺拉斯、查普曼、德莱顿、蒲柏、尼采之辈，或是庞德、奈达、纽马克、巴斯内特、勒费弗尔、卡特福德、本雅明、斯坦纳、佐哈、韦努蒂、德里达等翻译理论家进行了介绍；对相关翻译学派和理论，如语言学派、文艺学派、哲学学派、功能学派、多元系统及规范学派、文化学派、女性主义翻译观、后殖民翻译理论等略加讲解、分析和评价。每章又分若干节，在讲解的过程中试图做到条理清晰，主线明确。整个部分融描述与论说为一体，大体以时间发展顺序铺开，符合西方翻译理论发展的基本历史状况。本部分做到了历史和逻辑的统一，宏观和微观的结合，有助于读者更好地把握和梳理西方翻译理论的总体框架和脉络。

# 第一章
# 翻译的定义、西方翻译理论流派和早期西方翻译活动

翻译是一项复杂而又重要的活动，具有悠久的历史。那么什么是翻译？翻译有多少种流派？早期西方世界又有些什么样的重要翻译活动？本章将对这些问题略作梳理，一一探索。

## 第一节　翻译的定义

英文“translate”来自于拉丁语“trans+latus”，意思是“运载”(carried across)，字面上翻译的意义指，将原文的文本内容转换成目的语言文本内容。

在西方，有关翻译，还有以下不同的定义、界说：

1. 奈达（Eugene A Nida)：所谓翻译，是指从语义到文体，在译语中用最贴近而又最自然的对等语，再现原语的信息。

2. 卡特福德（J. C. Catford)：翻译是一项语言之间的活动，是用一种语言的文本替换另一种语言的文本的过程。

3. 豪斯：翻译是用目的语中的语义、语用对应文本替代原文文本。

4. 巴尔胡达罗夫：翻译是把一种语言的言语产物在保持内容方面，也就是意义不变的情况下，改变成另一种语言的言语产物的过程。

## 第二节　西方翻译理论流派

了解不同流派，不同的理论、观点、主张，对我们了解西方翻译理论起到纲举目张的作用。但是，不同的学者站在不同的角度，对翻译理论流派的划分也有着不一样的看法。这些不同的划分主要有：

（一）德国语言学家科勒（W. Koller）的划分：应用翻译理论（Applied translation theory)、特殊翻译理论（Specific translation theory)、一般性翻译理论（General translation theory)。

（二）苏珊·巴斯内特（Susan Bassnett）和安德烈·勒费弗尔（Andre Lefevere）认为从古代译论到现代译论，等值概念是其核心所在。他们的划分如下：杰罗姆模式（The Jerome Model)、贺拉斯模式（The Horace Model)、施莱尔马赫模式（The Schleiermacher Model)。

（三）乔治·斯坦纳把西方翻译理论划分为四个时期：

第一时期：古罗马西塞罗、贺拉斯—18世纪英国的泰特勒（A. Fraser Tytler，1741—

1814）发表《论翻译的原则》(*Essay on the Principles of Translation*)

第二时期：1946 年法国诗人兼翻译家拉尔博（Valery Larboud，1881—1957）发表《圣杰罗姆的主祷文》标志着 20 世纪 50 年代解释学研究方法的兴起，词汇和语言教学方法也应用到翻译研究中来。

第三时期：始于 20 世纪 50 年代翻译界发表了有关机器翻译的一系列论文，同时结构主义语言学以及交际理论也应运而生，并应用到翻译中来。

第四时期：20 世纪 60 年代，对解释学研究方法的重新回归。

（四）奈达与简·德·沃德在他们的合著《从一种语言到另一种语言》(*From One Language to Another*）中的划分如下：语文学派、语言学派、语言交际理论学派、社会符号学派。

除上述几种划分外，埃德温·根茨勒（Edwin Gentzler）、铁木志科（Maria Tymoczko）和 J. 曼迪（Jeremy Munday）等人也有各自的划分方式。

## 第三节　早期西方翻译活动

西方的翻译实践活动同我国的翻译实践活动一样源远流长，历时已达两千余年。大体说来早期西方翻译活动可分为两个阶段：

（一）传统阶段（公元前 4 世纪—公元 16 世纪文艺复兴时期）

传统阶段又分为四个时期，分别是：

1. 拉丁文翻译肇始时期（公元前 4 世纪—公元 4 世纪）

这一时期内希腊帝国解体，罗马帝国兴起。大量希腊古典作品被翻译成拉丁文。该时期重要的翻译家和翻译活动包括：

1.1　利维乌·安德罗尼斯（Livius Andronicus）以萨图尼斯诗体采用归化法翻译了荷马史诗《奥德赛》。

1.2　贺拉斯发表《诗艺》(*On the Art of Poetry*）主张意译，认为翻译和创作都贵在创新。

1.3　昆体连（Marcus Fabius Quintilianus）发表《修辞学原理》(*Principles of Oratory*）对翻译进行了分类等研究。

1.4　维吉尔（Publius Vergilius Maro）以仿译和改编的手法创作了民族史诗《埃涅阿斯记》。

此外还有（Quintus Horatius Flaccus）马尔库斯·图留斯·西塞罗（Marcus Tullius Cicero）卡图卢斯（Gaius Valerius Catullus）等人也提出十分有见地的翻译主张。

2. 宗教文本翻译时期（公元 5 世纪—11 世纪）

这一时期重要的翻译家和翻译活动有杰罗姆及其在公元 405 年刊行拉丁文《通俗本圣经》，标志着西方翻译达到前所未有的水平。

3. 阿拉伯百年翻译运动时期（公元 9 世纪—公元 11 世纪）

这一时期由于阿拉伯帝国的扩张，大量拉丁文本得以翻译成阿拉伯文。

4. 文艺复兴翻译时期（公元 14 世纪—17 世纪）

这一时期重要的翻译家和翻译活动有：

4.1 德国人马丁·路德（Martin Luther）在1522—1534年间翻译出版《民众的圣经》。

4.2 法国人阿米欧用17年译出普鲁塔克的《希腊罗马名人列传》。

4.3 英国人查普曼在1598—1616年间翻译了荷马史诗《伊利亚特》和《奥德赛》。

4.4 法国人艾蒂安·多雷提出了翻译五原则：

（1）译者必须完全了解他所翻译的作者的旨趣和内容。

（2）译者应该精通原文语言和目的语语言，不损害原文的优美。

（3）译者不应该亦步亦趋地逐字翻译。

（4）译者应该避免刻板的拉丁味太浓的语言，使用通俗的形式表达。

（5）译者应该调整次序，重构语序，避免生硬的翻译。

4.5 英国人威廉·廷代尔（William Tyndale）翻译了《廷代尔圣经》，廷代尔由于私自翻译圣经为英王亨利八世所杀。

4.6 英国人邓汉姆（John Denham）翻译了《埃涅阿斯记》。

4.7 英国人德莱顿（John Dryden）提出了著名的翻译三原则，德莱顿认为所有翻译可分为三种形式，即：

（1）第一种是直译，字字对应的翻译。

（2）第二种是意译，此种翻译既给予译者一定的自由度，又让原作者在场，译者追求的是意义的对等，而非词汇上的对应。意义可以扩展，但不应该改变。

（3）第三种是仿译，这种翻译的译者有充分的自由度，更换词句，改变意义，如果有必要的话，两者皆可抛弃。只从原作得到一个大概的意思或蓝本，随意创作。

4.8 1611年《钦定本圣经》标志着现代英语的形成。

5. 现代阶段（公元17世纪—19世纪末）

这一时期主要翻译活动体现在，英国大量地翻译欧洲大陆的作品，而欧洲各国也相互翻译不同语言的作品。翻译家们不仅继续翻译古典作品而且对近代和同时代的作品也产生很大兴趣。

5.1 英国人亚历山大·蒲柏（Alexander Pope）对荷马史诗《伊利亚特》和《奥德赛》的翻译。

5.2 英国人泰特勒（A. Fraser Tytler）提出翻译三原则：

（1）译作应该完全复述原作的思想。

（2）译作的风格和表达方式应该与原文在特点上保持一致。

（3）译作应该和原作一样通顺流畅。

此外还有德国的赫尔德与洪堡特，歌德与荷尔德林，施莱格尔和施莱尔马赫等人，也在翻译及翻译理论上有很重要的贡献。

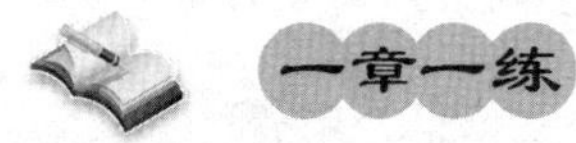


## 一、选择题

1. 苏珊·巴斯内特和安德烈·勒费弗尔对翻译流派的划分不包括下面哪一种？______。

A. 杰罗姆模式　　B. 西塞罗模式　　C. 贺拉斯模式　　D. 施莱尔马赫模式

2.《论翻译的原则》是谁的著作？________。

A. 泰特勒　　B. 德莱顿　　C. 拉尔博　　D. 蒲柏

3. 根据奈达和简·德·沃德的观点，下面哪位翻译家不属于语文学派？________。

A. 圣杰罗姆　　B. 马丁·路德　　C. 施莱尔马赫　　D. 卡图卢斯

4. 埃德温·根茨勒在其《当代翻译理论》一书中对翻译流派的划分不包括________。

A. 翻译科学派　　B. 美国翻译培训派　　C. 解构主义派　　D. 描写翻译学派

5. 下列哪一项不属于 J. 曼迪在《翻译研究入门》中对翻译理论类型的划分？______。

A. 等值和等效理论　　B. 翻译的功能理论　　C. 系统理论　　D. 翻译的文学理论

6. 下列哪一项不属于西塞罗的翻译主张？________。

A. 在翻译过程中译者应该保持对母语身份的认同

B. 译者有权选择他认为适当的风格和习惯用法来再现原文的意义，即应该做到灵活地表现罗马文化和风格

C. 不能任意增删是译者的神圣使命

D. 强调翻译不是字字对等，而是表现语言所蕴含的意义

7.《埃涅阿斯记》是谁的著作？________。

A. 西塞罗　　B. 安德罗尼斯　　C. 昆体连　　D. 维吉尔

8. 下面哪一项不属于马丁·路德的翻译原则？________。

A. 目的语读者不能理解的原文，要意译

B. 翻译时要优先考虑文本的含义和主题的内容，不要拘泥于原文语法

C. 尽量使用普通人通俗易懂的语言

D. 直译与意译的关系是辩证的，直译不能使优美的原文意义再现，而靠仓促的意译来弥补也是非常错误的

9. 下面哪一项不属于查普曼的翻译原则？________。

A. 反对逐字死译，以意译为主

B. 采用“释义”法主张译文要有文饰

C. 译者应该尽量表明作者的意图

D. 修辞中的比喻及习语可以翻译成非比喻性的语言

10. 下面哪一项不属于蒲柏的翻译观点？________。

A. 主张意译，保持诗歌的美感

B. 不能任意增删是译者的神圣使命

C. 用现代语言翻译荷马史诗的质朴明了的风格，不足为训

D. 忠实原文是第一位的

**二、填空题**

1. 尤金·奈达认为，所谓翻译，是指从语义到文体，在译语中用最贴近而又最自然的________，再现原语的信息。

2. 德国语言学家科勒将翻译流派划分为应用翻译理论、________和________。

3. 利维乌·安德罗尼斯用萨图尼斯诗体翻译了荷马史诗《奥德赛》，在翻译过程中采用了________。

4. 德国人马丁·路德在 1522—1534 年间翻译出版了________。

5. 法国人________用 17 年译出普鲁塔克的《希腊罗马名人列传》。

**三、名词解释**

1. 杰罗姆模式
2. 贺拉斯模式
3. 翻译的语言学派
4. 翻译的语言交际理论学派
5. 翻译的社会符号学派

**四、简答题**

1. 简述多雷的翻译五原则，并谈谈你对这五项原则的看法？
2. 德莱顿的翻译三原则有哪些？你如何看待这三项原则？

# 第二章
# 翻译的语言学派

从历史上看，西方翻译理论的发展有两条并行的线索：其一是从古罗马西塞罗开始，到乔治·斯坦纳结束的文艺学派，另一条线索是从奥古斯丁开始，到雅各布逊的语言学、符号学流派。语言学派的代表人物有霍姆斯、雅各布逊、卡特福德、奈达、巴尔胡达罗夫和穆南等。

## 第一节　霍姆斯译学的基本构想

霍姆斯是著名美籍翻译理论家，曾在荷兰阿姆斯特丹大学任教。

他首先建议把翻译理论或翻译学叫做“翻译研究”，并第一次较完整地勾勒出翻译学科的基本蓝图。

霍姆斯将翻译研究的范畴确定为三个：

（1）描述翻译学（Descriptive Translation Studies，DTS），主要是描写经验世界中表现为翻译行为和翻译过程的种种现象。

（2）理论翻译学（Theoretical Translation Studies，TTS），研究的是建立解释和预测这些现象的普遍原则。

（3）应用翻译学（Applied Translation Studies，ATS），研究在翻译实践中和训练译员中，使用由第一、二个范围衍生出翻译研究的信息。

描述翻译研究包括三种：

（1）产品导向研究（Product-oriented），关注的是对进行研究的翻译作品，包括对个别译本进行描述，以及对同一作品的不同译本进行比较。

（2）过程导向研究（Process-oriented），关注的是翻译过程或翻译行为本身。

（3）功能导向研究（Function-oriented），注重的是对翻译作品在目的语社会文化中的功能描写，它是对语境的研究。翻译理论研究的分支部分，主要是利用描写翻译研究的成果，加上相关科学的理论，建立用于解释和预测翻译过程和翻译产品的原则理论及模式。

翻译理论研究又分为通用理论研究（General Translation Theory）和局部理论研究（Partial Translation Theory）。

应用翻译研究包括四个部分：翻译教学、翻译辅助手段、翻译批评和翻译政策。

除此之外，霍姆斯指出，还有两个重要的方面，那就是翻译学史研究和方法论或元理论研究。

## 第二节　雅各布逊与等值翻译

罗曼·雅各布逊（Roman Osipovich Jakobson, 1896-1982）是美国著名语言学家，西方最有影响的翻译理论家。代表作有《语言学与诗学》(*Linguistics and Poetics*) 等。其对翻译理论的贡献体现在《论翻译的语言学问题》(*On Linguistic Aspects of Translation*) 一文中。

雅各布逊最有影响的理论是他的三分法，他从符号学的角度出发，将翻译分为三类：

（1）语内翻译，指在同一语言中用一些语言符号解释另一些语言符号，也就是人们通常所说的“改变说法”(rewording)。

（2）语际翻译，指两种语言之间的翻译，即用一种语言的符号去解释另一种语言的符号，这就是人们通常所指的严格意义上的翻译。

（3）符际翻译，亦称跨类翻译，是通过非语言的符号系统解释语言符号，或用语言符号解释非语言符号，比如把旗语、手势变成言语表达。

语言和等值则是雅各布逊思考的核心问题。在两种语言中，概念的绝对对等是一种理想。雅各布逊指出，完全的对等是不可企及的，主要是原文的词汇有联想和含蓄的词义。因此，翻译除了传递表层结构外，还要传递语言的深层含义。

## 第三节　卡特福德的等值转换理论

卡特福德于1965年发表的《翻译的语言学理论》(*A Linguistics Theory of Translation*) 是最早从应用语言学角度系统地对比原文和疑问的差异研究，在世界翻译界产生了广泛影响。

卡特福德认为“翻译实践的中心问题在于寻求等值成分，翻译理论的中心任务在于界定等值的本质和条件”，也就是说，确立语言之间的等值关系是翻译的本质和基础。他还认为，在讨论翻译等值关系时，需要区分文本等值（textual equivalence）和形式对应(formal correspondence)。文本等值指的是在特定的语境中，译语文本或部分文本成为原语特定文本或部分文本的等值成分。形式对应则是指任何译语范畴，如单位、类别、结构成分等，在译语中尽可能占有与该原语范畴在原语中同样的地位。

他还独创了一个术语“转换”(shift)，意思是将原文翻译成译文时偏离形式对等。转换又分为：

（1）层次转换（level shifts）指语法和词汇层次上的转换。

（2）范畴转换（category shifts）指偏离两种语言形式的对等。

## 第四节　奈达：翻译科学的构筑

雅各布逊和卡特福德分别借助布拉格学派和伦敦学派，建立了各自的翻译理论。这两派的主要观点明显打上了索绪尔结构主义语言学的烙印。20世纪上半叶，美国结构主义语言学流派诞生了，产生了一大批著名学者及理论成果，其中尤金·奈达（Eugene A. Nida）的研究尤为深刻，集翻译的语言学派之大成。

奈达是公认的现代翻译译论奠基人，其翻译研究经历了描述语言学阶段、跨文化交际翻译阶段、翻译科学阶段、语义翻译阶段和社会符号学翻译阶段。奈达的主要著述有《翻译科学探索》《从一种语言到另一种语言》等。

奈达修正了乔姆斯基的理论框架结构，奠定了翻译研究的基石。在表层结构和深层结构之间，强调语言的深层结构、核心句以及在认同乔氏所有的语言都具有普遍形式的基础上，奈达开创了深层结构的普遍关联。

奈达的普遍主义语言翻译观认为：语际转换虽千变万化，但建立在句子转换模式基础上的基本行为语际模式只有四种：对应式转换、平行式转换、替代式转换和冲突式转换。

奈达还建立了从“动态对等”到“功能对等”的原则。对等原则有两个支撑点，一是普世主义语言观，强调凡是用一种语言说的东西，在另一种语言中一定能找到对应表达；二是翻译的过程是交际的过程，在不丧失原文信息的前提下，焦点转向了接受者。

奈达动态对等的发展分三个阶段：

第一阶段：形式对等（Formal equivalence），强调的是原文文本，要求在翻译过程中要尽可能把原文的内容和形式都忠实地传达出来。

第二阶段：动态对等（Dynamic equivalence），即寻求“与原语信息一样的、最贴切的自然对等”。为了对等，译文必须达到四个条件：

（1）译文有意义

（2）能传递原文精神风貌

（3）表达自然流畅

（4）与原文产生相同的反应。

第三阶段：功能对等（Functional equivalence），与动态对等并无实质区别，强调的是语言之间、文化之间能通过寻找翻译对等语，以恰当方式重新组织信息的形式和语义结构而进行交际。

功能和动态对等冲突主要体现在三个方面：

（1）无形式与功能对等词

（2）有选择和强制性对等词

（3）解码的程度。

此外，奈达从社会符号学角度出发，从词汇意义、句法意义和话语意义等方面挖掘意义的内涵和外延，进一步证明了深层结构转换的可行性。

奈达认为，符号学是研究符号最全面的系统，言语符号意义的社会符号学观，涉及特定的社会环境中的整个语言交际活动。也就是说，话语不能脱离其语境，任何一个言语符号，只有通过与其相关的其他符号才得以解释。

从符号学出发，奈达认为翻译就是交际活动，作为交际的翻译主要是译意。

## 第五节　穆南倡导的翻译的语言学转向

20 世纪五六十年代的结构语言学理论提供了适合考察翻译理论问题的方法论，这一时期法国最重要的翻译理论家为乔治·穆南（George Mounin），他代表了法国翻译理论研究的转向和发展趋势。总的来说，穆南主要从结构主义语言学，可译性与不可译性理论等方面对翻译理论做了建构。

穆南借鉴20世纪结构主义语言学的成果，希望把翻译建成一门有人文特点的科学，运用严格的语言学、符号学术语，厘清模糊的、随感式的主观判断，建立条分缕析的翻译分类，把语言学的科学方法引入翻译研究。

在可译与不可译问题上，乔治·穆南认为翻译是可能的，这是由于译者与作者之间存在一种交际对话关系，同时由于语言文化中的不可通约性，意义的传递并非易事。因此语言的可译性是有一定限度的。我们要对翻译活动始终坚持发展的观点，翻译活动的可译性是相对的，它所能达到的程度是发展变化的。

总之，乔治·穆南以现代语言学理论为指导，摒弃了翻译是“可能的”或“不可能”的主观臆断，用科学的观点阐明可译性和不可译性问题，强调语言学对翻译的重要指导作用。

## 第六节　俄罗斯翻译理论界的三剑客

### （一）费道罗夫：翻译语言学派的提出

费道罗夫的《翻译理论概要》(*Introduction to the Theory of Translation*）的出版在世界翻译界产生了较大的影响，标志着俄罗斯翻译的语言学派正式走上了历史舞台。

费道罗夫的主要翻译理论观点有：

第一，翻译理论研究是语言学的一个分支。他认为翻译理论由翻译史、翻译总论和翻译分论三部分组成。“翻译总论”是指从具体翻译现象的研究中总结出来并加以系统化了的一般翻译理论。“翻译分论”是指涉及两种具体语言互译的特指性理论。二者的关系是：翻译分论是翻译总论的基础；翻译总论在翻译分论中所占的地位，和普通语言学在某一具体语言学科如词汇学、语法学、语音学中所占的地位一样。

第二，在阐述语言翻译和意识形态的关系方面，费道罗夫认为语言是思维的工具。

第三，在翻译等值方面，费道罗夫认为，所谓的等值翻译，指的是从思想内容到修辞功能与原作一致。等值翻译就是通过复制原文形式上的特点，或者创造与原文特点相符的功能，来表达原文特有的内容与形式间的关系。费道罗夫的关于等值的观点标志着俄罗斯翻译理论中的等值思想的正式确立。

### （二）巴尔胡达罗夫：翻译单位及层次

巴尔胡达罗夫是俄罗斯翻译理论家，语言学派的杰出代表，代表作有《语言与翻译》。其核心思想是翻译理论是一门语言学学科，翻译的文艺学理论仅仅局限于文学作品的翻译，对其他类型的翻译不能起指导作用。其他非语言学科对翻译的影响都是片面的，只有翻译的语言学理论语言对象是全面的。语言学理论是翻译的核心部分，其他流派如文艺学、心理学派等都应围绕语言学而发展。

巴尔胡达罗夫认为，话语是一个语义单位，而不是一个语法单位。话语内容、交际环境和话语参加者的经验尝试，是有效话语必须具备的三个话语条件。话语研究重翻译描述，但并不意味着放弃翻译规范。话语描述以描写为主，规范为辅。

巴尔胡达罗夫按照语言形式结构划分了翻译单位，分为：

(1) 音位层翻译。音位是最低的翻译层次，没有独立的意义，在语言中只起辨义作用。

(2) 词素层翻译。把词素作为翻译单位，原词语的每个词素在译语的对应词中都有其相应词素。

(3) 词层翻译。词是最常见的翻译单位。比上述两种要常见得多。

(4) 词组层翻译。词组层作为翻译单位，最明显的例子就是习语或固定成语。词组的意义并不等于单个成分意义的简单相加。

(5) 句子层翻译。指的是翻译的对应物，只能建立在句子层面上，也就是说，句子的意义不等于其所包含的各个词和词组的总和。

(6) 话语层翻译。指的是翻译以整个话语为单位，即由一些独立句群组成的言语片段。话语是最高的翻译层次，也是最大的翻译单位。

巴尔胡达罗夫主张的翻译辩证法是，直译和意译相结合，偏向任何一种极端都不能算对等。他认为，当单词或句子意思直接翻译过来和原文整体意思，即原文的气氛、情调、神韵等不符合时，就应当改动原文语句的意思，使其与后者保持一致。

巴尔胡达罗夫在翻译单位研究的基础上，提出翻译单位乃原文最小言语或话语单位。翻译单位包括三个方面的含义：

(1) 统一整体翻译的原文话语是最小单位，可在译文中有对应表达，但在译文中不存在再现该单位各组成部分意义的译语单位，倘若这些对应组成部分存在的话，可以保留。

(2) 等值单位，乃译文中所保留的原文内容最小单位。

(3) 翻译过程单位，指最小的原文话语片段，可作为单独翻译的“一个语言单位”，即译者译完前一片段后，再逐一译出其他类似片段。

### (三) 科米萨罗夫：翻译语言学

科米萨罗夫是俄罗斯翻译语言学派的代表人物，他把费道罗夫和巴尔胡达罗夫的语言学翻译观发展到极致，并把翻译的语言学方法称为“翻译语言学”。代表作有《谈翻译》《翻译语言学》和《翻译理论——语言角度》等。科米萨罗夫的主要贡献在于提出了翻译语言学理论。

翻译语言学是以语际交流为基础，涵盖双语间在语法、语义、语用、修辞等方面的等值问题的语言学。该理论把翻译置于跨语际交际这个大的背景之下，研究双语对比，揭示交际的语言内部因素和外部因素。他不仅涉及原文文本和译文文本，还涉及原文转换成译文的过程。翻译语言学主要有“翻译语用学”和“翻译修辞学”等核心内容。

**一、选择题**

1. 彼得·纽马克提出了一套自己的文本功能分类，下面哪种不属于他的分类？______。

A. 表情功能　　B. 交际功能　　C. 信息功能　　D. 寒暄功能

2. 俄罗斯第一个从语言学角度对翻译理论进行系统研究的学者是________。

A. 安托科尔斯基　　B. 巴尔胡达罗夫　　C. 费道罗夫　　D. 科米萨罗夫

3. 依照霍姆斯的看法，下列哪一项不属于应用翻译研究的内容：________。

A. 翻译教学　　B. 翻译辅助手段　　C. 翻译批评　　D. 翻译等级

4. 1965 年出版的《翻译的语言学理论》一书作者是________。

A. 卡特福德　　B. 科米萨罗夫　　C. 奈达　　D. 布龙菲尔德

5. 下面哪一本书是奈达在描述语言学阶段的代表作？________。

A.《谈翻译》　　B.《翻译理论概要》

C.《英语句法概要》　　D.《翻译的理论问题》

6. 纽马克对翻译研究的主要贡献不包括：________。

A. 坚持了语言共性论

B. 第一次较为完整地勾画出翻译学科的基本蓝图

C. 提出了语义翻译和交际翻译的策略

D. 对语言功能及文本类型进行了分类

7. 提出“动态对等”观念的是________。

A. 奈达　　B. 穆南　　C. 巴尔胡达罗夫　　D. 纽马克

8. 20 世纪 50、60 年代倡导了翻译的语言学转向的法国翻译理论家是________。

A. 索绪尔　　B. 雅各布逊　　C. 梅耶　　D. 穆南

9. 穆南不可译性理论来源不包括：________。

A. 索绪尔、布龙菲尔德、耶姆斯列夫关于语义的学说

B. 新洪堡特主义关于各种语言表达的是不同的世界观的论点

C. 纽马克对语言功能与文本类型的分类

D. 人种学和人类文化学的论点

10. 巴尔胡达罗夫按照语言形式结构划分了翻译单位，这一划分不包括：________。

A. 音位层翻译　　B. 段落层翻译　　C. 话语层翻译　　D. 词素层翻译

**二、填空题**

1. 雅各布逊把翻译分为________________、________________、________________。

2. 1981 年，彼得 · 纽马克在______________________________中，提出了“语义翻译”和“交际翻译”两个重要策略，成为西方翻译研究的里程碑。

3. 1972 年，霍姆斯在他的翻译构想中提出，描述翻译研究包括三种：________、________和________。

4. 卡特福德认为“翻译实践的中心问题在于寻求________，翻译理论的中心任务在于界定等值的__________”。

5. 俄罗斯翻译语言学主要包括________和________等核心内容。

**三、名词解释**

1. 语际翻译　　2. 文本等值

3. 动态对等　　4. 交际翻译

5. 翻译语言学

## 四、简答题

1. 霍姆斯被称为翻译研究学派的创始人，他第一次勾勒出了翻译学科的基本蓝图，请用图标解释这个蓝图的基本构架是怎样的？
2. 根据奈达的看法，要使译文和原文达到动态对等必须要符合哪四个条件，并谈谈你对动态对等理论的看法？

# 第三章
# 翻译的文艺学派

西方翻译理论另一条与语言学并行发展的是文艺学派，该学派把翻译当做一种文学艺术，认为翻译的再现是一种再创造。理论家们除了不断讨论直译和意译、死译与活译的利弊外，对翻译的目的和效果也进行了分析。强调尊重译入语文化，避免死译，讲究译文的风格和文学性，要求译者具有文学天赋和修辞上的才华。20 世纪该学派主要代表人物有庞德、纳博科夫、加切奇拉泽、斯坦纳等人。

## 第一节　庞德：创造性阐释的翻译家

埃兹拉·卢明斯·庞德（Ezra Loomis Pound）是 20 世纪西方现代文学的主要奠基人，著名诗人、批评家、翻译家和翻译理论家。庞德主要作品有诗集《诗章》(*Cantos*)，译作《神州集》(*Cathay*)，还有《埃兹拉·庞德书信集》(*Letters of Ezra Pound*) 等。庞德对中国传统文化非常感兴趣，翻译过《诗经》、《大学》、《论语》和《中庸》。

庞德的翻译遵循一个总的翻译原则，这就是翻译时打乱句式，重塑原文，将之改写成一首英语风格的诗歌。运用这一原则的特点主要在于，翻译时译者有充分的创造性，是一种“阐释性翻译法”。

庞德认为翻译是具有自主性（The autonomy of translation）的，“自主性”以两种形式出现：

（1）所翻译的文本是“阐释性”(Interpretive）的，或者伴随原文的翻译评论或批评鉴赏，让读者直接在译者文中读到原文的独特语言特点。

（2）译文可能是一种“原文创作”(Original writing)，译入语文化主导着对原文的改写标准，译文是基于原文的基础之上的，译者以自己的语言风格及时代的需要进行创作。

庞德提出的诗歌翻译的阐释性观点，就是主张用现代的观点来看待过去，用现代的语言来翻译古典诗歌语言，将翻译与创造有机结合起来。

## 第二节　纳博科夫：极端直译的代表

弗拉迪米尔·纳博科夫是著名的俄裔美国作家、诗人、批评家和翻译家。在翻译上倡导“过分的”绝对直译观。

纳博科夫认为，最蹩脚的直译比最漂亮的意译要用一千倍（The clumsiest literal translation is a thousand times more useful than the prettiest paraphrase.）。主张以字译字，逐字对应，其基本原则是个别的字从原文分析后，仍能保持其原意，只需把字义相加，保证语法与语义的正确即可。

纳博科夫还意识到译者的身份、边缘性和异质性等问题。他在翻译中大量使用注解、评论和说明，充分显示了他对文本的干预策略的运用，译者的主体性也就体现在其中。翻译与创作对纳博科夫来说，是相辅相成，互有补益的。当作者边创作边翻译时，他既是作者，又是译者。也就是说原文与译文的界限变得模糊不清。这类翻译可以称为“自我翻译”(Auto-translation)。

## 第三节　加切奇拉泽：现实主义文学翻译观

吉维·拉日杰诺维奇·加切奇拉泽是俄罗斯著名翻译家、翻译理论家、语文学家、诗人和对比诗学创始人之一。是俄罗斯文艺学派翻译观的代表人物。主要作品有《文艺翻译理论问题》、《文艺翻译理论研究》、《文艺翻译与文学交流》及《文学翻译理论引论》等。

加切奇拉泽倡导现实主义文学翻译观。现实主义翻译的含义是：真实、忠实、创造性地再现原文，尽管译文在内容和风格上不是现实主义的风格，但是译法却是现实主义的，也就意味着形式和内容忠于现实的翻译。

基于现实主义翻译观，加切奇拉泽探讨了翻译的形式和内容的辩证关系，以他为代表的文艺学派主张：在保全形式和内容统一的情况下，最小限度地作出形式和内容的改变。并认为任何高质量的翻译都应该是形式和内容的完美结合。

加切奇拉泽并未排除语言的重要性，在他看来，译者就像是雕刻家与画家。现实主义翻译就是译者对原文永无止境地接近，正如原作不可能详尽无遗地反映客观现实一样，译文也不可能与原作完全对应，所求的只是近似的对应，文学翻译包含不可译成分。

## 第四节　斯坦纳：解释学的翻译观

乔治·斯坦纳是著名的文学批评家、散文家、哲学家、小说家和翻译理论家。在西方翻译界，斯坦纳最有影响的代表作是《通天塔之后》(*After Babel*: *Aspects of Language and Translation*)。

斯坦纳将解释学引入翻译理论，扩大了翻译的内涵和外延。他的整个翻译理论的框架结构就是建立在解释学理论基础之上，试图将20世纪的解释学思想运用与其翻译理论，以阐明解释是翻译的普遍特征，斯坦纳的一个主要观点就是“理解即是翻译”。他认为，无论语内翻译、语际翻译或符号学翻译都是不同形式的翻译，作为人类最基本的交流活动，它的最大特点在于理解。

解释学具体操纵的四个翻译步骤是：

(1) 信任 (Investment of belief)，相信原文能够被理解，译者所译的是一部言之有物的、有价值的严肃作品。

(2) 进攻 (Aggression)，译者把文本的意义俘虏过来吸收 (Incorporation)，指译者在提取原文意义后，吸收程度有所不同，有完全归化的，有彻底直译的。

(3) 吸收 (Incorporation)，译者在吸收原文意义后，有完全归化的，有彻底直译的，吸收程度有所不同。

(4) 补偿或恢复（Compensation or restitution），有两层意思：

一是使失去平衡的原作在语言、风格、句法和习语等不可译因素上得到某种形式的补偿。

二是通过翻译增强原文文本力量和影响。

对于解释学与可译性的关系，斯坦纳认为，在解释学中，理解或解释是可译性的一种基本形式，从这种角度看，解释依赖于翻译。由于解释的主体性作用，解释一定是有差异的，翻译也是有差异的，译文不可能一一完全对应原文。

## 第五节　克里斯蒂娃：互文性理论与翻译

朱利亚·克里斯蒂娃（Julia Kristeva）是法国籍保加利亚人，文学批评家、哲学家、小说家、心理学家和女性主义者。主要成就在于提出“互文性”(Intertextuality) 理论，影响了20世纪的西方翻译理论。

互文性是指影响其他文本意义的文本，也可以指作者对前文本的借用和转换，或者在阅读时指涉其他文本。克里斯蒂娃的互文性理论可以从文内的暗指（allusion）到文本结构、风格、主题及式样的相互关联，即可指不同文本类型之间的互文，也可以指翻译时两种语言之间的契合，甚至可以指同一语言内的用典及借鉴。

克里斯蒂娃的互文理论不仅在西方文学翻译中反响巨大，而且在翻译实践中也被证明是一种十分有益的理论，特别是在诗歌翻译中，互文性理论从思路上激发了译者和翻译研究的想象空间。

## 第六节　北美的中西比较诗学派

“诗学”一语来源于亚里士多德的《诗学》。现在人们把“诗学”看做一般文艺理论。在西方，翻译研究与比较文学、比较诗学关系密切。有许多华裔学者运用西方翻译理论研究、翻译、解释中国古典诗歌，从比较文学或比较诗学的角度研究翻译理论，主要代表人物有刘若愚、叶维廉、宇文所安、孙康宜、刘禾等。由于他们主要在美国从事翻译研究活动，故被称为“北美的中西比较诗学派”。

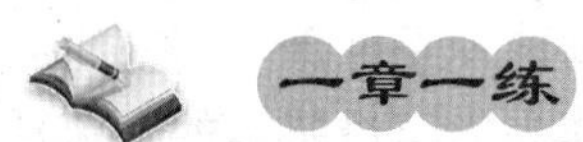


**一、选择题**

1. 埃兹拉·庞德对中国传统文化非常感兴趣，他翻译了大量的中国文学作品，下面哪一本书不是其译作？________。

   A.《神州集》　　B.《孟子》　　C.《诗经》　　D.《论语》

2. 下列翻译理论家中，哪一个不属于文艺学派。________。

   A. 庞德　　B. 纳博科夫　　C. 费道罗夫　　D. 斯坦纳

3. 意象派的特点不包括________。

A. 奔放洋溢　　B. 含蓄凝练　　C. 文字简洁　　D. 通俗上口

4. 庞德的意象派观点不包括：________。
   A. 创作中要使用意象，要写得具体、确切，避免抽象
   B. 使用朦胧语言，多用修饰语
   C. 形式上要创造新的节奏，以表达新的诗情
   D. 诗歌体裁既可以用自由诗，也可用其他诗体
5. 庞德的直译法不包括________。
   A. 脱体与浓缩　　B. 拆译法　　C. 逐字翻译法　　D. 仿古译法
6. 下面哪一项不属于庞德在《政论文》中总结的诗歌翻译标准？________。
   A. 直接意义和双关　　B. 音乐性　　C. 意向性　　D. 视觉性
7. 纳博科夫提倡绝对________。
   A. 直译　　B. 意译　　C. 仿译　　D. 拆译
8. 下列哪部作品不是加切奇拉泽所作？________。
   A.《文艺翻译理论问题》　　B.《文艺翻译理论研究》
   C.《文艺翻译与文学交流》　　D.《文学翻译方法》
9. 俄罗斯文艺派翻译理论家不包括________。
   A. 楚科夫斯基　　B. 科米萨罗夫　　C. 索伯列夫　　D. 卡什金
10. 下列哪一项不属于俄罗斯文艺学派翻译理论家的看法？________。
   A. 翻译应是形式与内容的完美结合
   B. 翻译是艺术性创造的再现
   C. 译文当与原文实现功能对等
   D. 译者要无止境地接近原文

**二、填空题**

1. 1915 年，埃兹拉 · 庞德发表了他根据东方学者费诺罗萨的遗稿而译成的中国古诗英译本________________。
2. 庞德提出的诗歌翻译的阐释性观点，就是主张用现代的观点来看待过去，用现代的语言来翻译古典诗歌语言，将________与________有机结合起来。
3. 1936 年，伊凡 · 卡什金提出了________的观点，成为俄罗斯现实主义翻译学派的奠基人。
4. 在西方翻译理论界，乔治 · 斯坦纳最有影响力的代表作为________。
5. 朱利亚 · 克里斯蒂娃主要成就在于提出________理论，影响了 20 世纪的西方翻译理论。

**三、名词解释**

1. 阐释性翻译方法　　2. 自我翻译
3. 现实主义翻译方法　　4. 仿古译法
5. 互文性

**四、简答题**

1. 如何理解斯坦纳的“理解即翻译”？
2. 什么是互文性？请举一两例互文翻译。

# 第四章
# 翻译的哲学学派

翻译与哲学有着水乳交融、千丝万缕的联系。无论是传统经典哲学，还是现代语言哲学或结构哲学，都涉及大量的翻译理论问题，翻译理论也包含着哲学思辨和哲学方法论的运用，翻译为哲学提供感性材料，哲学中则给翻译研究提供指导。

## 第一节 尼采：翻译征服论

弗里德里希·威廉·尼采（Friedrich Wilhelm Nietzsche，1844-1900）是19世纪德国哲学家、语文学家、诗人和散文家，西方现代哲学的开创者，解构主义翻译理论的先行者。主要代表作有《快乐的科学》、《查拉图斯特拉如是说》、《权力意志论》等。

在翻译理论方面，尼采认为翻译是一种征服，译者不仅仅可以省略掉历史含义的东西，还可以给现在增添新的暗示。译者作为一种权力意志的体现，要根据自己的经验来判断原作的价值，这种判断不是一种认识的范畴，而是一种价值判断。翻译作为一种行为应该是非理性的、审美的、非伦理的，因此它是征服性的，译者应重新主动阐释原文，加入自己理解的意义，体现出译者的主体性。

## 第二节 本雅明："纯语言"与翻译

瓦尔特·本雅明（Walter Benjamin，1892-1940）20世纪前半期德国最重要的思想家、文学评论家和翻译家。主要著作有《德国浪漫派中的艺术批评概念》等。

本雅明所关心的不是翻译"意义"，而是翻译"语言"及其可译性。译者的任务就在于表达"纯语言"。

本雅明认为，"纯语言"是最高级别的语言，是理想的完整语言，存在于各个具体的语言中，具有自发性、原始性、衍生性和终极性。个别语言的独特意指方式有其局限性，表明它们需要相互补充，汇合成一个整体，才能完整地表达意思。整体与局部，抽象与具体，是"纯语言"与特殊语言关系的体现。而要使"纯语言"显现出来，必须通过逐字翻译的直译法，而不是意译法。

本雅明的思想实际属于一种"翻译超越论"。这种超越论不看重原文与译文的对等，关注的是意义超越和形式超越。

## 第三节 德里达：解构主义翻译观

雅克·德里达（Jacques Derrida，1930-2004）是法国著名哲学家、思想家和翻译理论

家，解构主义的鼻祖。代表作有《写作与差异》等。德里达的主要贡献在于提出了解构主义翻译观。

解构主义是对结构主义的一种消解和抗争。利用解构主义思想，德里达对翻译的定义也进行了解构，与传统的翻译意义的“再现论”和“等值论”不同，德里达认为，“有调节的转换”比“翻译”这个术语更能反映翻译的特征，从一种语言到另一种语言不存在纯粹的所指：

首先，翻译是为了发现文本的潜在意义、隐含意义、边缘意义以引起人们的注意，因此，文本的翻译不仅仅是一种意义的传递，更主要是转换与调节。

其次，在原文与译文的关系上，不是译文依赖于原文，而是原文依赖于译文。原文为一种静态文本，具有开放性，但是这种开放性无法达到整体的意义，只有翻译的参与、调节和转换，原文才能推陈出新，投胎转世，在新的语境中成长、发育、成熟和再生。

德里达引出“异延”的概念，暗指结构与事件的不确定性，异延既指某种现已存在的“被动”差异，又指产生各种差异的播撒行为。“异延”否定了意义的普遍性，文本的恒定意义让位于流动的意义，这样翻译是一个置换、修改、推迟原文意义和命名的过程。据此，德里达提出“差异翻译法”，他认为，译者不可能一劳永逸地翻译出所有的语义含义。不能翻译出来的语义就是差异。语言的本质只有在具体语言的差异中才能把握，翻译就是呈现这些被隐藏的差异。这种差异翻译法，无疑给不可译性留下了余地。两种不同语言的译者进行翻译就是经历差异的体验。

德里达还引入了“印迹”(Trace) 和“播撒”(Dissemination) 的概念。并同“异延”的概念一道，讨论它们与翻译的关系。他认为，印迹就是能指与所指之间的意义的标记，其特征是既存在，又不存在，既显现，又隐藏。由于印迹随上下文变动不居，翻译的意义也要随上下文确定。印迹把文本的意义导向了不确定性，播撒则把意义带向了四面八方。文本意义完全被异延、印迹和播撒控制，没有了语境，语义成为无家可归的孤儿。因此，对于解构主义来说，进入语境，重组和重建语境，如同寻找家园，是文本翻译的关键所在。

从意义的不确定性和非终极性出发，德里达认为没有一种翻译策略能够一成不变地紧紧依附于文本效果、主体、文化话语、意识形态或惯例。译文要不断地修改、更新、转换，它需要译者永不停息地创造。否则，翻译的债务是永远偿还不完的。

德里达同时认为，由于印迹的可重复性，意义也有其相对的稳定性，因此阅读、理解和翻译同时也是可能的。

## 第四节 海德格尔和奎因的翻译思想简介

### （一）海德格尔：翻译的本真追寻

海德格尔（Martin Heidegger，1889-1976 年）是德国哲学家，存在主义创始人、现象学、解释学的主要代表，被誉为 20 世纪最有创见性的思想家。

海德格尔提出过“前理解”(Pre-understanding) 的概念，简单地说，就是相对于某种理解以前的理解，或者说，在具体的理解开始之前，我们就对要理解的对象有了自己的某种观点、看法或信息。它强调人无法根据某种纯粹的客观立场，超越历史时空去理解文本和事件，因此，带有前结构的“偏见”是不可避免的。要获得唯一的、最终的、客观的解释是不可能的，也就是说，译者不可能完全重建作者或文本的原始意义。

海德格尔还认为，哲学产生于一种宽泛意义上的文本翻译，正是在这种大跨度的翻译中，词汇失去了自己的原始本义。要通过翻译，回到最本真、最原始的含义上去，揭开历史上翻译意义的遮蔽，让词语在其历史语境下显露真意。

### （二）奎因：文化相对主义的翻译观

威拉德·冯·奥曼·奎因（Willard Van Orman Quine 1908-2000 年）是 20 世纪最有影响的美国哲学家、逻辑学家之一。

奎因认为指称具有不确定性。翻译需要通过语言整体系统来理解、解释，由于不同的语言系统有不同的概念系统，这些概念系统之间又不可通约，因此，两种语言之间的完全翻译是不可能的。

由于语义存在不确定性，奎因引进了“彻底翻译”(Radical translation）的概念，其含义是，在完全自然状态下的翻译，在没有解释者、词典或语法的帮助下，甚至不知道要翻译的话语者的信仰、喜好、意图或陈述态度等有关知识的情况下，所进行的翻译。他试图借用此概念证实语言的复杂性和不确定性，说明意义必须根据行为来解释、来证实。语句只有在整体体系中才能确定其意义。

奎因坚持的是一种相对主义翻译观，坚持翻译的不确定性、范式的不可通约性或概念图式的不对应性。但他并非主张翻译绝对不可为，而是认为不可能有绝对的翻译，这也是一种整体主义的翻译观。

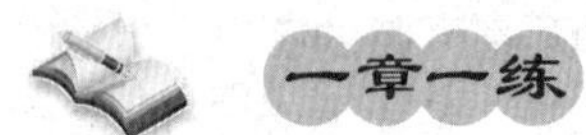


**一、选择题**

1. 下面哪本著作不是尼采所作？________。

   A.《科学革命的结构》　　B.《快乐的科学》

   C.《权力意志论》　　D.《查拉图斯特拉如是说》

2. 下列哪一项不是尼采的翻译理论主张？________。

   A. 翻译是一种征服

   B. 翻译应忠实原文

   C. 在翻译过程中应体现出译者的主体性

   D. 翻译的风格不可译

3. 对于哲学与翻译的关系，下列说法不正确的是：________。

   A. 哲学为翻译研究提供感性材料

   B. 翻译方法论是以一定的哲学原则为内在依据和理论前提的

   C. 哲学的世界观与翻译学的方法论之间存在内在一致性

   D. 翻译是研究哲学的一种媒介

4. 在本雅明看来，译者的主要任务在于：________。

A. 表达纯语言　　B. 传递信息
C. 给读者以审美愉悦　　D. 追求原作与译作之间的对等

5. 本雅明认为，真正的译文应该________。
A. 忠实传达原文的意义　　B. 表现出原文的风格
C. 反映原文本质特征　　D. 取代原文

6. 本雅明对翻译的看法不包括：________。
A. 翻译是可行的，不仅可行，甚至还赋予原文的再生
B. 译者必须找到与原作相对应的意图效果，而不只是译意
C. 由于翻译具有多义性的特点，翻译是不可能的
D. 翻译是一种复制、解释或模仿，译文和原文有相似之处

7. 德里达的代表作不包括________。
A.《单行道》　　B.《论文字学》
C.《写作与差异》　　D.《言语与现象》

8. 下列对结构文本与解构文本特点描述不正确的是：________。
A. 结构主义作品是表征的实体
B. 解构主义文本是敞开的，意义等待发现
C. 结构主义作品的所指充满多义性、非对应性
D. 解构主义文本的翻译是一种转换

9. 下列哪一项不是德里达对于翻译的看法？________。
A. 文本的翻译不仅仅是一种意义的传递，更主要是转换与调节
B. 译文依赖于原文，译文应忠实传达原文的信息
C. 翻译使原文推陈出新，实现再生
D. 两种不同语言的译者进行翻译就是经历差异的体验

10. 下列哪一项不属于奎因对翻译的看法？________。
A. 由于概念系统的不可通约性，完全翻译不可能
B. 意义必须根据行为来解释、来证实
C. 翻译具有不确定性
D. 语句可以脱离整体体系确定其意义

**二、填空题**

1. 尼采认为翻译作为一种行为应该是非理性的、审美的、非伦理的，因此它是________。
2. 本雅明认为翻译是原文文本的________，赋予原文以延续的生命。
3. 德里达认为，__________比“翻译”这个术语更能反映翻译的特征。
4. 德里达认为，由于印迹的________，意义也有其相对的稳定性，因此阅读、理解和翻译同时也是可能的。
5. 美国学者奎因在翻译理论方面坚持的是一种________，并非主张翻译绝对不可为，而是认为不可能有绝对的翻译。

**三、名词解释**

1. 纯语言　　2. 异延
3. 印迹　　4. 前理解

5. 彻底翻译

**四、简答题**

1. 简述尼采的翻译征服论，你如何看待这一观点？
2. 你如何看待海德格尔的“前理解”概念对翻译实践的启发？

# 第五章
# 翻译的功能学派

20 世纪二三十年代，功能语言学派诞生了。功能语言学派认为，语言本身作为一个功能体系，它的基本功能是用于交际。由于语言是在一定的社会产生和发展起来的，因此，研究语言一定要与人们交际的具体语言环境、社会文化联系起来。

功能语言学从语篇的层次、语篇的功能、语篇的语域、语篇的衔接、连贯等方面，对翻译研究具有极大的指导意义。许多研究翻译的学者从功能语言学的角度出发，建立了有特色的翻译理论。

## 第一节　功能理论与翻译理论

系统功能语法在翻译研究的应用可追溯到早期的代表人物 J. C. 卡特福德。他的《翻译的语言学理论》直接承接了韩礼德的语言方法，特别是受“语法的范畴理论”影响很大。

韩礼德认为译者必须思考语篇、指称、衔接和自然层次上的对等。他的系统功能语法中有关语义、语法和语篇的概念和术语，对研究翻译的过程和翻译的目的非常有价值，不少翻译研究者如豪斯（J. House）、弗米尔、曼塔里、赖斯、诺德等人，通过系统地运用普通语言学和韩礼德等人的系统功能语言学，将之与翻译研究结合，形成了自己独特的功能研究视角，取得了丰硕的成果。

## 第二节　豪斯：翻译质量评估

朱丽安·豪斯（Juliane House）是德国汉堡大学应用语言学教授，德国多语语言科学研究中心主任。主要代表作有《翻译质量评估模式》、《教学互动英语语法》、《跨文化语用学》等。

豪斯在 1977 年提出一种关于翻译质量评价的模式，概括来说，就是根据原文语篇和目的语语篇在词汇、句法，以及篇章方面所采用的不同方式，对原文语篇和目的语语篇在语域分析方面进行比较。

1997 年她又提出改良模式，引入了韩礼德的功能语法学派的语域分析，其中内容涉及语义场、语旨，以及话语模式的分析方法。

豪斯的翻译评估模式是一个将韩礼德的纯理功能和语域综合在一起思考的模式。它的主要程序是：在微观层面上，关注原文和译文的语言和情景细节；在宏观层面上，对比两个文本，还要评估相对的匹配。

豪斯还将具体评估分为两个情景层面：语言使用者层面（Dimension of language user）和语言使用层面（Dimension of language use）。前者包括：地域（Geographical origin）、社会地位（Social position）和时间（Time）这三个参数。

后者包括：媒介（Medium）、参与（Participation）、社会角色关系（Social role relationship）、社会态度（Social attitude）和领域（Province）。

豪斯的翻译质量评估模式主要关切的是翻译中的语境意义，通过运用功能或语用理论，该模式从信息、思想和经验的传递（概念意义）到语言的使用，以建立起各种特殊的关系（人际意义）。豪斯的评价标准也非常具体，具有较强的可操作性和实证性。它兼顾了语言的使用者（读者）、语言的功能等因素，可行性很强。

## 第三节　哈蒂姆与梅森：语境翻译模式

哈蒂姆（Basil Hatim）与梅森（Ian Mason）是运用韩礼德系统功能模式来研究翻译用力最勤的两位翻译理论学者。两人合著有《话语与译者》（*Discourse and the Translator*）《作为交际者的译者》（*The Translator as Communicator*）。

由于篇章语言学、语用学蓬勃发展，哈蒂姆和梅森提出了语境翻译模式（Model of Context），把翻译放在所发生的社会文化语境之下，视口笔译活动为特殊的交际事件（Event），作为社会行为（Social behavior）的方式加以研究，探讨语境（Context）、结构（Structure）和文本肌理（Texture）之间的互动和共生关系。两人认为，语境的交际因素应该从分析韩礼德所说的语域（Register）着手，对文本语域的分析是处理话语交际过程非常重要的组成部分，因为语域决定了交际内容，交际双方的关系和交际方式。

## 第四节　格特和贝尔翻译理论简介

### （一）格特：关联理论的翻译模式

厄恩斯特·奥古斯特·格特（Ernst-August Gutt）是德国翻译理论家，著有《关联理论：认知与语境》等。格特的主要研究领域是关联理论、翻译和认知。

关联理论是一个关于语言交际的理论，它关注的核心问题是交际和认知。一方面，关联理论强调了译者认知能力的重要性，另一方面，又极其重视译文与目的语受众的期待匹配，即在解释翻译意义时，译文和读者必须认同所解释的语境，否则，就达不到最佳关联和翻译的最佳效果。

### （二）贝尔的认知翻译模式

罗杰·贝尔（Roger T. Bell）是英国威斯敏斯特大学语言学教授，翻译理论家。代表作有《翻译与翻译过程：理论与事件》（*Translation and Translating: Theory and Practice*）。

贝尔以韩礼德的系统功能语言理论、认知语言学、篇章语言学、心理学和信息论的概念、范畴和方法作为其主要基本框架理论，探讨了翻译过程的描写，以及认知心理过程、模式和运作机制。他通过系统运用语言学理论，研究了翻译过程的模式。他的研究涉及译者语言能力的知识和技能，尤其是译者的心理记忆模式（Models of memory）、信息处理模式（Models of information processing）以及意义模式（Models of meaning）。由于模式、意义和记忆是贝尔翻译理论中最关键的三个词。因此，他的翻译模式是建立在“意义”的本质特点上的，以及建立在记忆中的信息处理模式基础之上的。贝尔的这种翻译模式也因此被称为认知翻译模式。

## 一章一练

### 一、选择题

1. 关于功能语言学派，下列说法不正确的是：________。
   A. 认为语言的基本功能是交际
   B. 认为要联系人们交际的具体语言环境、社会文化来研究语言
   C. 诞生于 20 世纪 50 年代
   D. 代表人物有韩礼德等
2. 英国语言学家韩礼德提出的“field of discourse”概念指的是________。
   A. 交际方式　　B. 概念意义　　C. 人际关系　　D. 交际风格
3. 韩礼德曾把翻译过程分为三个阶段，不包括：________。
   A. 逐项对等阶段
   B. 整理语义阶段
   C. 重新思考语言环境和语言环境之外的语境的阶段
   D. 在语言不再提供任何信息的时候，重新思考目的语的语法、词汇特点的阶段
4. 下面哪一位不属于翻译的功能学派学者？________。
   A. 豪斯　　B. 赖斯　　C. 荷尔德林　　D. 曼塔里
5. 下列哪本书不是豪斯的作品？________。
   A.《功能语法入门》　　B.《翻译质量评估模式》
   C.《教学互动英语语法》　　D.《跨文化语用学》
6. 关于豪斯的翻译质量评价模式，下列说法不正确的是：________。
   A. 于 1977 年提出
   B. 对原文语篇和目的语语篇在语域分析方面进行了比较
   C. 是一个将韩礼德的纯理功能和语用综合在一起思考的模式
   D. 主要关切的是翻译中的语境意义
7. 在豪斯看来，语言使用层面不包括________。
   A. 媒介　　B. 参与　　C. 社会角色关系　　D. 社会影响
8. 关于哈蒂姆和梅森提出的语境翻译模式说法不正确的是：________。
   A. 该模式将把翻译放在所发生的社会文化语境之下进行研究
   B. 该模式视口笔译活动为特殊的交际事件
   C. 该模式探讨语境、结构和文本观点之间的互动和共生关系
   D. 该模式可采用文本肌理-结构-语境的分析方法
9. 格特的主要研究领域不包括________。

A. 关联理论　　B. 文艺学　　C. 翻译　　D. 认知

10. 关于贝尔的翻译过程的模式说法不正确的是：________。

A. 翻译是人类信息处理一般现象的特殊例子

B. 翻译过程的模式应建立在信息处理的分析层面

C. 文本的处理包括“自上而下”也包括“自下而上”的方法

D. 翻译在语言的子句层面上起作用

**二、填空题**

1. 语言系统中有三个用于表示功能的纯理功能，包括________、________和________。
2. 豪斯将具体的翻译质量评估分为两个情景层面：________和________。
3. 在豪斯看来，语言使用者层面包括________、________和________。
4. 哈蒂姆和梅森认为，翻译中的译者经验、语言使用和语用行为的相互渗透和融合，才能形成完整的意义，这就是语境、结构和文本肌理的共生共存或________的关系。
5. 贝尔的研究涉及译者语言能力的知识和技能，尤其是译者的________、________和________。

**三、名词解释**

1. 隐性翻译
2. 语境翻译模式
3. 对话口译
4. 关联理论
5. 间接翻译

**四、简答题**

1. 梅森关于对话口译的看法有哪些，对你有什么启发？
2. 请谈谈“隐性翻译”“显性翻译”与“归化法”“异化法”的异同。

# 第六章
# 多元系统及规范学派

20 世纪 70 年代，随着功能翻译学派、翻译的目的论学派的兴起，翻译研究越来越注重目的语文本功能的研究。这两派的学者都将自己研究的焦点聚焦在文本翻译的功能和目的上，直到 20 世纪多元系统理论（Poly-system Theory）的出现，翻译研究才从“内部研究”转向了“外部研究”。

所谓多元系统，指的是相互联系的各种因素组成的一个多层次的集合体，随着其中各个因素的相互作用，该集合体也会发生改变和变异。

多元系统理论最先由以色列学者伊塔马·埃文-佐哈提出，其学生吉登·图里将该理论进一步深化。

## 第一节　佐哈的多元系统翻译观

伊塔马·埃文-佐哈（Itama Even-Zohar）是特拉维夫大学文化学教授，其主要贡献是提出了研究动态文化和异质文化的多元系统理论。主要代表作有《多元系统研究》。

为了强调社会文化系统的历时和共时的互动作用，佐哈提出了“动态结构”的概念，以解释系统中的开放部分和历史时空当下的变量和异质性。

佐哈创造“多元系统”这个术语就是要明确表达动态的、异质的系统观念，和索绪尔的共时观划清界限。他把翻译看做是一个综合体，一个动态体系予以考察，而不是仅仅考察某个具体的文本。

佐哈的多元系统理论对当代翻译理论至少有三个方面的影响：

第一，多元系统理论使传统的语文学研究走出来了零碎的办法，融会于更宽广的视野，将翻译史与学科的历史深度结合在一起，做到推陈出新。

第二，多元系统理论研究建立在翻译研究的翻译总结基础上，它强调大规模的实证研究，而不是依赖使用高风险的假设解释，翻译学者亲历参与宏大叙述。

第三，多元系统理论以前的规范翻译理论强调的是翻译产品，而不是理论本身。相对具体历史时期的翻译实践，多元系统认为理论在实践中扮演重要的角色。

## 第二节　图里的规范及描述翻译学

吉登·图里（Gideon Toury）是以色列特拉维夫大学诗学、比较文学与翻译理论教授，是将多元系统理论应用到翻译研究的代表人物，同时也是翻译描述研究理论用力最勤的理论家，其代表作有《翻译理论探索》（*In Search of a Theory of Translation*）等。

图里在规范理论方面有自己独到的看法，他在借鉴列维和波波维奇观点的基础上，从行为主义的角度来探讨规范，认为规范是明辨社会行为是否得体的标准，是一种社会文化习得。在翻译中，图里所提出的规范是翻译能力和翻译实践行为的中介，翻译规范可以在一定程度上预测译者的选择规范和读者的阅读期待，既涉及译者的决策、翻译方法的选择，又涉及翻译的文化因素。此外，翻译规范还体现在对产品（译作）的分析上，但更重要的是对译者决策过程的认识上。

图里还非常认同霍姆斯提出的关于描述翻译学的构想。他将霍姆斯的构想具体化，把描述翻译研究与多元系统理论结合起来，开拓了一条描述性的、面向目的语社会文化系统的新路径。

图里的理论对于描述翻译学的贡献有以下几个方面：

（1）摒弃了传统译论中一一对应的概念，放弃了文学、语言学角度等值的可能性（除非偶然的等值）；

（2）在目的语文化系统内，文学旨趣积极参与翻译文本的生产；

（3）动摇了原文信息具有确定意义的观念；

（4）在相互作用的文化系统中，将原文文本和译文文本统一置于符号学网络中加以研究。

## 第三节　切斯特曼和赫曼斯翻译理论简介

### （一）切斯特曼的文化米姆论

安德鲁·切斯特曼（Andrew Chesterman）是英国知名翻译理论家。对翻译理论的主要贡献在于：补充和发展了翻译规范理论，并创立翻译米姆论，还阐释了翻译方法论和对比语言学的方法。主要著述有：《翻译米姆论——翻译思想传播》（*Memes of Translation: The Spread of Ideas in Translation Theory*）。

在翻译学中，一种米姆，是个人学习或模仿他人的思想或行为。它是一个文化转换单位、模仿单位或文化基因。米姆在不同文化之间通过语言传播是需要翻译的，因此，切斯特曼认为，建立在米姆基础上的翻译定义应该是：翻译是米姆的延续机。

能够反映翻译概念、翻译思想和翻译理论本身的米姆叫做翻译米姆。切斯特曼认为，翻译理论的更迭和演变本身，就是翻译米姆不断复制和传播的结果。翻译研究中，米姆的概念可以解释翻译概念本身的演变和旅行方式。他的翻译米姆论解释了翻译理论和语言活动产生、发展和消亡的现象，通过描述的手段，最终目的是发现翻译活动和翻译理论研究的规范和规律。

### （二）赫曼斯的系统翻译理论

西奥·赫曼斯（Theo Herman）是当今国际翻译界享有盛誉的学者，他所倡导的描述翻译研究在全世界有着深远的影响，成为当今翻译研究的主流。赫曼斯是操纵学派的代表，注重对己与文本进行描述性研究，以确定翻译与规范的互动关系。其主要著作有：《文学操纵》（*The Manipulation of Literature: Studies in Literary Translation*）。

描述翻译学里一个最重要的概念就是规范，因为它与翻译假设、可接受性的期待关系密切。赫曼斯从社会系统理论角度把规范置于更大的系统中，使之成为翻译史研究的工具和元理论方法。

总的来说，赫曼斯认为支配翻译规范的有三个层次：一是社团的文化和意识形态规范，二是来自于可译性的概念重构的翻译规范，三是特定的读者系统中占支配地位的文本规范。

通过《文学操纵》一书，赫曼斯还提出了翻译操纵理论。操纵学派在本质上隶属于多元系统，其基本出发点来自于佐哈的多元系统理论，即将文学翻译看做是一个动态的复杂系统，翻译研究的理论模式和个案研究应该反映其动态发展。操纵学派的基本特点是以意识形态操纵翻译，采取以目的语为取向的实证方法，在方法论上强调描述，在个案分析上讲究系统，在效果上寻求目的语社会文化的认同。

## 一、选择题

1. 多元系统理论的来源不包括：________。

A. 赫曼斯的操纵理论　　B. 俄国形式主义文学理论

C. 索绪尔的结构语言理论　　D. 列维、米科等捷克学者的理论

2. 1916 年圣・彼得堡成立的“诗歌语言研究会”，主要代表人物不包括：________。

A. 什克洛夫斯基　　B. 艾亨巴乌姆　　C. 鲍加特廖夫　　D. 特尼亚诺夫

3. 佐哈的代表作不包括：________。

A.《翻译研究综合法》　　B.《历史诗学文集》

C.《多元系统研究》　　D.《文化研究文集》

4. 佐哈为文学系统设立了三个相互对立的概念，不包括：________。

A. 经典化与非经典化模式的对立　　B. 正统与非正统地位的对立

C. 中心与边缘位置的对立　　D. 主要和次要活动的对立

5. 图里认为在实际翻译过程中译者常受到三类规范的制约，其中不包括：________。

A. 预备规范　　B. 起始规范　　C. 结束规范　　D. 操作规范

6. 图里的理论对于描述翻译学的贡献不包括：________。

A. 摒弃了传统译论中一一对应的概念

B. 在目的语文化系统内，文学旨趣积极参与翻译文本的生产

C. 动摇了原文信息具有多义性的观念

D. 将原文文本和译文文本统一置放于符号学网络中加以研究

7. 切斯特曼所提出的职业规范不包括：________。

A. 品质规范　　B. 责任规范　　C. 交际规范　　D. 关系规范

8. 超级米姆不包括：________。

A. 归化与异化超级米姆　　B. 原语—目的语超级米姆

C. 等值超级米姆　　D.“写作即是翻译”的超级米姆

9.《文学操纵》是谁的著作？________。

A. 赫曼斯　　B. 切斯特曼　　C. 佐哈　　D. 雅各布逊

10. 规范对于赫曼斯来说，________。
   A. 是一种因果性解释
   B. 是探索同一层次规则、惯例及其对翻译决策的影响
   C. 与价值无关
   D. 是一种认知期待

**二、填空题**

1. 多元系统理论最先由以色列学者伊塔马·埃文-佐哈提出，其学生________将该理论进一步深化。
2. 为了强调社会文化系统的历时和共时的互动作用，佐哈提出了________的概念，以解释系统中的开放部分和历史时空当下的变量和异质性。
3. 由于规范不能直接观察，翻译规范的建立需通过________和________两种途径。
4. 切斯特曼提出了自己的一整套关于规范的理论，其主要内容是将规范分为________和__________两大类。
5. 为了使自身得以延续和传播，米姆必须具备三个条件，即________。

**三、名词解释**

1. 多元系统　　2. 起始规范
3. 明晰法则　　4. 翻译米姆
5. 原语—目的语超级米姆

**四、简答题**

1. 简述佐哈的多元系统理论对当代翻译理论的影响。
2. 谈谈多元系统理论和操纵理论的异同。

# 第七章
# 翻译的目的论学派

德国的功能翻译理论产生于20世纪70至80年代，它摆脱了传统的对等、转换等语言学的翻译方法，运用功能和交际方法来分析、研究翻译。其代表人物有卡特琳娜·赖斯（Katharina Reiss）、赖斯的学生汉斯·弗米尔（Hans Vermeer）和克里斯蒂安·诺德（Christine Nord）以及斯特·赫尔兹·曼塔里（Justa Holtz Manttari）。功能主义翻译理论观的出现最初是赖斯提出了文本类型理论（Text typology），弗米尔提出了目的论（Skopostheorie），曼塔里阐发了翻译行为（Translation action），最后诺德提出了"功能加忠诚"的理论（Function plus loyalty）。这四位学者的功能翻译观点一起被称为翻译的目的论理论。

## 第一节　赖斯的文本类型与翻译

卡特琳娜·赖斯（Katharina Reiss）是德国目的论翻译理论的开创者，其翻译理论的核心概念是文本类型及文本功能分析。

赖斯对文本类型的分类与翻译方法：

（1）信息功能文本：信息功能主要是给读者传递真实世界中的食物和现象，语言和风格的选择都要从属于这个功能。信息文本也包含纯粹寒暄式交际。因此，在翻译信息功能文本时，译者需注意译文应充分传达原文的指涉功能，且为了目的语读者的理解需要，信息翻译应直白易懂，必要时需要将原文外显化。

（2）表情功能文本：信息方面仅作为补充，占主导地位的是审美因素。风格的原则应以原文文本为导向。翻译这类文本是，首先，译文应传达原文的审美及艺术形式，翻译应使用"认同法"（Identifying method，赖斯称"作者视角"，Author-adapted），亦即译者应采用原文作者的视角，注重表情功能的发出者（Sender-oriented）。

（3）操作性功能文本：文本的内容和形式试图达到的翻译的言外效果。将操作性文本翻译成操作性文本的总体目标是：译者以读者的同等反应为原则，尽管有时可能有内容、形式和风格上的变化。翻译时通过采用"归化法"（Adaptive method），在译文读者中创造与原文同等的效果。

## 第二节　弗米尔的目的论理论

汉斯·弗米尔在赖斯具体理论的基础上，提出来以翻译"目的论"（Skopostheorie）为主的基本理论。目的论的出现，标志着翻译的研究角度从语言学和形式翻译理论转向更加倾向于功能化和社会、文化方向，因而成为功能主义翻译理论最核心的理论。

翻译目的论的定义是："在目的语背景下，为目的语的目的，和目的语环境读者，生产一个文本。"（Produce a text at target setting for a target purpose and target addressee in target circumstances.）

目的论主张，译本的预期目的决定翻译的方法和策略。在翻译过程中应遵循三个总体原则，即目的原则（Skopos rule）、连贯原则（Coherence rule）和忠实原则（Fidelity rule）。在这三个原则中，目的原则居于核心地位。

在弗米尔看来，翻译行为是一种有意图、有人际关系的跨文化交际行为。而行为的结果导致"目的语文本"的产生。

## 第三节　曼塔里：信息的发送与改变

加斯特·赫尔兹·曼塔里（Justa Holtz Manttari）借鉴交际理论和行为理论，提出了翻译行为理论，进一步发展了功能派翻译理论。该理论将翻译视作受目的驱使的，以翻译结果为导向的人与人之间的相互作用。曼塔里在该理论中探讨了包括文本转换在内的所有跨文化转换形式，着重讨论了翻译过程的行为、参与者的角色和翻译过程发生的环境等三个方面的问题。

曼塔里的"信息传递者"（Message transmitters）的含义是，把翻译当做一种信息传递活动，传递的最终效果取决于翻译目的和功能。目的论中的译者传递的不是语言符号，而是蕴含在符号中的意义。

曼塔里还认为"目的语的文本功能并不是从分析原文文本中自动获得的，而是通过跨文化交际的目的，从语用角度达到目的语文本的功能"。也就是说，译文的功能与原文的功能不同，根据语境作出"功能改变"（Function altering）。

曼塔里的翻译行为理论建立在语言交际、信息理论、语言使用和社会文化的理论基础之上，同时根据翻译目的论的需要，作了有创见的革新，但由于其理论完全忽略原文文本，所以可以说其翻译行为理论从根本上说属于一种极端的功能学派。

## 第四节　诺德的纪实性翻译与工具性翻译

克里斯蒂安·诺德研究领域主要涉及功能主义目的论的哲学基础、语篇分析和翻译类型等。其代表作有《翻译中的语篇分析》（*Text Analysis in Translation: Theory, Methodology, and Didactic Application of a Model for Translation-Oriented Text Analysis*）。

诺德针对曼塔里完全忽略原文的做法，提出了自己的两种翻译策略，即：

（1）纪实性翻译（Documentary translation）指的是在目的语交际中，记录原文文本所包含的信息。它强调的是直接生产原文，不考虑目的语语境，就像纪实影片一样复制客观事实或像新闻报道中采用的硬事实（Hard facts）。

（2）工具性翻译（Instrumental translation）指的是为了目的与文本，在目的语文化中实现不同功能的翻译。

**一、选择题**

1. 下面哪位学者不属于目的论学派？________。

A. 卡特琳娜·赖斯　　B. 汉斯·弗米尔
C. 克里斯蒂安·诺德　　D. 朱利安·豪斯

2. 卡特琳娜·赖斯认为文本可以分为以内容为中心的文本、以形式为中心的文本和以呼吁为中心的文本。下面哪种类型的文本是以形式为中心的文本？________。

A. 教材　　B. 新闻　　C. 小说　　D. 广告

3. 卡特琳娜·赖斯认为，文本类型决定翻译方法。对文本功能进行划分有助于分析原文和评估译文。下面哪种不属于她对文本类型的划分？________。

A. 信息功能文本　　B. 表情功能文本　　C. 呼吁功能文本　　D. 审美功能文本

4. 下面哪个原则不属于汉斯·弗米尔提出的目的论三原则？________。

A. 目的原则　　B. 连贯原则　　C. 忠实原则　　D. 功能原则

5. ________提出了翻译中的“功能加忠诚”原则。

A. 卡特琳娜·赖斯　　B. 汉斯·弗米尔
C. 克里斯蒂安·诺德　　D. 朱利安·豪斯

6. 根据目的论理论，翻译过程中应遵循的原则不包括：________。

A. 行为原则　　B. 目的原则　　C. 连贯原则　　D. 忠实原则

7. 1978 年出版的《普通翻译理论基础》的作者是________。

A. 汉斯·弗米尔　　B. 斯奈尔·霍恩比　　C. 韦努蒂　　D. 曼塔里

8. 曼塔里的翻译理论来源不包括：________。

A. 赖斯的目的论　　B. 冯·莱特的行为理论
C. 里宾的功能语用学　　D. 乔姆斯基的转换生成语法

9. 下列哪一项不属于工具性翻译的特点？________

A. 与原文保持神似　　B. 尽可能替代原文功能
C. 发现文本的其他功能　　D. 取代原文的效果

10. 关于翻译的目的论说法不正确的是：________。

A. 认为原文的地位不再神圣不可侵犯
B. 原文仅是译者采用的多个信息来源之一
C. 重视译文与原文的等值
D. 强调译者的主体性

**二、填空题**

1. 目的论总的框架结构来源于________________，它的诞生，标志着流行于 20 世纪 50 年代至 70 年代的结构主义语言学统治翻译理论的结束。

2. 德国目的论翻译理论的开创者是________________。

3. 德国著名翻译理论家卡特琳娜·赖斯将主要文本功能分为三类：信息功能、________________和操作功能。

4. 意识到人们对翻译的等值、忠实的敏感，诺德提出了________的概念。

5. 功能主义目的论第二代表性人物克里斯蒂安·诺德提出了纪实性翻译和________两种翻译策略。

## 三、名词解释

1. 文化置换
2. 工具性翻译
3. 纪实性翻译
4. 文内连贯
5. 信息功能文本

## 四、简答题

1. 德国著名的翻译理论家卡特琳娜·赖斯是如何将文本类型分类的？各文本类型具体包括哪些（列举两三个即可）？你如何评价赖斯对文本类型的分类？
2. 克里斯蒂安·诺德提出了“功能加忠诚”的翻译指导原则，这里的“忠诚”指的是什么？它与“忠实”或“等值”有什么区别？

# 第八章
# 翻译研究的文化学派

进入20世纪80年代，以苏珊·巴斯内特为首的翻译研究学者，在多元系统理论及操纵学派理论基础上，进一步明确了翻译研究的学科范围和使命，使描述翻译学朝跨学科、多视角的方法迈进，翻译研究的文化学派应运而生。

## 第一节　文化转向的历史背景

20世纪90年代出现的翻译研究的文化模式的产生，标志着翻译研究朝着“文化转向”(Cultural Turn) 潮流发展。比起语言学翻译模式和强调以目的语文本的多元系统理论，翻译的文化转向更加强调学科的自足性、学科范式的规律性和开放性，更多地思考不同时期价值观、意识形态、体制与它们对翻译研究的影响。传统的翻译科学概念日益受到挑战，学者们更多地从跨学科的角度从比较文学、语言学、语言哲学、解释学、交际理论、符号学、人类学、社会学等学科借鉴新的研究方法，开拓新的思路。文化转向就是在这样一种背景下产生。

## 第二节　巴斯内特：文化转向的风向标

苏珊·巴斯内特是国际知名翻译理论学者、比较文学家和诗人。主要代表作有《翻译研究》《比较文学批评入门》等。

巴斯内特提出的翻译学应该包括的最基本内容有：

(1) 翻译史研究

(2) 目的语文化中的翻译研究

(3) 翻译与语言学研究

(4) 翻译与诗学研究。

巴斯内特认为，翻译的基本问题包括：

一是等值问题，等值问题涉及两个思路，一个是翻译中语义的特殊问题，以及从原文到译文的语义传递，另一个是具有审美特点的文学作品翻译的等值问题。无论从哪个角度思考，都要把等值问题放置在具体文化背景下讨论。

二是不可译性问题，巴斯内特指出，不可译性有两种，即卡特福德区分的语言不可译性和文化不可译性。但同时她认为，不可译性的讨论要根据具体情形，具体分析，也就是语境和上下文因素在翻译中扮演重要角色。

由此可见，巴斯内特对于翻译的不可译性采用的是一种辩证法，翻译既不是完全不可能，也不是完全可能。

巴斯内特的文学翻译思想包含了文学翻译的诗歌研究和戏剧研究两个大的方面，并力图从文学翻译的内部研究和外部研究反映诗歌翻译与戏剧翻译的特点。围绕这两个方面，巴斯内特提出许多具有真知灼见的翻译理论。

巴斯内特的文化转向理论，实际上伴随着20世纪80年代以来其他批评理论思潮而发展。一方面，翻译研究作为一门独立学科已经初步建立，另一方面，通过吸取其他学科的养料，翻译研究翻过来辐射到其他诸多领域。巴斯内特引入了一系列革命化的新概念：

（1）与原文共谋：指的是译者与原文作者合作的意思。

（2）伪翻译，又称自动翻译：这是一种伪造文本或杜撰文学作品的行为，作者试图把一个原文本作为译本来呈现。

（3）自我翻译：作者将自己创作的原文，自己动手翻译成另一种语言。

（4）杜撰翻译：作为对原文的一种补充，译者添加一些原文没有的内容。

（5）旅行翻译：异国风情是旅行翻译突出表现的内容。

涉及文化转向，巴斯内特提出了文化转向后翻译理论的发展方向，具体有四点：

（1）有必要深入调查发生在不同文化之间的文化渗透（Acculturation）过程，深入研究不同文化建构作家和文本的形象。

（2）在跨越文化疆界时，有必要更多地比较不同文化资本形成的模式。

（3）有必要深入研究韦努蒂所说的“翻译带来的种族中心主义暴力”，深入研究翻译的政治问题。

（4）有必要集中精力将翻译研究扩展到跨文化培训，以及评估翻译培训在世界范围内带来的深远影响。

巴斯内特重视翻译研究与其他学科的关系，注重理论联系实际，注重文化翻译的目的与功能，重新给翻译学科定位，突出了学科的本体地位和译者的主体性地位。巴斯内特翻译的文化转向思想的提出，标志着描述学派的翻译研究进入了一个崭新的时期。

## 第三节　勒费弗尔：翻译学科范式的改写

安德烈·勒费弗尔（Andre Lefevere）是国际著名翻译理论家，比较文学家和翻译家。勒费弗尔的主要著述有：《文学翻译的日耳曼传统》（*Translating Literature：the German Tradition*）《翻译、历史与文化论集》（*Translation，History and Culture*）等。

勒费弗尔从一开始就关注翻译学科的核心问题，即翻译的定位问题和文化与翻译的关系问题。由于过往理论不足以分析文学现象，勒费弗尔提出翻译研究必须实现方法论上的彻底转变。为此，他和巴斯内特倡导了翻译的文化转向。

在勒费弗尔的谱系学里，改写、操纵、赞助人和意识形态等概念已经成为文化转向的核心范畴。

改写或翻译必定受到目的语文化诗学、文化观念和意识形态规范的制约，译者在此规范内进行操作。改写的动机要么是为了同主流意识形态和诗学保持一致，要么是对其进行反抗。

改写的积极作用是引进新的概念、新的文学样式和新的方法，有助于文学和社会进步，其消极作用是压制改革，进行歪曲和控制。关于改写，勒费弗尔的功劳在于，第一次系统阐释其作用与影响，让人意识到这个被放逐的范畴应该引起人们的重视。

理解翻译过程中的改写，不仅使我们能更好地认识翻译的本质，而且更好地了解目的语的文化和社会。将改写、权力与意识形态放置在翻译文学和文化中心位置的同时，也提高了翻译的作用和社会地位。根据勒费弗尔的理论，改写后的译文享有与创作等同的地位，这使人想到：翻译也可以被改写、利用和操纵，以实现特定的文学、文化和社会目的。翻译不仅只是翻译意义，更重要的是翻译文化。

勒费弗尔还提出了翻译赞助人的概念，他认为，赞助人是“有权势的人或机构，能促进或阻碍文学阅读、文学创作和文学改写”。挖掘出赞助人对翻译的操纵和改写，是勒费弗尔的另一个贡献。

勒费弗尔提出的文学系统中的专业人士、系统外的赞助人和主流诗学这三个因素，在文学翻译中对翻译功能影响巨大。他通过对不同的个案进行研究，细致梳理和考证了文学系统中的赞助人因素，使我们更深刻地意识到，这一外围研究途径的运用，给翻译研究的文化转向带来了深远的影响。

勒费弗尔还研究了意识形态与翻译的关系，因为翻译研究的重心不仅应放在语言、认知及审美层面上，而且更应该关注研究其政治社会效果及影响。作为社会生活的反映，译作必然要涉及翻译作品和它所反映的社会生活的关系，而意识形态是译作与社会生活反映的最典型代表。一般来说，译者对原作在一定程度上必须及时作出适当的调整和改写，使其符合所处时期占统治地位的意识形态和诗学形态，以达到使翻译的作品被尽可能多的读者接受的目的。

更重要的是，勒费弗尔提出了一个值得注意的观点：即不同文化在不同时代必须面对一个现实：翻译中“他者”的存在。

在勒费弗尔看来，翻译实践是一种文化应对另一种文化“他者”的策略。

简言之，勒费弗尔以高屋建瓴的手法，不仅从宏观上探讨了中西翻译思想的种种异同，更重要的是，还探幽入微地分析了“他者”在中西翻译历史上的重要作用。

综上所述，勒费弗尔的研究从操纵、意识形态、诗学、权力话语等方面大大拓宽了翻译研究的视野。他的主要贡献在于，从社会、历史和文化深层次上，构建了文化学派的基础理论。对意识形态的认识，不仅能使我们关注翻译的常规性的讨论，而且还能使我们关注翻译研究如何更有效地促进整个文化研究和人文学术研究，因此，翻译应该在文化历史中占据比它今天更核心的地位。同时，通过运用大量个案充分说明意识形态、赞助人、诗学等文化框架对翻译的冲击，勒费弗尔试图唤起翻译界、学术界对翻译的文化视角的注意。

可以说，勒费弗尔的翻译思想是20世纪后期最重要、最具有原创性的思想。在他手里，翻译研究的文化学派成功地实现了文化转向。

## 第四节　韦努蒂的文化翻译观

劳伦斯·韦努蒂（Lawrence Venuti）是美国著名翻译理论家、翻译史家、翻译家。主要从事欧洲早期现代文学、英美文学、诗学和意大利文学的翻译研究与教学。韦努蒂著述颇丰，主要著作有《译者的隐身》(The Translator's Invisibility: A History of Translation)《翻译的窘困：关于差异的伦理》(The Scandals of Translation: Towards an Ethics of Difference）等。

韦努蒂的理论中，被中外翻译界谈论得最多的是他对归化与异化翻译策略的阐释：

（1）归化翻译（Domesticating Translation，Domestication），指译文采用明白晓畅的风格，这样把目的语读者对外国文本和文化的陌生感降低到最低程度，读者读起来通顺易懂。

（2）异化翻译（Foreignizing Translation）旨在限制归化翻译所带来的“翻译的种族中心主义的暴力”，在生成目的语文本时，通过保留原文中某些异国情调的东西，故意打破目的语习惯的语言和文化规范。异化翻译法将归化翻译法所排除的异质性，重新纳入翻译研究的范围。译者的目的在于改变目的语的语言和文化。

韦努蒂受德国哲学家、翻译理论家施莱尔马赫和法国翻译家、历史学家兼翻译理论家伯尔曼（Antoine Berman）理论的影响，强烈质疑归化翻译法。他指出，这种突出流畅性的翻译策略，是为了体现西方种族中心主义及文化帝国主义的价值观，用其来归化外国文本。一方面，它满足了文化霸权主义的需要，另一方面，它使译者和译作处于一种“隐身”状态。

从语言技术层面上看，异化翻译有助于民族文化建设，吸收外国语言的表现方式，以丰富本土语言。但是，韦努蒂认为，在归化与异化之间不存在绝对的鸿沟，不能处处将二者对立起来。值得注意的是，但凡涉及归化和异化的策略，韦努蒂反复强调以下几点：

（1）归化和异化是一对总体概念，而不是二元对立。

（2）异化不是一种词语选择策略，而是译文中表现的对外国文化的一种道德、伦理态度。

（3）无论是归化或异化都存在“种族中心主义的暴力”，译者拆解、调整外国文本也是实施一种暴力。

（4）异化是以原文和原文文化为归宿的，这种提法是不正确的，因为翻译总是在目的语语言、文化中进行的。

（5）异化的翻译策略是差异的交换。

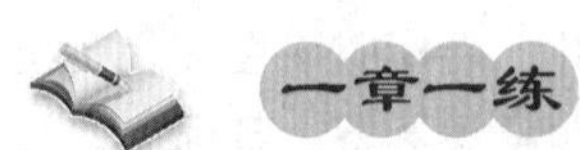


## 一、选择题

1. 翻译的文化学派代表人物不包括：________。

   A. 雅各布逊　　B. 巴斯内特　　C. 勒费弗尔　　D. 韦努蒂

2. 关于翻译研究的文化转向下列说法不正确的是：________。

   A. 以翻译研究的文化模式产生为标志

   B. 强调学科的自足性、学科范式的规律性和开放性

   C. 出现于20世纪60年代

   D. 由巴斯内特等人倡导

3. 下列哪部著作不是巴斯内特所作？________。

A.《翻译研究》　　B.《翻译研究综合法》

C.《比较文学批评入门》　　D.《文化构建》

4. 巴斯内特提出的翻译学基本内容不包括：________。

A. 翻译史研究　　B. 目的语文化中的翻译研究

C. 翻译与文艺学研究　　D. 翻译与诗学研究

5. 霍姆斯的诗歌基本翻译策略不包括：________。

A.“模仿形式”翻译法　　B.“转换形式”翻译法

C.“异域形式”翻译法　　D.“内容为主”翻译法

6. 勒费弗尔总结的七种诗歌翻译方法不包括：________。

A. 语音翻译法　　B. 直译法　　C. 音步翻译法　　D. 节奏翻译法

7.《文学翻译的日耳曼传统》的作者是________。

A. 勒费弗尔　　B. 德里达　　C. 科勒　　D. 海德格尔

8. 根据勒费弗尔的观点，在文学系统内制约翻译功能的因素不包括：________。

A. 文学系统专业人士　　B. 价值观念

C. 主流诗学　　D. 系统外赞助人

9.《译者的隐身》的作者是________。

A. 韦努蒂　　B. 巴巴　　C. 赛义德　　D. 伯尔曼

10. 勒费弗尔对传统中西翻译实践特点的看法不包括：________。

A. 西方注重译文对原文的忠实

B. 赞助人和权力都在中西翻译史上发挥重要作用

C. 在中国，意译和不忠实翻译是主流

D. 影响翻译的主要因素是语言因素

**二、填空题**

1. 巴斯内特认为，翻译的基本问题包括__________和__________。

2. 就诗歌翻译方法而言，一方面，巴斯内特提倡________的整体观，另一方面，她引入符号学、解释学的解释理论，给译者译充分的自由。

3. 勒费弗尔提出翻译研究的四个层面，颠倒了自上而下的研究模式，按照等级秩序及其在翻译研究的重要性分别为：意识形态、诗学、________和________。

4. 勒费弗尔提出了一个值得注意的观点：即不同文化在不同时代必须面对一个现实：翻译中________的存在。

5. ______________证实了原文和译文之间存在的模糊关系，这种关系即是霍米·巴巴所说的矛盾心理。

**三、名词解释**

1. 文化转向　　2. 赞助人

3. 滥译　　4. 伪翻译

5. 他者

**四、简答题**

1. 在巴斯内特看来，不可译问题应分为哪几种情形处理？你如何看待其观点？

2. 如何看待抵抗式翻译和滥译行为？

# 第九章 女性主义翻译观

20 世纪 80 年代到 90 年代后期，继精神分析、形式主义、新批评、接受美学、符号学、后结构主义、解构主义、后现代主义等理论之后，女性主义文学批评和性别理论叩响了翻译研究的大门。近年来，西方翻译理论研究学者对女性主义与翻译的渊源、影响及其在翻译研究中的作用的探讨，正方兴未艾。

概括地讲，女性主义的第一次浪潮起源于 19 世纪末，延续至 20 世纪 60 年代。

第二次女性主义浪潮出现在 20 世纪 60 年代中后期，与当时如火如荼的女权主义运动直接相关。

第三次女性主义浪潮与 20 世纪末的解构主义、女权主义、同性恋主义、后殖民主义及酷儿理论思潮交相辉映，充分显示了多元性和包容性。作为一种意识形态，它通过对传统文化的重新审视，完成一种破旧立新的话语变革。它以“性别”作为文学批评研究的基本切入点，突破一系列传统范畴和价值尺度，致力于揭示妇女在历史、文化、社会中处于从属地位的根源，探讨性别与文本之间的相互关系，向传统的男性中心观念提出挑战，以达到发掘女性话语，重建文化研究新理论的目标。这无疑是值得注意的方法和思路。

从第二次女性主义浪潮以后，经过 40 多年发展的西方女性主义，经受了不断的创新、挑战、质疑与突破，从把妇女视为被动的受害者到具有主动的能动者，从男女二元对立到多元的性别观，从身份政治到分裂矛盾的身份，从白人中心到后殖民女性主义，从黑人女性主义到第三世界女性主义，从后现代女性主义到心理分析，这就是西方女性主义的发展思潮和所走过的道路。这一发展线索对 20 世纪的女性主义翻译理论的形成影响甚大。

西方女性主义翻译理论的杰出代表有芭芭拉·戈达德（Barbara Godard）、雪莉·西蒙（Sherry Simon）、罗莉·张伯伦（Lori Chamberlain）、苏珊·罗宾涅尔·哈伍德（Susanne de Lotbiniere-Harwood）、路易斯·冯·弗洛托（Luis von Flotow）等人。

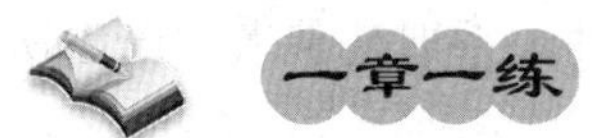


## 一、选择题

1. 下列翻译理论家哪位不属于女性主义代表人物？________。

   A. 豪斯　　B. 张伯伦　　C. 戈达德　　D. 弗洛托

2. 女性主义第二次浪潮出现于________。

   A. 20 世纪 40 年代　　B. 20 世纪 50 年代
   
   C. 20 世纪 60 年代　　D. 20 世纪 70 年代

3.《翻译的性别：文化认同和政治交流》的作者是________。

A. 冯·弗洛托　　B. 苏珊·哈伍德
C. 芭芭拉·戈达德　　D. 雪莉·西蒙

4. 下列哪项不是雪莉·西蒙的观点？________。
A. 主张从建构主义观点出发，指出翻译的衍生性和女性的从属性
B. 应打破传统的等级序列差异、文化偏见和二元对立的绝对性
C. 流畅翻译的概念应该重构
D. 女性主义译者挑战了传统文本意义生成的方式

5.《翻译与性别》的作者是________。
A. 冯·弗洛托　B. 西蒙·波伏娃　C. 西蒙·雪莉　D. 芭芭拉·约翰逊

6. 关于弗洛托的观点，下列哪一项是错误的？________。
A. 翻译研究应该从女性语言着手
B. 女性翻译家要在翻译中有意识地突出自己的个性、情感和身份
C. 女性主义作家应在翻译和文化伦理等制约因素之间找到可行之路
D. 翻译女性的语言文化需要采取静态翻译策略

7. 关于以作者为中心的女性主义翻译策略说法不正确的是：________。
A. 实现的是原作者的意图
B. 女性译者是合法的文本生产者
C. 女性译者消极参与文本的再生产
D. “注解”是具体操作方式之一

8. 以译者为中心的翻译策略具体操作方式不包括：________。
A. 重新塑造　B. 评论　C. 平行文本　D. 合作

9. 弗洛托所批评和质疑的翻译方法不包括：________。
A. 翻译第三世界女性材料时的主流翻译腔
B. 精英主义翻译法
C. 关联翻译法
D. 虚假翻译

10. 关于罗莉·张伯伦，说法不正确的是：________。
A. 她是加拿大女性主义翻译理论家
B. 她追溯了西方翻译理论界关于女性及隐喻的传统
C. 她认为女性关注性别身份是有益的
D. 她利用了后结构主义理论

**二、填空题**

1. 女性主义以________作为文学批评研究的基本切入点，突破一系列传统范畴和价值尺度，致力于揭示妇女在历史、文化、社会中处于从属地位的根源。
2. 在女性主义关照下，女性译者会利用各种翻译策略彰显________，为女性说话，使人们对女性翻译过程引起注意。
3. 女性主义翻译通常采用两大策略，分别以________和________为中心。
4. 以作者为中心的翻译策略具体操作方法有：重新塑造、评论、抵抗、________、________。

5. 女性主义者常用的翻译手段有：________、________和________。

**三、名词解释**

1. 女性主义翻译观
2. 身体翻译
3. 精英主义翻译法
4. 雌雄同体
5. 女性语言

**四、简答题**

1. 女性翻译策略有哪几种？常用的翻译手段有哪些？
2. 如何看待女性主义翻译观？

# 第十章
# 后殖民翻译理论

后殖民（Post-colonialism）是当下学术研究中最有影响力、扩展最迅速的领域之一。后殖民理论（Post-colonial Theory），亦称为后殖民研究（Post-colonial Studies），是一种多元文化理论，主要研究宗主国与殖民地之间的权力话语关系，以及有关种族、身份认同、文化霸权、民族认同、性别文化等方面的内容。它审视的是殖民影响所形成的文化、文学、政治及历史的理论方法和批评策略。后殖民翻译理论主要关注翻译在殖民化过程中所涉及的权力运作机制，以及随之而来的一系列抵抗的历史，其中包括翻译的混杂性、翻译的身份认同、文化霸权、他者等内容。后殖民主义译论是西方翻译理论中不可或缺的理论。

后殖民的“三巨子”爱德华·赛义德（Edward W. Said）、加亚特里·查克拉沃尔蒂·斯皮瓦克（Gayatri Chakravorty Spivak）和霍米·巴巴（Homi K. Bhabha）是后殖民理论的杰出代表；而玛丽亚·铁木志科（Maria Tymoczko）、特贾斯维莉·尼兰贾纳（Tejaswini Niranjana）及道格拉斯·罗宾逊（Douglas Robinson）等人是后殖民翻译理论的杰出代表。

后殖民的文化研究肇始于20世纪60年代，以法国心理学家佛朗兹·范农发表了其后殖民文化的奠基之作《黑皮肤、白面具》和《地球上的不幸者》为标志。但许多后殖民研究的理论家把20世纪70年代看做是后殖民研究的正式开始，因为美国重要的批评家、后殖民主义研究巨子爱德华·赛义德的《东方主义》正是这一时代发表的。后殖民理论因《东方主义》的出现而产生巨大反响，使后殖民理论成为20世纪80至90年代西方的一种显学。

后殖民主义的理论背景有这样几个来源：一是斯宾格勒“西方衰落”的断言；二是德里达的解构主义；三是巴赫金的对话诗学；四是马克思主义；五是福柯的权力和知识的写作理论。

后殖民的理论背景虽说与后现代主义研究的内容有所重叠，但后殖民主要涉及的是对东方主义的批判、文化身份的认同，对被殖民者的分析和民族主义的探讨，强调西方文化的入侵和抵抗、宗主国与殖民地的关系，第三世界作为“公共知识分子”的角色，以及关于种族、文化、历史、性别的“他者”的表述。

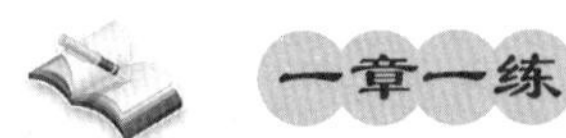


## 一、选择题

1. 后殖民理论“三巨子”不包括________。

A. 赛义德　　B. 巴巴　　C. 尼兰贾纳　　D. 斯皮瓦克

2.《东方主义》的作者是________。

A. 赛义德　　B. 铁木志科　　C. 乔伊斯　　D. 尼兰贾纳

3.《黑皮肤、白面具》的作者是________。

A. 佛朗兹　　B. 罗宾逊　　C. 坎波斯　　D. 铁木志科

4. 后殖民主义理论来源不包括：________。

A. 斯宾格勒“西方衰落”的断言　　B. 德里达的解构主义

C. 巴赫金的对话诗学　　D. 奈达的功能对等理论

5. 关于爱德华·赛义德说法不正确的是：________。

A. 他是巴勒斯坦裔美国文学批评家

B. 他认为翻译活动是跨语言、跨民族和跨文化的

C. 他否定文化间的差异性

D. 他对文化帝国主义进行了研究

6. 关于斯皮瓦克下列说法不正确的是：________。

A. 她是美国哥伦比亚大学教授　　B. 她著有《地球上的不幸者》一书

C. 她认为翻译是一种阅读　　D. 她还涉及女性主义研究

7. 下列哪一项不属于巴巴给翻译理论带来的崭新视角？________。

A. 翻译不是简单的复制，而是传递着不同的文化价值观

B. 翻译是一种文化间性行为

C. 翻译能够创造地缘身份认同

D. 翻译是代表不同群体、不同身份立场之间的一种谈判、调停和阐释

8. 尼兰贾纳批判西方中心主义翻译观的主要观点不包括：________。

A. 没有考虑到文化中的不可通约性

B. 忽视了不同语言权力不平等的现象

C. 概念存在缺陷

D. 建立起了一套殖民统治概念范畴和意向，应受到“拷问”

9.《后殖民语境中的翻译》一书作者是________。

A. 赛义德　　B. 坎波斯　　C. 弗洛托　　D. 铁木志科

10. 罗宾逊对后殖民翻译理论的贡献不包括？________。

A. 最早将“翻译”与“帝国”两个看似不相干的概念结合起来研究

B. 翻译不仅是一种“投胎转世”，更是一种互不可缺的共生关系

C. 提出了混杂性理论，影响了当今全球性后殖民研究

D. 指出后殖民翻译体现了“权力关系”

**二、填空题**

1. 巴巴认为，翻译作为“意义”生产的一种方式，跨越了文化疆界，处于一种“第三空间”或________。

2. 赛义德以《东方主义》一书进入了文化帝国主义的研究领域，从________的角度探讨了第一世界和第三世界之间权力与话语的对立模式。

3. 除了在整个文化语境中强调翻译在后现代、跨文化的重要性外，斯皮瓦克还提出了修

辞、逻辑及________构成的语言的“三面结构”。

4. 根据巴巴的观点，在后殖民对话语境中，________是颠覆权威话语、制造异质性文本最有效的途径。
5. 铁木志科积极倡导从文化角度对翻译进行研究，尤其注重从________研究后殖民翻译，从而成为引领该领域的主要理论家。

## 三、名词解释

1. 混杂性
2. 东方主义
3. 换喻
4. 惯用翻译对等词
5. 后殖民翻译理论

## 四、简答题

1. 坎波斯兄弟的食人主义翻译观主要内容有哪些？你如何看待食人主义翻译观？
2. 请根据后殖民主义理论回答如何破除西方中心主义翻译观？

# 备考习题

## 一、选择题

1. 西方最早的翻译理论家是________。
   A. 普鲁塔克　B. 毕达哥拉斯　C. 维吉尔　D. 西塞罗
2. 西方翻译思想史上除文艺学和语言学翻译理论之外的第三条发展线是________。
   A. 文化学理论　B. 哲学理论　C. 操纵学理论　D. 解释学理论
3. 描绘出当代西方翻译理论路线图的是________。
   A. 巴斯内特　B. 威尔斯　C. 霍姆斯　D. 图里
4. 西班牙托莱多的翻译活动可视为西方翻译史上的________。
   A. 第一个高峰　B. 第二个高峰　C. 第三个高峰　D. 第四个高峰
5. 泰特勒所提出的翻译三原则不包括：________。
   A. 译作应完全复写出原作的思想
   B. 译作的风格和手法应和原作属于同一性质
   C. 译作应具备原作所具有的通顺
   D. 译作必须考虑读者的感受
6. 英国杰出汉学家阿瑟·韦利遵循的翻译原则不包括：________。
   A. 译文要淳朴自然，不施藻饰
   B. 译文必须立足于忠实原作，准确再现原文风格
   C. 译文必须通顺流畅，给人以自然优美的感受
   D. 不同内容必须采用不同译法
7. 下列哪一项不属于威廉·洪堡的观点？________。
   A. 翻译分真正的翻译和机械的翻译
   B. 语言决定思想和文化
   C. 语言差距大而互不可译
   D. 可译性与不可译性是一种辩证关系

8. 布拉格学派最有影响的翻译理论家是________。
A. 卡特福德　B. 穆南　C. 列维　D. 雅各布逊
9. 下列哪一项不属于彼得·纽马克对翻译的分类？________。
A. 动态翻译　B. 交际翻译　C. 语义翻译　D. 直译
10. 《通天塔之后：语言与翻译面面观》的作者是________。
A. 乔治·斯坦纳　B. 海格德尔　C. 本雅明　D. 吉登·图里
11. 《翻译的理论问题》一书的作者是________。
A. 赫尔曼斯　B. 尤金·奈达　C. 雅各布逊　D. 乔治·穆南
12. 下列哪部书是费道罗夫所著？________。
A.《翻译理论概要》　B.《翻译科学探索》
C.《翻译的语言学理论》　D.《美而不忠的翻译》
13. 下列哪位翻译理论家不属于语言学派的代表人物？________。
A. 奈达　B. 费道罗夫　C. 荷尔德林　D. 穆南
14. 下列哪一项不属于文艺学派的基本观点？________。
A. 文学翻译是文学创作的形式之一，属于美学范畴
B. 文学翻译的首要任务是寻求语言上的对应
C. 文学翻译的单位是印象、感情和形象
D. 文学翻译的目的是从整体上再现原作的艺术现实
15. 《当代翻译理论》的作者是________。
A. 根茨勒　B. 张伯伦　C. 霍姆斯　D. 加切奇拉泽
16. 下列哪一项不属于苏珊·巴斯内特的翻译思想的具体表现？________。
A. 翻译研究的性质　B. 翻译研究的范围
C. 翻译研究的深度　D. 翻译研究的文化视线
17. 英国语言学家韩礼德提出的“field of discourse”的概念指的是________。
A. 交际方式　B. 交际内容　C. 交际场所　D. 交际风格
18. “意译”是指译文从意义出发，要求将原文的意义正确表达出来，不必拘泥于________的形式。
A. 词句　B. 词句和比喻
C. 各种修辞手段　D. 词句及各种修辞手段
19. 提出“顺从原作”和“顺从译作”两种翻译途径的近代西方翻译理论家是________。
A. 施莱尔马赫　B. 波斯盖特　C. 杰罗姆　D. 邓汉姆
20. 根据奈达和简·德·沃德的观点，下面哪位翻译家不属于语文学派？________。
A. 圣杰罗姆　B. 马丁路德　C. 施莱尔马赫　D. 卡图卢斯
21. 1965年出版的《翻译的语言学理论》一书的作者是________。
A. 卡特福德　B. 科米萨罗夫　C. 奈达　D. 布龙菲尔德
22. 纳博科夫提倡绝对________。
A. 直译　B. 意译　C. 仿译　D. 拆译
23. 庞德的直译法不包括________。
A. 脱体与浓缩　B. 拆译法　C. 逐字翻译法　D. 仿古译法

24. 下列哪一项不是尼采的翻译理论主张？________。
    A. 翻译是一种征服
    B. 翻译应忠实原文
    C. 在翻译过程中应体现出译者的主体性
    D. 翻译的风格不可译
25. 下面哪一位不属于翻译的功能学派学者？________。
    A. 豪斯　　B. 赖斯　　C. 荷尔德林　　D. 曼塔里
26. 多元系统理论的来源不包括：________。
    A. 赫曼斯的操纵理论　　B. 俄国形式主义文学理论
    C. 索绪尔的结构语言理论　　D. 列维、米科等捷克学者的理论
27. 翻译的文化学派代表人物不包括________。
    A. 雅各布逊　　B. 巴斯内特　　C. 勒费弗尔　　D. 韦努蒂
28. 巴斯内特提出的翻译学基本内容不包括：________。
    A. 翻译史研究　　B. 目的语文化中的翻译研究
    C. 翻译与文艺学研究　　D. 翻译与诗学研究
29.《译者的隐身》作者是________。
    A. 韦努蒂　　B. 巴巴　　C. 赛义德　　D. 伯尔曼
30. 下列翻译理论家哪位不属于女性主义代表人物________。
    A. 豪斯　　B. 张伯伦　　C. 戈达德　　D. 弗洛托

**二、填空题**

1. 从严格意义上来说，西方第一部译作是在公元前 3 世纪中叶安德罗尼斯在罗马用拉丁语翻译的希腊荷马史诗__________。
2. 费道罗夫认为，翻译理论首先“需要从语言学方面来研究”、翻译理论由________、________和________三部分组成。
3. 西方翻译理论体系是由两条清晰可见的主要路线串联起来的。一条是________，另一条是__________。
4. 1813 年，施莱尔马赫在柏林皇家科学院的学术讨论会上宣读了一篇题为________的论文，从理论上阐述了翻译的原则和方法问题，对德国翻译理论界产生了重大影响。
5. 荷尔德林认为，人类每一种具体语言都是同一基本语言即所谓________的体现，翻译就是寻找构成这一基本语言的核心成分即意思。
6. 1611 年出版的________是 17 世纪乃至整个英国翻译史上最重要的译作。
7. 撒缪尔·约翰逊曾于 1783 年出版____________，在对英国诗人的评论中用了很大篇幅谈论翻译问题，反映出约翰逊对翻译理论的深刻见解。
8. 雅各布逊对翻译理论的主要贡献体现在____________一文中。
9. 卡特福德认为他自己的翻译理论叫做翻译的________。
10. 费道罗夫发表的________，标志着苏联翻译理论研究中的一大突破。
11. 莫娜·贝克认为，为翻译研究所用的语料库可以分为三类，分别是________、________和________。
12. 德国语言学家科勒将翻译流派划分为应用翻译理论、________和________。

13. 1972年，霍姆斯在他的翻译构想中提出，描述翻译研究包括三种：________、________和________。
14. 朱利亚·克里斯蒂娃主要成就在于提出________理论，影响了20世纪的西方翻译理论。
15. 美国学者奎因在翻译理论方面坚持的是一种________，并非主张翻译绝对不可为，而是认为不可能有绝对的翻译。
16. 语言系统中有三个用于表示功能的纯理功能，包括________、________和________。
17. 为了强调社会文化系统的历时和共时的互动作用，以色列学者佐哈提出了________的概念，以解释系统中的开放部分和历史时空当下的变量和异质性。
18. 勒费弗尔提出了一个值得注意的观点：即不同文化在不同时代必须面对一个现实：翻译中________的存在。
19. 在女性主义关照下，女性译者会利用各种翻译策略彰显________，为女性说话，使人们对女性翻译过程引起注意。
20. 根据巴巴的观点，在后殖民对话语境中，________是颠覆权威话语、制造异质性文本最有效的途径。

**三、名词解释**

1. 释译
2. 完全翻译
3. 语际翻译
4. 释意理论
5. 翻译分论
6. 可译性
7. 动态对等
8. 纯语言
9. 归化翻译
10. 互文性
11. 显性翻译
12. 多元系统
13. 滥译
14. 后殖民翻译理论

**四、简答题**

1. 谈谈你对翻译理论和翻译实践两者关系的看法？
2. 简述交际翻译和语义翻译的异同。
3. 简述学习和了解西方翻译史的意义。
4. 简述文艺学翻译理论的优缺点。
5. 对比结构文本和解构文本的翻译策略，谈谈你对解构主义翻译理论的看法。

# 第八单元
# 中国翻译史知识

“语言是人类最大的财富。”语言在原始人类的太古时代就产生了，而且不同的民族在劳动中创造了各自不同的语言。语际交际基本上与语言的产生是同时发生的。而翻译活动应该是与语际交流的发生相伴而生的。不过，早期的翻译活动是相当原始的。真正意义的语际翻译的出现，大约是在原始社会末期及奴隶社会时期。由于生产力的发展，商业及文化交流的需要及其连绵不断的部族战争，正式开始了人类早期的翻译活动。中国与西方见诸文字记载的严格意义上的翻译活动均发生在大约公元前 2 至 3 世纪，也就是说，人类有史可考的正式译事至少已有两千多年的历史了。

纵观我国历代译论史、尤其是近代以来的译论起伏昌衰史不难发现，随着时代的变迁与进步，翻译与翻译理论的发展方向越来越从少数人走向多数人。从古典到近代，从近代到现代，翻译与翻译理论一步步走向普及、一步步走向大众。普及就是解放。翻译内容冲出佛经的圈子是一次普及、一次大众化；翻译语言冲出文言文的圈子又是一次普及、一次大众化；译论者冲出少数封建士大夫、名家大师的圈子还是一次普及、一次大众化。

我国的翻译有着数千年的历史。打开这一翻译史册，我们可以看到翻译高潮迭起，翻译家难以计数，翻译理论博大精深。了解这一历史不仅有助于我们继承先人的优秀文化遗产，而且也有助于我们今天更加深入认识和发展我们的翻译事业。中国翻译史这一部分的介绍分为三个章节：第一章是古代部分，从最早的翻译活动介绍到佛经翻译的几个阶段的介绍。这一时期，尤其是佛经翻译阶段的翻译大家如：支谦、道安、鸠摩罗什、慧远、僧睿、彦琮、玄奘、赞宁等，他们对翻译史的发展作出了重大贡献。第二章是近代部分，其中谈到明清之际的翻译和甲午战争前后的翻译。徐光启、林则徐、马建忠、梁启超、严复、林纾等诸多翻译家，他们的翻译活动，对于近代中国的对外开放和思想解放，产生了重要的启蒙作用。第三章是现当代部分，将现代部分和当代部分分别作了简要介绍。近代代表人物有鲁迅、茅盾、郭沫若、林语堂等，当代代表人物有傅雷、钱锺书、许渊冲等，他们的译论试图在我国传统的几个翻译基本问题上进行深入的探讨，以寻求打破长期徘徊的局面，实现理论上的重大突破。

# 第一章 古代部分

## 第一节　周朝到东汉桓帝前的翻译活动

早在史前时代，我国不同地区的部落、民族之间就开始了交际和融合的过程。据古籍记载和学者的研究，远在夏代，我国黄河流域的先民就已同外贝加尔湖和米努辛斯克地区的居民有了来往。最早称为“狄历”的居住在“北海”（贝加尔湖）的丁零（丁灵）民族，便在夏代“会于中国”，是《虞书·益稷》所谓“弼成五服”、“外簿四海”之一。沈福伟《中西文化交流史》在宋代根据唐宋以前古籍整理而成的大型工具书《册府元龟·外臣部·朝贡》里，有不少“夏后即位七年，于夷来宾”，“少康即位三年，方夷来宾”之类的记载。这些前来朝贡的远方使者，语言不同，必须要有翻译才能交流。然而，就是略有文献的夏商两代，现存史料也均失之过简，无从窥测当时的翻译活动。

到了周代，不仅与域外民族交往的史实记载更多了，而且有了关于翻译活动的明确记载。在《周礼》和《礼记》两书里就有关于周王朝的翻译官职的记载。

《周礼·秋官》：“象胥，每翟上士一人，中士二人，下士八人，徒二十人。”“象胥，掌蛮夷闽貉戎狄之国使，掌传王之言而喻说焉，以和亲之。若以时入宾，则协其礼遇其言辞传之。”

所谓“象胥”，即是古代对于翻译官的称呼，其主要是负责对南方各地的翻译官的称呼，而周代对专管其他各方的翻译人员还有各种不同的正式称呼：

《礼记·王制》：“中国、夷、蛮、戎、狄……五方之民，言辞不通，嗜欲不同。达其志，通其欲，东方曰寄，南方曰狄鞮，北方曰译。”

关于周代外国来朝，《册府元龟·外臣部·朝贡》内载有以下几条，记述周朝象胥官的活动：

周武王克商，西旅献獒，太保作《旅獒》以诫王。自是通道九夷百蛮，使各以其方贿来贡，使无忘职业。于是肃慎贡楛矢石砮，长尺有咫。

后芒即位三年，九夷来御。

宣王时，追貌之国来贡。故韩奕之诗曰：“献其貔皮，赤豹黄罴。”

在周代，译员又统称“舌人”。《国语·周语》中提到：“故坐诸门外，而使舌人体委与之。”三国·韦昭注曰：“舌人，能达异方之志，象胥之职也。”

周朝所管辖的诸侯之国，如楚和越，当时也讲着不同的语言。越语与中原的华语大异，楚语则与华语大同小异。刘向《说苑·善说》里记载了楚越两国人交际时需要翻译的故事。据楚大夫庄辛说，当年鄂君子皙“泛舟于新波”之日，有个越人“拥楫而歌”。

歌词是：滥兮抃草滥予昌枑泽予昌州州湛州焉乎秦胥胥漫予乎昭澶秦踰渗惿随何湖

这是越语记音。歌词表达越人对身为令尹的楚王同母弟鄂君子皙的仰慕之情。但鄂君子皙不懂越语，不得不请人翻译。歌词是这样的：

今夕何夕兮？
搴中洲流（又作“搴舟中流”）。
今日何日兮？
得与王子同舟。
蒙羞被好兮，
不訾诟耻。
心几玩（同顽）而不绝兮，
得知王子。
山有山兮，
木有枝。
心悦君兮，
君不知。

后世以《越人歌》名此篇，可以视为我国历史上第一篇诗歌翻译。

## 第二节　佛经翻译

我国用文字记载的翻译，始于佛经翻译。汉武帝通西域后，印度佛教哲理相继传人，对当时中国的固有文明不啻是一种别开生面的新思潮。我国的佛经翻译，从东汉帝末年安世高译经开始，魏晋南北朝时有了进一步发展，到唐代臻于极盛，北宋时已经式微，元以后则是尾声了。

从东汉末年到北宋末年的佛经翻译，大致分为四个阶段：第一阶段，从东汉桓帝末年到西晋，是草创时期；第二阶段，从东晋到隋，是发展时期；第三阶段，唐代，是全盛时期；第四阶段，北宋，是基本结束时期。

### （一）佛经翻译的第一阶段

相传我国第一篇谈翻译的文字，是三国支谦写的《法句经序》：

诸佛典皆在天竺。天竺言语，与汉异音……名物不同，传实不易……朴初嫌其辞不雅。维祇难曰：“佛言，依其义不用饰，取其法不以严。其传经者，当令易晓，勿失厥义，是则为善。”座中咸曰：“老氏称‘美言不信，信言不美。’……今传胡义，实宜径达。”是以自竭，受译人口，因循本旨，不加文饰。

支谦一名越，字恭明，原为月支人，故姓支。其祖父于东汉灵帝时率数百人来华定居，故支谦生于中国。他受业于同族支亮，支亮则受业于支谶。三人均闻名于世，人称

“天下博知，不出三支。”汉献帝（189—200年在位）末年，他避乱入吴。孙权赏识他的才华，拜为博士，使辅导东吴。由于他博览群书，又通晓六种语言，因此才能在此序中指出以前译人所出之经颇为“浑漫”，才有资格说竺将炎“虽善天竺语，未备晓汉”，并“嫌其辞不雅”了。

支谦此序，在中国译论史上的意义有三：其一，首次提出译事不易。恰如近人罗根泽说的：“所以需要翻译者，本来就是因为语言文字的‘名物不同’；而唯其‘名物不同’，所以‘传实不易’；唯其知道了‘传实不易’，所以才能引起翻译的研究，提出翻译的方法，有很大的先导作用”(《中国文学批评史》)。其二，反映了早期“质派”的译学观点。我国译经史上始终存在着“文”、“质”两派，近人梁启超说：“好文好质，隐表南北气分之殊。虽谓直译意译两派，自汉代已对峙焉可耳。”(《翻译文学与佛典》）支谦倾向于“好文”，维祇难则好“好质”。这篇序其实记载了千数百年前两派的一场论争，不过“文”派的观点没有充分展开。今人任继愈指出，这场论争“质派虽然在理论上获得胜利，但实际结果，却是由文派最后成书”(《中国佛教史》)。可见“文”、“质”两派虽然对峙，却历来并不是水火不容的。其三，说明我国译论从一开始便深植于传统文化土壤之中。维祇难等人用以支持自己观点的，不仅有“佛言”，而且有中国古代的老子与孔子(见《周易·系辞》）的言论。他们的这些论述，又与古代传统文论息息相通，从而又使此序本身也成为中国传统文论中一篇。

### （二）佛经翻译的第二阶段

这一阶段从东晋开始，到隋末为止。东晋偏安江左，北方为十六国。以后南方的宋、齐、梁、陈四朝，又与北魏、北齐、北周对峙，至隋方统一中国。

十六国时，佛教盛行，其原因固然是统治者的提倡，但当时的北方，战争频繁，人们流离失所，老弱辗转沟壑，而异族统治阶级的剥削压迫又极端残酷，农民生活困苦不堪，生命更无保障，在反抗遭到失败之后，他们“不得不退却，不得不把委屈和耻辱、愤怒和绝望埋在心里，仰望茫茫苍天，希望在那里找到救星”(斯大林《悼列宁》)，再加上三大僧人即佛图澄、释道安和鸠摩罗什的积极活动，佛教便有了大量的信徒。佛图澄以法术见长，骗得后赵的石勒、石虎奉之若神明，愚昧之徒也纷纷信仰。但佛图澄对于有识之士则专门传授佛教哲学，培养了不少名僧，释道安就是其中之一。

释道安（314—385年）俗姓卫，常山扶柳（今河北省衡水县西南）人，出身士族。12岁出家受戒，从佛图澄受业，后被提拔为大弟子。梁启超认为：“安为中国佛教界第一建设者。虽未尝自有所译述，但苻秦时代之译业，实由彼主持；苻坚之迎鸠摩罗什，由安建议；四《阿含》、《阿毗昙》之创译，由安组织；翻译文体，由安厘定。”(《翻译文学与佛典》）而道安在译论上的贡献也是杰出的。

道安涉及译论的佛经序文较多。最有名的是在《摩诃钵罗若波罗蜜经钞序》里提出了著名的“五失本”、“三不易”的理论。他写道：

> 译胡为秦，有五失本也；一者，胡语尽倒，而使从秦，一失本也。二者，胡经尚质，秦人好文，传可众心，非文不合，斯二失本也。三者，胡经委悉，至于叹咏，叮咛反复，或三或四，不嫌其烦，而今裁斥，三失本也。四者，胡有义说，正似乱辞，

寻说向语，文无以异，或千五百，刈而不存，四失本也。五者，事已全成，将更傍及，及腾前辞，已乃后说，而悉除此，五失本也。

然《般若经》，三达之心，覆面所演，圣必因时，时俗有易；而删雅古，以适今时，一不易也。愚智天隔。圣人叵阶；乃欲以千岁之上微言，传使合百王之下末俗，二不易也。阿难出经，去佛未久，尊者大迦叶令五百六通，迭察迭书；今离千年，而以近意量裁，彼阿罗汉乃兢兢若此，此生死人而平平若此，岂将不知法者勇乎？斯三不易也。

沙兹五失经、三不易，译胡为秦，讵可不慎乎？

他的意思是，翻译佛经在五种情况下会失去本来面目，有三件事决定了译事是很不容易的，因此必须慎之又慎。所谓“五失本”：一、经文乃外语，其词序由汉人看来是颠倒的，汉译时被改从汉语语法；二、经文质朴，而汉人喜欢文采，为适合广大读者，译文有一定的修饰；三、经内论述，往往不厌其烦，尤其颂文更是反复再三，翻译时被删减；四、经文在长行之后，另有偈颂复述，称为“义说”，类似汉人韵文最后总结的“乱辞”，内容重复，或千字，或五百字，译时被删去；五、经文中讲完一事，告一段落，要转说他事时，又将前话重提，然后再往下说，这些话也被删除。这是他对佛经翻译的总结。关于第一条，他是完全赞成的。他虽然主张直译，但却要求译文符合汉语习惯，不至于令人费解。他不赞成支谦在文字上求“巧”，也不主张多删。所谓“三不易”：一、“圣人”本是按照当时的习俗来说法的，而今时代不同，要改古以适今，很不容易；二、“圣人”的智慧本非凡人可及，而要把千年前古代圣哲的微言大义传达给后世的浅俗之众，很不容易；三、释迦牟尼死后，其大弟子阿难等人出经时尚且反复斟酌，兢兢业业，而今却要由平凡人来传译，更谈何容易。

道安晚年，“闻鸠摩罗什在西域，思共讲析微言”(《出三藏记集》)，劝苻坚接鸠摩罗什来长安。鸠摩罗什在西域也闻道安之名，称赞他是“东方圣人”。可惜这两人始终没有见过面。在中国佛教史上，鸠摩罗什与真谛、玄奘、不空齐名，并称为四大佛经翻译家。僧祐对鸠摩罗什的翻译作过很高的评价，说：“逮乎罗什法师，俊神金照，秦僧融肇，慧机水镜，故能表发挥翰，克明经奥，大乘微言，于斯炳焕”(《出三藏记集》)。他还把罗什的翻译称为“新译”，而其前的翻译则统称为“旧译”。

鸠摩罗什（339—409年）是后秦僧人，华名童寿，是我国古代著名的译经大师。其祖籍天竺（印度），本人生于西域龟兹（今新疆库车一带），因此从小熟悉梵文胡语，十几岁时便因精通佛经而出名。苻坚答应道安提出的迎接罗什来华的请求，于公元385年命吕光率兵灭龟兹，劫罗什到凉州。不料其间苻坚被杀，吕光便在凉州割据称王，罗什也就留居凉州十五六年。吕光父子鄙弃佛学，罗什只好“蕴其深藏”。他虽然不能传教，但却逐渐熟悉和掌握了汉语，为以后入关译经创造了条件。姚秦弘始三年（401年），姚兴遣使西迎罗什，同年12月20日到达长安，从此开始了译经的生涯。

罗什在逍遥园译场内开始译经，“（姚）兴使沙门僧肇、僧略、僧邈等八百余人，咨受什旨”(僧祐《罗什转》)，所译经论，据《开元释教录》刊定为七十四部，三百八十四卷，现存只有三十九部，三百一十三卷。重要的经、论、传记有：《摩诃般若》、《妙法莲华》、《维摩诘》、《金刚》、《中论》、《百论》、《十二门论》、《大智度论》、《马鸣菩萨传》、《龙树菩萨传》和《提婆菩萨传》等。他通过近四百卷佛教典籍的传译和阐发，第一次把印度佛学按本来面目介绍过来，对六朝时中国佛学的繁荣以及隋唐佛教诸宗的形成，都起了重要作用。

罗什的一般翻译情况，可以用僧肇《维摩诘经序》里的一段话来说明：

> ……义学沙门千二百人（并非都是直接参议者）于长安大寺请罗什法师重译正本。什以高世之量，冥心真境，既尽寰中（空义），又善方言，时手执胡文，口自宣译，道俗虔虔，一言三复，陶冶精求，务存圣意。其文约而诣（畅达），其旨婉而彰，微远之言，于兹显然。

至于如何重新订正旧译，僧睿《大品经序》里有这样的记述：

> 弘始五年，岁在癸卯，四月二十三日，于京城之北逍遥园中出此经。法师手执胡本，口宣秦言，两译异音，交辨文旨。秦王恭览旧经，验其得失，谘其通途，坦其宗致，与诸宿旧，义业沙门释慧恭，僧、僧迁、宝度、慧精、法钦、道流、僧睿、道恢、道标、道恒、道悰等五百余人，详其义旨，审其文中，然后书之。以其年十二月十五日出尽，校正检括，明年四月二十三日乃讫。文虽粗定，以释论（《大智度论》）检之，犹多不尽，是以随出其论，随而正之。释论既迄，尔乃文定。

由此可见译经的过程是，先由罗什将梵文口译成汉语，讲出义旨，并拿出旧译本来对照，经过详细讨论，写成初稿，还要以“论”证“经”，再作修改。译文用字也极为审慎，胡本有误，用梵本校正，汉言有疑，用训诂来定字。全书完成，再经总勘，即复校一遍，确实首尾通畅，才作为定本。罗什精通佛学，又晓汉语，再得到众多名僧的协助，因此所译经论的质量，不论在语言的精美上，还是在内容的确切上，都是前所未有的。

我国佛经翻译从公元148年安世高译《安般守意经》开始，到前秦为止，基本上是采用直译法。鸠摩罗什则为南北朝时佛经翻译的意译派开创了风气。他精通华梵两种语言，主张翻译时只要不违背原义，对原文形式无需复制；因受当时风气追求华丽的影响，他还主张只要能存其本，就不妨“依实出华”。

在罗什之前的译经人员，往往以中国玄学唯心主义的立场去理解佛经，因此常用玄学名词来译佛学的概念。释道安反对这种“格义”方法，说“先旧格义，于理多违。”罗什则完全摒弃“格义”，付出不少心血去创立佛教专有名词，这就使译文忠实于原作。前人翻译佛经，概不署名，释道安编纂《综理众经目录》时，在确定译者方面下了不少工夫。罗什则提倡译者署名，以负文责。此外，他对翻译工作，一向认真负责、一丝不苟，如译《十住经》，他拿到原本，“一月余日，疑难犹豫，尚未操笔”(《高僧传》)，直到把他老师佛陀耶舍请来商量，弄清楚义理后，才动手翻译。鸠摩罗什虽是佛经翻译大师，可是他的翻译仍有一些不足之处，其原因正如僧睿所指出的，是“未备秦言（汉语）名实之变”(《思益经序》)，就是对汉语的含蓄处不甚了解。

慧远（334—416年），俗姓贾，雁门楼烦（今山西宁武附近）人。少时学儒，“博综六经”，又“尤善老庄”。(《高僧传》) 21岁时，往太行恒山听道安讲《般若经》，遂出

家皈依道安，成为其大弟子。慧远又与北方的鸠摩罗什常有通信，并尽读其新译诸经。道安是主质（直译）的，而罗什则倾向于文（意译）。慧远对这两家的翻译主张都比较了解，提出了自己的主张“厥中”的见解。

慧远在为僧伽提婆翻译的《三法度》写的序的最后说：

> 提婆于是自执胡经，转为晋言。虽音不曲尽，而文不害意。依实去华，务存其本。自昔汉兴，逮及有晋，道俗名贤，并参怀圣典。其中弘通佛教者，传译甚众。或文过其意，或理胜其辞。以此考彼，殆兼先典。后来贤哲，若能参通晋胡，善译方言，幸复详其大归，以裁厥中焉。

这里说的“文过其意”，是批评“文”派一味意译之失；“理胜其辞”，则是指出“质”派胶于直译之缺。因此，他指出应该“文不害意”，又“务存其本”，两种翻译方法互相参考(“以此考彼”)，并研究两种语言的基本规律(“参通胡晋”、“详其大归”)，最后以一种适中的方法完成翻译(“以裁厥中”)。

佛经翻译在“文”、“质”之争外，还进而讨论了译名（名实）问题。其代表论争者是后秦的僧睿（约371—约438年）。他是魏郡长乐（进河南安阳市东）人，18岁出家为僧，未久便博通经论。24岁游历各方，到处说法。曾师事道安，后入长安，受秦王姚兴礼遇，参与鸠摩罗什译场助译，为其主要弟子之一。《高僧传》云：“什所翻经。睿并参正。”

僧睿在译论史上的新贡献，主要是继道安、罗什以后，比较自觉地讨论了佛经翻译中的“名实”问题。他在弘始六年（404年）写的《大品经序》中，便提到：

> 夫宝重故防深，功高故校广。嘱累之所以殷勤，功德之所以屡增。良有以也！而经来兹土，乃以秦言译之，典谟乖与殊制，名实丧于不谨。致使求之弥至，而失之弥远；顿辔重关，而穷路转广。不遇渊匠，殆将坠矣！

他指出，如果译文中名实不谨，则对经义的理解将南辕北辙，越钻研离原意越远。如果没有大师出来纠正，这样下去佛教有衰堕的危险。他在该序中还叙述了当时译经的情形：“法师（罗什）手执胡本，法师手执胡本，口宣秦言，两译异音，交辨文旨。秦王恭览旧经，验其得失，谘其通途，坦其宗致，与诸宿旧，义业沙门……五百余人，详其义旨，审其文中，然后书之。”说明所谓“名实”(译名）问题，首先是详细地理解原意，并反复考虑汉译名之是否对等(“交辨文旨”)。然后才能正确定名(“审其文中，然后书之”)。

他在《思益经序》中说：“此经天竺正音，名《毗绝沙真谛》，是他方梵天殊特妙意菩萨之号也。详听什公传译其名，翻覆辗转，意似未尽，良由未备秦言名实之变故也。查其语意，会其名旨，当是‘持意’，非‘思益’也。”这里，他直率地批评了鸠摩罗什，认为罗什的某些传译也有不贴切之处，原因是对汉文的某些“名实之变”研究得还不深入。他更批评支谦：“恭明前译，颇丽其辞，仍迷其旨。是使宏标乖于谬文，至味淡于华艳。虽复研寻弥稔，而幽旨莫启。”可见名实不谨的毛病，更多地出现在“文”译派的身上。在《大智释论》中，他在充分肯定罗什译经成就的同时，也直率地指出："法师于秦语大格，唯译一？理固然矣！"强调如果名实不对等，则思想无从沟通。

早期佛经翻译，都是由外来法师宣经口授，华僧笔受并润文。所以大多只能"达旨"，至于具体名实之是否贴切是无暇仔细推敲的。自鸠摩罗什主持译场，因他祖籍天竺，精通梵文，又懂汉语，才能发现旧译"义多纰缪，皆由先度失旨，不与梵本相应"。(《高僧传》）再加上有僧睿等人"参正"，所以才开始关于译名问题的研究。

彦琮（557—610 年），俗姓李，出身士族，赵郡柏（今河南省西平县西）人，10 岁出家，通梵语。在北周时与朝士王劭、辛德源、陆开明、唐怡等号称"文外玄友"。开皇三年（583 年）西域经来，奉诏翻译。开皇十二年（592 年）又奉诏到大兴善寺掌管译经事务，隋文帝对他礼遇甚隆，后又奉命撰《众经目录》五卷和《西域志》十卷。翻经馆成立后，入馆工作，又编译隋朝新平林邑所获得的 1 500 多部梵文经典的目录。他前后译经 23 部，合 100 余卷。

彦琮总结翻译经验，著有《辩证论》，他推崇释道安的"五失本、三不易"，认为"洞入幽微，能究深隐"。他评论了历代译人的得失，提出"八备"，即做好佛经翻译工作的八项条件：

第一，诚心爱法，志愿益人，不惮久时（诚心热爱佛法，立志帮助别人，不怕费时长久）。

第二，将践觉场，先牢戒足，不染讥恶（品德端正，忠实可信，不惹旁人讥疑）。

第三，筌晓三藏，义贯两乘，不苦暗滞（博览经典，通达义旨，不存在暗昧疑难的问题）。

第四，旁涉坟史，工缀典词，不过鲁拙（涉猎中国经史，擅长于文学，不要过于疏拙）。

第五，襟抱平恕，器重虚融，不好专执（度量宽和，虚心求益，不可武断固执）。

第六，耽于道术，淡于名利，不欲高衒（深爱道术，淡于名利，不想出风头）。

第七，要识梵言，乃闲正译，不坠彼学（精通梵文，熟悉正确的翻译方法，不失梵文所载的义理）。

第八，薄阅苍雅，粗谙篆隶，不昧此文（兼通中国训诂之学，不使译本文字欠准确）。

以上八条，确是经验总结，甘苦之谈，并非对于译人的苛求。

彦琮在《辩证论》里还提出翻译要例十条，他说：

> 安之所述，大启玄门，其间曲细，犹或未尽。更凭正文，助光遗迹，粗开要例，则有十条：字声一，句韵二，问答三，名义四，经论五，歌颂六，咒功七，品题八，专业九，异本十。各疏其相，广文如论。

然而，他对翻译要例十条却未加任何论述。宋僧人法云所编的《翻译名义集》第一篇《宗翻译主》里复述过这十条，却略有差异，那十条是"一句韵，二问答，三名义，四经论，五歌颂，六咒功，七品题，八专业，九字部，十字声"。亦未加详述。钱锺书先生在《管锥编》中说彦琮之"十条、八备，远不如（道）安之扼要中肯也"。道安说的"五失

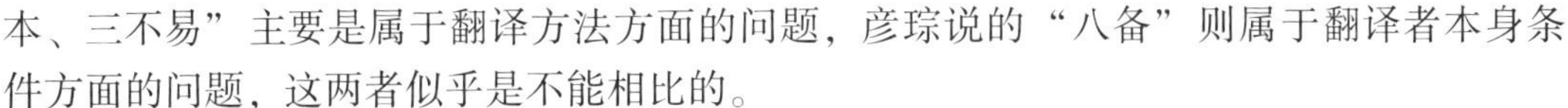


本、三不易”主要是属于翻译方法方面的问题，彦琮说的“八备”则属于翻译者本身条件方面的问题，这两者似乎是不能相比的。

彦琮在我国译论史上最早较全面地论述了翻译活动的主体——翻译者本身的问题，“可谓深探本源”(梁启超语)。这是他的目光独到之处，也是值得我们重视的。

### (三) 佛经翻译的第三阶段

这一阶段是我国佛教的全盛时期，佛教的发展，使译经活动也受到统治阶级的重视。比之前代，这一阶段的佛经翻译事业达到了顶峰，此时期的翻译大家首推玄奘。

在中国佛教史上，有人把鸠摩罗什、真谛、玄奘、不空四人并称为四大译师。其实，最突出的是罗什与玄奘二人，而玄奘尤为杰出。佛教史家又把罗什以前的译经叫做“古译”，把罗什及其后的译经叫做就“旧译”，而把“新译”的名称独让给玄奘。玄奘确实开创了中国译经史上的新风格、新局面。

玄奘（600—664 年），唐代名僧，通称“三藏法师”。俗名陈袆，洛州缑氏（今河南偃师缑氏镇）人。13 岁出家，21 岁受具足戒。曾游历各地，参访名师，学习诸经，深感各说纷纭，难得定论。于是便决心西行求法，以释所惑。唐太宗贞观三年（629 年），他从长安出发，西出敦煌，四年后辗转到达印度，至贞观十九年（645 年）回到长安。往返 17 年，行程五万里，尽艰辛，使他成为一个传奇人物。我国民间即以他的经历演义创造了唐僧取经故事。他不仅在印度钻研了瑜伽行学说，还兼学了唯识、中官，以及小乘各部的毗昙、因明（逻辑）、声明（文字音韵）诸学。他还参加了多次有关佛学的辩论，所向披靡，“名震五天”。他载誉回国，更携回梵文经典 650 余部。数量之多，品类之富，空前未有。唐太宗立即召见，劝他做官，他坚决谢绝，决心献身于译经事业。此后往长安弘福寺，后又住大慈恩寺，最后住玉华宫。20 年间，先后共主持译出经论 75 部，1 335 卷。这个数字，比其他三大译师所译卷数的总和还多 600 余卷，占唐代新译佛经总卷数的一半以上。此外，据说他还曾将我国的《老子》、《大乘起信论》等译成梵文，传入印度。

玄奘译经的质量，也达到自有佛经汉译以来的最高水平。道宣当时曾说：“自前代以来，所译经教，初从梵语倒写文本；次乃回之，顺同此俗；然后笔人观理文句，中间增损，多坠全言。今所翻传，都由奘旨，意思独断，出语成章。词人随写，即可披玩。”(《续高僧传》）梁启超认为：“若玄奘者，则意译直译，圆满调和，斯道之极轨也。”(《翻译文学与佛典》）据印度学者柏乐天与我国学者张建木等人研究，玄奘在译经中成功地运用了补充法、省略法、变位法、分合法、译名假借法、代词还原法等等翻译技巧。另外，玄奘对翻译工作的组织和翻译人才的培养等方面，都作出了杰出的贡献。

玄奘取得如此大的成绩，当然一定对翻译理论作过深入的研究。但是，他的有关译论却留存极少，与其巨大的译经数量极不相称。玄奘在 646 年完成的《大唐西域记》，在其所撰序言中提到：

> 然则佛兴西方，法流东国，通译音讹，方言语谬，音讹则义失，语谬则理乖。故曰“必也正名乎”，贵无乖谬矣。

他引用孔子的话，指出了翻译必须音不讹、语不谬、才能义不失、理不乖。有不少今人的文章中称，玄奘翻译理论上提出过八个字："既须求真，又须喻俗。"但这些文章从未注明过出处。在玄奘的文章中找不到这八个字，倒是在梁启超的《翻译文学与佛典》和《佛典之翻译》二文中找到了，原来这是梁氏对道安"三不易"中的"一不易"的"撮其大意"的表述。在没有确切地提出根据之前，这是不能算作玄奘的理论的。倒是宋僧法所编的《翻译名义集》的卷首，有周敦义于绍兴丁丑年（1157）写的序文，其中记述了玄奘关于"五种不翻"的论述。

唐·奘法师论五种不翻：一、秘密故，如"陀罗尼"。二、含多义故，如"薄伽"，梵具六义。三、此无故，如"阎浮树"，中夏实无此木。四、顺古故，如"阿耨菩提"，非不可翻，而摩腾以来，常存梵音。五、生善故，如"般若"尊重，"智慧"轻浅；而七迷之作，乃谓"释迦牟尼"，此名"能仁"，"能仁"之义位卑周孔；"阿耨菩提"，名"正偏知"，此土老子之教先有无上正真之道，无以为异；"菩提萨埵"，名"大道心众生"，其名下劣。皆掩而不翻。

玄奘对"译场"翻译方法也有贡献。我国译经，从东汉时起就采用一种"译场"的方式，即许多人通力合作，在严格的分工制度下从事佛经的翻译。而玄奘主持的译场，比起他以前的来，要严密和健全得多。据《续高僧传》的记载，玄奘对译事有下列 11 种分工：

一、译主，为译场主脑，主译人，精通梵文，深谙佛理，遇有疑难，能判断解决；

二、证义，为译主的助手，审查译文与原文意义，如有出入，由他与译主商酌；

三、证文，或称证梵本，于译主诵梵文时，注意与原文有无讹误，如有乖离，及时指出；

四、度语，又称书写，根据梵文字音记成汉字；

五、笔受，把录下的梵音按原文句式翻成华言；

六、缀文，整理笔受的记录，使之符合汉语习惯；

七、参译，既校勘原文，又用译文回证原文是否有误；

八、刊定，对译文刊削冗长，定取句义；

九、润文，从修辞角度对译文润饰；

十、梵呗，将译文一唱三诵，至能琅琅上口为止；

十一、监护大使，钦命大臣监阅译经。

玄奘以后的译场虽然还有发展与变化，但总的说来没有超越玄奘所用的方法。当代香港翻译研究者戴天认为，玄奘的这种翻译分工方法即使用于现在，也是十分科学的。玄奘的办法，能从不同的层面，缀文、参译、刊定、润文，从而保证文字的纯正与流畅。而且，又把证义、证文放在纯粹的文字功夫之前，首先保证了翻译的准确性。所以，这是非常值得我们研究和借鉴的。

我国的佛经翻译，到了玄奘可说已登峰造极。他死时，唐高宗曾惋惜地认为是失去了国宝。印度学者柏乐天认为，玄奘"是有史以来翻译家中的第一人，他的业绩将永远被全世界的人们记忆着"。

### （四）佛经翻译的第四阶段

我国的佛经翻译，至北宋时已趋式微。宋代以后，关于译经理论虽然仍能找到一点零星言论，但大多已不足观。唯宋初高僧赞宁主持编撰了一部《宋高僧传》，并在此书中提出了一些引人注目的精彩译论。

赞宁（919—1001 年），俗姓高，祖籍渤海，生于吴兴德清（今属浙江）。他精于南山律，时人称之为“律虎”。他于太平兴国七年（982 年）奉勅开始编撰此书，至端拱元年（988 年）完成上进。在《宋高僧传》第一卷《译经篇》的第一篇《义净传》中，赞宁以我国古代“橘生淮北则为枳”的典故来比喻翻译，令人感到新鲜和生动。他所说的有关杨柳一名的对译，也发人深省。他认为，理想的译者应该亲临外国，学习外语并了解彼方风俗政情。他对玄奘、义净等人不辞艰辛去西方学习，作了高度赞扬。

《宋高僧传》的《译经篇》共有三卷，在第三卷的最后，赞宁又写了很重要的带有总结性地长篇论述。一开头他简述我国翻译事业的起源，认为佛经翻译是“有缘则遇，无道则违”。秦代因“械其利防”，所以便无缘；汉庭则迎其白马，因此就有感悟。其实，岂仅译经是这样，一切翻译活动都离不开开放政策与社会需要。他还指出：“懿乎东汉，始译《四十二章经》，复加之为‘翻’也。‘翻’也者，如翻锦绮，背面俱花，但其花有左右不同耳。由是‘翻’‘译’二名行焉。”这里对于翻译的比喻也是十分生动的。钱锺书说：“这个比喻使我们想起堂·吉诃德说阅读译本就像从反面来看花毯。”(《林纾的翻译》）据钱锺书考证，《堂·吉诃德》中的这句话。是出于 1591 年两个西班牙翻译家之口。那么赞宁提出这个妙喻比他们早了 600 多年。赞宁在此文中又提到了以前最著名的译论：

> 逖观道安也，论“五失，三不易”；彦琮也，籍其“八备”；明则也，撰《翻译仪式》；玄奘也，立“五种不翻”。此皆类《左氏》之诸凡，同史家之变例。

赞宁此文最有名的，是他继上述各家后，“今立新意，成六例焉”。他的“六例”是：“译字译音为一例，胡语梵言为一例，重译直译为一例，粗言细雨为一例，华言雅俗为一例，直言密语为一例也。”这“六例”主要是归纳译经中的各种情况，提出解决各类矛盾的方法，“凡诸类例，括彼经诠”，必须全面了解，融会贯通。

接着，赞宁还用问答的形式，继续对译文的雅俗问题发表了看法。他认为译经不必避用典雅之语，“苟参鄙俚之辞，曷异屠沽之谱?”但用得不妥当也容易招致非议，所以他又指出：“然则糅书勿如无书，与其典也，宁俗。”但又不可太俗，“傥深溺俗，厥过不轻”。总之，必须“折中适时，自存法语，斯谓得译经之旨矣”。他认为“如童寿（鸠摩罗什）译《法华》，可谓折中，有天然西域之语趣矣！”最后，他又用对话的形式论述了“译场经馆设官分职”的情况。

总之，赞宁的这些论述，实可算是我国古代译经理论的殿军。

## 一、选择题

1. 我国在哪个朝代有了关于翻译的活动的明确记载？________。

A. 夏代　　B. 商代　　C. 周代　　D. 汉代

2. 我国首篇谈翻译的重要译论《法句经序》中提出了一些重要的翻译思想，其中有：________。
   A. 文派的翻译主张　　B. 质派的翻译主张
   C. “五失本，三不易”说　　D. 意译
3. 通过近四百卷佛教典籍的传译和阐发，第一次把印度佛学按本来面目介绍过来的是________。
   A. 道安　　B. 鸠摩罗什　　C. 支谦　　D. 僧睿
4. 对于佛经翻译，慧远的主张是________。
   A. 主“文”　　B. 主“质”　　C. 翻译不易　　D. 主张“厥中”
5. 佛经翻译在“文”、“质”之争外，还进而讨论了译名（名实）问题。其代表论争者是________。
   A. 僧睿　　B. 佛图澄　　C. 鸠摩罗什　　D. 慧远
6. 彦琮在他的哪部著作中，提出“八备”，即做好佛经翻译工作的八项条件：________。
   A.《辩证论》　　B.《众经目录》　　C.《西域志》　　D.《翻译名义集》
7. 指出翻译必须音不讹、语不谬，才能义不失、理不乖，这位佛经翻译家是________。
   A. 不空　　B. 真谛　　C. 道安　　D. 玄奘
8. 玄奘的办法，能从不同的层面，缀文、参译、刊定、润文，从而保证文字的纯正与流畅。而且，又把证义、证文放在纯粹的文字功夫之前，首先保证了翻译的准确性。这种翻译方法是指：________。
   A.“五不翻”　　B.“既须求真，又须喻俗”
   C.“笔授”翻译方法　　D. 翻译要例十条
9. 认为译经不必避用典雅之语，但又不可太俗，“傥深溺俗，厥过不轻”。总之，必须“折中适时，自存法语，斯谓得译经之旨矣”。这是谁的观点？________。
   A. 玄奘　　B. 彦琮　　C. 僧睿　　D. 赞宁
10. 《宋高僧传》的《译经篇》共有三卷，在第三卷的最后，赞宁写了很重要的带有总结性地长篇论述。此文之所以有名，是因为他提出了________。
   A.“六例”　　B.“五不翻”　　C. 雅俗的问题　　D.“八备”

**二、填空题**

1. 我国历史上第一篇诗歌翻译是________。
2. 在《周礼》中，提到古代对于翻译官的称呼是________。
3. 鸠摩罗什则为南北朝时佛经翻译的____________开创了风气，他主张翻译时只要不违背原义，对原文形式无需复制。
4. 僧睿在《大品经序》中，说明所谓“________”(问题)，首先是详细地理解原意，并反复考虑汉译名之是否对等(“交辨文旨”)。然后才能正确定名(“审其文中，然后书之。”)
5. ________是我国译论史上最早较全面地论述了翻译活动的主体——翻译者本身的问题的人。

# 第二章
# 中国近代翻译

## 第一节　明清之际的翻译

在明末清初的翻译高潮中，最著名的有徐光启、李之藻、杨廷筠、王徵等人。但是，他们的主要译著和有影响的译著，却不是“圣教”类著作，而是西方科技类著作。他们在中国历史上的贡献，即是科学技术书籍的翻译工作。在很多读者的心目中，甚至忘了他们也是耶稣会士。

徐光启（1562—1633 年），字子先，号玄扈，上海吴淞人。1597 年中举，到 1604 年才举进士。天启三年（1623 年）授礼部右侍郎。崇祯年间，先后任礼部尚书、韩林院学士、东阁学士、文渊阁大学士等职。他是明末中国的爱国科学家和科学文化运动的组织者，在介绍西洋自然科学和提高中国科学水平方面做出了卓越的成绩。他的儿子徐骥在《文定公行实》中说他：“考古证今，广咨广讯，遇一人辄问，问则随闻随笔。一事一物，必讲究精研，不穷其极不已。故学皆有根，议论皆有实见，卓识沉机，通达大体。如历法、算法、火攻、水法之类，皆探两仪之奥，资兵农之用，为世永利。”这番话可以说是对徐光启的一个恰当的总结。

他与利玛窦合作翻译《几何原本》。梁启超对此书之译，评价极高，称之为“字字精金美玉，为千古不朽之作”。在《几何原本杂议》中，徐光启反复强调“此书为用至广，在此时尤所急需。”可见他的翻译思想有两大特点：一是求知，求真理，“裨益当世”；二是抓重点，抓“急需”，并能从哲学方法论角度着眼。他认为，翻译工作就是虚心吸取别国的长处，将他们多年积累的科技成果以最快的速度为我所用，以此超越前人。

在《历书总目表》中，不仅提出了翻译西洋历书必须分别轻重缓急、循序渐进的见解，而且更以极其明确的语言提出了光彩耀目的翻译思想：

> 臣等愚心以为；欲求超胜，必须会通；会通之前，先须翻译。

也就是说，只有通过翻译才能“会通”(学习与掌握)，只有“会通”了才能“超胜”(超越于争胜)。他主持翻译了大量西洋历书是我国古代一项重大的科技翻译工作。他在上呈奏疏中还曾说到他与西土合译的情形：“臣等藉诸臣之理与数，诸臣又藉臣等之言与笔。功力相倚，不可相无。”他阐述的翻译—会通—超胜的思想，和科技翻译中“理与数”和“言与笔”相互结合的思想，都是极其精彩的。

总之，徐光启不愧为明末清初著名的大翻译家，而且是最早将翻译的范围从宗教以及文学扩大到自然科学技术领域的出类拔萃的人物。他还是一位杰出的爱国科学家，和科学文化运动的领导者。

清王朝闭关自守的大门，在 1840 年的鸦片战争中，被帝国主义强盗用枪炮打开了。从那时以迄 1919 年五四运动爆发的 80 年间，就是一部帝国主义与中国反动势力日益勾结而不断侵略、压迫中国人民的历史。在各帝国主义如狼似虎地扑向中国这块肥沃的土地的同时，西方各色各样的思想文化潮流——进步的或反动的，科学的或宗教的——也开始大量涌入；另一方面，中国一部分先进的知识分子为了救国保种，也开始了向西方寻找真理的艰辛征程。在这样一个双向流动的历史过程中，翻译活动自然便日益频繁，越来越受到人们的重视，起了十分重要的作用。与此相应，有关翻译的见解、理论也就更多、更丰富了。

鸦片战争时期杰出的爱国者林则徐（1785—1850 年），被人称为近代中国“开眼看世界的第一人”。他是福建侯官（今福州市）人，字无抚。他曾把司马光《谏院题名记》、韩愈《师说》等译成满文，名扬京师，“钦取翻译第一名”。在广州禁烟期间，他“日日使人刺探西事，翻译西书，又购其新闻纸”。(见魏源《圣武记》）金安清的《林文忠公传》也说：“公独设间得其新闻报及外洋记载，通以重译，能中其窥要，而洋人旦夕所为，纤悉必获闻。西酋骇为神助。”林氏的这些活动，被称为中国人“讲求外国情况之始”(康有为语)。另外，他还组织人翻译了一些外国历史、地理方面的书籍。虽然没有留下有关翻译的论述，但他在抵抗列强侵略的斗争中最早提出了“师敌之长技以制敌”的思想，他从事翻译的意旨在于借鉴西方，目的是“制敌”。这一思想对中国近代译学理论具有极深远的影响。

## 第二节　甲午战争前后的翻译

中国近代对翻译理论作出最大贡献的，主要是维新派人士。维新派人士中，有的人一开始也是参加过洋务运动的，后来才反对洋务派的错误政策，成为著名维新人士。像马建忠、严复等人便是这样。

马建忠（1845—1900 年)，字眉叔，江苏丹徒（今镇江）人。光绪二年（1876)，被派往法国留学。精通英、法、拉丁语，亦谙希腊文。他的名著《马氏文通》是我国第一部以西方语法理论比较全面、系统地研究古代汉语的语法著作，对中国语言学史作出了开创性的贡献。而他在甲午（1894 年）海战那年冬天写的《拟设翻译书院议》一文，是中国近代译学史上的名篇。目睹了甲午海战之败后的马建忠，指出了翻译西书的首要目的——反抗外国的欺辱，并战胜之！该文对中国译学的新贡献，在于他强调译事之难的同时，提出了“善译”的标准：

夫译之为事难矣！译之将奈何？其平日冥心钩考，必先将所译者与所以译者两国之文字，深嗜笃好，字栉句比，以考彼此文字孳生之源，同异之故。所有相当之实义，委曲推究，务审其音声之高下，析其字句之繁简，尽其文体之变态，及其义理精深奥折之所由然。夫如是，则一书到手，经营反复，确知其意旨之所在，而又摹写其神情，仿佛其语气，然后心悟神解，振笔而书，译成之文，适如其所译而止，而曾无毫发出入于其间。夫而后，能使阅者所得之益，与观原文无异。是则为善译也已。

他的意思是译者必须精通原文和译文，比较其译同，掌握两种语言的规律，译书之前，必须透彻了解原文，达到“心悟神解”的地步，然后下笔，忠实地表达原义，“无毫发出入于其间”，而且译文又能够摹写原文的神情，仿效原文的语气，这种要求不可谓不高。马建忠写此文时是 1896 年（光绪二十年），比严复出版的《天演论》(1898) 为早，只是不像严复把翻译标准提得更为明确罢了。

维新派的另一位首要人物是梁启超。梁启超（1873—1929 年），字卓如，号任公，广东新会人。他是近代中国著名的资产阶级政治家和思想家，一代杰出的大学问家。他的一生，尤其是前半生，对我国思想界、文化界各方面都影响极大。他翻译的东西不多，但在翻译评论和翻译史的研究方面，却作出重大贡献。1896 年，他研究前二十余年间译出的西书三百多种，编成有名的《西学书目表》，并写有《西学书目表序》。其后又发表了《论译书》、《译印政治小说序》等文章，提出救亡图存，必须发展翻译事业，培养翻译人才，制定当译之书，并统一翻译名词术语；提倡翻译政治小说，启发民智；主张用比较通俗的语言去翻译外国著述。

当中国资产阶级革命派崛起和清政府宣布预备立宪以后，梁启超在政治上总的倾向是渐趋保守与反对了。这以后，他在翻译理论上也失去了前期那种锐进的色彩。不过，他在 1910 年，还支持章士钊关于译名问题的探讨。在 20 世纪初，他更对我国译学作出了重要贡献。值得一提的是，1921 年 7 月，他还在自己主持的《改造》杂志上开辟了《翻译事业之研究》专栏，发表了自己的《中国古代之翻译事业》，以及郑振铎的《俄国文学史中的翻译家》和蒋百里的《欧洲文艺复兴时代翻译事业之先例》，注意总结中外翻译的历史，并以此作为当前翻译工作的借鉴，这显示了他的远见卓识。梁启超十分重视总结古代翻译理论，这在中国近代译学史上是最为突出的。

甲午战争失败后的中国，民族危机更严重了；然而，此时却出现了近代中国最杰出的译学理论家严复。

严复（1854—1921 年），字又陵，又字几道，福建侯官（今福州）人。他在 1867 年进船政学堂，除学习传统封建典籍和英文外，还攻读数学、物理、化学、天文等课程，19 岁毕业。24 岁（1876 年）赴英游学，接受了西方资产阶级的政治文化思想。1879 年回国，任北洋水师学堂教师等职。从中日甲午战争到戊戌变法这一时期内，他激于爱国热情，通过译书、作政论、办报纸，宣传变法维新思想，攻击封建专制，提倡科学民主，全面提出资产阶级改良主义的思想主张，成为当时维新运动的出色思想家和宣传家。他连续发表了几篇政论文，提倡通过创立议院和推广西学的方法来救中国。而最使他一举成为全国著名人物的，是他在 1897 年发表的译著《天演论》。随后，他又翻译了亚当・斯密的《国富论》、斯宾塞尔的《群学肄言》、欧克斯的《社会通诠》、耶芳斯的《名学浅说》等西方哲学社会科学名著，共约 200 万字，成为中国近代翻译大家，和系统介绍西方思想、文化、制度的第一人。康有为说他“译《天演论》，为中国西学第一者也”(《与张之洞说》)，蔡元培说：“五十年来介绍西洋哲学的，要推侯官严几道为第一。”(《五十年来中国之哲学》）虽然，他后来思想又落伍，晚年对新文化运动持反对态度，但当时他却确实是向西方寻找真理的先进的中国人的代表。

严复是我国翻译史上明确提出翻译标准的人。他在《天演论》卷首的《译例言》的第一段中，便指出：

> 译事三难：信、达、雅。求其信，已大难矣。顾信矣不达，虽译犹不译也，则达尚焉。海通以来，象寄之才，随地多有；而任取一书，责其能与于斯二者，则已寡矣。其故在浅尝，一也；偏至，二也；辨之者少，三也。

严复认为翻译应求其信，但如不达，那等于没译。所以在信之外还得求其达。现在我们如果就“信、达、雅”的字义来说，这标准还是正确的。信是忠实，达是通顺，译文首先要求忠实，其次要求通顺，使读者能看懂。雅，是本于《论语·述而》里的“子所言雅，《诗》、《书》执礼，皆言雅也。”所谓“雅言”，就是诸夏的话。孔子教学生都用诸夏的话，别于各地方言。“求其尔雅”中的“尔雅”是近正，正即雅言。“雅”若就本义来说，就是用全国通行的规范化的语言进行翻译。然而，严复对“雅”字的解释，却不是这样。他把“雅”说成是“用汉以前字法句法”，译文力求典雅，但却使人费解，这就不对了。问题在于鄙薄通俗文字及口语。他在《天演论》卷首的《译例言》中公开宣称：“用进世利俗文字，则求达难，往往仰义就词，毫厘千里。”梁启超曾劝他译书“改从通俗”，他颇不以为然，说他自己的译作“非以餔学童而望其受益也。吾译正以待多读中国古书之人，”“若徒为近俗之词，以便市井乡僻之学，此于文界，乃所谓凌迟，非革命也”。在他看来，文字越古奥能达意，这是一种复古思想。

“信、达、雅”三字理论的提出，继往开来、言简意赅，意义重大，影响深远。梁启超说：“近人严复。标信、达、雅三义，可谓知言。”(《佛典之翻译》）郁达夫甚至说：“信、达、雅的三字，是翻译界的金科玉律，尽人皆知。”(《读了玙生的译诗而论及于翻译》）周作人也说：“信达雅三者为译书不刊的典则，至今悬之国门无人能损益一字，其权威是已经确定的了”(《谈翻译》）。对于严复的“信、达、雅”理论，包括“雅”，只要加以改造与合理的解释，是仍然可以作为翻译的标准的。事实上，后来不少现代翻译工作者也正是这样做的。这是一种实事求是的态度。

在中国近代翻译史上，林纾是与严复并列的大译家。康有为在 1912 年写的《琴南先生写万木草堂图，题诗见赠，赋谢》一诗的第一句便说“译才并世数严林”。孙宝瑄早在光绪二十八年（1902）十月十九日的《忘山庐日记》中提到：“今人长于译学者有二人：一严又陵，一林琴南。严长于论理，林长于叙事。皆驰名海内者也。”确实，两人是可以互相媲美的，有不少相似处，也有不少不同处。都擅长古文，且相互欣赏；又都用古文翻译，都取得了杰出的成绩。但严复留过洋，精习外文；而林纾则未出国门一步，不懂任何外语（他靠别人口译合作）。严复主要翻译社会科学著作，而林纾则主要翻译小说。从翻译著作的数量和读者的数量上来说，严复显然远不能与林纾相比；而在翻译理论的贡献和建树上总的来看，林纾是不及严复的。

林纾（1852—1924 年），福建闽县（今福州）人。原名群玉，字琴南，号畏庐。出身于一个小商人家庭，童年时家境陷入穷困。31 岁时中举，嗣后七次赴礼部考进士，屡试不取。1884 年 8 月，法国军舰炮轰我国水师，我官兵死伤 700 余人，林纾曾在街头与友人抱头痛哭；后当钦差大臣左宗棠来福州时，他又与友人冒死拦道上书，控告昏官谎报军情。1895 年，清廷签订丧权辱国的《马关条约》，他与友人又冒死叩阙抗议力争。1898 年，他去北京，与维新人士林旭会晤，并与高凤岐等人三次到御史台上书陈策，并抗议德国侵占我胶州湾，甚至还请清帝下诏罪己。但均被驳回。1901 年，他 50 岁时迁家北京，从此长居京城，在各校任教，还任职于京师大学堂译书局。由上述简介可知，虽然林纾在辛亥革命后，思想趋于保守，新文化运动以后又自居反对立场；但是，就其一生看，他还是一位爱国人士。

而他在近代文化史上最大而不可磨灭的贡献，是最多、最集中地介绍了西方文学作品。据说，1897 年林纾中年丧偶，郁郁寡欢。友人王寿昌从巴黎回国，与他谈起法国文学，盛赞《茶花女》，他主动提出合译（《见巴黎茶花女遗事引》）。此书一出，“而众哗悦，林亦欣欣”，从此与翻译结了不解之缘。据统计，林纾一生翻译的西洋小说有 180 余种，共一千数百万字，是其他译者无可企及的。

林纾的翻译速度是惊人的。陈希彭序《十字军英雄记》，说林“运笔如风落霓转……所难者不加窜点，脱手成稿”。既然这样下笔如飞，文不加点，就必定会造成译文的许多疵病，而且脱漏错误也所在多有。林纾对于译文中的错误，起初全推给口授者，说“鄙人不审西方，但能笔述，即有讹错，均出不知”(《西利西郡主别传》)。大概合作者提了意见，他后来又改了口气，在 1913 年的《荒唐言》的《跋》里写道：“纾本不能西文，均取朋友所口述而译，此海内所知。至于谬误之处，咸纠粗心浮意，信笔行之，咎均在己，与朋友无涉也。”

林纾讲究翻译作品的救世功能和启发民众智慧的作用。他指出国外作家多靠小说启发民众智慧，因此要大量介绍小说，发展翻译事业来“开民智”。林纾提出此点，归根结底也是因为其一颗赤子之心。经过长期艰苦跋涉和探索，其有关译学思想的论述都集中在翻译目的与功能上。在近代翻译家中，他是对翻译目的和功能强调最多的一位翻译家，强调译品要能达到预期目标和效果，要求译作能够完成其肩负的任务。然而林纾的翻译思想并未形成体系和框架，其次林纾在翻译中对原文的内容有删有减，这一点没有达到对原文应忠实的要求。

林纾的译作尽管存在着谬误，而且闹出了一些笑话，但不少场合还是能够表达原文风格神韵的。郑振铎说：“我们虽然不能把他的译文与原文一个字一个字地对读而觉得一字不差，然而，如果，一口气读了原文，再去读译文，则作者情调都可以觉得丝毫未易；且有时连最难表于译文的‘幽默’，在林先生的译文中也能表达出；有时，他对于原文中很巧妙的用字也能照样的译出。”(《林琴南先生》)

林纾的译作，虽已少人问津，但在当时所产生的影响却不能一笔抹杀。阿英在《晚清小说史》中认为，林纾“使中国知识阶级，接近了外国文学，认识了不少第一流的作家，使他们从外国文学里去学习，以便促进本国文学的发展”。的确，当时的人只知道“洋鬼子”船坚炮利，工业发达，哪里晓得英国有莎士比亚、司各特、狄更斯的文学，法国有大小仲马、巴尔扎克的文学，西班牙有塞万提斯的文学，日本有德富健次二郎的文学，挪威有易卜生的文学？林译一出，国人便大开眼界。不少从事新文化运动的先驱人物，也因读林译而受到启发。朱自清说：“读聊斋志异和林译小说，都曾给我影响”。(见太平书局本《国文教本》)。郭沫若《我的幼年》中承认林译小说“对于我后来在文学上的倾向有一个决定性的影响”，还说林氏把司各特《撒克逊劫后英雄略》的“那种浪漫派的精神”“具象地揭示给我了”，因此他断定林纾“在文学上的功劳，就和梁任公（启超）先生在文学批评上的一样，他们都是资本制革命时代的代表人物，而且是相当有些建树的人物”。

## 一、选择题

1. 在明末清初的翻译高潮中，中国人译者中最著名的有徐光启、李之藻、杨廷筠、王徵等人。他们的主要译著和有影响的译著，是关于________。

   A.“圣教”类　　B. 西方科技类　　C. 民歌类　　D. 外国文学类

2. 马建忠在其哪部著作中，提出了“善译”的标准？________。

   A.《马氏文通》　　B.《西学书目表》　　C.《圣武记》　　D.《拟设翻译书院议》

3. 林纾的第一本译作是________。

   A.《茶花女》　　B.《见巴黎茶花女遗事引》
   C.《十字军英雄记》　　D.《西利西郡主别传》

4. 翻译一是求知，求真理，“裨益当世”；二是抓重点，抓“急需”，并能从哲学方法论角度着眼。这是谁的观点？________。

   A. 林则徐　　B. 严复　　C. 梁启超　　D. 徐光启

5. 梁启超翻译的东西不多，但在翻译评论和翻译史的研究方面，也却作出了重大贡献，下列哪一项不是他的翻译思想？________。

   A. 提出救亡图存，必须发展翻译事业，培养翻译人才
   B. 提倡翻译政治小说，启发民智
   C. 主张用比较通俗的语言去翻译外国著述
   D. 强调译事之难

6. 下列谁是明末清初著名的大翻译家，而且是最早将翻译的范围从宗教以及文学扩大到自然科学技术领域的出类拔萃的人物？________。

   A. 林则徐　　B. 徐光启　　C. 梁启超　　D. 严复

7. “夫译之为事难矣！译之将奈何？其平日冥心钩考，必先将所译者与所以译者两国之文字……务审其音声之高下，析其字句之繁简，尽其文体之变态……然后心悟神解，振笔而书，译成之文……”这段话所讲的是关于：________。

   A. 马建忠的“善译”　　B. 徐光启的“会通—超胜”
   C. 严复的“信达雅”　　D. 赞宁的“六例”

8. 郑振铎，现代学者、翻译家、考古学家、新文化运动倡导者。他的译著有《飞鸟集》《新月集》等，他对翻译的观点：________。

   A. 文学的可译性是绝对的　　B. 文学书有可译，也有不可译
   C. 最适合文学翻译的方法是意译　　D. 译文无法与原文媲美

9. 下列哪一篇文章是中国翻译史上较早讨论翻译可译性问题的专文，且是迄今为止讨论的最深入的一篇？________。

   A. 胡怀琛《海天诗话》　　B. 胡以鲁《论译名》

C. 梁启超《清代学术概论》　　　　D. 贺麟《论翻译》

10. 近代主张音译的第一人是________。他带头展开了一场有关西方学术专名的翻译方法的讨论。

A. 胡以鲁　　B. 章士钊　　C. 贺麟　　D. 马建忠

## 二、填空题

1. “臣等愚心以为：欲求超胜，必须会通；会通之前，先须翻译。”这是________的翻译思想。
2. 马建忠的著作《马氏文通》是我国第一部以西方语法理论比较全面、系统地研究________著作。
3. 严复是我国翻译史上明确提出翻译标准的人，他在《天演论》卷首的________的第一段中指出译事三难：信、达、雅。
4. 最多、最集中地介绍了西方文学作品，在近代文化史上留下了最大而不可磨灭的贡献的是________。
5. 严复提出的“信、达、雅”中，信是忠实，达是通顺，雅，是本于________里的“子所言雅，《诗》、《书》执礼，皆言雅也”。所谓“雅言”，就是诸夏的话。

# 第三章 中国现当代翻译史

## 第一节 现 代 部 分

进入 20 世纪的现代，翻译事业更是呈现出光辉灿烂的一页。在 1919 年的五四新文化运动之后，我国思想文化的各个领域，都出现了空前生气蓬勃的景象，在翻译界则出现了翻译及其研究的高潮。

鲁迅（周树人，1881—1936 年）和周作人（1885—1967 年）兄弟俩的生平、事迹是众所周知的。他们是跨越晚清文坛和民国文坛的文豪。但一个不断进步，最后成为中国新文化运动的主将；一个历经曲折，一度丧失民族气节沦落到最可耻的深渊。不过，在清末文坛和新文学运动初期，他俩是被人称为“周氏兄弟”而同享盛誉的，在这一时期，他们互相亲密配合，携手从事翻译活动，两人的翻译见解也基本一致。到 30 年代，鲁迅对翻译问题又发表了很多非常重要的论述；而周作人，则在新中国成立初期对翻译研究发表过不少有益的见解。

鲁迅于 1902 年 3 月去日本留学，在 1903 年开始翻译活动，最初是从日文转译雨果的随笔《哀尘》、儒勒·凡尔纳的科学小说《月界旅行》等；周作人于 1906 年夏秋之间赴日留学，在 1904 年便开始从英文翻译《侠女奴》等小说。他们合作翻译活动是在日本开始的，时间在 1907 年。第一本问世的译作，是周作人翻译的《红星轶史》，其中 16 节是鲁迅译的。同年又合作翻译了阿·托尔斯泰的历史小说《劲草》，后因故未获出版。1909 年，他俩合作选译出版了两则《域外小说集》，为我国近代翻译史上必需大书一笔的盛事。直到 1921 年，周氏兄弟（另添上周建人）还合作选译出版了《现代小说译丛》；1922 年，他俩又合作选译出版了《现代日本小说集》。周氏兄弟当时不仅积极从事翻译外国文学作品的工作，而且还提出了一些重要的译学见解。其中最主要的有两个方面。

第一个方面，他们深受梁启超等人有关翻译主张的影响，强调翻译工作对于“改良思想，补助文明”，引导国人进步的重大意义；同时，他们又注目于“异域为术新宗”的艺术性，强调翻译文学作品的移情和涵养神思的作用。

第二个方面，是比较明确地提出了有关“直译”的观点，在中国近代译学史上独树一帜。1920 年 4 月 17 日，周作人在他的译文集《点滴》中说，他的这几篇译作有“两件特别的地方”，其中一件便是“直译的文体”。鲁迅在 1924 年 11 月 22 日为所译《苦闷的象征》写的《引言》中也说：“文句大概是直译的，也极愿意一并保存原文的口吻。”虽然强调直译，但绝没有把直译、意译对立起来，恰恰相反，他们也赞成一定程度上的意译，或至少兼用意译。例如鲁迅在《且介亭文二集》中指出：“凡是翻译，必须兼顾着两方面，一当力求其易解，一则保存原作的风姿……”这里的“力求易解”和“保存原作的风姿”实际上就是一种在直译、意译完美结合中而获得的信与达的理想状态。关于这一点，周作人在《陀螺序》中也写道：“但是直译也有条件，便是必须达意，尽汉语的能力所及的范围，保存原文的风格，表现原语的意义，换句话就是信与达。”可见，周氏兄弟极力主张的直译，并非如一般人所理解的对原文进行一字一句地机械性转换。

鲁迅特别努力于外国作品的介绍。他说：“我们的文化落后，无可讳言……作品的比较薄弱，是势所必至的，而且又不能不时时取法于外国。”因为取法于外国，所以他对翻译就有一些看法。

他主张翻译必须兼顾两面，一方面必须力求其明白易解，另一方面要求保存原作的丰姿；也就是说既要通顺，又要忠实。他还提倡“宁信而不顺”的译法。在《且介亭杂文二集》中指出：“凡是翻译，必须兼顾着两方面，一当力求其易解，一则保存原作的丰姿，但这保存，却又常常和易懂相矛盾：看不惯了。不过他原是洋鬼子，当然谁也看不惯，为比较的顺眼起见，只能改换他的衣裳，却不该削低他的鼻子，剜掉他的眼睛。我是不主张削鼻剜眼的，所以有些地方，仍然宁可译得不顺口。”

在《硬译与文学的阶级性》里，鲁迅说明中国文法不完备，历来就很有些生造和引起变迁的情形。如：

> 中国的文法，比日本的古文还要不完备，然而也曾有些变迁，例如史、汉不同于书经，现在的白话文又不同于史、汉；有添造，例如唐译佛经，元译上谕，当时很有些“文法句法词法”是生造的，便不必生出手指就懂得了。现在又来了“外国文”，许多句子，即也须新造，——说的坏点，就是硬造。

硬译出来的词句，也不是全部接收，还有待于自我批评，所以鲁迅又指出：“一面尽量的输入，一面尽量的消化，吸收，可用的传下去了，渣滓就听它剩落在过去里。”所以，“硬译”就有两种：有新造的句法使人一时感觉异样而后来可以据为已有的所谓“硬译”，亦有的确可舍弃的生硬句法的“硬译”。毫无疑问，鲁迅所赞成的“硬译”，只是前一种。

关于重译的问题，鲁迅一贯的看法是，理想的翻译，应该由精通原文的译者从原著直接译出；但由于各种客观条件的限制，重译有其存在的必要；他最反对不加分析地鄙薄重译的做法。关于复译，鲁迅就这个问题写了专论《非有复译不可》(载 4 月 1 日《文学》第四卷第 4 期)，不仅论述了复译的意义，而且提出了“非有不可”的必要性：一是“击退乱译”的唯一好方法，二是提高整个新文学水平的需要。

鲁迅的这些译论，几乎涉及了翻译文体的各个重要方面，并且都是非常深刻的。这是中国近代译学史上最可宝贵的财富，对今天的翻译学建设也仍然具有重大的指导意义。

在我国五四译坛上，“周氏兄弟”几乎是作为专有名词而成为人们共同褒贬的对象。《晚清小说史》一书的作者阿英这样评述道：“晚清翻译小说，林纾影响虽然最大，但就对文学的理解上，以及忠实于原文方面，是不能不首推周氏兄弟的。”与此相反，梁实秋等人则把他们的译文贬为“硬译”、“死译”、“好像看地图”，凡此等等，实可谓智者见智，仁者见仁。

总之，最为难得的是，在我国新文学运动的拓荒时代，无论别人如何褒贬，周氏兄弟在早期默契的合作中为繁荣我国译坛所做出的共同努力与杰出贡献将永远成为人们心中的一座丰碑。

茅盾（1896—1981年），原名沈德鸿，字雁冰，茅盾为其最常用笔名。浙江桐乡人。1913年考入北京大学预科，1916年进入上海商务印书馆编译所工作。1920年加入上海共产党发起组，为中共早期党员。1926年春，投身北伐战争。1927年起，从事小说创作，轰动文坛。1930年，加入中国左翼作家联盟，成为左翼文坛除鲁迅之外又一名杰出的战将。抗日战争与解放战争时期，也一直是文艺界领导人之一。新中国成立后，担任文化界重要领导工作。

茅盾一贯十分重视翻译工作。他从1916年便开始翻译活动，其后他在主编《小说月报》等刊物时，特别注意发表各种优秀的翻译作品，并带头翻译了不少作品。仅20年代初，他就翻译了百来篇短篇小说。他还发表过一些翻译专论和不少译作序跋及翻译批评文章。在20年代，他的主要译论贡献集中在这样三个方面：

首先，是关于翻译工作的目的与功能的论述。他认为，为了使人的精神向上，“自古至今的文学家没有一个人曾经独立完成了这件大工作，必须合拢来，乃得稍近于完成；必得加上从今以后无量数的文学家努力的结果，乃得稍近于完成。在这意义上，我觉得翻译文学作品和创作一般地重要，而在尚未有成熟的‘人的文学’之邦像现在的我国，翻译尤为重要；否则，将以何者救灵魂的贫乏，修补人性的缺陷呢?”(《一年来的感想与明年的计划》）这是从文学与人生的关系上来阐述翻译的重要性的。茅盾在《介绍外国文学作品的目的》中，说：“翻译的动机是否还有客观的一面?换句话说，我们翻译一件作品除主观的强烈爱好心而外，是否还有一个‘适合一般人需要’,‘足救时弊’等等观念做动机?”这些论述，与郑振铎等人互相配合，对于端正新文学翻译的方向，起了重要作用。

第二个方面，茅盾在20年代初对于翻译工作者本身的条件和修养，也作了重要的论述。在1921年4月10日《小说月报》发表的《译文学书方法的讨论》中，他明确指出了译者的三个条件：

> 现在欲振刷译界对于从前习惯的惰性，一面固然全仗大家能以试验的态度、求真知的精神去奋斗，一面也不可不了解：
>
> 一、翻译文学书的人一定要他就是研究文学的人。
>
> 二、翻译文学书的人一定要他就是了解新思想的人。
>
> 三、翻译文学书的人一定要他就是有些创作天才的人。

当时，对上述第一、第二条，新文学工作者大多是肯定的；对第三条则未必大家意见一致。有不少人以为翻译就只像临摹图画，以为不能做创作家才降而为翻译家。茅盾不同意这种看法，指出如果毫无创作经验的译手决不能译好文学作品。在20年代初，像茅盾这样强调译者本身的素质条件的，还不多见。他的这些论述是有重要指导意义的。

第三个方面是对于翻译本身的艺术要求，茅盾更从20年代起就作了精彩独到的论述。在1921年2月10日《小说月报》发表的《新文学研究者的责任与努力》译文中，他强调：“介绍时一定不能只顾着这作品内所含的思想而把艺术的要素不顾，这是当然的。文学作品最重要的艺术色就是该作品的神韵……译苏德曼的《忧愁夫人》必不可失却它阴郁晦暗的神气；译比昂逊的《爱与生活》时，必不可失却它短峭隽美的句调……”这是迄今所知中国译论史上最早又最明确地提出翻译不可失却“神气句调”，即强调“神韵”这一重要观点的。

在1954年8月18至25日，由中国作家协会召开了第一届全国文学翻译工作会议。会议的总报告是茅盾作的《为发展文学翻译事业和提高翻译质量而奋斗》。这一报告，是新中国成立后翻译工作（主要是文学翻译）的纲领性文件。他强调提出介绍世界各国的文学是一个光荣而艰巨的任务，文学翻译工作必须有组织有计划地进行，在总结新文学运动以来的翻译经验，他还提出必须把文学翻译工作提高到艺术创造的水平。茅盾的这个报告非常全面，高瞻远瞩，具有深刻的指导性。

茅盾的翻译理论，把翻译问题同社会进步、文学创作、语言发展以及整个文学翻译事业的繁荣紧密联系在一起，以其辩证的思想、广博的探索、精深的研究和许许多多的真知灼见而留芳于世。

民国时期文学史上，“创造社”是另一个有重大影响的新文学社团。该社的主要代表人物，也都对翻译理论作出过贡献。首先要谈到的，自然是该社的挂帅人物郭沫若。

郭沫若（1892—1978年），四川乐山人，原名郭开贞。1914年春赴日留学，与鲁迅一样，学的虽是医学，但却对文学深感兴趣。早在1917年左右，即从英文译泰戈尔、海涅等人的诗歌，为其最早的翻译实践。1921年间，与郁达夫、成仿吾等人发起成立了创造社，为该社最重要的作家和翻译家。1923年回国，从事文学工作。1926年参加北伐，翌年参加南昌起义，并加入中国共产党。大革命失败后，流亡日本，从事中国古代史和古文字学研究。抗日战争爆发后，毅然返国，投身抗日斗争，并成为全国进步文化界的旗手。建国后，担任国家重要领导工作。

郭沫若译著颇丰，面广量多，质量甚高。翻译贯串着它的整个文学生涯。而诗歌翻译占了很大比例。诗歌是否可译历来是译界争论的话题。英国大诗人雪莱曾说过：“译诗是徒劳无益的。”这说明翻译难，译诗更是难上加难，因而有不可译之说。郭沫若认为诗歌是可译的，并在译诗方面作了不懈的努力。他提出了“诗人译诗，以诗译诗”的主张。

郭沫若在译诗方面很讲究韵律，他曾创造性地提出了“风韵译”的说法，他说：“诗的生命，全在它那种不可把捉之风韵，所以我想译诗的手腕于直译意译之外，当得有种‘风韵译’”。在《讨论注译运动及其他》一文中，他指出：“我们相信理想的翻译对于原文的字句，对于原文的意义自然不许走转，而对于原文的气韵尤其不许走转。”郭氏所强调地“风韵”与“气韵”，与茅盾当时强调的“神韵”是一个意思。可见在这一点上他们是一致的，都对翻译美学做出了贡献。

郭沫若说：“翻译是一种创造性工作，好的翻译等于创作，甚至还可能超过创作。这不是一件平庸的工作。”有时候翻译比创作还要困难。创作要有生活体验，翻译却要体验别人所体验到的生活。翻译工作者要就精通本国的语文，而且要有很好的外文基础，所以它并不比创作容易。（郭沫若《谈文学翻译》，选自《人民日报》1954年8月29日）

郭沫若独特的译诗理论主要是“诗人译诗，以诗译诗”，“风韵译”、“两道手”、“好的翻译等于创作”等等。从他翻译实践中可以看出，他始终将理论与实践相结合。其译文质量很高，颇受读者欢迎。

30年代非左翼文学家中，对翻译理论贡献最大的，当推林语堂。

林语堂（1892—1976年），原名和乐，笔名语堂。福建龙溪人。其父是个乡村牧师，他早年就上教会小学读书，从小便深受西方文化影响。1912年进上海圣·约翰大学专攻英文，1919年赴美哈佛大学留学，后转赴德国莱比锡大学研究语言学，故对英语和西方语言学造诣很深。1923年归国后，从事教育、写作等工作。曾参加“语丝社”。30年代曾创办、主编《论语》、《人间世》、《宇宙风》等刊物，成为“论语派”的主要代表。抗日战争爆发后，长期寓居美国从事英文著译等工作，至1966年返台湾定居，又曾在香港任教。最后病逝在香港。因此，他是在海外、中国台湾、香港一带声誉很高的文化名人。

虽然林语堂写了很多有关翻译的文章，但最系统、最全面阐述他翻译理论的文章还是《论翻译》，这是他为吴曙天编选的《翻译论》(1937年1月，中华书局出版）一书所撰写的序文。在《论翻译》一文中，林语堂开宗明义地提出：翻译是一门艺术。他认为翻译艺术所依赖的有三条：

> 第一是译者对于原文文字上及内容上透彻的了解；第二是译者有相当的国文程度，能写清顺畅的中文；第三是译事上的训练，译者对于翻译标准及手术的问题有正当的见解。

确实，林氏这篇论文从翻译实际出发，毫不玄虚，说理朴实。他认为翻译除了上述三条外，“绝对没有什么纪律可为译者的规范”，所以他的论文也“不是要替‘译学’画出一些规矩准绳来，或是要做些削足适履，强人以同的工夫”。但是，他认为以前论述翻译问题的文章，大多或泛论译法，或单论译名，“都是直接出于经验的话，未尝根据问题上的事实做学理的剖析”。而他提出“讨论翻译须研究其文字及心理问题”，换言之，即“翻译的问题，就可以说是语言文字及心理的问题”。他认为：“倘是我们要与此问题得比较客观的解决，自当以语言文字心理的剖析为立论根基。必先明语言文字及行文心理的事实，然后可以做译者标准应如何、态度应如何的结论。”应该指出，林氏是在中国译学史上第一个最明确地将现代语言学和心理学作为翻译理论的“学理剖析”的基础的。

在《论翻译》中，林语堂更着重于阐述翻译标准问题。他认为翻译有三个标准：忠实、通顺和美。乍一看，这三个标准与严复的“信达雅”相差无几。其实，林语堂的标准有着自己的含义。他所谓的“忠实、通顺和美”分别指译者对原文或原著者，对译文读者和对艺术的责任。他反对呆板的、字面上的忠实，指出“忠实非字字对译之谓”、“忠实须求传神”；通顺的译文，林语堂认为应该是以句为本位且根据中文心理行文的；至于美的问题，他主要是针对诗文小说之类艺术文而言的，并非一概而论。

林氏指出，翻译只能以句为主体的“句译”，不能以字为主体的“字译”。他从语言学的角度指出：

> 句译家对于字义是当活的看，是认一句为结构有组织的东西，是有集中地句义为全句的命脉；一句中的字义是互相连贯互相结合而成一新的“总意义”(Gesamtvorstellung)，此总意义须由看字义和字的连贯上得来。其对于译文方面，是取一种态度，先把原文整句的意义明白准确的体会，然后依此总意义在本国文不能用

同样之辞字表出，就不妨牺牲此零字，而别求相当的，或最近的表示方法。倘是一成语，在本国语中果为最准确翻译原义的，就是不与原文所用的相同，也可不顾；与其求守原文逐字意义，毋宁求原文语意，这是字译与句译的区别。

关于翻译的“忠实标准”，他提出共有四义：

第一，非字译。“字义了解的确是句义了解的根基，但是所谓字义，不能看做死的，固定的，分立的，须当做活的，有连贯的，不可强为分裂的东西。”第二，须传神。“译者不但须求达意，并且须以传神为目的。”这是与鲁迅、茅盾、郭沫若诸人完全一致的看法。第三、非绝对。“译者所能谋达到之忠实，即比较的忠实之谓，，非绝对的忠实之谓。”第四、须通顺。

相对来说，林氏关于“美的标准”的论述比较平平，无甚开拓。而总的看来，他根据前人的翻译理论重提三个标准，并从语言学和心理学角度作了一些新的探讨，是有价值的。

## 第二节　当代部分

我国有许多出类拔萃的翻译家，但在翻译理论与实践两方面都可以独树一帜的翻译大师却屈指可数，著名法国文学翻译家傅雷先生可以说是其中之一。

傅雷（1908—1966 年），字恕安，上海南汇人。他 13 岁入天主教会办的徐汇公学，开始攻读法文。1926 年，考入上海持志大学，翌年自费赴法，在巴黎大学文科和卢佛美术史学院学习。1931 年秋，回国工作。40 年代后期，他曾积极参加民主运动。60 年代“文革”初期，因不堪凌辱而自杀。从 20 年代末起，他就开始致力于法国文学的翻译介绍工作。数十年的奋发不辍和比较全面、良好的艺术修养，使他的译作达到几乎炉火纯青的境界，在中国当代翻译界享有很高的声誉。

傅雷论翻译的文章直译《翻译经验点滴》和《〈高老头〉重译本序》两篇。另外，他在致友人的两封信里也阐述过对翻译的见解。特别是致罗新璋的信，篇幅不大，却言简意赅，相当精彩。其中，“重神似不重形似；译文必须为纯粹之中文”一句，似可看做傅译的座右铭。

傅雷对“神似”作了如下注脚：“领悟为一事，用中文表达为又一事。况东方人与西方人之思想方式有基本分歧，东方人重综合，重暗示，重含蓄；西方人则重分析，细微曲折，挖掘唯恐不尽，描写唯恐不周；此两种 mentalite 殊难彼此融洽交流。两国文字词类不同，句法构造的不同，文法与习惯的不同，修辞格律的不同，俗语的不同，即反映民族思想方式的不同，感觉深浅的不同，观点角度的不同，表现方法的不同，以甲国文字传达乙国文字所包含的那些特点，必须像伯乐相马，要‘得其精而忘其粗，在其内而忘其外’。译文是让中国人看的，故必须是‘纯粹之中文’”。

傅雷认为，文字问题，基本上是艺术眼光问题；至于形成风格，更有赖于长期的艺术熏陶。他对自己的译笔，曾以“行文流畅，用字丰富，色彩变化”相要求。这三者，既有区别又有联系，是他用力的方向，也是他译文的特色。或许有人会觉得奇怪，翻译得跟原文亦步亦趋，难道也可以定出自己的文章风范吗？须知傅雷曾说过：“译书的标准应该是这样：译者既以原作者是精通中国语文的，译本就是他使用中文完成的创作。”译者既以原作者自任，遣词造句，总会有自己的眼光。而为实现自己预期的目标，也必能求得相应的翻译技巧和修辞手段。

在当代译学家中，恐怕没有谁比傅雷更强调译者本身的条件、气质对于原作的“适应力”的了。而他这样严厉的要求，正是出于他对翻译工作的极端负责的事业心。

傅雷除了对译者的专业修养极为重视外，还反复强调译者的人生经验、全面的学识修养对于文学翻译的极端重要性。在《翻译经验点滴中》中，他指出：“文学既以整个社会整个人为对象，自然牵涉到政治、经济、哲学、科学、历史、绘画、雕塑、建筑、音乐，以至天文地理，医卜星相，无所不包。”他以自己为例，说自己“趣味比较杂，治学比较杂”，但仍然在翻译中时常遇到某些疑难，虽然驰书国外请教专家，仍是很难译好。因此，他在该书中语重心长地写道：

> 文学的对象既然以人为主，人生经验不丰富，就不能充分体会一部作品的妙处。而人情世故是没有具体知识可学的。所以我们除了专业修养，广泛涉猎以外，还得训练我们观察、感受、想象的能力；平时要深入生活，了解人，关心人，关心一切，才能亦步亦趋地跟在伟大的作家后面，把他的心曲诉说给读者听。因为文学家是解剖社会的医生，挖掘灵魂的探险家，悲天悯人的宗教家，热情如沸的革命家；所以要做他的代言人，也得像宗教家一般的虔诚，像科学家一般的精密，像革命志士一般的刻苦顽强。

他从翻译家的学识说到翻译家的人品，用科学家、宗教家、革命家的某些品质来要求翻译家。这简直是一段精彩的警句。他认为自己离这个要求还差得远，“可是我不能因为能力薄弱而降低对自己的要求。艺术的高峰是客观的存在，决不会原谅我的渺小而来迁就我的”。可以说，这是茅盾提出“把文学翻译工作提高到艺术创造的水平”的号召以后，对文学翻译工作者为了达到这一目标如何提高自身的水平而作的重要补充论述。

傅雷译文的又一特色，就是在翻译的语言问题上作了一系列精彩的论述。他在翻译用白话文或文言文的见解上，与鲁迅、周作人相近。他认为白话文“一无规则、二无体制”，又认为普通话没有什么文艺价值，这是“说过头”的；但他的这些论述却有力地纠正了也“说过头”的瞿秋白的有关“绝对的白话”的偏颇。傅雷实际上是赞成鲁迅提出的“四不像的白话”的观点的。在《翻译经验点滴中》，他指出：

> 原文的风格不论怎样，总是统一的，完整的；译文当然不能支离破碎。可是我们的语言还在成长的阶段，没有定型，没有准则；另一方面，规范化是文艺的大敌。我们有时需要用文言，但文言在译文中是否水乳交融便是问题……方言有时也得用，但太浓厚的中国地方色彩会妨碍原作的地方色彩。纯粹用普通话吧，淡而无味，生趣索然，不能作为艺术工具。多读中国的古典作品，熟悉各地的方言，急切之间也未必能收效，而且只能对译文的语汇与句法有所帮助；至于形成和谐完整的风格，更有赖于长期的艺术熏陶。

傅雷在这里是从翻译语言艺术的复杂和困难的角度立论的，他认为需要从口语、文言、方言、旧小说等处吸取营养，他更认为“文字问题基本也是个艺术眼光问题；要提高译文，先得有个客观标准，分得出文章的好坏”。可以说，关于翻译的语言问题，傅雷是在鲁迅、周作人以后论述得最好的一位。他的意见是值得人们认真考虑的。

中国当代最令人骄傲的社会科学家之一钱锺书，也对翻译理论作出了杰出的贡献。钱氏字默存，出生于1910年，逝世于1998年，江苏无锡人。钱氏早年便熟习于旧学；1933年，钱氏毕业于清华大学外语系，1937年获牛津大学副博士学位，后又去巴黎大学研究院从事研究。归国后，先后任职于西南联合大学、上海暨南大学、北京图书馆、中央图书馆等处。建国后，初任教于清华大学，后调中国科学院文学研究所（今属中国社会科学院）工作。

钱氏是当代中国最伟大的学者之一。他精熟于英国、法国、拉美国家，德国、意大利、西班牙等国家的文学与学术，关于译学方面的论述不过是其巍峨的学术宫殿的一雕栏一画栋，然而已在译学界产生了重大影响。

关于翻译的性质、功用、易犯的毛病和理想的最高境界，钱氏有他的独特见解。在《林纾的翻译》的一开头，他写道：

> 汉代文字学者许慎有一节关于翻译的训诂，意蕴颇为丰富。《说文解字》卷六口部第二十六字：“囮，译也。从‘口’，‘化’声。率鸟者系生鸟以来之，名曰‘囮’，‘读若’。”

南唐以来，“小学”家都申说“译”就是“传四夷及鸟兽之语”，好比“鸟媒”对“禽鸟”的引“诱”，“讹”、“化”和“囮”是同一个字。“译”、“诱”“媒”、“讹”、“化”这些一脉通连、彼此呼应的意义，组成了研究诗歌语言的人所谓“虚涵数意”(polysemy, manifold meaning)，把翻译能起的作用(“诱”)、难以避免的毛病(“讹”)、所向往的最高境界(“化”)，仿佛一一透示出来了。

钱锺书的这段文字本身的“意蕴”，才是真正是极为丰富的。所谓“诱”，他认为，“‘媒’和‘诱’当然说明了翻译在文化交流里所起的作用。它是个居间者或联络员，介绍大家去认识外国作品，引诱大家去爱好外国作品，仿佛做媒似的，使国与国之间缔结了‘文学姻缘’，缔结了国与国之间唯一的较少反目、吵嘴、分手挥拳等危险的‘因缘’”。所谓“讹”。钱氏又说：“一国文字和另一国文字之间必然有距离，译者的理解和文风跟原作品的内容和形式之间也不会没有距离，而且译者的体会和自己的表达能力之间还时常有距离……因此，译文总有失真和走样的地方，在意义或口吻上违背或不很贴合原文。那就是‘讹’，西洋谚语所谓‘翻译者即反逆者’(Traduttore traditore)。”

而对于“化”，他又作了十分精彩的论述：

> 文学翻译的最高标准是：“化”。把作品从一国文字转变成另一国文字，既能不因语文习惯的差异而露出生硬牵强的痕迹，又能完全保存原有的风味，那就算得入于“化境”。十七世纪有人赞美这种造诣的翻译，比为原作的“投胎转世”(transmigration of souls)，躯壳换了一个，而精神资致依然故我。换句话说，译本对原

作应该忠实得以至于读起来不像译本，因为作品在原文里决不会读起来像经过翻译似的。

钱锺书先生提倡的“化境”说一直备受重视，“化境”作为界定翻译的核心概念，似乎要求译者和作者在精神上和心灵上的一种默契，这种默契当然就包含了译者对于客观世界（作者与译者不同的客观世界）的一种苟同和容纳，和译者与作者在主体建构方面（比如人格结构方面）的某种一致性，同时也包含了译者对于原作精神的一种溶解于自身的同化，以及连同思想与风格表现欲语言中的一种译文的诞生。不过，钱先生没有这样说，他甚至也没有说明“化境”是原作意境化入译作意境的过程。但这并不碍事，我们可以借用他的其他说法来说明他自己的认识和表达方式。

钱先生还曾在《林纾的翻译》中论述了翻译作品在艺术上胜过原作的可能性的问题。他提到自己宁可读林纾的译文，而不乐意读哈葛德的原文。因为哈氏的原文滞重粗滥，对话更呆板，常是古代英语与近代英语角的杂拌；而林氏的译文则是很利落的汉文言，文笔虽说不上工致，也大体上比哈氏的明爽轻快。因此，他指出：“译者运用‘归宿语言’超过作者运用‘出发语言’的本领，或译本在文笔上优于原作，都有可能性。”

钱氏的精彩译论虽然看上去不是峨冠博带的高头讲章式的“论文”，似乎没有“系统”，实际上却是相当精当的。钱先生对于伸向传统的须根是异常的扎实和深厚，而对于实践的沉渗也是如此的专注和融洽，这就是钱锺书先生何以以他的“化境”说的理论独步于现代译坛和论坛的原因。

许渊冲于1921年生于江西南昌，自幼酷爱文学，1938年考入昆明西南联合大学外语系攻读，先后师从闻一多、叶公超、卞之琳。1941年在美国志愿空军任英语翻译。翌年返回母校。1944年考入清华大学文学研究深造，1945年在西南联合大学外语系任助教。1948年他远涉重洋，到法国巴黎大学研究莎士比亚与拉辛，获文学研究文凭。新中国成立以后，1951年，他满怀一颗爱国之心回国，先后执教于北京外国语学校（今北京外国语大学），洛阳外国语学院和北京大学。现是北京大学国际文化研究室教授兼英语系翻译教授，主讲文学翻译和中西诗学比较课程。

在长达几十年的翻译实践中，他先后译著了四十多本（种）著作，多达六百多万字，其范围包括翻译理论著作，古典诗词英译，中译法，英译中，法译中等。许渊冲的整个翻译和研究由两条既平行又相交的线构成：一是在古典诗词的翻译方面做了许多开创性地工作，可以说是独树一帜；二是在诗歌诗词翻译理论的构建上，提出了许多有关诗词翻译的理论观点。

许渊冲在《毛主席诗词四十二首》英、法文格律体译本的序言中，首次提出了诗词翻译的“三美”论：“译诗不但要传达原诗的意美，还要尽可能传达它的音美和形美。”接着又在《外国语》1979年第1期补充说明：“三美之间的关系是：意美是最重要的，音美是次要的，形美是更次要的。也就是说，要在传达原文的意美的前提下，尽可能传达原文的音美；还要在传达原文的意美和音美的前提下，尽可能传达原文的形美，努力做到三美齐备。”他提倡用“三美”原则指导译诗，并努力追求“三美齐备”的译作，在理论上孜孜不倦地探索。在《外语教学与研究》1979年第2期上他是这样阐释三美论的：“意美有时是历史的原因或者是联想的缘故造成的，译成另外一种语言，没有相同的历史原因，就引不起相同的联想，也就不容易传达原诗的意美。

至于音美，译文可以借用译语诗人喜见乐用的格律，选择和原文音似的韵脚，还可以借助于双声、叠韵、重复等方法来表达原文的音美，这就是许先生对音美的理解。在诗词翻译中，诗歌所装载的信息总量是由语义和文体组成，而语义（内容）不过是低层次的信息，而文体（形式）比如音韵、节奏等才是高层次的信息，如果仅仅再现低层次的信息——语义，产生的译文就不再是诗，而变成散文了。许渊冲的上述观点在翻译界产生了较大的影响。至于形美，他认为，主要是在诗句长短方面和对仗工整方面，尽量做到形似。他还强调，如果两个词都能传达原文的意美，其中有一个还能传达原文的音美，那么译者应选择两者兼备的词，即使一个词汇只能传达原文的音美，那么译者应选择两者兼备的词，即使一个词汇只能传达八分意美和八分音美，那也比能传达九分意美和五分音美的词汇强。在其所著的《翻译的艺术》中以及许多论文中，他反复指出音美和形美的重要性，其目的就是坚持韵诗的翻译应保持原诗的韵律和结构。

在《唐诗一百五十首》英译本（陕西人民出版社，1984 年版）序言中，许渊冲提出了诗词翻译的“三化”论：深化、等化、浅化。所谓深化，包括特殊化、具体化、加词、一分为二等译法；所谓浅化，包括一般化、抽象化、减词、合二为一等译法；所谓等化，包括灵活对等、词性转换、正说、反说、主动、被动等译法。

对于直译与意译的看法，许渊冲在《直译与意译》(《外国语》 1980 年第 6 期及 1981 年第 1、2 期）和《翻译的理论和实践》(《翻译通讯》 1984 年第 6 期）中谈到了自己对直译与意译的见解：“直译是把忠实于原文的内容放在第一位，把忠实于原文形式放在第二位，把通顺的译文形式放在第三位的翻译方法。意译却是把忠实于原文的内容放在第一位。”他还进一步区别了直译与硬译，意译与滥译，指出硬译就是翻译中的形式主义，滥译就是翻译中的自由主义。

许渊冲在《中国翻译》 1991 年第 5、6 期发表了《译诗六论》，又在《北京大学学报》 1992 年补充了二论，共八论。其主要内容是：（1）译者一也：译文应该在字句、篇章、文化的层次上和原文统一。（2）译者依也：译文如不能和原文统一，可以只以原文字句为依据。（3）译者异也：译文以原文为依据时，可以创新立异。以上三论是翻译的方法论。（4）译者易也：翻译要换易语言形式。（5）译者意也：翻译要传情达意，包括言内之情，言外之意。（6）译者艺也：文艺翻译是艺术，不是科学。（7）译者益也：翻译要能开卷有益，使人“知之”。（8）译者怡也：文学翻译要能怡性悦情，使人“好之”、“乐之”。最后两论是翻译的目的论。

除上述有影响的翻译理论观点外，许渊冲还提出了诗词翻译——创补失论、发挥译语优势论、文学翻译艺术观、诗词翻译凡人创新论等。这些观点或论点极大地拓宽了我们的视野，丰富了翻译理论研究的内容。他的译诗融意美、音美、形美于一体，在译诗实践中他完全实践了自己提出的“三美”的翻译主张，其精湛的译论值得我们的借鉴和学习。

## 一、选择题

1. “翻译的时候应当用这种绝对的白话文：一方面和原文的意思完全相同(‘信’)，另一方面又要使这些句子和字眼是中国人嘴里可以说得出来的(‘顺’)。‘信’和‘顺’不应当对立起来……”这段话出自谁之言？________。

A. 鲁迅　　B. 瞿秋白　　C. 郭沫若　　D. 周作人

2. “中国的文法，比日本的古文还要不完备，然而也曾有些变迁，例如史、汉不同于书经，现在的白话文又不同于史、汉……现在又来了‘外国文’，许多句子，即也须新造，——说的坏点，就是硬造。”这是谁的观点？________。

A. 茅盾　　B. 鲁迅　　C. 林纾　　D. 周作人

3. 鲁迅在三十年代的有关译论，几乎涉及了翻译问题的各个重要方面，并且都是非常深刻的，他论述的内容十分丰富，其中没有涉及的是：________。

A. 翻译的目的与宗旨

B. 关于“直译”与“硬译”

C. 指出文学翻译“不是单纯技术性的语言外形的变易”

D. 关于翻译的言语、句法问题

4. 郭沫若在译诗方面很讲究韵律，他曾创造性地提出了“风韵译”的说法。他指出：“我们相信理想的翻译对于原文的字句，对于原文的意义自然不许走转，而对于原文的气韵尤其不许走转。”这句话出自：________。

A.《谈文学翻译》　　B.《论翻译》

C.《译文学书方法的讨论》　　D.《讨论注译运动及其他》

5. 关于翻译工作的目的的讨论已有多人论述，以下哪个选项是茅盾的观点？________。

A. 翻译的作用不仅是“媒婆”而且类似于“奶娘”，创作绝不是闭了门去读《西游记》、《红楼梦》以及诸子百家文集，而是“开了几扇明窗，引进户外的日光和清气和一切美丽的景色”。

B. “我翻译外国前辈的作品，也不过是借别人的口讲自己的心里话……我希望把别人的作品变成武器。”

C. 翻译一件作品除主观的强烈爱好心而外，还应要“适合一般人需要”，“足救时弊”。

D. 翻译工作对于“改良思想，补助文明”，引导国人进步有重大意义。

6. 30年代中，林语堂对翻译理论作出了极大贡献，关于翻译的“忠实标准”，以下哪一选项不是他的观点？________。

A. 须通顺　　B. 须传神　　C. 非字译　　D. 非绝对

7. “17世纪有人赞美这种造诣的翻译，此为原作的‘投胎转世’(transmigration of souls)，躯壳换了一个，而精神资致依然故我。换句话说，译本对原作应该忠实得以至于读起来不像译本，因为作品在原文里决不会读起来像经过翻译似的。”这段话中“这种造诣的翻译”即是________。

A. 林语堂的“忠实、通顺和美”　　B. 傅雷的“神似”
C. 郭沫若的“风韵译”　　D. 钱锺书的“化境”

8. 傅雷是在翻译理论与实践两方面都独树一帜的翻译大师，以下哪一选项不是他的观点？________。
   A. “重神似不重形似；译文必须为纯粹之中文”
   B. “翻译于用之外，还有美一方面须兼顾的，理想的翻译家应当将其工作为一种艺术。”
   C. 译笔要求“行文流畅，用字丰富，色彩变化”
   D. 强调译者本身的条件、气质对于原作的“适应力”
9. 中国翻译界长期以来就有直译与意译之争。“只要真能了解愿意，又能用译语表达，是没有直译和意译之分的。”这是谁的观点？________。
   A. 钱歌川　　B. 巴金　　C. 鲁迅　　D. 郭沫若
10. 下列对许渊冲的“三美论”阐释正确的是：________。
   A. 音美是最重要的，意美是次要的，形美是更次要的
   B. 诗歌所装载的信息总量是由语义和文体组成，文体不过是低层次的信息，而语义才是高层次的信息
   C. 如果两个词都能传达原文的意美，其中有一个还能传达原文的音美，那么译者应选择能传达原文意美的词
   D. 译文可以借用译语诗人喜见乐用的格律，选择和原文音似的韵脚，还可以借助于双声、叠韵、重复等方法来表达原文的音美

**二、填空题**

1. 第三次翻译高潮时期，________强调在翻译时译者应该投入自己的主观感情，译者须与原作者或作品中人物的心灵交流。
2. 茅盾是迄今所知中国译论史上最早又最明确地提出翻译不可失却________，即强调“神韵”这一重要观点的。
3. 关于复译，鲁迅就这个问题写了专论________，不仅论述了复译的意义，而且提出了“非有不可”的必要性：一是“击退乱译”的唯一好方法，二是提高整个新文学水平的需要。
4. 郭沫若认为诗歌是可译的，并在译诗方面作了不懈的努力。他提出了________的主张。
5. 在《论翻译》一文中，林语堂系统、全面阐述了他的翻译理论，这是他为吴曙天编选的________一书所撰写的序文。

## 备考习题

**一、选择题**

1. 梁启超在翻译评论和翻译史的研究方面，作出了重大贡献，以下哪个选项与他的观点不符？________。
   A. 提出救亡图存，必须发展翻译事业，培养翻译人才
   B. 制定当译之书，并统一翻译名词术语

C. 提倡翻译政治小说，启发民智

D. 主张用比较文雅的语言去翻译外国著述

2. “用进世利俗文字，则求达难，往往仰义就词，毫厘千里。”“若徒为近俗之词，以便市井乡僻之学，此于文界，乃所谓凌迟，非革命也。”这是谁的观点？________。

A. 梁启超　　B. 徐光启　　C. 严复　　D. 林纾

3. 我国的佛经翻译，从东汉桓帝末年________开始，魏晋南北朝时有了进一步的发展。

A. 支谦　　B. 安世高　　C. 安玄　　D. 朱士行

4. 道安在________中，提出了著名的“五失本”、“三不易”的理论。

A.《般若经》　　B.《摩诃钵罗若波罗蜜经钞序》

C.《出三藏记集》　　D.《鞞婆沙序》

5. 让精通外文的人先把原诗翻译成汉语，再请诗人重新修改译文并加以润色使译时更为诗化，这种“两道手”的译法是谁提出的？________。

A. 傅雷　　B. 林语堂　　C. 徐志摩　　D. 郭沫若

6. 以下哪个观点与郭沫若所提出的不符？________。

A. 再好的翻译不可能超过创作　　B. “以诗译诗”

C. “风韵译”　　D. “内在的韵律”

7. 林语堂译《道德经》有着得天独厚的优势。他的英译《道德经》是成功的，以下表述不正确的是：________。

A. 林语堂国学底子深厚，能透彻准确理解原文

B. 英文地道，表达准确

C. 前人留有大量关于该书的资料可供参考

D. 不采用自由诗体传译

8. 玄奘提出了著名的“五不翻”理论，“五不翻”指的是：________。

A. 不翻译　　B. 按意思翻译成汉语

C. 保持原语语音的汉字写法，即音译　　D. 提倡意译

9. “译之言易也，谓以所有易所无也。譬诸枳橘焉，由易土而殖，橘化为枳。……”此处关于翻译的说法，以“易”为“译”，具有中国特色。是出自：________。

A. 赞宁的《义净传》　　B. 赞宁的《译经篇》

C. 僧睿的《大品经序》　　D. 僧睿的《思益经序》

10. 先将梵文口译成汉语，讲出义旨，并拿出旧译本来对照，经过详细讨论，写成初稿，还要以“论”证“经”，再作修改。此译经过程讲的是：________。

A. 支谦　　B. 玄奘　　C. 鸠摩罗什　　D. 道安

11. 慧远在为僧伽提婆翻译的《三法度》写的序中提到的翻译方法应当是：________。

A. “文过其意”　　B. “理胜其词”　　C. “以裁厥中”　　D. 都未提及

12. 在《思益经序》中，僧睿指出：________

A. “名实丧于不谨”。

B. “详听什公传译其名，翻覆辗转，意似未尽，良由未备秦言名实之变故也……”

C. “……法师手执胡本，口宣秦言，两译异音，交辨文旨。”

D. “义多纰缪，皆由先度失旨，不与梵本相应”。

13. 金岳霖先生对于中国传统译论的最大贡献，在于提出了：________。
A. 译意和译味说　　B. “翻译思想而为文字”
C. 翻译的“言意之辨”　　D. 文学的可译性

14. ________在他的译文集《点滴》中说，他的这几篇译作有“两件特别的地方”，其中一件便是“直译的文体”。
A. 鲁迅　　B. 周作人　　C. 林纾　　D. 梁实秋

15. 在1921年4月10日《小说月报》发表的《译文学书方法的讨论》中，茅盾明确指出了译者的三个条件，其中没有提到的是：________。
A. 翻译文学书的人一定要他就是研究文学的人
B. 翻译文学书的人一定要他就是了解外国文学的人
C. 翻译文学书的人一定要他就是了解新思想的人
D. 翻译文学书的人一定要他就是有些创作天才的人

16. “文学作品最重要的艺术色就是该作品的神韵”，这是茅盾在其哪篇文章中提到的？________。
A.《新文学研究者的责任与努力》　　B.《介绍外国文学作品的目的》
C.《一年来的感想与明年的计划》　　D.《谈文学翻译》

17. 林语堂认为翻译艺术所倚赖的有三条，其中他未提及的是：________。
A. 译者对于原文文字上及内容上透彻的了解
B. 译者有相当的国文程度，能写清顺畅达的中文
C. 是译事上的训练，译者对于翻译标准有正当的见解。
D. 要替‘译学’画出一些规矩准绳来

18. “倘是我们要与此问题得比较客观的解决，自当以语言文字心理的剖析为立论根基……”这句话出自谁之言？________。
A. 巴金　　B. 张若谷　　C. 林语堂　　D. 傅雷

19. ________在翻译的语言问题上也作了一系列精彩的论述。他认为白话文“一无规则、二无体制”。
A. 傅雷　　B. 鲁迅　　C. 周作人　　D. 郭沫若

20. 傅雷实际上是赞成鲁迅提出的“四不像的白话”的观点的，在他的哪篇文章中有提到过？________。
A.《〈高老头〉重译本序》　　B.《论翻译》
C.《翻译经验点滴中》　　D.《翻译论》

21. 提出“译”、“诱”、“媒”、“讹”、“化”这些一脉通连、彼此呼应的意义的是：________。
A. 钱锺书　　B. 王佐良　　C. 傅雷　　D. 许渊冲

22. 王佐良是我国英国文学研究的集大成者，他重开拓、创新，关于他的翻译论述表述错误的是：________。
A. 翻译的作用及功能　　B. 从文体学和文化学的角度论述翻译
C. 关于译诗的问题　　D. 赞成严复的“信、达、雅”

23. 许渊冲是在________中，首次提出了诗词翻译的“三美”论。

A.《毛主席诗词四十二首》　　B.《毛主席诗词四十二首》的序言中
C.《外语教学与研究》　　D.《翻译的艺术》

24. 许渊冲提出了诗词翻译的“三化”论，下列表述错误的是：________。
A. 在《唐诗一百五十首》英译本的序言中提出
B.“三化”指的是深化、等化、浅化
C. 所谓深化，包括特殊化、具体化、加词、一分为二等译法
D. 所谓浅化，包括灵活对等、词性转换、正说、反说、主动、被动等译法

25. 探讨许渊冲的翻译，下列哪个选项是错误的？________。
A. 在古典诗词的翻译方面做了许多开创性地工作
B. 论述了翻译作品在艺术上胜过原作的可能性的问题
C. 提出了许多有关诗词翻译的理论观点
D. 发表了自己对于直译与意译的看法

26. 对于道安的“三不易”表述错误的是：________。
A. 梵经质朴，要使读者满意不容易　　B. 要使古俗适应今时不容易
C. 把古圣先贤的微言大义传给后世的浅识者不容易
D. 释迦牟尼死后，弟子阿难造经慎重，现在却要由平凡的人来传译不容易

27. 除了提出翻译的“五种不翻”，玄奘对________也有贡献。
A.“译场”翻译方法　　B. 论述翻译者自身条件方面
C. 单纯论述翻译方法方面　　D. 翻译的目的方面

28. 在中国佛教史上，有人把鸠摩罗什、真谛、玄奘、________四人并称为四大译师。
A. 道安　　B. 彦琮　　C. 不空　　D. 赞宁

29. 中国佛教史上，“三大求法高僧”指的是________、法显与玄奘。
A. 道安　　B. 义净　　C. 鸠摩罗什　　D. 不空

30. ________致力于英国文学的研究和翻译，他以其译品的信达流畅独树一帜，被西方文学界誉“哈代专家”。
A. 巴金　　B. 梁实秋　　C. 戈宝权　　D. 张若谷

**二、填空题**

1. 罗新璋曾把中国传统的翻译理论体系归结为四种基本思想：________。
2. 在《翻译中的文化比较》一文中，________提出“翻译者必须是一个真正意义的文化人。翻译所面对的是语言问题，但是如果一个译者不了解语言中的社会文化，那么他也无法真正掌握语言”。
3. 陈西滢则借鉴美术创作的实践和理论，提出了翻译中的________之说，这在中国译论史上带有创建意义。
4. 郭沫若所强调的________，与茅盾当时强调的“神韵”是一个意思。可见在这一点上他们是一致的，都对翻译美学作出了贡献。
5. ________著《辨证论》，可以看做是我国第一篇翻译专论，他主张译经“宁贵朴而近理，不用巧而背源”。
6. 玄奘提出翻译“既须求真，又须喻俗”。“求真”即追求准确，要力求“忠实原作”，这是一切认真负责的翻译工作者的共同理想。同时必须“喻俗”，亦即使群众理解，这

就是说要________。

7. 徐光启和意大利人利玛窦合作翻译了欧几里得的________、《测量法义》等科技著作，开凿了引进外国先进科学技术的先河。
8. 中国近代翻译事业的开拓者严复以翻译西方________著作为主，如《国富论》、《天演论》等。
9. 严复在翻译主导思想方面的论述也是我国近代译论的精华。他在1894年写的________中，指出世人所注意的西方“汽机兵械之伦，皆其形下之粗迹”，即使所谓“天算格致之最精”者，“亦其能事之见端，而非命脉之所在”。
10. ________强调在翻译时译者应该投入自己的主观感情，译者须与原作者或作品中人物的心灵相交流。
11. 到了周代，不仅与域外民族交往的史实记载更多了，而且有了关于翻译活动的明确记载。在________两本书里就有关于周王朝的翻译官职的记载。
12. 所谓“象胥”，即是古代对于翻译官的称呼。在周代，译员又统称________。而周代对专管其他各方的翻译人员也有各种不同的正式称呼。
13. 支谦写的《法句经序》，在中国译论史上的意义有三：其一，________。其二，反映了早期“质派”的译学观点。其三，说明我国译论从一开始便深植于传统文化土壤之中。
14. ________主张译经必须以梵本为依据，“梵语虽讹，比胡有别”。
15. “安之所述，大启玄门，……字声一，句韵二，问答三，名义四，经论五，歌颂六，咒功七，品题八，专业九，异本十。各疏其相，广文如论。”这是彦琮在《辨证论》里提到的________
16. 道安说的“五失本、三不易”主要是属于________方面的问题，彦琮说的“八备”则属于翻译者本身条件方面的问题，这两者似乎是不能相比的。
17. 佛教史家把罗什以前的译经叫做“古译”，把罗什及其后的译经叫做就“旧译”，而把“新译”的名称独让给________，他确实开创了中国译经史上的新风格、新局面。
18. 玄奘在646年完成的________，在其所撰序言中提到：“……音讹则义失，语谬则理乖。故曰‘必也正名乎’，贵无乖谬矣。”
19. 在________中，徐光启提出了“会通-超胜”的翻译思想。
20. ________曾把司马光《谏院题名记》、韩愈《师说》等译成满文，名扬京师，“钦取翻译第一名”。
21. 目睹了甲午海战之败后的马建忠，指出了翻译西书的首要目的是________。
22. 严复主要翻译社会科学著作，而林纾则主要翻译________。
23. 林纾指出国外作家多靠小说启发民众智慧，因此要大量介绍小说，发展翻译事业来“开民智”，因此他的翻译目的就是________。
24. 在________里，鲁迅说明中国文法不完备，历来就很有些生造和引起变迁的情形。
25. 鲁迅赞成复译，就这个问题写了专论________论述了复译的意义。

## 三、名词解释

1. 《法句经序》之三点意义
2. “厥中”
3. “名实”
4. “五不翻”

5. “六例”
6. “会通-超胜”
7. “善译”
8. “两道手”译法
9. “忠实、通顺和美”
10. “化境”

**四、简答题**

1. 我国的佛经翻译大致可分为几个阶段？请列举人物简要谈谈各个阶段的佛经翻译情况。
2. 就本质而言，翻译是科学？是艺术？既是科学又是艺术？抑或二者都不是？这样的提法有何优缺点？
3. 关于翻译的标准已有多人提出，你认为的翻译标准是什么？有无统一的翻译标准？
4. 可译与不可译的问题，是否只针对意思，抑或同时针对意思和情感和风格？
5. 关于翻译，赞宁说：“翻译如翻锦绮”，钱锺书提出“讹”，即西洋谚语所谓“翻译者即反叛者”，这都是关于翻译的“反”的定义，既然翻译定义如此之糟，是否意味着翻译的消亡？

# 第九单元 自然科学知识

科学技术作为人类认识自然、改造自然的实践活动助产物，既有其产生、发展的历史，也有其自身发展的独特规律。人类的生产经验和劳动技能的积累，产生了各种各样的技术。不断地运用这些经验和技能改进生产工具和其他劳动手段，以提高改造自然的能力，构成了技术发展的过程。而人类对自然规律的认识在理论上的总结和抵括，又产生了自然科学。不断地探索和深化对自然规律的认识，形成新的理论成果，以用于指导改造自然的实践，就是自然科学的发展过程。

自然科学发展作为人类文明的重要组成部分，是关于科学技术及其思想方法产生、发展及发展规律的科学。它既是人类探索自然、认识自然、改造自然的历史，也是科学技术按自身规律演化发展的历史，同时也是人类自然观和科学技术方法论的演化史。而作为一个研究领域，自然科学就是研究科学技术的产生、发展的历史及其发展规律的科学，是人类认识和变革自然的智慧结晶。

众所周知，在人类的原始时代就有着科学的萌芽，之后逐渐形成了古代科学。那时候，科学本质上近似经验性的，没有从哲学中分化出来。欧洲文艺复兴之后，以实验为主要手段的自然科学，初步得到了独立，而且在资本主义生产力的推动下，获得了日益迅速的发展。待到 19 世纪，它大体上达到了科学的、系统的、全面的发展。至此，人类基本上搞清了小到原子、细胞，大到太阳系、物种等无机界和有机界物质运动的规律。从 19 世纪末开始，由于突破了近代科学研究的界限，现代自然科学产生并发展了。它一方面深入到原子、细胞以下的微观领域，另一方面伸展到了银河系以外的天体及生物大系统。现代自然科学的迅速向前发展，揭开了轰轰烈烈的第三次技术大革命。

# 第一章
# 古希腊的科学发展

巴比伦、埃及、印度、中国以及随后兴起的希腊是世界上比较公认的古代人类文明的主要发源地。埃及、巴比伦奴隶社会的早期文明，为古代奴隶社会科学的高峰——希腊科学的出现作了直接的准备。中国古代科学是自成体系的，在封建社会前期，特别是宋、元时期形成了古代科学的高峰。这正好同欧洲“黑暗的中世纪”科学上的倒退形成了鲜明的对照。

古埃及和古巴比伦是世界上文明发源最早的地区，古埃及人和古巴比伦人创造了灿烂的文化，在科学技术上取得许多成果。古埃及和古巴比伦为人类文明作出了积极的贡献，为后来古希腊科学的高度发展打下了基础。

古代希腊的科学在世界古代科学史上占有很重要的地位（主要是从公元前 8 世纪至公元 5 世纪），特别是在公元前 3 世纪前后形成了科学的高峰。从亚历山大时期开始，科学就从自然哲学中逐渐分化出来。因此，科学历史的发展，必然要追溯到古希腊。

## 第一节　古代埃及、巴比伦的科学发展

### （一）天文学

天文学是产生最早的一门科学。人们发现季节的变化与天文现象有关，便开始有意识地观察天象，以确定季节和制定历法，于是产生了最早的天文学。

古代埃及人把天球赤道带的星分为 36 群，并把一年分为三期，每期 4 个月，每个月 30 天，加上年终 5 天祭神日，全年共 365 天，这是世界上最早的太阳历。古巴比伦人则根据月亮盈亏制定了太阴历，一年分为 12 个月，每个月 29 天或 30 天，全年 354 天，每隔几年还有一个闰月。古巴比伦人还把 7 天定为一个星期，又把一天分为 12 小时。

### （二）数学

数学是随着生产实践和天文观测的需要而产生和发展起来的。早在公元前 30 世纪，古埃及人就采用了十进制计数法；他们还由于修建金字塔的需要创立了几何学，还能计算长方形、三角形、梯形和圆形的面积，所用的圆周率为 $\pi=3.1605$。

古巴比伦人则在算术和代数方面取得较大成就，他们掌握了算术四则命题、分数和几种方程演算。古巴比伦人知道了勾股定理，能测量不规则多边形面积和锥台的体积，并推算出圆周率的近似值为 3.125。古巴比伦人除采用十进制之外，还于公元前 21 世纪左右发明了六十进制。

### （三）建筑技术

建筑技术是一种综合性技术，它是一定社会总体技术水平的反映。古埃及和古巴比伦的建筑技术在世界建筑史上都留下了光辉的一页。

古埃及保存下来的遗迹很多，其中最雄伟的是金字塔。金字塔为古埃及国王的陵墓，共有 70 多座，有的历史四五千年，现在依然屹立在尼罗河畔。金字塔中最著名的胡夫金字塔。胡夫金字塔现高 146. 5m，底为正方形，边长 230m，全塔用 230 万块巨石砌成，每块重为 2. 5 吨左右，这些石头角度精确、严密无缝。如此巨大雄伟的建筑是建筑史上的奇迹，至今也是一个谜。

建成于公元前 7 世纪的巴比伦城是两河流域建筑技术的顶峰。巴比伦城有三道城墙，共有 300 多座楼塔；城内的马尔都克神庙，也是一座塔台式建筑，高 90. 1m，是城内最大的建筑物。巴比伦城的主要城门——伊什达门建于公元前 6 世纪，是被誉为世界奇观之一的“空中花园”。

## 第二节　古希腊的科学发展

古希腊学者的自然知识通常是与哲学观点交织在一起的，他们既是哲学家，又是自然科学家。古希腊自然科学有以下几个方面值得注意。

### （一）古希腊前期的科学

第一，关于自然界万物的本源问题；古希腊唯物主义奠基人泰勒斯（约公元前 624—前 547 年）认为世界的本源是水，万物起源于水并复归于水。阿那克西米尼（约公元前 585—前 525 年）认为空气是万物的始源，空气稀薄时变成火，空气浓厚时变成风，再浓厚又变成云、水、土、石头。鼓拉克利特（约公元前 530—前 470 年）则主张火是一切自然现象的物质始源。古希腊的自然哲学家把宇宙万物看做是由某种基本的东西演化而来的，这是他们的宇宙演化观。

第二，关于天体系统的模型问题；阿那克西曼德（约公元前 610—前 545 年）认为地球是一个圆筒，被太阳、月球诸天体层层包围。毕达哥拉斯（约公元前 580—前 500 年）和以他命名的学派断言，地球、天体和整个宇宙是一个圆球，一切天体都作均匀的圆周运动。欧多克斯（公元前 409—前 356 年）则认为地球是不动的，日月星辰都绕地球运行，提出了地球中心说。

第三，关于运动和时间、空间的问题；巴门尼德反对赫拉克利特的万物流动的观点，他认为世界上只有不生、不灭、不变的存在。他的学生芝诺认为，尽管人们在感觉中感知到各种各样的运动，但“真实的存在”（只能由思维来认识）则是统一的、不动的。

第四，关于生命起源、生物进化和人体生理的问题；阿那克西曼德提出了生命起源于泥泽之说。他认为最初的动物生活在水中，身披鳞片，后来有些动物上了陆地，改变了生活方式和外形；德谟克利特探讨了物质的结构，提出了原子论思想，原子论者认为草木禽兽以及人的生命，最早都是从一种原始粒土中产生出来的。恩培多克勒（公元前 490—前 430 年）认为心脏是人体的中心，血液从心脏沥出又流进，皮肤可进行呼吸。

第五，关于数学基础方面的问题；毕达哥拉斯学派认为世界万物都是数，最重要的数是1、2、3、4，而0则是理想的数；相应地，自然界由点、线、面和立体组成，宇宙间有十种对立。这个学派认为自然界中的一切都服从于一定的比例数，天体的运动受数学关系的支配，形成天体的和谐。毕达哥拉斯本人还通过演绎法证明了直角三角形斜边的平方等于两直角边的平方之和，这就是著名的毕达哥拉斯定理，在中国成为“勾股定理”。

## （二）希腊化时代的科学

在希腊化时期，把工程技术与自然科学联系起来，把力学研究与数学研究相互结合的杰出代表是阿基米德（公元前287—前212年）。阿基米德的力学著作有《论浮体》、《论平板的平衡》、《论杠杆》、《论重心》等。

在《论平板的平衡》一书中，阿基米德系统地论证了杠杆原理。他详细讨论了各种形状（四边形、三角形、弓形）物体的重心。关于杠杆原理，阿基米德说过一句千古流传的话：“给我一个支点，我将撬起整个地球。”

在《论浮体》一书中，阿基米德论证了浮力定律。人们都知道阿基米德在洗澡时得到启发，从金冠排水量来解决金冠的制作是否掺假的问题。显然，测金冠的传统说法同阿基米德发现浮力定律之间应有某种联系。

阿基米德还有很高的数学造诣，这也是他在力学研究上取得重大成果的原因；当然，他的数学成果又得益于他的力学研究。阿基米德写了《论球和圆柱》、《论劈锥曲面体与球体》、《抛物线求和》、《论螺线》等数学著作，还论证了用穷竭法计算π和不规则形体的近似计算法。

古希腊最著名的数学家是欧几里得（约公元前330—前260年）。欧几里得系统地整理了以往的几何学成就，写出了十三卷《几何原本》，由10个公理出发按严格的逻辑证明推出467个命题。欧几里得的工作不仅为几何学的研究和教学提供了蓝本，而且对整个自然科学的发展有深远的影响。

**一、选择题**

1. 自然科学中最早出现的学科是________。

A. 数学　　B. 天文学　　C. 医学　　D. 化学

2. 世界上最早的太阳历是由________提出来的。

A. 古巴比伦人　　B. 古埃及人　　C. 古印度人　　D. 古代中国人

3. 古希腊唯物主义奠基人泰勒斯的哲学观点认为万物的本源是________。

A. 水　　B. 火　　C. 土　　D. 空气

4. 被西方称为“物理学之父”，并且提出“只要给我一个支点，就能撬起整个地球”的名言的物理学家是________。

A. 亚里士多德　　B. 伽利略　　C. 阿基米德　　D. 开普勒

5. 古巴比伦人根据月亮盈亏制定了________，把一年分为12个月，每个月29天或30天，全年354天，每隔几年还有一个闰月。

A. 太阳历　　B. 太初历　　C. 儒略历　　D. 太阴历

6. 下面哪一位古希腊科学家提出了地球中心说？________。

A. 阿纳克西曼德　　B. 毕达哥拉斯　　C. 欧多克斯　　D. 恩培多克勒

7. 被誉为世界奇观之一的“空中花园”建立在________。

A. 古巴比伦　　B. 古希腊　　C. 古罗马　　D. 古印度

8. ________提出了生命起源于泥泽之说，认为最初的动物生活在水中。

A. 恩培多克勒　　B. 德谟克利特　　C. 阿纳克西曼　　D. 芝诺

9. 毕达哥拉斯定理是关于________的。

A. 计算圆形面积　　B. 直角三角形边长关系

C. 椎体体积　　D. 推算圆周率

10. 下面哪部著作不是阿基米德关于力学的著作？________。

A.《论浮力》　　B.《论重心》　　C.《论杠杆》　　D.《抛物线求和》

**二、填空题**

1. 认为万物的本源是原子，草木禽兽以及人的生命最早都是由一种原始粒土产生的，这种思想被称为________。
2. “直角三角形的斜边平方之和等于两直角边的平方之和”，这一著名定理被称为________，在中国又被称为________。
3. 古希腊著名数学家欧几里得系统地整理了以往的几何学成就，写出了________一书。
4. 阿基米德洗澡时得到启发，从金冠排水量来解决金冠的制作是否掺假的问题，发现了著名的________定律。
5. ________提出地球、天体和整个宇宙是一个圆球，一切天体都作均匀的圆周运动。

**三、名词解释**

1. 原子论　　2. 杠杆原理

3. 欧几里得

**四、简答题**

如何评述阿基米德对物理学的贡献？

# 第二章
# 中国古代的自然科学发展

中国古代科学技术体系奠基于春秋战国时期（公元前771—前221年），形成于秦汉时期（公元前221—公元220年），高度发展于宋元时期（10—14世纪），自明朝开始衰落。中国的古代相学技术成就在世界科学技术史上占有很重要的地位。

## 第一节　古代农业科技的发展

我国的农业技术棚农学理论在世界上是首屈一指的。我国古代农书之多，在世界上是少有的。从汉代到明代，我国有五大农书：西汉的《氾胜之书》，北魏的《齐民要术》，宋代的《陈敷农书》，元代的《王祯农书》和明代徐光启的《农政全书》。

《齐民要术》是我国现存最古最完整的一部农书，作者贾思勰是北魏人。他考察过数省的农业生产情况于公元533—544年间完成此书。全书所阐述的内容包括了农、林、牧、副、渔各个方面。《齐民要术》内容广泛，它系统全面地总结了公元6世纪以前我国农业技术方面的丰富知识。《齐民要术》是我国古代一部伟大的农业百科全书，为后来的农学奠定了基础。

## 第二节　古代医学的发展

《黄帝内经》是我国现存最早、内容较完整的一部大型医学著作，大约成书于公元前3世纪前后。该书主要论述了人体解剖、生理、病理、病因、诊断等方面的中医基础理论；并提出了中医的整体观的指导思想，从而奠定了中医理论体系的基础。

继《黄帝内经》之后，在汉末又出现了一本对后世影响很大的医学著作——《伤寒杂病论》。作者张仲景（约150—219年）比较系统地总结了汉以前对伤寒（急性热病）和杂病（以内科病症为主，也有一些其他科的病症）在诊断和治疗方面的丰富经验。《伤寒杂病论》在医学上的贡献，主要是诊断中的辨证方法，以及针对病情的多种治法和方药。

中药学在先秦时期就有了一定水平。东汉的《神农本草经》是我国现存最早的药物学专著。它记述药物365种，分上、中、下三品，详述了药物的产地、性质和文治疾病等。唐代苏敬等人于公元659年奉高宗之命编的《新修本草》，总结了一千多年来的药物学知识，收载药物844种，并分列十一部。它是世界上第一部由国家颁布的“药典”，比欧洲最早的佛罗伦萨药典早八百多年。《本草纲目》是由明朝伟大的医药学家李时珍（1518—1593年）而编，他以毕生精力，亲历实践，对本草学进行了全面的整理总结。

《本草纲目》共有52卷，分为16部、60类。这本药典，不论从它严密的科学分类，或是从它包含药物的数目之多和流畅生动的文笔来看，都远远超过古代任何一部本草著作。被誉为“东方药物巨典”，对人类近代科学以及医学方面影响最大，是我国医药宝库中的一份珍贵遗产。

我国古代的外科（疡医）具有较高的水平。著名医学家华佗（约141—208年）尤其擅长于外科，精于手术，被后人称为“外科圣手”、“外科鼻祖”。他曾用“麻沸散”使病人麻醉后施行剖腹手术，是世界医学史上应用全身麻醉进行手术治疗的最早记载。又仿虎、鹿、熊、猿、鸟等禽兽的动态创作名为“五禽戏”的体操，教导人们强身健体。

## 第三节　天文学的发展

天文学的发展是这一时期的又一重要成果。东汉著名天文学家张衡（78—139年）对浑天说的宇宙结构理论作了明确的说明，浑天说认识到大地是一个悬浮于宇宙空间的圆球。张衡精通天文历算，创制了世界上最早利用水力转动的浑象（浑天仪）和测定地震的地动仪（候风地动仪），正确地解释了月食的成因，成为我国天文学史上的杰出人物。

而历法的改进则是天文学发展的一个重要标志。公元前104年（汉武帝时），由司马迁与天文历法家邓平、唐都、落下闳等合作制定了“太初历”。西汉末年，刘钦在“太初历”的基础上，又制定出“三统历”。祖冲之于公元463年开始应用岁差法，制定了比较完善的“大明历”。在唐朝最有影响的是一行编订的“大行历”；他跟梁令联等人合作，创造了“黄道游仪”，用以测量星宙的经纬度，在世界上第一次发现了“恒星自行”的现象，他还发起了在地面上对于子午线长度的实测，得出子午线每度长351. 27唐里（合129. 22公里）的结论，同现代实测的111. 2公里比较，其数虽不准确，但在地面上实测子午线还是世界上第一次。

## 第四节　数学的发展

数学在这一时期内也取得了辉煌的成就。所谓算经十书都是在汉代至唐代完成的。这十部数学名著包括：《周髀算经》、《九章算术》、《海岛算经》、《五曹算经》、《孙子算经》、《夏侯阳算经》、《张丘建算经》、《五经算术》、《缉古算经》、《缀术》。它们后来在隋唐时期曾被用来作为园子监算学科的教科书。《九章算术》乃是其中最最重要的一部，它是我国最早的一部数学专著。它记载了开平方、开立方、求解一元二次方程的解法，记载了著名的“勾股定理”，在世界数学史上第一次记载了负数的概念和正负数加减法的运算规则。它对中国古代数学的影响，恰如《几何原本》对西方数学发展的影响一样，是极其深远的。

三国、两晋、南北朝时期，数学又取得了新的进展。刘微对《九章算术》的全部问题作了理论上的说明，他发明了割圆术，指出圆周长等于无限增加的圆内接多边形长之和。天文学家兼数学家祖冲之算出了圆周率的精确值，即$3.1416926<\pi<3.1415927$，被称为“祖率”，他是首位将圆周率精确到小数点后7位的数学家。欧洲16世纪才得到了该值。

## 第五节　四大发明与其他重要科学著作

1. 造纸术的发明

造纸术是我国古代劳动人民在漂絮和沤麻的经验中逐步总结出来的。目前发现最早的纸是公元前2世纪至公元前1世纪西汉时期的灞桥纸，用大麻纤维制成，质地粗糙，不便书写。后来东汉的蔡伦以树皮、竹子、稻草、麦秆等为原科，于105年制成了质量较好的纸，随后造纸业迅速发展起来。造纸术先传到朝鲜和越南，7世纪由朝鲜传入日本，8世纪传到阿拉伯，13世纪传到欧洲。

2. 印刷术的发明

大约在隋唐时期就出现了雕版印刷，到唐代雕版印刷品已经很多了。1900年在敦煌千佛洞发现的唐咸通九年（868年）刻的《金刚经》，是世界上现存最早的有明确日期记载的印刷物。活字印刷术由北宋的毕昇发明，但当时的活字是用胶泥做的，不耐用。活字印刷既经济又方便，大大提高了效率。到了元代，王帧创造了木活字，并发明了转轮排字架，活字印刷术得到迅速发展。15世纪后期，铜活字印刷正式采用。欧洲人使用活字印刷比我国晚了整整400年。

印刷术的发明为科学和文艺的复兴提供了极其重要的物质条件。印刷术的发明和完善对人类科学文化的传播和发展有着极其重要的作用。

3. 火药的发明

火药的发明来自于人们长期炼丹制药的实践。在汉代的《神农本草经》里，硝石、硫黄都被列为重要的药物，后来火药本身也被引入了药类。火药发明在一千多年前，现在通常称它为黑火药或褐色火药。它由硝酸钾、硫黄、木炭三种粉末按一定比例混合而制成。

火药首先被用于军事目的。在唐末宋初就已用火药制成一种火箭，用于火攻。而后在石炮的基础上创造了火炮。火药性的运用说明了火药已发展到较成熟的阶段。公元1132年出现的“火枪”，后来出现了突火枪，最迟在元代已出现了用铜或铁铸成的筒式枪。现代枪炮就是在这种基础上建立起来的。火药和火器的采用是科学技术和经济的进步。

4. 指南针的发明

指南针的发明得益于物理知识的发展。早在战国时期，我国人民就发现了磁石能吸铁和指示方向，随后有人发明了“司南勺”。到了11世纪初，有人制造了“指南鱼”，不久又发明了指南针，并很快应用到航海上，它指引着庞大的中国商船往返于南太平洋和印度洋的航线上。约在12世纪末传入阿拉伯，然后传入欧洲。欧洲人学会将指南针用于航海大约是1190年，至少比我国晚了100年。

指南针是一种指向仪器，它在军事、生产、地形测量、日常生活，尤其是在航海事业中，都发挥了非常重要的作用。指南针的发明，充分显示了我国古代磁学的高度发达，对于推动世界磁学的研究产生了深远的影响。

### 5.《天工开物》

《天工开物》出现于1637年。《天工开物》是世界上第一部关于农业和手工业生产的综合性著作，是中国古代一部综合性的科学技术著作，有人也称它是一部百科全书式的著作，外国学者称它为“中国17世纪的工艺百科全书”。其作者宋应星（1587—1661年），字长庚，是明末清初著名科学家。

《天工开物》全书详细叙述了各种农作物和工业原料的种类、产地、生产技术和工艺装备，以及一些生产组织经验，既有大量确切的数据，又绘制了123幅插图。全书分为上、中、下三卷，又细分为18卷。《天工开物》在日本、欧洲也广为流传，其中关于制墨、制铜、养蚕、用竹造纸、冶锌、农艺加工等方法，都对西方产生了影响，该书具有珍贵的历史价值和科学价值。

### 6.《梦溪笔谈》

《梦溪笔谈》的作者为北宋卓越的科学家沈括（1031—1095年），此书集前代科学成就之大成，是中国古代最重要的一部科学技术著作。《梦溪笔谈》是以笔记体裁写成的综合性科技巨著，全书30卷，609条，共十几万字。书中内容十分丰富，涉及政治、经济、文化、军事和科学技术等各个方面。其中关于科技的内容，占全书三分之一，包括了数学、天文历法、气象、地质、地理、物理、化学、生物、农业、水利、建筑、医学、药物学等，汇集了我国古代、主要是北宋时期的多种科技成就。

《梦溪笔谈》是一部划时代的科技巨著，堪称为中国科学史上的里程碑，在世界科学史上也有很高的地位。

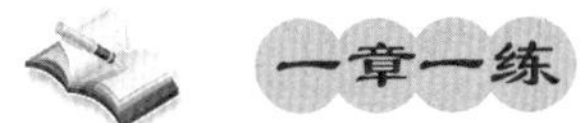


**一、选择题**

1. 我国现存最早最完整的一部农书是________。

   A.《氾胜之书》　B.《齐民要术》　C.《王祯农书》　D.《农政全书》

2. 我国现存最早、内容最完整的一部大型医学著作是________。

   A.《伤寒杂病论》　B.《黄帝内经》　C.《神农本草经》　D.《本草纲目》

3. 编订了“大行历”，并与其他人合作在世界上第一次发现“恒星自行”现象的天文学家是________。

   A. 刘钦　B. 梁令　C. 祖冲之　D. 一行

4. 被誉为“外科圣手”、“外科鼻祖”的著名医学家是________。

   A. 张仲景　B. 华佗　C. 李时珍　D. 扁鹊

5. 唐代苏敬等人编的________总结了一千多年来的药物学知识，是世界上第一部由国家颁布的“药典”。

   A.《神农本草经》　B.《千金翼方》　C.《新修本草》　D.《本草纲目》

6. 公元前104年，由司马迁与天文历法家邓平、唐都、落下闳等人制定了________。

A. 太阴历　　B. 太初历　　C. 大行历　　D. 三统历

7. 我国最早的一部数学专著，在世界数学史上首次记载了负数概念的书籍是________。

A.《周髀算经》　　B.《五经算术》　　C.《九章算术》　　D.《缀术》

8. 造纸术、活字印刷、火药和指南针被称为我国古代的“四大发明”，它们按产生时间的先后顺序排列是________。

A. 造纸术、活字印刷、指南针、火药

B. 造纸术、指南针、火药、活字印刷

C. 指南针、造纸术、火药、活字印刷

D. 指南针、造纸术、活字印刷、火药

9. 在“四大发明”中，________是最早流传到国外的。

A. 造纸术　　B. 活字印刷　　C. 指南针　　D. 火药

10. 被外国学者誉为“中国17世纪的工艺百科全书”，在世界上第一部关于农业和手工业生产的综合性著作是________。

A.《齐名要术》　　B.《农政全书》　　C.《天工开物》　　D.《梦溪笔谈》

**二、填空题**

1. 著名医学家华佗擅长于外科手术，他曾用________使病人麻醉后施行剖腹手术，是世界上应用全身麻醉进行手术治疗的最早记载。

2. 张衡是我国天文学史上的杰出人物，他创造了世界上最早利用水力转动的________和测定地震的________。

3. 天文学家兼数学家__________算出了圆周率的精确值，是世界上首位将圆周率精确到小数点后7位的。

4.《梦溪笔谈》是我国的科技巨著，堪称中国科学史上的里程碑，其作者为北宋的________。

5. 1900年在敦煌千佛洞发现的________是世界上现存最早的有明确日期记载的印刷物。

**三、名词解释**

1.《齐名要术》　　2. 华佗

3.《本草纲目》　　4.《天工开物》

**四、简答题**

分别简述四大发明及其历史意义。

## 第三章
# 近代自然科学的形成

自然科学走过暗淡的中世纪后，在16世纪中叶进入到了近代自然科学时期。从1543年哥白尼发表《天体运行论》到17世纪末是近代自然科学的创立时期。18世纪是近代自然科学的初步发展时期，使新产生的自然科学得到普及。19世纪是近代自然科学全面发展的时期，自然科学走向了以实践为基础的全面理论综合道路。近代自然科学的三百多年时间，在整个科学史中有着重要地位。

近代自然科学发端于15世纪后半期，它是在伴随着欧洲资本主义生产关系从封建社会内部逐渐形成和发展而兴起的。到17世纪末、18世纪初，不但产生和建立了较为完整的经典力学体系，而且初步确立了生理学和化学。这在整个近代自然科学的发展中，起着伟大的奠基作用。近代的自然科学的产生，使科学史迈入了一个新的里程。

## 第一节 自然科学争取独立

### （一）哥白尼的日心说

哥白尼（1473—1543年）是16世纪伟大的天文学家，他从托勒密的地心说出发开始他的天文学研究。1541年，他写了《天体运行论》一书并且出版；哥白尼的《天体运行论》主要阐述了他的日心说观点，认为太阳是宇宙的中心，地球围绕太阳转动。

日心说的提出是天文学发展中的重大突破，它把地心说颠倒了一千多年的日地关系重新改正过来，是天文学上的革命，又是自然科学向教会权威的挑战，它成了近代自然科学开始独立的标志，乃至成为人类思想史上的里程碑。

### （二）伽利略、布鲁诺对日心说的捍卫和发展

伽利略（1564—1642年）是意大利的天文学家和力学家，他一直是哥白尼学说的积极宣传者和热情捍卫者。1632年，伽利略的巨著《关于托勒密和哥白尼两大世界体系的对话》出版，《对话》是伽利略的代表作，一方面，这是一部天文学书籍，它从多方面分析了托勒密体系的不合理性，对哥白尼的学说进行了详尽的论证；另一方面，它又是一部哲学论战的著作，其锋芒指向以亚里士多德的名义为活动的经院哲学。

略早于伽利略的是另外一位意大利思想家布鲁诺（1548—1600年），他是哥白尼学说的坚决捍卫者、近代自然科学的英勇战士和殉道者。1584年出版的《论无限性、宇宙和诸世界》是布鲁诺的代表作。他在这本书中宣传了哥白尼认为地球是行星，且围绕太阳旋转这一基本思想，并且发挥了宇宙无限性的观点。

### （三）血液循环理论

在16、17世纪的自然科学革命中，与哥白尼学说几乎同样重要的突破，是哈维建立的血液循环理论。

哈维（1578—1657年）提出了血液大循环的观点，并在1628年出版了《心血循环运动论》，它标识着人体血液循环理论建立。哈维经过长期研究证明，血液并非像盖伦所说的由静脉一端不断地被制造出来，在动脉的末端被消耗干净，而是应该存在着连接动脉与静脉的细小血管（毛细血管），使动脉血能够回到静脉，再回到心脏。

哈维建立的血液循环理论是近代医学、解剖学和生理学的新发现，它纠正了盖伦学说中的错误，有重要的科学价值。在哈维以后，比较解剖学、人体生理学、医学等生物学学科更进一步发展起来。

### （四）实验科学的兴起

#### 1. 弗朗西斯·培根和他的科学思想

弗朗西斯·培根（Francis Bacon，1561—1626年）是英国唯物主义的始祖，同时也是近代实验科学的倡导者和宣传者，在科学方法的分析方面，对17世纪英国和18世纪法国影响极大。他的主要著作是在1620年出版的《学术的伟大复兴》，但这部巨著只完成了两部分，即《论科学的价值和发展》和《新工具论》。他大胆地提出了一个口号："知识就是力量"，这也构成了他哲学的主要内容，即要研究自然、认识自然规律以便征服自然为人类谋福利。

#### 2. 笛卡儿和解析几何

与培根同时代的法国哲学家和科学家笛卡儿（1596—1650年）的思想也对近代实验科学的发展有重要影响。尽管他对经验的作用估计不足，但他对数学的贡献和强调数学方法的意义却对后来的实验科学家有着重要的帮助和启示。笛卡儿最杰出的成就是在数学发展上创立了解析几何学。笛卡儿致力于代数和几何联系起来的研究，他于1637年创立了坐标系后，成功地创立了解析几何学。他的这一成就为微积分的创立奠定了基础。解析几何直到现在仍是重要的数学方法之一。

#### 3. 近代化学的奠基

罗伯特·波义耳（Robert Boyle，1627—1691年），英国化学家，1661年他的著作《怀疑派化学家》问世，这一年被称为近代化学的开始年代，革命导师马克思·恩格斯也同意这一观点，他誉称"波义耳把化学确立为科学"。

在《怀疑派化学家》一书中，波义耳提出了自己对于"元素"的见解，波义耳认为：只有那些不能用化学方法再分解的简单物质才是元素。作为万物之源的元素，将不会是亚里士多德的"四种"也不会是医药化学家所说的三种，而一定会有许多种。在明确地阐述上述两个观点的同时，波义耳还强调了实验方法和对自然界的观察是科学思维的基础，提出了化学发展的科学途径。

## 第二节　牛顿经典力学

伊萨克·牛顿（Isaac Newton，1642—1727 年）出生在英国资本主义发展的时期，当时正是自然科学开始发展的时期，哥白尼、开普勒等人在天文学方面获得的卓著建树，伽利略以其精湛的实验取得的力学上的光辉成就，笛卡儿从数学和哲学中导出的理性的研究方法，这些都构成了牛顿建立力学理论体系的坚实基础。

牛顿的力学著作是《自然哲学的数学原理》，在这部共五百多页的名著中包括了极其丰富的内容。贯穿全书并构成全书核心的则是力学的三大定律及万有引力定律。《原理》以大量的实验和观测事实为依据进行了严格的逻辑论证和精确的数学分析，形成了经典力学的完整的科学体系。

牛顿第一定律：一切物体在没有受到外力的作用下，保持静止状态或匀速直线运动状态。伽利略曾提出过类似的思想，牛顿在伽利略的基础上作了更多的推广，并予以概括，使之成为了普遍适用的惯性定律。

牛顿第二定律：物体加速度的大小与作用力成正比，与物体的质量成反比，加速度的方向与作用力的方向相同。其数学表达公式为 $F=ma$。在第一定律的基础上，进一步定量地确定了力、质量和加速度的关系。

牛顿第三定律：两个物体之间的作用力和反作用力，在同一直线上，大小相等，方向相反。第二定律是质点运动学的基本方程，而这一定律则扩大了第二定律的适用性，即适用于多质点体系。这三条定律构成了近代力学的基础，也是整个近代物理学的重要支柱。

万有引力定律的发现，是牛顿力学的最高成就。万有引力定律可表述为：“每个物体都以这样一种力吸引其他每个物体，这种力和它们的质量乘积成正比，而和它们间距离的平方成反比。”

牛顿所总结的三大定律和他发现的万有引力定律是物理学史上第一次大综合，是人类认识自然界宏观低速运动的一次大飞跃。牛顿的力学体系也是有弱点的。他提出的“绝对时间”、“绝对空间”的概念，把时间看做是与物质运动无关的绵延，空间则是与物质状态无关的空架子，这是没有科学根据的。

## 第三节　18 世纪自然科学其他成就

### （一）生物分类法

对生物的分类从很早就开始了，许多生物学家都从不同的角度对生物进行了分类。瑞典的卡尔·林耐（Carl von Linné，1707—1778 年），在总结前人分类研究的基础上，使生物分类工作大大前进了一步，为分类学从自然科学的研究中分化出来，成为一门独立的学科奠定了基础。他也因此享有最伟大生物分类学家的称号。

1732 年，他到瑞典北部的拉伯兰地区考察，并写下了《拉伯兰植物志》，这是他第一本关于植物方面的著作。三年后，他到荷兰进修医学，在那里出版了《自然系统》，系统地阐明了关于植物、动物和矿物的分类法。1736 年，他发表《植物学基础》。1737 年，他又发表了《植物的属》。他关于生物分类的见解，在这些著作中得到了充分的反映。

林耐建立了第一个科学的生物分类系统，他把繁多的生物纳入一个系统，从而使生物学体现出了整体性，动物性和植物学的分类达到了一种近似的完成。林耐对生物的分类让生物界有了秩序，为后人的研究提供了不可估量的价值。

### （二）星云说的提出

伊曼努尔·康德（Immanuel Kant，1724—1804 年）是第一个提出比较完整的、科学的天体演化理论的人。他在其代表作《自然通史和天体理论》(中译本称为《宇宙发展史概论》）中，提出了太阳系起源的星云假说。

1796 年，法国数学家和天体力学家拉普拉斯（P. S. de Laplace，1749—1827 年）发表了《宇宙体系论》，也提出了星云假说。康德假说和拉普拉斯假说在本质上是一致的，人们通常把这两个假说联系起来，统称康德-拉普拉斯星云说。不过，他们的假说也有不同之处，康德假说只是从定性角度做了说明和假设，拉普拉斯可能是出于一个数学家的缘故，从数学和力学的角度进行了分析和阐述。

### （三）氧化燃烧理论

#### 1. 燃素说的提出

1703 年，德国哈雷大学的医学和化学教授施塔尔（G. E. Stahl，1660—1734 年）总结了燃烧现象和其他人的见解，系统地提出了燃素说。所谓燃素就是火微粒物质构成的火的元素。燃素说认为，燃素广泛存在于天地之间。在燃烧过程中，物体失去燃素变为灰烬；灰烬得到燃素，又会重生。燃素说是特定历史条件下的产物，它具有一定的合理性，然而它毕竟是一种机械的观点，在很多时候都显得比较牵强附会。

#### 2. 氧气的发现与近代化学的革命

法国化学家拉瓦锡（A. L. Lavoisier，1743—1794 年）也对燃烧进行了研究。1774 年，他受普列斯特列的启发，做了著名的汞的燃烧实验。1777 年，他提出了氧化燃烧学说，并正式确立质量守恒定律。拉瓦锡是真正发现并认识氧气的，由于氧气被认识，导致氧化燃烧学说的建立和燃素说的破产。

对燃烧现象的深入研究，不仅得到了氧，还导致了 18 世纪对碳酸气、氢气、氯气、氮气等的发现，以及对水、氯化氢成分的确定。18 世纪的化学成就还表现在发现了磷、锰、钼、铬、钒、钨、铂、锑等元素；英国医生罗巴克（1718—1794 年）采用铅室法制硫酸，开创了硫酸的工业生产；法国医生路布兰（1742—1806 年）在 1789 年发明了纯碱的制法；法国的查理（1746—1823 年）通过实验在 1785 年发现，一定质量的气体，当体积不变时，其压强（P）与绝对温度（T）成正比。由于这一切，为 19 世纪原子分子学说的提出和化学上新时代的到来，为化学工业的成长，奠定了科学技术基础。

### （四）科学电学的建立

首先认识到天上的闪电，并把天上的电和地上的电统一起来进行深入研究的是美国人富兰克林（B. Franklin，1706—1790 年）。1752 年，他做了著名的风筝实验，证明了天上闪电的电力性质。随后，他发明了避雷针。富兰克林为近代电学奠定了基础，把人们对电学的兴趣激发到了一个高潮。

法国科学家库仑（Coulomb，1738—1806 年）通过实验发现，两个电荷间的作用力与电量乘积成正比，与距离的平方成反比，作用力的方向在它们的连线上。这个定律后来被称为“库仑定律”。由于库仑定律的建立，电学走进了科学的行列。

## 一章一练

### 一、选择题

1. 第一个公开向神学挑战并宣告自然科学的独立的科学家是________。
   A. 亚里士多德　B. 哥白尼　C. 伽利略　D. 牛顿
2. 发现行星运动规律的天文学家是________。
   A. 哥白尼　B. 伽利略　C. 开普勒　D. 布鲁诺
3. 坐标系和解析几何的创始人是________。
   A. 莱布尼兹　B. 培根　C. 笛卡儿　D. 雪默
4. 牛顿的《自然哲学的数学原理》论述他的力学基础，其中________又被称为“惯性定律”。
   A. 牛顿第一定律　B. 牛顿第二定律　C. 牛顿第三定律　D. 万有引力定律
5. 燃素说是哪位科学家提出来的？________。
   A. 普利斯特列　B. 舍勒　C. 拉瓦锡　D. 施塔尔
6. “两个电荷间的作用力与电量乘积成正比，与距离的平方成反比，作用力的方向在它们的连线上。”这个定律是由________发现的。
   A. 富兰克林　B. 库仑　C. 比卡奥　D. 吉尔伯特
7. 拉瓦锡公开宣布发现了________。
   A. 氧气　B. 二氧化碳　C. 氮气　D. 氯气
8. 第一个提出比较完整、科学的天体演化理论的科学家是________。
   A. 伽利略　B. 开普勒　C. 康德　D. 拉普拉斯
9. 提出血液大循环观点，并出版《心血循环运动论》的科学家是________。
   A. 盖伦　B. 维萨留斯　C. 塞尔维特　D. 哈维
10. 1935 年，林耐出版了________，在其中系统阐明了关于植物的分类见解。
    A.《拉波兰植物志》　B.《自然系统》　C.《植物学基础》　D.《植物的属》

### 二、填空题

1. 1628 年，哈维出版了____________，标志着人体血液循环理论的建立。
2. ________阐明自然科学的研究方法，并大胆地提出一个口号“知识就是力量”。
3. 1661 年，________的《怀疑派化学家》问世，这一年被称为近代化学的开始的年代。
4. 哥白尼的________观点和血液循环理论的提出，成为欧洲中世纪科学从神学枷锁下解脱出来的标志。
5. 伊曼努尔·康德与________共同提出了太阳起源的星云说。

6. 首先认识到天上的闪电，并把天上的电和地上的电统一起来认识的是________。

**三、名词解释**

1. 日心说
2. 牛顿第一定律
3. 波义耳
4. 燃素说
5. 库仑定律

**四、简答题**

简述牛顿的运动定律及其重要意义。

# 第四章
# 近代自然科学的全面发展

自然科学争取独立的革命展现了科学技术的巨大力量，同时也为以后的科学发展提供了理论和物质基础。近代后期自然科学就是在这种背景下取得全面发展的。蒸汽机的发明是第一次技术革命的开端，将人类带入蒸汽时代。此后，一些基础学科相继建立起理论体系，产生了第二次技术革命，将人类历史从蒸汽革命推进到电气革命。

## 第一节　蒸汽动力和工业革命

### （一）蒸汽机的改进与广泛应用

早在瓦特（1736—1819 年）之前，蒸汽机就被发明了，但那时的蒸汽机效率十分低下。后来，瓦特对旧蒸汽机进行了改良，提高了蒸汽机的效率。瓦特发明的新式蒸汽机给整个工业的发展提供了一种可靠的通用动力机。从这以后，动力机、传动机、工作机组成了机器生产的系统，这是人类生产技术的一次重大飞跃。

历史前进的车轮把人们带入了工业革命的新时代——蒸汽时代。蒸汽动力的广泛应用不仅加快了纺织、印染、冶金、采矿和其他工业的迅速发展，还从根本上改变了交通运输技术，促使了轮船和火车的发明。

### （二）工业体系的形成

19 世纪的工业革命不仅是蒸汽动力的广泛应用，而是机械、冶金、采矿、化工、建筑、交通运输等各部门全面发展，以致整个工业体系的形成。在这期间，有许多重要的技术发明推动了工业的前进。

1861 年，德国工程师西门子（1823—1883 年）发明了煤气发生炉和蓄热式煤气燃烧炉，得到了可以融化钢的高温。1865 年，法国工程师马丁（1824—1915 年）利用西门子的发明，开创了平炉炼钢法。1867 年，瑞典化学家诺贝尔（1833—1896 年）发明了不同于黑色火药的“安全炸药”——黄色炸药。1859 年，美国首次用机械钻开凿油井成功，开创了石油工业。1823 年，英国的布朗发明了最早的内燃机——煤气机。蒸汽机、轮船、火车和钢铁的生产带动了煤矿开采技术的进步。工业革命的发展还使煤气、煤油、石油成为新动力机的能源，纺织业和农业的发展导致了化学工业的进步。

总之，在 19 世纪里，不仅个别工业部门有了重大的技术突破，而且一系列部门都发生了技术革命并相互促进，形成了以机器大工业为特点的近代工业体系。

## 第二节 热力学的产生

### （一）热机效率

热机理论的奠基人是法国工程师卡诺（1796—1832 年）。1824 年，他在《关于火的动力及产生这种动力机器的研究》的著作中分析了蒸汽机热效应和机械效率之间的关系。他发现由于机械各个部件之间存在着摩擦，会造成不同程度的机械能损失；还会因为热量的散失而引起不做工的热消耗。他经过分析论证发现，热机的效率为热机对外做功与高温热源产生的热量之比。他提出的热机理论建立了热和做工之间的联系，已经接近发现了能量守恒定律。

### （二）热力学三定律

热力学第一定律可表述为，一个体系从外界吸收的热量等于这个体系里能量的增加和它对外所做的功的总和。这个定律的确定是由许多科学家研究综合出来的，其中最主要的是迈尔和焦耳。迈尔（1814—1878 年）是首先提出能量守恒概念的，他认为机械功是由吸收的热量产生的，机械功和热是等价的。焦耳从 1840 年起就开始研究热功之间的转换，并测定热功当量。在实验的基础上，他写出了《热的机械当量》一文，他深信能量是不灭的，也深信热是各种物体中许多粒子的运动。热功当量的测定正好给出了这种关系，这在一定程度从量上确立了热力学第一定律。

热力学第一定律是能量守恒定律在热力学中的体现，许多科学家从力学、电学、磁学等其他方面也确认了能量守恒定律的存在。能量守恒定律是自然界最基本的规律，它为人类以后利用自然界的各种能量提供了科学依据。

热力学第二定律是克劳胥斯（R. Clausius，1822—1888 年）等人发现的。他看到了热的传递是不可逆的，热从高温物体到低温物体的传导过程是自发的，反之则是非自发的。1850 年，他发表了《关于热的运动》，他在其中指出“热不能自动地从低温物体传到高温物体”。从而提出了热力学第二定律。

热力学第一定律和第二定律的提出，使热力学基本形成。在化学热力学形成和发展过程中，热力学第三定律确立了。1906 年，德国化学家能斯特（H. W. Neinst，1864—1941 年）在研究低温化学反应时，提出了能斯特原理，即热力学第三定律：“绝对零度不可能达到。”

## 第三节 物质结构的化学理论

### （一）原子—分子学说的建立

道尔顿（John Dalton，1766—1844 年）首先通过实验对化学物质结构进行了精确的定量分析和合理的逻辑论证。1803 年，他提出了最早的原子量表，在曼彻斯特学会上宣布了关于原子学说和原子量计算的论文。他提出的原子学说基本观点为：原子是物质元素的基本粒子，而原子量是每一种元素的特征性质。

道尔顿原子学说的建立是近代化学发展中的一次重要理论综合，它统一解释了各种各样的化合物和化学反应的结构，为整个化学学科的研究奠定了基础。

1811 年，意大利物理学家阿伏伽德罗（A. Avogadro，1776—1856 年）发表了一篇论文，题为《原子相对质量的测定方法及原子进入化合物时数目比例的确定》，文中引入了分子的概念。他认为，分子是具有一定特性的物质组成的最小单位，而原子只是参加化学反应时的最小质点。阿伏伽德罗的分子假说成功地把道尔顿原子论和盖吕萨克气体反应定律统一起来，形成科学的原子—分子学说，建立了物质结构的基本理论。

### （二）化学元素周期律

对发现化学元素周期律作出决定性贡献的是俄国化学家门捷列夫（Д. И. Менделеев）。他早就从事化合物原子结构和分子间作用力的研究。他通过考察各种元素，分析以前的元素分类，于 1869 年排出了他的第一张周期表。同一年，他在《元素属性和原子量的关系》一文中论述了周期律的基本观点。后来，经过两年的完善修改，门捷列夫于 1871 年在《化学元素的周期性依赖关系》一文发表了第二个化学元素周期表，他明确指出：元素的性质和它们的化合物的性质与元素的原子量有周期性的依赖关系，元素的性质是元素原子量的周期函数。

元素周期律在化学发展史上有重要的科学价值，它把几百年来关于各种元素的大量知识综合起来，形成有内在联系的统一体系。它为研究化学元素、化学变化过程奠定了理论基础。

### （三）有机结构理论

1861 年，俄国化学家布特列洛夫（A. M. Бутлеров，1828—1886 年）比较系统地提出了有机化学的结构理论。近代有机结构理论基本上确立后，但还存在一些问题。首先，一些化学家认为烃结构存在同分异构现象；其次，布特列洛夫假设碳原子的四个价是不同的，这个假说常常得出谬误的结论。德国有机化学家肖莱马（Carl Schorlemmer，1834—1892 年）解决了这两个问题。肖莱马为建立正确的化学结构式和命名法提供了科学基础，并合成了理论上预见的有机物，促进了有机结构理论定型化，成为近代有机化学的奠基人之一。

## 第四节　地质演化和生物进化论

### （一）19 世纪的地质学

标志近代地质学体系化的是英国地质学家赖尔（C. Lyell，1797—1875 年）写的《地质学原理》，该书在 1830—1833 年间出版。赖尔总结了在他以前的大量地质学的知识，考察了地壳升降、火山、洪水、冰川等的地质作用，提出了地质渐变论的概念。他认为，地质的变化是缓慢的，渐变的，否认有大范围乃至全球范围的激烈质变，否定了地球的变化是由上帝一时兴起所引起的突然革命。赖尔的地质渐变原理给了生物进化论者一定启发。

英国人史密斯（Smith，1769—1839年）根据化石内容进行了岩层分类的工作，他指出，地层及所含化石呈有规律地叠置，甚至可以把相隔很远的地层，根据所含化石确定其上下关系和生成的地质年代。

### （二）细胞学说和拉马克主义

19世纪，人们逐渐认识到所有生物都由细胞构成，这才有细胞学说的形成。德国植物学家施莱登（M. J. Schleiden，1804—1881年）发表了《植物发生论》。他指出细胞是一切植物结构的基本活动单位，一切植物都是以细胞为实体发展成的。1839年，德国解剖学家施旺（T. Schwann，1810—1882年）发表了《有关动植物结构与生长一致性的显微镜研究》，宣布“有机体的基本部分不管怎样不同，总有一个普遍的发育原则，这个原则便是细胞的形成”。细胞学说使全部生物学发生了革命，动物和植物在结构上的巨大壁垒被冲垮了，动植物显示了统一性。

19世纪生物分类学、解剖学、细胞学的发展，都证明了生物物种并不是始终如一的，物种进化的思想已酝酿成熟。第一个系统地提出生物进化论的人是法国的拉马克（J. B. Lamarck，1744—1829年），其代表作是1809年出版的《动物哲学》。拉马克的物种变异和进化的思想也被称为拉马克主义。其主要内容是：第一，生物是进化而来的；第二，有两种生物进化动力，一是生物天生地具有向上发展的内在倾向，一是环境对于生物体的影响；第三，对于生物适应环境的演化机制，拉马克提出“用进废退”和“获得性遗传”两条重要法则。

### （三）达尔文的生物进化论

英国生物学家查理·达尔文（Charles Darwin，1809—1882年）是近代进化论的奠基人。1831年，他参加了贝格尔舰的海上航行，进行科学考察。这次考察使他坚信物种是逐渐变化的。1859年，他正式发表了《物种起源》，公开发表了他关于自然选择的思想。此后，他又发表了《动物和植物在家养下的变异》、《人类起源及性的选择》等重要著作，全面论述了他的进化理论。

在《物种起源》中，达尔文指出了变异和遗传是生物界普遍存在的规律，他还指出了进化中自然选择的重要性。关于自然选择，他认为是和生存斗争相联系的。最后他得出了物种形成的理论：“物种不是被独立创造出来的，却像变种一样，是从其他物种传下来的”。

达尔文的进化论把生物科学各门的学科理论综合起来，形成了一门统一的科学，第一次对整个生物界的发生、发展做出了规律性的解释，较为完满地解决了物种起源和发展问题。进化论的提出是整个自然科学领域里划时代的伟大变革。

## 第五节　电磁学理论

### （一）电流和电流的磁效应

意大利的伏特（Volta，1745—1827年）他把锌片和铜片放在盐水或稀酸杯中并串联起来组成伏特电池。为了纪念伏特的贡献，电压的单位被命名为伏特。电池的发明是物理学上的一个创举，它为电学研究奠定了重要的物质基础。1862 年，德国物理学家欧姆（G. S. Ohm，1787—1854 年），对电流、电压、电阻的概念作了明确的规定，并在实验中发现导线中的电流（$I$）和电位差（$V$）之间成正比关系，其比值为导线的电阻，即欧姆定律 $I=V/R$；

从 19 世纪上半叶起到 20 世纪三四十年代，科学家们对电流产生的原因一直存在争论。后来经过大量的实验表明，恒定的电流的形成必须有持续的能量供给，而在电堆或电池中电能是由化学能转化而来的。

19 世纪电学的一个最重要的内容是电流磁效应的发现和研究。在这个方面的开创者是丹麦学者奥斯特（H. C. Oersted，1777—1851 年）。他通过实验得出结论：导体中的电流会在导体周围产生一个环形磁场；改变电流方向或磁针在导线上下的位置，磁针会改变偏转方向。这就是著名的电流的磁效应。奥斯特的实验表明了电现象是可以转化为磁现象的。

### （二）电磁感应

电流效应的发现揭示了电与磁的相互转化的一个方面，即电转化为磁。全面考察电与磁互相向对方的转化关系，论证电和磁的统一，是法拉第、麦克斯韦等人的功绩。

法拉第（D. Faraday，1791—1867 年）多次试图用永久磁铁靠近导线或线圈来产生电流。1831 年，他在一次试验中意外发现，当原线圈在接通或断开电池的一瞬间，接在次线圈的电流计上显示有电流产生。他认识到，不是磁场本身而是磁场强度的变化造成电流的产生。后来，他把一个铜盘放在 U 形磁铁中旋转，发现电流计中有持续的电流通过，这是最早的发电机模型。他根据以上实验并通过计算，提出了电磁感应定律，即当闭合电路的磁通量发生变化时，线路里就能产生感应电流，其电动势大小与穿过闭合路线的磁通量变化率成正比。如果说奥斯特发现了电动机原理，那么法拉第则发现了发电机的原理，这标志着人们对电的研究将从实验走向应用，这是科学史上最伟大的发现之一。

麦克斯韦（Clerk Maxwell，1831—1879 年）通过对前人的实验研究分析指出，不仅传导电流能产生磁场，变化的电场又能产生磁场，可见变化着的电场和磁场总是相互联系，形成一个不可分离的统一体，即电磁场。这是麦克斯韦对电磁理论最大的贡献。1865 年，他发表了《电磁场动力学》，作出了大胆地假设：若从一交变的电场出发，由于它会产生交变的磁场，而交变的磁场又能产生交变的电场，这样电场——磁场——电场继续下去，就是电磁波。1873 年，他出版了电磁学专著《电磁学通论》，书中总结了奥斯特、安培特别是法拉第等人的研究成果，建立了完整的电磁理论。

### （三）电磁学原理的应用

在电磁理论开始形成之前，在人类的活动中没有使用电报、电话、电磁铁、收音机、雷达、电视机，更没有使用发电机、电动机、变压器，这一切都是电磁理论的产物，是人类智慧的结晶，是“第二自然”的物质财富。电磁理论的形成和作用，是自然科学伟大力量的所在，是科学时代到来的标志。

奥斯特发现电可以转化为磁后，1837 年，美国人莫尔斯（S. B. Morse，1791—1872

年）发明了第一台电报机；1866 年，德国人西门子（W. Siemens，1823—1883 年）用电磁铁代替了永久性磁铁，制成了自激式发电机；1876 年，美国声学家贝尔（A. G. Bell，1847—1922 年）进行了用电传递声波的实验研究并发明了电话；1896 年，俄国人波波夫（1859—1906 年）发明了第一份无线电报，从而导致广播电台的出现；特别值得指出的是美国发明大王爱迪生（T. A. Edison，1847—1931 年）。1878 年，他发明了电灯，1879 年，他又成功发明了留声机，1891，他还发明了活动电影机，4 年后，出现了无声电影。各种各样的发明与无线电的广泛应用，使 20 世纪成了电力时代的兴起。

**一、选择题**

1. 蒸汽机给整个工业的发展提供了一种可靠的通用动力机，其发明者是________。
   A. 瓦特　B. 牛顿　C. 富尔顿　D. 史蒂芬孙
2. 1879 年，美国发明家________制成了耐用的电灯泡。
   A. 富尔顿　B. 爱迪生　C. 杰克逊　D. 莱特兄弟
3. 第二次工业革命中，首先制成自激式发电机的是________。
   A. 奥斯特　B. 法拉第　C. 爱迪生　D. 西门子
4. 焦耳发表的《热的机械当量》一文，深信能量是不灭的，这在一定程度上确立了________。
   A. 热机理论　B. 热力学第一定律　C. 热力学第二定律　D. 热力学第三定律
5. 1808 年，在《化学哲学新系统》中，第一次公开原子学说的科学家是________。
   A. 李希特　B. 普劳斯特　C. 道尔顿　D. 阿伏伽德罗
6. 1869 年，________排出了第一张元素周期表，并论述了周期律的观点。
   A. 道尔顿　B. 纽兰兹　C. 迈尔　D. 门捷列夫
7. 第一个系统地提出生物进化论的生物学家是________。
   A. 施莱登　B. 施旺　C. 拉马克　D. 达尔文
8. 发现电流磁效应的科学家是________。
   A. 伏特　B. 奥斯特　C. 安培　D. 法拉第
9. 1865 年，________发表了《电磁场动力学》，提出电磁波的概念。
   A. 法拉第　B. 麦克斯韦　C. 赫兹　D. 西门子
10. 第一台电报机由美国人莫尔斯发明，而发出第一份无线电报是________波波夫。
    A. 美国人　B. 英国人　C. 法国人　D. 俄国人
11. 法拉第发现了电磁感应现象，这是________的原理。
    A. 电池　B. 电动机　C. 发电机　D. 无线电波
12. 下面哪一个没有被称为 19 世纪自然科学的三大发现？________。
    A. 细胞学说　B. 能量守恒转化定律　C. 化学周期律　D. 生物进化论

**二、填空题**

1. 1867 年，瑞典化学家________发明了安全炸药。
2. 发表了《关于火的动力及产生这种动力机器的研究》，奠定热机理论的是________。

3. 能量守恒最早是由________提出来的。
4. 1811 年，阿伏伽德罗发表了论文，他认为________是具有一定特性的物质组成的最小单位。
5. 标志近代地质学体系化的是英国地质学家赖尔写的________。
6. 细胞学说是由________和________提出来的。
7. 1859 年，英国生物学家________正式发表________，公开发表了关于自然选择的思想。
8. 导线中的电流和电位差之间成正比关系，其比值为导线的电阻，这一定律为________。

**三、名词解释**

1. 细胞学说
2. 能量守恒定律
3. 元素周期律
4. 达尔文
5. 电磁感应定律

**四、简答题**

1. 简述电磁理论及其广泛应用。
2. 为什么说 19 世纪是科学的世纪？

# 第五章 现代自然科学的发展

现代自然科学的发展，从19世纪末期一直到现在，人们把这一时期称为“知识信息爆炸时代”。这一阶段的自然科学分为三个阶段，即前三十年的物理学革命阶段；20世纪30年代到50年代自然科学普遍深入发展阶段；后几十年，则为技术科学全面兴起和法则阶段，并开始了影响深远的第三次技术革命。

现代自然科学的开始，主要标志是物理学的三大发现和相对论、量子力学的建立。它将科学从宏观、低速推进到微观、高速的水平，揭示了新领域中前所未知的规律，推动了科学和哲学的蓬勃发展。物理学学科的伟大革命，不仅揭开了现代自然科学的序幕，而且对整个现代科学的发展带来了深刻的影响。

## 第一节　现代物理学的三大发现

### （一）X射线的发现

伦琴（W. K. Rontgen，1845—1923年）是德国维尔兹堡大学的物理教授。一天，他在重复做阴极射线实验时，发现了一种穿透能力极强且在磁场下毫无偏转的射线；于是他继续实验，这种射线可以使黑纸包装的照相底片感光，甚至在底片上显示衣袋里的钱币和手掌的骨骼，可以穿透书本、木板和铝片。对于这种穿透能力极强的神奇射线，伦琴把它命名为X射线。1895年12月28日，伦琴宣布了这一发现并公布了被X射线照出的手骨照片。由于伦琴的发现，X射线又被称为伦琴射线。

伦琴射线的发现轰动了整个世界，首先得到医学界的普遍重视，立即在临床诊断上得到应用。由于伦琴的科学贡献，所以1901年创设诺贝尔奖时，他第一个获得了物理学奖。他的新发现激励了物理学家向新的领域进军，标志着一个新时代的开始。

### （二）放射性的发现

1896年，法国科学家贝克勒尔（Henri Becquerel，1852—1908年）在探索X射线及荧光物质的性质时，第一次观察到了原子自发蜕变的放射性现象。所谓放射性，就是指物质能够放射出肉眼看不见的某种射线的特性。贝克勒尔通过实验，首先发现了一种天然放射性物质——铀。人们把这种天然放射线叫做“贝克勒尔射线”。

贝克勒尔的发现立刻引起了法国科学家居里夫妇的极大关注。居里夫人（M. S. Curie，1867—1934年），原籍波兰，1897年，她和丈夫皮埃尔·居里（Pierre Curie，1859—1906年）注意到贝克勒尔的放射性实验报告，决定将其作为自己的研究目标。居里夫人通过异常艰苦的繁重的实验劳动，从成吨的沥青铀矿中进行了化学分离，于 1898 年在与贝蒙特（G. Bemont）的合作下，终于发现了放射性比铀强四百倍的新元素，并把它命名为钋（Po）。接着又发现了放射性比铀强二百万倍的镭（Ra）。1910 年，居里夫人出版了《放射性专论》一书，科学地证明了镭的客观存在。她以毕生的精力从事艰苦的创造性劳动，对人类的科学事业作出了重大贡献，成为世界上唯一两次获得诺贝尔奖的女科学家。

### （三）电子的发现

汤姆孙（J. J. Thomson，1856—1940 年），英国著名物理学家。1897 年，他反复进行阴极管射线的通电试验，明显地观察到阴极射线流不但在磁场的作用下发生偏转，而且在电场的作用下也发生偏转，并且证明阴极射线的粒子是带负电的。后来，他又通过不断试验，发现电荷 e 与质量 m 的比值是带点粒子的固有特性，与外界因素无关。1897 年，汤姆孙在英国皇家学会的演讲中，详细论证阴极射线就是由具有质量的带电粒子组成的，汤姆孙宣称这种粒子就是电子。汤姆孙由于发现了电子，在物理学方面做出了杰出贡献，于 1906 年获得诺贝尔物理学奖。

物理学的三大发现使物理学进入微观领域，由研究宏观低速的运动，进入到研究微观高速的运动，并使以牛顿力学为基础的经典物理学，逐步过渡到以相对论和量子论为基础的新物理学，这是物理学发展史上的一次重大飞跃。

## 第二节　爱因斯坦的相对论

牛顿力学和麦克斯韦电磁理论，是经典物理学的最重要内容和基础。但是，这两个学说却在时间和空间的问题上遇到了根本性的难题。而 19 世纪到 20 世纪之交的物理实验和理论准备表明，建立新的时空理论和物质运动理论的条件已经具备。在这样的条件下，爱因斯坦（A. Einstein，1879—1955 年）以自然科学革命家的姿态登上物理学论坛，创立了具有划时代意义的相对论学说。

1905 年，爱因斯坦在《论动体的电动力学》一文中首先创立了狭义相对论，他在这篇论文中大胆地提出了两个基本假设，即狭义相对论的两条原理：第一，对于任何惯性系，一切自然定律都同样适用，也就是相对性原理；第二，对于任何惯性系，自由空间中的光速都是相同的，也就是光速不变原理。爱因斯坦从相对论的基本原理得出了狭义相对论的一系列结论：1. 同时相对性：两个独立事件在一个惯性参考系看是同时出现的，在另一个惯性参考系看并不同时；2. 时钟延缓：从两个不同的惯性参考系来看，两个事件间的时间间隔不同；3. 长度缩短：在相对于一个尺子为静止的参考系中，尺子的长度最长，在相对于尺子运动的参考系中，尺子的长度要沿运动方向缩短；4. 物体质量随速度变化：物体运动时的质量大于物体的静止质量；5. 质能关系：物质的质量 m 与其能量 E 之间有如下关系，$E=mc^2$（c 为光速）。

狭义相对论建立以后，爱因斯坦又开始把相对性原理推广到非惯性参考系中。他在 1907 年提出了广义相对论的基本原理，然后在 1916 年建立了广义相对论的引力场方程，其思想以《广义相对论的基础》一文发表。广义相对论扩展了狭义相对论的结果，建立起一些新的结论：1. 物理规律对于一切以任何形式相对运动的观察者来说都是一样的；2. 物质存在的空间不是平坦的欧几里得空间而是弯曲的黎曼空间；3. 某一区域的空间弯曲曲率决定于该区域的物质质量及分布状况，空间曲率就体现为引力场的强度。

爱因斯坦创立的相对论不仅在科学上具有划时代的意义，在哲学上也具有极其深远的意义。第一，相对论从根本上否定了形而上学的绝对时空观念，揭示了时间、空间、物质和运动之间不可分割的联系；第二，相对论揭示了物质的质量随运动速度的变化而变化，提出了 $E=mc^2$ 这一质能关系。第三，相对论的建立过程也揭示了哲学的方法论意义。总之，爱因斯坦创立的相对论，是物理学革命的重要标志，在哲学世界观上也给人类留下深远的影响。

## 第三节　量子论和量子力学

### （一）量子论的建立

德国物理学家普朗克（Max Plank，1858—1947 年）大胆地提出一个假设：物体在发射辐射和吸收辐射时，能量不是连续变化的，而是以一定数值的整数倍跳跃式地变化；正如物质是由一个个原子组成，能量也是由一份份“能量原子”构成。他把每一份能量叫做“能量子”或“量子”，其数学表达式为 $\varepsilon=hv$，$\varepsilon$ 为量子，$h$ 为普朗克常数，$v$ 为频率。1900 年，普朗克在向德国物理学会上宣读的《关于正常光谱能量分布定律的理论》论文中报告了黑体辐射定律的推导和他的假说，这标志着量子论的诞生。

对量子论的形成具有重要意义的第二个推动是对光电效应的解释。当光照射到金属上会使金属表面有电子逸出，这就是光电效应。1905 年，爱因斯坦发展了普朗克的能量量子化的概念。他提出，照射到金属上的光，就是光量子流，爱因斯坦用光量子假说完满地解释了光电效应。光量子假说的提出揭示了光既有波动性又有微粒性的双重特性，这在人类认识自然界的历史上，首次揭示了微观客体的波动性和粒子性的对立统一，即波粒二象性。

支持和发展量子论的还有丹麦物理学家波尔（N. Bohr，1885—1962 年），他把量子论成功地运用于原子结构的解释上。他提出关于原子中的电子的两条假设：1. 原子中的电子只能在特定轨道上绕原子核运动，不同轨道的能量不同；2. 原子中的电子可以由一个定态轨道跃迁到另一定态轨道，电子从高能量轨道跃迁到低能量轨道时，会发射电磁辐射。波尔模型改变了经典物理学对电子的看法。

法国物理学家德布罗意（Louis de Broglie，1892—1987 年）发展了量子论。以前，人们只承认光的波粒二象性，德布罗意于 1924 年又提出了实物粒子也具有波粒二象性。波粒二象性是物质世界的普通性质，尤其是微观客体的不可忽视的特征。波粒二象性的揭示，使人们有可能从根本上越出经典物理学的规范，开创出一门专门研究微观世界运动规律的统一理论——量子力学，量子力学和相对论的结合，构成了现代物理学的理论基础，使人们对原子、分子、固体、原子核的认识前进了一大步。

### （二）量子力学的发展

奥地利物理学家薛定谔（Erwin Schrodinger，1887—1961 年）是量子力学的奠基人之一。1926 年，他发表了 6 篇论文阐述和发展了德布罗意的物质波思想，建立描述微观粒子运动的波动力学方程，于是波动力学诞生了。1925 年，德国物理学家海森堡（W. K. Heisenberg，1901—1976 年）从另一个途径为量子力学的创立奠定了基础。他建立了与薛定谔的波动力学在本质上一致的矩阵力学，矩阵力学是量子力学的另一种数学表达式。

英国物理学家狄拉克（P. A. M. Dirac，1902—1984 年）于 1928 年提出了符合狭义相对论要求的电子量子论，开创了相对性波动性力学的研究，预言了反粒子的存在。

由于薛定谔、海森堡、狄拉克等物理学家的努力，量子力学在 20 世纪 30 年代初已形成为完整的体系。量子论和量子力学的建立，使人们从根本上改变了只承认连续性机械力学的经典观念，论证了连续与间断统一的自然观。

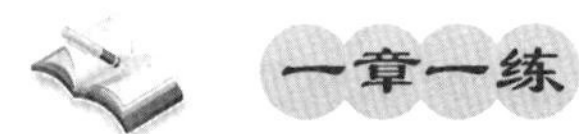

## 一章一练

**一、选择题**

1. X 射线穿透力极强，它是由________发现。
   A. 吕克　　B. 戈尔兹坦　　C. 伦琴　　D. 贝克勒尔
2. 贝克勒尔通过实验，首先发现了一种天然放射性物质________。
   A. 铀　　B. 钋　　C. 镭　　D. 钍
3. 1910 年，________出版了《放射性》专论，科学地证明了镭的客观存在。
   A. 伦琴　　B. 贝克勒尔　　C. 居里夫人　　D. 贝蒙特
4. 汤姆孙由于发现________，在物理学方面做出了极大贡献，于 1906 年获得诺贝尔物理学奖。
   A. 放射性　　B. 电子　　C. 质子　　D. 中子
5. 下面哪一个结论不属于爱因斯坦的狭义相对论？________。
   A. 时钟延缓　　B. 物质空间是弯曲的
   C. 物体质量随速度变化　　D. 物体能量与其质量有一定关系
6. 1924 年提出实物粒子也具有波粒二象性的是________。
   A. 普朗克　　B. 波尔　　C. 德布罗意　　D. 爱因斯坦
7. ________用光量子假说完满地解释了光电效应。
   A. 普朗克　　B. 康普顿　　C. 密立根　　D. 爱因斯坦
8. 量子力学奠基人之一________建立了描述微观粒子的波动力方程。
   A. 德布罗意　　B. 薛定谔　　C. 海森堡　　D. 狄拉克
9. 相对论和量子力学分别是描述哪一类物质运动规律的？________。
   A. 低速运动物质和宏观物体　　B. 高速运动物质和天体
   C. 物体之间和物体内部　　D. 高速运动物质和微观粒子
10. 居里夫人在科学上最大的贡献是________。
    A. 相对论的提出　　B. 原子能的使用　　C. 电话的发明　　D. 镭的发现

## 二、填空题

1. 19 世纪物理学上的三大发现是________、________、________。
2. 1900 年末，________在向德国物理学会上宣读的《关于正常光谱能量分布定律的理论》的论文中，报告了黑体辐射定律的推导和他的假说，宣告了________的诞生。
3. 1905 年，爱因斯坦在__________一文中首先创立了狭义相对论。
4. 爱因斯坦在狭义相对论中提出了质能关系，其方程表达式为__________。
5. 伦琴由于发现了________，在 1901 年创设诺贝尔奖时，他第一个获得了物理学奖。

## 三、名词解释

1. X 射线
2. 放射性
3. 光电效应
4. 光的波粒二象性

## 四、简答题

简述狭义相对论原理及其重要意义。

## 第六章
# 当代自然科学的深入发展

由于物理学的三大发现和相对论、量子力学等基本理论的建立，解释了微观、高速领域的新规律，使现代各门基础自然科学的发展，从理论和技术上都得到武装。物理学科继续向微观开拓，化学科学进入量子化学阶段，生物学走向分子阶段。现代自然科学几乎囊括了我们已知自然界的各个物质层次，并逐一探索和揭示自然界的各种规律。

## 第一节　微观物理学的发展

### （一）原子核的结构

1919 年，卢瑟福（E. Rutherford，1871—1937 年）发现氮原子核在 α 粒子的轰击之下，立即转变成了氧的原子核，同时释放出一个快速质子；卢瑟福实验不但首次实现了元素的人工转变，而且发现了原子核中含有质子。在 1921 年到 1924 年间，卢瑟福和他的助手用 α 粒子轰击从硼到钾的所有元素（除碳和氧以外），都打出了质子，并总是同时产生元素周期表中的下一位元素，从而证明了质子是原子核的共同组成部分。

查德威克重复前人用天然放射性元素钋放出的高能 α 粒子轰击铍核，并证明了原子核中另外一种不带电粒子的质量等于质子质量，从而发现了中子。查德威克由于发现中子而获得 1935 年的诺贝尔物理学奖。1932 年，德国的海森伯（W. Heisenberg，1901—1976 年）提出“原子核是由质子和中子组成”的主张，并把质子和中子统称为核子。

### （二）重核裂变与轻核聚变

意大利物理学家费米（E. Fermi，1901—1954 年）按元素周期表的顺序，从氢开始用中子依次轰击，当试验到氟元素时，得到了人工放射性。1934 年，费米和其助手通过大量实验，提出了慢中子效应：中子通过含有大量氢的物质时，和氢原子核发生碰撞，其速度变慢了，产生的人工放射性更强。费米的发现，奠定了他后来设计的世界第一座原子反应堆的部分理论。由于发现慢中子效应，他获得 1938 年诺贝尔物理学奖。1938 年，德国物理学家哈恩（Otto Hahn，1879—1968 年）和斯特拉斯曼（F. Strassman）用慢中子轰击铀，在分析产物时意外发现有放射性钡的存在，这种放射性钡并不稳定，会放射出一个 β 粒子，直到形成稳定的原子。这个过程即是核的裂变反应。

后来，美国科学家伯特等人又从研究太阳的热核反应着手提出轻核聚变理论，认为用氢的同位素氘核和氚核在一定高温下，会聚合成重核，并释放出大量能量。这就是今天所说的热核能。重核裂变与轻核聚变理论为后来的原子能事业的蓬勃发展，奠定了理论基础。

### （三）基本粒子的研究

最初，人们只知道电子、质子、中子和光子四种基本粒子，后来由于高能宇宙射线和各种加速器的诞生，人们发现的基本粒子达到近400种。对于基本粒子的研究，首推正电子的发现。狄拉克在1930年预言了电荷为正的反电子，美国物理学家安德森（C. D. Anderson，1905—1991年）在云室中拍下了正电子的照片。1931年，奥地利物理学家泡利（W. E. Pauli，1900—1958年）预言了一种不带电荷的、没有静止质量的粒子，后来被费米命名为“中微子”。1935年，日本物理学家汤川秀树（Hideki Yukawa，1907—1981年）提出一种特殊粒子，它比最轻的电子重，比质子要轻，因此叫做介子。后来，美国物理学家盖尔曼（M. Gell Mann）提出了著名的“夸克模型”，其中他预言中子、质子这类亚原子粒子是由更基本的单元——夸克组成的。“夸克”是构成宇宙中几乎一切物质的亚微粒子。

到1947年，人们一共认识到14种基本粒子，它们是第一代基本粒子；到1960年为止，人们找到了一批成对产生的奇异粒子，这批粒子被称为第二代基本粒子；从20世纪60年代起，物理学家们又发现了一批寿命极短的共振态粒子，又称为第三代基本粒子，这使基本粒子的总数达到了目前的400余种。

## 第二节　现代化学科学的发展

### （一）化学键理论的发展

德国化学家柯塞尔（W. Kossel，1888—1956年）对原子的电价理论作出了重要贡献。他认为由于原子失去电子或夺得电子，就形成了稳定离子，这些离子一部分因失去电子而带正电，另一些因得到电子而带负电，它们因库仑引力而相互结合成化合物，表示这种结合方式的化学键叫电价键。用原子核外层电子的分布和变化来解释原子价和原子间结合力的理论，叫做原子价的电子理论。美国化学家路易斯（G. N. Lewis，1875—1946年）针对非离子型化合物提出共价键的电子理论，该理论认为这种两个原子共用电子的结合方式叫共价键。

为了阐明共价键的形成，20世纪30年代初期建立了两种化学键理论：价键理论和分子轨道理论。价键理论是由美国化学家鲍林（L. Pauling，1901—1994年）根据波的迭加原理提出的杂化轨道理论而形成的；而分子轨道理论将分子看做一个整体，由原子轨道组成分子轨道，然后将电子安排在一系列分子轨道上，它首先由美国化学家慕利肯（R. S. Muliken）与德国的洪特（F. Hund）提出。

### （二）结构化学与高分子合成化学

结构化学是专门系统地研究分子和晶体结构及其性能的关系的科学，其中对晶体结构的研究占主导地位。从1912年开始，科学家们又测定了一系列无机盐、金属和硅酸盐的晶体结构，使人们对晶体内部原子的排列方式、离子结构、原子大小、原子间距离都有了明确的认识，并在此基础上提出了一系列关于化合物的结构规律。

高分子合成化学的建立，是现代化学发展的重要内容。由于化学工业的发展，人们不仅能从天然产物中提取有机物质，又能用电石、石油等为原料制造出各种有机化合物；而且，还能利用简单的有机分子人工制成多种合成染料、合成纤维、合成药物、合成橡胶、合成塑料、合成蛋白质等高分子化合物。高分子聚合物是现代科学技术给人类带来最有实用价值的产品之一。值得提出的是，我国科学工作者于1965年在世界上首次合成具有生物活力的结晶牛胰岛素，在科学史上留下了光辉的一页。

## 第三节　宇宙学的发展

18世纪，康德和拉普拉斯创立的太阳系起源和演化学说，即原始星云说，是建立在行星运动规律的观测结果和力学定律的基础之上的。1900年和1916年，美国天文学家张伯伦（T. C. Chamberlin，1843—1928年）和英国天文学家秦斯（J. H. Jeans，1877—1946年）分别提出了灾变说，认为曾经有一个恒星走进太阳，它的起潮力使太阳上一部分物质分离出来而形成了行星。

当人们对恒星的结构和演变规律有了一定的认识以后，人们的视野又进入了宇宙更深远的层次。1918年，美国天文学家沙普勒（Harlow Shapley，1885—1972年）用反射望远镜观测，发现银河系是一个扁平的盘，它的直径为30万光年，厚度约为1万光年，约由一千亿颗恒星组成。1924年，美国天文学家哈勃（E. P. Hubble，1889—1953年）在仙女座大星云里发现了造父变星，它是远在银河系以外的天体系统，因此又把这些星云叫河外星系。1930年，他又提出了著名的“哈勃定律”，即星云所发出光线的红移和星云退离太阳系的距离成正比。哈勃定律揭示了宇宙总星系的第一个重要特性，开始了人们从观测特性来推断宇宙规律的研究。与此同时，理论宇宙学也发展起来，并且许多科学家就宇宙的整体规律性，提出了许许多多的宇宙模型。

1915年，爱因斯坦创立了广义相对论，开创了宇宙理论研究之先河。1917年，他根据广义相对论，提出第一个宇宙模型——静态有限无边模型。他认为宇宙是一个没有边界弯曲封闭体，天体分布在其中。不久，勒梅特（G. E. Lemaitre，1895—1966年）认为宇宙不是静态的，而是“膨胀”的，形成了“宇宙膨胀论”。1932年，荷兰天文学家德西特（W. de Sitter，1872—1934年）提出了当前最流行的“大爆炸宇宙”论。他认为宇宙当初处于超高温超高密的状态，由于特殊的物理条件而发生大爆炸，以后膨胀成为现今的宇宙。

## 第四节　地学理论的新发展

### （一）大陆漂移学说

1912年，德国马尔堡物理学院的青年教师魏格纳（A. L. Wegener，1880—1930年）继承前人的思想遗产，在他的1915年出版的《海陆的起源》中，大胆发表自己的理论。他根据非洲西海岸和南美洲东海岸在形状方面的相似等资料，提出大陆漂移的假说。

他认为，约3亿年前，南、北美洲与亚、欧、非洲大陆紧密连接，澳大利亚、南极、印度大陆也与其相连，全世界只有一整块陆地，称为大陆，在它周围则是一片广阔的海洋。约1.8亿到7千万年前，由于天体引潮力和地球自转的离心力，使原始大陆分裂成若干块，并逐渐漂移、分开。在这个过程中，形成了新的大陆和大洋板块。

大陆漂移说提出以后，引起了科学界的极大重视，因为它打破了地壳运动以垂直为主，大陆位置固定不变的传统观点，提出地壳运动以水平运动为主的新观点，科学地说明了现在世界大陆和海洋分布的机理。

### （二）板块结构学说

1961年，赫斯（H. H. Hess）与迪茨（R. S. Dietz）在地幔对流说的基础上提出海底扩张说，认为地幔中有一个圆环形对流体使地幔物质从大洋中脊的裂缝上升，形成新的海洋地壳，新的海洋地壳不断产生，向外扩张，大陆只是随着海底的扩张而移动。海底扩张说补充了大陆漂移说，也为板块构造说提供了坚实的理论基础。

1967年，一些年轻科学家，如美国的摩根（J. Morgan）、英国的麦肯齐（D. P. McKenzie）等人概括了最新的洋底发现，建立了板块构造学说，这是现今世界地质学界最流行的一种大地构造学说。该学说认为地球上层的岩石圈并不是一块整体，而是被一些活动带所割裂，形成几个不连续的单元，成为板块。每个板块驼在地幔软流层上漂移运动，这些互相运动的板块所产生的一系列构造现象和内在联系，就叫板块构造。

## 第五节　发展中的现代生物学

### （一）现代遗传学

现代遗传学的奠基人是奥地利修道士孟德尔（G. J. Mendel，1822—1884年），他看到了物种的连续性和稳定性，同时也看到了物种有变异的不连续性，并对子代与亲代的关系进行系统的实验研究。他于1857年至1868年间进行了两百多次豌豆杂交试验，结果发现，在不同性状的豌豆杂交时，成对的性状（如植株高矮、颜色黄绿、豆形饱满或皱瘪）不会同时出现，其中一种为显性，一种为隐性。用一对不同性状的豌豆杂交，在子一代中全为显性，即显性定律；到了子二代，显性与隐性则成了3∶1，这叫分离定律。当考察两对不同性状时，他发现，在杂交后代中，不仅出现性状分离，还可以形成新的组合，这就是自由组合定律。

1928年，美国科学家摩尔根（T. H. Morgan）发表了《基因论》一书，创立了基因学说，并获得了1933年生理学和医学诺贝尔奖金。摩尔根遗传学派阐述了染色体——基因理论，认为基因是染色体上的片段，基因是控制遗传性状的单位；生物的某种性状是受一个或几个基因所控制的。以后，科学家们进一步发现，染色体的主要成分是核酸和蛋白质；核酸又包括脱氧核糖核酸（DNA）和核糖核酸（RNA）。进一步的实验表明，DNA是遗传的主要物质。

### （二）分子生物学的发展

1902年到1907年间，德国化学家费舍尔（Fisher，1852—1919年）对蛋白质的化学结构进行了深入研究，提出蛋白质的肽键结构；1926 年，美国科学家萨姆纳（J. B. Sumner，1887—1955 年）得到尿素酶，认识到生物催化剂酶也是蛋白质。后来，人们逐渐认识到，构成生物细胞的是包括蛋白质、核酸、脂肪和糖等生物大分子，这也是人们开始研究分子生物学的开始。

1953 年，美国动物学家沃森（J. D. Watson，1928—　）和英国物理学家克里克（F. H. Crick，1916—2004 年）共同提出 DNA 是由两条长链相互扭曲在一起的双螺旋结构模型，每条长链都由许多核苷酸组成。DNA 双螺旋结构的发现被称为 20 世纪生物学最伟大的发现，是分子生物学诞生的标志。

实验表明，遗传信息通过 DNA 复制传递的过程中，首先转录给特殊的信使 mRNA，mRNA 由细胞核进入细胞质，并根据 RNA 的指令合成各种蛋白质。这一过程成为“中心法则”，它揭示了生物遗传、变异的现象，证明了作为遗传变异物质基础的核酸，从分子结构到分子复制是有规律的。到 1969 年，科学家们将 64 种遗传密码的含义全部测出。

在分子生物学发展的基础上，已经出现了把一种生物体携带的遗传基因引入另一种生物体内的遗传工程。分子生物学的发展具有重要实践意义，它推动着人们对生命本质、生命起源等一系列问题进行深入探索。

## 一、选择题

1. 用人工方法第一次实现原子核蜕变的科学家是________。
   A. 查德威克　B. 卢瑟福　C. 居里　D. 爱因斯坦
2. 按照目前近代物理研究的最新成果，物质的最小构成单位是________。
   A. 质子　B. 中子　C. 强子　D. 夸克
3. 发现中子效应并建立了世界上第一座原子反应堆的科学家是________。
   A. 费米　B. 哈恩　C. 斯特拉斯曼　D. 伯特
4. 提出“原子核是由质子和中子组成”的主张，并把质子和中子统称为核子的科学家是________。
   A. 卢瑟福　B. 查德威克　C. 海森伯　D. 波尔
5. 提出共价键理论的科学家是________。
   A. 柯塞尔　B. 路易斯　C. 慕丽肯　D. 洪特
6. 分子生物学的研究表明________。
   A. 细胞是遗传信息的载体　B. 细胞核是遗传信息的载体
   C. DNA 是遗传信息的载体　D. 染色体是遗传信息的载体
7. 我国科学工作者于________年在世界上首次合成具有生物活力的结晶牛胰岛素，在科学史上留下了光辉的一页。
   A. 1963　B. 1964　C. 1965　D. 1966
8. 1932 年，荷兰天文学家德西特提出了________宇宙模型。
   A. 星云说　B. 静态有限无边　C. 宇宙膨胀论　D. 宇宙大爆炸
9. 现代遗传学的奠基人是________，他提出了遗传学的三大定律。

A. 达尔文　　B. 孟德尔　　C. 约翰森　　D. 摩根

10. 20世纪30年代DNA双螺旋模型的提出宣告________这一学科的诞生。

A. 生物化学　　B. 分子遗传学　　C. 基因理论　　D. 分子生物学

**二、填空题**

1. ________结构的发现被称为20世纪生物学最伟大的发现，是分子生物学诞生的标志。
2. 1961年美国的________和________在地幔对流说的基础上创立了海底扩张说。
3. 用中子轰击铀，会有放射性钡的存在，这种钡不稳定，会放射出β粒子，直到形成稳定的原子，这个过程称为________。
4. 20世纪30年代建立了两种化学键理论：________和________。
5. 1915年，德国的魏格纳出版了《海陆的起源》，大胆地提出了__________。

**三、名词解释**

1. 慢中子效应　　2. 电价键
3. 大爆炸宇宙论　　4. 大陆漂移假说
5. DNA

**四、简答题**

简要说明分子生物学的研究取得了哪些重要成果。

# 第七章
# 新能源、信息与网络技术的时代

20 世纪 40 年代，原子能技术、电子计算机技术和航天技术出现新突破，以信息技术为核心的一系列新兴技术和技术群不断问世，并酝酿着一场新的技术革命。随着 19 世纪末近代科学技术革命的深入发展，20 世纪初以来以物理学革命为标志，在物理、天文、数学、生物、化学等一系列自然科学领域发生了翻天覆地的变化。

## 第一节 新能源技术

### （一）原子能的开发利用

1905 年，爱因斯坦提出的质能关系式 $E=mc^2$ 为人类和平利用原子能提供了科学理论基础。

#### 1. 核武器

1939 年，费米提出了用中子轰击原子核产生巨大能量的分裂现象连续进行下去的大胆设想，并以铀裂变释放能量的原理提出制造原子弹的设想。原子弹，亦称为裂变弹，是利用重元素核裂变反应在瞬间释放出巨大能量起到杀伤破坏作用的爆炸性核武器。1941 年，美国实施“曼哈顿计划”，由奥本海默（J. R. Oppenheimer，1904—1967 年）领导原子弹的设计和研制工作；1942 年，费米及其领导的研究小组建立了世界上第一座原子核反应堆；经过 5 年多的时间，终于制造出 3 颗原子弹。1945 年 7 月 16 日，世界上第一颗原子弹“大男孩”在美国成功爆炸。1945 年 8 月 6 日，美国分别在日本广岛和长崎投下另外两颗原子弹。原子弹的制造，成为人类军事史上核武器时代的开端，同时也使人类社会经济的发展进入了原子时代。

第二代核武器为氢弹。氢弹又称为聚变弹，是利用轻元素原子核聚变反应在瞬间释放出巨大能量造成杀伤破坏作用的爆炸性核武器。1952 年 11 月 1 日，美国进行了第一颗氢弹爆炸试验。氢弹的威力比原子弹大几十倍甚至上万倍。第三代核武器是以中子弹为代表的、效能可转换的特种弹。中子弹又称强化中子辐射武器，是利用核反应产生的大量高能中子杀伤生物的一种核武器。

我国分别于 1964 年和 1967 年完成原子弹爆炸试验和氢弹爆炸试验。

#### 2. 核电站

核电站是用核燃料代替煤等有机燃料来发电，核电站的关键设备是核反应堆，在其中进行可控的链式核反应。1954 年，前苏联建成了世界上第一座核电站，输出功率为 5000kW；1957 年，世界上第一座商用核电站——美国希平港 6000kW 核电站建成并投入使用；我国大陆第一座核电站——秦山核电站于 1991 年 12 月开始运行发电。核电站的核动力采用核燃料，相比于煤或石油的优点是能量密度大，燃料用量少，无空气污染；其缺点是存在放射性污染。

### （二）其他新能源的开发利用

#### 1. 太阳能

太阳能是太阳内部连续不断的核聚变反应过程产生的能量。太阳能是一次能源，又是可再生能源，能免费使用，且无环境污染。目前太阳能的转换利用方式主要有光电转换技术。世界上第一台实用型硅太阳能电池是 1954 年在美国贝尔实验室研制成功的，具有 6% 的光电转换效率。太阳能电池除了可作为空间各种宇航器的主力电源外，在微波通讯、交通信号、广告照明等方面也逐渐显示出其优越性。

#### 2. 地热能

地球是一个大热库，从地面往下越深，温度也越高。可以说地热能是一种储藏巨大、分布广泛的能源。目前人们能通过地热蒸汽和地热水来开发利用地热能。地热发电是利用地下热水和蒸汽为动力源的一种新型发电技术。1904 年，意大利人建立起世界上第一座地热发电站，功率为 550kW。地热能除了用于发电外，还能直接用于采暖、制冷、医疗、洗浴、工农业用热以及水产养殖。

#### 3. 海洋能

海洋能是指依附在海水中的可再生能源，海洋通过各种物理过程接收、储存、散发能量，这些能量以潮汐、波浪、温度差、盐度梯度、海流等形式存在。利用海洋能发电的方式很多，包括波力发电、潮汐发电、海流发电、海水温差发电和海水含盐浓度差发电等。

海洋能除具有可再生性、不污染环境的优点外，同直射的太阳能相比它还具有不受时间限制的优点。海洋能是一项亟待大力开发利用的具有战略意义的新能源。

## 第二节　信 息 技 术

### （一）计算机技术的发展

从第一台计算机问世以来，计算机获得突飞猛进的发展。人们根据计算机的性能和当时的硬件技术状况，将计算机的发展分成几个阶段。

第一代电子计算机的特点是使用电子管作为逻辑元件。1946 年，世界上第一台电子计算机 ENIAC 研制成功，ENIAC 共使用了 18 000 个电子管和 86 000 个其他电子元件，有两个教室那么大，平均运算速度只有每秒 300 次。ENIAC 揭开了计算机时代的序幕。

1954 年，美国贝尔实验室研制成功第一台使用晶体管线路的计算机，名为 TRADIC，

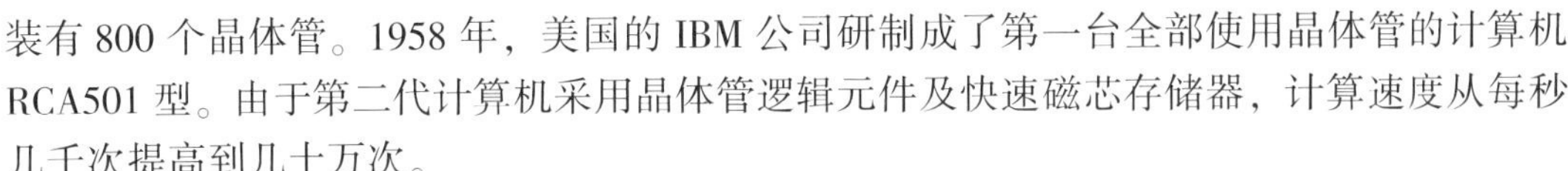

装有 800 个晶体管。1958 年，美国的 IBM 公司研制成了第一台全部使用晶体管的计算机 RCA501 型。由于第二代计算机采用晶体管逻辑元件及快速磁芯存储器，计算速度从每秒几千次提高到几十万次。

1958 年，世界上第一个集成电路由美国科学家基比尔（J. Kilby，1924—2005 年）研制成功。与晶体管相比，集成电路的体积更小，功耗更低，因此得到迅速发展。1964 年，IBM 公司采用混合集成电路生产了 IBM360 系列机，它成为第三代集成电路电子计算机的代表。

20 世纪 60 年代后，微电子技术发展迅猛，在 1967 年和 1977 年分别出现了大规模集成电路和超大规模集成电路，并立即在电子计算机上得到应用。美国 ILLIAC-IV 计算机，是第一台全面使用大规模集成电路作为逻辑元件和存储器的计算机，它标志着计算机的发展已到了第四代。1975 年，IBM 公司推出个人计算机 PC，计算机开始深入到人类生活的各个方面。电子计算机的出现和不断发展是一次伟大的智力革命。

1997 年，我国巨型计算机研制技术取得新突破，"银河-Ⅲ"运算速度为每秒 130 亿次，"银河-Ⅲ"的研制成功，使我国在高性能巨型机的研制领域跨入世界领先行列。

### （二）网络技术的发展

计算机发展到 20 世纪 60 年代，开始出现了计算机互联网络（Internet）。所谓互联网，核心是使用共享的公共传输信道，将多台计算机相互连接，使它们之间能实现远程信息交换和处理，共享彼此的资源。

1978 年，将 TCP 选路功能分出一个单独成为 Internet IP 的协议。1985 年，". com"和". edu"域名被分配出来，域名是与网络上的数字型 IP 地址相对应的字符型地址。

WWW（万维网）和浏览器的应用使因特网上有了一个令人耳目一新的平台，人们在因特网上看到的不仅只有文字，而且有了图片、声音和动画，甚至电影。因特网演变成了一个文字、图像、声音、影片等多种媒体交相辉映的新世界，以前所未有的速度席卷了全世界。

## 第三节　空 间 技 术

### （一）航天运载工具

航天飞行器的运载工具主要是火箭。美国工程师戈达德（R. H. Goddard，1882—1935 年）于 1919 年提出了用液体燃料火箭进行太空飞行的原理，并于 1926 年发射了第一枚液体火箭，迈出了现代火箭技术的第一步。我国第一枚运载火箭于 1980 年 5 月 18 日成功发射。

另一种运载工具是航天飞机。1981 年 4 月，美国第一架航天飞机"哥伦比亚"号载着两名宇航员首航成功。相比于火箭，航天飞机可以多次使用，但是造价高、风险大，1986 年，美国的"挑战者"号航天飞机爆炸，7 名宇航员全部遇难。

### （二）人造卫星

人造地球卫星对军事和经济建设具有重要价值，因此卫星技术发展极快。1957 年，前苏联发射了世界上第一颗人造地球卫星“斯布特尼克一号”，开创了人类的航天纪元；1958 年，美国才将“探险者一号”卫星送入轨道；1993 年，美国发射的由 24 颗卫星组成的全球卫星定位系统（GPS）正式投入运行。我国自行设计和研制的第一颗人造卫星“东方红一号”在 1970 年发射成功。

### （三）载人航天

载人航天是近年来航天成就的重要组成部分。1961 年，前苏联发射“东方号”载人飞船，首次实现了在太空中环绕地球飞行；1969 年，美国“阿波罗 11 号”飞船升空，开始第一次载人登月飞行。

2003 年 10 月 15 日，我国成功发射“神舟五号”载人飞船，中国太空第一人杨利伟绕行地球 14 圈，历时 21 小时。2005 年 10 月 12 日，我国的“神舟六号”再次进入太空，聂海胜和费俊龙在经过 115 小时、绕行轨道 76 圈后顺利返回。2008 年 9 月 25 日，“神舟七号”在中国酒泉发射中心发射升空，突破和掌握了出舱活动相关技术。“神舟八号”无人飞船于 2011 年 11 月 1 日顺利发射升空，与天宫一号进行了交会对接试验。“神舟九号”载人飞船于 2012 年 6 月 16 日顺利将景海鹏、刘旺和女航天员刘洋送入太空。手动操控与天宫交会对接，在中国航天史上掀开了极具突破性的一章。

### （四）空间站

空间站是航天技术中的佼佼者，是一项综合性的大型航天工程。空间站主要有如下功能：停靠、维修并为人造卫星补充燃料；在空间站进行部件或整机组装工作；物资、宇航员及航天器转运基地。

世界上第一个空间站是 1971 年由前苏联发射的“礼炮 1 号”。1993 年 12 月美、俄二国达成协议，在原“自由”号空间站和“和平 2 号”空间站的基础上，联合建造一个由 16 个国家（加上德国、法国、意大利、英国、比利时、荷兰、西班牙、丹麦、挪威、瑞典、瑞士、日本、加拿大和巴西）共同建造和运行的国际空间站诞生了，国际空间站成为迄今为止最大的航天合作计划。

## 第四节　激 光 技 术

激光的原意是“受激辐射的光放大”，激光的理论基础早在 1916 年就已经由爱因斯坦奠定了，他首先提出了受激辐射的概念。1960 年 7 月，美国的梅曼（T. Maiman）利用人造红宝石制成了第一台激光器并得到了波长为 0. 6943μm 的红色脉冲激光。至此，激光这种新型的光源诞生了。第二年，我国自主研制的第一台红宝石激光器在长春光学精密仪器研究所诞生。

1975 年，斯坦福大学的约翰·马迪（John Madey）提出“自由电子激光器”这一术语后，世界各国开始加紧研制新一代激光器——自由电子激光器。由于激光具有很好的单

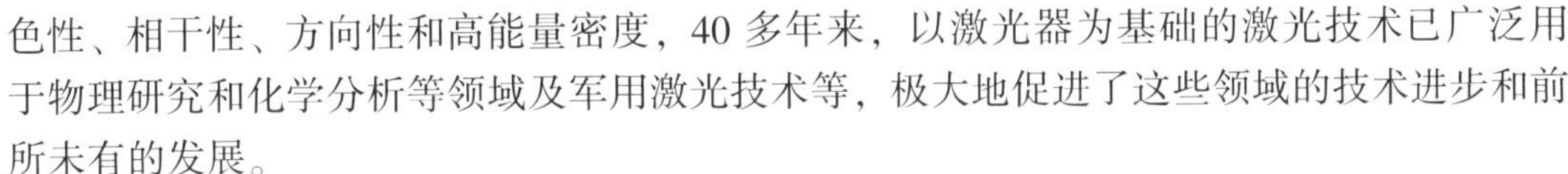


色性、相干性、方向性和高能量密度，40 多年来，以激光器为基础的激光技术已广泛用于物理研究和化学分析等领域及军用激光技术等，极大地促进了这些领域的技术进步和前所未有的发展。

## 第五节　材料技术

### （一）金属材料

金属材料是进入工业社会以后，人类用得最早也是最多的材料，并长期占绝对优势。其优点是高韧性，延展性好，强度高，导电性好。

在新型金属材料中，超导材料是一类在极限条件下金属的电阻完全消失而产生超导电性的材料。这种材料有三个基本特征：零电阻、完全抗磁性和载流能力强。超导材料最早是在 1911 年由荷兰物理学家昂内斯（K. Onnes，1853—1926 年）发现的。超导材料的应用极为广泛，如磁悬浮列车、核聚变反应堆、电力传输、超导通信、脉冲电源、电能存储、直流发电机、脑髓 X 光摄影、地层探测等。

### （二）无机非金属材料

#### 1. 新型陶瓷材料

新型陶瓷材料是以碳、硅、氮、氧、硼等元素的人工化合物为主要原料，改进和发展传统陶瓷工艺而获得的陶瓷材料。按其应用和发展大致可分为新型结构陶瓷和新型功能陶瓷两类。

新型结构陶瓷具有抗机械强度、耐高温、耐腐蚀、耐摩擦以及高硬度等特点。这类陶瓷耐高温性能十分优异，是高温发热元件、绝热发动机和燃气涡轮机叶片、喷嘴等高温工作器件的重要材料。

新型功能陶瓷有装置陶瓷、电容陶瓷、压电陶瓷、磁性陶瓷、导电与超导电陶瓷、光学陶瓷和敏感陶瓷等。这类陶瓷具有特殊的声、光、电、磁、热等性能，是功能材料中引人注目的新型材料。这类以金属氮化物为主要原料的功能陶瓷，已是能源、空间技术、计算机技术等尖端技术的重要功能材料。

#### 2. 新型玻璃材料

现代新型玻璃材料改变了传统玻璃材料易碎、易传热的特性，研制出众多具有特殊功能的新品种。例如，玻璃钢、“记忆玻璃”、化学敏感性玻璃、超韧性增强玻璃、激光玻璃、防弹玻璃和防辐射玻璃等。

在玻璃纤维功能的开发中，人们应用光的反射原理发明了玻璃丝光导纤维（简称光纤），它使现代通信技术发生了革命性的转变。光纤由芯线和外包层两部分构成同轴玻璃纤维。用光纤进行通信，具有容量大、抗干扰性好、能量衰耗小、传送距离远、重量轻、绝缘性能好、保密性强、成本低等特点。目前，光纤被广泛地应用在工业、国防、交通、通信、医学和宇航等领域。

3. 半导体材料

半导体材料是20世纪40年代发展起来的重要信息材料。今天半导体材料的品质非常之多，按其特性来分，有磁性、压敏、气敏等半导体材料。目前广泛应用的半导体材料有锗、硅、硒、砷化锌、磷化镓等。

1947年，美国物理学家巴丁（J. Bardeen，1908—1991年）和布莱登（W. Brattain，1902—1987年）研制出了世界上第一个锗晶体管。1954年，第一个硅晶体管由美国德州仪器公司开发成功。1958年，在硅晶体的基础上集成电路研制成功，带来了计算机的微型化，开创了信息时代新纪元。

### （三）新型高分子材料

高分子材料大部分都是有机化合物，但也有少量无机化合物。合成纤维、合成橡胶、合成树脂和塑料都是合成高分子材料，也称为三大合成材料。

1846年，瑞士化学家惠柏恩（C. Schonbein）用浓硝酸和浓硫酸处理棉花获得了第一种高分子材料——硝化纤维素。1903年，迈尔斯（G. W. Miles）制得醋酸纤维。20世纪60年代以后，除了涤纶、腈纶、锦纶、丙纶、氯纶之外，人们还研究出了耐超热超冷的芳纶，可制作人体器件的氟纶纤维，此外还有复合纤维、有色纤维、离子交换纤维等。

1907年，美国的贝克兰德（L. Backland，1863—1944年）用苯酚和甲醛反应合成了第一种人工合成的塑料——酚醛树脂，此后高性能的塑料品种不断涌现。1927年，德国首先生产聚甲丙烯酸甲酯，即“有机玻璃”。在塑料通用品种中聚乙烯、聚苯乙烯、聚氯乙烯、聚丙烯是常见的塑料材料。

### （四）新型复合材料

复合材料是由有机高分子、无机非金属或金属等几类材料通过复合工艺合成的新型材料。复合材料能发挥各组成材料的优点。

第一代复合材料是纤维增强塑料，俗称玻璃钢。它具有强度高、韧性好、耐腐蚀、瞬时耐高温的性能。可用作人造卫星、导弹、火箭的耐烧蚀层以及制造船艇和化工设备。

第二代复合材料是碳纤维复合材料。碳纤维的强度比玻璃钢高6倍，相对密度只有玻璃钢的四分之一。用碳纤维复合材料可以代替钢材和合金等金属材料。

当前复合材料发展的前沿是仿生复合材料，仿生复合材料是一种集材料与结构、智能处理、执行系统、控制系统和传感系统于一体的复杂的材料体系。

## 第六节　现代生物技术

### （一）酶工程

酶是生物体内产生的、有催化能力的蛋白质，是生命的催化剂。酶工程就是利用酶催化作用，通过适当的反应，生产人类所需产品或是达到某种特殊的目的。

酶工程技术发展很快，主要应用于各种油工程技术制造，精细化工产品和医药用品，

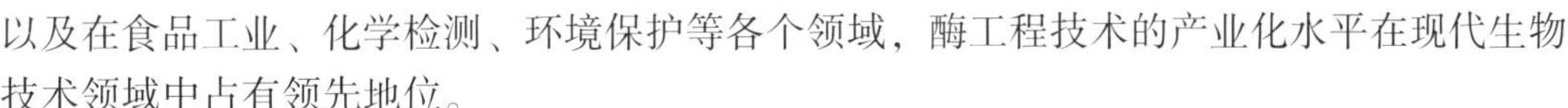


以及在食品工业、化学检测、环境保护等各个领域，酶工程技术的产业化水平在现代生物技术领域中占有领先地位。

## (二) 发酵工程

发酵工程又称微生物工程，是大规模发酵生产工艺的总称。发酵工程就是通过研究改造发酵所用的细菌以及应用技术手段控制发酵过程来大规模地生产发酵产品，发酵工程产品包括医用抗生素、农用抗生素，还包括氨基酸、核苷酸、维生素、甾体激素、黄原胶、工业用酶，等等。发酵工程的发展主要包括对微生物产生的生物活性物质及其菌株进行筛选；对微生物的生理代谢进行研究；采用新的发酵工艺和新的控制程序。

## (三) 细胞工程

细胞工程的理论基础是细胞理论：细胞是生物体的结构单位和功能单位，细胞核是“司令部”，它控制各种细胞器协同作用以完成各种生理功能。细胞工程是生物工程的一个重要方面。从20世纪70年代开始，科学家们就有计划地对细胞进行培养，进行改造，使细胞服从人类的愿望，产生人类所需要的物质，创造新的品种。细胞工程包括以下几种技术：

### 1. 细胞培养

细胞培养包括单细胞培养、组织培养和器官培养。植物细胞具有全能型，即每个植物细胞都能像胚胎细胞一样可以在体外培养成完整的植株。1958年，美国斯蒂伍德（E. Stewart）用胡萝卜切片在培养液中培养成整株。组织培养最早用于名贵花卉繁殖，也可以用于各类植物的快速繁殖。

动物细胞培养技术可用于制取许多有应用价值的细胞产品，如疫苗和生长因子等。利用细胞培养系统可进行毒品和药物检测；一些培养细胞可用于治疗。试管婴儿、试管动物属于胚胎移植技术。

### 2. 细胞融合

细胞融合又称细胞杂交技术，是用自然或人工的方法使两个或几个不同细胞融合为一个细胞的过程。细胞融合的主要成果是单克隆抗体的产生。如果能选出一个制造一种专一抗体的细胞进行培养，就可得到由单细胞经分裂增殖而形成的细胞群，即单克隆。单克隆细胞将合成一种决定簇的抗体，成为单克隆抗体。单克隆抗体由可以制造这种抗体的免疫细胞与癌细胞融合后的细胞产生的，这种融合细胞即具有瘤细胞不断分裂的能力，又具有免疫细胞能产生抗体的能力。融合后的杂交细胞可以产生大量相同的抗体。

## (四) 基因工程

基因工程是现代生物技术中具有代表性的一种，它是在分子水平上创造或改造生物类型和生物机能，将外源的或是人工合成的基因即DNA片段（目的基因）与适宜的载体DNA重组，然后将重组DNA转入宿主细胞或生物体内，以使其高效表达。这种DNA分子的重新组合克服了固有的生物种间限制，扩大和带来了定向创造生物的可能性，这是基因工程的最大特点。

1990年10月被誉为生命科学“阿波罗登月计划”的国际人类基因组计划启动，其目标是确定人类的全部遗传信息，确定人的基因在23对染色体上的具体位置，查清每个基因核苷酸的顺序，建立人类基因库。1999年，中国获准加入人类基因组计划，负责测定人类基因组全部序列的1%；同一年，人体第22对染色体的基因密码被破译，这是人类首次成功地完成人体染色体基因完整序列测序。

基因工程在20世纪取得了很大的进展，这至少有两个有力的证明。一是转基因动植物，一是克隆技术。转基因动植物由于植入了新的基因，使得动植物具有了原先没有的全新性状，这引起了一场农业革命。如今，转基因技术已经开始广泛应用，如抗虫西红柿、生长迅速的鲫鱼等。1997年世界十大科技突破之首是克隆羊的诞生。这只叫“多利”母绵羊是第一只通过无性繁殖产生的哺乳动物，它完全秉承了给予它细胞核的那只母羊的遗传基因。“克隆”一时间成为人们注目的焦点。尽管有着伦理和社会方面的忧虑，但生物技术的巨大进步使人类对未来的想象有了更广阔的空间。

## 一章一练

### 一、选择题

1. 1952年，美国进行了第一颗氢弹爆炸试验，氢弹是属于________核武器。

   A. 第一代　B. 第二代　C. 第三代　D. 第四代

2. 目前世界范围内的环境污染很大程度是由于能源的利用引起的，这种能源主要是________。

   A. 电能　B. 核能　C. 化石能源　D. 太阳能

3. 1954年，世界上第一座核电站在________建成。

   A. 德国　B. 原苏联　C. 美国　D. 中国

4. 21世纪高技术的核心是________。

   A. 信息技术　B. 新能源技术　C. 生物技术　D. 材料技术

5. 我国成功发射第一颗人造卫星是在________。

   A. 1964年　B. 1970年　C. 1976年　D. 1978年

6. GPS是________的简称。

   A. 全球通讯系统　B. 全球定位系统　C. 全球预警系统　D. 全球网络系统

7. ________的发现，带来了计算机的微型化，开创了信息时代新纪元。

   A. 电子管　B. 硅晶体管　C. 集成电路　D. 大规模集成电路

8. “阿波罗11号”是________首次登上月球的。

   A. 1969年　B. 1967年　C. 1971年　D. 1965年

9. “试管婴儿”属于________。

   A. 酶工程　B. 发酵工程　C. 细胞工程　D. 基因工程

10. 下面哪一个不属于三大合成材料？________。

    A. 醋酸纤维　B. 有机玻璃　C. 涤纶　D. 光纤

## 二、填空题

1. 1969 年，美国的________把人送上了月球，实现了载人登月计划。
2. 生物工程包括以下四个方面的内容：________、________、________、__________。
3. 武汉大学的网址为 www. whu. edu. cn，这个网址又被称为________。
4. 1960 年，美国的________利用人造红宝石制成了第一台激光器并得到了波长为 0. 6943μm 的红色脉冲激光。
5. 人的染色体共有________对。

## 三、名词解释

1. 原子弹
2. 激光
3. 互联网
4. GPS
5. 基因工程

## 四、简答题

如何辩证地看待基因工程的发展?

## 一、选择题

1. 自然科学中的浮力定律是由哪一位伟大的科学家提出的________。
   A. 阿基米德　B. 亚里士多德　C. 哥白尼　D. 牛顿
2. 我国明朝时期的李时珍编写了医学著作________。
   A.《黄帝内经》　B.《伤寒杂病论》　C.《本草纲目》　D.《新修本草》
3. 我国是一个文明古国，早在春秋战国时期，秦国的李冰父子完成了举世闻名的________。
   A. 三峡工程　B. 都江堰工程　C. 钱塘江工程　D. 京杭大运河
4. 牛顿第二定律又可以称为________。
   A. 惯性定律　B. 加速度定律　C. 能量定律　D. 电子反射定律
5. 蒸汽机的发明是大工业时代的开始，普遍应用的蒸汽动力机是由________发明的。
   A. 瓦特　B. 牛顿　C. 伽利略　D. 史蒂芬森（逊）
6. 瑞典化学家和工程师通过艰苦的实验，发明了一种“安全炸药”，他就是________。
   A. 华盛顿　B. 富兰克林　C. 诺贝尔　D. 爱迪生
7. 对子代与亲代的关系进行了系统的实验研究，成为现代遗传创始人的是________。
   A. 孟德尔　B. 瓦斯敏　C. 施莱登　D. 达尔文
8. 1869 年，已知的化学元素达 63 种，这期间的研究表明元素的原子量和化学性质之间有着一定的关系，此后关于这方面的重大突破是________。
   A. 原子—分子论的确立　B. 元素周期表的发现
   C. 原子结构的发现　D. 有机结构理论的确立
9. 1909 年，美国生物学家摩尔根在孟德尔遗传学说的基础上提出了基因说，把基因看做是位于染色体上的________。

A. 球状颗粒　　B. 线状颗粒　　C. 片状颗粒　　D. 丝状颗粒

10. DNA 双螺旋结构的发现被称为是 20 世纪生物学最伟大的发现，是________诞生的标志。

A. 生物学　　B. 遗传学　　C. 分子生物学　　D. 分子遗传学

11. 相对论和量子力学分别描述的是哪一类物质运动规律？________。

A. 低速运动物质和宏观物体　　B. 高速运动物质和天体

C. 物体之间和物体内部　　D. 高速运动物质和微观粒子

12. 1946 年，美国的莫尔研究小组制造出了世界上第一台电子计算机，被命名为________。

A. EDVAC　　B. ENIAC　　C. UNIAC　　D. MANIK

13. 19 世纪 70 年代，各种物理技术和发明不断出现，对人们的生活产生巨大影响，发明电话的科学家是________。

A. 贝尔　　B. 爱迪生　　C. 安培　　D. 爱因斯坦

14. 克劳・胥斯提出"热不能自动地从低温物体转到高温物体"，从而提出了________。

A. 热机效率　　B. 热力学第一定律

C. 热力学第二定律　　D. 热力学第三定律

15. 公元前 104 年，由司马迁与天文历法家邓平、唐都、落下闳等人制定了________。

A. 太阴历　　B. 太初历　　C. 大行历　　D. 三统历

16. 美国科学家费米用中子轰击铀，并建立了世界上第一个________。

A. 激光导弹　　B. 原子反应堆　　C. 原子弹　　D. 氢弹

17. 美国的莫尔斯于 1835 年成功研制出了第一台________。

A. 电话　　B. 投影机　　C. 发报机　　D. 留声机

18. 下列哪位科学家与进化论的提出没有关系？________。

A. 拉马克　　B. 魏斯曼　　C. 达尔文　　D. 施莱登

19. 发现导线中的电流（$I$）和电位差（$V$）之间成正比关系，其比值为导线的电阻的是________。

A. 伏特　　B. 欧姆　　C. 安培　　D. 法拉利

20. 法国科学家________通过实验首先发现了一种天然放射性物质——铀。

A. 伦琴　　B. 贝克勒尔　　C. 居里夫人　　D. 汤姆孙

21. 原子核是由________和________组成的。

A. 质子　电子　　B. 质子　中子　　C. 质子　中微子　　D. 中子　中微子

22. 1961 年，赫斯与迪茨在地幔对流的基础上提出了________。

A. 大陆漂移假说　　B. 海地扩张说

C. 板块结构学说　　D. 断块结构学说

23. 核电站通常采用的核燃料是________。

A. 铀　　B. 钋　　C. 钴　　D. 镭

24. 1960 年，美国科学家梅曼使用________造出了第一个激光器。

A. 蓝宝石　　B. 红宝石　　C. 绿宝石　　D. 黑宝石

25. 美国的“阿波罗 11 号”首次登月是在________。
    A. 1965 年　　B. 1967 年　　C. 1969 年　　D. 1972 年
26. 牛顿力学第一定律和第二定律的基本思想的奠基者是________。
    A. 开普勒　　B. 伽利略　　C. 哥白尼　　D. 哈雷
27. 18 世纪，康德与________共同提出了太阳系起源的“星云假说”。
    A. 哥白尼　　B. 拉普拉斯　　C. 伽利略　　D. 布鲁诺
28. 下面哪一个不属于三大合成材料？________。
    A. 醋酸纤维　　B. 有机玻璃　　C. 涤纶　　D. 光纤
29. 第三代计算机使用的逻辑元件是________。
    A. 晶体管　　B. 电子管　　C. 集成电路　　D. 大规模集成电路
30. 克隆羊“多利”是世界上首个通过无性繁殖诞生的动物个体，它被评为________年十大科技突破之首。
    A. 1994　　B. 1997　　C. 1999　　D. 2000

**二、填空题**

1. 在古埃及建筑史上，最让世人瞩目的就是________，其中最为著名的是________金字塔。
2. ________和________提出的原子论是古希腊自然哲学的最有价值的成就。
3. ________的《几何原本》对整个自然科学的发展产生巨大的影响。
4. 中国古代的五大农书是指《__________》、《__________》、《__________》、《________》和《____________》。
5. 约成书于战国的《____________》是中医理论开始形成的标志。
6. 被外国学者誉为“中国 17 世纪的工艺百科全书”，在世界上第一部关于农业和手工业生产的综合性著作是《______________》。
7. 德国哲学家康德提出了关于太阳系起源的__________，第一个把自然界看做是发展变化的演化过程。
8. 1628 年，哈维出版了《______________》，提出了血液大循环的观点。
9. 当汽车突然刹车时，车上的人会向前倾倒，这是____________在生活中的体现。
10. 现代遗传学的创始人是奥地利修道士________。其研究成果被研究者概括为三条定律，即________定律、________定律和________定律。
11. 1873 年，麦克斯韦的巨著《__________》问世，标志着完整的__________的确立。
12. 最早发现并认识氧气的科学家是________。
13. 最早公布能量守恒与转化定律的是德国医生________。
14. 道尔顿____________的建立是近代化学发展中的一次重要理论综合，它统一解释了各种各样的化合物和化学反应的结构，为整个化学学科的研究奠定了基础。
15. 提出细胞学说的是德国植物学家__________和德国动物学家________。
16. 丹麦学者____________在实验中发现，改变线圈的电流方向，周围的磁针会发生偏转。
17. 居里夫人通过艰苦的实验劳动，发现了两种发射性元素，它们是________和________。

18. ________又称为第二批基本粒子；__________又被叫做第三代基本粒子。
19. 关于共价键的形成，美国化学家鲍林提出了__________，而美国化学家慕丽肯和德国化学家洪特则提出了______________。
20. 当前最流行的宇宙模型为荷兰天文学家德西特提出的________________。
21. 1915年，德国的青年教师魏格纳出版《______________》，大胆地提出了大陆漂移假说。
22. __________统称为第一代电子计算机；__________为第二代电子计算机；第三代电子计算机是________________；第四代电子计算机是____________。
23. 1953年，美国动物学家沃森和英国物理学家克里克共同提出DNA的________。
24. 2003年，我国成功发射____________，中国太空第一人________绕行地球14圈。
25. 用胡萝卜切片在培养液中培养成整株，这是应用了生物技术中的____________。

## 三、名词解释

1. 原子论
2. 《黄帝内经》
3. 日心说
4. 万有引力定律
5. 电磁波
6. 放射性
7. 重核裂变
8. 染色体
9. 狭义相对论

## 四、简答题

1. 举例说明中国古代产生的科学著作及其影响。
2. 简述19世纪的自然科学三大发现及其重要意义。
3. 现代物理学的三大发现是什么？有什么重要意义？
4. 怎样认识现代技术革命的标志及其发展。

# 第十单元
# 常用英汉短语互译

常用英汉短语互译部分主要包括三个方面的内容：重点知识、备考习题和参考文献。其中，重点知识涵盖学术类（即语言学和翻译相关理论术语）、政经类（外交、时政、金融与财经方面的常用短语）以及社会生活类（科教文化、房地产、交通、食品安全、网络通信、生态环保以及体育等方面的热点词汇）。

## 一、学术类短语

### 语言学

acoustic phonetics　声学语音学
affective meaning　感情意义
allomorph　语素变体
allophone　音位变体
American descriptive linguistics　美国描写语言学
American structuralism　美国结构主义
anthropological linguistics　人类语言学
anticipatory coarticulation　先期协同发音
applied linguistics　应用语言学
applied sociolinguistics　应用社会语言学
arbitrariness　任意性
articulatory phonetics　发音语音学
assimilation　同化
associative meaning　联想意义
auditory phonetics　听觉语音学
babbling stage　婴儿语阶段
back-formation　逆构词法
behaviourism　行为主义

| | |
|---|---|
| binding theory | 制约论 |
| bound morpheme | 黏着语素 |
| bounding theory | 管辖理论 |
| broad transcription | 宽式转写 |
| calculability | 可推导性 |
| cancellability | 可取消性 |
| cardinal vowel | 基本元音 |
| case grammar | 格语法 |
| case theory | 格理论 |
| categorization | 范畴化 |
| classical theory | 经典理论 |
| closed class | 封闭类 |
| closed syllable | 闭音节 |
| coarticulation | 协同发音 |
| cognitive linguistics | 认知语言学 |
| collocative meaning | 搭配意义 |
| communicative competence | 交际能力 |
| communicative dynamism | 交际性动力 |
| communicative language teaching | 交际语言教学 |
| communicative syllabus | 交际教学大纲 |
| complementary antonymy | 互补反义关系 |
| complementary distribution | 互补分布 |
| componential analysis | 成分分析 |
| computational linguistics | 计算语言学 |
| computer corpus | 计算机语料库 |
| computer-assisted instruction | 计算机辅助教学 |
| computer-assisted language learning | 计算机辅助语言学习 |
| computer-assisted learning | 计算机辅助学习 |
| conceptual meaning | 概念意义 |
| connotative meaning | 内涵意义 |
| constituent structure analysis | 成分结构分析 |
| constructivism | 构建主义 |
| contact assimilation | 接触同化 |
| containment schema | 容器图式 |
| content word | 实义词 |
| context of situation | 语境 |
| contextual analysis | 语境分析 |
| contextual meaning | 语境意义 |
| contiguous assimilation | 邻近同化 |

| | |
|---|---|
| contrastive analysis | 对比分析 |
| conventional meaning | 常规意义；规约意义 |
| conventionality | 规约性 |
| conversational maxim | 会话准则 |
| converse antonymy | 反向反义关系 |
| cooperative principle (CP) | 合作原则 |
| corpus data | 语料库语料 |
| corpus linguistics | 语料库语言学 |
| Creole | 克里奥尔语；混合语 |
| cross-cultural communication | 跨文化交际 |
| cross-space mapping | 跨空间映射 |
| deep structure | 深层结构 |
| derivational affix | 派生词缀 |
| derivational morphology | 派生形态学 |
| descriptive linguistics | 描写语言学 |
| diachronic linguistics | 历时语言学 |
| diacritic | 变音符 |
| discourse analysis | 语篇分析；话语分析 |
| dissimilation | 异化（作用） |
| distinctive feature | 区别性特征 |
| duality | 二元性 |
| ellipsis | 省略（法） |
| embedded element | 嵌入成分 |
| endocentric compound | 向心复合词 |
| endocentric construction | 向心结构 |
| error analysis | 错误分析 |
| ethnography of communication | 交际民俗学 |
| exocentric construction | 离心结构 |
| expressive function | 表情功能 |
| extended standard theory (EST) | 扩展标准理论 |
| field | 语场 |
| figure and ground | 图形和背景 |
| Firthian phonology | 弗斯音系学 |
| folk etymology | 俗词源 |
| force schema | 力图式 |
| foregrounded features | 突出特征 |
| free morpheme | 自由语素 |
| free variation | 自由变体 |
| function word | 功能词 |

| | |
|---|---|
| functional linguistics | 功能语言学 |
| functional sentence perspective（FSP） | 功能句子观 |
| general linguistics | 普通语言学 |
| generative grammar | 生成语法 |
| generative semantics | 生成语义学 |
| genre | 体裁；语类 |
| gestalt | 完形 |
| government and binding | 管辖与约束 |
| government theory | 管辖理论 |
| gradable antonymy | 等级反义关系 |
| hierarchical system | 等级系统 |
| historical linguistics | 历史语言学 |
| homonym | 同音/同形异义词 |
| horizontal relation | 链状关系 |
| hyponymy | 上下义关系 |
| IC analysis | 直接成分分析法 |
| ideational function | 概念功能 |
| illocutionary act | 行事行为 |
| illocutionary force | 行事语力 |
| image schema | 意象图式 |
| implied meaning | 隐含意义 |
| inferential communication | 推理交际 |
| inflecting language | 屈折语言 |
| inflectional affix | 屈折词缀 |
| inflectional morphology | 屈折形态学 |
| innateness hypothesis | 天赋假设 |
| input hypothesis | 输入理论 |
| instrumental function | 工具功能 |
| integration theory | 整合理论 |
| interactional function | 交互功能 |
| interlanguage | 中介语 |
| interlingual | 国际语 |
| international phonetic alphabet（IPA） | 国际音标 |
| interpersonal function | 人际功能 |
| language acquisition device（LAD） | 语言习得机制 |
| language community | 语言社团 |
| language shift | 语言流变 |
| lexical meaning | 词汇意义 |
| linguistic universality | 语言普遍性 |

| | |
|---|---|
| linguistic behaviour potential | 语言行为潜势 |
| linguistic competence | 语言能力 |
| linguistic determinism | 语言决定论 |
| linguistic relativity | 语言相对主义 |
| locutionary act | 发话行为 |
| London School | 伦敦学派 |
| macrolinguistics | 宏观语言学 |
| manner maxim | 方式准则 |
| manner of articulation | 发音方法 |
| mapping | 映射 |
| material process | 物质过程 |
| meaning potential | 意义潜势 |
| mental process | 心理过程 |
| metafunction | 元功能 |
| metalanguage | 元语言 |
| minimal pair | 最小对比对 |
| minimalist program | 最简方案 |
| morphology | 形态学 |
| morphophonemics | 形态音位学 |
| morphophonology | 形态音系学 |
| narrow transcription | 窄式转写 |
| Noam Chomsky | 诺姆·乔姆斯基 |
| open class | 开放类 |
| open syllable | 开音节 |
| optimal relevance | 最适宜关联 |
| ostensive communication | 明示交际 |
| overgeneralization | 过度法则化 |
| paradigmatic relation | 聚合关系 |
| parole | 言语 |
| perlocutionary act | 言后行为 |
| phatic communion | 寒暄交谈；交感性谈话 |
| phoneme | 音位 |
| phonemic analysis | 音位分析 |
| phonemic transcription | 音位转写 |
| phonetic alphabet | 音标 |
| phonetic transcription | 语音转写 |
| phonetics | 语音学 |
| phonological opposition | 音位对立 |
| phonology | 音系学 |

| | |
|---|---|
| pidgin | 洋泾浜语 |
| place of articulation | 发音部位 |
| post-Bloomfieldian linguistics | 后布龙菲尔德语言学 |
| pragmatics | 语用学 |
| Prague School | 布拉格学派 |
| principle of informativeness | 信息量原则 |
| principle of least effort | 省力原则 |
| principle of quantity | 数量原则 |
| progressive assimilation | 顺同化 |
| projection rule | 投射规则 |
| quality maxim | 质量准则 |
| quantity maxim | 数量准则 |
| recreational function | 娱乐功能 |
| referential meaning | 所指意义 |
| referential theory | 指称论 |
| reflected meaning | 反射意义 |
| register | 语域 |
| regressive assimilation | 逆同化 |
| relation maxim | 关系准则 |
| relevance maxim | 关联准则 |
| relevance theory | 关联理论 |
| revised extended standard theory （REST） | 修正的扩展标准理论 |
| rheme | 述位 |
| received pronunciation （RP） | 标准发音 |
| Sanskrit | 梵文 |
| Sapir-Whorf Hypothesis | 萨丕尔-沃尔夫假设 |
| Saussure | 索绪尔 |
| semantic component | 语义成分 |
| semantic triangle | 语义三角 |
| semantics | 语义学 |
| sememe | 义素 |
| signified | 所指 |
| signifier | 能指 |
| situational syllabus | 情景教学大纲 |
| sociolinguistics | 社会语言学 |
| speech act theory | 言语行为理论 |
| speech community | 言语社团 |
| standard theory | 标准理论 |
| stimulus-response | 刺激反应 |

structural syllabus 结构教学大纲
structuralism 结构主义
subordinate level 下属层次
superordinate level 上位层次
suprasegmental feature 超音段特征
surface structure 表层结构
syllabus design 教学大纲设计
synchronic linguistics 共时语言学
synonymy 同义关系
syntagmatic relation 组合关系
systemic functional grammar（SFG） 系统功能语法
tenor 语旨
textual function 语篇功能
thematic meaning 主位意义
theme 主位
transformational rule 转换规则
transformational-generative grammar（TG grammar） 转换生成语法
transitivity 及物性
tree diagram 树形图
typology 类型学
universal grammar（UG） 普遍语法
varieties in language 语言变体
violation of maxims 准则的违背
vocal organ 发音器官
X-bar Theory X-杠理论

## 二、翻译理论术语

**一般概念**

untranslatability 不可译性
cultural untranslatability 文化不可译性
linguistic untranslatability 语言不可译性
translatability 可译性
shift; transformation 转换
mistranslation 误译
under-translation 欠额翻译
over-translation 超额翻译
false friends “假朋友”
translating; translation 翻译
art of translation 翻译艺术

| | |
|---|---|
| direction of translation | 翻译方向 |
| analysis of translation | 翻译分析 |
| translational action | 翻译行为 |
| process of translation | 翻译过程 |
| decision-making in translation | 翻译决策 |
| translation theory | 翻译理论 |

**现代译论**

| | |
|---|---|
| cultural turn | 文化转向论 |
| ecological turn | 生态转向 |
| functionalist translation theory | 功能（主义）翻译理论 |
| Skopos theory | 目的论 |
| transference | 迁移 |
| relevance translation theory | 关联翻译理论 |
| translation paradigm | 译学范式 |
| translation norm | 翻译规范 |
| theory of norms | 规范论 |
| acceptability | 可接受性 |
| operational norms | 操作规范 |
| textual norm | 文本规范 |
| extratextual norm | 文本外规范 |
| expectancy norm | 期待规范 |
| deviation norm | 偏差规范 |
| matric norm | 矩阵规范 |
| literary school | 文学学派 |
| literary-cultural school | 文学-文化学派 |
| school of polysystem theory | 多元体系学派 |
| communication school | 交际学派 |
| sociosemiotic school | 社会符号学派 |
| The American Translation Workshop | 美国翻译培训派 |
| The Science of Translation | 翻译科学派 |
| linguistic school | 语言学派 |
| deconstructional school | 解构学派 |
| cannibalism | “食人”主义 |
| Holmes' map of translation studies | 霍姆斯路线图 |
| views on translation | 翻译观 |
| feminist view on translation | 女性主义翻译观 |
| feminist translation theory | 女性主义翻译理论 |
| cultural view on translation | 文化翻译观 |
| constructivist perspective on translation | 建构主义翻译观 |

| | |
|---|---|
| cognitive linguistic view on translation | 翻译的认知观 |
| levels of translation | 翻译层次 |
| translatology；translation studies | 翻译学 |
| pure translation studies | 纯翻译学 |
| applied translation studies | 应用翻译学 |
| descriptive translation studies | 描写翻译学 |
| product-oriented | 产品导向研究 |
| process-oriented | 过程导向研究 |
| function-oriented | 功能导向研究 |
| theoretical translation studies | 理论翻译学 |
| translation ethics | 翻译伦理 |
| poetics of translation | 翻译诗学 |
| science of translating | 翻译科学 |
| translation studies | 翻译研究 |
| postcolonial translation studies | 后殖民主义翻译研究 |
| memes of translation | 翻译模因 |

**翻译标准、主体**

| | |
|---|---|
| criteria of translation | 翻译标准 |
| three likenesses | 三似说 |
| beautiful in sense，in sound，and in form | 三美 |
| Huajing（ultimate realm of transformation） | 化境 |
| aesthetic translation | “美译” |
| follow the source text closely | 案本 |
| reader's response；responses of receptors | 读者反映论 |
| faithfulness，expressiveness and elegance | 信达雅 |
| faithfulness，expressiveness and closeness | 信达切 |
| faithfulness and fluentness | 信与顺 |
| faithfulness，smoothness | 忠实、通顺 |
| It's better to have a smooth version than a faithful one. | 宁顺而不信 |
| Rather be faithful（in thought）than smooth（in language）. | 宁信而不顺 |
| alike in spirit；spiritual similarity | 神似 |
| Keep the full flavor of the original work. | 保持着原作丰姿 |
| equivalent translation | 等值翻译 |
| textual equivalence | 语篇对等 |
| equivalent effect | 等效 |
| aesthetic function | 审美功能 |
| translation equivalence | 翻译对等 |
| functional equivalence | 功能对等 |

| | |
|---|---|
| dynamic equivalence | 动态对等 |
| formal correspondence | 形式对应 |
| subject of translation | 翻译主体 |
| hybrid text | 杂合文本 |
| text typology theory | 文本类型理论 |
| source text | 原文本；源语文本 |
| patronage | 赞助（人） |
| version | 译本 |
| les belles infidèles | “不忠的美人” |
| readability | 可读性 |
| pseudotranslation | 伪译 |
| mechanical translation; awkward translation | 死译 |
| word-for-word translation | 逐字译 |
| servile translation | 硬译 |
| subjectivity of translator | 译者主体性 |

**翻译策略、技巧**

| | |
|---|---|
| instrumental translation | 工具翻译 |
| domesticating translation; domestication | 归化翻译 |
| foreignizing translation; foreignization | 异化翻译 |
| back translation | 回译 |
| communicative translation | 交际翻译 |
| documentary translation | 纪实翻译 |
| rewriting | 改写 |
| manipulation | 操纵 |
| resistant translation | 阻抗式翻译 |
| literal translation; word for word; metaphrase | 直译 |
| free translation; sense for sense; paraphrase | 意译 |
| literal translation plus annotation | 直译加注 |
| overt translation | 显性翻译 |
| covert translation | 隐性翻译 |
| transliteration | 音译 |
| semantic translation | 语意翻译 |
| linguistic translation | 语言翻译 |
| zero-translation | 零翻译 |
| strategy of translation | 翻译策略 |
| translation techniques | 翻译技巧 |
| division; splitting | 分译 |
| mutual transformation of affirmative and negative expression | 反译法 |

| | |
|---|---|
| extension | 引申 |
| combination | 合译 |
| transfer | 转移法 |
| fuzzy translation of numbers | 实数虚译 |
| diction | 选词 |
| omission | 省略（法） |
| substitution | 替代 |
| addition | 增词（法） |
| conversion of parts of speech | 词性转换 |
| shift of perspective | 视点转换 |
| conversion of voice | 语态转换 |
| conversion of figures of speech | 辞格转换 |

**翻译类别**

| | |
|---|---|
| English translation of Chinese classics | 典籍英译 |
| variety in translation | 变译 |
| subtitling | 字幕翻译 |
| retranslation | 复译 |
| intralingual translation | 语内翻译 |
| interlingual translation | 语际翻译 |
| pragmatic translation | 语用翻译 |
| textual translation | 语段翻译 |
| dynamic equivalent translation | 动态等值翻译 |
| hermeneutic translation | 诠释性的翻译 |
| intersemiotic translation | 符际翻译 |
| composite translation | 综合翻译 |
| sight translation; visual interpretating | 视译 |
| whispered interpreting | 耳语传译 |
| simultaneous interpretation | 同声传译 |
| consecutive interpretation | 交替传译 |
| conference interpreting | 会议口译 |
| court interpreting; forensic interpreting | 法庭口译 |
| escort interpretation | 陪同口译 |
| professional translator | 职业翻译者 |

**翻译交叉学科**

| | |
|---|---|
| target language | 目的语；目标语 |
| source language | 源语 |
| the Oriental language | 东方语言 |
| the Occidental language | 西方语言 |
| Esperanto | 世界语 |

| | |
|---|---|
| lingua franka | 标准语言 |
| dominant language | 强势语言 |
| minor language | 弱势语言 |
| tranlationese | 翻译腔 |
| semiotranslation | 符号翻译 |
| intertextuality | 互文性 |
| methodology of translation studies | 译学方法论 |
| translation prototype | 翻译原型 |
| think-aloud protocols (TAPs) | 有声思维法 |
| literary translation | 文学翻译 |
| faithful in both form and matter | 形神兼备说 |
| eight aspects for poem translation | 译诗八论 |
| aesthetics of translation | 翻译美学 |
| poetic quality | 诗意 |
| translated literature | 翻译文学 |
| translation context | 翻译语境 |
| cultural contest | 文化竞赛论 |
| cultural transplantation | 文化移植 |
| cultural translation | 文化翻译 |
| cultural hegemony | 文化霸权 |
| power discourse | 权力话语 |
| pedagogical translation | 教学翻译 |
| master of translation and interpreting (MTI) | 翻译专业硕士 |
| translation universals | 翻译共性 |

**翻译产业与翻译史**

| | |
|---|---|
| translation industry | 翻译产业 |
| professional ethics of translation | 翻译职业道德 |
| translation quality assessment | 译文质量评定 |
| interactive machine translation | 人机交互机器翻译 |
| Tower of Babel | 通天塔 |
| Song of Yue Nationality | 《越人歌》 |
| Buddhistic translation | 佛经翻译 |
| The Jerome Model | 杰罗姆模式 |
| The Horace Model | 贺拉斯模式 |
| The Schleiermacher Model | 施莱尔马赫模式 |
| Summerian civilization | 苏美尔文明 |
| Septuagint | 《七十子圣经》 |
| Vulgate | 《通俗本圣经》 |
| King Jame Bible | 《钦定本圣经》 |

| | |
|---|---|
| hybridity | 混杂性 |
| cultural other | 文化他者 |
| Horace | 贺拉斯 |
| Cicero | 西塞罗 |
| Jerome | 杰罗姆 |
| Dryden | 德莱顿 |
| Tytler | 泰特勒 |
| Schleiermacher | 施莱尔马赫 |
| Newman | 纽曼 |
| Eugene Nida | 尤金·奈达 |

## 三、政经类

### 1. 外交

| | |
|---|---|
| peaceful foreign policy of independence | 独立自主的和平外交政策 |
| all-directional diplomacy | 全方位外交 |
| internationally-accepted practice | 国际通行做法 |
| shuttle diplomacy | 穿梭外交 |
| ping-pong diplomacy | 乒乓外交 |
| power diplomacy | 强权外交 |
| diplomatic practice | 外交惯例 |
| diplomatic immunity | 外交豁免权 |
| diplomatic asylum | 外交庇护 |
| elastic diplomacy | 弹性外交 |
| public diplomacy | 公共外交 |
| unilateralism | 单边主义 |
| boost relations between the two countries | 推进两国关系 |
| improve the mechanism of exchanges | 完善交流机制 |
| the East China Sea issue | 东海问题 |
| reach consensus on… | 达成共识 |
| to take on moral high ground | 占据道义的制高点 |
| the Bali Road Map | 巴厘路线图 |
| high-level contacts and exchanges | 高层交流 |
| Korean Peninsula nuclear issue | 朝鲜半岛核问题 |
| realize Korean Peninsula denuclearization | 实现半岛无核化 |
| arm embargo | 武器禁运 |
| the six-party talks | 六方会谈 |
| membership organization | 会员组织 |
| hold human rights dialogue | 人权对话 |

| | |
|---|---|
| cling to the Cold War mentality | 固守“冷战”思维 |
| international community | 国际社会 |
| state visit | 国事访问 |
| national sovereignty | 国家主权 |
| the Doha Round of trade talks | 多哈回合谈判 |
| rotating chairman | 轮值主席 |
| non-aligned countries | 不结盟国家 |
| boundary negotiation | 边界谈判 |
| Air Force Base | 空军基地 |
| normalization of relations | 关系正常化 |
| crippling sanction | 严厉制裁 |
| shirk one's responsibilities | 逃避责任 |
| bridge philosophical differences | 弥合观念分歧 |
| federal bureaucracy | 联邦官僚体制 |
| side issue | 附加议题 |
| fair play | 公平合理 |
| shared responsibility | 共同责任 |
| seek common ground while shelving/putting aside differences | 求同存异 |
| practice democracy in international relations | 国际关系民主化 |
| comprehensive and cooperative partnership | 全面合作伙伴关系 |
| Sino-Russian Good-Neighborly Treaty of Friendship and Cooperation | 《中俄睦邻友好合作条约》 |
| promote the dialogue among different civilizations | 推进各种不同文明之间的对话 |
| a long-term China-Japan food safety cooperation mechanism | 中日两国食品安全合作的长效机制 |
| committed to a new strategic partnership | 致力于发展新型战略伙伴关系 |
| Conditional Most-favored-nation Treatment | 有条件最惠国待遇原则 |
| multi-faceted diplomacy; all-around diplomacy | 全方位外交 |
| the principle of building friendship and partnership with neighboring countries | “与邻为善、以邻为伴”的方针 |
| the policy of fostering an amicable, peaceful and prosperous neighborhood | “睦邻、安邻、富邻”的政策 |
| enhance support for each other, particularly on issues concerning each other's core interests | 加大在对方核心利益上的彼此支持 |
| Five Principles of Peaceful Coexistence: mutual respect for territorial integrity and sovereignty, mutual non-aggression, non-interference in each other's internal affairs, equality and mutual benefit, and peaceful coexistence | 和平共处五项原则：互相尊重领土完整和主权、互不侵犯、互不干涉内政、平等互利、和平共处 |

## 2. 时政

| | |
|---|---|
| cultural and people-to-people exchange | 人文交流 |
| “pornography, gambling and drug abuse and trafficking” | 黄、赌、毒 |
| new generation of migrant workers | 新生代农民工 |
| adversity consciousness | 忧患意识 |
| fight against three forms of vulgarity | 反三俗（低俗、庸俗和媚俗） |
| corruption and degeneration | 贪污腐化 |
| family-planning policy | 计划生育 |
| mass incident | 群体性事件 |
| official service vehicle; office vehicle; vehicle for official use | 公务用车 |
| rural inn; farm stay; agritainment | 农家乐 |
| mortgage slave | 房奴 |
| low social strata | 社会底层 |
| first pot of gold | 第一桶金 |
| differential pricing; tiered pricing | 阶梯计价 |
| designated driver (DD) | 代驾 |
| career shifting | 转型跳槽 |
| unspoken rule | 潜规则 |
| staggered office hours | 错时上下班 |
| startling news | 爆炸性新闻 |
| press box | 记者席 |
| press conference | 记者招待会 |
| news release conference | 新闻发布会 |
| cross-Straits direct transportation link | 两岸直航 |
| Direct Chartered Flight Across the Taiwan Straits | 两岸直航包机 |
| Gallup Poll | [美] 盖洛普民意测验 |
| portable pension account (PPA) | 养老保险关系跨省转移接续 |
| patterns and forms of urbanization | 城市化布局和形态 |
| administrative accountability system | 行政问责 |
| run the government for the people | 执政为民 |
| political affiliation | 政治立场 |
| democracy at the grassroots level | 基层民主 |
| legal person | 法人 |
| legal representative | 法人代表/法定代表人 |
| national character | 国民性 |
| policy towards nationalities | 民族政策 |
| the Scientific Outlook on Development | 科学发展观 |

| | |
|---|---|
| service-oriented government | 服务型政府 |
| alternate member | 候补委员 |
| the draft proposal | 建议讨论稿 |
| Party building | 党的建设 |
| transformation of government functions | 政府职能转变 |
| the Party's constitution | 党章 |
| Party committees at all levels | 各级党委 |
| the Party's advanced nature | 党的先进性建设 |
| the CPC's ruling capacity | 党的执政能力建设 |
| the leadership by the Party | 党的领导 |
| a proper view of political achievements | 正确政绩观 |
| staffing of government affiliated institutions | 事业编制 |
| mass line | 群众路线 |
| "Three Represents" | 三个代表 |
| exemplary work styles | 优良作风 |
| a good Party conduct | 优良党风 |
| the cause of national reunification | 祖国统一大业 |
| conduct diverse military missions | 完成多样化军事任务能力 |
| Special Administrative Region | 特别行政区 |
| interim policy | 阶段性政策 |
| shadow cabinet | 影子内阁 |
| bipartisan support | 两党支持 |
| general election | 普选 |
| politburo's standing committee | 政治局常委 |
| discipline inspection commission | 纪委 |
| ad hoc organizations | 非常设机构 |
| state councilor | 国务委员 |
| Geographical Constituencies | 地方选区 |
| Functional Constituencies | 功能界别 |
| Legislative Council | 立法会 |
| public security organs, procuratorial organs and people's courts | 公检法机关 |
| dove faction | 鸽派 |
| law-based administration | 依法行政 |
| govern/run the country according to law | 依法治国 |
| government under the rule of law | 法治政府 |
| be directed at grassroots levels | 面向基层 |
| crack down on evil forces | 打黑 |
| crack down on fake products | 打假 |

| | |
|---|---|
| agricultural foundation | 农业基础 |
| a subsidy system for grain growers | 种粮农民补贴制度 |
| temporary purchase and storage policies | 临时收储政策 |
| key grain varieties | 重点粮食品种 |
| rural migrant workers | 农村转移劳动力 |
| official entertainment | 公务接待费 |
| insider trading | 内幕交易 |
| immediate priority | 当务之急 |
| built to last | 长盛不衰 |
| an all-out, all-of-the-above strategy | 全方位的综合战略 |
| potential offshore oil and gas resources | 潜在近海石油和天然气资源 |
| illegal immigration | 非法移民 |
| illegal crossings | 非法越境事件 |
| law enforcement professionals | 执法人员 |
| al Qaeda | 基地组织 |
| harmonious society | 和谐社会 |
| the fundamental public service system | 基本公共服务体系 |
| equal fundamental public service | 基本公共服务均等化 |
| household registry reform; residential system reform | 户籍改革 |
| domicile system, residence registration system | 户口管理制度 |
| real-scene musical extravaganza; musical on the site | 大型实景歌舞演出 |
| a benefit subsidy system for major growing areas | 主产区利益补偿机制 |
| work related to agriculture, rural areas, and farmers | "三农" 工作 |
| three direct links across the Taiwan Straits-links of post, trade and transport services | 两岸三通 |
| speak impromptu; make an impromptu speech; off-the-cuff remarks | 即席讲话 |
| multi-party cooperation and political consultation under the leadership of Communist Party | 共产党领导下的多党合作与政治协商 |
| democratic parties, federations of industry and commerce, personages without party affiliation | 民主党派、工商联与无党派人士 |
| the trend toward multi-polarity in the world and economic globalization | 世界多极化与经济全球化趋势 |
| win regional wars under information-based conditions | 信息化条件下局部战争 |
| a modern national defense system and modern armed forces | 国防和军队现代化建设 |
| socialist democracy | 社会民主政治 |
| a high degree of autonomy and administration | 高度自治 |
| political restructuring/administrative system reform | 政治体制改革 |

| | |
|---|---|
| the fundamental tenet of serving the people with heart and soul | 全心全意为人民服务的根本宗旨 |
| the building of the Party at grassroots organizations | 党的基层组织建设 |
| efforts to combat corruption and promote clean government | 反腐倡廉建设 |
| the great cause of building socialism with Chinese characteristics | 中国特色社会主义伟大事业 |
| the top priority of the Party in governing and rejuvenating the country | 党执政治国的第一要务 |
| the Party's theories and guidelines, principles and policies | 党的理论和路线方针政策 |
| delegates to the 17th CPC National Congress | 党的十七大代表 |
| CPC Central Committee's Proposal for Formulating the 12th Five-Year Program for China's Economic and Social Development | 中共中央关于制定国民经济和社会发展第十二个五年规划的建议 |
| fight against porngraphy and illegal publications | 扫黄打非 |
| Communique of the Fifth Plenum of the 17th Central Committee of the Communist Party of China | 十七届五中全会公报 |
| improve the conduct/performance of government | 改善政府工作作风 |
| method to ensure portability and continuity of pension accounts for urban enterprise workers, including rural migrant workers | 包括农民工在内的城镇企业职工养老保险关系转移接续办法 |
| consider both domestic and international situations | 统筹国内国际两个大局 |
| government reforms and self-improvement | 政府自身改革建设 |
| make institutional changes to end the excessive concentration of power and lack of checks on power | 从制度上改变权力过分集中而又得不到制约的状况 |
| a new type of pension insurance for rural residents | 新型农村社会养老保险 |
| the second-generation rich; silver-spoon kids | 富二代 |
| illegal land expropriations and housing demolitions | 违法征地拆迁 |
| group-buying/group purchase; team-buying/groupon; group coupon | 团购/团购优惠券 |
| to be said/be declared/be alleged to have found jobs | 被就业 |
| projects in the public interest; pro-people projects | 民心工程 |
| strengthen efforts to ensure clean government | 加强廉政建设 |
| strengthen national defense | 加强国防建设 |
| improve the regulatory system | 加强制度建设 |
| intensify government self-improvement | 加强政府自身建设 |
| unceasingly combat corruption | 坚持不懈地开展反腐败斗争 |
| shore up weak links | 加强薄弱环节 |

| | |
|---|---|
| ensure fair access to basic public services | 促进基本公共服务均等化 |
| public administration | 社会管理 |
| social safety net/social security system | 社会保障体系 |
| Administration of religious affairs was put on a more solid legal footing. | 宗教事务管理走向法制化 |
| resolve infringements on public interest in land expropriation and requisition | 解决土地征收征用损害群众利益问题 |
| We need to have proper rules and disciplines to govern administrative agencies in exercising their power, conducting their businesses and managing their officials. | 我们要用制度管权、管事、管人。 |
| Development is for the people, by the people, and its fruits should be shared by the people. | 发展是为了人民、依靠人民，发展成果全体人民共享。 |
| policies to aid agriculture and benefit farmers | 强农惠农政策 |
| the reform of tenure in collective-owned forests | 集体林权制度改革 |
| Everyone has access to old-age care, medical treatment and housing. | 老有所养、病有所医、住有所居 |
| government subsidized home-appliances-for-the-countryside | 家电下乡产品 |
| refrain from taking a uniform/one-size-fits-all approach to different situations | 不搞一刀切 |
| reform and opening-up | 改革开放 |
| ensure the well-being of the people and improve their lives | 保障和改善民生 |
| trials of policy-supported agricultural insurance | 政策性农业保险试点 |
| representative office; administrative organization | 办事机构 |

3. 金融

| | |
|---|---|
| securities margin trading | 融资融券 |
| government bond | 政府债券 |
| stock index futures | 股指期货 |
| The ChiNext stock market | 创业板 |
| financial community | 金融业 |
| investment bank | 投资银行 |
| economic, trade and financial cooperation | 经贸金融合作 |
| rein in credit supply | 控制信贷投放 |
| initial public offering | 首次公开募股 |
| growth stock | 增长股 |
| blue chip | 蓝筹股；绩优股 |
| defensive stock | 防卫股 |

| | |
|---|---|
| mutual fund | 共有基金 |
| money order | 汇票 |
| Exchange Rate Manipulation | 汇率操纵 |
| financial system | 金融体制 |
| soft loan | 贴息贷款 |
| interest-free loan | 无息贷款 |
| consumer credit services | 消费信贷 |
| state-held shares | 国有股 |
| guaranteed stock | 保息股票 |
| discount market | 贴现率 |
| financial indiscipline | 金融违纪 |
| financial irregularities /improprieties | 金融违规行为 |
| financial and monetary crisis | 金融货币危机 |
| financial instruments | 金融工具 |
| computerize financial services | 金融电子化 |
| financial reorganization | 金融重组 |
| tight money policy; monetary restraint | 紧缩银根 |
| settlement currency | 结算货币 |
| gold standard | 金本位 |
| gilt-edged bond | 金边债券 |
| financial crisis | 金融危机 |
| ward off the impact of financial crisis | 应对金融危机冲击 |
| financial lease | 金融租赁 |
| financial liberalization | 金融自由化 |
| financial center | 金融中心 |
| financial derivative | 金融衍生物 |
| Keynesian policy | 凯恩斯政策 |
| Dow Jones Indexes | 道琼斯指数 |
| put / call option | 看跌/看涨期权 |
| stock exchange | 证券交易所 |
| onerous loan | 有偿贷款 |
| original issue stock | 原始股 |
| individual share | 个股 |
| bond market | 债券市场 |
| futures market | 期货市场 |
| hedge fund | 对冲基金 |
| debt-to-equity swap | 债转股 |
| stock option | 优先认股权 |
| closing price | 收盘价 |

| | |
|---|---|
| opening price | 开盘价 |
| circulation stock; tradable share | 流通股 |
| Nikkei Index | 日经指数 |
| financing channels | 融资渠道 |
| private equity | 私募股权 |
| special bond | 特种债券 |
| Special Treatment | ST 股；特别处理股 |
| Particular Transfer | PT 股；特别转让股 |
| foreign exchange reserve | 外汇储备 |
| tenor draft | 限期汇票 |
| securities investment funds | 证券投资基金 |
| fixed deposit by installments | 零存整取 |
| ratio of deposits, deposit-reserve ratio | 存款准备金率 |
| red chips | 红筹股 |
| bonus share | 红股 |
| non-performing loan | 不良贷款 |
| sunk cost | 沉没成本 |
| non-tradable share | 非流通股 |
| issuing bank | 发卡行 |
| legal tender | 法定货币 |
| soft stock | 疲软股票 |
| offsetting future transactions | 期货对冲交易 |
| registered bond | 记名债券 |
| equity division | 股权分置 |
| share capital | 股本 |
| return on equity | 股本回报率 |
| equity capital | 股本金 |
| stock index | 股指 |
| market capitalization | 市值 |
| influx of hot money | "热钱" 流入 |
| cross-border capital flows | 跨境资本流动 |
| credit rating | 信用等级（信贷） |
| bear market | 熊市 |
| bull market | 牛市 |
| underwriting limit | 承保限额 |
| trust services | 信托业务 |
| telegraphic transfer (T/T) | 电汇 |
| Financial Crimes Unit | 金融犯罪调查组 |
| crack down on large-scale fraud | 打击大规模欺诈活动 |

| | |
|---|---|
| deceptive practices | 欺诈手段 |
| anti-fraud laws | 反欺诈法规 |
| mortgage lender | 抵押贷款机构 |
| payday lender | 薪金预支行 |
| credit card company | 信用卡公司 |
| repay a deficit of trust | 偿还信用赤字 |
| supporting financial institutions | 辅助金融机构 |
| international multilateral financial institution | 国际多边金融机构 |
| small and medium-sized enterprises (SMEs) board | 中小企业板 |
| financial oligarchy; financial magnate; financial tycoon | 金融寡头 |
| index-linked interest rate; inflation-proof interest rate | 保值利率 |
| increase financing by selling equities and issuing bonds | 扩大股权和债券融资规模 |
| develop a financial system featuring diverse organizations, efficient service, prudent supervision and risk-control | 构建组织多元、服务高效、监管审慎、风险可控的金融体系 |

4. 财经

| | |
|---|---|
| (coin-) counting fee | 点钞费 |
| government bonds | 国债 |
| price hikes | 物价上涨 |
| quantitative easing monetary policy | 量化货币（定量宽松货币政策） |
| structural and imported inflation | 结构性、输入性物价上涨 |
| development priority zones | 主体功能区 |
| excess production capacity | 产能过剩 |
| farm products distribution | 农产品流通体系 |
| bonded logistic parks | 保税物流园区 |
| simple circulative processing | 流通性简单加工 |
| value-added services | 增值服务 |
| international transit | 国际中转 |
| goods imported under processing trade | 加工贸易进口货物 |
| goods in transit trade | 转口贸易货物 |
| import consignment | 进口寄售货物 |
| overhaul and better regulate the market | 整顿和规范市场秩序 |
| the consignor or consignee | 收货、发货人 |
| distribute goods | 配送货物 |
| take delivery of goods | 提取货物 |
| tax exemption/deductions; tax break | 免税；税务减免 |
| tax subsidies | 纳税补贴 |
| tax code | 税法 |

| | |
|---|---|
| loopholes and shelters in the tax code | 税法缺陷和保护规定 |
| tax hike | 加税 |
| returning formalities | 退运手续 |
| storage time | 存储期限 |
| free-trade port, free port | 自由港 |
| free-trade zone | 自由贸易区 |
| lift controls over access to foreign trade | 放开外贸经营权 |
| payroll tax cut | 削减工资税 |
| ease the long-standing debts of SOEs | 化解国有企业历史债务 |
| haphazard investment | 盲目投资 |
| policy mandated losses | 政策性亏损 |
| sunrise industry | 朝阳产业 |
| sunset industry | 夕阳产业 |
| immediate consumption | 即期消费 |
| all-inclusive economic plan | 全面的经济计划 |
| exclusive distributor | 特约经销商 |
| inclusive growth | 包容性增长 |
| rural-urban divide | 城乡差距 |
| poverty line | 贫困线 |
| high-end equipment manufacturing | 高端装备制造 |
| double-win; win-win | 双赢 |
| subprime crisis | 次贷危机 |
| foreign direct investment | 外商直接投资 |
| allocate resources | 资源配置 |
| social productivity | 社会生产力 |
| FOB (free on board) | 装运港船上交货 |
| a market economy | 市场经济 |
| a planned economy | 计划经济 |
| virtual economy | 虚拟经济 |
| service industry | 第三产业 |
| macro-economic regulation | 宏观调控 |
| optimize the economic structure | 优化结构 |
| most optimum distribution of resources | 资源优化配置 |
| low-carbon economy | 低碳经济 |
| sustainable development | 可持续发展 |
| going global strategy | 走出去 |
| bringing in strategy | 引进来 |
| resource products pricing and market | 资源型产品价格和要素市场 |
| fiscal and taxation system | 财税体制 |

| | |
|---|---|
| poverty alleviation work | 扶贫工作 |
| the marine economy | 海洋经济 |
| main functional regions | 主体功能区战略 |
| balanced development between regions | 区域协调发展 |
| a modern industrial system | 现代产业体系 |
| the core competitiveness of industries | 产业核心竞争力 |
| socialist modernization drive | 社会主义现代化建设 |
| the policy of boosting domestic demand | 扩大内需战略 |
| rural modernization | 农业现代化 |
| overall/comprehensive national strength | 综合国力 |
| the economic sector of mixed ownership | 混合所有制经济 |
| conglomerate | 大企业集团 |
| the low-tax, tariff-free zone; bonded area | 保税区 |
| make the economic pie bigger | 做大经济“蛋糕” |
| withdrawal of money from circulation | 货币回笼 |
| crony economy | 裙带经济 |
| falsified accounts | 造假账 |
| extrabudgetary funds | 预算外资金 |
| tax evasion | 偷税、漏税 |
| tax fraud | 骗税 |
| tax credit | 税务抵免 |
| scorched-Earth plan | 焦土政策 |
| BRICS countries | 金砖国家 |
| economic stimulus bill | 经济刺激方案 |
| economic blockade | 经济封锁 |
| economic resurgence | 经济复苏 |
| special economic zone | 经济特区 |
| economic integration | 经济一体化 |
| economic and trade frictions | 经贸摩擦 |
| accounting computerization | 会计电算化 |
| free on board | 离岸价格 |
| trade surplus | 贸易顺差 |
| trade deficit | 贸易逆差 |
| trade sanction | 贸易制裁 |
| sluggish market | 市场疲软 |
| market access | 市场准入 |
| pilot program | 试点计划 |
| after-sale services | 售后服务 |
| poll tax | 人头税 |

| | |
|---|---|
| discretionary budget | 弹性预算 |
| trading ports | 通商口岸 |
| property-purchasing limitations | 限购 |
| scattered funds | 闲散资金 |
| stamp duty / tax | 印花税 |
| consumer price index | 消费品价格指数 |
| Sino-foreign joint venture | 中外合资企业 |
| listed companies | 上市公司 |
| registered capital | 注册资本 |
| marginal benefit | 边际效益 |
| compensatory trade | 补偿贸易 |
| granary province | 产粮大省 |
| sub-regional cooperation | 次区域合作 |
| vertical trade | 垂直贸易 |
| non-tariff trade barriers | 非关税贸易壁垒 |
| anti-dumping measures | 反倾销措施 |
| countervailing duty | 反补贴税，反倾销税 |
| venture capital; risk investment | 风险投资 |
| service outsourcing | 服务外包 |
| stainless steel | 不锈钢 |
| soft power | 软实力 |
| smart power | 巧实力 |
| asset and capital verification | 清产核资 |
| brand positioning | 品牌定位 |
| counterfeit and substandard goods | 假冒伪劣商品 |
| taxes on special agricultural products | 农业特产税 |
| public price hearings | 价格听证会 |
| price elasticity | 价格弹性 |
| technical backstopping | 技术依托 |
| transfer of technology with compensation | 技术有偿转让 |
| overstocked commodities (inventories) | 积压产品 |
| grey economy | 灰色经济 |
| grey income | 灰色收入 |
| returned customer | 回头客 |
| withdrawal of currency from circulation | 货币回笼 |
| currency retention scheme | 货币留成制度 |
| currency manipulator | 货币操纵国 |
| vested interest groups | 既得利益集团 |
| demand deposit interest rate | 活期存款利率 |

| | |
|---|---|
| planned economy | 计划经济 |
| mechanical and electrical products | 机电产品 |
| opportunity cost | 机会成本 |
| macroeconomic fundamentals | 宏观经济基本状况 |
| supporting industry | 后备工业 |
| reserve fund | 后备基金 |
| follow-up investment | 后续投资 |
| reciprocity and mutual benefit | 互惠互利 |
| a system of incentives and disincentives | 激励约束制度 |
| loss of state-owned assets | 国有资产流失 |
| gross domestic product (GDP) | 国内生产总值 |
| customs barrier; tariff wall | 关税壁垒 |
| international settlement | 国际清算 |
| tariff quota | 关税配额 |
| joint-stock company | 股份公司 |
| shareholding system; joint-stock system | 股份制 |
| shareholding cooperative system | 股份合作制 |
| industrial stagnation | 工业停滞 |
| purchasing power | 购买力 |
| purchasing power parity | 购买力平价 |
| industrial park | 工业园区 |
| seniority pay | 工龄工资 |
| personal financing plan | 个人理财计划 |
| personal income tax | 个人所得税 |
| summit forum | 高峰论坛 |
| follow-up auditing | 跟踪审计 |
| high-end product | 高端产品 |
| low-end product | 低端产品 |
| smear campaign | 恶意营销 |
| per capita disposable income | 人均可支配收入 |
| total foreign trade volume | 对外贸易总额 |
| multi-point plan | 一揽子计划 |
| structural tax reductions | 结构性减税 |
| mergers and reorganizations | 兼并重组 |
| Buffett Rule | 巴菲特规则 |
| start-ups | 初创企业 |
| equal pay for equal work | 同工同酬 |
| tight budget | 拮据预算 |
| level the playing field | 实现公平竞争 |

| | |
|---|---|
| run at full capacity | 全面投产 |
| bipartisan fiscal commission | 两党财政委员会 |
| the trials of settling cross-border trade accounts in RMB | 跨境贸易人民币结算试点 |
| Engel's coefficient—the proportion of expense on food to the consumption expense | 恩格尔系数 |
| city specifically designated in the state plan | 计划单列市 |
| subsidies for agricultural machinery and tools | 农机具补贴 |
| extra duties; surtax; supertax; tax surcharge | 附加税 |
| three kinds of foreign-invested enterprises or ventures: Sino-foreign joint ventures, cooperative businesses and exclusively foreign-owned enterprises in China | 三资企业（中外合资企业，中外合作企业，外商独资企业） |
| economic depression; economic slump; business depression | 经济萧条 |
| development as a task of overriding importance | 发展是硬道理 |
| driven by consumption, investment and exports | |
| coordinate development in rural and urban regions | 统筹城乡发展 |
| seek new ways to increase farmer's incomes | 拓宽农民增收渠道 |
| a mechanism for promoting balanced and interactive development among regions | 区域协调互动发展机制 |
| the extensive mode of growth/inefficient model of growth | 粗放性增长方式 |
| one of the pillar industries for the national economy | 国民经济支柱产业 |
| the transformation of the economic growth mode | 转变经济发展方式 |
| compensate for weak external demand | 弥补外需缺口 |
| the plan for restructuring and reinvigorating key industrie | 重点产业调整振兴规划 |
| a mechanism for ensuring basic funding for county-level governments | 县级基本财力保障机制 |
| the total turnover of overseas construction/project and labor contracts | 对外工程承包和劳务合同营业额 |
| stimulate the (internal) vitality of the economy | 激发经济内在活力 |
| overcome the adverse effects of imported and structural inflation | 消除输入性、结构性通胀因素的不利影响 |
| the import and export licensing administration | 进出口许可证管理 |
| the port of the actual entry and exit of the goods | 货物实际进出境口岸 |
| import value added tax and consumption tax | 进口环节增值税和消费税 |
| the ratio of worker's incomes in the primary distribution of national income | 劳动报酬在初次分配中的比重 |
| the master strategy of regional development | 区域发展总体战略 |

| | |
|---|---|
| a mutually-beneficial strategy of opening-up | 互利共赢的开放战略 |
| global economic governance and regional cooperation | 全球经济治理和区域工作 |
| maintain a basic balance in international payments | 促进国际收支平衡 |
| the system of provincial governors taking responsibility for the "rice bag" (grain supply) program and city mayors taking responsibility for the "vegetable basket" (non-grain food supply) program | "米袋子"省长负责制和"菜篮子"市长负责制 |
| international purchase, allocation and distribution | 国际采购、分销和配送 |
| goods entered for testing and maintenance, and the components and parts thereof | 进境检测、维修货物及其零配件 |
| receipts from overseas project contracts revenue from overseas contracted projects | 对外工程承包营业额 |
| major changes in the global economic landscape | 世界经济格局大变革、大调整 |
| put economic development onto the track of endogenous growth driven by innovation | 推动经济进入创新驱动、内生增长的发展轨道 |
| capture the economic, scientific and technological high ground | 抢占经济科技制高点 |
| strengthen the basis for further/sustaining economic and social development | 增加经济社会发展的后劲 |
| promote the unfettered development of the productive forces | 发展和解放生产力 |
| regulatory mechanism governing external economic relations | 涉外经济体制 |
| The threshold for personal income tax was raised. | 提高个人所得税起征点 |
| There is a strong possibility of resurgence in fixed asset investment. | 国有资产投资反弹压力较大 |
| China's economy is increasingly tied to the world economy. | 中国经济与世界经济日益紧密结合 |
| ensure that growth rate is in line with the structure, quality and performance of the economy | 做到速度与结构、质量、效益的有机统一 |
| industries with excess production capacity | 生产能力过剩 |
| give full play to the role of enterprises as the main parties for technological innovation | 充分发挥企业作为技术创新的主体作用 |
| consumption in areas of high consumer interest | 热点消费 |
| use a combination of/a variety of/a full range of tax and credit measures | 综合运用税收、信贷等手段 |
| target responsibility document/description; target description; letter of responsibility | 目标责任书 |

| | |
|---|---|
| self-employed industrial and commercial household; private industrial and commercial household; the self-employed | 个体工商户 |
| business orgnaization/body; operational organization/body | 营业机构 |
| make the macro control more proactive, targeted and effective | 增强宏观调控的预见性、针对性和有效性 |
| economies in transition; transition economy | 转轨经济 |
| boost domestic demand to sustain economic growth | 扩内需、保增长 |
| adjust the structure to raise the level of economic development | 调结构、上水平 |
| press ahead with reform to make the economy more vigorous | 抓改革、增活力 |
| give top priority to ensuring people's wellbeing and promote social harmony | 重民生、促和谐 |
| emerging industries of strategic importance/ strategic emerging industries | 战略性新兴产业 |

## 四、社会生活类

### 1. 科教文化

| | |
|---|---|
| manned space mission | 载人航天 |
| lunar exploration program | 探月工程 |
| capacity for independent innovation | 自主创新能力 |
| proprietary intellectual property rights | 自主知识产权 |
| manned spaceship/spacecraft | 载人飞船 |
| capsule | 太空舱 |
| multistage rocket | 多级火箭 |
| experimental spacecraft | 试验太空船 |
| unmanned spaceship/spacecraft | 无人飞船 |
| space shuttle | 航天飞机 |
| manned space program | 载人航天计划 |
| astrophysics | 天体物理学 |
| multi-manned and multi-day space flight | 多人多天太空飞行 |
| payload capability | 有效载荷能力 |
| Milky Way | 银河系 |
| lunar rover | 月球车 |
| Hubble Space Telescope | 哈勃太空望远镜 |
| solar panel | 太阳能电池板 |
| internation space station | 国际空间站 |

| | |
|---|---|
| space physics exploration | 空间物理探测 |
| emergency oxygen apparatus | 紧急供氧装置 |
| launch pad | 发射台 |
| lunar module | 登月舱 |
| service module | 服务舱 |
| command module | 指令舱 |
| re-entry module | 返回舱 |
| propelling module | 推进舱 |
| orbital module | 轨道舱 |
| geosynchronous satellite | 同步轨道卫星 |
| satellite in Sun-synchronous orbit | 太阳同步轨道卫星 |
| weather/meteorological satellite | 气象卫星 |
| recoverable satellite | 返回式卫星 |
| communication satellite | 通信卫星 |
| remote sensing satellite | 遥感卫星 |
| carrier rocket, rocket launcher | 运载火箭 |
| Long March Ⅱ F Carrier Rocket | 长征二号 F 运载火箭 |
| low Earth orbit | 近地轨道 |
| orbit the earth | 绕地球飞行 |
| fine-tune orbit | 调整轨道 |
| space outfit | 太空服 |
| space food | 太空食物 |
| ascent stage | 上升段 |
| artificial satellite | 人造卫星 |
| antenna | 天线 |
| access flap | 接口盖 |
| main landing field/primary landing site | 主着陆场 |
| landing area | 着陆区 |
| astronaut | 航天员 |
| information technology | 信息技术 |
| space docking | 空间对接 |
| geostationary satellite | 同步卫星 |
| pre-selected orbit | 预定轨道 |
| intercontinental ballistic missiles | 洲际弹道导弹 |
| aircraft carrier | 航空母舰 |
| ballistic missile | 弹道导弹 |
| nanometer | 纳米 |
| cluster bomb | 集束炸弹 |
| Mars exploration rover | 火星探测器 |

| | |
|---|---|
| biological engineering | 生物工程 |
| liquid crystal display (LCD) | 液晶显示屏 |
| cruise missile | 巡航导弹 |
| missile defense | 导弹防御 |
| optic cable | 光缆 |
| photo-communication; optical communication | 光通信 |
| atomic bomb, hydrogen bomb and artificial satellite | 两弹一星 |
| A large number of research results have been applied in industrial production. | 科研成果实现了产业化 |
| national education plan | 教育规划纲要 |
| the renovation of dilapidated primary and secondary school buildings | 中小学危房改造 |
| unauthorized collection of fees by educational institutions | 教育乱收费 |
| education bureaucracy | 教育体制 |
| free compulsory education | 免费义务教育 |
| secondary vocational education | 中等职业教育 |
| miscellaneous fees | 学杂费 |
| transient student | 借读生 |
| first writing ceremony | 开笔礼 |
| equal access to education | 教育公平 |
| corporal punishment | 体罚 |
| increase input for science and technology | 加强科技支撑 |
| human resources strategy | 人才战略 |
| professional education | 人才教育 |
| talent fostering; staff development | 人才培养 |
| personnel training | 人才培训 |
| Home for Talent | 人才之家 |
| personnel selection | 人才选拔 |
| personnel types | 人才类型 |
| talent competitiveness | 人才竞争力 |
| brain drain | 人才流失 |
| overseas talents | 海外人才 |
| talent pool | 人才库 |
| personnel/human resources management | 人才管理 |
| talent investment | 人才投资 |
| personnel policy | 人才政策 |
| talent development | 人才发展 |
| value talents/talented people | 尊重人才 |
| human resources under the Party leadership | 党管人才 |

| | |
|---|---|
| Party and government officials | 党政人才 |
| young talents | 青年英才 |
| high-quality educators | 高素质教育人才 |
| high-quality overseas professionals | 海外高层次人才 |
| national health professionals | 全民健康卫生人才 |
| the highly skilled; highly skilled workers | 高技能人才 |
| enterprise management talents | 企业经营管理人才 |
| professional and technical talents | 专业技术人才 |
| military talents | 高素质军事人才 |
| professional medical personnel | 专业医药人才 |
| innovative skilled sci-tech workers | 创新型科技人才 |
| professionals in short supply | 急需紧缺专门人才 |
| building of talent team | 人才队伍建设 |
| talent administration | 人才工作管理体制 |
| talent management | 人才工作机制 |
| major projects for talent development | 重大人才工程 |
| human resources | 人力资源 |
| overseas Chinese students' home | 全球留学人才之家 |
| cramming method of teaching | 填鸭式教学 |
| be released from regular work for study | 脱产学习 |
| locally-granted student loan | 生源地助学贷款 |
| pseudo-science | 伪科学 |
| academic credit system | 学分制 |
| talent pool | 人才储备 |
| planned enrollment | 计划内招生 |
| correspondence university | 函授大学 |
| civil service exam | 公务员考试 |
| interdisciplinary talent | 复合型人才 |
| college (or university) entrance examination | 高考 |
| divergent thinking | 发散思维 |
| top student | 高材生 |
| teaching to the test | 应试教育 |
| quality-oriented education | 素质教育 |
| high-ranking official; senior cadre | 高干 |
| enrollment expansion | 扩招 |
| core proprietary intellectual property rights; core/primary self-developed intellectual property rights | 核心自主知识产权 |
| a skilled, diversified and multilevel workforce | 各类型、多层次人才队伍 |
| high-end professionals/personnel; top talents | 高级人才 |

| | |
|---|---|
| National Program for Medium and Long-term Talent Development | 国家中长期人才发展规划纲要 |
| Conference on International Exchange of Professionals | 中国国际人才交流协会 |
| National Program for Qualified Personnel Development | 全国人才队伍建设规划纲要 |
| The strategy of reinvigorating China through science, education and human resources | 科教兴国战略和人才强国战略 |
| cultural infiltration | 文化渗透 |
| Mayan civilization | 玛雅文化 |
| national intangible cultural heritage | 国家非物质文化遗产 |
| Trojan Horse | 特洛伊木马 |
| cultural industry | 文化产业 |
| cultural undertakings | 文化事业 |
| a public service system of culture | 公共文化服务体系 |
| the country's soft power in cultural fields | 国家文化软实力 |
| the Chinese people's civil education | 全民族文明素质 |
| international cultural publicity | 对外文化宣传 |
| strengthen cultural development efforts | 加强文化建设 |
| high art | 高雅艺术 |
| cultivate ideals and ethics among young people | 加强青少年思想道德建设 |
| satisfy the people's ever-growing demand for cultural products | 满足人民群众不断增长的精神文化需求 |
| carry out the program for improving civic morality | 加强公民道德建设工程 |

### 2. 医疗卫生

| | |
|---|---|
| medicare | 医疗照顾，医疗保险（美国、加拿大） |
| medicaid | 医疗补助 |
| medical malpractice | 医疗事故 |
| community health service center | 社区卫生服务中心 |
| non-public healthcare institution | 非公医疗机构 |
| generic drug | 普药 |
| medical ethics | 医德 |
| general practitioner | 全科医生 |
| soaring medical costs | 医疗费用上涨过快 |
| resident's health record | 居民健康档案 |
| coverage of basic medical insurance | 医保覆盖面 |
| a hospital stoolie/a medical shill | 医托 |
| artificially high drug prices | 药价虚高 |
| surging drug prices | 药品价格上涨 |
| pre-registration | 预约挂号 |

| | |
|---|---|
| healthcare card | 医保卡 |
| epidemic surveillance system | 疫情监测系统 |
| alternative treatment | 替代疗法 |
| communicable disease | 传染性疾病 |
| heal the wounded and rescue the dying | 救死扶伤 |
| genetic mutation | 基因突变 |
| genome | 基因组 |
| isolation ward | 隔离病房 |
| high-risk group | 高危人群 |
| stem cell | 干细胞 |
| maternity and childcare hospitals | 妇幼保健院 |
| faulty medical devices | 劣质医疗设备 |
| allow physicians to practice medicine at more than one medical facility | 医生可多点执业 |
| The healthcare reform should focus on key factors, overcome difficulties and find adequate solutions to problems concerned. | 医改要抓重点、克难症、下准药 |
| promote the progressive equalization of basic public healthcare services | 促进基本公共卫生服务逐步均等化 |
| medical aid to both urban and rural residents | 城乡医疗救助 |
| improve the accessibility of healthcare services | 提高医疗卫生服务的可及性 |
| lay equal stress on traditional Chinese medicine (TCM) and Western medicine | 中西医并重 |
| the list of drugs covered by the basic national medical insurance | 被纳入医保药品报销目录 |
| separation between medical and pharmaceutical services | 医药分开 |
| basic healthcare services available for the entire population | 全民医保 |
| localization of public hospital management | 医院属地化管理 |
| increase payment percentage/level in the medical insurance fund within authorized package | 提高政策范围内的医保基金支付水平 |
| the multi-source healthcare investment mechanism with the government as the leading force | 以政府为主导的多元卫生投入机制 |
| real-name registration system for medical treatment | 实名制就诊 |
| to set up the National Essential Drugs System | 建立国家基本药物制度 |
| The problems of "expensive medical bills and difficult access to quality medical services" have been evidently reduced. | "看病难、看病贵"的问题明显减缓 |

| | |
|---|---|
| settlement service for medical treatment received in a different place | 异地就医结算服务 |
| pilot projects of the public hospital reform | 公立医院改革试点 |
| the transfer and continuation of one's basic medical insurance record | 基本医疗保险关系转移接续 |
| change the situation wherein a hospital subsidizes its medical services with overly expensive drug prescriptions | 改变以药养医的状况 |
| household receiving subsistence allowances | 低保家庭 |
| doctor-patient dispute over medical treatment | 医患纠纷 |
| the New Rural Cooperative Healthcare System | 新型农村合作医疗制度 |
| free medical service; free medicare; public health service | 公费医疗 |
| basic medical insurance for urban residents/employees | 城镇居民/职工基本医保 |
| A disease prevention and control system with a fairly comprehensive range of functions was set up. | 建立了功能比较齐全的疾病防治体系 |
| cooperative medical services in rural areas; cooperative medical/health care in rural areas | 农村合作医疗 |
| zero mark up for drug sales/zero price difference for drug sales | 药品零差价 |
| The essential goal of the medical reform is to adhere to the public nature of public healthcare, establish a basic healthcare system, and provide the people with safe, effective, convenient and affordable basic healthcare services. | 医改的基本目标是：坚持公共医疗卫生的公益性质，建立基本医疗卫生制度，为群众提供安全、有效、方便、价廉的基本医疗卫生服务。 |

### 3. 房地产

| | |
|---|---|
| housing project for low-income urban residents | 安居工程 |
| (housing) vacancy rate | 住房空置率 |
| top bidder/Land King/Property King | 地王 |
| low-rent housing | 廉租房 |
| affordable housing | 经济适用性住房（经适房） |
| price-capped housing | 限价房 |
| public rental housing | 公租房 |
| buy a house on mortgage | 按揭购房 |
| slab-type apartment building | 板楼 |
| real estate speculator | 炒房者 |
| unpaid mortgage balance | 抵押贷款欠额 |
| location classification | 地段等级 |

| | |
|---|---|
| nail household, nail house residents | 钉子户 |
| land reserves | 囤地 |
| second-hand house | 二手房 |
| property ownership certificate | 房产证 |
| real estate agent | 房产中介 |
| property bubble | 房地产泡沫 |
| real estate market/property market | 房地产市场 |
| overheated property sector | 房地产市场过热 |
| property price/housing price | 房价 |
| payment by installment | 分期付款 |
| tenement | 分租合住的经济公寓 |
| property deed tax | 购房契税 |
| wait-and-watch attitude | 观望态度 |
| reconstruction of old area | 旧区改造 |
| floor space | 楼层建筑面积 |
| private homebuyer | 普通购房者 |
| forward delivery housing | 期房 |
| capacity rate | 容积率 |
| commercial residential building | 商品房 |
| commercial property | 商业地产 |
| commercial/residential complex | 商住综合楼 |
| community | 社区 |
| down payment | 首付 |
| leaseback | 售后回租（即租回已出售的财产） |
| tower building | 塔楼 |
| parking space | 停车位 |
| speculative property transactions | 投机性房产交易 |
| housing bubble | 房地产泡沫 |
| land use certificate | 土地使用证 |
| allowances for repairs and maintenance | 维修费 |
| property tax | 物业税 |
| vacant property | 闲置地产 |
| complete apartment | 现房 |
| first/second stage | 一期/二期 |
| monthly installment payment | 月供 |
| added-value fees | 增值地价 |
| depreciation allowances | 折旧费 |
| policy-related house | 政策性住房 |
| key zones for development | 重点开发区 |

| | |
|---|---|
| residential property | 住宅地产 |
| owner-occupied homes/houses | 自住型住房消费 |
| run-down areas | 棚户区 |
| commercial housing with price ceilings | 限价商品房 |
| change hand | (房屋) 转手、易主 |
| jerry-built projects | “豆腐渣” 工程 |
| indemnificatory housing | 保障性住房 |
| labor contractor | 包工头 |
| down-payment | 首期按揭 |
| tube-shaped apartment | 筒子楼 |
| dilapidated building | 危房 |
| unapproved construction project | 违章建筑 |
| model unit | 样板房 |
| movable plank house / movable house | 活动板房 |
| abusive lending | 违章借贷 |
| packaging of risky mortgages | 包装风险房贷 |
| housing provident fund/housing accumulation fund | 住房公积金贷款 |
| low-income housing; government subsidized housing | 保障型住房 |
| house/apartment with limited/incomplete property rights | 小产权房 |
| housing in run-down areas that will undergo renovation | 棚改房 |
| We must ensure peace and security for the people. | 一定让人民安居乐业（主要指住房） |
| grant, allocation and transfer of right to use land | 出让、划拨和转让（土地使用权） |

### 4. 交通

| | |
|---|---|
| up-to-date ticket information | 最新票务信息 |
| intercity high-speed rail | 城际高铁 |
| trial operation | 试运行 |
| ticket scalper | 票贩子/黄牛党 |
| train service shortage | 铁路运力不足 |
| telephone booking system | 电话订票系统 |
| high-speed rail network | 高速铁路专线网 |
| bullet train | 动车 |
| transcontinental railroad | 洲际铁路 |
| interstate highway system | 州际高速公路系统 |
| lay down tracks or pavement | 铺设铁轨或路面 |
| new off-ramp | 新外匝道 |
| crumbling roads | 年久失修的道路 |
| ticket inspector | 检票员 |

| | |
|---|---|
| postal freight | 邮政运输 |
| chartered bus | 包车 |
| odd customer | 散客 |
| temporary train | 临客 |
| peak time for passenger transport | 客流高峰期 |
| 24-hour ticket sales window | 24 小时售票窗口 |
| double-deck bus | 双层公共汽车 |
| bunker surcharge | 燃油附加税 |
| round-trip ticket | 返程票 |
| road toll; road preset maintenance fee | 养路费 |
| non-stop flight; direct flight | 直飞航线 |
| elevated highway; overhead road | 高架公路 |
| elevated railway | 高架轻轨 |
| flag fall | 起步价 |
| flight backlog | 积压航班 |
| container shipping | 集装运输 |
| road-worthiness certificate | 机动车行驶证 |
| transfer stop; transfer station | 换乘站 |
| yellow label car | 黄标车 |
| highway tunnel | 公路隧道 |
| median strip | (公路) 隔离带 |
| license-plate lottery | 车牌摇号 |
| civil aviation | 民用航空 |
| boarding check | 登机牌 |
| aircraft crew; air crew | 机组，机务人员 |
| air harbor | 航空港 |
| Maglev train (magnetically levitated train), magnetic suspension train | 磁悬浮列车 |
| real name/ID-based ticket booking system | 火车票实名制 |
| the purchase and operating costs of motor vehicles | 车辆购置及运行费 |
| the building of a comprehensive transport system | 综合运输体系建设 |
| transport during the Spring Festival period | 春运 |

### 5. 食品安全

| | |
|---|---|
| potential risk | 安全隐患 |
| expired food, out-of-date food | 过期食品 |
| expiration date | 保质期 |
| food production and processing | 食品生产和加工 |
| food distribution | 食品流通 |

| | |
|---|---|
| catering service | 餐饮服务 |
| food additive | 食品添加剂 |
| edible agricultural products | 食用农产品 |
| food safety risk assessment | 食品安全风险评估 |
| food-borne disease | 食源性疾病 |
| Food safety standards | 食品安全标准 |
| pathogenic microorganism | 致病性微生物 |
| pesticide residue | 农药残留 |
| contaminant | 污染物质 |
| food production license number | 生产许可证编号 |
| healthcare functions | 保健功能 |
| suitable population | 适应人群 |
| the food inspection agency | 食品检验机构 |
| potential food safety incidents | 食品安全事故隐患 |
| significant food safety accident | 重大食品安全事故 |
| pre-packaged food | 预包装食品 |
| corrosion proof | 防腐 |
| food poisoning | 食物中毒 |
| mercury poisoning | 汞中毒 |
| genetically modified foods | 转基因食品 |
| preservative | 防腐剂 |
| cancer-causing toxins | 致癌物质 |
| substandard milk powder | 毒奶粉 |
| baby formulas | 婴儿配方奶粉 |
| be barred from sale | 遭禁售 |
| hogwash oil; recycled cooking oil | 地沟油 |
| clenbuterol | 瘦肉精 |
| ripening agent | 催熟剂 |
| food enrichment | 食品营养强化剂 |
| food hygienic standard | 食品卫生标准 |
| food product qualification | 食品产品合格证 |
| food hygiene licence | 食品卫生许可证 |
| emergency plans for national food safety incidents | 国家食品安全事故应急预案 |

### 6. 网络通信

| | |
|---|---|
| seckill | 秒杀 |
| board role-playing games | 桌游 |
| capsule apartment | 胶囊公寓 |
| shame parade; public shaming | 游街示众 |

| | |
|---|---|
| snail dwelling; snail house | 蜗居 |
| city ants; antizen | 蚁族 |
| shocking; weird; wacky | 雷人 |
| gelivable; thrilling; cool | 给力 |
| peacock woman | 孔雀女 |
| the jaded (different to the world) | 橡皮人 |
| meal skipper | 两餐半人 |
| bursting point | 笑点、泪点、痛点 |
| drag queen | 伪娘 |
| stress-free type; stress-proof type | 零帕族 |
| leetspeak | 脑残体（火星文） |
| hired queuer | 代排族 |
| parody joke | 恶搞 |
| copycat; Shanzhai; knock-off | 山寨 |
| pseudo-singles | 隐婚族 |
| fleeting cloud | 浮云 |
| car pooling | 拼车 |
| holiday excess | 节日病 |
| too delicate to bear a blow | 伤不起 |
| roaring genre | 咆哮体 |
| zombie fans | 僵尸粉 |
| home-fear group | 恐归族 |
| the Internet of Things | 物联网 |
| integrity rating | 信用等级（网络） |
| digital gap/divide | 数字信息鸿沟 |
| Global City Informatization Forum | 全球信息化论坛 |
| classified website | 分类网站 |
| laser communication | 激光通信 |
| instant messaging service | 即时聊天工具 |
| privacy leaks | 隐私泄露 |
| Morse code | 摩（莫）尔斯电码 |
| set-top box or set-top unit | 机顶盒 |
| broadband network | 宽带网 |
| junk email; spam | 垃圾邮件 |
| information superhighway | 信息高速公路 |
| information retrieval | 信息检索 |
| information flow | 信息流 |
| online trading platform | 网上交易平台 |
| terminal server | 终端服务器 |

| | |
|---|---|
| Bulletin Board Service | 公告板服务 |
| hype | 炒作 |
| ugly duckling | 凤凰男 |
| see no evil, hear no evil; none of my business; I am just passing by; no comment | 打酱油 |
| simplistic marriage; bare-handed marriage | 裸婚 |
| cyber threat | 网络威胁 |
| incomplete high-speed broadband network | 高速宽带网络不健全 |
| new generation of information technology | 新一代信息技术 |
| three network convergence; TCL convergence | 三网融合（电讯、电话、互联网三网） |

### 7. 生态环保

| | |
|---|---|
| National Climate Change Program | 《应对气候变化国家方案》 |
| Energy Conservation Law | 节约能源法 |
| Renewable Energy Law | 可再生能源法 |
| Circular Economy Promotion Law | 循环经济促进法 |
| the pricing reform of resource products | 资源型产品价格改革 |
| pilot projects on circular economy | 循环经济试点 |
| carbon dioxide emissions per unit of GDP | 单位国内生产总值二氧化碳排放强度 |
| energy consumption per unit of GDP | 单位国内生产总值能耗 |
| installed hydro power capacity | 水电装机容量 |
| nuclear power capacity construction | 核电在建规模 |
| photovoltaic power capacity | 光伏发电容量 |
| forest stock volume | 森林蓄积量 |
| survival emissions | 生存排放 |
| international transfer emissions | 国际转移排放 |
| deep quantified emission cuts | 大幅量化减排 |
| near-term and mid-term reduction targets | 近期和中期减排目标 |
| emissions attributed to consumption | 消费性排放 |
| per capita emissions | 人均排放 |
| climate-friendly technologies | 气候友好技术 |
| circular economy | 循环经济 |
| carbon dioxide emissions | 二氧化碳排放 |
| green economy | 绿色经济 |
| low carbon economy | 低碳经济 |
| clean energy | 清洁能源 |
| build a conservation culture | 建设生态文明 |
| contingency mechanism | 应急机制 |
| places prone to natural disasters | 自然灾害多发地区 |

| | |
|---|---|
| natural disaster risk evaluation | 自然灾害风险评估 |
| disaster preparedness | 灾害防御能力 |
| the natural disaster relief system | 灾害救助制度 |
| water resources projects | 水利工程 |
| The Cambrian Age | 寒武纪 |
| resource-conserving society | 节约型社会 |
| reduce consumption of resources | 降低能耗 |
| rare earth | 稀土 |
| the relief and rescure process | 抗灾救灾工作 |
| resettlement of affected residents | 安置受灾群众 |
| disaster prevention and reduction | 防灾减灾 |
| improvements with reduction in damage | 兴利除害 |
| flood control areas | 蓄洪区 |
| risk resistance capacity | 抗风险能力 |
| anti-earthquake evaluation | 抗震鉴定 |
| air quality monitoring | 空气质量监测 |
| water conservancy project | 水利工程 |
| Carbon Footprint | 碳足迹 |
| land reclamation | 土地复垦 |
| convert cultivated land into forests | 退耕还林 |
| pollution index | 污染指数 |
| quake lake，barrier lake，dammed lake | 堰塞湖 |
| post-disaster reconstruction | 灾后重建 |
| orange alert | 橙色预警 |
| secondary geological disaster | 次生地质灾害 |
| anti-dust masks | 防尘口罩 |
| shelter belts | 防护林带 |
| engine capacity | 发动机排量 |
| dredging waterway | 河道整治 |
| light pollution | 光污染 |
| arable land loss | 耕地流失 |
| ood crest；flood peak | 洪峰 |
| small thermal power plants | 小火电机组 |
| key ecological forestry projects | 林业重点生态工程建设 |
| control water pollution in key watersheds | 重点流域水污染防治 |
| chemical oxygen demand | 化学需氧量 |
| greenhouse gas emission and climate change | 温室气体排放和气候变化 |
| special projects to address serious environmental problems | 环保专项治理 |

| | |
|---|---|
| industrial wastewater, waste gases and residues | 工业“三废” |
| desertification of land; desert encroachment | 土地沙化 |
| The price paid for economic growth in terms of resources consumption and environmental pressure is too high. | 经济增长的环境资源代价过大 |
| eco-driven migration; ecology migration; eco-migration | 生态移民 |
| comprehensive ability to head off and deal with natural disasters | 自然灾害的综合防范和抵御能力 |
| disaster-prone areas risk assessment systems | 地质灾害易发区调查评价体系 |
| the construction of the modern energy industry | 现代能源产业 |
| ecological damage compensation mechanism | 生态补偿机制 |
| project to promote energy-efficient products for the benefit of the people | 节能产品惠民工程 |
| government-subsidized energy-efficient products | 国家补贴节能产品 |
| the natural disaster emergency response system | 国家灾难应急响应 |
| Public awareness of the need to develope an environment-friendly society was heightened. | 环境友好型社会理念深入人心 |
| large-scale natural disaster/devastating disaster | 特大自然灾害 |
| the ability to guard against disasters and mitigate their damages | 防灾减灾能力 |
| Sustainable development and harmony between man and nature has become the common goal of all parties. | 走可持续发展道路，实现人与自然相和谐已成为各方共同追求的目标。 |
| Climate change respects no national borders. | 气候变化没有国界 |
| at the lower end of the international industrial chain | 处于国际产业链低端 |
| the old path of “polluting first and cleaning up later” | 先污染、后治理的老路 |
| energy conservation and emission reduction | 节能减排 |
| address/tackle/meet/combat/fight against climate change | 应对气候变化 |
| push forward mankind's historical process of combating climate change | 推动人类应对气候变化的历史进程 |
| energy-saving and environment-friendly vehicles | 节能环保汽车 |
| the predominant role of coal in our energy mix | 能源结构以煤为主 |
| support the use of energy-saving products by ordinary households with government subsidies | 实施节能产品惠民工程 |
| The United Nations Framework Convention on Climate Change | 《联合国气候变化框架公约》 |
| the principle of “common but differentiated responsibilities” | “共同但有区别的责任”原则 |

| | |
|---|---|
| mitigate greenhouse gas emissions and adapt to climate change | 减缓温室气体排放，适应气候变化 |
| emission reduction targets in the commitment period | 承诺期减排目标 |
| scientific development, that is, comprehensive, balanced and sustainable development which puts people's interests first | 以人为本、全面协调可持续的科学发展 |

8. 体育

| | |
|---|---|
| public fitness programs and competitive sports | 全民健身和竞技体育 |
| demonstration event | 表演项目 |
| heptathlon | 七项全能 |
| decathlon | 十项全能 |
| synchronized swimming | 花样游泳 |
| visiting team | 客队 |
| season ticket | 套票 |
| MVP (Most Valuable Player) | 最有价值球员 |
| finals berth | 出线资格 |
| soccer fraud | 假球 |
| grand slam | 大满贯 |
| a world sports power | 体育强国 |
| a major sports country | 体育大国 |
| break a world record | 打破世界纪录 |
| an unexpected winner; dark horse | 冷门 |
| competition/sports venue | 比赛地点 |
| host country/nation | 东道国 |
| all-round champion | 全能冠军 |
| track and field; athletics | 田径运动 |
| Marathon (race) | 马拉松赛跑 |
| indoor sports | 室内运动 |
| figure skating | 花样滑冰 |
| water polo | 水球 |
| modern pentathlon | 现代五项 |
| triathlon | 铁人三项 |
| equestrian | 马术 |
| archery | 射箭 |
| gymnatics | 体操 |
| theme pavilion | 主题馆 |
| stand-alone pavilion | 独立展馆 |
| corporate joint pavilion | 企业联合馆 |

| | |
|---|---|
| Collection Highlights | 镇馆之宝 |
| virtual walkthrough | 虚拟全景游览 |
| group visitors | 团体游客 |
| individual visitors | 散客 |
| standard day tickets | 平日门票 |
| designated day tickets | 指定日门票 |
| universal ticket system | 一票通用制度 |

### 9. 其他

| | |
|---|---|
| hospitality spending | 公务接待费 |
| ripple effect/butterfly effect | 连锁反应 |
| compact fluorescent lamp （CFL） | 高效照明工具 |
| institutions and mechanisms | 体制与机制 |
| institutional barriers | 体制障碍 |
| enterprise retirees | 企业退休人员 |
| policy insurance | 政策保险 |
| break the shackles of outdated ideas | 冲破不合时宜的观念束缚 |
| fertility rate | 生育率 |
| demographic dividend | 人口红利 |
| extra births | 超生人口 |
| women of child-bearing age | 育龄妇女 |
| person of primary/chief responsibility | 第一责任人 |
| management organization/body | 管理机构 |
| fraudulent report | 伪报 |
| incomplete report; omission of facts | 漏报 |
| land contract and management rights | 土地承包经营权 |
| owner of property rights | 产权单位 |
| inaugural issue | 创刊号 |
| special issue | 特刊 |
| inaugural speech | 就职演说 |
| first-day cover | 首日封 |
| commemorative envelope | 纪念封 |
| exclusive story | 独家报道 |
| odd events | 特色项目 |
| census taker/ enumerator | 人口普查员 |
| door-to-door survey | 入户摸底调查 |
| floating population | 流动人口 |
| neighborhood committee | 居委会 |
| awareness of privacy protection | 隐私保护意识 |

| | |
|---|---|
| insurance claim | 保险索赔 |
| malicious slander | 恶意诋毁 |
| tackle problems at root and at surface | 治标治本 |
| the broad masses of the people | 广大人民群众 |
| social program system | 社会事业体制 |
| the revitalization of a nation | 民族振兴 |
| patriotic united front | 爱国主义统一战线 |
| contradictions among the people | 人民内部矛盾 |
| old revolutionary base areas | 革命老区 |
| core socialist values | 社会主义核心价值体系 |
| a well-off society | 小康社会 |
| theoretical system of Chinese socialism | 中国特色社会主义理论体系 |
| community-level democracy | 基层民主 |
| class A heritage site under state protection | 全国一级文物保护单位 |
| Reconciliation leads to harmony. | 和则生谐 |
| “vanity projects” | “形象工程” |
| dock wages | 克扣 |
| give a cold shoulder | 闭门羹 |
| notary service | 公证 |
| injury and death benefits | 抚恤金 |
| dubbing | 配音 |
| stage fright | 怯场 |
| chain debts | 三角债 |
| setting-in allowance | 安家费 |
| form cliques for private gain | 结党营私 |
| relief fund | 救济金 |
| under-the-counter deals | 开后门 |
| pet phrase | 口头禅 |
| flash mob | 快闪族 |
| Malthusian Theory of Population | 马尔萨斯人口论 |
| the Matthew Effect | 马太效应 |
| rule of thumb | 拇指规则 |
| door-to-door service | 上门服务 |
| probationary period | 试用期 |
| human trafficking | 人口贩卖 |
| sugar-coated bullets | 糖衣炮弹 |
| job-hopping | 跳槽 |
| ostrich policy; ostrichism | 鸵鸟政策 |
| die-hard fan | 铁杆粉丝 |

| | |
|---|---|
| sister cities | 友好城市 |
| postal savings | 邮政储蓄 |
| sales commission; rebates; kickback | 回扣 |
| Pandora's Box | 潘多拉魔盒 |
| break dancing | 霹雳舞 |
| Noah's Ark | 诺亚方舟 |
| soft spot; Achilles'heel | 软肋 |
| soft landing | 软着陆 |
| joint performance | 汇演 |
| registered permanent residence | 户籍所在地 |
| tidbit | 花边新闻 |
| job reshuffle | 换岗 |
| election at expiration of office terms | 换届选举 |
| Pacific Rim | 环太平洋地区 |
| household register | 户口登记簿 |
| residence booklet | 户口簿 |
| scratch-open ticket; scratch pad | 即开式奖券 |
| shoddy cotton | 黑心棉 |
| black box | 黑匣子 |
| nuclear family | 核心家庭 |
| nuclear arsenal | 核军火库 |
| nuclear radiation | 核辐射 |
| trade journal | 行业杂志 |
| South Korean fad | 韩流 |
| Hollywood blockbuster | 好莱坞大片 |
| an adjunct organization | 挂靠户 |
| transit visa | 过境签证 |
| inbound tourism | 国内游 |
| overseas travel | 国外旅游 |
| land and resources administration | 国土资源管理 |
| roller coaster | 过山车 |
| fixed-line telecom carrier | 固定电话运营商 |
| referendum; plebiscite | 公民投票 |
| work-related injuries | 工伤 |
| joint custody | 共同监护权 |
| package tour | 跟团旅游 |
| post allowance | 岗位津贴 |
| work post responsibility | 岗位责任制 |
| on-the-job training | 岗位培训 |

| | |
|---|---|
| hi-fi music | 高保真音乐 |
| legal loophole | 法律漏洞 |
| drug cartel | 贩毒集团 |
| hush money | 封口费 |
| surrogate births | 代孕 |
| standby mode | 待机模式 |
| coming-of-age ceremony | 成人礼 |
| secret ballot | 不记名投票 |
| clear away the red tape | 排除官僚障碍 |
| trajectory of one's lives | 生活轨迹 |
| commercial interruption/commercial break | 插播广告 |
| avoid self-inflicted setbacks; don't get sidetracked | 不折腾 |
| public accumulation fund; public reserve funds | 公积金 |
| dog packs; paparazzo (singular), paparazzi (plural) | 狗仔队 |
| convert payment; (neutral) red paper containing money as a gift, (derogative) bribe, kickback | 红包 |
| a prosperous, strong, democratic, culturally developed and harmonious modern socialist country | 富强民主文明和谐的社会主义现代化国家 |
| harmony in diversity/harmony without uniformity | 和而不同 |
| the unity of man/human and nature; Heaven-Man Oneness(书面); Heaven and man are one. (口译) | 天人合一 |
| household contract responsibility system with remuneration linked to output | 家庭联产承包责任制 |
| contract managerial responsibility system for enterprises | 企业承包经营责任制 |
| all-round responsibility system; lump-sum appropriations operation | 大包干 |
| eastern route of the South-to-North Water Diversion Project | 南水北调工程东线 |
| pipeline for transmitting natural gas from the west to the east | 西气东输 |
| the government's capacity for safeguard people's livelihoods | 政府保障力 |
| blaze a trial of socialism with Chinese characteristics | 开辟了中国特色社会主义道路 |
| workplace accident; work-related accident; work accident; accident at work; accident due to lack of work safety | 生产安全事故 |
| administrative charges/fees; public service charges/fees | 行政事业性收费 |
| lump-sum compensation; once-and-for-all compensation; one-off compensation; flat compensation | 一次性补偿 |

| | |
|---|---|
| be more on the alert for danger/potential risks/ adversity | 增强忧患意识 |
| go about one's duties with his certificate; have qualification certificates for such jobs; take up one's post upon obtaining corresponding qualification certificate; take up a job with certified qualification; perform one's duties on the strength of one's qualifications; take up one's post on presentation of certificate | 持证上岗 |
| conceal information; make a concealed report; underreport | 瞒报 |
| report deceptively; false report; over report | 虚报 |
| tip line; rat-on-a-rat line; crimestoppers line; reporting hotline | 举报电话 |
| civic organ/entity; non-governmental organizations/ resources | 社会力量 |

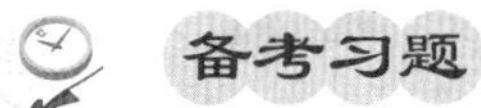

## 一、请将括号内的中文译成英文，并以适当形式填入空格中。

1. The country's productive forces and ________________ improved significantly.（综合国力）
2. We effectively ________________, maintained steady and rapid economic development and fulfilled the major objectives and tasks of the Eleventh Five-Year Plan, and the economy scaled new heights.（应对国际金融危机冲击）
3. Major breakthroughs were attained in cutting-edge science and technology such as ________________, ________________ and supercomputers. Great progress was made in the modernization of national defense and the army.（载人航天、探月工程）
4. The number of new urban jobs increased by 57.71 million, and 45 million agricultural workers found urban employment. ________________ rose by an annual average of 9.7% and ________________ by 8.9% in real terms.（城镇居民人均可支配收入、农村居民人均纯收入）
5. In the early stages of the Eleventh Five-Year Plan period, we adopted correct policies and measures to address overheated investment growth, ________________, excess liquidity, and ________________; effectively prevented emerging problems from evolving into trends; and prevented problems in any one area from becoming general problems.（贸易顺差过大、结构性、输入性物价上涨）
6. We steadfastly implemented ________________, greatly increased government spending and ________________, carried out the plan for restructuring and reinvigorating key industries on a large scale, vigorously promoted innovation and increased support for work in science and

technology, and substantially increased social security benefits. (一揽子计划、结构性减税)

7. Of this amount, 43.7% was invested in ________________, projects to improve the wellbeing of rural residents, and social programs; 15.3% in innovation, restructuring, ________________, ________________ and ecological improvement; 23.6% in major infrastructure projects; and 14.8% in post-Wenchuan earthquake recovery and reconstruction. (保障性安居工程、节能减排)

8. We set up ________________ and a benefit subsidy system for major growing areas. (种粮农民补贴制度)

9. We steadily resolved ________________; successfully launched the ________________; and introduced ________________ and security margin trading. (上市公司股权分配问题、创业板、股指期货)

10. We devoted great efforts to ________________ and ________________. (保障性住房建设、棚户区改造)

11. We accelerated ________________ and the development of vocational education infrastructure. (农村中小学危房改造)

12. We constantly deepened reform of the administrative system. We accelerated ________________, completed a new round of reforms of government agencies. (转变政府职能)

13. We will continue to fully tap the huge potential of domestic demand; and more quickly get economic growth to ________________. (消费、投资、出口协调拉动)

14. We will intensify the protection of farmland and the environment, strengthen ecological development and systems to ________________, and comprehensively build our capacity for sustainable development. (防灾减灾)

15. We will substantially improve ________________ and significantly improve agricultural irrigation, the efficiency of water resources use and ________________. (水利基础设施、防洪)

16. We will expand socialist democracy, make ________________ more responsive to the development of and changes in ________________, and provide strong assurances for scientific development. (上层建筑、经济基础)

17. We need to decrease ordinary expenditures, keep the budgets for travel abroad, ________________, and ________________ at their present level in principle without any increase. (车辆购置及运行费、公务接待费)

18. We will effectively implement the system of ________________ and ________________. (“米袋子”省长负责制、“菜篮子”市长负责制)

19. We will intensify our efforts to crack down on violations of intellectual property rights and ________________. (制售假冒伪劣商品)

20. We will accelerate the cultivation and development of ________________ (战略性新兴产业) and accelerate ________________. (“三网融合”)

## 二、句子翻译

1. 我们要持之以恒，努力让全体人民老有所养、病有所医、住有所居。
2. 中等职业教育对农村经济困难家庭、城市低收入家庭和涉农专业的学生实行免费。
3. 深入推进依法行政，建设法治政府和服务型政府，推进政务公开。
4. 加强行政问责，坚持不懈地开展反腐败斗争，政府自身建设取得积极进展。
5. 我们要高举中国特色社会主义伟大旗帜，以邓小平理论和“三个代表”重要思想为指导，深入贯彻落实科学发展观。
6. 我们要加快转变经济发展方式和调整经济结构，坚持走中国特色新型工业化道路。
7. 坚持和完善按劳分配为主体、多种分配方式并存的分配制度。
8. 进一步完善人民币汇率形成机制，密切监控跨境资本流动，防范“热钱”流入。
9. 促进战略性新兴产业健康发展，加快形成生产能力和核心竞争力。
10. 落实和完善国家助学制度，无论哪个教育阶段，都要确保每个孩子不因家庭经济困难而失学。

## 三、短语翻译（英译汉）

1. auditory phonetics
2. bound morpheme
3. communicative dynamism （CD）
4. complementary distribution
5. conversational implicature
6. Creole
7. descriptive linguistics
8. discourse analysis
9. free variation
10. illocutionary act
11. innateness hypothesis
12. language acquisition device （LAD）
13. minimal pair
14. semantic triangle
15. transformational-generative grammar （TG grammar）
16. hybridity
17. The Horace Model
18. shuttle diplomacy
19. al Qaeda
20. zero translation

## 四、短语翻译（汉译英）

1. 翻译规范
2. 霍姆斯路线图
3. 纯翻译学
4. 信达雅
5. 动态对等
6. 字幕翻译
7. 语际翻译
8. 有声思维法

9. 诠释性的翻译
10. 目的论
11. 金融衍生品
12. 道琼斯指数
13. 连锁反应
14. 和而不同
15. 封口费
16. 巴厘路线图
17. 团购
18. 安全隐患

# 常用英汉缩略语

缩略词（abbreviation）指的是“把词的音节加以省略或简化而产生的词”。它是现代语言中一种主要的构词手段，是在不改变词语意义的基础上，把原来较长较复杂的词或短语直接或间接地缩减成较短较简单的组合。用这种方法创造出来的新词或短语就称为缩略词。在公元 5 世纪的古罗马时期，就曾有 SPQR（Senatus Populusque Romanus），意即 Senate and People of Rome，这也许是有据可考的最早的缩略词语。

## 英语缩略词的构词方式

（1）字母缩略法（Acronym）。可分为首字母缩略法（Initialisms）和首字母拼音法（Acronyms）。首字母缩略法，就是取每个词的首字母而形成一个特定的名称、术语或者短语；比如说，VOA（Voice of America，美国之音）；EEC 或者 E. E. C.（European Economic Community，欧洲经济共同体）等。首字母缩略词又可分为三种形式：第一种，所缩写字母来源于每个词的首字母。比如，IOC =（International Olympic Committee 国际奥林匹克委员会）；WTO（World Trade Organization 世界贸易组织）；DIY（do it yourself 自己动手）。第二种，缩略词的字母来源于某一个复合词的部分元素或者是一个词的一部分。比如，ID（Identification 身份证），TB（tuberculosis 肺结核）。第三种，缩略词由两部分构成，取第一个词或第一、二个两个词的首字母，而第二个或第三个词不省略。比如，H-bomb（Hydrogen bomb 氢弹）；e-mail（electronic mail，电子邮件）。字母缩略法另一种形态就是首字母拼音法，即由组织机构或术语的名称的首字母组成一缩略词，与首字母缩略法（Initialisms）不同的是，这些组合词有自己的读音。比如，NATO（the North Atlantic Treaty Organization，北大西洋公约组织）；radar（radio detecting and ranging，电波监测）等。

（2）短截法（Clipping）。通过省略词的音节来缩略。主要有以下四种形式。第一，首部短截法（Front Clippings）。例如，quake（earthquake 地震），plane（airplane 机），copter（helicopter 直升机）等。第二，尾部短截法（Back Clippings）。例如：ad（advertisement 广告），memo（memorandum 备忘录），amp（amplifier 扩音器），champ (champion 冠军), dorm (dormitory 宿舍) 等。第三，首尾短截法 (Front and Back Clippings)。缩略词的首尾，取中间部分。例如：flu (influenza 流行性感冒), fridge (refrigerator 冰箱) 等；第四，短语短截法 (Phrase Clippings)。缩略词组，提取最关键、最具代表性的字母。例如：Fed (the Federal government [美] 联邦政府), Med (the Mediterranean Sea 地中海), pop (popular music 流行音乐) 等。短截法缩略的词有时还改变词的拼写状态。如 business 可以是 biz，veggies 是 vegetables 的缩写，No. 是 number 的简写。

(3) 拼缀法 (Blending)。拼缀词是指将两个词的部分意思与发音拼缀而构成新词。组成复合词的词中，一个词失去部分或者各个词都失去部分音节后连接成一个新词，可对原来的词组进行剪裁，将它们合成在一起，并在合成时进行缩略而构成的词。如：Hi-Fi = high fidelity 高保真，brunch = breakfast + lunch 早午饭，Smog = smoke + fog 烟雾，Telecast = television+broadcast 电视广播。

(4) 数字式缩略词：数字式缩略词指的是把相同的结构成分或语义成分提取出来，并冠以数字而构成的表达，或者以数字打头的词，将其缩略成阿拉伯数字加字幕的格式。如：3G，全称为 3rd Generation，含义就是指第三代数字通信。Price，Product，Promotion，Placement→PPPP→4Ps 代表市场营销组合中的定价、产品、营销和布置四个环节。由于互联网的迅速发展，数字式缩略词不断增加，也是当今社会新词汇不断涌现的一个原因。

## 重点知识

本单元主要收集的缩略词是字母缩略词。比如是由机构名称的首字母组成的，而这个组织结构的名称又有多重修饰语。

例如：

CIA　Central Intelligence Agency (中央情报局)

EEC　European Economic Community (欧洲经济共同体)

UNESCO　United Nations Education Science and Culture Organization (联合国教科文组织)

WB　World Bank (世界银行)

WTO　World Trade Organization (世界贸易组织)

或者在科学、技术以及其他特殊领域中，也常用这种方法把很长的单词或词组缩短。

例如：

AIDS　acquired immune deficiency syndrome (艾滋病)

COBOL　common business oriented language (面向商业的通用语言)

EEG　electroencephalogram (脑电图扫描器)

MANIAC　mathematical analyzer numerical integrator and computer (高速电子数字计)

Radar　radio detecting and ranging (雷达)

SARS　severe acute respiratory syndrome (非典型肺炎)

VAT　value added tax (增值税)

# 第一部分 国家机构组织

AAPRC Audit Administration of the People's Republic of China 中华人民共和国审计署
AAWH American Association for World Health 美国世界卫生协会
ACFIC All-China Federation of Industry & Commerce 中华全国工商业联合会
ACFTU All-China Federation of Trade Union 中华全国总工会
ACJA All-China Journalists' Association 中华全国新闻工作者协会
ACSF All-China Sports Federation 中华全国体育总会
ACTFL American Council on the Teaching of Foreign Languages 美国外语教学委员会
CAIEP China Association for International Exchange of Personnel 中国国际人才交流协会
CAST the Chinese Academy of Space Technology 中国空间技术研究院
CBRC China Banking Regulatory Commission 中国银行业监督管理委员会
CCOIC China Chamber of International Commerce 中国国际商会
CEEC Committee of European Economic Cooperation 欧洲经济合作委员会
CEECO Convention of European Economic Cooperation 欧洲经济合作协定
CFECA China Foreign Exchange Control Administration 中国外汇管理局
CFTC Commodity Futures Trading Commission 美国商品期货交易委员会
CGAC Customs General Administration of China 中国海关总署
CICEC China International Culture Exchange Centre 中国国际文化交流中心
CICETE China International Centre for Economic & Technical Exchange 中国国际经济技术交流中心
CIETAC China International Economic and Trade Arbitration Commission 中国国际经济贸易仲裁委员会
CITS China International Travel Service 中国国际旅行社
CMC Central Military Commission 中央军事委员会
CNRS centre national de la recherche scientifique 法国国家科学研究院
CPPCC Chinese People's Political Consultative Conference 中国人民政治协商会议
EEC European Economic Community 欧洲经济共同体
EECO European Economic Cooperation Organization 欧洲经济合作组织
EFTA European Free Trade Area 欧洲自由贸易区
ELEC European League for Economic Cooperation 欧洲经济合作联盟
EMCF European Monetary Cooperation Fund 欧洲货币合作基金
FSIS The Food Safety and Inspection Service 美国食品安全检验局
FOMC Federal Open Market Committee 美联储公开市场操作委员会
GOP Grand Old Party（Republican）（美国）共和党的别称
HKSAR Hong Kong Special Administration Region 香港特别行政区
ICAC Independent Commission Against Corruption（香港）廉正专员署
JAIEG Joint Atomic Information Exchange Group 联合原子情报交换站

JMDPC Japan Marine Disaster Prevention Centre 日本海难预防中心
LIFFE London International Financial Futures and Options Exchange 伦敦国际金融期货和期权交易所
MSAR Macao Special Administration Region 澳门特别行政区
MSFC Marshall Space Flight Center 马歇尔宇宙航空中心
NAFTA North Atlantic Free Trade Area 北大西洋自由贸易区
NASA National Aeronautics and Space Administration 国家航空和航天局
NPO Not-for-profit Organization 非盈利性组织
OSCE Organization for Security and Cooperation in European 欧洲安全与合作组织
PLA People's Liberation Army 中国人民解放军
SACP State Administration of Commodity Prices 国家物价局
SACU Society for Anglo-Chinese Understanding 英中了解协会
SAFEC State Administration of Foreign Exchange Control 国家外汇管理局
SAIC State Administration for Industry and Commerce 国家工商行政管理局
SAIECI State Administration of Import and Export Corporation 国家进出口商品检验局
SAIQ State Exit and Entry Inspection and Quarantine Bureau 国家进出口检验检疫局
SPAC State Pharmaceutical Administration of China 中国国家医药管理局
USCG United States Consul General 美国总领事
USFCS US and Foreign Commercial Service 美国对外商业服务部
WAVES Women Accepted for Volunteer Emergency Service 志愿紧急服役妇女队

## 第二部分　联合国各机构组织

ACASTD Advisory Committee on the Application of Science and Technology to Development 科学技术开发应用咨询委员会
ACC U. N. Administrative Committee on Coordination 联合国行政协调委员会
CSD Commission on Sustainable Development 联合国可持续发展委员会
FAO Food and Agriculture Organization 粮食及农业组织
GA General Assembly 联合国大会
ILJ International Court of Justice 国际法院
ILO International Labour Organization 国际劳工组织
IMF International Monetary Fund 国际货币基金组织
IPCC Intergovernmental Panel on Climate Change 联合国气候变化政府间专家委员会
IWGM Inter-governmental Working Group on Monitoring or Surveillance 政府间监视或监督工作组
MEEC Middle East Economic Commission 中东经济委员会
ODRC Office of Disaster Relief Coordinator 解除灾难合作处
SUNFED Special United Nations Fund for Economic Development 联合国经济开发特别基金

TAUN Technical Assistance of the United States 联合国技术援助处
UNADA United Nations Atomic Development Authority 联合国原子能发展署
UNAEC United Nations Atomic Energy Commission 联合国原子能委员会
UNAECC United Nations Atomic Energy Control Commission 联合国原子能控制委员会
UNAIS United Nations Association International Service 联合国协会国际局
UNAPEC United Nations Action Programme for Economic Cooperation 联合国经济合作行动计划署
UNARCO United Nations Narcotics Commission 联合国麻醉品委员会
UNC United Nations Charter 联合国宪章
UNCDF United Nations Capital Development Fund 联合国资本开发基金会
UNCDPPP United Nations Center for Development Planning, Projections and Policies 联合国发展规划、预测和政策中心
UNCF United Nations Children's Fund 联合国儿童基金会
UNCITRAL United Nations Commission on International Trade Law 联合国国际贸易法委员会
UNCOPOUS United Nations Committee on the Peaceful Use of Outer Space 联合国和平利用外层空间委员会
UNCSD United Nations Commission on Sustainable Development 联合国可持续发展委员会
UNDP United Nations Development Programme 联合国开发计划署
UNECA UN Economic Commission for Africa 联合国非洲经济委员会
UNEF United Nations Emergency Force 联合国紧急部队
UNETAS United Nations Emergency Technical Aid Service 联合国紧急技术援助署
UNECE Economic Commission for Europe 联合国欧洲经济委员会
UNESCO United Nations Educational, Scientific and Cultural Organization 联合国教科文组织
UNEP United Nations Environment Programme 联合国环境规划署
UNDRO United Nations Disaster Relief Coordinator's Office 联合国自然灾害援助协调办公室
UNHCR Office of the United Nations High Commissioner for Refugees 联合国难民事务高级专员办事处
UNIDO United Nations Industrial Development Organization 联合国工业发展组织
UNITR United Nations Institute for Training and Research 联合国调查训练研究所
UNSC United Nations Security Council 联合国安全理事会
UNSF United Nations Special Fund 联合国特种基金
UNTDB United Nations Trade and Development Board 联合国贸易和发展委员会
UNTT United Nations Trust Territory 联合国托管领土
UNV United Nations Volunteers 联合国志愿人员服务队
WHC World Heritage Committee 世界遗产委员会
WPPA World Population Plan of Action 世界人口控制行动计划

# 第三部分　其他机构组织

| | |
|---|---|
| AAJA | Asian American Journalists Association 亚裔美国新闻工作者协会 |
| AOEC | Afro-Asian Organization for Economic Cooperation 亚非经济合作组织 |
| AAPO | All-African Peoples Organization 全非洲人民组织 |
| AAPSO | Afro-Asian People's Solidarity Organization 亚非人民团结组织 |
| AAYPL | Atlantic Association of Young Political Leaders 大西洋青年政治领袖协会 |
| ACEID | Asian Centre of Educational Innovation for Development 亚洲教育改革促进发展中心 |
| AFTA | ASEAN Free Trade Area 东盟自由贸易区 |
| ASEAN | Association of South-East Asia 东南亚国家联盟 |
| BIS | The Bank for International Settlements 国际清算银行 |
| CEESTEM | Centre for Economic and Social Studies of the Third World 第三世界经济及社会研究中心 |
| CIOMS | Council of International Organizations of Medical Sciences 医学科学国际组织委员会 |
| CIS | Commonwealth of Independent States 独立国家联合体 |
| COCOM | Coordinating Committee for Multilateral Export Controls 多边出口控制协调委员会 |
| CSSA | Chinese Students and Scholars Association 中国学生学者联谊会 |
| ECB | European Central Bank 欧洲中央银行 |
| ECPC | Enlarged Committee for Program and Coordination 扩大计划调整委员会 |
| EFTA | European Free Trade Association 欧洲自由贸易协会 |
| FTF | Fair Trade Federation 公平贸易联合会 |
| GATT | General Agreement on Tariffs and Trade 关税和贸易协定 |
| GFAP | General Framework Agreement for Peace 全面和平框架协议 |
| IAEA | International Atomic Energy Agency 国际原子能机构 |
| IAL | International Arbitration League 国际仲裁联盟 |
| IBRD | International Bank for Reconstruction and Development 世界复兴开发银行 |
| ICAO | International Civil Aviation Organization 国际民航组织 |
| ICBLB | International Committee for Breaking the Language Barrier 国际消除语言障碍委员会 |
| ICC | The International Chamber of Commerce 国际商会 |
| ICPO | International Criminal Police Organization 国际刑警 |
| ICSID | International Centre for Settlement of Investment Disputes 国际投资争端解决中心 |
| IDA | International Development Association 国际开发协会 |
| IFAP | International Federation of Agricultural Producers 国际农业生产者联盟 |
| IFC | International Finance Centre 国际金融组织 |
| IHO | International Hydrographic Organization 国际航道组织 |

ILO International Labor Organization 国际劳工组织
ILRM International League for the Rights of Man 国际争取人权联盟
IMCO Inter-Governmental Maritime Consultative Organization 国际海事协议组织
IMF International Monetary Fund 国际货币基金组织
IMTFE International Military Tribunal for the Far East 远东国际军事法庭
INCB The International Narcotics Control Board 国际麻醉药管制委员会
IOZV International Civil Defense Organization 国际民防组织
IPU Inter-Parliamentary Union 诸国会议同盟
IRTA International Reciprocal Trade Association 国际互换贸易协会
IUAI International Union of Aviation Insurances 国际航空保险联盟
IULA International Union of Local Authorities 世界地方自治联盟
IUS International Union of Students 国际学生联合会
IWYF International World Youth Friendship 国际世界青年友谊会
NATO North Atlantic Treaty Organization 北大西洋公约组织
NAM Non-Aligned Movement 不结盟运动
NGO None-government Organization 无政府组织
OAEC Organization for Asian Economic Cooperation 亚洲经济合作组织
OAU Organization of Africa 非洲统一组织
OPEC Organization of Petroleum Exporting Countries 石油输出国组织
OIML International Organization for Legal Metrology 国际法定度量衡组织
SCA Speech Communication Association 语言交际协会
SADC Southern African Development Community 南部非洲发展共同体
SASO Saudi Arabian Standards Organization 沙特阿拉伯标准组织
S&ED Strategic & Economic Dialogue 中美战略经济对话
TCDC Technical Cooperation Among Developing Countries 发展中国家间技术合作
TPP Trans-Pacific Partnership Agreement 跨太平洋伙伴关系协议
UEA Universal Esperanto Association 国际世界语协会
UFI Union of International Fairs 国际博览会联合会
UTO United Towns Organization 姊妹市团体联盟
UPU Universal Postal Union 万国邮政联盟
WAAP World Association for Animal Production 世界畜产协会
WAPOP World Association of Public Opinion Research 世界民意调查协会
WBCSD World Business Council for Sustainable Development 世界可持续发展工商理事会
WBG World Bank Group 世界银行集团
WFSW World Federation of Scientific Workers 世界科学工作者协会
WIPO World Intellectual Property Organization 世界知识产权组织
WILPF Women's International League for Peace and Freedom 国际妇女争取和平与自由同盟
WMO World Meteorological Organization 世界气象组织

WFTU　World Federation of Trade Unions 世界劳工组织

## 第四部分　国际会议及论坛

BFETF　Beijing Foreign Economic and Trade Fair 北京对外经济贸易洽谈会
BFA　Boao Forum for Asia 博鳌亚洲论坛
CECF　China Export Commodities Fair 中国出口商品交易会
CESC　Conference on European Security and Cooperation 欧洲安全合作会议
DDA　Doha Development Agenda 多哈发展议程
EALAF　East-Asia-Latin American Forum 东亚拉丁美洲论坛
EAMM　Europe-Asia Ministerial Meeting 欧亚部长级会议
EMEF　Emerging Market Economy Forum 新兴市场经济论坛
FOCAC　the Forum on China-Africa Cooperation 中非合作论坛
G8 Summit　Summit Group of Eight Summit 八国集团首脑会议
PECC　Pacific Economic Cooperation Council 太平洋经济合作会议
PITF　Pacific International Trade Fair 太平洋国际贸易展览会
SAFCON　International Conference on the Safety of Life at Sea 国家海上人身安全会议
SNES　Seven-Nation Economic Summit 七国经济最高级会议
UNCAST　United Nations Conference on Applications of Science and Technology 联合国科学技术应用会议
UNCHE　United Nations Conference on the Human Environment 联合国人类环境会议
UNCIO　United Nations Conference on International Organizations 联合国国际组织会议
UNCED　United Nations Conference on Environment and Development 联合国环境与发展会议
UNCP　United Nations Conference of Plenipotentiaries 联合国全权大使会议
UNCTAD　United Nations Conference on Trade and Development 联合国贸易与发展会议
WEC　World Energy Conference 世界能源会议
WFC　World Food Congress 世界粮食大会
WPC　World Population Conference 世界人口大会

## 第五部分　翻译与语言学

ACTRAN　Autocoder-to-COBOL Translator 自动编码语言翻译装置
AIIT　International Association of Conference Interpreters 国际会议口译协会
AITC　International Association of Conference Translator 国际会议译员协会
ALLC　Association for Literary and Linguistic Computing 文学与语言计算协会
ATS　Applied Translation Studies 应用翻译学
CCLS　Chinese Characters Language System 汉字语言系统
COBOL　Common Business Oriented Language 商务通用语言
CAT　Computer Aided Translation 计算机辅助翻译

CAI　Computer-assisted Instruction 计算机辅助教学
CAL　Computer-assisted learning 计算机辅助学习
CALL　Computer-assisted language learning 计算机辅助语言学习
PLATO　Programmed Logic for Automated Teaching Operation 自动指导操作程序设计逻辑
CCL　Computer Control Language 计算机控制语言
CETA　Chinese-English Translation Assistance Group 中英文翻译辅助系统
CIT　Conference of Interpreter Trainers 口译教员讨论会
CIUTI　Conférence Internationale Permanente d'Instituts Universitaires de Traducteurs et Interprètes 国际翻译高校联盟
CMC　Computer Medicated Communication 计算机介入的信息交流
DTS　Descriptive Translation Studies 描述翻译学
ETTI　End Translation Time Indicator 翻译结束时间指示器
FAHQT　Fully Automatic High Quality Translation 高质量自动翻译
FIT　Federation Internationale des Traducteures 国际翻译工作者联合会
FLB　Faculty of Language in Broad Sense 广义语言能力
FLN　Faculty of Language in Narrow Sense 狭义语言能力
FLS　Frequent Lexis Store 常用词汇储存
FSS　Frequent Structure Store 常用结构储存
FYI　For Your Information 仅供参考
IPTAM　Interpreter Professional Training and Acquisition Module 口译专能训练系统
IFT　International Federation of Translators 国际翻译家联合会
IPA　International Phonetic Association 国际语音学协会
LTM　Long Time Memory 长期记忆
MT　Machine Translation 机器翻译
MTI　Master of Translation and Interpretation 翻译专业硕士
NATTI　National Accreditation Authority for Translators and Interpreters 全国口译、笔译工作者资格认证管理局
SIS　Sense Information System 感官信息系统
SAL　Symbolic Assembly Language 符号汇编语言
SCAT　Share Compeler, Assembler and Translator 共享编译、汇编和翻译程序
SDTS　Syntax Directed Translation Scheme 句法为导向的翻译系统
SL　Source Language 源语
STM　Short Time Memory 短时记忆系统
TL　Target Language 目的语
TTS　Theoretical Translation Studies 理论翻译学

# 第六部分　专　题　类

## 1. 生态、环境

AQCR　Air Quality Control Region 大气质量控制区

APCS　Air Pollution Control System 空气污染控制系统
ASML　Above Mean Sea-Level 平均海平面以上
CCS　Carbon Capture Storage 碳捕获封存
DAS　Disposal At Sea 海洋废物处理
DOTHE　Declaration on the Human Environment 人类环境宣言
GCF　Green Climate Fund 绿色种植气候基金
GEMS　Global Environmental Monitoring System 全球环境监测系统
HAC　Human Artificial Chromosome 人类人造染色体
HFC　Hydrofluoro Carbons 氢氟碳化合物
MSW　Municipal Solid Waste 生活垃圾
PHA　Preliminary Hazard Analysis 初步危害分析
API　Air Pollution Index 空气污染指数
TWS　Tsunami Warning System 地震海啸警报系统
SEOS　Synchronous Earth Observatory Satellite 同步地球观测卫星
UNFCCC　United Nations Framework Convention on Climate Change 联合国气候变化纲要公约
WWF　World Widelife Fund 世界野生生物基金会

## 2. 经济、金融

BEMs　Big Emerging Markets 新兴大市场
CBD　Center Business District 中央商务区
CPI　Consumer Price Index 消费者物价指数
CPS　Combined Pricing System 联合定价制度
CSR　Corporate Social Responsibility 企业社会责任
DPI　Disposable Personal Income 个人可支配收入
EFC　Effective Foreign Currency 有效外币
EFSF　European Financial Stability Facility 欧洲金融稳定基金
ERM　Exchange Rate Mechanism 汇率机制
FAI　Fixed Asset Investment 固定资产投资
FTSE　Financial Times Stock Exchange 金融时报股票交易指数
FRS　Flexible Rate System 可变汇率机制
GDP　Gross Domestic Product 国内生产总值
GDR　Global Depository Receipt 全球存托凭证
GNE　Gross National Expenditure 国民总支出
GNP　Gross National Product 国民生产总值
GPL　General Price Level 物价总水平
GPLAS　General Price Level Adjusted Statement 按总物价水平调整的报表
GPP　General-Purchasing Power 综合购买力
GSP　Generalized System Preferences 普遍特惠制

IBP International Balance of Payments 国际收支差额
IFTA International Free Trade Area 国际自由贸易区
INCOTERMS International Rules for the Interpretation of Trade Terms 国际贸易术语解释通则
IPF Indicative Planning Figure 指规数
IPO Initial Public Offerings 首次公开募股
LPEM limited parallel exchange market 有限平行外汇市场
MFN Most-Favoured Nation 最惠国
MIGA Multilateral Investment Guarantee Agency 多边投资担保机构
NASDAQ National Association of Securities Dealers Automated Quotations 全美证券商协会自动报价系统
NAV Net Asset Value 净资产
NIC Newly Industrializing Countries 新兴工业化国家
NIO Net Operating Income 营业净收益
NYSE New York Stock Exchange 纽约证券交易所
OSP Official Selling Price 法定出售价格
PNTP Permanent Normal Trade Relations 永久性正常贸易关系待遇
ROI Return on Investment 投资回报率
RTA Reciprocal Trade Agreement 互惠贸易协定
ROA Return on Assets 资产收益率
SAR Stock Appreciation Rights 股票升值权益
SITC Standard International Trade Classification 国际贸易标准分类
SME Small and Medium-Size Enterprise 中小型企业
SOE State-Owned Enterprise 国有企业
S&P 500 Standard & Poor's 500 Composite Price Index 标准普尔股票价格指数
TPRM Trade Policy Review Mechanism 贸易政策审议机制
UMR Usual Market Requirement 正常市场需求量

### 3. 法律

CSI Crime Scene Investigation 犯罪现场调查
FCPA Foreign Corrupt Practices Act 国外贪污管理法案
IBA International Bar Association 国际律师协会
IDI The Institute of International Law 国际法研究院
ILAA International Legal Aid Association 国际法律协助协会
MRA Mutual Recognition Agreement 互认协议
PIPA Preventing Real Online Threats to Economic Creativity and Theft of Intellectual Property Act 保护知识产权法案
SOPA Stop Online Piracy Act 禁止网络盗版法案
UCC Uniform Commercial Code 统一商法典
UPC Universal Postal Convention 万国邮政公约

WPTLC　World Peace Through Law Center 以法律求世界和平中心

### 4. 外贸、报关

AFB　Air Freight Bill 空运提单
B/E　Bill of Exchange 汇票
B/L　Bill of Lading 提单
CFR　Cost and Freight 成本加运费
CIF　Cost Insurance and Freight 成本加保险费加运费
CO　Certificate of Origin 一般原产地证
CPT　Carriage Paid To 运费付至
D/P　Documents Against Payment 付款交单
EXW　Ex Works 工厂交货
FAQ.　Fair Average Quality 良好平均品质
FOB　Free on Broad 装运港船上交货
FPA　Free from Particular Average 平安险
GMQ　Good Merchantable Quality 良好可销品质
L/C　Letter of Credit 信用证
L/G　Letter of Guarantee 银行保证书
S/D　Sight Draft 即期汇票
T/T　Telegraphic Transfer 电汇
VAT　Value Added Tax 增值税
WPA　With Particular Average 水渍险
WR　War Risk 战争险

### 5. 信息、科技

AFP　Agence France Presse 法国新闻社（法新社）
AI　Artificial Intelligence 人工智能
AP　Associated Press 美国联合通讯社（美联社）
ASIC　Application Specific Integrated Circuit 专用集成电路
BBC　British Broadcasting Corporation 英国广播公司
CAD　Computer Aided Designing 计算机辅助设计
CAM　Computer Aided Manufacturing 计算机辅助制造
C&DW　Construction and Demolition Wastes 建筑及拆迁费料
CEV　Crew Exploration Vehicle 乘员探测飞行器
DLS　Digital Subscriber Linc 数字用户线
CNN　Cable News Network（美国）有线新闻电视网
FORTRAN　Formula Translator 公式翻译语言
GCTS　Ground Communications Tracking System 地面通信跟踪系统
GEOS　Geodetic Earth Orbiting Satellite 地球轨道测量卫星

GMDSS global maritime disaster and safety system 全球海难与安全系统
GMT Greenwich Mean Time 格林威治平均时
GNE Gross National Expenditure 国民总支出
GPS global positioning system 全球定位卫星
HTML Hypertext Markup Language 超文本标识语言
HTTP Hypertext Transfer Protocol 超文本传送协议
ICP Internet Content Provider 网络信息服务商
ISIC International Standard Industrial Classification 国际标准工业分类
ISP Internet Service Provider 网络服务商
ISS International Space Station 国际空间站
IPR Intellectual Property Rights 知识产权
JCL Job Control Language 工作控制语言
LAN Local Area Network 局域网
NHK Nippon Hoso Kyokai 日本广播协会
NIC Network Information Center 网络信息中心
NOC Network Operation Center 网络运行中心
PIN Personal Identification Number 个人识别码
PMI Purchasing Managers' Index 采购经理人指数
RCA Recycled Concrete Aggregate 回收混凝土颗粒材料
SCAT Security Control of Air Traffic 空中交通安全管制
SGML Standard Generalized Markup Language 标准通用标识语言
SNS Social Networking Services 社会性网络服务
TCP Transmission Control Protocol 传输控制协议
UNCOL Universal Computer Oriented Language 通用计算机语言
WAN Wide Area Network 广域网

### 6. 教育、考试

ACCA Associate of the Association of Certified Accountants 注册会计师协会会员
BTI Bachelor of Translation and Interpreting 翻译专业本科
CATTI China Accreditation Test for Translators and Interpreters 中国翻译专业资格考试
CBT Computer Based Test 计算机化考试
DAT Different Aptitude Test 鉴别能力倾向测试
EAP English for Academic Purposes 学术英语
EFL English as a Foreign Language 英语作为一门外语
ELTPA English Language Teaching Development Aid 英语语言教学发展资助金
EOP English for Occupational 职业英语
EPT the English Proficiency Test 英语水平测试
ESP English for Special Purpose 特殊用途英语
EST English for Science and Technology 科技英语

| | |
|---|---|
| GMAT | Graduate Management Admission Test 管理学研究生入学考试 |
| GPA | Grade Point Average 等级点均值 |
| IAAC | Individual All-round Competition 个人全能比赛 |
| NAATI | National Accreditation Authority for Translators & Interpreters 澳大利亚翻译资格认证机构 |
| NAETI | National Accreditation Examinations for Translators and Interpreters 全国外语翻译证书 |
| PETS | Public English Test System 全国英语等级考试 |
| TESOL | Teaching English to Speakers of Other Languages 对外英语教学 |
| TPR | Total Physical Response 全身反应法 |
| TEFL | Teaching English as a Foreign Language 作为外语的英语教学 |

7. 体育、医疗

| | |
|---|---|
| ALOP | Appropriate Level of Protection 可接受风险水平 |
| ATP | Association of Tennis Professionals 国际职业网球联合会 |
| BMI | Body Mass Index 体重指数 |
| CFS | Chronic Fatigue Syndrome 慢性疲劳综合症 |
| CHD | Coronary Heart Disease 冠心病 |
| CIOMS | Council for International Organizations of Medical Sciences 国际医学组织理事会 |
| CPR | Cardiopulmonary Resuscitation 心肺复苏术 |
| EAL | Expected Average Life 预期平均寿命 |
| FIFA | Fédération internationale de football association 国际足球联合会 |
| GAD | Generalized Anxiety Disorder 一般焦虑症 |
| IAAC | International Association of Athletic Federation 国际业余田径联合会 |
| ICU | Intensive Care Unit 加护病房 |
| IRC | International Red Cross 国际红十字会 |
| HGP | Human Genome Project 人类基因计划 |
| MBF | Medical Benefits Fund 医疗保险基金 |
| OTC | Over the Counter 非处方药 |
| PTSD | Post-Traumatic Stress Disorder 创伤后精神障碍 |
| RDA | Recommended Daily Allowance 成人每日最小需要量 |
| WMA | World Medical Association 世界医学协会 |
| WTA | Women's Tennis Association 国际女子职业网球协会 |

8. 军事、政治

| | |
|---|---|
| AAFES | Army and Air Force Exchange Service 陆军和空军交易服务 |
| ABCW | Atomic Biological Chemical Warfare 原子、生物、化学战 |
| ABM | Anti-Ballistic Missile 反弹道导弹 |
| CIDG | Civilian Irregular Defense Group 民间防卫队 |

CND　　Campaign for Nuclear Disarmament 核裁军运动
CTB　　Comprehensive Test Ban 全面禁试
GCCC　　Government Counterpart Cash Contribution 政府对应捐款
ICBM　　Intercontinental Ballistic Missile 洲际弹道导弹
JSDF　　Japanese Self-Defense Force 日本自卫队
MBFR　　Mutual and Balanced Force Reduction 共同均衡减少军事力量
MSAC　　Most Seriously Affected Country 受影响最严重国家
PNE　　Peaceful Nuclear Explosion 和平核爆炸
POW　　Prisoner of War 战俘
SALT　　Strategic Arms Limitation Talks 限制战略武器会议
SEALs　　SEA, AIR, LAND FORCES 美国海豹突击队
START　　Strategic Arms Reduction Treaty 战略武器削减条约
UCMJ　　Uniform Code of Military Justice 军事审判统一法典
USMC　　United States Marine Corps 美国海军陆战队
USAR　　United States Army Reserve 美国陆军后备队
WMD　　Weapon of Mass Destruction 大规模杀伤武器
WPC　　World Peace Council 世界和平理事会
WVF　　World Veterans Federation 世界退伍军人联盟

## 备考习题

### 一、名词解释

1. DAT　　2. UNDP
3. MFN　　4. EEC
5. SALT　　6. CPI
7. ICBM　　8. NAFTA
9. WWF　　10. NHK
11. SEALs　　12. BTI
13. CAIEP　　14. GSMA
15. SUNFED　　16. EAL
17. PIN　　18. L/C
19. PIPA　　20. GMT
21. MSAC　　22. ISIC
23. ISS　　24. NATO
25. COBOL　　26. UMR
27. UNSC　　28. BRICS
29. IPO　　30. ERM
31. JSDF　　32. GEOS
33. INCOTERMS　　34. CSI

35. NIC
36. APCS
37. BMI
38. TESOL
39. IAEA
40. C&DW

**二、填空**

1. CAT 计算机辅助翻译 Computer ________ Translation
2. SEOS 同步地球观测卫星________ Earth Observatory Satellite
3. BEMs 新兴大市场 Big ________ Markets
4. DPI 个人可支配收入________ Personal Income
5. SAR 股票升值权益 Stock ________ Rights
6. UPC 万国邮政公约 Universal Postal ________
7. CIF 成本加保险费加运费 Cost Insurance and ________
8. GPS 全球定位卫星 Global ________ System
9. CBT 计算机化考试 Computer ________ Test
10. CFS 慢性疲劳综合征 Chronic Fatigue ________
11. WVF 世界退伍军人联盟 World ________ Federation
12. CDPPP 联合国发展规划、预测和政策中心
    United Nations Centre for Development Planning, and ________ Policies
13. CIS 独立国家联合体 ________ of Independent States
14. IMCO 国际海事协议组织
    Inter-Governmental ________ Consultative Organization
15. ATS 应用翻译学 ________ Translation Studies
16. CMC 计算机介入的信息交流 Computer ________ Communication
17. FRS 可变汇率机制 ________ Rate System
18. GSP 普遍特惠制 Generalized System ________
19. IPR 知识产权 ________ Property Rights
20. RDA 成人每日最小需要量 Recommended Daily ________

# 第十二单元
# 百科知识百问百答

1. 除《辛白林》,《冬天的故事》外，莎士比亚的三部传奇剧的另外一部是：《仲夏夜之梦》。
2. 基督教最早何时传入中国：唐代。
3. 希腊神话中光明和真理之神是：阿波罗。
4. 普利策奖是什么方面的大奖：新闻、文化。
5. 中国最早的文言志怪小说是：《搜神记》。
6. 著有与鲁迅的《狂人日记》同名作品的俄国作家是：果戈理。
7. “九宫格”的创始人是：欧阳询。
8. 神父是基督教哪个教派的神职：天主教。
9. 具有“含泪的微笑”的独特风格的美国小说家是：欧·亨利。
10. 中国现存诗作最多的作者是：乾隆。
11. 有“歌曲之王”称号的作曲家是：舒伯特。
12. 中国 20 世纪 30 年代有“珞珈山美人”之称的著名女性作家是：凌淑华。
13. 人类最古老的绘画形式是：壁画。
14. 2012 年两会期间温总理答记者问时引用了“知我罪我，其惟春秋”，请问该句出自哪部经典？《孟子》。
15. “心比天高，身为下贱”是《红楼梦》中谁的判词？晴雯。
16. 《饮冰室文集》是哪个作家的文集？梁启超。
17. 成语“笑容可掬”中“掬”字的意思是？捧起。
18. 现在中国的人民币汇率制度是：有管理的浮动汇率制度。
19. 拉动经济增长的三驾马车：消费、投资、进出口。
20. 美国总统每届任期是几年：四年。
21. 万里长城横跨我国多少个省（包括直辖市和自治区）？7 个。
22. 最早将《共产党宣言》翻译成汉语的是？陈望道。
23. 股票交易里面通常说成交多少多少“手”，这一“手”是指多少股？100。
24. 被称为“国际会议之都”的城市是？日内瓦。

25. 四合院是以正房、东西厢房围绕中间庭院形成平面布局的传统住宅的统称。在何时其形式就已粗具规模？西周。
26. 吴哥寺是世界上最大的印度教寺庙建筑群，它位于：柬埔寨。
27. 汉字的字音的四种音调叫四声指平、上、去、入。现代则分为阴平、阳平、上声、去声。
28. 我国道教四大名山分别是：湖北武当山、江西龙虎山、四川青城山、安徽齐云山。
29. 我国古代祥瑞四灵兽分别是：龙、凤、麒麟、龟。
30. 我国古代科举考试四级及录取者称谓分别是：院试—秀才、乡试—举人、会试—贡生、殿试—进士。
31. 我国古代婚嫁六礼分别是：纳采、问名、纳吉、纳征、请期、亲迎。
32. 决定生物由水生到陆生、由简单到复杂、由低等到高等的方向进化的原因是：自然选择。
33. 所谓“三教九流”指的是：三教：儒、道、释；九流：儒家、道家、阴阳、法、名、墨、纵横、杂、农。
34. 所谓“三省六部”指的是：三省：中书省（决策）、门下省（审议）、尚书省（执行）；六部：吏、户、礼、兵、刑、工。
35. “十恶不赦”中的“十恶”指的是：谋反、谋大逆、谋叛、恶逆、大道、大不敬、不孝、不睦、不义、内乱。
36. 世界文学作品中三大吝啬鬼指的是：老葛朗台、夏洛克、泼留希金。
37. 旧书塾使用的三种教本简称为“三百千”指的是：三字经、百家姓、千字文。
38. 在意大利，文艺复兴前期出现了“文坛三杰”，他们及其代表作分别是：但丁——长诗《神曲》，彼特拉克——抒情诗集《歌集》，薄伽丘——短篇小说集《十日谈》。
39. 号称“诗人中的诗人”，在其传世长诗《仙后》中创造了一种响亮动听而具有音乐节奏的诗节，对英国文学作出重大贡献的人是：斯宾塞。
40. “山外青山楼外楼”在原诗《题临安邸》中的下句是：“西湖歌舞几时休。”
41. 被称作“法国号”的乐器是：圆号。
42. 黄酒名品“加饭酒”的产地在哪里？浙江。
43. 世界最重要的 IT 高科技产业基地硅谷位于美国的哪个州？加利福尼亚州。
44. 美国心理学家、行为学家马斯洛认为人的最高级需要是什么？自我实现需要。
45. 世界上最深也是淡水储备量最大的湖是哪个湖？贝加尔湖。
46. 为了便于让望远镜观测天体，天文台的房子屋顶被设计成：圆顶。
47. “印象派”一词源于：莫奈《日出·印象》。
48. 户枢不蠹中的“不蠹”是什么意思？不生虫。
49. 哪一类茶属于发酵茶？红茶。
50. “自由女神像”是哪个国家送给美国的礼物？法国。
51. 阿尔卑斯山脉的最高峰是：勃朗峰。
52. 徐悲鸿以画什么闻名世界？奔马。
53. 中国最大的商业银行是：中国工商银行。
54. “司空见惯”是说司空见惯了：美女。

55. 被称为我国最大的古典艺术宝库的石窟是哪一个？甘肃敦煌莫高窟。
56. 金星属于哪类行星？类地行星。
57. “孑孓”是哪种动物的幼虫？蚊子。
58. 自称“白蒙古”的民族是哪一个民族？土族。
59. 人体含水量百分比最高的器官是：眼球。
60. 世界上第一部成文宪法是：美国宪法。
61. 作为西方翻译史见证的罗塞达石碑（Rosetta Stone）创作于哪一年？公元前 196 年。
62. 文学上与并称“风骚”的是什么？《国风》和《离骚》。
63. “厄尔尼诺”是一种自然现象，它的本意是什么？圣婴。
64. 中国古建筑学的开拓者和奠基人是谁？梁思成。
65. 在八大行星中，被称为最冷的行星是哪一颗？海王星。
66. 国际翻译日是 9 月 30 日，国际翻译日是为了纪念哪位翻译家？圣杰罗姆。
67. 后期的古罗马的三大戏剧家兼翻译家是哪三位？普鲁图斯、泰伦斯、卡鲁图斯。
68. 《一千零一夜》又名《天方夜谭》，这里的“天方”是指哪个地方？古代阿拉伯。
69. 道教是由谁创立的？丘处机。
70. 被誉为奥地利“第二国歌”的是哪首乐曲？《蓝色多瑙河》。
71. 哈雷彗星绕太阳运行的周期为多少年？76 年。
72. 我国最早的中医学专著是什么？《黄帝内经》。
73. BRICS 原指“金砖四国”，后因新成员的加入现改为“金砖国家”，新加入的成员是：南非。
74. 在北半球，一年中白天时间最长的是哪一天？夏至。
75. 被誉为“民国第一外交家”的是：顾维钧。
76. 最古老的《圣经》可能要追溯到 1947 年到 1956 年发现的：死海羊皮纸卷。
77. 最早把“他者”与翻译理论结合起来思考的翻译理论家是：施莱尔马赫。
78. 《译者的隐身》的作者是谁？劳伦斯·韦努蒂（Lawrence Venuti）。
79. 第一个较为全面地比较了中西翻译史的翻译理论家是谁？安德烈·勒菲弗尔。
80. 《通俗本圣经》的译者是谁？杰罗姆。
81. 我国最早的家庭教育学专著是：《颜氏家训》。
82. 法国图卢兹连环杀手穆罕默德·梅拉（Mohammed Merah）原籍在哪里？阿尔及利亚。
83. 击毙恐怖大亨本·拉登的美军特种部队是哪个？海豹突击队。
84. 马约特岛（Mayotte）是哪国的海外领土？法国。
85. 美联储为刺激经济复苏所采取的 QE 政策中的 QE 是什么？Quantitative Easing（定量宽松政策）。
86. 顽抗到 1974 年的二战最后一名放下武器的日军名叫啥？小野田宽郎。
87. 现任伊朗最高领袖是：哈梅内伊（Khamenei）。
88. 最近结束的利比亚内战期间，第一个对利比亚实行武装干涉的西方国家是哪个？法国。
89. 拿破仑的出生地在哪里？科西嘉（Corsica）。
90. 美国海军军官学校（U. S. Naval Academy）在哪个城市？安纳波利斯（Annapolis）

91. 蒙特雷国际研究院（Monterey Institute of International Studies）在哪个国家？美国。
92. 古代“景教”很早就传入中国，它相当于现代的：基督教。
93. 五线谱最先出现在哪个国家：意大利。
94. 现在中国的人民币汇率制度是：有管理的浮动汇率制度。
95. “冬天到了，春天还会远吗”语出：雪莱。
96. 《史记》中的“世家”是给什么人作的传？诸侯王。
97. “三过家门而不入”是哪一历史人物的故事？大禹。
98. “大珠小珠落玉盘”所形容的是什么乐器的弹奏声？琵琶。
99. 老舍小说《四世同堂》也是三部曲指：《惶惑》、《偷生》、《饥荒》。
100. 歌剧《图兰朵》中采用了我国哪首民歌的曲调？茉莉花。
101. 李白笔下的“飞流直下三千尺，疑是银河落九天”指的是哪个风景区？庐山。
102. “我善养吾浩然之气”是谁说的？孟子。
103. “碧云天，黄叶地，北雁南飞”源自：《西厢记》。
104. 被称为“书圣”的古代书法家是：王羲之。
105. “梦骑白凤上青空，径度银河入月宫。身在广寒香世界，觉来帘外木樨风”，形容的是哪种花？桂花。
106. “风絮飘残已化萍，泥莲刚倩藕丝连”是谁的作品？纳兰性德。
107. 岳麓书院是世界最早的高等学府之一，也是中国目前保存最完整的一座古代书院。请问它现存的屋舍、景观，大部分为哪个朝代的建筑？清代。
108. “两袖清风”一词最早出自谁的故事？于谦。
109. “一语天然万古新，豪华落尽见真淳”是评论哪位作家的作品？陶渊明。
110. 金庸的小说《侠客行》中的“侠客行武功”来自一首名为《侠客行》的诗文，这首诗由谁所做？李白。
111. “哀其不幸，怒其不争”一语最早见于谁的文章？鲁迅。
112. 中国三大国粹：京剧、中医、中国画。
113. 奥斯卡奖首次颁发是在哪一年？1929 年。
114. 五岳中的中岳是：嵩山。
115. 世界最深的洼地是：死海。
116. 我国哪一个省级行政单位毗邻的省区最多？江西省。
117. 泰坦尼克沉没在：大西洋。
118. 欧佩克的总部位于：维也纳。
119. 坏血病是因为缺少哪种维生素造成的？维生素 C。
120. 银河系大约有多少颗恒星？1000 多亿颗。
121. 中国的领土横跨了几个时区？五个。
122. 《古兰经》是哪个教的圣书？伊斯兰教。
123. 第一部大百科全书是：《永乐大典》。
124. 岁寒三友：松、竹、梅。
125. 第一次世界大战共牵扯了多少个主权国家？30 个。
126. 人全身共有几块骨头？206 块。

127. 围棋棋盘共有几个交叉点？361个。
128. 电脑的中央处理器英文简写是什么？CPU。
129. 诺贝尔物理奖金的第一位得主是哪国人？德国人。
130. 谁最早编写了《中国哲学史》，并从全新的角度来解释中国历史？胡适。
131. Love指的是哪一项体育运动中的零分：网球。
132. 目前世界男子百米短跑世界纪录的保持者是哪个国家的运动员：牙买加。
133. 南海地图上的断续线俗称：九段线或U形线。
134. 世界上第一台计算机诞生于哪所大学？宾夕法尼亚大学。
135. 非洲最高峰是：乞力马扎罗山。
136. 我国第一部诗歌总集是：《诗经》。
137. "洛阳纸贵"的故事源于西晋文学家左思的哪一部作品？《三都赋》。
138. 奠定了英国君主立宪政体的理论和法律基础是：《权利法案》。
139. 切尔诺贝利核事故发生于哪个国家？乌克兰。
140. 古希腊数学家毕达哥拉斯发现的1∶0.618这一比例被称为：黄金分割。
141. 被誉为"几何之父"的古希腊数学家是：欧几里得。
142. 《圣经》中亚当和夏娃偷吃智慧树上的果子后，用什么来遮羞？无花果叶子。
143. "黑夜给了我黑色的眼睛，我却用它来寻找光明"是哪一位浪漫主义诗人的经典名句？顾城。
144. 西藏布达拉宫最初是为迎娶哪位公主而建的？文成公主。
145. 五线谱最早的发源地是：希腊。
146. 美国的工程师爱德华·墨菲作出的著名论断"越怕出事，越会出事"被称为：墨菲定律。
147. 中国的"三山五岳"中"三山"指的是：黄山、庐山、雁荡山。
148. 素有"千湖之国"之称的国家是：芬兰。
149. 素有"千湖之省"之称的省份是：湖北。
150. 中国第一位女诗人是：蔡琰（文姬）。
151. 中国第一部纪传体通史是：《史记》。
152. 中国第一部词典是：《尔雅》。
153. 被称为"世界第八奇观"的是：秦始皇兵马俑。
154. 中国第一部文选：《昭明文选》。
155. 中国第一部字典：《说文解字》。
156. 中国第一部神话集：《山海经》。
157. 中国第一部文言志人小说集：《世说新语》。
158. 中国第一部语录体著作：《论语》。
159. 中国第一部编年体史书是：《春秋》。
160. 中国第一部断代史：《汉书》。
161. 中国第一部兵书：《孙子兵法》。
162. 文章西汉两司马指的是：《司马迁》、《司马相如》。
163. 乐府双璧：《木兰词》、《孔雀东南飞》，加上《秦妇吟》为乐府三绝。

164. 史学双璧：《史记》、《资治通鉴》。
165. 二拍是指哪二拍？《初刻拍案惊奇》、《二刻拍案惊奇》(凌濛初)。
166. 大李杜：李白、杜甫；小李杜：李商隐、杜牧。
167. 中国现代文坛的双子星座：鲁迅、郭沫若。
168. 三不朽：立德、立功、立言。
169. 三代是指：夏、商、周三个朝代。
170. 《春秋》三传：《左传》、《公羊传》、《穀梁传》。
171. 三王：夏禹、商汤、周公。
172. 三山：蓬莱、方丈、瀛洲。
173. 三教：儒、释、道。
174. 三曹：曹操、曹丕、曹植。
175. 公安三袁：袁宗道、袁宏道、袁中道。
176. 江南三大古楼：湖南岳阳楼、武昌黄鹤楼、南昌滕王阁。
177. 第一个进入太空的宇航员是：前苏联宇航员加加林。
178. 科考三元：乡试、会试和殿试的第一名（解元、会元、状元)。殿试三鼎甲：状元、榜眼、探花。
179. 三言：《喻世明言》、《警世通言》、《醒世恒言》(冯梦龙)。
180. 儒家经典三礼：《周礼》、《仪礼》、《礼记》。
181. 三吏：《新安吏》、《石壕吏》、《潼关吏》。
182. 三别：《新婚别》、《垂老别》、《无家别》。
183. 郭沫若的“女神”三部曲：《女神之再生》、《湘累》、《棠棣之花》。
184. 茅盾的“蚀”三部曲：《幻灭》、《动摇》、《追求》；农村三部曲：《春蚕》、《秋收》、《残冬》。
185. 巴金“爱情”三部曲：《雾》、《雨》、《电》；“激流”三部曲：《家》、《春》、《秋》。
186. 中国第一部国别史：《国语》。
187. 中国第一部记录谋臣策士门客言行的专集：《国策》、《战国策》。
188. 中国第一部专记个人言行的历史散文：《晏子春秋》。
189. 中国第一位伟大的爱国诗人：屈原。
190. 中国第一首长篇叙事诗：《孔雀东南飞》(357 句，1 785 字)。
191. 中国第一部文学批评专著：《典论·论文》(曹丕)。
192. 中国第一部文学理论和评论专著：南北朝梁人刘勰的《文心雕龙》。
193. 中国第一部诗歌理论和评论专著：南北朝梁人钟嵘的《诗品》。
194. 中国第一部科普作品，以笔记体写成的综合性学术著作：北宋沈括的《梦溪笔谈》。
195. 中国第一部日记体游记：明代徐弘祖的《徐霞客游记》。
196. 中国第一位女词人，亦称“一代词宗”：李清照。
197. 我国第一部长篇讽刺小说：《儒林外史》。
198. 我国第一部介绍进化论的译作：严复译的赫胥黎的《天演论》。
199. 我国第一部个人创作的文言短篇小说集：《聊斋志异》。
200. 我国新文学史上第一篇短篇小说是：《狂人日记》。

201. 第一位开拓"童话园地"的作家是：叶圣陶。
202. 我国第一部浪漫主义神话小说：《西游记》。
203. 第一篇报告文学作品是：(夏衍)《包身工》。
204. 新中国第一位获得"人民艺术家"称号的作家：老舍。其作品是《龙须沟》。
205. 先秦时期的两大显学是：儒、墨。
206. 儒家两大代表人物是：孔丘和孟子，分别被尊称至圣和亚圣。
207. 唐代开元，天宝年间，有两大词派：以高适、岑参为代表的边塞诗，以王维、孟郊为代表的田园诗，前者雄浑豪，后者恬淡淳朴。
208. 常把宋词分为豪放，婉约两派。前者以苏轼、辛弃疾为代表，后者以柳永、周邦彦、李清照为代表。
209. 五四新文化运动高举的两面大旗：反对旧礼教，提倡新道德，反对旧文学，提倡新文学。
210. 古希腊文学中有两大史诗：《伊利亚特》、《奥德赛》。
211. 佛教三宝是：佛（大知大觉的）、法（佛所说的教义）僧、(继承或宣扬教义的人)。
212. "三从四德"中的三从：未嫁从父，既嫁从夫，夫死从子。四德：妇德、妇言、妇容、妇功。
213. 初伏，中伏，末伏统称三伏。夏至节的第三个庚日为初伏的第一天，第四个庚日为中伏的第一天，立秋节后的第一个庚日是末伏的第一天。初伏，末伏后十天，中伏十天或二十天。
214. 三纲五常：三纲：父为子纲，君为臣纲，夫为妻纲。五常：仁、义、礼、智、信。
215. 三姑六婆：三姑：尼姑、道姑、卦姑。

　　六婆：媒婆、师婆（巫婆）、牙婆、虔婆、药婆、接生婆。
216. 三皇五帝：三皇：伏羲、燧人、神农；五帝：黄帝、颛顼、帝喾、尧、舜。
217. 五岳：东岳泰山、南岳衡山、西岳华山、北岳恒山、中岳嵩山。
218. 三性：祭祀用的牛羊猪（太牢）（无牛为少牢）。
219. 三一律：欧洲古典广义戏剧理论家所制定的戏剧创作原则，就是地点一致，时间一致，情节一致。
220. 佛教三昧：止息杂虑，心专注于一境。(修行方法之一)
221. 佛教三藏：总说根本教义为经，述说戒律为律，阐发教义为论（通晓三藏的叫三藏法师)。
222. 三苏：苏洵、苏轼、苏辙。
223. 三吴：吴郡、吴兴、会稽（丹阳)。三国：魏、蜀、吴。
224. 三秦：雍王（西)、塞王（东)、瞿王（陕西北)。
225. 三楚：港陵（南楚)、吴（东楚)、彭城（西楚)。

三坟五典：三坟：伏羲、神农、黄帝；五典：少昊、颛顼、高辛、唐尧、虞、舜。
226. 四书：《大学》、《中庸》、《孟子》、《论语》；四大类书：《太平御览》、《册府元龟》、《文苑英华》、《全语文》。
227. 战国四君：齐国的孟尝君、赵国的平原君、楚国的春申君、魏国的信陵君。
228. 初唐四杰：王勃、杨炯、卢照邻、骆宾王。

229. 北宋文坛四大家：王安石、欧阳修、苏轼、黄庭坚。
230. 元曲四大家：关汉卿、马致远、白朴、郑光祖。
231. 明代江南四大才子：唐伯虎、祝枝山、文徵明、徐祯卿。
232. 北宋四大书法家：苏轼、黄庭坚、米芾、蔡襄。
233. 书法四体：真（楷）、草、隶、篆。
234. 文房四宝：湖笔、徽墨、宣纸、端砚。
235. 中国四大藏书阁：北京的文渊阁、沈阳文溯阁、承德文津阁、杭州文澜阁。
236. 古代秀才四艺（文人雅趣）：琴、棋、书、画。
237. 国画四君子：梅、兰、竹、菊。
238. 书四库：经、史、子、集。
239. 兄弟四排行：伯（孟）、仲、叔、季。
240. 五胡：匈奴、鲜卑、羯、氐、羌。
241. 五花：金菊花——卖花女、木棉花——街上为人治病的郎中、水仙花——酒楼上的歌女、火辣花——玩杂耍的、土牛花——某些挑夫。
242. 八门：巾——算命占卦的、皮——卖草药的、彩——变戏法的、挂——江湖卖艺的、平——说书评弹的、团——街头卖唱的、洞——搭篷扎纸的、聊——高台唱戏的。
243. 竹林七贤：嵇康、阮籍、山涛、向秀、阮咸、王戎、刘伶。
244. 建安七子：孔融、陈琳、王粲、徐干、阮瑀、应玚、刘桢。
245. 七政（七纬）：日、月、金、木、水、火、土。
246. 战国七雄：赵、魏、韩、齐、秦、楚、燕。
247. 七情：喜、怒、哀、惧、爱、恶、欲。
248. 七大古都：北京、西安、洛阳、开封、南京、杭州、安阳。
249. 神话八仙：铁拐李、汉钟离、张果老、何仙姑、蓝采和、吕洞宾、韩湘子、曹国舅。
250. 唐宋散文八大家：韩愈、柳宗元、欧阳修、苏洵、苏轼、苏辙、王安石、曾巩。
251. 文起八代之衰中的八代：东汉、魏、宋、晋、齐、梁、陈、隋。
252. 四时八节中的“八节”指：立春、春分、立夏、夏至、立秋、秋分、立冬、冬至。
253. 八卦：乾、坤、震、巽、坎、离、艮、兑分别象征天、地、雷、风、水、火、山、泽。
254. 八股文中的八股：破题、承题、起讲、入手、起股、中股、后股、束股。
255. 九州指：冀、兖、青、荆、扬、梁、雍、徐、豫。
256. 九族指：高祖、曾祖、祖父、父、本身、子、孙、曾孙、玄孙。
257. 屈原的《九章》指：惜诵、涉江、哀郢、抽思、怀沙、思美人、惜往日、橘颂、悲回风。
258. 屈原的《九歌》指：东皇太一、云中君、湘君、湘夫人、大司命、少司命、东君、河伯、山鬼、国殇、礼魂。
259. 中国历史上十位女诗人指：班婕妤（班固之祖姑）、蔡琰、左芬（左思之妹）、苏惠、谢道韫、鲍令晖（鲍照之妹）、薛涛、李清照、朱淑贞、秋瑾。
260. 中国十大古典悲剧：《窦娥冤》、《赵氏孤儿》、《精忠旗》、《清忠谱》、《桃花扇》、《汉宫秋》、《琵琶记》、《娇红记》、《长生殿》、《雷峰塔》。

261. 中国十大古典喜戏：《救风尘》、《玉簪记》、《西厢记》、《看钱奴》、《墙头马上》、《李逵负荆》、《幽阁记》、《中山狼》、《风筝误》。
262. 十天干：甲、乙、丙、丁、戊、己、庚、辛、壬、癸。
263. 中国八部著名歌剧：《白毛女》、《王贵和李香香》、《小二黑结婚》、《刘胡兰》、《洪湖赤卫队》、《草原之歌》、《红霞》、《刘三姐》。
264. 十二生肖：鼠、牛、虎、兔、龙、蛇、马、羊、猴、鸡、犬、猪。
265. 十二时：夜半、鸡鸣、平旦、日出、食时、隅中、日中、日昳、脯时、日入、黄昏、人定。
266. 十二律：黄钟、大吕、太簇、夹钟、姑洗、仲吕、蕤宾、林钟、夷则、南吕、无射、应钟。
267. 十三经：《易经》、《尚书》、《诗经》、《周礼》、《仪礼》、《左传》、《礼记》、《公羊传》、《穀梁传》、《论语》、《孟子》、《孝经》、《尔雅》。
268. 十恶不赦中的十恶指：谋反、谋大逆、谋叛、恶逆、大道、大不敬、不孝、不睦、不义、内乱。
269. 扬州八怪指：汪士慎、李鳝、金农、黄慎、高翔、郑燮、李方膺、罗聘（边寿民、高凤翰、闵贞等，不只八位画家，“八”字可看作数词，也可看作约数）。
270. 佛教四大名山：五台山、峨眉山、普陀山、九华山。
271. 中医四诊：望、闻、问、切。
272. 戏曲四行当：生、旦、净、丑。
273. 泰山四大奇观：旭日东升、晚霞反照、黄河金带、云海玉盘。
274. 中国四大名楼：岳阳楼、黄鹤楼、滕王阁、太白楼。、
275. 四大古典小说：《三国演义》、《水浒传》、《西游记》、《红楼梦》。
276. 四大谴责小说：《官场现形记》(李宝嘉)、《二十年目睹之怪现状》(吴趼人)、《老残游记》(刘鄂)、《孽海花》(曾朴)。
277. 民间四大传说：牛郎织女、孟姜女寻夫、梁山伯与祝英台、白蛇与许仙。
278. 古代四美女：西施（沉鱼）、王昭君（落雁）、貂蝉（闭月）、杨玉环（羞花）。
279. 苏门四学士：黄庭坚、秦观、曾补之、张来。
280. 四史：《史记》、《汉书》、《后汉书》、《三国志》。
281. 历史上四大书院：庐山白鹿洞、长沙岳麓、嵩山嵩阳书院、商丘应天书院。
282. 科考四级及录取者称谓：院试（秀才）、乡试（举人）、会试（贡生）、殿试（进士）。千古文章五大家：韩愈、柳宗元、欧阳修、苏洵、苏轼。
283. 三班父子：班彪、班固、班昭。
284. 三书指：《魏书》、《蜀书》、《吴书》，后人将其合为一本称《三国志》。
285. 左思的三都赋指：蜀都赋（成都）、吴都赋（南京）、魏都赋（邺）。
286. 南朝三谢：谢灵运、谢惠连、谢朓。
287. 三瘦词人指：李清照。三个名句是：莫道不销魂，帘卷西风，人比黄花瘦。知否，知否？应是绿肥红瘦。新来瘦，非干病酒，不是悲秋。
288. 郑板桥（郑燮）的三绝指：绘画、诗作、书法。
289. 鲁迅的三部短篇小说集：《呐喊》、《彷徨》、《故事新编》。
290. 我国当代文学史上的三大散文作家是：刘白羽、杨朔、秦牧。

291. 高尔基的自传体三部曲是：《童年》、《在人间》、《我的大学》。
292. 我国古代有四大城市称四京：东京（汴梁）、西京（长安）、南京（金陵）、北京（顺天）。
293. 元末明初吴中四杰：高启、杨基、张羽、徐贲。
294. 元杂剧的四大爱情剧：《荆钗记》、《白兔记》、《拜月亭》、《杀狗记》。
295. 四大石窟：云冈石窟、龙门石窟、麦积山石窟、敦煌莫高窟。
296. 英国莎士比亚的四大悲剧：《哈姆雷特》、《李尔王》、《奥赛罗》、《麦克佩斯》。
297. 四言诗是：我国汉代以前最通行的诗歌形式，通章或通篇每句四字。
298. 四大皆空是指：（佛语）地水火风组成的宇宙四种元素。
299. 宋中兴四诗人：陆游、杨万里、范大成、尤袤。
300. 四六文指：骈文的一种，全篇多以四字或六字相间为句，盛行于南朝。
301. 五等爵位指：公爵、侯爵、伯爵、子爵、男爵。
302. 五经：《诗》、《书》、《礼》、《易》、《春秋》。
303. 五常（五伦）：君臣、父子、兄弟、夫妇、朋友。
304. 五教：父义、母慈、兄友、弟恭、子孝。
305. 五音：宫、商、角、徵、羽。
306. 五刑：（隋前）墨、劓、刖、宫、大辟；（隋后）笞、杖、徒、流、死。
307. 唐代五大书法家：柳公权、颜真卿、欧阳洵、褚遂良、张旭。
308. 五大奇书：《三国演义》、《水浒传》、《西游记》、《红楼梦》、《金瓶梅》。
309. 五谷：稻、麦、黍、菽、麻。
310. 五彩：青、黄、红、白、黑。
311. 唐代以后的五代指：后梁、后唐、后晋、后汉、后周。
312. 五毒：蝎、蛇、蜈蚣、壁虎、蟾蜍。
313. 五更与时钟的对应是：一更（19~21）、二更（21~23）、三更（23~1）、四更（1~3）、五更（3~5）。
314. 五官：耳、目、口、鼻、身。
315. 春秋五霸指：齐桓公、晋文公、楚庄公、秦穆公、宋襄公。
316. 五岭：越城岭、都庞岭、萌渚岭、骑田岭、大庾岭。
317. 五味：甜、酸、苦、辣、咸。
318. 五香：花椒、八角、桂皮、丁香花蕾、茴香子。
319. 五脏：心、肝、脾、肺、肾。
320. 五陵：高祖长陵、惠祖安陵、景帝阳陵、武帝茂陵、昭帝平陵。
321. 五湖：洞庭湖、鄱阳湖、太湖、巢湖、洪泽湖。
322. 六艺指：礼、乐、书、数、射、御。
323. 造字六书：象形、指示、会意、形声、转注、假借。
324. 诗经六义：风、雅、颂、赋、比、兴。
325. 六部：户部、吏部、礼部、兵部、刑部、工部。
326. 六朝：吴、东晋、宋、齐、梁、陈，建都建康，史称六朝。
327. 六畜：马、牛、羊、狗、猪、鸡。

328. 苏门六君子：黄庭坚、秦观、晁补之、张来、陈师道、李廌。
329. 六甲：六十甲子/甲子、甲寅、甲辰、甲午、甲申、甲戌/妇女怀孕。
330. 六尘佛教名词：声、色、香、味、触、法六种境界。
331. 六合：天地（上下）、东、西、南、北。
332. 佛教六根（佛教名词）：眼、耳、鼻、舌、身、意。
333. 黄山四绝：奇松、怪石、云海、温泉。
334. 巴金“爱情”三部曲：《雾》、《雨》、《电》；“激流”三部曲：《家》、《春》、《秋》。
335. 铸造了湛卢、鱼肠、龙渊等名剑的中国古代铸剑鼻祖是？欧冶子。
336. 抗日战争期间，中国为支援英军在滇缅抗击日本法西斯，并为了保卫中国西南大后方而组建的出国作战部队叫做：中国远征军。
337. 设计约翰·肯尼迪图书馆的建筑师是：（或设计香港中国银行大厦的建筑师是：）贝聿铭。
338. 被誉为海外华人的“艺术三宝”的是：美籍华人建筑师贝聿铭，法国华人画家赵无极，美籍华人作曲家周文中。
339. 泰坦尼克号豪华游轮是在哪里建造的？爱尔兰的贝尔法斯特。
340. 帝国大厦位于美国纽约市，它的名字来源于：纽约州的别称帝国州（Empire State）。
341. 东晋画家顾恺之的名作《女史箴图》的唐代摹本现收藏于：大英博物馆。
342. 啤酒瓶盖有多少个齿轮？21 个。
343. 马友友的职业是：大提琴家。
344. 方尖碑是古埃及的另一件杰作，埃及现存的最古老的也是保存最为完整的方尖碑是为谁而修建的？塞苏斯特里斯一世。
345. 武汉大学创立于：1893 年。
346. 北京故宫共有殿宇多少间？8 707 间。
347. 中国动画史上的丰碑《大闹天宫》的导演是：万籁鸣。
348. 古代世界七大奇观之一的亚历山大灯塔位于哪个国家？埃及。
349. 世界上最大的图书馆是：美国国会图书馆。
350. 现存最早的中医理论著作《黄帝内经》全书分为两部分：《灵枢》、《素问》。
351. 美国《独立宣言》的起草人是：托马斯·杰斐逊。
352. 一代武学宗师李小龙创立了：截拳道。
353. 位于加拿大与美国交界处的五大湖中最大的湖是：苏必利尔湖。
354. 英国境内最高峰为：本尼维斯山。
355. 美国社交网站 Facebook 的创办人是：马克·扎克伯格。
356. 热带有几个季节？两个季节。
357. 亚洲耕地面积最大的国家是：印度。
358. “海的女儿”是哪个城市的城徽？哥本哈根。
359. 被称为“老人国”的星系是哪一个星系？椭圆星系。
360. 妙应寺白塔始建于元朝至元八年（1271），由当时哪国的工艺家阿尼哥奉敕主持修建？尼泊尔。
361. 元大都保留至今的重要标志，也是我国现存最早最大的一座藏式佛塔是：妙应寺白塔。

362. 称为“数学之神”的科学家是：阿基米德。
363. “薛涛笺”产生于哪个朝代？唐代。
364. 产生海水潮汐的主要原因是：月球引力。
365. 天文学是研究什么的科学？天体。
366. 天文学家把全天空的星星按区域划分成多少个星座？88 个。
367. 领土面积居世界前四位的国家是：俄罗斯、加拿大、中国、美国。
368. 加拿大的领土面积在世界上排第几位？第二位。
369. 法国资产阶级革命爆发的时间：1789 年 7 月 14 日。
370. 非洲产量和储量都占世界第一位的矿产是：黄金、金刚石。
371. 非洲的沙漠面积约占整个非洲面积的多少？1/3。
372. 非洲石油产量最多的国家是：尼日利亚。
373. 非洲热带草原上最典型的动物是：斑马、长颈鹿。
374. 非洲的第一大河是：尼罗河。
375. 撒哈拉以南的非洲分布最广的气候是：热带草原气候。
376. 岛屿数量最少的洲是哪个洲？非洲。
377. 非洲英雄马赫迪是哪个国家的？苏丹。
378. 吴三桂在清朝初期在哪里宣布独立？云南。
379. 太阳在哪一天离地球最远？夏至。
380. 太阳表面温度大约多少？6000 度。
381. 太阳的大气主要有几层？分别为 3 层；由外到内分别为：日冕层、色球层和光球层。
382. 《天体运行论》论证了什么？地球绕着太阳转。
383. 太阳系八大行星分别为：水星、金星、地球、火星、木星、土星、天王星、海王星。
384. 地球内部的地核温度高于多少摄氏度？4000 摄氏度。
385. 被称为太阳王的国王是谁？路易十四。
386. 晋与十六国时期，谁建立前燕、后燕、西燕、南燕？慕容氏。
387. 莫高窟位于敦煌市东南，距城约 25 公里，洞窟开凿在鸣沙山东麓的断崖上，始建于：东晋。
388. 唐朝前是什么朝代？隋朝。
389. 荷兰（西欧）中央政府所在地是：海牙；首都：阿姆斯特丹；官方语言：荷兰语（英语普及率 95%）；国花：郁金香；被誉为“风车之国”；因地势低洼，荷兰总是面对海潮的侵蚀，1229 年，荷兰人发明了世界上第一座为人类提供动力的风车；每年 5 月的第二个星期六为“风车日”；正面看风车呈垂直十字形。
390. 石器时代是怎么划分的？石器时代分为新石器时代和旧石器时代；新石器与旧石器的差别是制作方法的差别。
391. “书圣”王羲之的代表作是：《兰亭序》。
392. 第一架实用直升机的发明人为：伊戈尔·伊万诺维奇·西科斯基（俄国），世界著名飞机设计师及航空制造创始人之一，他设计制造了世界上第一架四发大型轰炸机和第一架实用直升机。

393. 发明电话的科学家：亚历山大·贝尔（英国爱丁堡；后移居美国），1876年6月2日（发明）。
394. 闻名于世的指南针、印刷术和火药三大发明，开发和应用主要是在：北宋。
395. 我国在何时发明了最早的鼓风冶铁术？战国。
396. 一次性筷子的发明者：日本人。
397. 克里奥佩特拉是哪个王朝的君主？托勒密王朝。
398. 巴厘岛在哪个国家：印度尼西亚。
399. 布匿战争交战双方：一方是罗马人，另一方是迦太基人。
400. 造成我国南北方水热资源环境差异的主要原因是：气候差异。
401. “火把节”是哪个民族的传统节日？彝族。
402. 泼水节是哪国民族最隆重的节日？傣族。
403. 世界上最深的海沟是？马里亚纳海沟。
404. 世界最重要的IT高科技产业基地硅谷位于美国的哪个州：加利福尼亚州。
405. 云冈石窟位于我国哪个省？山西省，北魏开始建造。
406. 美国许多高校以“Veritas”作为校训，其含义是：“真理”。
407. 《约翰·克利斯朵夫》的作者罗曼·罗兰是哪个国家的？法国。
408. 西伯利亚的房屋一般都是歪歪斜斜的，这是因为：大风吹的结果。
409. 俄罗斯议会“杜马”在俄文中原意是：思维。
410. 世界上落差最大的瀑布是：安赫尔瀑布。
411. 航海家库克找到了航海中治疗什么病的方法？坏血病。
412. 华盛顿担任了几届总统？2届。
413. 董小宛是哪里人？南京人。
414. 与梅兰芳结婚后离婚再嫁杜月笙的女子是谁？孟小冬。
415. 公鸡是哪个国家的国鸟？法国。
416. 美国发表《独立宣言》是在：1776年。
417. 唐卡是什么民族文化中一种著名的表现形式？藏族。
418. 俄国十月革命发生在几月几日？11月7日。
419. 楚庄王请谁当令尹，从而使国力大增？孙叔敖。
420. 在唐代长安城经常可以见到的“新罗人”是现今我们所说的：朝鲜人。
421. 人口最多的城市：东京。
422. 甲午战争的发生时间是：1894—1895年。
423. 举世闻名的泰姬陵在：印度。
424. 第一个征服北极点的人是哪个国家的？美国。
425. 我国的邻国共有几个？12个。
426. 4世纪后期，统一黄河流域的少数民族政权是：前秦。
427. 美国国务卿相当于我国的：外交部长。
428. 谁是“中山装”的创始人？孙中山。
429. “卧龙先生”是谁？诸葛亮。
430. 发动第二次鸦片战争的国家是：英国、法国。

431. 中越边境的友谊关的另一个名称是：镇南关。
432. “鸿鹄之志”的说法最早出现在哪里？《史记》。
433. 长江流经几个省、自治区、直辖市：9 个。
434. 世界上最深的湖泊是：贝加尔湖。
435. 马可·波罗服务过元代哪个皇帝？忽必烈。
436. 中国最热的地方在哪里？吐鲁番盆地。
437. “回眸一笑百媚生”是指哪个美女？杨贵妃。
438. 以“无字碑”名扬天下的是：武则天。
439. 瑞士首都是：苏黎世。
440. 土耳其的首都在：安卡拉。
441. 目前世界上原煤产量最多的国家是：中国。
442. “人是万物的尺度”这句话是谁说的？普罗泰戈拉。
443. “珍珠港事件”发生在哪一年？1941 年。
444. 农历把每月初一叫做什么日？朔日。
445. 吴哥古迹在哪个国家？柬埔寨。
446. “望津书院”的名字命名是为了纪念：孔子。
447. 义和团运动在哪一年爆发？1900 年。
448. “飞鸟尽，良弓藏，狡兔死，走狗烹”是谁最先说的？范蠡。
449. 东汉时的东京是指：洛阳。
450. 《春秋》是根据哪国史料编成的一部历史书？鲁国。
451. 哪个火山的爆发毁灭了古罗马帝国的庞贝城？维苏威火山。
452. “五岳”中的南岳指：衡山。
453. 万隆会议是在哪个国家召开的？印度尼西亚。
454. 南宋的都城临安，是现今何处？杭州。
455. 世界上最大的稀土矿在我国的：内蒙古。
456. 中国古代名医华佗为谁所杀？曹操。
457. 《四库全书》是什么时候纂修的？清朝。
458. 世界上第一个诺贝尔物理奖获得者是：伦琴。
459. 隆美尔将军是哪国人？德国。
460. “十月”又称：小阳春。
461. 被列宁称为“中国 11 世纪最伟大的改革家”是：王安石。
462. 美国的国鸟是什么鸟：头鹰（秃鹰）。
463. 袈裟为什么也叫百衲衣？由许多块布补缀而成。
464. 蒲松龄和曹雪芹谁出生在前？蒲松龄。
465. “白马非马”出自谁口？公孙龙。
466. “公元前”英文的意思是：基督以前。
467. 自然界已知的最硬物质是：金刚石。
469. “建元”是我国哪一个皇帝使用的年号？汉武帝。
469. 西藏佛教属于哪一类教？小乘佛教。

470. “地球日”是每年的几月几日？4 月 22 日。
471. 穆斯林的盛大节日是：开斋节。
472. 地球上出现的四季更替是由于：地球公转。
473. 河南出土的商代文物“司母戊鼎”是什么材料制作的？青铜。
474. 一般说来，安静环境的噪声标准小于：50 分贝。
475. 云贵高原上最大的湖泊是：滇池。
476. 有“东方瑞士”之称的城市是：大理。
477. 死海位于哪个国家？约旦。
478. 世界上最大的岛屿是：格陵兰岛。
479. 人们常说纯理性的爱情是“柏拉图式的爱情”，那么柏拉图是谁的老师？亚里士多德。
480. “坐怀不乱”说的是：柳下惠。
481. 雷克亚未克是哪个国家的首都？冰岛。
482. 中国思想包含了许多相对的理论，如“祸福相依”，这是哪一家的思想？道家。
483. 古巴的官方语言是：西班牙语。
484. “西出阳关无故人”中的“阳关”在现在的哪个省（区）？新疆。
485. 古代著名的水利工程都江堰是谁设计的：李冰父子。
486. 文艺复兴时期的《忏悔录》是谁写的？卢梭。
487. 实行“一条鞭法”的是：张居正。
488. 《局外人》作者是法国人：加缪。
489. 波旁王朝是哪个国家的？法国。
490. 发源于我国，唯一注入北冰洋的河流是：额尔齐斯河。
491. 欧洲著名的百年战争发生在哪两个国家？英国和法国。
492. 辽宁又称为：奉天。
493. 武则天的第一个老公是谁？唐太宗。
494. 古代平安王朝是指哪个国家？日本。
495. 人性善恶的讨论由来已久，中国古代提出“人性本善”的儒家是：孟子。
496. 19 世纪 70 年代收复新疆的清军将领是：左宗棠。
497. 三国时期“凤雏先生”是谁？庞统。
498. 传说中的“斑竹”是怎样形成的？由舜的妃子的眼泪染成的。
499. “究天人之际，通古今之变，成一家之言”是谁的名言？司马迁。
500. 匈奴悲歌：“失我祁连山，使我六畜不藩息；失我焉支山，使我嫁妇无颜色。”说的是哪位将军？霍去病。
501. 在牧野誓师，大破商纣的是：周武王。
502. 1898 年发生的变法是：戊戌变法。
503. 数学符号中的“0”起源于：古印度。
504. 《永乐大典》是什么时候纂修的？明朝。
505. 范蠡是谁的手下？勾践。
506. 故宫是哪一年建成的？1420 年。
507. 由于“水门事件”下台的美国总统是：尼克松。

508. 华兴会的主要创立者是：黄兴。
509. 三大金字塔中最大的是：胡夫金字塔。
510. 公元 230 年，孙权派卫温率船队到达夷洲。夷洲今是何地？台湾。
511. 中国第一座佛教寺院是哪一座？洛阳白马寺。
512. “金戈铁马，气吞万里如虎”是谁写的词句？辛弃疾。
513. 阖闾和夫差是什么关系？父子。
514. 弱冠指的是：20 岁。
515. “我以我血荐轩辕”是谁的誓言？鲁迅。
516. “金屋藏娇”的故事与哪一位皇帝有关？汉武帝。
517. 我国最早的一部医学理论著作是：《黄帝内经》。
518. 著名琴曲歌辞《胡笳十八拍》是谁的作品？蔡琰。
519. “天下兴亡，匹夫有责”是哪位思想家的名言？顾炎武。
520. 《义勇军进行曲》是哪部电影的主题歌？《风云儿女》。
521. “天生我材必有用，千金散尽还复来”出自哪首诗？《将进酒》。
522. “文章本无成，妙手偶得之”出自谁之口？杜甫。
523. 吴敬梓是哪本名著的作者？《儒林外史》。
524. 海洋中最多的生物是：浮游生物。
525. 美国 1787 年宪法规定，解释宪法的权力在于：最高法院。
526. “菩提本无树，明镜亦非台，本来无一物，何处惹尘埃”出自：慧能。
527. 世界上第一个两次获得诺贝尔奖的是谁？居里夫人。
528. 中国第一次派员参加的奥运会和中国夺得第一枚金牌的奥运会是在同一个城市举行，它指的是：美国洛杉矶。
529. 成语“契合金兰”中，“金兰”的意思是：朋友投合。
530. 世界上第一个国际电影节是：威尼斯电影节。
531. 被誉为日本的《红楼梦》的书是：《源氏物语》。
532. 被誉为短篇小说之王的法国 19 世纪著名小说家是谁？莫泊桑。
533. 中国最大的诗歌集是什么？《盛唐诗》。
534. 夏威夷之外，哪个州是美国本土以外的州？阿拉斯加州。
535. 天气预报：“今天阴有小雨”，你可知道小雨的降雨量为多少？15 毫米以下。
536. 19 世纪第一枚邮票出现在哪个国家？英国。
537. 《汤姆叔叔的小屋》背景是指哪一次战争？美国南北战争。
538. 在希腊神话中被奉为爱神与美神，执掌生育与航海的是：阿芙洛狄忒。
539. 中国无声影片的最高峰《神女》是谁的代表作？阮玲玉。
540. 我国江南民间三月三有吃什么的习俗？荠菜煮鸡蛋。
541. 四大菩萨文殊、观音、普贤、地藏分别象征哪四项大乘佛教理念？智、悲、行、愿。
542. 第二次世界大战后建立起的一种以美元为中心的国际货币体系被称为：布雷顿森林体系。

# 第十三单元
# 应用文写作知识要点及范文

## 第一章
## 议论文写作

### 第一节　议论文概论

议论文又叫说理文，它是一种剖析事物、论述事理、发表意见、提出主张的文体。作者通过摆事实、讲道理、辨是非，以确定其观点正确或错误，树立或否定某种主张。议论文应该观点明确、论据充分、语言精练、论证合理、有严密的逻辑性。

#### 一、议论文的要求

议论文是以议论为主要表达方式，通过摆事实、讲道理，直接表达作者的观点和主张的常用文体。它不同于记叙文以形象生动的记叙来间接地表达作者的思想感情，也不同于说明文侧重介绍或解释事物的形状、性质、成因、功能等。总之，议论文是以理服人，记叙文是以情感人，说明文是以知授人。

写议论文要考虑论点，考虑用什么作论据来证明它，然后得出结论。它可以是先提出一个总论点，然后分别进行论述，分析各个分论点，最后得出结论；也可以先引述一个故事，一段对话，或描写一个场面，再一层一层地从事实中分析出道理，归纳引申出一个新的结论。这种写法叫总分式，是中学生经常采用的一种作文方式。也可以在文章开头先提出一个人们关心的疑问，然后一一作答，逐层深入，这是答难式的写法。还有就是作者有意把两个不同事物以对立的方式提出来加以比较、对照，然后得出结论，这是对比式写法。

议论文是用逻辑、推理和证明，阐述作者的立场和观点的一种文体。这类文章或从正面提出某种见解、主张，或是驳斥别人的错误观点。新闻报刊中的评论、杂文或日常生活中的感想等，都属于议论文的范畴。

论点的基本要求是：观点正确、认真概括、有实际意义，简洁、恰当地综合运用各种表达方式；论据基本要求是：真实可靠、充分典型；论证的基本要求是：推理必须符合逻辑。

## 二、议论文的构成

议论文是作者对客观事物进行分析、评论，以表明见解、主张、态度的表达方式，通常由论点、论据、论证三部分构成。各个部分的具体要求如下：

### 1. 论点

论点是作者在文章中提出的对某一个问题或某一类事件的看法、观点、主张，它要求正确、鲜明、有针对性。如《坚持就是胜利》一文的论点就是一个人要想取得学业上或事业上的成功，坚持是一个重要条件。

**坚持就是胜利**

人们都想在事业或学业上有所成就，但是，只有一部分人取得了胜利，而相当一部分人却陷入失败的苦痛之中。这是为什么呢？

俗语说“功到自然成”。按理说那些失败者完全可以尝到胜利的喜悦，但他们往往缺少一种胜利的必要条件，那就是坚持。这就是他们失败的原因。上边的俗语中所提到的“功到”其中已经隐含了“坚持”的意思。可见，一个人要想取得学业上或事业上的成功，除了个人的努力之外，坚持也是实现这一目标的重要条件。

英国著名作家狄更斯平时很注意观察生活、体验生活，不管刮风下雨，每天都坚持到街头去观察、谛听，记下行人的零言碎语，积累了丰富的生活资料。这样，他才在《大卫·科波菲尔》中写下精彩的人物对话描写，在《双城记》中留下逼真的社会背景描写，从而成为英国一代文豪，取得了他文学事业上的巨大成功。爱迪生曾花了整整十年的时间去研制蓄电池，其间不断遭受失败的他一直咬牙坚持，经过了五万次左右的试验，终于取得成功，发明了蓄电池，被人们称为“发明大王”。

狄更斯和爱迪生就是靠坚持而取得最后胜利的。坚持，使狄更斯为人们留下许多优秀著作，也为世界文学宝库增添了许多精品；坚持，使爱迪生攻克了许许多多的难关，为人类的进步作出不可磨灭的贡献。可见，坚持能够使人取得事业和学业上的成功。

那些失败者往往是在最后时刻未能坚持住而放弃努力，与成功失之交臂。曾记得瑞典一位化学家在海水中提取碘时，似乎发现一种新元素，但是面对这繁琐的提炼与实验，他退却了。当另一位化学家用了一年时间，经过无数次实验，终于为元素家族再添新成员——溴而名垂千古时，那位瑞典化学家只能默默地看着对方沉浸在胜利的喜悦之中。这两位化学家，一位坚持住了，取得了胜利；另一位却没有坚持住，未能取得成功。可见，能否坚持是取得胜利的最后一道障碍。在最黑暗的时刻，也就是光明就要到来的时刻，越在这样的时刻，越需要坚持。因为坚持就是胜利。

（文/李胜）

2. 论据

论据是证明论点正确的证据，要想证明论点的正确，首先，论据必须让人觉得真实、可信，能够充分证明论点。其次，论据要具有典型性，能收到“以一当十”的效果。第三，论据要新颖，尽可能寻找一些新鲜的、能给人以新的感受和启示的论据。

如在《坚持就是胜利》一文中的狄更斯、爱迪生和瑞典化学家的正反两个方面的事例，都是用来证明论点的论据，既具有典型性，又让人觉得真实可信。

论据的类型可分为事实的材料和理论的材料。

作为论据的事实材料，可以是具体的事例，概括的事实，统计数字，亲身经历和感受。

作为论据的理论材料，可以是前人的经典著作，至理名言，民间的谚语和俗语，科学上的公理、规律等。

使用论据必须要符合以下要求：（1）确凿性。我们必须选择那些确凿的、典型的事实。（2）典型性。引用的事例应该具有广泛的代表性，代表这一类事物的普遍特点和一般性质。（3）论据与论点的统一。论据是为了证明论点的，因此，两者应该联系紧密一致。

3. 论证过程

论证过程是指运用证据阐释证明论点是正确的过程。它要求论述要深刻、周密，讲究说理的艺术，还以习作《坚持就是胜利》为例，这篇作文就是运用了两种典型的事例：狄更斯、爱迪生和瑞典化学家的故事，从正反两个方面证明了坚持就是胜利的这一观点，这个过程就是论证过程。

## 三、议论文的论证方式

常用的论证的方法有很多，如演绎论证法、借古论今法、数字法、排比论理法、描写论理法等。我们掌握的方法越多，说理就越有深度，有说服力，就越具有令人折服的逻辑力量，可以在学习过程中逐渐掌握。

议论文从论证方式看，一般分为立论和驳论两种。

1. 立论：立论是对一定的事件或问题从正面阐述作者的见解和主张的论证方法。表明自己的态度时，要注意以下三点：

（1）这些看法和主张必须是经过认真的思考或者具有一定的实践，确实是自己所独有的正确的认识和见解，或者是切实能解决实际问题的主张。要使读者感到有新意，增长知识，提高对事物的认识。

（2）必须围绕所论述的问题和中心论点来进行论证。开篇提出怎样的问题，结尾要归结到这一问题。在论证过程中，不能离题万里，任意发挥，或者任意变换论题。如果有几个分论点，每个分论点都要与中心论点有关联，要从属于中心论点。所有论证都要围绕中心论点进行。这样读者才能清楚地了解分论点和中心论点。议论文的逻辑性很强，论证必须紧扣中心，首尾一致。

（3）“立”往往建立在“破”的基础之上。在立论的过程中，需要提到一些错误的见解和主张，加以否定和辩驳，以增强说服力，使读者不会误解自己的观点。

2. 驳论：驳论是就一定的事件和问题发表议论，揭露和驳斥错误的、反动的见解或主张。

（1）反驳论点。反驳主要是反驳论点，因为议论的根本目的在于阐述见解，发表观点，如果我们不能同意对方的观点和见解，那就要用各种方法来批驳、否定这一观点、见解，指出它的荒谬或虚假。反驳论点就是针对对方论点直接驳斥。

反驳论点的方法之一是直截了当地指出某一论点的错误，用确凿的、不可辩驳的事实来直接反驳，或者从理论上进行透彻的分析和解剖，直接指出错误所在。

反驳论点的另一种方法是归谬法。归谬法是以某一个论点为前提，按照逻辑规律进行合理的引申，但是引申出来的结论却是荒谬的。由于引申出来的结论无法成立，因此，引申出这一结论的论点也就不能成立。写作中对一些似是而非的模糊认识，运用归谬论证揭示其“非”，能收到澄清认识的良好效果。

反驳论点还可用反证法，即作者并不直接指出对方论点的谬误所在，而是建立起一个与对方论点针锋相对的新论点，通过充分论证使这一新论点树立起来，于是与之相对立的论点便不驳自倒了。

运用反证法应注意的是，所反驳的论点与自己所证明的论点应是互相对立，不能相容的。这样才符合逻辑学上矛盾律的要求，达到肯定这个否定另一个的目的。

（2）反驳论据。反驳论据，这是一种釜底抽薪的反驳对方论点的途径。在论证过程中，论据乃是论点赖以支撑的支柱，如果论据不能成立，那么论点就失去依托，不攻而自垮。

（3）反驳论证。反驳论证，这是通过揭露对方在论证过程中论据与论点之间不符合逻辑关系的漏洞来否定对方所提出的论点。进行这样的论证，需要对于对方的言论作冷静的分析，发现其中逻辑推理上自相矛盾之处，然后予以有力的揭露。

## 四、议论文的论证方法

议论文基本的论证方法：包括三大类五种：归纳法、例证法、演绎法、类比法、对比法。

（1）归纳法。归纳论证是一种由个别到一般的论证方法。它通过许多个别的事例或分论点，然后归纳出它们所共有的特性，从而得出一个一般性的结论。归纳法可以先举事例再归纳结论，也可以先提出结论再举例加以证明。前者即我们通常所说的归纳法，后者我们称为例证法。例证法就是一种用个别、典型的具体事例证明论点的论证方法。

（2）演绎法。演绎论证法是从已知的一般原理、规律出发，推知个别事物本质特征的论证方法。如果说归纳论证法是从特殊到一般，那么，演绎论证法是从一般到特殊。运用演绎论证法要求大前提、小前提必须真实、正确、一致，同时要求推论是合乎逻辑的，否则就会出现纰漏。如习作《坚持就是胜利》采用的就是演绎论证法，大前提是坚持就是胜利，小前提是狄更斯、爱迪生坚持了，所以胜利了，结论自然得出。演绎法有三段论、假言推理、选言推理等多种形式，但最重要的是三段论。

（3）比较法。比较论证是一种由个别到个别的论证方法。通常将它分为两类，一类是类比法，另一类是对比法。类比法是将性质、特点在某些方面相同或相近的不同事物加以比较，从而引出结论的方法。对比法是通过性质、特点在某些方面相反或对立的不同事物之间的比较来证明论点的方法。

## 第二节　议论文时事热点

### 一、社会民生篇

#### 1. 富二代“飙车门”

2009 年 5 月 7 日晚 8 时许，24 岁的谭卓在浙江省杭州市文二西路被胡斌所驾驶的改装三菱跑车撞飞，后不治身亡。有目击者声称，谭卓被撞出大约 5 米高后再重重摔在 20 米以外的地方。此事一经报道，立即引来公众的关注。富二代、飙车，这些敏感的词汇引起巨大争议。此案以胡家赔偿受害者父母 113 万元、胡斌被判三年有期徒刑告一段落。其间，演变出“七十码”、“胡斌替身门”、“以赔款抵刑期”等诸多事端，令其成为 2009 年最跌宕起伏的网络热门事件。据媒体报道，在出事后，有一群年轻人站在血肉模糊的尸体旁，还若无其事、勾肩搭背，甚至悠闲地吐着烟圈……这些“富二代”轻视他人生命的行为深深刺痛了民众的道德神经，也让这群年轻人的形象一路跌停。网上对于富二代的指责不绝于耳。

**思考**：胡斌飙车案之所以受到网民们的特别关注，在于它引爆了杭州乃至全国各大富人聚集城市由来已久的闹市飙车痼疾，也在于它使普通民众对“娇纵的富二代”那沉积已久的愤懑得到了宣泄通道。但同时，它也唤醒了法律面前人人平等、生命面前人人敬畏的社会共识。

#### 2. 新时代大学生见义勇为

2009 年 10 月 24 日，在湖北荆州长江边秋游的一群长江大学一年级学生，发现两名在江中浅水区戏水少年被江流卷离浅滩后，几名同学从不同的方向跳入波涛汹涌的江中救人，不会游泳的十多名男女学生手挽手涉水组成“人链”协助。两名落水少年得救了，而陈及时、方招、何东旭三名年仅 19 岁的大学生却献出了宝贵的生命。28 日，湖北荆州市数万民众送别三名英勇献身的大学生，荆州妇女流泪举起“儿子们，一路走好，不相识的母亲”的条幅。在这一群体感动中国时，捞尸者挟尸要价的行为令人愤慨。一名参与施救的大学生告诉媒体：“在两个少年落水不足 5 米的地方就停着一艘机械渔船，我们同学都给渔船的老板跪下了，求他们看能否捞救方招等三人，老板说，长江上哪天不死人，不死几个人我们靠什么挣钱啊？活人不救，捞尸体，白天每人12 000元，晚上18 000，一手交钱一手捞人……”后经媒体调查发现，当地存在一个牟取暴利的民间打捞队，专靠捞尸体赚钱。一时间引发众怒。

**思考**：三名19岁的大学生为了营救落水少年，献出了年轻的生命，他们拯救的不仅仅是两个少年，更是日益沦陷的社会道德；那些捞尸者的冷漠和唯利是图，激起的不仅仅是人们的愤怒，还有公众对于曾经美好道德的向往。

### 3. 余秋雨“诈捐门”

《北京文学》杂志编辑在一篇博文中，对余秋雨宣称已为汶川地震灾区捐款20万元提出质疑，表示其最终并没有兑现承诺，实际捐款不超过6万元。随后，易中天连发三篇博文质疑余秋雨的道德水准。一石激起千层浪，余秋雨受到来自国内各方的口诛笔伐。几天后，余秋雨首次回应“诈捐门”事件，称“他们乱讲”，并表示，“就在地震发生后决定捐款20万元办一所希望小学，但灾区教育局的领导建议我，改捐三个图书馆，由我自己来挑选书。于是我就用20万元买书，再追加30万元购买图书馆的设备，三家图书馆都在今年9月1日落成”。但依然有人表示质疑，余秋雨的捐赠从捐款到援建图书馆，再到捐书，性质已经不一样，而在这一切都还没有到账兑现的情况下，已经大肆宣传，算不算“诈捐”？

**思考**：现在一些文化明星和商业公司合作捐赠，捐赠人是文化明星，但由商业公司出面，钱也是商业公司出。这样名人得了名气，商人做了广告；然后，公司拿名人的名换了钱，名人拿公司的钱换到名，这种“慈善营销”，绝对要更加高明。其实，捐多捐少是个人心意，本来也不能用多少来衡量爱心大小。只是，打着慈善公益的旗号来搞个人宣传，如此作为，有失大师风范。公众不断的质疑，逼出了一连串的个中内情。无论最初的设想如何，最终承诺的捐赠是否到位，才是人们追问的最终目的。沽名钓誉、以善谋私，余秋雨“诈捐门”只是让我们看到了发生在公益热潮中与这两个词有关的故事之一。

### 4. 唐骏“学历门”曝光

2010年7月1日方舟子在微博上发出21条记录，炮轰新华都集团总裁兼CEO、著名的“打工皇帝”唐骏学历造假。唐骏声称自己取得的是西太平洋大学博士学位。但这所大学不被美国教育部门和专业认证机构认可，此类大学也被中国民间称为“野鸡大学”。随后，网上流传着一份“同学录”，指出国内还有不少成功人士和唐骏一样学历有疑点，其中一些人还在政府机构供职。

**思考**：一直以来，唐骏都是以“青年导师”标榜自己，谁都没有想到，被青年学子视为“偶像”的他居然也伪造假学历。一时间多家外企开始清查内部高管的真实学历，更有人未等假文凭被曝光而主动辞职。从草根到名人，学历造假的严重性已经超乎了大众的想象。这样的偶然现象揭露了现在的社会现实，诚信已经在社会中岌岌可危，抑或是社会太重视学历而忽视能力？

### 5. “被××”成为社会热点

2009年7月12日，网名“酱里合酱”的网友赵冬冬在论坛上发出《应届毕业生怒问：谁替我签的就业协议书？注水的就业率!》的帖子，称在他不知情的情况下，学校已经与一公司签订了他的《就业协议书》，而自己连这个公司名听都没听说过。一时间，“被就业”迅速蹿红网络。而随着“被就业”一词的出现，很多“怪现象”纷纷被冠上“被”字之名：被小康、被增长、被全勤……

**思考：**“被××”不是一个简单的文字游戏，它实际上向公权力发出了民意的警示：一方面要自省，公权力是有限权力，不能随意侵入个人合法的权利范畴；另一方面要自勉，必须加强公信力建设，让权力在阳光下运行，防止冒出更多“被××”的荒诞词汇来为这个“被时代”作注脚。“被时代”的出现，也是公民权利意识觉醒的表现。“被××”受关注，必然带来对公权的约束。然而真正让权力收敛，让权力伸张，还需要法治理念的“被激活”。

### 6. 郭美美事件

2011 年 6 月 20 日，郭美玲在网上公然炫耀其奢华生活，并称自己是中国红十字会商业总经理而在网络上引起轩然大波。6 月 22 日中国红十字会称“郭美美”与红十字会无关，新浪也对实名认证有误一事进行了致歉。自 6 月下旬“郭美美事件”等一系列事件发生后，社会捐款数以及慈善组织捐赠数额均出现锐减。民政部最新统计数据表示，全国 7 月份社会捐款数为 5 亿元，和 6 月相比降幅超过 50%。慈善组织 6 到 8 月接收的捐赠数额降幅更是达到 86. 6%。

**思考：**这件普通的炫富事件不仅引发了公众对慈善机构公信力的质疑，同时也折射出网络时代大众围观的看客姿态。可以说，“郭美美”只是一个引爆点，触发了许多人郁积的对慈善机构的不信任乃至不满。的确，将郭美美事件引向红十字会，有偶然因素，然而，整个中国慈善公益组织被质疑的公信力，才更需要引起我们的忧虑。

### 7. 小悦悦事件

2011 年 10 月 13 日，两岁的小悦悦（本名王悦）在佛山南海黄岐广佛五金城相继被两车碾压，7 分钟内，18 名路人路过但都视而不见，漠然而去，最后一名拾荒阿姨陈贤妹上前施以援手，引发网友广泛热议。2011 年 10 月 21 日，小悦悦经医院全力抢救无效，在零时 32 分离世。2011 年 10 月 23 日，广东佛山 280 名市民聚集在事发地点悼念“小悦悦”，宣誓“不做冷漠佛山人”。2011 年 10 月 29 日，没有追悼会和告别仪式，小悦悦遗体在广州市殡仪馆火化，其骨灰将被带回山东老家。针对“小悦悦事件”，广东官方近日明确表态，谴责见死不救的行为，表示这一事件折射出深层次的社会问题。与此同时，广东省委政法委发布官方微博消息，征求民众对救济、奖惩机制方面的意见与建议，或考虑通过立法来惩罚见死不救。

**思考：**在坊间、网络，我们看到了铺天盖地的愤怒、谴责、追问与反思。人们搬出了一大堆的理由，来解读小悦悦悲剧后触目惊心的冷漠：“社会风气不好”、“怕被家属讹上”、“怕莫名其妙担责任”……也有专业人士直指，事情的根源在于公平正义没有成为社会的主导价值与力量，在于南京彭宇案的负面影响，在于没有像一些国家那样设定“见死不救”罪。在都市社会的复杂条件下，作为人之为人的基本的本能、人的基本感情，被严重扭曲了，而社会救助系统被削弱甚至正遭到毁坏”。我们需要反思的是，我们的社会怎么可以发生这种情感和本能被扭曲的事？如果道德的约束不能减少冷漠，那么法律的枷锁遏制冷漠是不是文明的倒退？

## 二、文化教育篇

### 1. 语文教材“鲁迅大撤退”

2010年9月6日，编剧刘毅发帖称：开学了，各地教材大换血——20多篇“被踢出去”的课文，比如《孔雀东南飞》、《药》、《阿Q正传》、《记念刘和珍君》、《雷雨》、《背影》、《狼牙山五壮士》、《鲁提辖拳打镇关西》、《朱德的扁担》等。其中涉及鲁迅的作品多篇，因此称之为“鲁迅大撤退”。一时间引起各界广泛争议，支持者认为新的时代需要新的经典，鲁迅的很多作品不符合当今学生的口味需求，教材换血是与时俱进。反对者则称语文教材大换血可以，但不应把原先拥有顽强生命力的传统篇目撤换殆尽，这对语文教学的改革不啻为一种灾难。而鲁迅之孙也拒绝对此事发表任何观点。

**思考**：这个话题背后，大家更为关注的是语文教材究竟该不该修改。有人认为教材旨在开启学生心智，启迪学生对社会的认知，不同时代的学生必会有不同需求，新的时代需要新的言说方式和表现形式才能更好地让学生接受。正因如此，语文教材与时俱进应该成为一种常态。但放弃传统与经典，对于文化大爆炸的今天，又是不是本末倒置呢？

### 2. 草根名人

不管高雅者怎样嫉恨小沈阳，小沈阳还是红了，眼睛一睁一闭，就从年头红到了年末。不管“外地人”怎么看不惯周立波，周立波还是“满城争说周立波”，十年弹指一挥间，全在笑侃大上海。纷争之中，刘老根大舞台转进了北京，小沈阳依旧当上了劳模，周立波创出“乃依组特（上海话发音，意思为‘把他做了’）大合唱”。2010年年末，张艺谋拉着小沈阳“三枪拍案”，周立波“我为财狂”。曾有专家预言，来自草根的表演笑料重复、内容单一，就算折腾许久，也难免是开到荼靡花事了。但是，至少在2009年，这个预言还没兑现。归根结底，专家们不懂得或是不愿意承认这样一个事实：不管是小沈阳还是周立波，都或明或暗地满足了平民百姓这样一个心愿：哪怕只是一介市井卑微小民，只要一技在身，都有可能一朝成名天下闻。

**思考**：在大众文化消费日益泛滥的时代，文化究竟是应该予以限制成为曲高和寡，还是应以多样性的姿态迎接草根，而这一现象势必因大众的传播日益低俗化。传媒在这一过程中应该采取放任态度还是引导态度？文化的选择到底是大众的选择还是传播的选择？

### 3. 高考高分复读

在山东、河北、河南、四川、重庆、陕西等传统“高考大省”，高分自愿落榜生是实践复读学校“挑战新课改”、“一年增加100分”，“不上清华北大绝不罢休”等口号的生力军。其中人称“高考哥”的陈一天备受关注。636分，617分，678分，679分，这是一个叫陈一天的男孩连续四年的高考成绩。每一次的成绩都足以报考相当不错的大学。可是陈一天一次又一次地选择了放弃。陈一天说，复读只为考上梦想中的北大。

**思考**：高分复读现象并非今年独有，却有逐年愈演愈烈之势。十年寒窗苦读，拼力搏

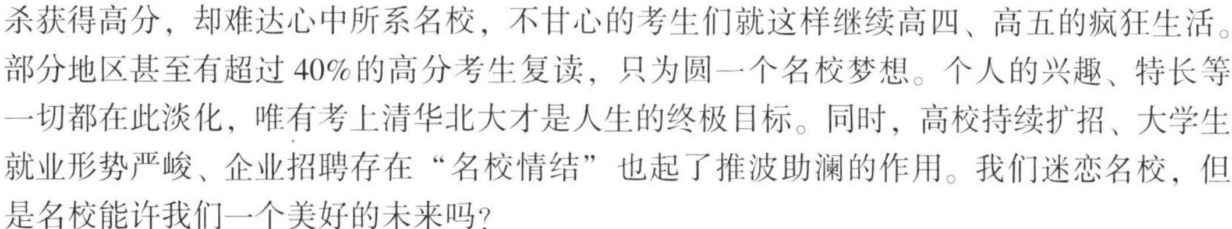

杀获得高分，却难达心中所系名校，不甘心的考生们就这样继续高四、高五的疯狂生活。部分地区甚至有超过40%的高分考生复读，只为圆一个名校梦想。个人的兴趣、特长等一切都在此淡化，唯有考上清华北大才是人生的终极目标。同时，高校持续扩招、大学生就业形势严峻、企业招聘存在“名校情结”也起了推波助澜的作用。我们迷恋名校，但是名校能许我们一个美好的未来吗？

#### 4. 华中科技大学清退307名研究生

2010年8月30日，华中科技大学研究生院在网上公布将对“超学时”研究生进行退学处理。按规定，硕士生学习年限最长不应超过4年，博士生最长不超过8年。通知称，学校拟清退超学时的研究生，身处拟清退范围内的硕士和博士研究生共307人。清退清单中含奥运冠军高崚、杨威及多位政府官员、老板等。

**思考**：中国高校的研究生培养制度早已脱离了正轨，官学结合是公开的秘密。文凭能有助于官员晋升，官员、企业高管能为学院带来科研项目和经费。在这种大环境下，华中科大敢于清退官员、老板研究生，在全国首开先河，无疑给全国高校带了个好头。唯有真正保证大学的独立性，撇清官学纠葛，华中科大才不会只是另类和特例，研究生教育也才有可能回到本质的目的。

#### 5. 限娱令

广电总局发布《关于进一步加强电视上星综合频道节目管理的意见》，提出从2012年1月1日起，34个电视上星综合频道要提高新闻类节目播出量，同时对部分类型节目播出实施调控，并要求各大卫视须办道德建设栏目。很多网友表示对于广电总局这种莫谈国事也莫谈风月的政策很是不理解。有人说限娱令封锁了百姓解压的出口。但是过度娱乐化与低俗化，也反映出我国社会转型过程中大众的普遍焦虑情绪。社会经济的转型的确会增加不确定感，产生集体性社会焦虑，如果应对焦虑的简单粗暴的方式就是低俗化，那么这种集体焦虑情绪就会成为低俗的娱乐节目赖以生存的土壤。

**思考**：有人把此次的“限娱令”看做是主管部门的一次文化调控，也有人认为，对于文化的监管，应该更多地来自民间的自觉。和所有的供求关系一样，文化产品的消费者和文化产品的提供者也是互相影响的。有什么样的需求，就有什么样的供给。也正因此，从根本上说，每一个有责任感的人内心里都该有一道“限娱令”。

### 三、网络篇

#### 1. 温家宝做客新华网与网民在线交流

继胡锦涛总书记2008年在人民网与网民进行在线交流后，温家宝总理在2009年全国“两会”召开前夕，通过新华网同海内外网民进行了在线的文字与视频交流。面对网民这一中国社会快速发展壮大的力量，各级官员纷纷上网问政，将之作为体察社情民意的重要手段。如广东省委书记汪洋给网友们的留言：“真诚欢迎大侠们‘打好铁、抢沙发、盖高楼’，积极为广东经济社会发展建言献策，及时反映社会各界的呼声。”（注：网络用语，“打好铁”表示“发好帖”，“沙发”代表第一个回帖，回复就像盖楼，回复越多楼越高，说明人气越旺。）湖南省委书记张春贤以实名发帖给网友拜年；江西省委书记苏荣网上问计，840多万网民倾情赴约；贵州省委书记石宗源每天必到“地方领导留言板”看网友留言，遇到重要留言，还当场打印出来，力求尽快处理……

**思考**：网民这个群体中汇聚了社会不同阶层群体，官员上网成风尚，在进行重大决策前问政网民，可使各项决策更符合实际情况。不同成员之间能够实现有效沟通是公民社会的重要特征。高层领导和普通公众之间应该有更充分的沟通，更有效的互动。

### 2. “贾君鹏”帖：网络狂欢背后的精神空虚

2009年7月中旬，在百度魔兽贴吧里，一个标题为“贾君鹏，你妈妈喊你回家吃饭!”的“纯水帖”，在短短一天的时间内迅速成为网络第一“神帖”，创造了数百万的网络点击率及数十万条回复的记录，引发了一场网络集体大狂欢。一时间，“贾君鹏，你妈妈喊你回家吃饭”的各种版本纷纷涌现，与其意思相似的流行语大行其道。

**思考**：从“贾君鹏”到“春哥”,“我抽的不是烟，是寂寞”，再到“偷菜”、“奥巴马女郎”，部分网民和媒体在近乎无聊的网络跟风中寻找自己的欢乐，也折射出了网络精神文化的某种空虚，乃至成为背后利益推手的棋子，最终堆砌出一场没有什么积极意义、空耗碳排放的所谓“狂欢”。在一个物质逐渐丰腴的时代，人的精神世界不应如此平庸空洞。

### 3. 微博：表达更加“草根”

自2010年以来，红遍大洋彼岸的微博客魅力延伸至中国，引发了一场“围脖”热潮。和博客不同，博客上的形象被喻为“化妆后的表演”，博文需要考虑完整的逻辑，大工作量成为博客作者的负担；而微博使用者不必考虑做什么标题、如何展开叙述等“繁文缛节”，只需用一个或几个短句将心中最想说的话写下即可，140个字符的微博深受网民喜爱。支持手机随时更新的微博，实现了信息的及时发表。微博也迎来知名明星、企业家的加盟，李开复、俞敏洪、赵薇、潘石屹等纷纷开微博，“围脖”粉丝团日趋火爆。

**思考**：短小精悍和随心所欲的微博也因为“太琐碎”“口水信息太多”而被一部分人诟病，但有专家认为，微博的出现可以说是互联网时代更深入人心的一种表现。每个人都有表达、沟通的欲望，而140个字的限制给予了作家和农民不分高下的发言权，从而推进了草根文化的发展。然而，这是否像快餐一样，能很快被消费同时又毫无营养也很难被保存下来？大众的思维会不会越来越简化？

### 4. “父母皆祸害”

豆瓣网上一个名叫“父母皆祸害”的网络讨论小组，创建于2008年1月18日，成员已发展到30 000多人。“祸害”，80后子女形容50后父母。他们的父母多为小学老师，在子女眼中，是一群“僵化的国家教育机器的最末端执行者”，他们“逃得掉沉闷无趣的小学，却永远也别想从父母那儿毕业”。“父母皆祸害”被曝光后，颠覆了中国人对长辈的传统认识，立刻形成了两大阵营。不少网友表示，虽然知道父母都是为了自己好，但有些做法还是让人难以忍受。也有网友反思，豆瓣上这个小组的名字，估计大部分父母看了都会怒从中来，伤心不已。

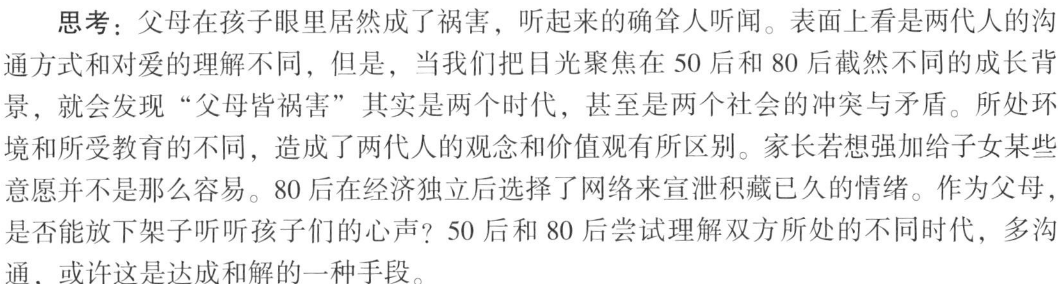

**思考**：父母在孩子眼里居然成了祸害，听起来的确耸人听闻。表面上看是两代人的沟通方式和对爱的理解不同，但是，当我们把目光聚焦在50后和80后截然不同的成长背景，就会发现“父母皆祸害”其实是两个时代，甚至是两个社会的冲突与矛盾。所处环境和所受教育的不同，造成了两代人的观念和价值观有所区别。家长若想强加给子女某些意愿并不是那么容易。80后在经济独立后选择了网络来宣泄积藏已久的情绪。作为父母，是否能放下架子听听孩子们的心声？50后和80后尝试理解双方所处的不同时代，多沟通，或许这是达成和解的一种手段。

5. 高考生李盟盟“被落榜”

李盟盟是河南开封县开封四中的学生，今年高考分数565分，报志愿那天，开封县招生办的工作人员把自己的申请表锁在抽屉里忘了提交，导致自己现在任何大学都上不成，一家人的梦想彻底破灭。李盟盟在网上发帖求助，获得网友声援。此后，报纸、电视等传统媒体介入，很快，李盟盟被第二志愿河南财经政法大学会计学专业录取，原已破碎的大学梦得以重圆。

**思考**：在上访无门，走投无路的情况下，亲戚代替不会电脑的李盟盟发帖求助，最终在媒体和公众的强大舆论支持之下，李盟盟被一所学校顺利录取。其过山车似的命运，堪称奇迹。如果没有李盟盟的帖子，没有公众和诸多媒体的介入，该事件很可能与太多的不平一样，无疾而终，甚至泛不起一点涟漪。舆论监督的成效有着太多偶然性，杜绝类似事件还需要严格监督高考录取的各个环节。

## 第三节　议论文范文

### 一、舍小利以谋远

近日“可持续”一词频现诸多媒体报端，无论是政府还是社会成员都努力谋求“可持续发展”，也就是长远的发展，这就需要我们从现在的经济发展方式中寻求改变。我们应“舍小利以谋远”，将目光放得更加长远一些，来谋求可继续发展。同样，这种“舍小利以谋远”的态度也适用于方方面面，不失为一条良好的人生准则。

丹麦人钓鱼会拿把尺子量量钓到的鱼，将尺寸不够的鱼放归河中。有人或许会对这一做法生疑，辛苦钓到的鱼为何还要放回去，多可惜。其实，这却是丹麦人智慧的做法，让小鱼继续生长，日后才钓得到更多的大鱼。我想，这就是“舍小利以谋远”的体现吧。不局限于眼前的“所得”而是思虑日后的保障，这才能得到日后的丰收。就像孟子说的“数罟不入洿池，鱼鳖不可胜食也”。一味去捕捉小鱼往后就无鱼可求。唯有暂释眼前的小利方能成就日后的满载。

日本的养鱼业有过这么一个事件。过去北海道渔场资源丰饶，似乎取之不尽用之不竭。邻海居民都肆意捕捞，不光金枪鱼等品种数量锐减，还威胁到鲸和海豚的生存，因此，日本政府制定措施整顿渔业，规范捕鱼制度，特别加强对鲸和海豚等品种的捕杀控制，不能为了餐桌，损害了生灵也隔绝了后代与自然的接触。同样，这也就是“舍小利以谋远”的表现。人们在生产活动中因为太多的无限制的索取，危害到了自然应有的平衡，唯有重拾这份和谐，才能长远。可持续地生存发展下去。

舍小利以谋远，关键在一个“舍”字，只有舍得，才能获得。可是急功近利的做法依旧屡见不鲜。股市的急转直下，潮起潮落，让一些人顿失方向；楼市的风起云涌，水涨船高，让一些人倾囊赴火。许多人在追逐眼前利益的时候往往不能预料到日后长远的行动方向，因此常常“因小失大”。股神巴菲特在谈到自己“滚雪球”的盈利时，就谈及过在最初投资阶段的不尽如人意，但他面对不顺心，面对蝇头小利却不动心。舍小利以谋远，终成伟业。

舍小利以谋远，懂得舍得，谋求长远利益，才是发展之道。可持续发展的提出正是提倡人们关注自然更长久的考虑，不因急于发展经济而难以谋远，不为未来更进一步考虑。丹麦人将小鱼扔回河中，不就是这样一种可持续的理念的体现，舍小利，方能谋远。

时代发展，物欲横流，必然会伴随着功利的心态。但请学会“舍小利以谋远”，宁得此时的一份释然与平衡，为今后人生蓝图插上腾飞的双翅。

## 二、重拾遗落的厚重

中国的圣贤先哲大都强调一种格物致知的精神，认为做学问就要把它弄明白，搞透彻，不能浅尝辄止，似是而非，因而孔子韦编三绝而精通周易。今日之时，商业化的文化如快餐般呈现在我们面前时，我们往往手足无措，我们确实失去了什么，也许就是文化的厚重感。

现代人的生活节奏非常快，“浅阅读”同样是快节奏生活的产物，我们也许根本就无法空出时间来一次真正的阅读，更不用说研习经典了。但反思这种来也匆匆，去也匆匆的生活，我们不一定快乐，同时也失去了很多趣味，难道生活本身就这样吗?

古代与现代的价值观念体系截然不同。古人专心做学问，对于贫困饥饿当真能安之若素。孔子有云：君子食无求饱，居无求安，敏于行而慎于言，可谓好学也矣。而今人则更多追求商业利益，一切以钱为主，这就引发一系列的商业炒作以及学术丑闻，争论与批评过后，我们应该更深入地反思。

失去了厚重的文化支撑，一个民族很难立足于世界。正如四大文明古国中除中国外其他三国的没落与衰亡，它们的衰亡归根到底是文化的缺失和没落。相反美国只有两百多年的建国历史却成为全球唯一的超级大国同样得益于那民主自由的先进文化。当中华文明经历了数千载的传承后，能否在当代发扬光大，确实还有悬念。

环顾我们周围的读物，十之八九便是杂志，很少有人花费大量的时间去钻研一本名著。其实知识本身就需一个长期的理解与领悟后方可掌握，而钻研名著正是这样的过程，虽然艰涩难懂，但细细咀嚼后却别有一番滋味。那些厚重的经典名著不应该是图书馆书架上的陈列品，我们只是恭敬虔诚地仰望，它们应该真正走进我们的生活，成为我们的良师益友。

学海无涯，学习本身就不是一蹴而就，这就需要我们具有毅力和持之以恒的精神，阅读厚重的书籍，感受厚重的文化，你也会变得厚重起来，腹有诗书气自华，越是有学问，你才会越有气质。

文化快餐只能作为一种尝试，一种体验，它不能替代主食。重拾遗落的厚重，沉潜宁静，到知识的海洋中开拓一片全新的天地。重拾遗落的厚重，让民族有强大的精神支撑，

我们会看到真正的崛起与复兴。

### 三、情感、理性、认知

作为万物之灵的人类，在漫长的历史长河中，以丰富的主观情感以及对客观世界的认知构筑起纷繁复杂的社会体系。情感为人与人之间心灵的交融架设自由的桥梁，它以亲情、友情、爱情……维系着整个社会；认知则为人与客观的事或物之间的理解与探知铺就了通途！情感与认知之间，本就是相对独立的，对等的。然而实际上，冲动的感情和不明智的主观认识往往驾驭着人类的言行，替代了客观的认知，使得理性的天平倾斜了！

诚然，正是由于有了人类之间曼妙的情感，全社会乃至全世界才不至于陷入一种盲目的、机械性的单调之中就如同电影《摩登时代》和《城市之光》中描绘的那样，人的言行似乎在工业革命的浪潮中变得毫无生气，如同机器人一般。缺乏感情的社会是僵硬的，是脆弱的。

历史上的教训，足以使我们对此有更为清醒的认识！太平天国的洪秀全，领导农民起义，开创了反帝反封建的创举，却由于统治者洪秀全的独断专行，任人唯亲，大肆提拔同宗族的亲信，封王封侯，排挤同属统治阶级中非其宗族的开国元勋、元老，诸如石达开、杨秀清、韦昌辉……导致苦心经营的大好山河断送人手，石达开愤然率天国精锐出走天京，韦昌辉滥杀无辜酿成震惊中外的“天京事变”？……是当时农民阶级中深厚的封建宗族思想，占据了洪秀全的心智，以所谓的“亲情”葬送了太平天国以及千百年来农民斗争的血泪结晶！

历史的硝烟，并不曾掩去人们心中的理性。建国后，毛泽东同志毅然拒绝调用湘潭老家的亲友赴京任职的请求，甚至将自己的亲生儿子送上抗美援朝的前线，提拔任用党内外有识之士，为共和国奠定了良好的基石。毛泽东同志不愧为任人唯贤的典范！

用理性的思维来衡量感情与认知，在主观与客观之间寻求一个和谐的统一，不失为正确处理人际关系、人事关系的绝佳手段！

俗语说得好：帮理不帮亲！先人为我们积淀了深厚的历史，今人又将以理性的天平衡量情感与认知，打造更为美好的明天。

### 四、公则生明

朱镕基总理将“公则生明，廉则生威”这句话作为他的人生信条，于是，我们看见了一个公正无私、威严廉洁的高大形象。

“公则生明”，单单四字，意蕴深远。公正，不偏私地想问题、办事情，则处理问题明智正确；反之，带有主观色彩，便不能公正无私地认识和处理问题。而人往往受主观因素影响，难以对事物做出正确深刻的认识，所以要做到“公则生明”并非易事。

人们首先得克服感情上的亲疏远近才能客观地认识事物。《韩非子》中一则寓言曰：宋国一富人，一日大雨把他家墙淋坏了，他儿子认为不修好，一定会有人来偷窃，邻家老人也如此认为，是夜，果然富人被窃。富人于是觉得他儿子很聪明，而怀疑邻家老人为窃贼。可见，富人对被窃一事，完全受感情亲疏所左右，对自己的儿子，偏私地认为聪明，邻翁却是怀疑对象，这样不客观，很难认识到真相，或许，事情的真相恰恰相反也未可知。所以，感情上的亲疏远近在很大程度上影响着人们的判断，要想获得正确的认识，必须理智客观地分析研究事物，不带一丝感情色彩。

历览古来圣贤人，无不在对事物做出客观公正的评价，在处理事情上力求做到公正不偏私。

我们要向包拯学习，他公正廉洁，不包庇一切罪行。他的铡刀上斩昏君，下斩黎民，只要是真相，就能在他面前闪光，只要有罪恶贪婪，一律逃不过他公正无私的眼睛，于是，才在青史上永远镌刻着他的名字。

我们要向岳飞学习，他训练的岳家军，行军迅猛，杀敌勇武，这与他的公正无私是分不开的，儿子岳云，犯军规违纪按军法处置，不因他是自己的儿子而有所偏颇，于是全军上下，无人不服，无人不赞，因此，岳家军才使金军闻风丧胆，才使得北宋得以保全，岳飞的精神一样在历史的长河中熠熠生辉。

不论是故去的古人，还是现存的今人，只有做到公正无私，才能在对事物的认识上得到真理，才能在对事物的处理上得到赞美。感情上的偏私只能陷入于不分青红皂白，不辨是非之中，我们要坚决拒绝让感情主宰理智。

“公则生明”这句话犹在耳边回荡，让我们摒除感情的干扰，理智公正地在世为人吧！

## 五、调准感情焦距　拥有清晰世界

曾听过这样一个故事，一位艺术家去参观一个人体艺术展，哪知到了展馆却见馆前竖着一块月球表面的地质图。他怀疑自己进错了展馆，一问方知那块地质图原来是人体放大一千倍的作品，名曰：《人体的真谛》。

也许，人对万事万物的认识都如此，距离太近或太远都难以把事物认识全面。再受感情亲疏远近的影响，对真相的认知则更难了。君不见多少贪官污吏任人唯亲？君不见多少笔客学霸结帮成派，互相吹捧？感情犹如一层雾，遮住了事物的真相；感情犹如一层烟，模糊了我们的眼睛。我们只有把眼睛擦亮，把感情的“焦距”调准，才不至于把人体看成地图。

其实，古往今来，不少人都调准了自己感情的“焦距”，为自己展现出了清晰的世界。

六祖慧能当初上山学道，五祖弘忍只称其为“南蛮”，而当“菩提本无树，明镜也无台，佛性常清净，何处有尘埃”的绝世偶子展现在弘忍眼前时，弘忍立即调准自己感情的焦距，把衣钵传给了关系较疏远的慧能，而不是自己一向欣赏的入室大弟子神秀。于是，“教外别传，不立文字，见性成佛”，世人的眼睛在六祖禅宗的拂拭下分外清醒。

康乾盛世，作为两朝“重臣”的张廷玉，当其弟弟张廷露在科举选拔中作弊而被问斩之时，他立即调整了感情的焦距，眼中看到的是国家的利益而非个人的感情，挥泪亲自监斩嫡亲胞弟。于是，雍正王朝整顿吏治的榜样高高矗立。

还有太多太多的例子，诸葛亮挥泪斩马谡，包青天怒铡包勉，不都是这样吗？世间事物的真相，都在感情的准确焦距上得以完美展现。感情上的亲疏远近左右着对事物认知的正误深浅，我们必须以公正、纯洁、无私的心，准确把握感情，调准感情焦距。

请抹清自己的眼睛，把握自己的感情吧！只有如此，我们在对世界的摸索中才能拥有一个被准确认识的世界！

## 六、心境与人生

心境如磁铁，无论你的思想是正面还是反面，你都要受它的吸引。思想如同车轮，它带领你前进或后退。态度如镜子，他通过别人反映出你自己。

在喧闹的街头，我们经常看到，两辆汽车相互碰撞时，或许从车内出来的司机一下车就破口大骂对方："你是怎么搞的，会不会开车！有没有长眼睛！怎么把车开成这样子！"他不会去想事情是怎么发生的，对他来说，最直接的反应就是先发制人、破口大骂；当然也有些司机一下车就先检查自己的车子有什么损伤，然后心里盘算着大概又要花多少修理费，这个月的薪水大概又要花掉多少，或者该怎么样向保险公司报这笔账；我们也可以看到有些人一下车，二话不说先找附近的交通警察，或去报案请警察来处理；也有些人一下车，会先打量一下对方，以对方身材的大小、长相来决定要用什么态度来应对对方；也会有一些人下车后，会先问对方有没有受伤。面对同样的车祸，不同的人表现出了各种不同的反应。

曾经听说过一个发人深省的故事：有一位老鞋匠，四十多年来一直在进入城镇必经的道路上修补鞋子。有一天，一位年轻人正要进入这个城镇，看到老鞋匠正低着头修鞋，他问老鞋匠："老先生，请问你是不是住在这个城里？"老鞋匠缓缓抬起头，看了年轻人一眼，回答说："是的，我在这里已经住了四十多年了。"年轻人又问："那么你对这个地方一定很了解。因为工作的关系，我要搬到这里，这是一个怎样的城镇？"老鞋匠看着这个年轻人，反问他："你从哪里来，你们那儿的民情风俗如何？"年轻人回答："我从某个地方来，我们那里的人哪，别提了！那些人都只会做表面文章，表面上好像对你很好，私底下却无所不用其极、钩心斗角，没有一个人会真正地对你好。在我们那里，你必须很小心才能活得很好，所以我才不想住在那里，想搬到你们这儿来。"老鞋匠默默地看着这个年轻人，然后回答他说："我们这里的人比你们那里的人更坏！"这个年轻人哑然离开。

过了一阵，又有一个年轻人来到老鞋匠面前，也问他："老先生，请问你是不是住在这个城镇？"老鞋匠缓缓抬起头，望了这个年轻人一眼，回答他："是的，我在这里已经住了四十多年了。"这个年轻人又问："请问这里的人都怎么样呢？"老鞋匠默默地望着他反问："你从哪里来？你们那儿的民情风俗如何？"年轻人回答："我是从某个地方来，那里的人真的都很好，每个人都彼此关心。不管你有什么困难，只要邻居、周围的人知道，都会很热心地来帮助你，我实在舍不得离开，可是因为工作的关系，不得不搬到这里。"老鞋匠注视着这个年轻人，绽开温暖的笑容，告诉他："你放心，我们这里每一个人都像你那个城镇的人一样，他们心里都充满了温暖，也都很热心地想要帮助别人。"

同样的一个城镇、同样的一群人，这位老鞋匠却对两位年轻人做了不同的形容和描述。聪明的读者一定已经知道：第一位年轻人无论到世界的哪个地方，都可能碰到虚伪、冰冷的面孔；而第二位年轻人，无论到天涯海角，到处都会有温暖的手、温馨的笑容在等待他。

我们常常以为玻璃是透明的，以为自己看到的是真相。事实上，我们每一个人看到的都是自己，整个世界都是你自己创造出来的。如果你讨厌一个人，就会看到他许多缺点，然而那个人在一百个不同的人眼中，他就会是一百个不同的样子。

外面的世界都只是一个外缘，都只是一面镜子，反射出我们内在的因——生命里的许多经验。如果我们想要成就自己的生命，想有一个更高可能性的自己，首先要接受“我是一切的根源”这样的观念，停止要求外在世界来符合我们的需要，把所有曾经浪费过的那些精力，用回到自己身上。

# 第二章
# 应用文写作

## 第一节　行政公文概述

### 一、行政公文的概念

公文是与私人文书相对而言的。是处理公务的文书，它通常有广义和狭义之分。广义的公文，一般指机关、团体、企事业单位用文字写成并使用的、具有一定格式的局面材料，即通常所说的机关应用文。狭义的公文，指法定公文，即《中国共产党机关公文处理条例》(1996 年 5 月 3 日中共中央办公厅发布）和《国家行政机关公文处理办法》(2000 年 8 月 24 日国务院办公厅发布）中所规定的文种。我们这里所讲的公文，指的就是狭义的公文——法定公务文书。法定公务文书，是我国党政机关、人民团体或法定机关与组织(主要指企事业单位）处理公务时使用的材料。这些材料，按照特定的格式，经过一定的处理程序制成，是发布政策法令、传达工作意图、联系公务与记载公务活动的工具。

“行政公文”是国家行政机关公文的简称。它是国家行政机关在行政管理过程中形成的具有法定效力和规范体式的文书，是依法行政和进行公务活动的重要工具，是国家行政机关实施行政管理活动的主要手段之一。因此可以说，提高行政公文写作水平和质量，直接关系到国家行政管理的效率。国家公务员必须充分认识行政公文写作的重要性，掌握行政公文的写作规律，遵守国家有关行政公文写作与制作的法规，切实发挥公文在管理中的作用。

为使国家行政机关的公文处理工作制度化，规范化，科学化，提高公文处理的效率和质量，经过几年的实践，国务院办公厅对原有的《国家行政机关公文处理办法》进行了再次修订，于 2001 年开始施行。修订后的国家机关行政公文共有十三类十三种，即一、命令（令)，二、决定，三、公告，四、通告，五、通知，六、通报，七、议案，八、报告，九、请示，十、批复，十一、意见，十二、函，十三、会议纪要。

### 二、行政公文的格式

#### (一）行政公文的格式

行政公文的格式是指正式印发并运行的行政公文各构成要素排列标志的法定性位置及标志样式，也包括正式制发的公文书面印刷、装订的固定格式。行政公文的格式一般由文本格式、用纸格式和印装格式三部分构成。

行政公文的格式在新发布的《国家行政机关公文处理办法》第三章中做了明确的规定，同时还规定“公文中各组成部分的标志规则参照《国家行政机关公文格式》国家标准执行”。认真贯彻这两个法定性文件精神，严格按照有关要求制作行政公文，掌握规范化的行政公文制作程式，是国家公务员在公文写作中必须做到和遵守的要求。

### （二）行政公文格式标准

现行的行政公文，除命令（令）、公告、通告、会议纪要等，一般情况下在文本格式、用纸格式和印装格式方面都有严格的规范要求。

#### 1. 文本格式

文本格式即指行政公文的内在结构，它由若干要素构成，并且各个要素的标志方式及位置有着明确的规则。我们将行政公文的各要素划分为眉首、主体、版记三部分。

（1）眉首

眉首即行政公文的文头部分，有时用套红印刷，一般情况下行政公文中图文颜色均为黑色。眉首的构成要素有：

①公文的份数序号。指同一文稿印刷若干份时每份公文的顺序编号。如果公文需要标志份数序号，应采用阿拉伯数字顶格标志在版心左上角第一行。

②秘密等级和保密期限。公文内容属于密级范围内需要标志秘密等级，应该用黑体字顶格标志在版心右上角第一行，两字之间一字；如果同时需要标志秘密等级和保密期限，用3号黑体字顶格标志在版心右上角第一行，秘密等级和保密期限之间用“*”隔开。

③紧急程度。紧急公文应该根据紧急程序分别标明“特急”，“急件”，用3号黑体字，顶格在版心右上角第一行，两字之间空一字；如果需要同时标志秘密等级与紧急程度，秘密等级顶格标志在版心右上角第一行，紧急程度顶格在版心右上角第二行。

④发文机关。发文机关应由机关全称或规范化简称加“文件”两字构成，对于一些特定的公文可以只标志发文机关全称或规范化简称；对于联合行文应使主办机关名称在前，其余机关排后，“文件”两字写在发文机关右侧，上下居中排布，如果联合行文机关较多时，公文的首页也必须保证能够显示出正文。

⑤发文字号。发文字号由发文机关代字、年份和发文顺序号组成。年份和序号用阿拉伯数字标志，年份应标全称并用六角括号〔〕括入，序号不编虚位，不加“第”字。发文字号标志在发文机关下空2行处，并用3号仿宋字体居中排布，在发文字号下印一条与版心等宽的红色反线。

⑥签发人。需要上报的公文应标志签发人姓名，平行排列于发文字号右侧。发文字号居左空一字，“签发”人及姓名居右空一字，在“签发人”后用冒号标志签发人姓名。

（2）主体

主体是指公文的正文部分，它是公文的实体，一篇公文需要表达的思想、意图全靠正文体现。在选择恰当文种，确定主旨并运用材料表意明确的基础上，注意遵循写作的一般规律，同时还要注意符合公文的格式规范，特别是构成行政公文的常标项目不能缺少，每一个要素的标志也要符合格式要求。一般情况下，构成行政公文主体的要素主要有：

①标题。标题就是公文的名称，标题应当简要地概述公文的主要内容，一般由发文机

关、事由和文种三个部分构成，这种标题也叫“完全式”公文标题。例如《×××省人民政府关于进一步加强旅游业管理的通知》。在标题中，除法规、规章名称加书名号“《》”以外，一般不用标点符号，公文标题标志在红色反线下空 2 行位置，用 2 号小标宋体字，可分一行或多行居中排布，如果标题较长需要回行时，要做到词意完整，排列对称，间距恰当。

②主送机关。主送机关即公文的主要受理机关，它是负责承办或答复主要内容的机关。主送机关的多少要看公文的内容而定。一般情况下，下级向上级机关发出的请示报告，只写一个主送机关，不应出现多头主送，否则责任不明，误时误事。上级对下级机关的发文，主送机关应按法定或约定俗成惯例排列。如“各省、自治区、直辖市公安厅、局”；凡是直接向社会或群众公布的公文及法规章程等可以不写主送机关。主送机关应写在标题下空 1 行，左侧顶格用 3 号仿宋字标志，如果主送机关较长需要回行时仍然顶格，最后一个主送机关用冒号。

③公文正文。正文是公文的内容所在，是公文写作的关键。正文写在主送机关名称的下一行，每自然段左空两格，回行应顶格，数字和年份不能回行。正文一般分为三部分，即“凭—事—断”三个层次。

开头（凭）：凭什么行文，是制发公文的依据和理由所在。大致有以下几种情况：根据现实中的好、坏现象，具体事件、事故行文；根据事物发展变化行文；根据方针、政策、法令、法规行文；根据某种理论、道理行文；根据上级或对方来文行文等。具体到某篇公文如何开头，应根据发文意图、行文对象和文种特点来确定。

主体（事）：即什么事项。公文主体主要是列举材料，申述观点，叙事明理，尤其是把事说清楚。主体部分往往采用分条列项的办法，或加小标题的办法，使条理清楚，要注意事项间的逻辑顺序。

结尾（断）：即论断。内容多数是提出要求、措施、办法等。有些公文有规范的结束语，如“特此通知”“以上请示当否、请批示”“此复”等。

内容简单篇幅较短的公文，这三部分之间并没有明确的界限，或“凭”“事”合为一段，或“事”“断”合在一起，或“凭”“事”“断”合为一段，通常把这种结构叫做“篇段合一”。

④附件。附件是指附属于正文的有关文字、图表材料。有的公文因内容需要，又不便于写入正文的材料用附件的形式表达，用于对正文做补充说明。公文如附件，应注明附件顺序和名称，写在正文下空 1 行，左空 2 字，写“附件”后标冒号和附件名称，附件如有序号应使用阿拉伯数字，附件名称后不加标点符号。

⑤成文日期。成文日期是指公文完成并定稿的时间，一般以负责人签发的日期为准。联合行文以最后签发机关负责人的签发日期为准，法规性文件以批准日期为准，成文日期以汉字将年、月、日标全，“零”写成“0”，成文日期的标志一般情况下应写在正文右下方，有些公文的日期也可以标志在公文标题下方居中并用圆括号括起来。

⑥印章。印章是机关职权的象征，是公文生效的标志。行政公文除“会议纪要”和以电报形式发出的以外，应当加盖公章。联合上报的公文由主办机关加盖公章；联合下发的公文，发文机关都应加盖印章。单一机关制发的公文在落款处不署发文机关名称，只标记日期，加盖印章应不压正文，端正、居中地下压成文日期。

当公文排版所剩空白不能空下印章位置时，应采取调整行距、字距的措施加以解决，务必使印章与正文在同一版面。不得采用标志“此页无正文”的方式解决。

⑦附注。附注指需说明的其他事项。写公文如有需要说明的其他事项，应当加括号标注，位置标志在成文日期下一行。

（3）版记

版记是公文尾部位于公文末页下端标志的、体现公文管理的要素部分。版记中应包括的项目主要有：

①主题词。是指概括一篇公文主题内容的几个规范性名词或词组的统称，它是公文主要内容的标准概括，一般由3到5个单词或词组构成。主题词应标志在文尾分界线上，居左端顶格，每个词之间空1个字，先标志“主题词”三个字，用3号黑体字，后标冒号，词目用3号小标宋体字。标志主题词的方法是先标类别词，再标类属词。

②抄送机关。是指除主送机关外需要执行或知晓公文的其他机关。抄送机关应当使用全称或规范化简称、统称。抄送机关应标志在主题词下1行，左右各空1字，用3号仿宋字标志“抄送”，后标冒号，再标具体的抄送机关，并用逗号隔开。

③印发机关和印发日期。公文的正式发布或印发应写明印发机关和日期，标志在抄送机关之下，占1字位置，印发机关标志在右侧空1字位置，印发日期标志在右空1字。印发日期以公文的付印日期为准，用阿拉伯数字标志。

#### 2. 用纸格式与印装格式

行政公文的用纸一般采用国际标准A4型（210mm×297mm），定量为副$60g/m^2 \sim 80g/m^2$的胶版印刷纸或复印纸。

行政公文采取左侧装订。张贴的公文用纸大小，根据实际需要量确定，有关行政公文格式参考有关规定。

## 第二节　命令（令）和决定的写作

### 一、命令（令）

### （一）命令（令）的概念和特点

命令（令）是根据有关法律和行政法规由县级以上权力机关，或国家高级领导人发布重要行政法规和规章，宣布施行重大强制性行政措施，任免、奖励有关单位及人员时所使用的公文名称。

命令（令）是庄严的指挥性下行公文，带有强制性。命令常简略为“令”，命令和令是同一文种的不同叫法。二者意义上没有区别，如《向全国进军的命令》《中华人民共和国主席令》。

命令（令）具有如下特点：

#### 1. 内容的权威性

在所有公文文种中，命令（令）最具权威性和强制性，一经发出，其下级机关必须

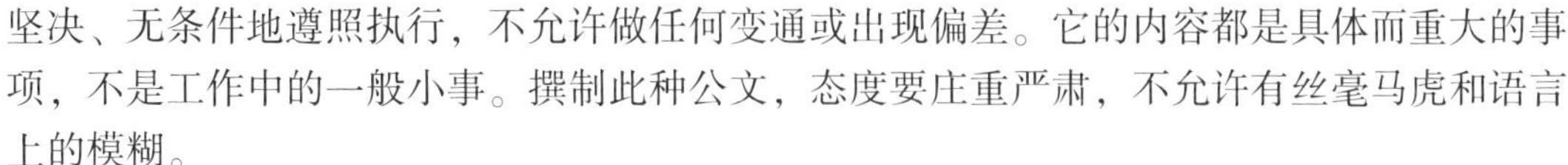


坚决、无条件地遵照执行，不允许做任何变通或出现偏差。它的内容都是具体而重大的事项，不是工作中的一般小事。撰制此种公文，态度要庄重严肃，不允许有丝毫马虎和语言上的模糊。

2. 制发机关的规定性

命令（令）这种下行公文，不是任何上级机关和领导人都可以发布的。命令的制发者必须具有法定资格。对此《中华人民共和国宪法》和《地方各级人民代表大会组织法》都有明确规定：中华人民共和国主席、人大常委会委员长、国务院总理、国务院所属各部部长，各委员会主席有发布命令（令）的职权。地方县以上政府机关及其法定的机关遇有重大或紧急情况时，也可使用这一文种。除此之外，其他机关人员都无权使用命令（令）行文。

3. 文体的简明性

命令（令）在篇幅上相对简短，有的正文只有一句话，表述上简明、庄重、有力。

### （二）命令（令）的种类

根据内容和作用的不同，命令（令）可以分为四类：发布令（也称颁布令）、行政令、任免令、嘉奖令。

1. 发布令

发布令是用来公布重要法规和行政规章的一种命令。这种命令都有附件，故又称为“带附件的命令”。

行政法规和规章本身并不是行政公文，要公布于众，必须以行政公文中最具有权威性的命令来发布。例如《中华人民共和国建筑法》就是用《中华人民共和国主席令》第91号（1997年11月1日）发布的，命令随同行政法规或规章一并发布。其具体写作方法如下：

（1）标题。发布令的标题由发文单位名称（或发文者职衔）和公文名称组成。标题下居中写编号，并加圆括号。编号是从发文者任职或一届权力机关行使职权开始编流水号，一直到任职期满为止。

（2）正文。发布令篇幅短小，一段到底。其内容主要包括根据发布内容和实施日期。发布根据是指批准发布的机构、通过的会议名称。发布内容写清所发布的法律、法规等文件的全称。发布令的发布时间与实施时间不一致，目的是给下级机关执行做准备留出时间，因此应注明具体的实施日期。如果发布日期与实施日期相一致，应写为“现予发布实施”。发布内容与原有文件相抵触时，应加以说明或宣布废止。

（3）落款。签署发文机关全称或签署者职衔，姓名。注明发文的年、月、日。

（4）附件。即发布内容的全文。

发布令要短小精悍，行文简明扼要，用语庄重严肃，体现出命令的权威性和尊严性。

例文：

**中华人民共和国主席令**

**第18号**

《全国人民代表大会常务委员会关于外商投资企业和外国企业适用增值税、消费税、营业税等税收暂行条例的决定》已由中华人民共和国第八届全国人民代表大会常务委员会第五次会议于1993年12月29日通过。现予公布，自公布之日执行。

中华人民共和国主席　江泽民

1993年12月29日

这是一份发布令，正文简短，结构完整。全文包括三层意思：一是发令缘由：二是写明具体公布的内容；三是作出决定，并提出要求。行文简洁，语气庄重。

2. 行政令

行政令是用于宣布重大强制性行政措施的一种命令。特定时期颁发的戒严令、缉捕重大犯罪嫌疑人的通缉令，也属于这一类。行政令一般不带附件。

（1）标题。行政令的标题由发文机关名称、事由和公文名称组成。也可省略发文机关或事由。

（2）正文。首先写明发布命令的缘由、根据或目的，然后写命令事项，提出执行要求。执行要求包括地域范围、时间期限，协同方法、规定要求等内容，为了便于表达，利于理解和执行，一般都采用分条列项的结构方法。

（3）落款。签署发文机关名称或签署人职衔、姓名，注明发文的年、月、日。若标题中有发文机关全称，落款处亦可省略。

行政令要求结构完整，条理清晰，措施要求要具体，以便于受文者贯彻执行。

例文：

**中华人民共和国国务院令**

**第268号**

为了适应经济发展的需要，进一步完善我国货币制度，提高人民币的防伪性能，现决定：

一、责成中国人民银行自1999年10月1日起陆续发行第五套人民币。第五套人民币有100元、50元、20元、10元、5元、1元、5角、1角八种面额。

二、第五套人民币与现行人民币的比率为一比一，即第五套人民币1元和现行人民币1元等值，其余类推。

三、第五套人民币发行后，与现行人民币混合流通，具有同等的货币职能。任何单位或个人，均不得以任何理由拒收其中任何一种人民币。

四、第五套人民币各种券别的发行时间，责成中国人民银行陆续公告。

五、凡破坏第五套人民币发行或借发行新版货币之机，扰乱金融秩序，均依法惩处。对上述违法行为，每个公民均有权向当地人民政府和司法机关检举揭发。

国务院总理　朱镕基

1999 年 6 月 30 日

这是一份行政令。内容是宣布施行重大强制性行政措施：发行新版人民币。标题是完全式公文标题；正文分两部分，开头部分，阐述采取此重大措施的目的。第二部分是主体部分，把措施分为五条一一说明，前四条讲的是应该如何做，第五条讲的是对违令者的惩处。全面、具体、便于执行。

3. 嘉奖令

嘉奖令是适用于表彰工作中作出成绩或重大贡献的人员的命令。嘉奖令与前两种命令（令）的形式相比，具有篇幅较长，内容丰富，感情色彩浓厚，感染力较强等特点。省厅级以下机关常以表彰性通报的文种来替代嘉奖令。

（1）标题。嘉奖令的标题通常由发文机关名称、事由和公文名称组成。

（2）正文。首先，应写明嘉奖依据，即集中概括地介绍嘉奖对象的先进事迹或重要成果，并对其积极意义作出客观的评价。其次，应写明奖励内容。最后，要提出号召和要求，主要应写清以下四个方面的内容。

①先进事迹。这部分是嘉奖的主要内容，应把事件发生的时间，地点、经过写清楚。

②分析评价。分析先进事迹的性质、意义，评价精神品质和意义。

③嘉奖的具体内容。包括授予的称号、证章、物质奖励等具体内容。这是嘉奖令非常重要的一部分。

④提希望号召。表彰的目的，就是让广大群众和有关人员向先进学习，这是必不可少的内容。一般从两个方面去考虑：一是鼓励受嘉奖者戒骄戒躁，继续作出更大贡献；二是号召大家向他学习。通过嘉奖，推动工作。

（3）落款。命令（令）的落款部分两种情况：一是写发文机关名称；二是写发令者的职务姓名。因为多数命令是以机关负责人的名义发布的，所以第二种落款为大多数。成文时间同其他公文一样，用汉字书写。

例文：

**国务院　中央军委关于追授邵荣雁同志“舍己救人好干部”荣誉称号的命令**

公安部、中国人民武装警察部队：

武警部队广东省总队江门市支队副政委邵荣雁烈士，广西苍梧县人，1959 年 12 月出生，1979 年 2 月入伍，1982 年入党，中校警衔。1999 年 8 月，他在抗洪抢险中为抢救落水战友光荣牺牲，年仅 40 岁。

邵荣雁同志的一生，是胸怀远大理想，不断奋发进取的一生。入伍前，他上学是一名好学生，教书是一名好教师。入伍后，他立志献身国防，努力争做一名好军人、好党员、好干部，先后 3 次荣立三等功，12 次受嘉奖，5 次被评为优秀共产党员。他勤奋学习，刻苦钻研，自费购买 3 000 多册图书，写下了 85 本 120 万字的学习笔记。他爱岗敬业，尽职尽责，近年来先后帮助2个后进中队打了翻身仗，帮助30名后进战士转化为先进。他关心同志，乐于助人，先后为灾区群众、失学儿童和困难战士家庭捐款1.2万元。他舍生忘死，数十次参加抗洪、扑火等抢险战斗，每次都身先士卒，冲锋在前。1999年8月28日深夜，在江门地区抗洪抢险战斗中，6名官兵不幸落水，邵荣雁同志在身患重病、多次呕吐的情况下，纵身跳入洪流，奋力救起两名战士，在抢救第三名战士时，终因精疲力竭被洪水卷走，英勇牺牲。

邵荣雁同志牢记我党我军根本宗旨，忠实履行军人职责，用宝贵的青春年华谱写了一曲革命军人和共产党人的正气之歌。他是新时期部队政治工作干部的优秀代表，是自学实践“三讲”要求的模范干部。为表彰邵荣雁同志的先进事迹，国务院、中央军委决定追授邵荣雁同志“舍己救人好干部”荣誉称号。

全军指战员和武警官兵、公安干警，特别是广大政治工作干部都要向邵荣雁同志学习。学习他如饥似渴、孜孜以求的钻研精神；学习他淡泊名利、一心为公的高尚情怀；学习他清正廉洁、一尘不染的浩然正气；学习他关键时刻挺身而出、舍己救人的崇高品格。全军指战员和武警官兵、公安干警要紧密团结在以江泽民同志为核心的党中央周围，高举邓小平理论伟大旗帜，深入贯彻党的十五大精神，认真落实“三个代表”的要求，广泛开展向英雄模范学习的活动，为维护国家安全和社会稳定，积极推进建设有中国特色的社会主义伟大事业而努力奋斗。

国务院总理　　朱镕基
中央军委主席　　江泽民
2000年6月26日

这是一份规范的嘉奖令。标题由发文机关、事由、文种三部分组成。有主送机关。正文分为四层：第一层介绍了受嘉奖人的概况。第二层高度概括性地评价了受嘉奖人一生的精神品质和典型事迹。第三层对受奖者作了结论并阐述了表彰决定。第四层向公安干部、中国人民武装警察部队发出号召，明确了表彰目的，将主旨深化。全文采用恰当的叙述、议论、说明等表达方式，层次清楚，主旨鲜明。

嘉奖令选择的材料要真实、典型，文字表述要概括集中，语言既要有褒扬情感，又要恰如其分，避免夸夸其谈或平平淡淡；奖励决定要具体明确，提出的号召、要求要有针对性。

### 4. 任免令是用于发布人事任免事宜的一种命令。有时也以“任免名单”的形式代替

任免令的标题、令号、落款等写法和发布令相同。

任免令的正文结构简单，由发布命令依据和命令内容两部分组成。发布命令的依据要写明任免的机关事会议名称，命令内容要写明被任免者的姓名与所任免的职务。

省以下领导机关一般不使用任免令，常以《关于×××同志任命的批复》《关于×××同志任职的决定》或《关于×××同志任职的通知》之类的公文公布任免事宜。

例文：

**中华人民共和国主席令**

**第一号**

根据中华人民共和国第九届全国人民代表大会第一次会议的决定，任命朱镕基为中华人民共和国国务院总理。

中华人民共和国主席　江泽民

1998 年 3 月 17 日

这是一份任命令。内容是根据人大会议决定，任命国务院总理。全文只有一句，讲清了两层意思：一是根据；二是命令事项即任命谁担任什么职务。简洁、果断、庄重、规范。

## 二、决定

### （一）决定的概念和特点

决定是对重要问题、重要事项或重大行动作出安排及决策，奖惩有关单位及人员，变更或撤销下级机关不适当决定的事项时使用的公文名称；是一种重要的领导性、规定性文种。

决定具有如下特点：

1. 事项的重要性

用此文种作出的决策和安排的事项必须是重要的事项或重大行动。这种决策和指挥往往关系到全国或者一个地区、一个部门的生存与发展。如《中共中央关于教育体制改革的决定》《全国人民代表大会常务委员会关于教师节的决定》。

2. 内容的指导性

决定有鲜明的指导性和指挥性，其内容有不可改变的确定性，约束力较强。决定中作出的部署、安排，下级机关必须遵照执行，做到令行禁止，没有变通的余地。

3. 行文的严肃性

决定所涉及的问题关系重大，影响面广，撰写严谨，行文严肃，必须经过重要会议讨论通过后才能下发。

### （二）决定的写作

1. 标题

决定的标题一般由发文机关名称、事由和文种名称组成。在标题下写明公布此项决定的年、月、日。如果是会议通过的决定，要在标题下注明通过时间和会议的名称。

2. 正文

根据表达内容和作用，决定可分为宣告性、指挥性、奖惩性和撤销性等。

宣告性决定是对某些重要事项作出安排时使用的，具有确认、告知、依据的作用。宣告性决定先写明缘由、依据，作出决定的机构或会议名称、时间，然后写出决定事项，一般不写执行的具体意见和要求。篇幅较短，内容单纯，多采用分条式结构形式。

指挥性决定是要采取某些重大行动时使用的，这类决定首先应写明决定的缘由、根据、目的、存在的问题或面临的形势，然后明确写出决定事项、落实措施、解决办法、执行要求等。结尾应视全文主旨提出号召或希望。

奖惩性决定是用于对有突出贡献的先进集体、模范人物进行表彰，或对犯有严重错误的单位、人员作出处分决定。如果是表彰性的决定要写表彰对象的事迹、评价及表彰的形式，提出的号召和要求等；如果是惩处性的决定则要写明被惩处者的自然情况，主要错误事实、性质、危害、处理意见或处分结果，提出的要求等。

撤销性决定是用于对下级机关已经发布的不适当决定予以撤销。应写明撤销的依据、原因，被撤销决定的具体内容、名称，需要注意的问题或事项等。

3. 落款

如果标题下括号中已注明发文者名称和日期，此项可省略。否则应在此项中写明发文机关和年、月、日。

决定中的具体任务、内容、决定的事项、提出的要求等要切合实际，是经过执行者努力确实可以办得到的；决定中的措施要具体，规定要明确，具有可操作性，便于执行和监督检查，决定的用语要准确，语气要肯定，不写空话、套语。

例文：

**全国人民代表大会常务委员会关于加入**
**《制止恐怖主义爆炸的国际公约》的决定**
**（2001年10月27日通过）**

第九届全国人民代表大会常务委员会第二十四次会议决定：

中华人民共和国加入《制止恐怖主义爆炸的国际公约》；同时声明：中华人民共和国对《制止恐怖主义爆炸的国际公约》第20条第1款予以保留，不受该款约束。

这是一份宣告性决定。本文无主送单位，采用的是直达的行文方式。

## 第三节　公告和通告的写作

公告和通告都是下行文，都具有告知性，内容上具有高度的政策性和求实性，在执行中具有行政法规的效用。这两种公文有以下作用：

第一，规范作用。这些公文中相当一部分内容是用来发布重要事项的。尽管这些公文不是法令、法规，但是其所发布的内容却起着规范、准绳的作用。

第二，传达作用。一些应该普遍遵守的或周知的事项，通过这些公文的传递，保证了各项工作的顺利开展完成。

第三、知照作用。通过这些公文以公开的形式告诉大家应当了解的重要事情，应当普遍遵守的事项。

这两种公文的写作特色有以下两个方面：

第一，语言文字的通俗性。与其他各类公文相比，这两种公文都是普通性的，它们的阅读者极为广泛。其读者不仅有机关工作人员，而且还有普通群众，因此在撰写时必须做到语言明白晓畅，通俗易懂，少用专业术语。

第二，篇幅短小精悍。这两种公文既可以采取一般公文的传递方式，发至有关范围，又可通过广播、报纸、张贴等方式传播。其篇幅要求短小精悍。

公告和通告都是公开发表的广泛告知性的公文，写法也很接近，但是它们又有明显的区别，要正确使用这两个文种，必须深知它们的异同。

## 一、公告

### （一）公告的概念和特点

公告是向国内外宣布重要事项或者法定事项时使用的公文。如中共中央、全国人大常务委员会、国务院 1981 年 5 月 15 日联合发布的《关于宋庆龄副委员长病情的公告》。

公告的特点如下：

第一，法规性。公告依法向国内外宣布法定事项，可以依法发布商标公告、专利公告、破产公告、企业法人登记公告，具有法律效力和行政约束力。

第二，庄重性。发布公告的单位是国家领导机关、地方行政机关，公告的内容是国内外关注的大事，是公开郑重的宣布，因此内容形式、行文语言都要求庄重。

第三，慎重性。公告是向国外发布，内容必须是重大的、公开的，所以不能随意使用。

### （二）公告的写作

#### 1. 标题

公告的标题由发文机关名称、事由和公文名称组成，事由也可省略。

#### 2. 正文

根据公告发布的内容和性质，可以将公告分为以下三类：

一是告知性公告，用于向国内外发布重要事项，不提出具体要求和执行办法，如国家领导人的出访、任命、重大科技成果的发布等。

二是事项性公告，即不仅向国内外发布重要事项，而且提出相应的具体要求和做法。

三是发布法令法规性公告，用于政府职能部门、立法机关发布新法律、法令、法规。由于公告发布的内容不同，写法也有相应的区别。公告的内容单一，正文结构简单，有的只有一两句话，有的只有简短的一段文字。公告的正文，通常包括缘由、事项、结束语三个层次。

（1）公告的缘由。通常写明根据、目的。

（2）公告的事项。即公告的具体内容。内容少的可用一句话概括，如对国家主要领导人任命的决定。内容多的可分若干段逐一交代。公告的语言一般都是“惜墨如金”的，它概括力强，同时语气庄重而有力度。

（3）公告的结束语。一般用“特此公告”“现予公告”等语。

### （三）落款

正文结束后，在右下方写明发文机关全称，标明成文日期。也有的将成文日期标注在标题之下。

公告是向国内外发布重大事项或发布法律事项时使用的文种，语言要庄重，态度要肯定，用词要严谨、精练。

例文一：

**中华人民共和国全国人民代表大会公告**

**第2号**

第九届全国人民代表大会第一次会议于1998年3月16日选出：中华人民共和国主席　江泽民

中华人民共和国副主席　胡锦涛

中华人民共和国第九届全国人民代表大会第一次会议主席团

1998年3月16日于北京

这是一份告知性的公告。全文一句话：什么时间，什么会议，选举谁任什么职务。内容极其简洁，语气庄重，格式规范。

例文二：

**中华人民共和国财政部公告**

**（2001年第7号）**

根据《中华人民共和国国库券条例》，现就发行2001年凭证式（三期）国债（以下简称“本期国债”）的有关事宜公告如下：

一、本期国债发行总额500亿元，其中三年期350亿元，票面年利率2.89%；五年期150亿元，票面年利率3.14%。

二、本期国债发行期为2001年9月14日至2001年11月13日，9月14日至2001年11月13日，采取按月发行方式，9月14日至10月13日发行300亿元，10月14日至11月13日发行200亿元。各承销机构在当月额度内发售本期国债。本期国债从购买之日开始计息，到期一次性还本付息，不计复利，逾期不加计利息。

三、本期国债为计名国债，以填制“凭证式国债收款凭证”的方式按面值发行，可以挂失，可以抵押贷款，但不能更名，不能流通转让。个人购买凭证式国债实名制，具体办法比照国务院颁布的《个人存款账户实名制规定》办理。

四、在购买本期国债后，投资者如需要变现，可随时到原购买网点提前兑取。提前兑取时，各购买网点均按兑取本金的2%收取手续费，并按实际持有时间及相应的分档利率计付利息。

从购买之日起，持有时间不满半年的不计息；持满半年不满一年的，按年利率0.81%计息；持满一年不满两年的，按年利率1.98%计息；持满两年不满三年的，按年利率2.61%计息；五年期国债持满三年不满四年的，按年利率2.97%计息；持满四年不满五年的，按年利率3.06%计息。

五、行期内如遇银行储蓄存款利率调整，尚未发行的本期国债的票面利率，在利率调整日按三年期、五年期银行储蓄存款利率调整的相同百分点作同向调整；尚未发行的本期国债提前兑取时的分档利率，另行通知。

六、本期国债面向社会公开发行，投资者可到中国工商银行、中国农业银行、中国银行、中国建设银行、交通银行、部分其他商业银行以及部分市邮政储蓄营业网点购买。各凭证式国债销售网点在发售本期国债时均有明显的发售标志，请广大投资者前往购买时予以注意。

特此公告。

中华人民共和国财政部

2001年9月11日

这是财政部发布的重大事项公告，语言庄重，态度肯定，内容周密。

例文三：

## 中华人民共和国外交部公告

**（1997年5月16日）**

中华人民共和国政府恢复对香港行使主权后，为便利香港特别行政区同世界各国和地区人员往来，从1997年7月1日起，目前可免办签证进入香港的国家及地区的人员进入香港特别行政区旅游或从事短期经贸活动，原则上继续给予免办签证待遇。根据《基本法》第154条“对世界各国或各地区的人入境、逗留和离境，香港特别行政区政府可实行出入境管制”的规定，给予免办签证待遇的国家和地区及具体办法，将由香港特别行政区政府决定并予公布。

外国人前往中国其他地区，仍应按现行有关规定申请签证，办理必要的手续。

中方正在研究港英签证的过渡安排和中国驻外使节、领馆受理必要的手续。

这是一份法定法规性公告，内容是就香港回归后免办签证进入香港特别行政区问题作出的规定。正文分三段。第一段，写公告的目的、根据和客观的具体情况。第二段，重申原有规定。第三段，是相关情况的说明，以解除疑问。全文表意准确，周密。

## 二、通告

### （一）通告的概念和特点

通告是在一定范围内公布应当遵守或者周知的事项的公文，是使用频繁、用途广泛的告启式公文。

除了和公告一样具有公开性、告知性之外，通告还具有如下特点：

1. 强制性

通告公布的大多是让人们遵守或遵照执行的事项，特别是法规性通告，在公布法规政策的同时，还规定出惩处办法，如果违反了通告中的有关规定，将要受到不同程度的处罚。因此，通告具有强制性和较强的约束力。

2. 广泛性

通告的广泛性体现在以下两个方面：一是通告的内容非常广泛，既可以是法规政策，也可以是一些具体事务；二是通告的使用单位也非常广泛，上至国家高级机关，下至基层单位、人民团体或企事业单位，都可以使用通告来公布具体事项。

3. 通俗性

与其他各类行政公文比较，通告的阅读者较为广泛，通告对象的层次也较为复杂，多数是社会普通公众，因此通告内容都要求通俗易懂、简洁明了，少用专业术语，多用大众语言，以适应通告阅读对象不同的文化水平。

### （二）通告的写作

根据通告内容的性质，可分为法规性通告和事务性通告。法规性通告是在一定范围内公布政府有关法规及行政措施，要求通告具有较强的强制性和约束力。发布这种通告的机关多为各级政府或司法、执法单位。事务性通告用于有关部门向一定范围内的单位和群众公布具体事务，如停水、停电，因修路禁止车辆通行等具体事项。这种通告具有较强的专业性和知照性。

通告的结构包括标题、正文、落款三部分。

1. 标题

通告的标题由发文机关名称、事由和公文名称组成，有时可省略事由。

2. 正文

正文由原因、事项、结束语三部分构成。

（1）通告的原因。写明因何事而发文，可以根据有关政策、法律、法规，也可以根据有关上级批示精神，也可以根据客观具体情况需要发文。常用“特作如下通告”或“通告如下”等语言过渡到下文。

（2）通告事项。这是通告的主体，写的是通告的具体内容。写明在什么范围内，告知谁、告知何事。如果内容比较简单，在写法上可以不分段，如果内容比较多，可以分条列项写，便于理解和执行。

（3）结束语。结尾要写清执行期限或提出执行要求、希望，常以“特此通告”“此告”等惯用语作为结束语；也可不要结尾，以通告事项的最后一条结尾。

3. 落款

注明发文机关全称和成文日期。

例文四：

**关于启用公安专用车辆号牌的通告**

根据公安部《关于启用公安专用车辆号牌的通知》精神，为加强公安专用车辆的管理，便于群众识别，保证公安专用车辆顺利执行任务，决定本市公安系统（包括公安部）的公安专用车辆自 2010 年 1 月 1 日开始换发并启用公安专用车辆号牌。号牌式样分汽车（不分大、小型）和摩托车两种。均为白色、红色 GA（汉语拼音“公安”缩写）字头，黑色的反光牌。汽车号牌每副两面，尺寸为：430 毫米×125 毫米，须安装在汽车前后指定位置。摩托车号牌每副一面，尺寸为：220 毫米×120 毫米，须安装在摩托车尾部号牌架上。已领地方号牌车辆的换牌工作自 2010 年 1 月 5 日至 3 月 30 日止。特此通告。

××市公安局

2009 年 12 月 20 日

此外，需要注意的是，通告与公告虽然是周知性公文，但使用时应注意区分它们之间的不同之处：

（1）使用范围不同。通告使用范围广泛，各级机关、企事业单位，社会团体都可以发布。公告一般须由高级别的立法部门、政府机关或领导机关发布。

（2）告知对象的范围不同。通告的告知范围较窄，只告知一定的范围内的公众。公告的告知范围较宽，向国内外公众发布。

（3）发布内容不同。通告多为公布一般性事项，具有专门性和规定性。公告多为公布国内外周知的重大事项，具有新闻性和强制性。

（4）发布形式不同。通告可以张贴，也可以用报纸杂志等传媒发布。公告则多采用广播、报纸等传媒形式，而不张贴。

## 第四节　通知和通报的写作

### 一、通知

#### （一）通知的特点

1. 功能的多样性

在下行文中，通知的功能是最丰富的。它可以用来布置工作、传达指示、晓谕事项、发布规章、批转和转发文件、任免干部等。总之，下行文的主要功能，它几乎都具备。

但通知在下行文中的规格，要低于命令、决议、决定、指示等文体。用它发布的规章，多是基层的，或是局部性的、非要害性的；用它布置工作、传达指示的时候，文种的级别和行文的郑重程度，明显不如决定、指示。

2. 运用的广泛性

通知的发文机关，几乎不受级别的限制。大到国家级的党政机关，小到基层的企事业单位，都可以发布通知。

通知的受文对象也比较广泛。在基层工作岗位上的干部和职工，接触最多的上级公文就是通知。而且通知虽然从整体上看是下行文，但部分通知（如晓谕事项的通知）也可以发往不相隶属机关。

3. 一定的指导性

通知这一文体名称，从字面上看不出明显的指导姿态，但事实上，多数通知都具有一定程度的指导性。用通知来发布规章、布置工作、传达指示、转发文件，都在实现着通知的指导功能，受文单位对通知的内容要认真学习，并在规定时间内完成通知布置的任务。

个别晓谕性的通知，特别是通知作为平行文发布的时候，可以没有指导性或只有微弱的指导性。

4. 较强的时效性

通知是一种制发比较快捷、运用比较灵便的公文文种，它所办理的事项，都有比较明确的时间限制，受文机关要在规定的时间内办理完成，不得拖延。

## （二）通知的类型

1. 会议通知

这类通知是以通知召开一个会议的有关事项为内容的，其形式有两种：简单的会议通知，只需明确开会的目的、时间、地点、出席人员等；另一种是较为复杂的会议通知，它的内容事关重大，参加人员较多，行文时不仅要明确会议名称、会议内容、开会地点、开会事件，而且应把会议的目的、要求等具体事项交代清楚。

2. 指示性通知

指示性通知用于上级机关根据工作需要和本机关的权限范围，传达要求下级机关办理和有关单位共同执行的事项。指示性通知与指示有相类似的作用，可以用于结合实际情况传达上级请示、布置有关工作、规定有关政策，让下级机关或其他单位办理或者共同执行。

3. 批转性通知

批转性通知是用于上级机关根据工作需要和本机关的职权范围批准并转发下级机关的

公文。上级机关所批转的公文加以评价或者对公文中所涉及的事实加以说明、分析，还可以对如何执行和落实所批转的公文要求、措施和落实方法做出规定，或者对批转公文中的不足方面提出补充意见。

4. 转发性通知

转发性通知用于上级机关根据工作需要，向所属下级机关转发上级机关、平级机关和不相隶属的公文。转发性通知使被转发公文的权威性得到证实，用以指导所属下级机关结合实际情况，正确执行公文内容或者从中学习借鉴有关经验教训。被转发的公文成为通知的附件。

5. 发布性通知

发布性通知是上级机关发布行政规定、条例、章则、办法等规章制度和其他重要文件时使用的通知。

6. 任免通知

任免通知是上级机关任免和聘用干部时对所属下级机关下达的一种较为特殊的知照性通知。

### （三）通知的写作结构

通知的写作形式多样、方法灵活，不同类型的通知使用不同的写作方法。

1. 标题

标题常用的写法有两种：一种是发文机关、事由、文种三要素俱全，如《国务院关于严格控制农业生产资料价格的通知》，这种标题使人一目了然。另一种标题是只有发文事由和文种两要素，如《关于春节放假的通知》。正式行文的通知，其标题不能只用“通知”二字。与其他公文标题相比，通知的标题一般语句长、字数多，特别是发布（印发、颁发）、批转、转发性通知，标题要体现其不同通知的性质，因而标题比较难定，需要认真推敲。

2. 正文

正文由缘由、内容、要求等部分组成。缘由要简洁明了，说理充分。内容要具体明确、条理清楚、详略得当，充分体现指示性通知的政策性、权威性、原则性。要求要切实可行，便于受文单位具体操作。

（1）一般事项性通知

一般事项性通知的正文，要写清什么事情，如何处理等；任免通知，写清任免与聘任人员的具体职务即可。有些不涉及本单位的任免通知，只是知道即可，并无执行要求，不需要办理和执行。

（2）指示性通知

指示性通知的正文，一般由三部分组成，即发文的缘由（或目的）、通知的具体事项和执行要求。发文原因，一般来自两个方面：一是上级或本单位的领导部门的指示或决定，也就是说明为什么要发该通知，或因存在什么问题，为达到什么目的，等等，在与通知事项之间常用“现通知如下”、“特作如下通知”、“现将有关事项通知如下”等承启语，其后用冒号。通知事项，是通知的主体部分，一般是分段或分条叙述，因为是要执行或办理的，所以务必要写得明确、具体、切实可行，不能模棱两可，含糊不清，只有条理清晰，才能使受文对象便于迅速理解和执行。执行要求，这是通知正文的，一般多是“以上通知，望认真贯彻执行”、“特此通知，望认真贯彻执行”、“本通知自下发之日起实行”等结束语，但也有些通知的执行要求不用上述结束词语，对于如何执行提得非常具体有力。执行要求一般在撰写时均须另起一行写出，或作为具体事项中的最后一项，单独列项写出。

（3）批转、转发性通知

批转、转发性通知的正文，即是对被批转、转发的公文所写的按语。这种按语，旨在表达上级机关的意图，体现方针政策，因此具有很高的权威性和指令性。按语体分为三种：一是说明性按语，即对原文的材料来源、行文目的、印发范围等加以说明。二是指示性按语，即对原文内容进行概括、分析，提示基本精神，阐明重要意义。这种按语往往较长，主要作用是帮助读者抓住重点、掌握实质。还有一种是批示性按语，即对重要意义的文字材料表示意见、态度以及提出措施和方法。这种按语具有较强的权威性和指令性，对其所批示的公文持有鲜明的态度，对下级机关的执行有具体的要求和措施。

（4）发布性通知

发布性通知的正文，一般由通知的根据和对所发布的行政法规、规章的贯彻实施要求组成。这类通知的正文较为简短。

#### 3. 结尾

通知的正文结束后还要将发文机关名称写上，然后再写成文日期，最后要加盖公章。

### （四）通知的写作要求

#### 1. 辨清通知的类型

一般性通知是机关、企事业单位常常使用的一个文种，正因为常写常用，所以容易造成一种错觉，仿佛写通知是一件很容易的事情，其实不然。如“指示性通知”要提出具体的指示性意见，既要能提高下级机关对该项工作的认识，又要能使下级在实际贯彻中有所遵循。在“批转、转发性通知”中要写批语或按语，撰写时既要领会机关和领导的意图，又要了解收文单位的具体情况，明确针对何种问题。只有全面地准确地掌握上下级情况，才能将批语和按语写得恰如其分，有针对性。因此撰写通知比撰写其他文件要求更高，来不得半点疏忽。

#### 2. 写全主送单位

被通知单位的名称要写清写全。通知的主送单位可以是一个，可以是两个，也可以是所有下属单位，发文时必须写清楚，通知周全。如使用“省政府有关部门”一类略称，

所附发文单位则应写明“有关部门”的名称，以避免发文不全，贻误工作。

### （五）通知写作的要点

通知是下行文，要求下级机关办理、执行或服从安排的文种。通知讲究时效性，是告知立即办理、执行或周知的事项。

1. 标题：制发机关+事由+通知。

2. 正文：

3. 通知前言：即制发通知的理由、目的、依据。例如“为了解决×××的问题，经×××批准，现将×××，具体规定通知如下”。

4. 通知主体：写出通知事项，分条列项，条目分明。

5. 结尾：三种写法：

（1）意尽言止，不单写结束语。

（2）在前言和主体之间，如未用“特作如下通知”作为过渡语，结尾可用“特此通知”结尾。

（3）再次明确主题的段落描写。

例文一：

**关于召开全省普通高校教学经验交流**
**暨先进集体个人表彰大会的通知**

各普通高校：

全省普通高校教学经验交流暨先进集体和个人表彰大会定于12月下旬在哈市召开，现就会议具体安排通知如下：

1. 会议时间：1996年12月24日—25日。

2. 会议地点：黑龙江交通高等专科学校专家公寓。

3. 参加人员：各高校主管教学工作的副校（院）长，教务处处长；外地院校各选派一位教师代表，市内高校各选派两位教师代表（集体、个人各1位）参加。

4. 报到时间：外地院校代表23日报到，本市院校代表24日早8：30前报到。

5. 会议内容：总结与交流各高校近年来在教学工作中取得的先进经验；对在教学工作中做出突出成绩的先进集体和个人予以表彰。

6. 会议期间代表食宿费自理，市内代表不安排住宿。

## 二、通报

通报是上级把有关的人和事告知下级的公文。通报的运用范围很广，各级党政机关和单位都可以使用。它的作用是表扬好人好事，批评错误和歪风邪气，通报应引以为戒的恶性事故，传达重要情况以及需要各单位知道的事项。其目的是交流经验，吸取教训，教育干部、职工群众，推动工作的进一步开展。

### （一）通报的结构

通报通常由标题、主送机关、正文三部分构成。

1. 标题。由制发机关，被表彰或被批评的对象和文种构成。通常有两种形式：一种是由发文机关名称、事由和文种组成，如《国务院办公厅关于对少数地方和单位违反国家规定集资问题的通报》；另外一种是由事由和文种构成，如《关于 2009 年度绩效考评情况的通报》。此外，有少数通报的标题是在文种前冠以机关单位名称，如《中共××市纪律检查委员会通报》；也有的通报标题只有文种名称。

2. 主送机关。有的特指某一范围内，可以不标注主送机关。

3. 正文。通报正文结构有四部分：（1）主要事实。写清事实的经过情况，要求用叙述的手法真实客观地反映事实。（2）分析事例意义。对所叙述的事实进行准确的中肯的评价，做到不夸大、不缩小，使人们能从好的人和事物中得到鼓舞，从错误中吸取教训；（3）决定要求。一般是对表彰的先进或批评的错误作出嘉奖或惩处。最后还要根据通报的情况，针对现实的需要，发出号召或提出要求。传达性通报一般不写决定要求。（4）生效标识。在正文右下方标明发文机关名称，加盖印章，写明发文日期。

### （二）通报的特点

通报一般具有告知性、教育性、政策性三大特点。

1. 告知性。通报的内容，常常是把现实生活当中一些正反面的典型或某些带倾向性的重要问题告诉人们，让人们知晓、了解。

2. 教育性。通报的目的，不仅仅是让人们知晓内容，它主要的任务是让人们知晓内容之后，从中接受先进思想的教育，或警戒错误，引起注意，接受教训。这一目的，不是靠指示和命令方式来达到，而靠的是正面、反面典型的带动，使人真正从思想上确立正确的认识，知道应该这样做，而不应该那样做。

3. 政策性。政策性并不是通报独具的特点，其他公文也同样具有这一特点。但此后会牵涉到其他单位、部门效仿执行的问题，因此，必须讲究政策依据。

### （三）通报分类

按内容性质可把通报分为三类：表彰性通报、批评性通报和情况通报。

1. 表彰性通报，就是表彰先进个人或先进单位的通报。这类通报，着重介绍人物或单位的先进事迹，点明实质，提出希望、要求，然后发出学习的号召。

2. 批评性通报，就是批评典型人物或单位的错误行为、不良倾向、丑恶现象和违章事故等的通报。通过摆明情况、找根源、阐明处理决定、使人从中吸取教训，以免重蹈覆辙。

3. 情况通报，就是上级机关把现实社会生活中出现的重要情况告知所属单位和群众，让其了解全局，与上级协调一致。情况通报有两种形式：一种只对有关事实作客观叙述；另一种还对有关情况加以分析说明，有时还针对具体问题提出应采取何种对策的指导性意见。

例文二：

## 关于表彰奖励××“7·12”抢险灭火有功单位、有功人员的通报

今年七月十二日，××县××加油站因静电作用发生火灾，在周围群众及国家财产的安全受到严重威胁时，当地公安干警、武警官兵和消防干警奋勇当先，临危不惧，英勇战斗，谱写出了一曲可歌可泣的时代赞歌。有关医务人员和新闻工作者为抢救受伤人员、宣传报道英雄事迹做出显著成绩。他们的英雄事迹和模范行为受到了广大群众的高度赞扬，在全省引起强烈反响。为了表彰在“7·12”抢险灭火战斗中的有功单位和有功人员，××省人民政府决定：

一、对××县公安局、武警××地区支队××县中队予以通报嘉奖。

二、给予武警××地区消防支队司令部、武警×省总队政治部新闻电视工作站、省卫生厅医政处、××医大附属一院烧伤科、省人民医院烧伤科、××县人民医院外科、××市第二人民医院烧伤外科、××市第三人民医院外科、解放军××军区总医院外五科、××日报社政治部、××电视台新闻部通联科、中国人民解放军××部队各记功一次。

三、给予××、×××等各记大功一次。

四、给予×××、××等各记功一次。

希望受表彰奖励的集体和个人牢记全心全意为人民服务的宗旨，戒骄戒躁，不断进取，为人民再立新功。省政府号召全省人民向他们学习，学习他们临危不惧的大无畏精神，无私忘我的奉献精神和团结协作的集体主义精神，在党中央领导下，全面贯彻落实党的十四大和十四届三中全会精神，进一步解放思想，抓住机遇，按照省委六届二次全会的本要求，为夺取我省经济建设和两个文明的新胜利而努力奋斗。

××省人民政府<br>2010年10月29日

例文三：

## 关于××同志上课迟到的通报

各院、系、室：

我校青年教师××同志，××年×月×日上午第一节课迟到，使大一（201）班的物理课耽误20分钟。据查，××的迟到是因为他前天晚上打牌过度，第二天晚醒所致。

××同志身为教师，对工作对学生不负责任，其迟到造成的后果是严重的，影响是很坏的。

经学校研究决定，除批评教育，给予适当的行政处分外，并通报全校。希望全校教师从××同志错误中吸取教训。我们要热爱教育事业、热爱学生，为人师表、严守纪律，杜绝类似事情的发生。

××大学<br>××××年××月××日

## 第五节　议案和报告的写作

### 一、议案

#### （一）议案的概念

议案，是各级人民政府按照法律程序向同级人民代表大会或人民代表大会常务委员会提审议事项时使用的一种公文。

议案有广义和狭义之分。广义的议案包括全国人民代表大会主席团、全国人大常委会、全国人大各专门委员会、国务院、中央军委、最高人民法院、最高人民检察院向全国人民代表大会提出议案，包括代表团 30 名以上代表向全国人大提出的议案，还包括地方各级人代会提出的议案，范围较广。狭义的议案是行政公文种类之一。本节讲述的议案，即狭义的议案，是政府机关与人大及其常委会之间联系工作时使用的公文，政府的各职能部门和党群机关不使用这一文种。

#### （二）议案的特点

（1）法定性。议案的作者有严格的限定范围，其制作主体具有法定性。

（2）行文方向的固定性。议案与平行文“函”不同，它既不能多向行文，也不能双向互行文。只能用于政府向同级人民代表大会或人大常委会行文，行文方向单一、固定。

（3）程序性。提出议案要有一定的法律程序。

（4）建议性和重要性。议案属于建议性公文，其中所提的事项是政府对某一方面工作的建议。议案提出后，要提请同级人民代表大会或其常委会审议，为了使议案获得通过，必须言之成理，使建议具有可行性，才有获得批准的可能。议案的内容，应该是政府工作中重大的举措，而不应是政府职权范围内可以解决的问题。议案提交审议的事项是重大的，其内容具有重要性。

（5）行文的时限性。因为会议是有时限的，所以议案提出的时间有较严格的限制，必须在人民代表大会或其常委会举行会议期间规定的时限内提出，一旦延误了时间，就错过了如期审议的机会。会议之后提出的，不能列为议案。

#### （三）议案的分类

从议案的形成时间区分：主要有平日议案和会上议案两类。平时议案，政府就日常工作中的有关重大事项向本级人大常委会提出供常委会会议审议的。会上议案，在人民代表大会召开期间，就有关重大事项向该次会议提出供其审议的。

从议案的作者区分，广义的议案中，人大常委会议案是各级人大常委会在本级人民代表大会上提出的；人大专门委员会议案是各级人大的各专门委员会在本级人民代表大会上提出的；本节所述人民政府议案是各级人民政府向本级人民代表大会提出的；人大代表议案是各级人大代表在本级人民代表大会上提出的。

从议案的内容区分，主要有立法性议案、决策性议案、任免性议案三类。立法性议

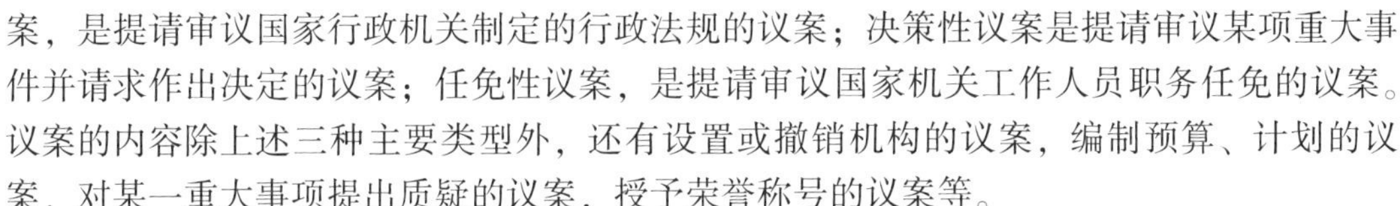

案，是提请审议国家行政机关制定的行政法规的议案；决策性议案是提请审议某项重大事件并请求作出决定的议案；任免性议案，是提请审议国家机关工作人员职务任免的议案。议案的内容除上述三种主要类型外，还有设置或撤销机构的议案，编制预算、计划的议案，对某一重大事项提出质疑的议案，授予荣誉称号的议案等。

### （四）议案的写作

议案的写作格式一般由以下几部分构成：

1. 标题

常用的标题是完全式标题，即由发文单位，主要事由和文种名称构成，事由部分往往用“关于提请审议（事项）”这种表达方式。写作议案，多数是按照专用的议案稿纸的格式要求，逐项填写，因此也有省略发文单位或文种的情况，但是，标题中不能省略事由、也不能单以文种名称做标题。

2. 主送机关

由于议案的行文方向相对固定，有些议案的主送机关也相应固定，即提出议案的人民政府的同级人民代表大会或其常务委员会的全称或规范简称，有时为使受文单位更清楚，还要说明届别和会议次数。

3. 正文

议案的正文通常由案据、方案、结语构成。案据，即议案的缘由，用于说明议案的目的、原因及理由。这一部分要写得简明扼要、重点突出。对于重大决策议案、不但要写明目的、意义，而且还要论及可行性如何，要有比较透彻、合理的分析，要用真实可信的事实说明存在问题的严重性及解问题必要性。这一部分是写作的重点，是议案能否成立的关键，写得好，便为议案获得批准奠定基础。方案，即提请审议事项。对于重大措施。须分条列项写，篇幅较长，要把握重点，力求精练。对于通过和修改法律、法规的议案，所提请审议事项就是法律、法规的名称，对于编制计划或预算的议案，所提请审议事项就是计划、预算方案的名称，其具体内容不必写入议案之中，可作为文本附送，形同附件，但正文后无须以“附件”标注。对于设置、撤销机构和人事任免的议案，所提请审议的事项就是设置、撤销机构的名称和人事任免的职务、姓名。结语，即提出审议申请，通常用模式化的习惯用语。

4. 落款

议案必须以政府名义具文，不能以政府办公厅的名义上报。日期的格式同一般的行政公文。

议案是提请审议的建议性公文。撰写者应本着求真务实的精神和诚恳协商的态度，措辞要得体，语气要谦和。

例文一：

**国务院关于提请审议《中华人民共和国劳动法（草案）》的议案**

全国人民代表大会常务委员会：

为了适应建立社会主义市场经济体制的需要，推动劳动制度改革，保护劳动者的合法权益，确立、维护和发展用人单位与劳动者之间稳定和谐的劳动关系，促进经济发展和社会进步，劳动部会同有关部门草拟了《中华人民共和国劳动法（草案）》。这个草案已经国务院常务会议讨论通过，现提请审议。

国务院总理　李鹏

1994 年 2 月 18 日

## 二、报告

### （一）报告的概念

报告是向上级机关汇报工作，反映情况，答复上级机关询问时使用的一种公文。

报告的写作者只能是下级机关，并且只向本机关的直接上级发出。所谓“直接上级”，既指直接隶属的领导机关，又指主管的业务指导机关。如××市财政局的直接上级，既是该市市政府，又是省财政厅。

报告是一种陈述性公文，要以具体的事实和确凿的数据为汇报的主要内容，表达方式主要是叙述，要直陈其事，文中的议论成分不宜过多，在叙述事实时，如需要摆明观点，讲清道理，也只是点到为止，切忌夹带请示性内容和词汇。

报告在传播经验、提供信息、辅助决策、反馈结果、凭证备查等方面，起着十分重要的作用。

### （二）报告的特点

#### 1. 汇报性

报告属于上行文，一切报告都是下级向上级机关或业务主管部门汇报工作，反映情况以及回复上级机关部署交办的事项，询问情况的重要途径，是下情上达的重要工具，目的是让直接上级机关掌握基本情况并及时对自己的工作进行指导。所以，汇报性是“报告”的一大特点。

#### 2. 陈述性

因为报告具有汇报性，是向上级讲述做了什么工作，或工作是怎样做的，有什么情况、经验、体会，存在什么问题，以及今后的工作打算，对领导有什么意见、建议，所以行文上一般都使用叙述方法，客观性较强，而不是像请示那样采取祈使、请求笔法。

#### 3. 转化性

报告是上行文，在某种条件下则可能被上级批转，这样一来，原报告便作为批转性通

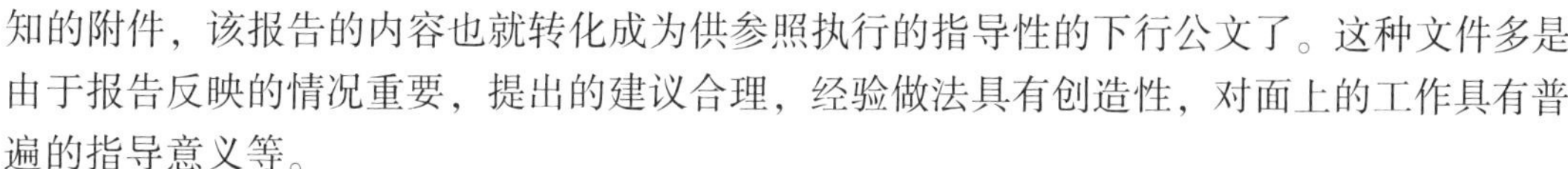

知的附件，该报告的内容也就转化成为供参照执行的指导性的下行公文了。这种文件多是由于报告反映的情况重要，提出的建议合理，经验做法具有创造性，对面上的工作具有普遍的指导意义等。

### （三）报告的分类

报告的分类方法很多，可从不同角度将其分为几种类型。

按内容划分，可以分为综合报告和专题报告。综合报告是反映本地区、本部门全面情况的报告，涉及方面较多，范围较宽。专题报告是单就某一方面情况，某项工作或某次活动向上级所做的汇报，内容比较单一。

按用途划分，可以有工作报告、情况报告、答复报告和报送文件报告等。按呈报要求分，可分为呈转性报告和呈报性报告。呈转性报告是下级机关要求上级机关批示后转发包括文件制发单位在内的有关单位执行的报告，一经上级机关批转，就成为上级机关批转文件的一部分，具有相应的强制性和约束力。呈报性报告是下级机关向上级机关反映情况、传递信息、汇报工作的报告，只要上级机关知晓而无须予以批转。

### （四）报告的写作

撰写报告要注意如下一些问题：

#### 1. 情况真实

报告是上行文的一种，为使上级机关了解下情，必须遵守实事求是的原则，有关材料要进行鉴定、核实，不能有丝毫的虚假和夸张。

#### 2. 中心明确

报告的内容要主次分明，中心突出明确，注意“一文一事”的原则，坚持“一文一题”的制度。要围绕中心，有针对性地选择和组织材料，详略得当，切忌漫无边际，不分巨细，冗长繁琐，淹没主题，使受文者不得要领主旨。

#### 3. 条理清晰

报告正文内容在安排上要合理，尤其是比较复杂的报告，分几个方面，谁先、谁后，在每个方面又分几个层次，篇章设计结构要巧妙，切忌忽东忽西，杂乱无章。

#### 4. 情况要新

既然是为上级机关提供更多的新信息，就要在工作实际中注意调查研究，发现新情况，研究新问题。

#### 5. 注重时效

向上级机关汇报工作，反映情况，提出建议，要有时效观念，报告要及时。这样才能使上级机关迅速掌握下情，及时指导工作，提高工作效率，否则时过境迁，不仅失掉了报告的意义，而且也会给工作带来损失。

报告的写作具有一套规范的格式。

（1）标题。标题的格式一般由发文机关、主要内容和文种名称构成。例如《×××关于工商行政管理工作情况的报告》。

（2）主送机关。行政机关的报告，主送机关要尽量少，一般情况不要越级行文。

（3）正文。报告的正文由开头、主体、结尾三部分组成。开头，是报告的导语部分，它起着引导全文的作用，分为背景式导语（交代报告产生的背景）、根据式导语（交代报告产生的根据）、叙事式导语（简述事件的概况）、目的式导语（明确阐述发文目的）。主体，根据报告的不同分类，报告的主体写法有很多种。总结式写法，适用于工作报告，以成绩、做法、经验、体会、打算、安排为主，同时做分析、归纳，找出规律性认识，类似于工作总结。“情况—原因—教训—措施”的“四类”写法，适用于情况报告。指导式写法，适用于建议性报告，要提出系统完整方法、措施和要求，形式上采用分条列项逐层表达的方法。无论何种写法都要为内容服务。结尾，写法比较简单，可重申意义，展望未来；也可以采取模式化的写法：“特此报告”、“以上报告请审阅”“以上报告如无不妥，请批转执行”等等。落款和日期。在正文后右下方写上发文机关名称和日期。

例文二：

**关于严禁假冒伪劣商品出境的报告**

省政府：

最近以来，我省一些假冒伪劣商品通过各种渠道不断涌入俄罗斯等国家的市场，影响极坏，对我省开展边境地方贸易构成严重威胁。对此，中央及省委、省政府领导十分重视，并作了重要批示，要求对假冒伪劣商品予以狠狠打击，努力提高出口商品质量。为认真贯彻落实中央及省委、省政府领导的批示精神，杜绝假冒伪劣商品出境，挽回不良影响，维护我省外贸出口的信誉，特提出以下意见：

一、各地、各部门要坚决贯彻执行国务院《关于严厉打击生产经营假冒伪劣商品违法行为的通知》，按照省政府的统一部署，深入开展“打假治劣”活动。经贸、商检、海关、工商、技术监督、边贸、旅游等部门要紧密配合，采取综合措施，加强对中外旅游者、因公因私进出境人员、经贸互访团组、出国劳务人员、出国留学人员的管理及其携带出境物品的查验管理；对生产及收购出口假冒伪劣商品和在集贸市场、消费品市场、互市贸易市场及涉外场所经销假冒伪劣商品的违法行为进行打击，严禁假冒伪劣商品出境。各级政府对这项工作要高度重视，广泛宣传，加强领导，支持有关部门把这项工作抓好。

二、各级政府要组织行业主管部门、技术监督部门、工商行政管理部门对本地区、本行业的生产企业进行一次清查。对生产假冒伪劣产品的企业，要没收其全部非法所得，并从重予以罚款，对企业的厂长、经理给予严肃处理；对情节严重、损害国家信誉和消费者利益的，追究其刑事责任，并吊销企业的生产经营执照。

三、商检部门要严把出口商品的质量关，对提供和收购出口假冒伪劣商品的生产、经营企业，按照《中华人民共和国进出口商品检验法》和《商检法实施条例》等有关规定进行严肃处理，情节严重造成不良后果的，要追究当事人的法律责任。国家法律、行政法规规定及外贸合同要求凭商检部门出具的检验证明通关的出口商品，

海关凭商检部门出具的检验证书放行单或在报关单上加盖的印章验放。

四、工商行政管理部门要加强对集贸市场、消费品市场、边民互市贸易市场的管理。技术监督部门要定期或不定期地监督抽查边民互市贸易市场销售的商品。对经销假冒伪劣商品的，给予没收、罚款、吊销营业执照等处罚，对情节严重造成不良后果的，要移交司法机关依法追究当事人的刑事责任。

五、对“中外倒爷”携带出境的物品，由海关、商检部门负责进行监督检查，一旦发现假冒伪劣商品出境，按国家有关规定处理。

七、边贸主管部门要加强对边贸经营企业的宏观指导，引导边贸走“以质取胜”之路。对商检部门实行质量许可、卫生注册的出口商品，严禁边贸经营企业到未获商检机构质量许可证或卫生注册证书的生产企业组织收购货源。

以上意见，如无不当，请转发各地、各部门贯彻执行。

黑龙江进出口商品检验局
哈尔滨海关
黑龙江省工商行政管理局
黑龙江省技术监督局
黑龙江省边境经济贸易管理局
黑龙江省旅游局
黑龙江省对外经济贸易委员会
1993 年 2 月 19 日

## 第六节　请示和批复的写作

### 一、请示

#### （一）请示的概念

请示是用于下级机关向上级机关请求指示、批准的公文名称。请示属于上行文。

在工作中出现的新问题、新情况，本机关难以处理或不能解决时，需要请求上级给予指示、帮助；因为工作某些特殊情况，暂时难以执行上级有关规定，需要给予变通处理；对于上级方针、政策、规定不太明确，影响工作进行，需要请求上级给予明确指导；由于意见分歧，无法统一，难以开展工作，需要上级给予裁决；上级机关无明文规定，必须请示批准以后方可行动。上述情况均可采用请示。

#### （二）请示的特点

1. 呈请性

呈请是对上级有所请求，是指本机关、本部门计划办理某种事情，而自己却无权自行决定，必须请求上级主管机关批准。

2. 期复性

期复是期待上级答复。对于下级机关的请示，上级机关必须给予明确答复。

3. 隶属性

下级机关的请示只能按照隶属关系向主管的上级机关发文请示，不得向无隶属关系的机关请示，因为只有具有隶属关系的直接主管的上级机关才有资格和权力批复。

### （三）请示的种类

按照请示的目的、内容作用划分，请示可以分为呈批性请示和呈转性请示两大类。

（1）呈批性请示，用于下级机关向上级机关请求指示和批准事项。具体又分为两种：请求指示的请示，是上级机关要政策、要办法的请示；请求批准的请示，是请求上级机关批准自己的要求，帮助解决实际问题的请示。

（2）呈转性请示，用于下级机关向上级机关请求批转所提出的工作意见或建议。这种请示不仅要求上级对所请求的事项给予批准、同意，并且还需要上级机关将该请示批转到有关单位执行。

### （四）请示的写法

1. 拟写请示要注意的问题

（1）坚持“一文一事”的原则。请示的内容要单一、集中，不要“一文数事”，使领导看后分不清主次缓急无法审批，不利于请示事项的及时解决，而且如果其中一件事办不成，其他几件事也都要被困其中，影响其他要办的事情。

（2）坚持逐级递送的原则。一般情况下，请示应直接送至上级，这样有利于问题的解决。如果因为特殊情况须越级行文时，应当抄报被越过的上级机关。

（3）不要多头请示，请示只能主送一个上级主管机关，不要多头请示，以免造成责任不明，互相推诿，或者造成几个领导部门批复意见不一致，下级机关难以处理执行。受多头领导的单位要根据请示内容和上级领导机关的工作侧重面，采用向一个主管上级机关送行文向另外上级机关抄报行文的方法，请主送机关负责答复。

（4）请示理由要充分有力。请示的理由充分，有说服力，才能充分说明所请示事项的必要性，促使问题及时解决。请示事项要具体，不能笼统，以便于上级批复。

（5）注意行文语气。语言应简明扼要，语气要谦恭，措施要恰当而有分寸。结尾一般用“当否、请批示”、“以上意见当否、请批复”等委婉、谦恭的语气。

（6）联合请示，搞好会签。如果几个同级单位，就同一事项向同系统上级机关请示时，可以联合行文。联合行文的同级各单位在意见和要求统一的前提下，必须搞好会签，会签时主要发起单位可以放在首位。

2. 请示的写作格式

请示的写作格式是程式化的四步格式：

（1）标题由发文机关、事由、文种构成，或仅由事由和文种构成，两种标题格式均可。

（2）主送机关。主送机关只有一个，如需另外上级机关知晓，可以采用抄报行文的办法。

（3）正文。请示正文通常包括请示缘由、请示事项和结束语三个部分。

（4）落款和日期。

### 3. 请示正文的写法

不论哪类请示，其正文均可分为三部分，即请示的缘由、请示事项或具体要求、结尾语。

（1）请示的缘由，即写明请示的原因、背景，说明请示问题的依据、出发点和思想基础，讲明“为什么要请示”的问题。

（2）请示的事项和具体要求，即要求上级给予指示、批准的具体事项和具体的要求。要求上级给予什么指示，要写得非常明确、具体，甚至提出自己的处理意见或解决问题的办法、设想，以供领导决策参考，而不是简单地将矛盾上交。

（3）结尾要提出明确要求，语气要谦和，一般多用请求语作结尾。习惯用“妥否，请批示”、“如无不妥，请批转有关单位执行”、“可否，请批示”等等。

## （五）请示与报告的区别

请示和报告，两者都是上行文，撰写中都要注意陈辞恳切，语气谦恭，报告中的建议性报告与请示中的呈转性请示也有相似的作用。但是两者的区别也是很明显的，主要有以下几点：

（1）行文目的和作用不同。请示行文主要是为了解决问题而写的，文中有明确的请求事项，上级机关一定要复文给予批复或指示；报告行文主要是汇报工作，反映情况，答复问题，并不要求上级答复，即使是建议性报告，也不要求上级专门回文。

（2）内容和结构不同。请示的内容具体单一，一文一事，且必须提出明确的请示事项，正文结构比较稳定，呈现出“缘由、事项、结尾语”的固定形式；报告的内容较为广泛，尤其是综合性报告可以将工作的各主要方面同时汇报，结构安排不拘一格，变化较多。

（3）行文时限不同。请示所涉及的事项是还没有进行的，要等上级机关批复后才能处理实施，所以必须事前行文，不得先斩后奏；报告所涉及的事项大都是已经完成或正在进行中的，既可事后行文，也可以事中，事前行文。

（4）性质和要求不同。请示是期复性的呈请公文，要求上级机关作答；报告是陈述性的呈报公文，又称“阅件”，不要求上级答复。

（5）批转的重点不同。请求批转的请示，其批转的重点是解决现行政策和职权范围内不能解决以及带有某些倾向性、普遍性的问题，在上级机关未作出批复前，呈文单位无权安排和办理；请求批转性报告，要求批转的重点是根据现行政策，在职权范围内提出一些具体安排意见、工作建议等，在上级未作出批转答复前，呈文单位就可以进行安排和部署。

例文一：

**关于一九九三年国债发行工作的请示**

国务院：

一九九三年将发行三百七十亿元国债，其中财政债券七十亿元，国库券三百亿元，整个发行工作从三月一日开始。为保证这项工作顺利进行，现提出以下意见：

一、发行国债，是平衡财政预算、加强国家重点建设的重要措施，各级人民政财要加强领导，采取多样化的发行方式，保证完成今年国债的发行任务。

二、继续贯彻国债优先发行的原则。在国库券发行期内，除国家投资债券外，其他各种债券一律不得发行。国债以外的各种债券利率不得高于同期国库券的利率。

三、各级人民政府和国务院有关部门要严格做好国库券以外的各种债券发行的审批工作。凡未按上述规定发行的债券，各类证券中介机构不得代理发行，各证券交易场所也不得批准上市。

以上意见如无不妥，请批转各地区、各部门执行。

财政部
国家计委
中国人民银行
1993年2月20日

## 二、批复

### （一）批复的概念

批复是用于答复下级机关请示事项的公文。

批复与请示互相呼应、密切相关的一对公文，有请示才会有批复；批复必须就请示事项作出答复。批复是下行文。批复的内容，就是上级机关对下级机关请示事项的批示、决策、意见，下级机关必须不折不扣地执行。

### （二）批复的特点

1. 针对性

批复的内容和行文对象均有针对性，但批复的针对性是被动的，以下级的请示为条件，先有请示，后有批复。从内容上看，批复只是针对下级机关请示事项作出回答，不涉及请示事项以外的内容；从行文看，仅向请示单位行文，发送范围无需扩大。

2. 指示性

批复是为答复下级机关请示事项而行文。在行文内容上，既要对请示事项表明同意或不同意的态度，还要提出处理意见和办法，这些意见和办法代表了上级机关的批示精神和决策意见，下级机关必须贯彻执行。

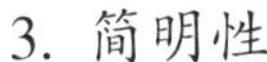

3. 简明性

批复对下级机关请示的问题，只做原则性、结论性的指示和决定，一般不必做具体分析和深刻阐述，行文简明扼要，用语精练简洁。批复的意见必须十分鲜明，同意、基本同意、不完全同意等要明确表态，理由充分，直截了当，语言严谨，无歧义，绝不可不负责任，推诿塞责，模棱两可。

4. 时限性

下级机关的请示事项往往涉及比较重要或比较紧急的问题，因此要求上级机关的批复必须及时，拖延会贻误下级机关的工作，所以，较强的时限性是批复的一大特点。

### （三）批复的分类

按批复机关的态度划分，可以分为：肯定性批复，部分肯定性批复，否定性批复。

按请示类型的不同，与之相对应的批复大致分为指示性批复和批准性批复两大类。批准性批复，只对请示事项作出明确答复，不提其他工作意见或要求。指示性批复是对请示事项作出明确答复，不提其他工作事项或要求。批示性批复是对请求指示请示的答复，而且要就请示事项的落实措施提出批示性意见。

### （四）批复的写作

撰写批复应注意以下几个问题：

（1）要有针对性。答复问题要紧紧围绕原请示事项，不得答非所问，不得节外生枝，任意发挥。

（2）要注意政策性。对请示事项作答，必须依据国家有关政策，符合规章制度，不能随便更改和偏离政策法规。

（3）必须具有明确性。批复所答复的问题，一定要清楚明白，准确无误，同意或不同意，批准或不批准，都要鲜明地表态，不能含糊其辞，模棱两可，导致下级机关无所适从。

批复主体要明确职责与权限。撰写批复的机关，不能超越自己的职责和权限范围，特别是对一些事关重大、疑难性、政策性强的问题，如果不能予以答复，要另行向自己的上级机关请示后再做批复；否则，匆忙的、不负责任的批复，会给下级机关造成不可收拾的恶果。

（4）坚持“一文一批”的原则。一则请示应有对应的一则批复，不可以收到几个请示后，集中起来写一个批复，把毫不相关的几件事写在一起，内容混杂，不但撰文困难，下级执行起来也十分困难，而且拖延了批复的时间。

### （五）批复的格式

无论哪种批复，一般都由标题、主送机关、正文和落款四部分组成。

（1）标题。批复的标题多采用完全性标题，即由发文机关、事由、文种三部分组成。

（2）其事由部分又有两种表述方法：一种表述为“关于……问题”；另一种表述为

“关于同意……（某单位某事项）”。

（3）批复的主送机关必须是原请示的发文单位，作为答复性公文，一般都有主送机关。

（4）批复的正文一般包括批复依据，批复意见，批复希望三部分。批复依据，批复的第一句或第一段要说明批复的依据，也叫引叙原文，是批复正文的首起语。批复意见，也可称作批复内容，是对请示事项做出的具体答复和批示，是批复的主体。批复希望，不是所有批复必备的内容，确属需要的，也应简洁明了，不要喧宾夺主，最后以收束用语做结尾。

（5）落款。写明发文单位名称和发文时期。

批复的写作，除按上述格式行文，批复的写作当然着重说明正文的写作。正文三部分内容中的批复依据，写作形式较为固定，在引述下级请示的行文日期、标题和发文号后写“收悉”二字，然后用过渡语：“现就……答复如下”或“经研究批复如下”引出下文。

（6）批复意见，是对请示事项明确表态：同意、不同意或部分同意。同意，应说明同意的内容是什么，笼统地写“同意你们的请示”，不便于下级的执行，不同意或者部分同意，则一定要阐述不同意的原因和依据。

（7）批复希望，如前所述，并非必备内容。一般来讲，凡涉及重要公务或完全同意的批复用习惯语。仅属普通公务或不同意的批复都可以不加习惯结尾用语，总之，批复的拟写过程中，除了态度明朗外，最重要的是语言简洁明了，不能拖泥带水。

例文二：

**国务院关于给予广东省南澳岛优惠政策的批复**

**国函［1993］4号**

广东省人民政府：

你省《关于开发南澳岛给予优惠政策的请示》（粤府［1992］94号）收悉。经研究，现批复如下：

一、对南澳岛用于农林牧副渔业出口生产而进口的化肥、种子、种苗、种畜、饵料、动植物保护药物、加工机具和其他必需的技术装备，以及使用岛内出口海产品留成外汇进口的六类渔需物资，经汕头市人民政府批准，当地海关审核后，可免征进口关税和工商统一税（产品税或增值税）。

二、“八五”期间，对岛内基础设施和旅游设施建设项目使用的进口三材（钢材、木材、水泥），根据项目需要，由汕头市人民政府报经国务院特区办公室、海关总署和国家税务局批准后，免征进口关税和工商统一税（产品税或增值税）。

三、其余仍按国务院关于沿海经济开发区的政策执行。

国　务　院

1993年1月16日

# 第七节　函和会议纪要的写作

## 一、函

### （一）函的适用范围

函，也称公函，是商洽性公文。各级各类机关在开展工作中经常需要与平行或不相隶属的机关进行联系，以便更好地协调工作事项，这种联系常用“函”进行。函，国家机关，企事业单位都可以使用。它是公文中运用最为灵活的一个文种。

函适用于不相隶属机关之间商洽工作，询问和答复问题，请求批准和答复审批事项。

### （二）函与批复的区别

首先，可以从概念上加以界定。函是用来相互商洽工作，询问和答复问题，向有关主管部门请求批准的。批复是专门用来答复请示事项的。

其次，从作用与行文关系上来区分。批复的作用仅限于有隶属关系或业务主管关系的上级对所管辖的机关单位行文，准与不准的态度鲜明，往往具有通知和指示的性质，它只能是下行文。而函的答复更多为平级行文，并且只是商洽性，联系与咨询的答复，一般情况都是平行文。

### （三）请示函与请示的区别

公文处理中，平行单位之间请示与申请批准内容的函混淆的情况时有发生，虽然它们都有请示的性质，但它们也有明显的区别，主要有以下两点：第一，请示是上行文，函是平行文；第二，请示的制发单位和受文单位之间的关系是领导与被领导的关系，函的制发单位与受文单位是平行或不相隶属的关系。

### （四）函的写法

函的一般格式主要包括：标题，主送单位，正文，落款与时间。

1. 标题。函的标题是全要素标题，即包括发文单位，事由及文种。其中事由应是对正文主要内容的标准而精练的概括。

2. 正文。函的正文是文件的主要部分。强调就事论事，应直陈其事。第一部分是叙述事项，第二部分说明希望和要求。去函的正文先写商洽、请求、询问或告知的事项，然后提出希望、请求或要求。最后明确提出“以上意见可否，请函复”，“敬请函复”，“特此函告”等。“事项”部分基本是叙述和说明的写法，是什么就写什么，应简单扼要，又要交代清楚。“要求”部分可多可少，如果事项很简单，而且没有过多要求就同事项写在一起，一气呵成；如果事项复杂一些，或要求多些可以单列一段来写，甚至分条列项来写，而且无论是哪一种内容，也不论是对哪一级，要求的口气都是谦和的。复函正文的一般结构是：先引述来函，可引来函的文件名称，发文字号，主要内容。如“贵厂×字×号文悉”这样的格式，也可以直接写“电悉”“函悉”，然后写答复的主要事项，所答复的内容要围绕来函，要准确表达本机关的意见，态度要鲜明。复函的结尾一般可写上“此复”“特此函复”等话语。在复函中要针对来函中提出的问题予以答复：同意或不同意，同意将怎么办；不同意是什么原因或应该怎么办，不应该怎么办等。文中用语应言简意赅。

3. 落款与日期。函的正文写完之后，最后要有签署和日期，并要加盖公章。

例文一：

**关于委托××行政财贸管理干部学院举办**
**成人高等教育专业证书班的函**

省教委成人教育办公室：

为提高我省文化系统干部的管理水平和专业知识水平，我厅拟委托××行政财贸管理干部学院举办文化管理专业成人高等教育专业证书班，学制为全脱产一年（或半脱产一年半），从今年7月至明年6月（或从今年7月至明年12月），招收学员80名（或100名）。我们将配合学院严格按照国家教委和省教委的规定举行入学考试，安排教学工作，确保质量。

望予审批。

附件：文化管理专业证书教学计划表1份

省文化厅

1995年3月2日

## 二、会议纪要

### （一）会议纪要的适用范围和种类

会议纪要也是一种比较重要的法定公文。为了体现民主集中制的原则，各级机关，人民团体，企事业单位的公务活动经常采用会议形式，这就使以记录会议情况和议定事项的会议纪要具有较高的使用频率。

会议纪要适用于记载，传达会议情况和议定事项。会议纪要是一种特殊文种，主要用于传达会议的主要精神和要求，与会单位共同遵守执行的事项，以便沟通情况，交流经验，统一认识，指导工作。它是在归纳、整理会议记录及其他有关会议材料的基础上，按照会议的宗旨和要求，针对会议讨论研究的工作事项和问题综合整理而形成，它既可以反映会议的基本情况，主要精神和中心内容，也能够用以解决问题，统一协调各方面的步调，还可以向上级机关汇报会议情况。例如《××大学思想政治教育工作座谈会会议纪要》。

### （二）会议纪要的种类

会议纪要从本身反映的内容和性质及作用来看，大体可分为三种：

第一类，指令性会议纪要。

第二类，通报性会议纪要。

第三类，座谈会会议纪要。

### （三）会议纪要的写法与撰写注意事项

会议纪要的格式一般包括标题、时间、正文等事项。

1. 标题。会议纪要的标题有两种写法：其一是单标题，其二是双标题，这里有两个语言结构，前一个是主标题，概括会议的主题，后一个是副标题，说明会议的名称及所用文种。

2. 时间。会议纪要的时间，一般是会议纪要形成的时间，有时也可以写会议结束的时间。会议纪要的时间一般写在标题下方的居中位置，并且首尾加圆括号。

3. 正文。会议纪要正文一般包括开头、主体和结尾三部分。

开头部分用简练的文字写出会议概况：介绍召集会议的单位，会议的目的，开会的时间，地点，会期，参加人员，会议的议程和进行情况等。

主体部分主要写会议内容，即会议研究的问题，讨论的意见及所形成的结果。这部分的表述方式比较灵活多样，可以加写序号按问题的顺序逐一表述，也可以直接以小标题形式表述，还可以按内容性质加序号分若干部分表述。

结尾部分有两种写法。一种是提出希望、号召，要求有关单位认真贯彻会议精神，努力完成会上提出的各项任务；另一种是不写结尾，正文的主体部分结束就是全文的结尾，一般工作会议纪要常常采用这种写法。

### （四）撰写会议纪要应注意的事项

第一，要真实、准确地概括会议内容，尤其是会议的议决事项。会议纪要，既要忠实于会议的实际内容，又要做好归纳整理工作，不能随主观意图增减或更改会议的内容，而必须做到真实，准确地表达会议内容。

第二，要突出反映会议的重点内容，这主要是指重点反映会议所讨论的问题及形成的统一意见，即会议明确和解决的问题。

第三，会议纪要的写作要及时，否则拖延时间过长，会给人“时过境迁”之感，影响公文的效果。

例文二：

**×××所第××次所务（扩大）会关于进一步加强**
**××号机研制工作的纪要**

一九九×年×月××日，×××所召开了第××次×××所务（扩大）会。全体×××所会务成员出席了会议。×××所副总设计师和科技委、科技处、质量处、人事处的负责同志列席了会议。会议由所长×××主持。中心议题是研究进一步加强××号机的研制问题。×××首先传达了最近以来党中央和上级领导同志关于加速新机研制的一系列重要指示，听取了总设计师××关于××号机当前研制情况的汇报。大家从实际出发，认真地分析了××号机所面临的形势和研制工作中存在的问题，针对这些问题，研究了进一步加强××号机研制工作的措施。现将会议决定的几个主要问题纪要如下：

一、坚定信心，战胜困难，坚决如期完成××号机的研制。(略)

二、加强领导，理顺关系，强化科研指挥线。(略)

三、严格遵循科研规律，精心组织攻关，防止大的失误和反复。(略)

四、强化质量意识，严格质量管理，加强××号机研制全过程的质量控制。(略)

五、深入进行思想发动，大力加强思想政治工作，充分调动广大职工的积极性。(略)

光荣而艰巨的××号机研制任务，不仅为我们全所广大科技人员、工人、干部提供了施展才华的舞台，也为我们报效祖国大显身手开辟了用武之地。会议希望全体职工要牢记党中央、国务院和中央军委领导同志的殷切期望及全行业的重托，立即掀起大干的热潮，团结起来，下定决心，排除万难，坚决按期研制出“争气机”，为振兴航空工业作出应有的贡献！

×××研究所

××××年×月×日

## 第八节　非公文应用文写作

### 一、介绍信

介绍信是机关团体、企事业单位的人员与其他单位或个人联系工作、了解情况、洽谈业务、参加各种社会活动使用的一种专用书信。介绍信包括铅印成文不留存根的印刷介绍信；铅印成文带存根的印刷介绍信；用一般公文纸写的书信式介绍信。

介绍信一般应包括称谓、被介绍者简况、事由、署名日期和有效期等一些内容。具体到不同形式的介绍信的写法，其格式内容也略有差异。

手写式介绍信包括标题、称谓、正文、敬语、署名五个部分。

介绍信的内容要写明如下几点：

(1) 要说明被介绍者的姓名、年龄、政治面貌、职务等。如被介绍者不是只有一人还需注明人数。其中，政治面貌和被介绍者的年龄有时可以省略。

(2) 写明要接洽或联系的事项，以及向接洽单位或个人所提出的希望和要求等。

(3) 要在正文的最后注明本介绍信的使用期限。

【示例】

××公司负责同志：

今介绍我所副研究员，高级工程师陈×、余×二位同志前往贵公司洽谈有关合作的具体事宜，请予接待。

此致

敬礼

××实用技术研究所（盖公章）

××××年×月×日

## 二、求职信

求职信是求职者写给招聘单位的信函。它与普通的信函没有多少区别，但它与朋友的信函又有所不同，当然也不同于“公事公办”的公文函。求职信所给的对象很难明确，也许是人事部的一般职员，也许是经理，如果你对老板比较了解的话可以直接给老板。当然，如果你根本就不认识招聘公司的任何人，求职信最好写上“人事部负责人收”较妥。如果直接写人事部经理或“老总”收可能不妥，如果该信落到一般职员手中的话，可能使得这些人不高兴。

求职信起到毛遂自荐的作用，好的求职信可以拉近求职者与人事主管（负责人）之间的距离，获得面试的机会多一些。

求职信是自我表白，其目的和作用要是让人事主管看，因人事主管有太多的求职信函要看，因此要简明扼要。

**【示例】**

尊敬的领导：

您好！

感谢您在百忙之中审阅我的求职信！

这个月以来，我的心一直像小鹿一样跳个不停，外面汹涌来的招聘信息让我心动。我爸爸是一名乡村教师，我舅舅是一名中学教师。长期的熏陶，幼小的我便憧憬能成为一名优秀的教师，站在讲台上激扬文字……今天我怀着激动的心情向您毛遂自荐！我叫范如歌，是北京师范大学2002届英语教育专业的本科毕业生。

我酷爱读书，特别是文史类，大部分中外名著（中英文版）都看过。这些书对我大有裨益：陶冶性情，丰富知识，开阔视野。这对我的教学工作大有帮助。

通过四年的学习，我掌握了良好的专业知识结构和理论基础，系统地学习了各项知识技能和教学技能，具有准确、熟练的英语听、说、读、写、译的能力。大二上学期，我一次性通过英语六级；大二下学期，我一次性通过英语专业四级。由于突出的能力，在校期间多次荣获专业奖学金、三好学生、原声模拟优秀奖等，多门专业课成绩名列前茅！

我有一定的实践经验。曾任寝室长，举办过一系列活动，寝室文化活动搞得有声有色。自大一以来我已经做了12份家教，其中以高中生居多。特别是2010年10月—2010年12月在全国重点高中——北京师大附中实习期间成绩优秀。

经过四年的学习与实践，我有信心与能力胜任大中专院校及中学英语听、说、读、写教学。当然，我初涉世事，某些方面还不成熟，但我将正视自己的不足，并以自己的谦虚、务实、稳重来加以弥补，不断完善、充实、提高自己。我期盼能有一片扬我所长的天地，我将为之奉献我的青春、智慧与汗水！

我家是教师世家，我热爱孩子，热爱教育，因为教育是育人的工程，所以，我非常渴望成为一名优秀的教师。

尊敬的领导，请给我机会，我会以十分的热情、十二分的努力去把握它！

谢谢您的慧目！此致

敬礼!

自荐人：×××
××××年×月×日

## 三、申请书

申请书是个人或集体向组织表达愿望，向机关、团体、单位领导提出请求时写的一种书信。申请书应把该写的问题写清楚，但要注意精练。申请书一般是一事一书，如：“入团申请书”、“开业申请书”等。

【示例】

**申请补办学生证**

教务处：

我是高三（2）班学生×××，不慎将学生证遗失，多方寻找仍无下落。特提出申请，请求补办学生证，希望批准。

此致

敬礼

申请人：×××
××××年×月×日

## 四、聘书

聘书是聘请某些有专业特长的人担任某种职务时使用的一种文书。

【示例】

**聘　　书**

×××先生：

为提高我校学生的实践能力，特聘请您担任我校本科四年级学生教育教学实习的指导教师。希望能得到您的支持和帮助。

××大学教务处
××××年×月×日

## 五、感谢信

感谢信是得到帮助的单位或个人为感谢帮助、关怀、支援过自己的单位或个人而写的专用书信。为表示感谢之情，应把对方的事迹写下来，公之于众，因此感谢信既有感谢之意，又有表扬之用。

## 六、表扬信

表扬信是以书信的形式，对在生活、工作、学习的某一个方面作出了成绩、发扬了风格的个人和集体加以表彰的实用性文书。它既有感谢、表扬的目的，又有宣传并倡导学习的目的。有以上级组织名义表扬其所属单位或个人的，有群众之间相互表扬的。表扬信应把表扬的对象写清楚，事迹写具体。表扬信可用信封装好交给受表扬者的领导，也可用红纸书信公开张贴。

## 七、收条、领条、借条和欠条

收条是收到别人钱物时写给对方作为凭借的条据，是一种凭证性文书。

领条是个人和组织从相关团体、组织或个人处领取物品时写给对方的凭证性条据。

借条是借到集体或个人的钱物时写给对方的凭证性条据。

欠条是指人们在经济交往中，因不能及时结清钱物手续而写给对方的凭证性条据。

这几种条据的格式基本相同，通常包括标题、正文、结语、署名和日期几部分：标题——第一行居中以稍大字体写出“收条”、“领条”等字样。或者写“今收到”、“今领到”等。

正文第二行空两格书写正文。应写清楚什么人，什么东西（钱或物），具体数量。结语在正文后另起一行空两格书写“此据”字样。也可省略不写。

署名和日期——在右下方位置写上立据者姓名，并在姓名下方写上立据日期。

【示例一】

**收　　条**

今收到王强老师所归还显微镜壹台，天平壹架，完好无损。

此据

顾小英

××××年×月×日

【示例二】

**领　　条**

今领回本人丢失的票夹壹只，内有本人学生证壹本，借书证壹张，人民币伍拾陆圆柒角整。

此据

王怀德

××××年×月×日

【示例三】

**借　　条**

为参加艺术节，我班借用学校体育组运动服捌套，演出后（12月18日）即归还。

此据

经手人：高二（1）班　王雨

××××年×月×日

【示例四】

欠　条

因购书款未带足，尚欠新华书店人民币叁佰贰拾圆整，两天内归还。

此据

黄鹤楼中学　张小玲

××××年×月×日

写这几种条据须注意以下三点：

1. 所涉及的钱物要当面点清，察看仔细，没有问题再写条据。

2. 钱款或者物品的名称要规范、准确，数量必须大写；钱款要写清币种，如“人民币”、“港元”等，末尾要加“整”字。

3. 条据上的数字不能改动，如必须改动，应加盖印章，以示负责。

## 八、启事

启事是机关团体、企事业单位，公民个人有事情需要向公众说明，或者请求有关单位、广大群众帮助时所写的一种说明事项的实用文件。启事可张贴、登报、广播、在电视上放映。启事一般分三部分：

第一部分标题。在第一行中间用比正文大的字写上文种“启事”或说明事项内容和文种，如“招生启事”、“征稿启事”、“招聘中学教师启事”等。还有一种写明启事单位名称加内容、文种，如“北京显像管厂聘请法律顾问启事”等。

第二部分正文。在第二行空两格空两行写正文。正文因启事所说明的事项不同而异。总的要求是要说得有条理，清楚明白，简明扼要。正文后可以写上“此启”或“特此启事”的结束语，现在一般启事都不写这些套话了。

第三部分落款。在正文后偏正右边，写上启事单位名称，如“××公司”、“××人”。单位名称已写入标题，后面就不必再写了，只写联系地址，电话号码，邮政编码，联系人，年月日。

寻物启事是个人或单位丢了东西，希望通过启事得到帮助找回东西的一种应用文。寻物启事一般可张贴于丢物的地点，或贴在单位门口或街巷较显眼的位置，有的寻物启事也登在报纸上。

寻物启事内容一般包括以下几项内容。

其一，写明丢失物的名称、外观、规格、数量、品牌等，同时要写明丢失的时间和具体地点。

其二，交代清楚拾物者送还的具体方式，或注明发文者的详细地址、联络方式等。

其三，寻物启事是求人协助寻找的，故除文中写些表示谢意的话外，还可以写明给以拾到者必要的酬金之类的话。

【示例一】

**寻 物 启 事**

3 月 23 日晚 8：00 左右，在淮海路上遗失一个公文包，内有金额为 5 万元的存折一份、派遣证一个及他物，有拾到者请与失主联系，失主愿重金酬谢。

失主：×××
（联系电话：×××××××××）
××××年×月×日

【示例二】

**寻人启事**

12 月 18 日上午 10 时左右，我带女儿去金鹰商厦购物，女儿不慎走失。女儿叫王晓，3 岁，身高 100 厘米；圆脸，双眼皮，头上夹一大红色蝴蝶结发卡，上身穿鹅黄色羽绒服，下身穿红色绒线裤，脚穿红色皮鞋。如有人发现或知道线索，请速与我联系，一定重谢。联系电话：×××××××××，手机：×××××××××××。

王××
××××年×月×日

招领启事则是拾到东西的个人或收留了走失者的个人或单位，为寻找失主而使用的启事。写法和寻物启事基本相同。必须注意的是：如果是拾到钱物，正文部分要写明拾到的时间和地点，但不能写明钱的数量和东西的特征，以防冒领；如果是收留了走失者，则一定要具体介绍其性别、大致年龄及外貌特征等，以方便失主辨别。

【示例三】

**招领启事**

昨天下午活动课，我班×××同学在操场主席台南侧跑道上拾到票夹一只，内有手表一只，银行卡一张，人民币若干。希望失主到班主任×××老师处认领。

高三（1）班
××××年×月×日

【示例四】

**招领启事**

昨天下午 4 时左右，我公司收留一位迷路的老年妇女。大约 70 岁左右；山东口音；上身穿藏青色棉袄，下身穿黑色裤子，脚上穿黑色棉鞋。据本人称前来探望在一工厂做工的儿子，外出闲逛，迷失了回家的路。希望她的儿子速来我单位将其母亲领回，也希望知道此情况的熟人速转告他的儿子。联系电话：×××××××××。联系人：×女士。

××××公司
2011 年 12 月 5 日

庆典启事是党政机关、社会团体、企事业单位举办有关庆祝或纪念活动时，由筹办单位、部门向社会各界及有关人员告知庆典事宜的启事。庆典启事须注意交代以下内容：

1. 庆典缘由；
2. 庆典活动总体安排，包括时间、地点、组织接待、内容、参加人等；
3. 其他有关事项及要求；
4. 欢迎参加庆典活动的结束语；
5. 单位地址、电话、传真、联系人等。

## 九、声明

声明本用于国家、政党、政府或团体公开说明真相，或向公众表明自己的立场、态度和主张，局限于政治、外交等领域。后来，声明的适用范围扩大到工作和日常生活领域，一般单位和个人也可以使用声明来说明与本单位或本人直接相关的问题或事实真相，向公众表明自己的立场、态度和观点。

声明一般由标题、正文、署名三部分组成。正文一般为三分式结构，开头说明发表声明的缘由或依据，主体部分一般分条列项写出具体的声明事项，最后以“特此声明”结束。如果开头与主体之间已有“特作如下声明”或“特声明如下”之类的字样，即不写“特此声明”的结语。声明事项单一不涉及繁杂问题的，主体部分也不必分条列项。

【示例】

**声　明**

本公司职工黄国荣已于2001年8月20日离开本公司，他在离职后签订的一切与本公司有关的合同及所作承诺，一律无效。

特此声明。

广东中山美丽华灯饰家具有限公司

××××年×月×日

## 十、海　报

海报是机关、团体向广大群众报道或介绍某一消息、活动时所使用的招贴式的应用文。它多用于热烈的场合，如报告会、电影放映、戏剧表演、体育比赛、展览等。

海报的写法没有固定的格式。一般先在纸的上方正中写上“海报”二字，字体稍大，下面写明是什么活动，写清举行活动的时间、地点、参加方式。如果是售票或发票，要写明买票或领票的时间、地点。如果是文艺、体育表演，要写明表演单位。

【示例】

**海　报**

上海杂技团演出精彩杂技，大型魔术表演新颖、滑稽幽默、来去无踪、变幻莫测。

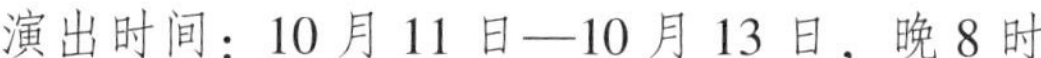

演出时间：10 月 11 日—10 月 13 日，晚 8 时
演出地点：田汉大剧院
票价：50 元、40 元、30 元
联系电话：2223 698

## 十一、讣告

讣告是报丧的传统文书，一般由死者家属或单位的治丧委员会通过张贴或传媒等方式将人死的消息和追悼的仪式告诉亲朋好友。

讣告的一般格式内容如下：

1. 标题。写“讣告”即可。
2. 死者的姓名、身份、逝世时间、地点、原因、终年寿命。
3. 死者生平（可有可无）。
4. 葬礼举办时间、地点。
5. 联系情况。
6. 讣告发出者。

**【示例】**

**讣　　告**

父亲大人×××，因病久治不愈，于公元 2002 年 1 月 2 日晚上 7 时在医院抢救无效，不幸与世长辞，享年 90 岁。现定于 2002 年 1 月 6 日上午 10 时 30 分在××殡仪馆 20 号厅举行追悼仪式。

治丧委员会设于广州×××路×号，负责人：×××
联系电话：×××××××××××
长子：张××　妻：×××　孙子：张××
次子：张××　泣告

××××年×月×日

## 十二、请柬

请柬又称请帖，是人们在节日和各种喜事中请客用的一种简便邀请信。请柬是为邀请宾客参加某一活动时所使用的一种书面形式的通知。一般用于联谊会、与友好交往的各种纪念活动、婚宴、诞辰或重要会议等，发送请柬是为了表示举行活动的隆重。在古代，柬与帖有一定的区别。请柬的“柬”字，本为“简”。造纸术发明以前，简一般是较普遍的写作材料。简是将木材或竹木经过加工后制成的狭长的片。简一般指竹简，木制的写作材料古人称“牍”。人们把文字刻在简上用来记事，由于书写面积有限，篆刻也有些难度，所以用简书写文字容量是较小的。人们把简连缀在一起而成“册”。到了魏晋时代，“简”就专门用来指一种短小的信札，这一说法沿用至今。

格式内容：

（1）在封面上写“请柬”（请帖）二字。

（2）抬头写被邀请者（个人的姓名或单位）名称。

（3）交代活动内容，如开座谈会、联欢晚会、过生日等；交代举行活动的时间和地点，如果是请看戏或其他表演还应将入场券附上。

（4）结尾。如“致以——敬礼”、“顺致——崇高的敬意”等。

（5）署明邀请者（个人、单位）的名称和发出请柬的时间。

请柬的写作要求：

（1）请柬不同于一般书信。一般书信都是因双方不便或不宜直接交谈而采用的交际方式。请柬却不同，即使被请者近在咫尺，也须送请柬，这主要是表示对客人的尊敬，也表明邀请者对此事的郑重态度。

（2）语言上除要求简洁、明确外，还要措辞文雅得体。

【示例】

请　　柬

×××：

兹订于2001年8月10日至8月18日，在××华侨大厦召开××名酒展销会，并于8月10日中午11时30分在华桥大酒家举行开幕典礼，敬备酒宴恭候。请届时光临。

××电器有限公司敬约

××××年×月×日

【示例】

请　　柬

公元2000年8月18日为家慈七旬正诞，即日午12时敬备薄酒于东海酒家（广州市××路×号）举行。敬请光临。

恭候×××先生

×××先生

×××女士

××××年×月×日

## 十三、广告词

广告词属于特殊的应用文文体。它的特殊性表现在，它要利用推销原理写出雅俗共赏、生动有趣的文字，要考虑消费者的接受心理，要具有特殊的感染力，能在瞬间引起读者注意，刺激其心理需求，使消费者保持记忆，最终促成购买行为的实现。

公益性广告目的是为了引起人们对某些社会问题的关注，起着劝诫和警示的作用，不带功利色彩。

【示例】

吸烟是继战争、饥饿和瘟疫之后，对人类生存的最大威胁。——禁烟广告

千万别点着你的烟，它会让你变为一缕青烟。——加油站禁烟广告

献血的你，灵魂如虹；你献的血，生命涌动。——义务献血广告

# 第十四单元
# 《汉语写作与百科知识》模拟题练习

## 模拟题一

**一、选择题（30 分）**

1. 影响英国气候的因素不包括：________。
   A. 海水环绕　　　　B. 西风盛行
   C. 北大西洋暖流经过　　　　D. 高山阻隔
2. 英国《大宪章》的重要内容不包括：________。
   A. 全国要使用统一的重量和长度度量衡
   B. 未经大议会同意，不得征税
   C. 国王有权逮捕、监禁自由人以及剥夺他们的财产
   D. 教会应享受其所有权利且有选举自由
3. 下列关于美国独立战争的说法错误的是：________。
   A. 1744 年 9 月，第一次大陆会议在华盛顿召开，鼓励美国人拒绝购买英货
   B. 1775 年，马萨诸塞的农民和英国军队在列克星敦和康科德的战斗标志着独立战争的爆发
   C. 1776 年，托马斯·杰斐逊起草《独立宣言》，它明确阐述了支撑这场革命的政治理论
   D. 1776 年，美军在萨拉托加击败英军，这次胜利被认为是北美独立战争的转折点
4. 下列关于美国国会的说法正确的是：________。
   A. 国会是最高司法机构，由参、众两院组成
   B. 国会的主要职权有：立法权、行政监督权、条约及官员任命的审批权（参议院）和宪法修改权
   C. 国会可通过不需要总统签署的决议案，这些决议案均具有法律作用
   D. 参议员按各州的人口比例分配名额选出，共 435 名，任期两年，期满全部改选
5. 下列关于《诗经》的说法正确的是：________。

A.《诗经》是春秋时编成的一部上古诗歌总集，共收入西周初年到春秋中叶的诗305篇
B. 孕育了民族精神，蕴含着中国古代哲学的萌芽
C. 风即《国风》，为朝廷朝会燕享之乐章；《雅》即大雅和小雅，多为民间歌谣；颂即周颂，鲁颂和商颂，为祭祀时颂赞之乐歌
D. “六义”所形成的浪漫主义创作方法以及“比兴”诗学传统，对后世诗歌创作产生了重要的影响

6. 下列哪一句不是出自《孟子》？________。
A. 不以规矩，不能成方圆；不以六律，不能正五音
B. 乐民之乐者，民亦乐其乐；忧民之忧者，民亦忧其忧。乐以天下，忧以天下，然而不王者，未之有也
C. 君子以仁存心，以礼存心。仁者爱人，有礼者敬人。爱人者人恒爱之，敬人者人恒敬之
D. 大丈夫处其厚，不居其薄；处其实，不居其华

7. 下列关于《离骚》的说法错误的是：________。
A.《离骚》是具有楚国地方特色的乐调、语言、名物而创作的诗歌
B. 具有浓郁的浪漫主义气息
C. 运用了香草美人的独特比兴、幻想与现实交织的宏伟结构
D. 是中国文学史上第一篇情深意长的悲秋之作

8. 白居易的诗最重要的特点就是浅显易懂、明白如话。________是他的代表作之一，全诗描写了唐玄宗和杨贵妃的爱情悲剧。
A.《琵琶行》　　B.《长恨歌》　　C.《秦中吟》　　D.《新乐府》

9. 有学者认为：“西方是经济全球化最大的赢家，第三世界却可悲地扮演着输家的角色。”对此认识正确的是：________。
①经济全球化加剧了全球竞争中的利益失衡
②经济区域化阻碍了全球化的实现
③经济全球化加强了西方国家的经济优势
④发展中国家必须全面实现西方化
A. ①②③　　B. ②③④　　C. ②④　　D. ①③

10.《欧洲经济史》描述了18世纪中期以来欧洲某些地区的现象，“贵族的炫耀生活，受到财富日益增长的资产阶级的仿效，甚至受到挑战。虽然他们有时被人轻蔑地说成是‘暴发户’，但是，他们的购买力形成了他们自己的竞相仿效的基础”。这段描述说明：________。
A. 工业革命已经影响到社会生活
B. 启蒙思想的传播消除了人们的等级观念
C. 政治革命使封建贵族告别了昔日生活
D. 科技进步降低了生产成本，物价相对低廉

11. 著名的存在主义哲学家雅斯贝尔斯指出：人类在公元前6世纪到前4世纪大致就出现了对以后各自文明有决定性影响的古典文化，这一时期被称之为“轴心时代”，在轴心时代出现的对后来欧洲文明产生巨大影响的古典文化是________。

A. 希腊文化　　B. 日耳曼文化　　C. 基督教　　D. 印度文化

12. 我国季风区与非季风区的地理界线是下列中的“________”。

A. 大兴安岭—太行山—巫山—雪峰山

B. 昆仑山—祁连山—横断山

C. 大兴安岭—阴山—贺兰山—巴颜喀拉山—冈底斯山

D. 青藏高原的东南边缘—秦岭—淮河

13. 雨果曾愤怒地谴责道：“两个强盗走向圆明园，一个抢了东西，一个放了火……”这两个强盗是________。

A. 英国和法国　　B. 英国和美国　　C. 美国和俄国　　D. 法国和俄国

14. 从 1931 年“九一八”事变到 1937 年 9 月第二次国共合作正式建立，中国共产党对蒋介石为代表的大地主大资产阶级的策略经历了________。

A. 由“反蒋抗日”到“逼蒋抗日”再到“联蒋抗日”

B. 由“反蒋抗日”到“促蒋抗日”再到“联蒋抗日”

C. 由“反蒋抗日”到“逼蒋抗日”再到“拥蒋抗日”

D. 由“反蒋抗日”到“促蒋抗日”再到“拥蒋抗日”

15. 对于佛经翻译，慧远的主张是________。

A. 主“文”　　B. 主“质”　　C. 翻译不易　　D. 主张“厥中”

16. 林纾的第一本译作是________。

A.《茶花女》　　B.《巴黎茶花女遗事》

C.《十字军英雄记》　　D.《西利西郡主别传》

17. 郭沫若在译诗方面很讲究韵律，他曾创造性地提出了“风韵译”的说法。他指出：“我们相信理想的翻译对于原文的字句，对于原文的意义自然不许走转，而对于原文的气韵尤其不许走转。”这句话出自________。

A.《谈文学翻译》　　B.《论翻译》

C.《译文学书方法的讨论》　　D.《讨论注译运动及其他》

18. 林语堂译《道德经》有着得天独厚的优势。他的英译《道德经》是成功的，以下表述不正确的是：________。

A. 林语堂国学底子深厚，能透彻准确理解原文

B. 英文地道，表达准确

C. 前人留有大量关于该书的资料可供参考

D. 不采用自由诗体传译

19. 下列哪一位用《大学》“致知在格物”的命题，探讨认识领域中的理论问题，强调格物才能穷其理，知先行后，行重知轻？________。

A. 朱熹　　B. 谭嗣同　　C. 康有为　　D. 严复

20. 下列关于“竹林玄学”说法错误的是：________

A.“竹林玄学”是魏晋玄学发展的第二个阶段，得名于这一时期非常活跃的“竹林七贤”，即嵇康、阮籍、山涛、向秀、刘伶、王戎及阮咸七人。

B. 主张“以无为本”的宇宙观和本体论。“无”是宇宙万物赖以化生和形成的根本，也是社会政治生活的支配力量和决定因素。

C. 主张“越名教而任自然”、“审贵贱而通物情”，“名教”指的是社会的等级名分、伦理仪则、道德法规等的统称；“自然”则是指人的本初状态或自然本性，同时指天地万物的自然状态。

D. 以名教与自然的关系为核心，将玄学探讨的领域拓展到文学、美学、语言哲学等多个方面。

21. 下列关于孟子思想的说法错误的是：________

A. 孟子把道德仁义推行到社会、国家的治理之中，提出“亲亲而仁民，仁民而爱物”的推恩原则。

B. 孟子针对道义的修养提出了著名的“养气”说。“养气”方能“知言”，可以根据道德准则去判断言辞的邪正。.

C. 孟子主张“性伪合而天下治”，通过后天的教育，或通过国家刑罚与社会规范的制约，使人以理性支配感性，维护社会道德秩序。

D. 孟子提倡宏大刚毅、坚定不移的气节和情操，崇尚死而后已、无所畏惧的任道精神。

22. 根据我国宪法规定，下列关于私有财产权的表述哪一项是不正确的？________

A. 公民合法的私有财产不受侵犯。

B. 国家依照法律规定保护公民的私有财产权和继承权。

C. 任何人不得剥夺公民的私有财产。

D. 国家为了公共利益的需要，可以依照法律规定对公民的私有财产实行征收或者征用并给予补偿。

23. 下列哪一种行为可以构成伪证罪？________

A. 在民事诉讼中，证人作伪证的。

B. 在刑事诉讼中，辩护人伪造证据的。

C. 在刑事诉讼中，证人故意作虚假证明意图陷害他人的。

D. 在刑事诉讼中，诉讼代理人帮助当事人伪造证据的。

24. ________是社会保障体系中的最低纲领。

A. 社会保险　　B. 社会救助　　C. 社会福利　　D. 社会优抚

25. 在经济增长速度与经济效益的关系上应坚持________

A. 把经济增长速度放在首位，效益服从速度。

B. 在提高经济效益的前提下力争尽快增长速度。

C. 速度与效益并重，两者都应放在第一位。

D. 速度与效益完全一致，二者是一个问题。

26. 储存遗传信息物质的主要载体是________。

A. DNA　　B. RNA　　C. 染色体　　D. 蛋白质

27. 坐标几何和解析几何的创始人是________。

A. 莱布尼兹　　B. 培根　　C. 笛卡儿　　D. 雪默

28. 下列词语运用了英语缩略词构词方式拼缀法“blending”的是________。

A. Telecast　　B. Memo　　C. H-bomb　　D. Fed

29. 下列哪一个缩略词表示的是国际货币基金组织？________。

A. IPCC　　B. IMF　　C. UNESCO　　D. UNSC

30. ________在翻译的语言问题上也作了一系列精彩的论述。他认为白话文“一无规则、二无体制”。

A. 傅雷　　B. 鲁迅　　C. 周作人　　D. 郭沫若

## 二、填空题（10 分）

1. 严复在翻译主导思想方面的论述也是我国近代译论的精华。他在 1894 年写的________中，指出世人所注意的西方“汽机兵械之伧，皆其形下之粗迹”，即使所谓“天算格致之最精”者，“亦其能事之见端，而非命脉之所在”。
2. 林纾指出国外作家多靠小说启发民众智慧，因此要大量介绍小说，发展翻译事业来“开民智”，因此他的翻译目的就是________。
3. 美国内战期间，林肯发表了________，1865 年 12 月，废除黑奴（第十三条修正案）正式写入宪法。
4. 韩愈提出了“性三品”说。他认为，“性”是与生俱来的先天本质，分为上、中、下三品，内涵主要包括________五德。
5. ________的问世标志着中国话剧的成熟，他的作品还有《日出》，《原野》和《北京人》，奠定了曹禺在中国话剧史上的不朽地位。
6. 爱因斯坦提出的相对论为________的发明和应用提供了理论基础。
7. 我国冬季最冷的地方在黑龙江的________镇，夏季温度最高的地方在新疆的吐鲁番，人称那里为“火洲”。
8. 我国《婚姻法》规定，女方在怀孕期间和分娩后________内，男方不得提出离婚。
9. 将括号内的中文译成英文并以适当形式填入空格中。The country's productive forces and ________ improved significantly.（综合国力）
10. 在经济学和金融学中，________指的是每一单位新增生产的产品（或者购买的产品）到总成本的增量。

## 三、名词解释（10 分）

1. 正当防卫　　2. 最惠国待遇
3. 建安风骨　　4. 百日维新
5. 托利党　　6. 三纲六纪
7. 非暴力不合作运动　　8. ASEAN
9. 化境　　10. 迷惘的一代

## 四、应用文写作（40 分）

任选中国的一个旅游景区，写一篇导游介绍词。要求字数在 400 字以上。

## 五、议论文写作（60 分）

围绕“通俗文化”，任选角度写一篇议论文。要求字数在 800 字以上。

# 模拟题二

**一、选择题（30 分）**

1. 下列哪一个城市是威尔士的首府？________。

   A. 爱丁堡　　B. 加的夫（卡迪夫）　　C. 贝尔法斯特　　D. 曼彻斯特

2. 下列关于玫瑰战争的说法错误的是：________

   A. 玫瑰战争的持续时间是从 1455 年到 1485 年。

   B. 使英国的封建主义受到致命打击，贵族阶层受到了削弱。

   C. 亨利都铎取得了博斯沃恩战役的胜利，建立了都铎王朝。

   D. 产生了全新的自耕农阶级，为资本主义发展铺设了道路。

3. 下列关于罗斯福新政的说法错误的是：________

   A. 目的在于“拯救美国民主”及克服资本主义制度有史以来最严重的经济危机。

   B. 新政首先从工业入手，大刀阔斧地实施了一系列政策措施。

   C. 主要内容包括：整顿和改革财政金融；调节工业生产；限制农业生产；调节劳资关系；举办公共工程和社会救济。

   D. 使总统权力全面扩张，终于逐步建立了以总统为中心的三权分立的新格局。

4. 下列关于美国的行政区划与重要城市的说法正确的是：________

   A. 芝加哥是五大湖最大最忙的港口，也是该地区最大的工商业中心。

   B. 内达华是美国石油和天然气储量最大的州。

   C. 在美国所有州中，阿拉斯加是面积最大的州，罗得岛最小。但仅就美国大陆而言，最大的州是加利福尼亚州。

   D. 阿拉斯加和得克萨斯是最近加入美国的两个新州。阿拉斯加的首府是朱诺，得克萨斯的首府是奥斯丁。

5. 下列关于《战国策》的说法正确的是：________

   A.《战国策》是我国第一部比较完备的编年体史书。

   B.《战国策》是我国第一部国别体史书。

   C. 分叙周，鲁，齐，晋，郑，吴，越八国之事，反映了各国的社会政治大轮廓。

   D. 以记言为主，重于记载谋臣策士游说诸侯的事迹。

6. 下列哪一句不是出自《老子》？________

   A. 上善若水，水善利万物而不争，处众人之所恶，故几于道。

   B. 民不畏死，奈何以死惧之？若使民常畏死，而为奇者，吾得执而杀之，孰敢？

   C. 人而无信，不知其可也。大车无輗，小车无軏，其何以行之哉。

   D. 祸兮福之所倚，福兮祸之所伏。

7. 下列不是出自《韩非子》的成语是：________。

   A. 老马识途　讳疾忌医　　B. 滥竽充数　自相矛盾

   C. 始作俑者　一曝十寒　　D. 买椟还珠　一鸣惊人

8. 下列哪一句反映了庄子提倡的人生境界：________

   A. 至人无己，神人无功，圣人无名。

B. 哀莫大于心死，而人死亦次之。

C. 知其愚者，非大愚也；知其惑者，非大惑也。大惑者，终身不解；大愚者，终身不灵。

D. 名也者，相轧也；知也者，争之器。二者凶器，非所以尽行也。

9. 下列符合布雷顿森林体系建立的背景是：________。

①二战后，欧洲丧失了世界中心地位，原有的经济格局发生了深刻变化。

②英、法、德、意等国成为资本主义世界的二等、三等国家。

③美国在国际贸易和金融方面确立了统治地位。

④美国掌握着世界上最丰富的黄金储备。

A. ①③　B. ①②④　C. ①②③　D. ①②③④

10. “教堂中信众们虔诚地歌颂上帝，罗密欧却想着如何利用向领主借来的犁栽种春麦，增加收获，好应付领主的需索以及一家嗷嗷待哺的老小。”以上所描述的情形可能发生在________。

A. 古希腊　B. 古代埃及　C. 法兰克王国　D. 波斯帝国

11. 工业革命、第二次科技革命和第三次科技革命是人类历史上的三次科技革命，它们的相同之处是：________

A. 从发明和使用机器开始。　B. 使人类进入了“电气时代”。

C. 电子计算机的广泛应用。　D. 促进了经济发展，改变了人们的生活。

12. 秦朝李斯推行郡县制的主张被称为“千古创论”。郡县制________。

A. 始建于战国　B. 终于汉初分封王国

C. 有利于加强中央集权　D. 便于扩大秦国版图

13. 符合下列三项条件的城市是今天的________。

①魏晋时期是南方有名的造纸中心　②隋朝时是南北水运交通枢纽　③唐朝后期是全国最繁华的工商业城市

A. 苏州　B. 扬州　C. 杭州　D. 成都

14. 为了稳定边疆，完成国家统一，清政府采取了一系列措施，其中历经康熙、雍正、乾隆三代的是________。

A. 收复台湾　B. 平定准噶尔贵族叛乱

C. 平定三藩之乱　D. 颁布《钦定西藏章程》

15. 我国首篇谈翻译的重要译论《法句经序》中提出了一些重要的翻译思想，其中有________。

A. 文派的翻译主张　B. 质派的翻译主张

C. “五失本，三不易”说　D. 意译

16. 指出翻译必须音不讹、语不谬、才能义不失、理不乖的是________。

A. 不空　B. 真谛　C. 道安　D. 玄奘

17. 梁启超翻译的东西不多，但在翻译评论和翻译史的研究方面，却作出了重大贡献，下列哪一项不是他的翻译思想？________

A. 提出救亡图存，必须发展翻译事业，培养翻译人才。

B. 提倡翻译政治小说，启发民智。

C. 主张用比较通俗的语言去翻译外国著述。

D. 强调译事之难。

18. 下列对许渊冲的“三美论”阐释正确的是：________

A. 音美是最重要的，意美是次要的，形美是更次要的。

B. 诗歌所装载的信息总量是由语义和文体组成，文体不过是低层次的信息，而语义才是高层次的信息。

C. 如果两个词都能传达原文的意美，其中有一个还能传达原文的音美，那么译者应选择能传达原文意美的词。

D. 译文可以借用译语诗人喜见乐用的格律，选择和原文音似的韵脚，还可以借助于双声、叠韵、重复等方法来表达原文的音美。

19. 下列关于先秦哲学说法错误的是：________

A. 其代表为“五经”与孔子、老子、墨子、孟子、庄子、荀子等诸子百家。

B. 都是围绕着人的精神超越与现世生存（圣与凡）这一中心问题而展开的。

C. 孔子及其后的儒家肯定天道、天命下贯为人之性，创立了凸显人性尊严、人道自觉、人格独立的“仁”学系统。

D. 道家继承上古与春秋思想家有关“天”、“气”和“阴阳”的观念，形成连续性、整体性的宇宙观及宇宙生成论。

20. 下列关于孔子核心思想“仁”的主要内涵表述错误的是：________

A. 虽然孔子主张“泛爱众”，但他和早期儒家主张的“爱”是有差等的爱。

B. 孔子一方面肯定“克己复礼”，主张以礼修身，强调教养的重要性，另一方面则转向内在的道德自我的建立，强调“为仁由己”。

C. “忠”与“恕”接近于“礼”。这里强调的是一种宽容精神与沟通理性，设身处地地为别人着想。

D. 人与禽兽的本质差异，在于人有内在的道德的知、情、意，这是人所固有的道德属性。

21. 下列哪一位提出儒家的道统说，认为儒家道统所传之道即仁义道德，唯儒家道统才是正统？________。

A. 柳宗元　　B. 刘禹锡　　C. 韩愈　　D. 成玄英

22. 受国家机关、国有公司、企业单位，事业单位、人民团体委托管理、经营________的人员，利用职务上的便利，侵吞、窃取、骗取或者以其他非法手段占有财物的，以贪污论处。

A. 公开财产　　B. 公共财物　　C. 国有财物　　D. 国有财产

23. 根据我国宪法的规定，下列有关公民基本权利的宪法保护的表述，哪一个是正确的？________

A. 一切公民都有选举权和被选举权。

B. 宪法规定了对华侨、归侨权益的保护，但没有规定对侨眷权益的保护。

C. 宪法对建立劳动者休息和休养的设施未加以规定。

D. 公民合法财产的所有权和私有财产的继承权规定在宪法“总纲”部分。

24. 因为变质而卖不出去的商品有没有价值，下列看法你认为哪一个是正确的？______。

A. 有价值，因为这些商品同样凝结了人类的一般劳动。

B. 没有价值，因为商品卖不出去，意味着生产商品的劳动没有得到社会承认。

C. 有价值，只不过这些商品的价值没有得到实现。

D. 没有价值，但仍然有一定的使用价值。

25. 目前，中国国有企业效益不佳，陷入了困境，下面几项最不可能作为解决问题的措施是________。

A. 明晰产权　　B. 私有化　　C. 兼并、破产　　D. 股份制改革

26. 我国采用十进位的计数方法是在________。

A. 西汉　　B. 南北朝　　C. 商代　　D. 夏代

27. 牛顿力学第一定律第二定律的基本思想的奠基者是________。

A. 开普勒　　B. 伽利略　　C. 哥白尼　　D. 哈雷

28. 下列词语运用了英语缩略词构词方式短截法"clipping"的是________。

A. DIY　　B. Brunch　　C. flu　　D. 3G

29. 下列哪一个贸易术语缩略词表示的是成本价保险费加运费？________。

A. CIF　　B. FOB　　C. CNF　　D. CFR

30. 热学第一定律的内容是：________

A. 在任何孤立的系统中，不论发生何种变化，无论能量从一种形式转化为另一种形式，或从一种物质传递给另一种物质，系统的总能量守恒。

B. 热能的传递具有不可逆性，即在没有外界作用的情况下，热能只会从热体传向冷体，而不可能从冷体传向热体。

C. 系统的熵在绝对零度时为零。

D. 热能的传递在外界作用的情况下，会从冷体传向热体，也会从热体传向冷体。

**二、填空题（10分）**

1. 严复是我国翻译史上明确提出翻译标准的人，他在《天演论》卷首的________的第一段中指出译事三难：信、达、雅。

2. "海的女儿"是哪个城市的城徽？________。

3. 产生海水潮汐的主要原因是________。

4. 鸠摩罗什则为南北朝时佛经翻译的________开创了风气，他主张翻译时只要不违背原义，对原文形式无需复制。

5. 钱锺书的________以对人生的富有哲理性和文化蕴涵的思考为写作重点，充分发挥了小说的语言艺术特性。

6. 王国维《人间词话》说________是"北宋以来，一人而已"，与曹贞吉和顾贞观合称"京华三绝"。

7. 石器时代分新石器时代和旧石器时代，而新石器与旧石器的差别是________。

8. 世界上教徒人数最多的宗教是________。

9. 将括号内的中文译成英文并以适当形式填入空格中。We effectively ____________________, maintained steady and rapid economic development and fulfilled the major objectives and tasks of the Eleventh Five-Year Plan, and the economy scaled new heights.（应对国际金融危机冲击）

10. 世界上四大人种有白种人、黄种人、黑种人和褐色人，其中黄种人又叫做＿＿＿＿＿＿。

## 三、名词解释（10 分）

1. 托尼奖
2. 保护主义
3. 碳关税
4. 社会保险
5. 孔丘
6. 社会达尔文主义
7. 马歇尔计划
8. 为道日损
9. 国家主权
10. 大陆架

## 四、应用文写作（40 分）

以某学校化学系名义给某化工研究所写一份公函，说明该校大四化学系学生打算前往该研究所参观，说明情况。要求字数在 400 字以上。

## 五、议论文写作（60 分）

围绕“阳光总在风雨后”，任选角度写一篇议论文。要求字数在 800 字以上。

# 模拟题三

## 一、选择题（30分）

1. 下列关于英国的地理位置与特征说法错误的是：________

   A. 英国的西部和北部主要是低地。

   B. 位于大西洋北部，与欧洲大陆的北海岸隔海相望。

   C. 南面的英吉利海峡和东面的北海将它与欧洲其他部分隔开。

   D. 中部为低地，南部为山陵。

2. 带领英国获得第二次世界大战胜利的首相是________。

   A. 张伯伦　　B. 丘吉尔　　C. 撒切尔　　D. 格伦维尔

3. 1949年3月12日杜鲁门总统在国会联席会议上公开宣布了遏制政策，下列关于杜鲁门主义说法正确的是：________

   A. “杜鲁门主义”是对别国内政的干涉，被学者认为是美苏之间“冷战”正式开始的重要标志。

   B. 其主要内容是对被战争破坏的西欧各国进行经济援助、协助重建。

   C. 其主要目的是克服资本主义制度有史以来最严重的经济危机。

   D. 标志着美国开始致力于在苏联及其盟国周围建立军事同盟。

4. 下列关于美国教育的说法错误的是：________

   A. 美国实行全国统一的教育体制，正规教育由初等、中等和高等教育组成。

   B. 美国的公立学校在宗教问题上必须保持中立。

   C. 美国高等教育有三大职能：教学、研究和公众服务。

   D. 除了一些由天主教会赞助的大学外，美国所有的大学都是由一个主要的外行人员组成的托管委员会管理。

5. 下列哪一句是孔子关于人生态度的名言警句？________

   A. 三人行，必有我师焉，择其善者而从之，择其不善者而改之。

   B. 发愤忘食，乐以忘忧，不知老之将至。

   C. 老吾老，以及人之老，幼吾幼，以及人之幼。

   D. 生，亦我所欲也；义，亦我所欲也；二者不可得兼，舍生而取义者也。

6. 下列关于《荀子》的说法正确的是：________

   A. 整部书大量运用语言故事析理辩说，以神奇怪诞，汪洋恣肆享誉。

   B. 起自《劝学》，终于《尧问》，认为“人性本恶”，要用人力来改变人性本恶的本质，崇礼而勤学。

   C. 采取语录体，短小简约，不重文采，不讲求篇章结构。

   D. 被后人推为儒家经典，成为后代儒生必读的“四书”之一。

7. ________小说具有鲜明的文体特色，人们往往用散文化小说来形容它，其作品一般慎让作品人物自己发言，更多是用作者的叙述语言来“越俎代庖”。

   A. 沈从文　　B. 巴金　　C. 徐志摩　　D. 曹禺

8. 下列词语能体现道家老子思想的是________。

A. 涤除玄监　B. 致虚守静　C. 澄明境界　D. 天行有常

9. 下列哪一部作品是杂家学说的代表作？________。

A.《公孙龙子》　B.《韩非子》　C.《孙子兵法》　D.《吕氏春秋》

10. 下列关于明代最著名的哲学家王阳明的说法错误的是：________

A. 他认为心即理，无须求理于外，孝忠信仁之理实际上是人在道德实践中将心之理赋予行为和事物的，而非存在于父母君友民身上。

B. 从“天地万物本吾一体”出发，强调要知，更要行，知中有行，行中有知，所谓“知行合一”，二者互为表里，不可分离。

C. 他认为良知指人的不依赖于环境、教育而先天具有的道德意识和道德情感，“致良知”就是使良知致其极。

D. 他不仅继承了孟子“本心”观念，而且其心学也是以孟子的此“先立乎其大者”作为为学宗旨的。

11. 罗某犯放火罪应被判处 10 年有期徒刑，此时人民法院对罗某还可以适用的附加刑是________。

A. 罚金　B. 剥夺政治权利　C. 没收财产　D. 赔偿经济损失

12. 犯罪行为的最基本特征是________。

A. 刑事违法性　B. 社会危害性　C. 应受刑罚惩罚性　D. 行为人具有主观恶性

13. 玄奘提出了著名的“五不翻”理论，“五不翻”指的是：________。

A. 不翻译　B. 按意思翻译成汉语

C. 保持原语语音的汉字写法，即音译　D. 提倡意译

14. ________在他的译文集《点滴》中说，他的这几篇译作有“两件特别的地方”，其中一件便是“直译的文体”。

A. 鲁迅　B. 周作人　C. 林纾　D. 梁实秋

15. ________致力于英国文学的研究和翻译，他以其译品的信达流畅独树一帜，被西方文学界誉为“哈代专家”。

A. 巴金　B. 梁实秋　C. 戈宝权　D. 张若谷

16. 下列谁是明末清初著名的大翻译家，而且是最早将翻译的范围从宗教以及文学扩大到自然科学技术领域的出类拔萃的人物？________。

A. 林则徐　B. 徐光启　C. 梁启超　D. 严复

17. 与智者学派相比，苏格拉底对“人”的研究进一步深化，主要体现在________。

A. 人是认识客观事物的主体

B. 人对客观世界的认识来自感觉，没有感觉就没有认知

C. 知识即美德，道德和知识合二为一

D. 人都可以根据自己的标准判断是非

18. 17—18 世纪的殖民扩张活动在资本主义发展早期的主要作用是：________。

A. 抢占了广大海外市场　B. 加速资本原始积累

C. 削弱封建贵族势力　D. 是由剥削剩余价值转化而来的

19. 在京剧中，性格活泼的青年女性角色被称作是________。

A. 青衣　B. 彩旦　C. 花旦　D. 武旦

20. “司空见惯”中“司空”指的是：________。
A. 一位诗人 B. 一位高僧 C. 一个官职 D. 一个具体的人名
21. 从连云港乘火车沿陇海线西行至兰州，可以顺道游览的旅游景点是：________。
A. 避暑山庄、泰山 B. 杭州西湖、苏州园林
C. 桂林山水、黄山 D. 秦陵兵马俑、龙门石窟
22. 我国北方各地区共同具有的自然特征是：________。
A. 河流都有较大的含沙量 B. 1月平均气温在0℃以下
C. 都位于地势第三阶梯上 D. 植被类型都是亚热带常绿阔叶林
23. 辛亥革命是中国近代史上一次政治上、思想上的大解放。这里“思想上的大解放”是指：________
A. 结束了2000多年的封建君主专制制度。
B. 促进了中国民族资本主义的发展。
C. 使民主共和的观念深入人心。
D. 沉重打击了中外反动势力。
24. 股票中的“猴市”指的是：________。
A. 持续上涨 B. 市场方向不明显
C. 风险较大，上涨和下降幅度大 D. 持续下跌
25. “Lemon market”指的是：________。
A. 次品市场 B. 期货市场 C. 股票市场 D. 水果市场
26. “蚁族”指的是哪一群人？________。
A. 住在城乡结合部的人 B. 农民工
C. 低收入群居的大学生 D. 公司基层工作人员
27. 中国古代儒家要求学生掌握的六种基本才能称为“六艺”，其中的“御”指的是：________。
A. 驾车 B. 骑马 C. 射箭 D. 书画
28. 下列词语运用了英语缩略词构词方式短截法“clipping”的是：________。
A. H-bomb B. E-mail C. radar D. amp
29. 下列哪一个缩略词表示的是首次公开募股？________。
A. API B. IPO C. IPR D. ICU
30. 下列哪一个词语不是佛教用语？________。
A. 顶礼膜拜 B. 五体投地 C. 祈祷 D. 圆满

**二、填空题（10分）**

1.《孔雀东南飞》和北朝民歌________并称诗歌史上的“双璧”。
2. “红肥绿瘦”是指________季节。
3. 第二次工业技术革命的标志是________技术。
4. 闻名于世的指南针、印刷术和火药三大发明，开发和应用主要是在________朝代。
5. “国色天香”中的“国色”指的是________花。
6. 袈裟之所以又叫做百衲衣是因为________。
7. 欧洲仅次于伦敦的第二大金融中心是________。

8. 传统的“金砖四国”又加入了一个国家，从而变成了现在的“金砖五国”，这个新加入的国家是________。
9. 将括号内的中文译成英文并以适当形式填入空格中。In the early stages of the Eleventh Five-Year Plan period, we adopted correct policies and measures to address overheated investment growth, the excessive trade surplus, excess liquidity, and __________ __________; effectively prevented emerging problems from evolving into trends; and prevented problems in any one area from becoming general problems.（结构性、输入性物价上涨）
10. 核能发电量占本国总发电量比重最大的国家是________。

**三、名词解释（10 分）**

1. 企业兼并与重组
2. 产业结构调整
3. 节能减排
4. 十字军东征
5. 茶党
6. 滞胀
7. 次生地质灾害
8. 大萧条
9. 常青藤联盟
10. 君主立宪制

**四、应用文写作（40 分）**

某学校举办英语竞赛，写一篇向学生征稿的启事。要求字数在 400 字以上。

**五、议论文写作（60 分）**

围绕“读书与阅世”，任选角度写一篇议论文。要求字数在 800 字以上。

# 模拟题四

## 一、选择题（30 分）

1. 下列关于罗马人对英国的影响说法错误的是：________

   A. 罗马人修建了许多城镇网，道路，澡堂，庙宇和其他建筑物。

   B. 罗马人建立了领地制。

   C. 罗马人把基督教这门新宗教带到了英国。

   D. 罗马人很好地利用了英国的自然资源。

2. 英法百年战争的起因不包括：________

   A. 异教徒的英国人拒绝皈依基督教。

   B. 英国国王拥有法国的阿基坦大片公爵领地。

   C. 两国人民不断觉醒的民族意识。

   D. 英国羊毛的主要进口商在政治上效忠法国国王。

3. 下列哪一个节日由清教徒发起的？其主题是和平，丰收，健康和快乐：________。

   A. 圣诞节　　B. 复活节　　C. 万圣节　　D. 感恩节

4. 下列关于美国政党的说法错误的是：________

   A. 共和党成立于 1854 年，1861 年林肯就任总统，共和党首次执政。

   B. 美国有多个党派，但在国内政治及社会生活中起重大作用的只有共和党和民主党。

   C. 1861 年南北战争期间，共和党支持南方种植园主保持黑奴制度。

   D. 民主党没有固定的党员人数，一般在总统大选中投民主党候选人票者就成为其党员。

5. 通过近四百卷佛教典籍的传译和阐发，第一次把印度佛学按本来面目介绍过来的是________。

   A. 道安　　B. 鸠摩罗什　　C. 支谦　　D. 僧睿

6. 翻译一是求知，求真理，“裨益当世”；二是抓重点，抓“急需”，并能从哲学方法论角度着眼。这是________的观点。

   A. 林则徐　　B. 严复　　C. 梁启超　　D. 徐光启

7. “中国的文法，比日本的古文还要不完备，然而也曾有些变迁，例如史、汉不同于书经，现在的白话文又不同于史、汉……现在又来了‘外国文’，许多句子，即也须新造，——说的坏点，就是硬造。”这是________的观点。

   A. 茅盾　　B. 鲁迅　　C. 林纾　　D. 周作人

8. “17 世纪有人赞美这种造诣的翻译，此为原作的‘投胎转世’（transmigration of souls），躯壳换了一个，而精神资致依然故我。换句话说，译本对原作应该忠实得以至于读起来不像译本，因为作品在原文里决不会读起来像经过翻译似的。”这段话中“这种造诣的翻译”指的是：________。

   A. 林语堂的“忠实、通顺和美”　　B. 傅雷的“神似”

   C. 郭沫若的“风韵译”　　D. 钱锺书的“化境”

9. 下列关于《论语》的说法错误的是：________

A.《论语》记载了孔子及其弟子言行的语录体书，起自《学而》，终于《尧曰》。
B. 仁，义，礼，智，信是贯穿《论语》始末的重要思想，而“仁”又是其核心。
C. 长于论辩是其显著特点，此书中的论辩文将逻辑推理的方法运用得巧妙灵活。
D. 是对中国传统文化影响最为深远的十三部儒家典籍之一。

10. 下列关于墨家学说说法错误的是：________

A. 墨子创立墨家学说，与法家并称显学，并有《墨子》一书传世。
B. 墨子提出尚贤、尚同、节用、节葬、非乐、非命、天志、明鬼、兼爱、非攻等墨家十大主张，以兼爱为本。
C. 墨子提出了检验认识的三条标准，就是要以关于古代圣王的历史记载、老百姓的亲身经验和实际运用是否符合国家人民的利益，来判断认识正确与否。
D. 墨子反对战场，反对亏人以自利。墨子以兼为善，以兼为利，其“兼爱”的背景为“互利”。

11. 下列体现了董仲舒的思想主张的是：________

A. 打天下当然必须靠武力扩张、法令严明，也就是凭借“居马上”来“逆取”；可一旦得到天下后，治理天下应该采取宽舒、中和的“顺守”之术。
B.“夫民者，万世之本也，不可欺。凡居于上位者，简士苦民者是谓愚，敬士爱民者是谓智。夫愚智者，士民命之也。”
C.“君为臣纲，父为子纲，夫为妻纲”，要求为臣、为子、为妻的必须绝对服从于君、父、夫，同时也要求君、父、夫为臣、子、妻作出表率。
D.“礼”是在邪恶发生之前，通过礼仪规范、道德教化来加以引导和化解；而“法”则是邪恶发生之后，制定法令刑律来对之进行惩罚。

12. 下列哪一位主张“心物交格”，第一次区别了心和脑，认为人的神明在脑而不在心？________。

A. 顾炎武　　B. 王夫之　　C. 方以智　　D. 黄宗羲

13. 下列哪一位翻译了《天演论》，并指出进化论的要义即“物竞天择”，肯定生命和人类的起源是依照自然进化的规律？________。

A. 顾炎武　　B. 谭嗣同　　C. 严复　　D. 康有为

14. “生当作人杰，死亦为鬼雄。至今思项羽，不肯过江东”出自________的词。

A. 陆游　　B. 苏轼　　C. 李清照　　D. 柳永

15. “问世间，情为何物？直教人生死相许”的刻骨铭心之语出自于元好问的《摸鱼儿》一词，他是________代的“桂冠诗人”。

A. 金　　B. 元　　C. 明　　D. 清

16. 鲁迅的________是中国现代最早涉猎社会边缘人物，企图剖析中国国民性的一种尝试。

A.《药》　　B.《孔乙己》　　C.《故乡》　　D.《阿 Q 正传》

17. ________对倡导新文学，介绍西方文学新潮，特别是写实主义，自然主义和现实主义文学的提倡起到举足轻重的作用，他的代表作如《子夜》。

A. 巴金　　B. 茅盾　　C. 沈从文　　D. 老舍

18. 在第三次科技革命中，最具有划时代意义，并得到迅速发展和广泛应用的是：________。

A. 核反应堆　B. 电子计算机　C. 生物工程业　D. 高分子合成化工业

19. 魏源在《海国图志》中提出"师夷长技以制夷"。"长技"在当时不可能包括________。

A. 蒸汽机　B. 火车　C. 汽车　D. 轮船

20. 孔子说的"民有三疾"指的是________。

A. 愚 矜 狂　B. 愚 惰 狂　C. 愚 荡 狂　D. 愚 直 狂

21. 中国传统文化铁三角不包括________。

A. 儒　B. 释　C. 道　D. 法

22. 一个丈夫打死了不忠诚的妻子，律师为他找了一个人类学专家，专家说，丈夫打自己不忠诚的妻子是文化传统。法庭竟然接受了这一建议，只判了 18 年。问上述辩护属于美国法律中的________辩护？

A. 文化辩护　B. 人类学辩护　C. 民事辩护　D. 刑事辩护

23. "大陆法系"又称日耳曼-罗马法系，在中国称大陆法系。大陆是指________大陆。

A. 亚洲　B. 欧洲　C. 澳洲　D. 美洲

24. "包容性增长"的内涵不包括：________。

A. 可持续增长

B. 在经济增长过程中保持平衡

C. 强调投资和贸易自由化，反对投资和贸易保护主义

D. 共同富裕

25. 常提到的"小康社会"中的"小康"一词出自哪一本典籍？________。

A.《大学》　B.《中庸》　C.《诗经》　D.《论语》

26.《清明上河图》中描绘的是哪个朝代的景象？________。

A. 唐朝　B. 宋朝　C. 明朝　D. 清朝

27.《长恨歌》里"天生丽质难自弃，一朝选在君王侧"写的是________。

A. 西施　B. 貂蝉　C. 王昭君　D. 杨玉环

28. 下列词语运用了英语缩略词构词方式拼缀法"blending"的是________。

A. smog　B. quake　C. dorm　D. ad

29. 下列哪一个缩略词表示的是国际自由贸易区？________。

A. CPI　B. IPF　C. IFTA　D. GATT

30. "Over the hill"这个短语最合适的翻译是：________。

A. 风光不再　B. 曾经沧海难为水

C. 一山更比一山高　D. 过了这个村没这个店

**二、填空题（10 分）**

1. 中秋节吃月饼的习俗的由来是________。
2. 干冰广泛应用在卫生、工业、餐饮领域，其成分是________。
3. 我国被称作"草原钢城"的城市是________。
4. 澳大利亚的首都是________。
5. 藏历新年，人们见面时都要说"扎西德勒"，它的意思是________。
6. 人全身共有________块骨头。

7. 八股取士始于________朝代。

8. 中国佛教四大名山分别是山西五台山、________、四川峨眉山、安徽九华山。

9. 将括号内的中文译成英文并以适当形式填入空格中。We will continue to fully tap the huge potential of domestic demand; and more quickly get economic growth to ____________________。(消费、投资、出口协调拉动)

10. 中国古代能表演“掌上舞”的是哪一位美女?________。

**三、名词解释(10分)**

1. 贸易逆差
2. 购买力评价
3. 硬着陆
4. 主权债务
5. 温室效应
6. 艾美奖
7. 诸子百家
8. Check and balance
9. 圈地运动
10. 玫瑰战争

**四、应用文写作(40分)**

合理虚拟毕业时的学业和能力情况,向某公司负责人写封求职信。要求字数在400字以上。

**五、议论文写作(60分)**

围绕“繁华过后尽是空,洗净铅华才是真”,任选角度写一篇议论文。要求字数在800字以上。

# 模拟题五

## 一、选择题（30分）

1. 下列关于诺曼征服的影响说法错误的是：________
   A. 封建制度在英国完全建立。
   B. 开放了与欧洲大陆的关系。
   C. 教会与罗马的联系更为密切，教会法庭与世俗法庭分离。
   D. 创立了议会，成为今天仍存在的枢密院的基础。
2. 下列关于英国的宗教改革说法错误的是：________
   A. 改革的目的是摆脱英国教会与教皇的联系，成立独立的英格兰教会。
   B. 改革过程以争取离婚而开始，以脱离教皇而告终。
   C. 宗教改革受到了马丁路德成功的鼓舞。
   D. 改革的结果是保持天主教教条及习俗，但不受教皇控制。
3. 下列关于美国的工农业发展说法错误的是：________
   A. 美国是世界上最大的农产品出口国。
   B. 加利福尼亚已超过纽约，成为美国人口最大的州，其飞机和导弹加工业，造船业和食品加工业居世界首位。
   C. 大米是美国最重要的粮食作物，出口量仅次于泰国，居世界第二位。
   D. 美国产业转型加快，制造业所占比重呈下降趋势，劳动密集型产业进一步被淘汰或转移到国外。
4. 1869年，已知的化学元素达63种，这期间的研究表明元素的原子量和化学性质之间有着一定的关系，此后关于这方面的重大突破是：________。
   A. 原子—分子论的确立　　B. 元素周期表的发现
   C. 原子结构的发现　　D. 有机结构理论的确立
5. 原子核是由________组成的。
   A. 质子和电子　　B. 质子和中子　　C. 质子和中微子　　D. 中子和中微子
6. 下列体现了东汉哲学家桓谭的思想主张的是：________
   A. 他以蜡烛与烛火的关系，作为形体与精神关系的比喻，认为人老至死，就不可能再存在精神。
   B. 人与天是同类的，而“同类”事物之间会出现相感相动的现象。所以，天与人之间也存在相互感应的关系，这就是所谓“天人感应”。
   C. 天和地都是无意志的自然的物质实体，宇宙万物的运动变化和事物的生成是自然无为的结果。
   D. 反对“奉天法古”的思想，今人与古人气禀相同，古今不异，没有根据说古人总是胜于今人，没有理由颂古非今。
7. 下列关于康有为的哲学思想表述正确的是：________
   A. 他认为“以太”是“原质之原”，宇宙是“以太—仁”的复合体。“仁以通为第一义”，而其所以能“通”，是因为具有“以太”、“电”、“心力”等“所以通之具”。

B. 他认为“元气”乃是包括人在内的万物之本。他甚至将“电”比附为“不忍人之心”的“仁”。

C. 他主张“气—元”论，认为“气”是由基本粒子构成的物质，内含吸力（爱力）和斥力（拒力），具有物理质量，可以被感知。

D. 他以火为气的产物，同时又以火为天地万物生生不息的内在根源，所谓“物物之生机皆火”。

8. 下列哪一位与顾炎武、王夫之并称明末清初三大思想家或明末清初三大儒？________。

A. 黄宗羲　B. 黄宗炎　C. 朱舜水　D. 方以智

9. 我国的佛经翻译，从东汉桓帝末年________开始，魏晋南北朝时有了进一步的发展。

A. 支谦　B. 安世高　C. 安玄　D. 朱士行

10. “文学作品最重要的艺术色就是该作品的神韵”，这是茅盾在其哪篇文章中提到的？________。

A.《新文学研究者的责任与努力》　B.《介绍外国文学作品的目的》

C.《一年来的感想与明年的计划》　D.《谈文学翻译》

11. 傅雷实际上是赞成鲁迅提出的“四不像的白话”的观点的，在他的哪篇文章中有提到过？________。

A.《〈高老头〉重译本序》　B.《论翻译》

C.《翻译经验点滴中》　D.《翻译论》

12. 西方翻译思想史上除文艺学和语言学翻译理论之外的第三条发展线是：________。

A. 文化学理论　B. 哲学理论　C. 操纵学理论　D. 解释学理论

13. 英国杰出汉学家阿瑟·韦利遵循的翻译原则不包括：________。

A. 译文要淳朴自然，不施藻饰。

B. 译文必须立足于忠实原作，准确再现原文风格。

C. 译文必须通顺流畅，给人以自然优美的感受。

D. 不同内容必须采用不同译法。

14. 提出“顺从原作”和“顺从译作”两种翻译途径的近代西方翻译理论家是______。

A. 施莱尔马赫　B. 波斯盖特　C. 杰罗姆　D. 邓汉姆

15. ________的词，谱的曲，词丽调美，通俗易懂，内容又是市井生活，比如那首著名的《雨霖铃》。

A. 姜夔　B. 柳永　C. 晏殊　D. 欧阳修

16. ________是“初唐四杰”之一，他在人间匆匆停留了二十七个春秋，但他以自己辉煌的作品千古留名，如“海内存知己，天涯若比邻”，“落霞与孤鹜齐飞，秋水共长天一色”。

A. 杨炯　B. 王勃　C. 卢照邻　D. 骆宾王

17. 长于________是《孟子》一书显著的特点，他将逻辑推理的方法运用得十分巧妙灵活。

A. 论辩　B. 寓言　C. 比喻　D. 修饰

18.《论语》以当时通俗平易，明白晓畅的口语为主，形成简明深刻，语约意丰，隽永淡远的风格，且句式多变，长短不拘，有很强的表现力，是典型的________。

A. 对话体　　B. 语录体　　C. 论辩体　　D. 寓言体

19. 从 20 世纪五六十年代开始，西欧大国法国和联邦德国放弃历史“宿怨”，走向联合，融入欧洲一体化进程。对此理解正确的有________。

①经济联系日益密切

②两国在国际舞台上的作用日益增强

③为了直接对抗美国

④民族间、国家间的和解与相互尊重值得肯定

A. ①②④　　B. ②③④　　C. ①②　　D. ①③

20. 关于经济全球化，下列说法中不正确的是：________

A. 经济全球化的本质是资本在全球范围内的新一轮扩张。

B. 经济全球化给各国经济提供了同等的发展机会。

C. 经济全球化催生了知识经济的兴起和发展。

D. 经济全球化和经济区域化是当今世界经济发展的两个主要趋势。

21. 郑和下西洋与欧洲冒险家开辟新航路的最大不同点是：________

A. 航海的时间与规模不同。

B. 航海的范围不同。

C. 航海的结果对鸽子支持航海国家的影响不同。

D. 航海的动机及世界影响不同。

22. 下列属于绝对权利的有：________。

A. 财产权　　B. 债权

C. 消费者对商品出售者的权利　　D. 合同双方之间的权利

23. 联合国安全理事会的非常任理事国由________选举产生。

A. 联合国大会　　B. 联合国秘书处

C. 安全理事会　　D. 行政与预算委员会得分评卷人

24. 纵贯我国东北平原、华北平原、长江中下游平原和珠江三角洲的铁路干线是______。

A. 京广线　　B. 京哈线　　C. 京哈—京广线　　D. 焦柳线

25. 黄河上游与长江上游共同的特点是________。

A. 水力资源丰富　　B. 含沙量大　　C. 有冰期　　D. 流量小 灾害最多

26. 我国少数民族集中分布的地区是：________。

A. 东北、东南、西北　　B. 西南、西北、东北

C. 西南、西北、东南　　D. 东北、西南、东南

27. “七月流火”形容的是________。

A. 炎炎夏日　　B. 夏去秋来　　C. 春去秋来　　D. 秋去冬来

28. 根据海协会与海基会台北会谈达成的协议，2008 年 12 月 15 日全面启动“大三通”，其具体内容不包括________。

A. 通航　　B. 通商　　C. 通行　　D. 通邮

29. 下列哪一个缩略词表示的是空气污染指数？________。

A. HFC　　B. MSW　　C. APCS　　D. API

30. DPI 这个缩略语的意思是：________。

A. 个人可支配收入 B. 固定资产投资 C. 可变汇率机制 D. 消费者物价指数

## 二、填空题（10 分）

1. 亚洲耕地面积最大的国家是________。
2. 太阳在哪一天离地球最远？________
3. “书圣”王羲之的代表作是________。
4. “飞鸟尽，良弓藏，狡兔死，走狗烹”是________最先说的。
5. 美国国旗星条旗最初制定时旗上有________颗星。
6. 文艺复兴时期的《忏悔录》是________写的。
7. 巴西的首都是哪座城市？________
8. 我国古迹龙门石窟位于________。
9. 《四库全书》是________朝代纂修的。
10. 将括号内的中文译成英文并以适当形式填入空格中。We will intensify our efforts to crack down on violations of intellectual property rights and ____________________.（制售假冒伪劣商品）

## 三、名词解释（10 分）

1. 百年战争
2. 清洁能源
3. 贸易失衡
4. 出口配额
5. 热钱
6. 无为而治
7. 文艺复兴
8. 关税壁垒
9. 韬光养晦
10. 名花解语

## 四、应用文写作（40 分）

某位来自日本的游客由于旅行社填错了姓名，想在机场中青旅上海分社修改机票上的姓名，却受到工作人员的冷遇。请以中青旅上海分社总经理室的名义写一封道歉信。要求字数在 400 字以上。

## 五、议论文写作（60 分）

围绕“网络暴力”，任选角度写一篇议论文。要求字数在 800 字以上。

# 模拟题六

## 一、选择题（30分）

1. 下列关于英国内战说法错误的是：________
   A. 是议会和国王间的冲突。
   B. 是城市中产阶级的经济利益与皇室传统经济利益之间的冲突。
   C. 是教会和国王间的冲突。
   D. 不仅推翻了英国的封建制度，而且动摇了欧洲封建经济的基础。
2. 到1900年英国已建立的“日不落”的大英帝国不包括以下哪些地方：________。
   A. 加拿大　B. 美国　C. 新西兰　D. 印度
3. 下列关于美国国内四次大规模的人口流动说法错误的是：________
   A. 1865—1880年由东岸地区向西流动。
   B. 1980—1920年由城市向农村流动。
   C. 1920—1960年由南部向其他地区流动。
   D. 1960年至今由东北部及北部地区向西部及南部流动。
4. 美国五大湖中完全位于美国境内是：________。
   A. 苏必利尔湖　B. 密歇根湖　C. 休伦湖　D. 伊利湖
5. 下列属于“五子”之一的扬雄的著作是________。
   A.《太玄》　B.《白虎通》　C.《新论》　D.《新语》
6. 下列关于魏晋玄学的说法错误的是：________
   A. 魏晋玄学的主要代表人物有何晏、王弼、阮籍、嵇康、向秀、郭象等。
   B. 魏晋时人注重《老子》、《庄子》和《周易》，称之为“三玄”，而《老子》、《庄子》则被视为“玄宗”。
   C. 对于当时所流行的相关论题，魏晋人又称为“名理”之学，详加分析事物观念，考究“形名”、“言意”等论题。
   D. 其观念出自《庄子》，是探索万物根源、本体等层次的观念。
7. 下列关于宋明两代主观唯心主义“心学”的开山祖陆九渊的思想主张表述正确的是：________
   A. 他认为理比气更根本，逻辑上理先于气；同时，气有变化的能动性，理不能离开气。万物各有其理，而万物之理终归一，这就是“太极”。
   B. 他认为人一旦对自身所本有的道德意识有一种真切的感受和体会时，就有可能觉悟到此“本心”即“四端之心”、“四端之心”即“本心”。
   C. 他承认人们正当的物质生活欲望，反对佛教笼统地倡导无欲，他反对超过延续生存条件的物质欲望。
   D. 他探讨了事物的成因，把运动和静止看成是一个无限连续的过程，认为动静不但相对待、相排斥，并且相互统一。
8. 下列哪一位被称为孔子、孟子以来最杰出的弘扬儒学的大师，他所创立的学派被后人称为“闽学”，并为了帮助人们学习儒家经典，于儒家经典中精心节选出“四书”刻印发行？________。

A. 张载　　B. 王阳明　　C. 陆九渊　　D. 朱熹

9. 梁启超在翻译评论和翻译史的研究方面，作出了重大贡献，以下哪个选项与他的观点不符？________

A. 提出救亡图存，必须发展翻译事业，培养翻译人才。

B. 制定当译之书，并统一翻译名词术语。

C. 提倡翻译政治小说，启发民智。

D. 主张用比较文雅的语言去翻译外国著述。

10. 让精通外文的人先把原诗翻译成汉语，再请诗人重新修改译文并加以润色使翻译时更为诗化，这种“两道手”的译法是谁提出的？________。

A. 傅雷　　B. 林语堂　　C. 徐志摩　　D. 郭沫若

11. 在中国佛教史上，有人把鸠摩罗什、真谛、玄奘、________四人并称为四大译师。

A. 道安　　B. 彦琮　　C. 不空　　D. 赞宁

12. 自然科学中的浮力定律是由哪一位伟大的科学家提出的？________。

A. 阿基米德　　B. 亚里士多德　　C. 哥白尼　　D. 牛顿

13. 蒸汽机的发明是大工业的开始，普遍应用的蒸汽动力机是由________发明的。

A. 瓦特　　B. 牛顿　　C. 伽利略　　D. 史蒂芬森（逊）

14. DNA 双螺旋结构的发现被称为是 20 世纪生物学最伟大的发现，是________诞生的标志。

A. 生物学　　B. 遗传学　　C. 分子生物学　　D. 分子遗传学

15. ________被认为是“问题小说”的代表作家，她从富于女性意识的立场出发，写下了众多充满着“爱的哲学”的文本，如《寂寞》,《分》,《繁星》等。

A. 丁玲　　B. 萧红　　C. 冰心　　D. 张爱玲

16. ________的结尾留有“安特莱夫式的阴冷”，其中“白描”的手法却是传统中国小说所特有的。

A.《药》　　B.《狂人日记》　　C.《阿 Q 正传》　　D.《祝福》

17. ________收录了夏商周三代帝王用以行使政权的典，谟，誓，命，训等讲话和言辞，是先秦一部重要的散文作品集。

A.《尚书》　　B.《左传》　　C.《论语》　　D.《国语》

18. ________的创作“诗中有画，画中有诗”，呈现出一种清幽淡雅，静逸明秀，他的诗可吟，可听，可观，可思。

A. 王维　　B. 孟浩然　　C. 祖咏　　C. 储光羲

19. 西方最早的翻译理论家是________。

A. 普鲁塔克　　B. 毕达哥拉斯　　C. 维吉尔　　D. 西塞罗

20. 下列哪一项不属于彼得·纽马克对翻译的分类？________。

A. 动态翻译　　B. 交际翻译　　C. 语义翻译　　D. 直译

21. 纳博科夫提倡绝对________。

A. 直译　　B. 意译　　C. 仿译　　D. 拆译

22. 下列翻译理论家哪位不属于女性主义代表人物？________。

A. 豪斯　B. 张伯伦　C. 戈达德　D. 弗洛托

23. 甲外出时在自己的住宅内安放了防卫装置。某日晚，乙撬门侵入甲的住宅后，被防卫装置击为轻伤。甲的行为是什么性质？________。

A. 故意伤害罪　B. 正当防卫

C. 防卫不适时　D. 民事侵权行为，不构成犯罪

24. 甲于某日晨在路边捡回一名弃婴，抚养了 3 个月后，声称是自己的亲生儿子，以3 000元卖给乙。如何认定甲的行为？________。

A. 甲的行为构成遗弃罪　B. 甲的行为构成拐骗儿童罪

C. 甲的行为构成诈骗罪　D. 甲的行为构成拐卖儿童罪

25. 下列著名风景名胜区属于喀斯特地形的是：________。

A. 峨眉天下秀

B. 桂林“碧莲玉笋世界”

C. 白头山天池湖水碧蓝、白色群峰倒映风光

D. 挺拔险峻、登之可“一览众山小”的泰山

26. 马克思称苏格拉底是“哲学的创造者”，是“智慧”的化身。这主要是指他________

A. 首先对客观世界进行哲学思考。

B. 强调个人利益，创立诡辩学派。

C. 把讨论的重点从自然转移到社会。

D. 开始了对人本身的哲学认识。

27. 世界上绝大多数动植物都能在我国找到适合生长的地方，主要因为________。

A. 季风气候显著　B. 气候复杂多样　C. 夏季普遍高温　D. 雨热同期

28. 在中世纪的欧洲，“人类把自己用才华和智慧创造的一切几乎都视为上帝的恩典。”下列各项中，最先给这种认识带来冲击的是________。

A. 新航路的开辟　B. 文艺复兴　C. 宗教改革　D. 启蒙运动

29. 下列哪一个缩略词表示的是国际货币基金组织？________。

A. FAO　B. IMF　C. ILO　D. ILJ

30. NATO 这个缩略语的意思是________。

A. 北大西洋公约组织　B. 石油输出国组织

C. 亚洲经济合作组织　D. 发展中国家间技术合作

**二、填空题（10 分）**

1. 第一批黑人从非洲运往海地，发生在________。

2. 美国宪法的前十条修正案被称为________。

3. 美国报业系统庞大，美国最有影响的三大报纸为《纽约时报》、《洛杉矶时报》和________。

4. 董仲舒认为性分三品，分别是________和“中民之性”，前二者是纯善与纯恶，都不是人性的代表，第三种才是人性的代表，才是普遍的人性。

5. ________是指开证银行应申请人的要求并按其指示向第三方开立的载有一定金额的，在一定的期限内凭符合规定的单据付款的书面保证文件，是国际贸易中最主要、最常用的支付方式。

6. 五岳中的中岳是________。
7. 为了表演的需要，芭蕾鞋的鞋尖内塞有一小块________。
8. “民有、民治、民享”的纲领性口号是________提出来的。
9. 在我国，自古就有“天府之国”美誉的地区是________。
10. 将括号内的中文译成英文并以适当形式填入空格中。We will intensify the protection of farmland and the environment, strengthen ecological development and systems to ____________________, and comprehensively build our capacity for sustainable development.（防灾减灾）

## 三、名词解释（10分）

1. 贸易顺差
2. 存款准备金
3. 软着陆
4. 完全翻译
5. 互文性
6. 基因工程
7. 启蒙运动
8. 科举制度
9. 垮掉的一代
10. 黑色幽默

## 四、应用文写作（40分）

假设你是某大学翻译专业硕士应届毕业生，已经获得了人事部二级翻译证书，有贸易专业知识，知识面广，兴趣广泛，有秘书写作和计算机操作技能，申请某贸易公司的翻译一职，写一篇求职信。要求字数在400字以上。

## 五、议论文写作（60分）

围绕“学习与创新”，任选角度写一篇议论文。要求字数在800字以上。

# 模拟题七

## 一、选择题（30分）

1. 下列关于辉格党人说法正确的是：________

A. 反对绝对王权，支持新教徒宗教自由权利。

B. 其政党名称起源于清教徒革命。

C. 在19世纪中叶与持不同意见的托利党人结盟组成保守党。

D. 支持天主教徒继续当国王。

2. 英国成为世界上第一个工业化的国家，其原因不包括：________

A. 政治局面稳定。

B. 海外殖民地扩张，大量劳动力输入。

C. 优越的地理位置，交通便利，水资源及矿产资源丰富。

D. 英格兰、苏格兰和威尔士形成关税联盟，全国市场不再受困于内部的关税障碍。

3. 最早发动独立战争并取得胜利的13个州不包括：________。

A. 马里兰　　B. 新泽西　　C. 宾夕法尼亚　　D. 威斯康星

4. 被称为北美大陆的脊梁和大陆分水岭的山脉是________。

A. 阿巴拉契亚山脉　　B. 落基山脉　　C. 奔宁山脉　　D. 阿特拉斯山脉

5. 下列关于宋明理学的奠基者“二程”程颢、程颐的思想主张表述正确的是：________

A. “天理”具有绝对性、普遍性、恒常性，“性”即人之仁义或仁义礼智信之性，在社会生活中的具体表现就是“礼”。

B. 没有对立面也就不可能形成统一体，没有统一体，对立的两方面将无法相互作用，故“一”中涵“两”，“两”在“一”中，这就是“一物两体”。

C. 主张温和的社会变革，实行井田制，实现均平，“富者不失其富”贫者“不失其贫”。

D. 主张通过道德修养和认识能力的扩充去“尽性”。圣人即天地之性，所以教育目的在于学为圣人。

6. 佛教是宗教，佛学是作为佛教理论基础的哲学体系。以下关于佛学的主张错误的是：________。

A. 中和

B. 生死轮回

C. 每一个个体就是一个造物主，有多少个体就有多少造物主

D. 神不灭论

7. 下列关于隋唐时期佛教哲学各宗派的说法错误的是：________

A. 唯识宗的实际创始人为玄奘及其弟子窥基。此宗重视分析、研究诸法性相之学，故名唯识宗，分析法相的最终结果是“万法识宗”，故又称唯识宗。

B. 天台宗实际创始人为陈隋之际的智顗，他确立了止、观双修的原则，他所著的《法华玄义》、《摩柯止观》、《法华文句》被称为天台三大部。

C. 华严宗因其以《妙法华莲经》为宗旨，又称为“法华宗”。法藏为其实际创始人，

他曾为武则天讲解《华严经》，受到武则天的重视。

D. 禅宗以迦叶为初祖，经阿难等，至菩提达摩，凡 28 人，是西天二十八祖。慧能继位六祖后避难南方，15 年后于曹溪大振禅风，是为南禅宗之祖。

8. 下列经典不属于“五经”的是________。

A.《周易》　B.《尚书》　C.《礼记》　D.《大学》

9. 核电站通常采用的核燃料是________。

A. 铀　B. 钋　C. 钴　D. 镭

10. 发现导线中的电流（I）和电位差（V）之间成正比关系，其比值为导线的电阻的是________。

A. 伏特　B. 欧姆　C. 安培　D. 法拉利

11. 下面哪一个不属于三大合成材料？________。

A. 醋酸纤维　B. 有机玻璃　C. 涤纶　D. 光纤

12. 促成西方翻译理论发展史上第二次飞跃的领军人物是________。

A. 巴斯内特　B. 威尔斯　C. 霍姆斯　D. 图里

13. 泰特勒所提出的翻译三原则不包括：________。

A. 译作应完全复写出原作的思想

B. 译作的风格和手法应和原作属于同一性质

C. 译作应具备原作所具有的通顺

D. 译作必须考虑读者的感受

14. 下列哪位翻译理论家不属于语言学派的代表人物？________。

A. 奈达　B. 费道罗夫　C. 荷尔德林　D. 穆南

15. 英国语言学家韩礼德提出的“field of discourse”的概念指的是________。

A. 交际方式　B. 交际内容　C. 交际场所　D. 交际风格

16. “译之言易也，谓以所有易所无也。譬诸枳橘焉，由易土而殖，橘化为枳。……”此处关于翻译的说法，以“易”为“译”，具有中国特色。是出自________。

A. 赞宁的《义净传》　B. 赞宁的《译经篇》

C. 僧睿的《大品经序》　D. 僧睿的《思益经序》

17. 林语堂认为翻译艺术所倚赖的有三条，其中他提及的是：________

A. 译者对于原文文字上及内容上透彻的了解。

B. 译者有相当的国文程度，能写清顺畅达的中文。

C. 是译事上的训练，译者对于翻译标准及手术的问题有正当的见解。

D. 要替“译学”画出一些规矩准绳来。

18. 提出“译”、“诱”、“媒”、“讹”、“化”这些一脉相连、彼此呼应的意义的是________。

A. 钱锺书　B. 王佐良　C. 傅雷　D. 许渊冲

19. 作为“唐宋八大家”之一的________大力提倡古文运动，他的名篇《醉翁亭记》是个很好的例子，再者还有其文赋《秋声赋》。

A. 苏轼　B. 欧阳修　C. 柳宗元　D. 曾巩

20. “千古江山，英雄无觅，孙仲谋处”，“梦里挑灯看剑，梦回吹角连营”。辛弃疾的词充满了对历史上的壮士豪杰的缅怀，境界更显开阔，被称为________。

A. 稼轩体　　B. 幼安体　　C. 东坡体　　D. 尧章体

21. 老舍最为人称道的是长篇小说：________。

A.《月牙儿》　　B.《离婚》　　C.《骆驼祥子》　　D.《我这一辈子》

22. 以________为代表的郭沫若白话新诗创作，在语言的白话化和流畅程度上是同时期其他新诗人所不能比拟的。

A.《女神》　　B.《星空》　　C.《瓶》　　D.《凤凰涅槃》

23. 隋唐时期创新许多制度，其中“免役收庸”的制度比较接近于下列哪位思想家的主张：________。

A. 墨子　　B. 孟子　　C. 庄子　　D. 韩非子

24. 水利工程的兴修促进了经济的发展，下列水利工程属于长江流域的有________。

①都江堰　②芍陂　③邗沟　④广通渠

A. ①②③④　　B. ①②③　　C. ①③　　D. ①④

25. 某国家机关工作人员甲借到 M 国探亲的机会滞留不归。一年后甲受雇于 N 国的一个专门收集有关中国军事情报的间谍组织，随后受该组织的指派潜回中国，找到其在某军区参谋部工作的战友乙，以 1 万美元的价格从乙手中购买了 3 份军事机密材料。对甲的行为应如何处理？________。

A. 以叛逃罪论处　　B. 以叛逃罪和间谍罪论处

C. 以间谍罪论处　　D. 以非法获取军事秘密罪论处

26. 甲向法院提起诉讼，要求乙偿还借款 12 万元，并向法院提供了盖有乙的印章、指纹的借据及附件，后法院判决乙向甲偿还“借款”12 万元。经乙申诉后查明，上述借据及附件均系甲伪造，乙根本没有向甲借款。甲的行为属于什么性质？________。

A. 民事欺诈，不成立犯罪　　B. 诈骗罪

C. 合同诈骗罪　　D. 票据诈骗罪

27. 下列交通工具中，在动力的使用方面和第一次工业革命有紧密关系的是________。

A. 汽船　　B. 汽车　　C. 飞机　　D. 磁悬浮列车

28. 欧洲的中世纪，被称为“黑暗时代”。这时期所发展的一套社会制度和生活方式，大抵而言是________。

A. 城邦　　B. 封建制度和庄园生活

C. 市民政治　　D. 议会政治

29. GATT 这个缩略语的意思是________。

A. 全面和平框架协议　　B. 关税和贸易协定

C. 国际仲裁联盟　　D. 国际原子能机构

**二、填空题（10 分）**

1.《浮士德》是________的代表作，为诗体悲剧，反映了从文艺复兴到 19 世纪初整个欧洲的历史。

2. 哥特式文学起源于 18 世纪的________，其产生与繁荣有着深刻的历史和文化根源。

3. 历史学家将内战结束到 20 世纪初期这段时间成为________。这个名称取自马克·吐温 1873 年的同名著作。

4. 孟子认为，每个人生下来都有“恻隐之心”，“羞恶之心”，“辞让之心”，“是非之心”，即“四端”。“四端”如果能发展起来，就成为________的“四德”。
5. 天文学是研究________的科学。
6. 除了太阳，宇宙中哪一颗恒星离我们最近。________。
7. “鸿鹄之志”这个词最早出现________这一部典籍中。
8. “公元前”英文表述 B. C. 的意思是________。
9. 地面附近的大气中，氮约占百分之________
10. 将括号内的中文译成英文并以适当形式填入空格中。We will accelerate the cultivation and development of ____________________ and accelerate the integration of the telecommunications network, the radio and television broadcasting network, and the Internet. (战略性新兴产业)

**三、名词解释（10 分）**

1. 京都议定书
2. 执政为民
3. 汉赋
4. 次级贷款
5. 生态难民
6. 恩格尔系数
7. equilibrium
8. 光荣革命
9. 动态对等
10. 显性翻译

**四、应用文写作（40 分）**

国务院学位委员会、教育部 MTI 指导委员会将主办一场关于 MTI 教学的研讨会，并由高等教育出版社、外语教学与研究出版社等单位协办，请写一篇召开研讨会的通知书。要求字数在 400 字以上。

**五、议论文写作（60 分）**

围绕“名人与广告”，任选角度写一篇议论文。要求字数在 800 字以上。

# 模拟题八

## 一、选择题（30分）

1. 以下哪一个重要历史事件发生于1688年？________。

   A. 光荣革命　　B. 王政复辟　　C. 伊丽莎白改革　　D. 火药阴谋案

2. 下列关于宪章运动的说法错误的是：________

   A. 是世界三大工人运动之一，是第一次全国范围的工人阶级运动。

   B. 目的是使工人们取得普选权，从而提高自己的经济地位。

   C. 限制了君主的权力，使各个经济利益集团能对议会政策施加影响。

   D. 由于领导层的软弱和分歧，缺少与工会的协调，最后失败了。

3. 英国议会的主要职能不包括：________

   A. 通过投票对政府的财政事务进行监控。

   B. 审查政府的政策和行政管理，包括财政支出。

   C. 制定法律，辩论时事，审理上诉。

   D. 提供法律规定和程序方面的建议。

4. 下列关于魏晋玄学第三阶段代表人物裴頠、郭象的思想主张表述错误的是：________

   A. 裴頠认为世界万物是互相联系、互相依赖的，并不需要有一个虚无的“道”来支持，万有并不以“无”作为自己存在的条件。

   B. 裴頠从玄学内部修正了“贵无论”的偏差，提出了“崇有”哲学。

   C. 郭象反对有生于无的观点，认为天地间一切事物都是独自生成变化的，万物没有一个统一的根据。

   D. 郭象认为圣人无喜怒哀乐，圣人可完全不受外物影响，而是以“无为”为体。

5. 下列关于柳宗元的思想主张表述正确的是：________

   A. 他认为，组成自然之物存在的天地、元气、阴阳是无法起到“赏功而罚祸”的作用，赏与罚只能是由人世的行为来决定。

   B. 他认为中国古代最重要制度之一的“分封建国制”，无论是其产生，还是其消亡都是由圣人的主观意愿决定的。

   C. 他反对韩愈“性分善恶”的观点，主张“性”只有一种，即纯善无恶之性。

   D. 他认为“人胜天”的关键在于人能行“法制”。他将人与法的关系分为三种情形：“法大行”、“法小弛”和“法大弛”。

6. 魏晋流行至今的《庄子》通行本有33篇。下列不属于《庄子》的主要表现形式的是：________。

   A. 寓言　　B. 重言　　C. 警言　　D. 卮言

7. 《中庸》原是《小戴礼记》中的第31篇。下列关于《中庸》叙述不正确的是：______

   A.《中庸》的主要思想观点源于子思。

   B. 该书提出了“尊德性”与“道问学”的统一。

   C. “中”是道之体，是性之德。

   D. 该书认为由至诚而明后善，是贤人的自然天性。

8. 庞德的直译法不包括________。
A. 脱体与浓缩 B. 拆译法 C. 逐字翻译法 D. 仿古译法
9. 下面哪一位不属于翻译的功能学派学者？________。
A. 豪斯 B. 赖斯 C. 荷尔德林 D. 曼塔里
10. 《译者的隐身》的作者是________。
A. 韦努蒂 B. 巴巴 C. 赛义德 D. 伯尔曼
11. 玄奘的办法，能从不同的层面，缀文、参译、刊定、润文，从而保证文字的纯正与流畅。而且，又把证义、证文放在纯粹的文字功夫之前，首先保证了翻译的准确性。这种翻译方法是指：________。
A. "五不翻" B. "既须求真，又须喻俗"
C. "译场"翻译方法 D. 翻译要例十条
12. 傅雷是在翻译理论与实践两方面都独树一帜的翻译大师，以下哪一选项不是？________
A. "重神似不重形似；译文必须为纯粹之中文"。
B. "翻译于用之外，还有美一方面须兼顾的，理想的翻译家应当将其工作作为一种艺术。"
C. 译笔要求"行文流畅，用字丰富，色彩变化"。
D. 强调译者本身的条件、气质对于原作的"适应力"。
13. 中国翻译界长期以来就有直译与意译之争。"只要真能了解愿意，又能用译语表达，是没有直译和意译之分的。"这是谁的观点？________。
A. 钱歌川 B. 巴金 C. 鲁迅 D. 郭沫若
14. 道安在________中，提出了著名的"五失本"、"三不易"的理论。
A.《般若经》 B.《摩诃钵罗若波罗蜜经钞序》
C.《出三藏记集》 D.《鞞婆沙序》
15. 在________的笔下，边塞的风物人情，无不呈现出新鲜瑰丽的色彩，显得那样新奇不凡，他以梨花喻雪，"忽如一夜春风来，千树万树梨花开"。
A. 高适 B. 岑参 C. 王之涣 D. 崔颢
16. ________向以颓废著称，擅长于欲望的描写，他的小说格外钟情于第一人称叙事，富有个性的"我"成为其小说的一大亮点。
A. 巴金 B. 老舍 C. 郁达夫 D. 沈从文
17. 《诗经》的六义即风，雅，颂，赋，比，兴。前三个是体式，后三个是创作手法。在《卫风·硕人》中形容美人"肤如凝脂"，这运用的是六义中的________。
A. 风 B. 雅 C. 比 D. 兴
18. 被誉为"梅妻鹤子"的________，一句"疏影横斜水清浅，暗香浮动月黄昏"堪称咏梅绝唱。
A. 林靖和 B. 柳永 C. 李清照 D. 姜夔
19. 1961 年，赫斯与迪茨在地幔对流的基础上提出了________。
A. 大陆漂移假说 B. 海地扩张说 C. 板块结构学说 D. 断块结构学说
20. 第三代计算机使用的逻辑元件是________。
A. 晶体管 B. 电子管 C. 集成电路 D. 大规模集成电路

21. 我国是一个文明古国，早在春秋战国时期，秦国的李冰父子完成了举世闻名的________。
    A. 三峡工程　B. 都江堰工程　C. 钱塘江工程　D. 京杭大运河
22. 新航路开辟从资本主义发展的角度来说，最重要的影响是：________
    A. 促进资本主义迅速发展。
    B. 加强了世界各地的联系。
    C. 促使欧洲商业发生重大变化，贸易量大增。
    D. 引起了殖民扩张和加速了资本的原始积累。
23. 普罗泰格拉说“关于神，我无法知道它们存在还是不存在。因为有许多障碍使我们得不到这种知识，一则这个问题暧昧不明，再则人生是短暂的”。对此正确的是：________
    A. 对神的敬畏，感到人的渺小。
    B. 怀疑神的权威，开始注重人的研究。
    C. 在当时起到思想解放的作用。
    D. 是西方人文精神的最初体现。
24. 近代中国海关管理权落入外国人手中，始于________。
    A. 中日《马关条约》的签订　B. 海关总税务司的设置
    C. 关税协定权的确定　D. 英德借款合同的签订
25. 在全国人民代表大会闭会期间，有权批准对全国人民代表大会代表逮捕或者刑事审判的机关是：________。
    A. 国家主席
    B. 全国人民代表大会常务委员会委员长
    C. 全国人民代表大会常务委员会委员长会议
    D. 全国人民代表大会常务委员会
26. 下列哪一部属于莎士比亚四大悲剧之一：________。
    A. Romeo and Juliet　B. Julius Caesar
    C. Anthony and Cleopatra　D. Othello
27. 二战期间，轴心国包括以下哪些国家？________。
    A. 德国、法国、日本　B. 法国、日本、英国
    C. 德国、意大利、英国　D. 德国、意大利、日本
28. 美国杰弗逊总统向法国买回了________，使国家的领土扩大了一倍。
    A. 新墨西哥州　B. 路易斯安那州　C. 堪萨斯州　D. 俄亥俄州
29. 下列美国的大学都位于东北部的六州，即新英格兰地区，除了________。
    A. 斯坦福大学　B. 哈佛大学　C. 耶鲁大学　D. 麻省理工学院
30. VAT 这个缩略语的意思是________。
    A. 全球存托凭证　B. 有效外币　C. 增值税　D. 综合购买力

**二、填空题（10分）**

1. 从严格意义上来说，西方第一部译作是在公元前三世纪中叶安德罗尼柯在罗马用拉丁语翻译的希腊荷马史诗__________。

2. 勒费弗尔提出了一个值得注意的观点：即不同文化在不同时代必须面对一个现实：翻译中________的存在。
3. 提出“民为贵，社稷次之，君为轻”，主张实行仁政、养民和以德服人的是__________。
4. 最高法院是美国最高等的法院，也是唯一有权解释法律的机构，目前法院由一名首席大法官和__________名法官组成。
5. 两个世纪以来，共制定了 27 条宪法修正案。重要的修改包括 1791 年 9 月由国会通过的包括保证信仰、__________和__________自由与和平集会权利在内的宪法前 10 条修正案。
6. 我国的邻国共有__________个。
7. 发射第一颗人造卫星的国家是__________。
8. 哥伦布航海计划得到__________的支持才变成现实。
9. 世界上种植面积最大、种植量最广泛的粮食作物是__________。
10. 将括号内的中文译成英文并以适当形式填入空格中。The number of new urban jobs increased by 57.71 million, and 45 million agricultural workers found urban employment. ____________________ rose by an annual average of 9.7%.（城镇居民人均可支配收入）

## 三、名词解释（10 分）

1. Alliteration
2. 清教徒
3. Sonnet
4. 通货紧缩
5. 外汇
6. 涅槃
7. 可译性
8. 纯语言
9. 克己复礼
10. 天人感应

## 四、应用文写作（40 分）

假设你是一名老师，请为你的学生写一篇推荐信，推荐他去申请奥运会的志愿者。要求字数在 400 字以上。

## 五、议论文写作（60 分）

围绕“掌握自己的命运”，任选角度写一篇议论文。要求字数在 800 字以上。

# 模拟题九

## 一、选择题（30分）

1. 下列关于英国的工农业发展说法正确的是：________
   A. 英国国内食品需求主要依靠进口。
   B. 轻纺、电子、汽车是英国最具创新力和竞争力的行业。
   C. 90年代初，英国制造业中人造纤维、化工产品、光学设备和制药行业仍保持雄厚实力。
   D. 随着服务业的不断发展，英国制造业自20世纪80年代开始萎缩。
2. 下列关于英国的政党说法正确的是：________
   A. 工党在经济上主张减少政府干预，严格控制公共开支，保持宏观经济稳定增长。
   B. 保守党支持“联邦欧洲”、欧盟制宪及英国加入欧元区，强调英国应该在欧盟内发挥积极作用。
   C. 自由民主党更多倾向于关注中产阶级利益，与工会关系在一定程度上有所疏远。
   D. 自由民主党的支持者多来自企业界和富裕阶层。
3. 下列叙述错误的是：________
   A. 美国两院议员由各州选民直接选举产生。
   B. 美国参议员每州2名，共100名，任期6年，每两年改选1/3。
   C. 美国众议员按各州的人口比例分配名额选出，任期两年，期满全部改选。
   D. 美国两院议员均可连任，最多连任两届。
4. 下列关于美国政党说法错误的是：________
   A. 美国有多个党派，但在国内政治及社会生活中起重大作用的只有共和党和民主党。
   B. 共和党成立于1854年，1861年林肯就任总统，共和党首次执政。
   C. 民主党于1791年成立，当时称共和党。1794年改称民主共和党，1828年改为民主党。
   D. 民主党有固定的党员人数，一般在总统大选前加入民主党选举阵营的就成为其党员。
5. 陆九渊与当时著名的理学家朱熹齐名，史称“朱陆”。他是________的开山祖。
   A. 理学　B. 心学　C. 阳明学　D. 濂学
6. 王守仁精通儒、释、道三教，而且能够统军征战，是中国历史上罕见的全能大儒。下列不是王守仁提出的“心即理”主张的是：________
   A. 心外无理，心外无善。
   B. 无心外之理，无心外之物。
   C. 心者人之神明，所以具众理而应万事者也。
   D. 心外无理，心外无义。
7. 康有为沿袭董仲舒对于《春秋》“元”义的阐释和传统的气一元论思想，并吸纳近代西方自然科学知识，形成了他的“元气”说。以下对于其“元气”说描述不正确的是：________

A. “元气”乃是包括人在内的万物之本。
B. 康有为的“元气”说仍然带有浓厚的传统思辨性。
C. 康有为正确地区分了“元气”的物质性和精神性的关系。
D. 康有为将“元气”所含有的“电”理解为“神”。

8. “意译”是指译文从意义出发，要求将原文的意义正确表达出来，不必拘泥于________的形式。
A. 词句 B. 词句和比喻 C. 各种修辞手段 D. 词句及各种修辞手段

9. 下列哪一项不是尼采的翻译理论主张？________。
A. 翻译是一种征服
B. 翻译应忠实原文
C. 在翻译过程中应体现出译者的主体性
D. 翻译的风格不可译

10. 多元系统理论的来源不包括：________
A. 赫曼斯的操纵理论。 B. 俄国形式主义文学理论。
C. 索绪尔的结构语言理论。 D. 列维、米科等捷克学者的理论。

11. 认为译经不必避用典雅之语，但又不可太俗，“傥深溺俗，厥过不轻”。总之，必须“折中适时，自存法语，斯谓得译经之旨矣”。这是谁的观点？________。
A. 玄奘 B. 彦琮 C. 僧睿 D. 赞宁

12. 下列哪一篇文章是中国翻译史上较早讨论翻译可译性问题的专文，且是迄今为止讨论最深入的一篇？________。
A. 胡怀琛《海天诗话》 B. 胡以鲁《论译名》
C. 梁启超《清代学术概论》 D. 贺麟《论翻译》

13. 关于翻译工作的目的讨论已有多人论述，以下哪个选项是茅盾的观点？________
A. 翻译的作用不仅是“媒婆”而且类似于“奶娘”，创作绝不是闭了门去读《西游记》、《红楼梦》以及诸子百家文集”，而是“开了几扇明窗，引进户外的日光和清气和一切美丽的景色”。
B. “我翻译外国前辈的作品，也不过是借别人的口讲自己的心里话，……我希望把别人的作品变成武器。”
C. 翻译一件作品除主观的强烈爱好心而外，还应要“适合一般人需要”，“足救时弊”。
D. 翻译工作对于“改良思想，补助文明”，引导国人进步有重大意义。

14. 19世纪70年代，各种物理技术和发明不断出现，对人们的生活产生巨大影响，发明电话的科学家是________。
A. 贝尔 B. 爱迪生 C. 安培 D. 爱因斯坦

15. 牛顿第二定律又可以称为________。
A. 惯性定律 B. 加速度定律 C. 能量定律 D. 电子反射定律

16. ________的诗崇尚险怪，常以硬毫健笔描摹奇异景物，反映自然生活中的奇特美，并与孟郊在理论上提出了“不平则鸣，笔补造化”的主张。
A. 柳宗元 B. 韩愈 C. 孟浩然 D. 秦观

17. 被后人称为“诗佛”，在山水田园诗的发展上有着杰出贡献的是________。
A. 谢灵运　B. 王维　C. 孟浩然　D. 陶渊明
18. ________全书以“究天人之际，通古今之变，成一家之言”为写作宗旨，讲述了上至皇帝，下至汉武帝太初年间约三千年间的历史，是古代第一部由个人独立完成的具有完整体系的著作，也是我国第一部纪传体通史。
A.《汉书》　B.《史记》　C.《国语》　D.《战国策》
19. 拥有宜家、爱立信、沃尔沃等国际知名品牌的北欧国家，其货币名称为________。
A. 盾　B. 比索　C. 瑞士法郎　D. 克朗
20. 以下哪个国家不与中国接壤？________。
A. 泰国　B. 缅甸　C. 老挝　D. 越南
21. 中国文化与域外文化第一次大规模交流与融合发生在________。
A. 秦汉时期　B. 汉唐时期　C. 宋明时期　D. 明清时期
22. 唐代画家中被称为“画圣”的是________。
A. 李思训　B. 吴道子　C. 闫立本　D. 韩干
23. 世界上最早的纸币“交子”出现于________。
A. 唐代　B. 宋代　C. 元代　D. 明代
24. “文化休克”主要出现在对目的语文化适应过程的________。
A. 观光期　B. 挫折期　C. 逐渐适应期　D. 完全复原期
25. 不属于中国传统绘画所遵循的美学原则的是________。
A. 焦点透视　B. 散点透视　C. 以大观小　D. 遗貌取神
26. 拉丁美洲民族独立解放运动中，具有转折意义的战役是________。
A. 萨拉托加大捷　B. 阿亚库巧大捷　C. 约克镇大捷　D. 多洛雷斯大捷
27. 隋朝大运河的联通水系，从南向北依次是________。
A. 钱塘江、淮河、海河、长江、黄河
B. 钱塘江、长江、海河、淮河、黄河
C. 钱塘江、长江、淮河、黄河、海河
D. 钱塘江、黄河、长江、海河、淮河
28. 我国传统音乐中“宫、商、角、徵、羽”对应简谱记法正确的是________。
A. 1、2、3、4、5　B. 1、2、3、4、6
C. 1、2、3、5、6　D. 1、3、5、6、7
29. 新中国成立后实行的“全行业公私合营”，属于下列哪种制度？________。
A. 初级国家资本主义　B. 中级国家资本主义
C. 高级国家资本主义　D. 社会主义初级阶段
30. PTSD 这个缩略语的意思是________。
A. 创伤后精神障碍　B. 非处方药
C. 医疗保险基金　D. 人类基因计划

**二、填空题（10 分）**

1. 莎士比亚是________世纪的作家。
2. 诗歌“有的人活着，可是他已经死了。有的人死了，但他还活着。”这首诗的作者是__________。

3. 犹太经文是用阿拉米文和另一种________文字写成的。
4. 罗马神话中的维纳斯是希腊十二神中的哪一位神？________。
5. 莫奈是________派的画家，其代表作有《日出印象》和《睡莲》。
6. Beatles 乐队来自英国的________城市。
7. 自然界已知的最硬物质是________。
8. “麦加”是________宗教的圣地。
9. 把办理与银钱有关的大金融机构称为银行，最早见于一部叫做________的典籍。
10. 将括号内的中文译成英文并以适当形式填入空格中。Of this amount, 43.7% was invested in ____________________, projects to improve the wellbeing of rural residents, and social programs; 15.3% in innovation, restructuring, ____________________, ____________________ and ecological improvement; 23.6% in major infrastructure projects; and 14.8% in post-Wenchuan earthquake recovery and reconstruction.（保障性安居工程、节能减排）

**三、名词解释（10 分）**

1. Allegory
2. Ballad
3. 自由贸易区
4. 创业板
5. 普利策奖
6. 自助银行
7. 燃油税
8. 博鳌论坛
9. 格物致知
10. 西进运动

**四、应用文写作（40 分）**

为你喜欢或熟悉的产品写一份报纸广告。要求字数在 400 字以上。

**五、议论文写作（60 分）**

围绕“心有多大，舞台就有多大”，任选角度写一篇议论文。要求字数在 800 字以上。

# 模拟题十

## 一、选择题（30分）

1. 下列关于英国的宗教说法错误的是：________

   A. 在英国，人人都有信仰宗教的权利，社会和政府不得干涉。

   B. 英国有两大国教，在英格兰是英格兰国教，苏格兰是苏格兰教会（长老教）。

   C. 公职人员不可随意改变其宗教信仰。

   D. 君主作为“国教的捍卫者”必须是此教会的一员，他在登基时必须承诺维持国教。

2. 下列报纸杂志不属于英国的是________。

   A.《经济学家》　B.《观察家报》　C.《太阳报》　D.《读者文摘》

3. 下列体育项目非起源于英国的是：________。

   A. 羽毛球　B. 足球　C. 高尔夫　D. 网球

4. 关于美国医疗保障体系说法正确的是：________

   A. 美国的医疗保障体系主要由联邦医疗保险和政府医疗补助，私人赞助三部分组成。

   B. 联邦医疗保险主要为60岁以上老人、残障人士和晚期肾衰竭病人提供医疗保障。

   C. 政府医疗补助则是为低收入者及符合特定标准的个人与家庭提供健康保险服务。

   D. 奥巴马政府执政后，延缓了医保改革立法进程。

5. “水能载舟，亦能覆舟”是我国古代思想史上________提出的著名论点。

   A. 老子　B. 孟子　C. 荀子　D. 墨子

6. 墨子是墨家学派的创始人，其主旨为“兴天下之利，除天下之害”。他提出了墨家十大主张。下列选项中不属于十大主张的是________。

   A. 尚贤　B. 天志　C. 兼爱　D. 德治

7. 董仲舒认为，哲学所要讨论的一个重要问题就是“天人相与之际”。他所宣扬的天人感应论的理论基础是________。

   A. 天副人数　B. 以德配天　C. 天人同类　D. 天人之际

8. 后殖民理论“三巨子”不包括________。

   A. 赛义德　B. 巴巴　C. 尼兰贾纳　D. 斯皮瓦克

9. 关于翻译的功能语言学派，下列说法不正确的是：________。

   A. 认为语言的基本功能是交际

   B. 认为要联系人们交际的具体语言环境、社会文化来研究语言

   C. 诞生于20世纪50年代

   D. 代表人物有韩礼德等

10. 关于以作者为中心的女性主义翻译策略说法不正确的是：________。

    A. 实现的是原作者的意图

    B. 女性译者是合法的文本生产者

    C. 女性译者消极参与文本的再生产

    D.“注解”是具体操作方式之一

11. 30年代中期，林语堂对翻译理论作出了极大贡献，关于翻译的“忠实标准”，以下哪

一选项不是他的观点？________。

A. 须通顺 B. 须传神 C. 非字译 D. 非绝对

12. 以下哪个观点与郭沫若所提出的不符？________。

A. “再好的翻译不可能超过创作” B. “以诗译诗”

C. “风韵译” D. “内在的韵律”

13. “用进世利俗文字，则求达难，往往仰义就词，毫厘千里。”“若徒为近俗之词，以便市井乡僻之学，此于文界，乃所谓凌迟，非革命也。”这是谁的观点？________。

A. 梁启超 B. 徐光启 C. 严复 D. 林纾

14. 18 世纪，康德与________共同提出了太阳系起源的星云假说。

A. 哥白尼 B. 拉普拉斯 C. 伽利略 D. 布鲁诺

15. 美国的“阿波罗 11 号”首次登月是在________。

A. 1965 年 B. 1967 年 C. 1969 年 D. 1972 年

16. 司马相如独步文坛，除《子虚赋》和《上林赋》外，其他作品如《哀二世赋》开启了后来纪行类赋的先河，《大人赋》则在充满幻想与传奇的自然景色的描绘中，为游仙文学奠定了基础，________因细腻描写了皇后的孤独和悲哀，成为后世“宫怨”文学的源头。

A.《天子校猎赋》 B.《洛神赋》 C.《长门赋》 D.《高唐赋》

17. “帘外雨潺潺，春意阑珊，罗衾不耐五更寒……流水落花春去也，天上人间。”王国维在《人间词话》中对这首词的作者高度评价：“词至后主而眼界始大，感慨遂深，遂变伶工之词而为士大夫之词。”他是________

A. 温庭筠 B. 李煜 C. 李商隐 D. 李清照

18. 觉慧是巴金所钟爱的人物，在觉慧身上我们也能看到作者的身影，他真诚地面对人生，严肃地剖析自己，是________中透露的创作风格。

A.《复活》 B.《家》 C.《寒夜》 D.《春》

19. 19 世纪早期四大文明与对应河流中，哪一项不正确？________。

A. 中国——黄河 B. 埃及——尼罗河

C. 印度——印度河 D. 巴比伦——底格里斯河、幼发拉底河

20. 符合下列四句所缺词句的一项是：______________。

（1）飞云冉冉蘅皋暮，______________；（贺铸《青玉案》）

（2）______________，锦檐突骑渡江初；（辛弃疾《鹧鸪天》）

（3）九万里风鹏正举，风休住，______________；（李清照《渔家傲》）

（4）______________，为谁流下潇湘去；（秦观《踏莎行》）

a. 壮岁旌旗拥万夫 b. 郴江幸自绕郴山 c. 篷舟吹取三山去 d. 彩笔新题断肠句

A.（1）d （2）a （3）c （4）b

B.（1）a （2）d （3）c （4）b

C.（1）b （2）d （3）a （4）c

D.（1）c （2）b （3）a （4）d

21. 我国五个少数民族自治区，成立最早的自治区是________。

A. 宁夏回族自治区 B. 广西壮族自治区

C. 内蒙古自治区　　D. 新疆维吾尔自治区

22. 欧洲“启蒙运动”的代表人物及其著作对应正确的一项是：________。

A. 洛克——《利维坦》　　B. 孟德斯鸠——《论法的精神》

C. 狄德罗——《哲学通信》　　D. 伏尔泰——《百科全书》

23. 下列我国自改革开放以来对城市化的政策中，哪一项是正确的？________

A. 鼓励大中型城市发展，建立以大中型城市为核心的城市群。

B. 鼓励中小型城市发展，缓解大中型城市的人口、交通、生活压力。

C. 鼓励大中型城市发展，但严格控制特大城市的发展。

D. 鼓励中小型城市发展，在适当时机将其合并为大中型城市。

24. 下列关于城乡二元结构的叙述中，正确的一项是：________

A. 由于建国后长期实行严格的户籍管理制度，导致城乡长期对立，逐渐演变为二元结构。

B. 城乡二元结构对城市有利，对乡镇地区不利。

C. 城乡二元结构促进了城乡之间人口、信息、资源流动，总体上看利大于弊。

D. 城乡二元结构是制约“三农”问题的关键节点。

25. 下列有关古代天文学的叙述中，正确的一项是：________

A. 我国古代的“黄道十二宫”与西方占星术中的“十二星座”相吻合，“十二宫”是“十二星座”的鼻祖。

B.《滕王阁序》中所言“星分翼轸，地接衡庐”，其中“星分”即“分野”，是我国古代天文学的重要思想，具有现实意义。

C. 东汉时，张衡科学地解释了日食的发生机制，认为日食与鬼神无关，而是日月地三星之间的自然现象，有力地抨击了“天人合一”的思想。

D.《论语·为政篇第二》所言“为政者，譬如北辰”，认为“北辰”(北极星）是静止不动的。

26. 下列诗句中，哪一项不属于“赋”的手法？________。

A.“氓之蚩蚩，抱布贸丝；匪来贸丝，来即我谋”(《卫风·氓》）

B.“静女其姝，俟我于城隅；爱而不见，搔首踟蹰”(《邶风·静女》）

C.“采采芣苢，薄言采之；采采芣苢，薄言有之”(《周南·芣苢》）

D.“关关雎鸠，在河之洲；窈窕淑女，君子好逑”(《周南·关雎》）

27. 下列关于通货膨胀的叙述，错误的一项是：________

A. 通货膨胀是货币实际价值高于面值的结果。

B. 通货膨胀对经济发展有弊无利。

C. 通货膨胀与一定时期内货币发行量、流通次数、外部市场影响、金融秩序等密切相关。

D. 通货膨胀预期会促进生产、分配、消费等环节畸形增长，威胁经济秩序稳定。

28. 我国成文法的四大类划分是：________。

A. 民法、刑法、商法、程序法　　B. 宪法、民法、刑法、商法

C. 民法、刑法、经济法、程序法　　D. 宪法、经济法、民法、商法

29. 尺蠖、壁虎或壁虱等动物可将自身翅膀、皮肤颜色调节至周边环境色，生物学中将其

称为________。

A. 拟态 B. 完全变态 C. 不完全变态 D. 伪态

30. NAV 这个缩略语的意思是________。

A. 投资回报率 B. 营业净收益 C. 净资产 D. 资产收益率

## 二、填空题（10 分）

1. 俗话说："无规矩不成方圆"。规和矩指的是________。
2. 法国的凯旋门是为纪念________而建造的。
3. "天地有大美而不言"是________提出来的美学观点。
4. 华夏民族是在________流域诞生的。
5. "黑夜给了我黑色的眼睛，我却用他来寻找光明"是________的诗句。
6. "和平鸽"的形象由著名艺术家________所创。
7. 中国第一个全国规模的统一的资产阶级革命政党是________。
8. "离地面越高空气越稀薄"是因为________。
9. "塔"是________宗教建筑的一部分。
10. 将括号内的中文译成英文并以适当形式填入空格中。We constantly deepened reform of the administrative system. We accelerated ____________________, completed a new round of reforms of government agencies.（转变政府职能）

## 三、名词解释（10 分）

1. Elegy
2. 水门事件
3. Epic
4. 宏观调控
5. 财政赤字
6. 流动性过剩
7. OPEC
8. 实用主义
9. 低碳经济
10. 合纵连横

## 四、应用文写作（40 分）

写一篇在大一新生的欢迎典礼上的演讲稿。要求字数在 400 字以上。

## 五、议论文写作（60 分）

围绕"通俗文化"，任选角度写一篇议论文。要求字数在 800 字以上。

# 模拟题十一

## 一、选择题（30 分）

1. 下列关于英国文艺复兴说法正确的是：________
   A. 英国文艺复兴文学首先是艺术的，其次才是哲学的和学术的。
   B. 英国文化的复兴是直接通过古典作品实现的。
   C. 由于 13 世纪伟大诗人乔叟的出现，英国本国文学得以蓬勃发展。
   D. 文艺复兴发生在英格兰的宗教改革之后。
2. 下列关于黑死病说法正确的是：________
   A. 黑死病在 16 世纪传播到了欧洲。
   B. 英国的人口在 14 世纪末从 400 万人锐减至 200 万人。
   C. 黑死病对政治的影响比对经济的影响更为深远。
   D. 1351 年政府颁布“新贫困法”，规定农民们涨工资的要求，或者是雇主支付比地方官制订的工资水平要高的工资都是犯罪。
3. 世界最大外汇交易市场、最大保险市场、最大黄金现货交易市场、最大衍生品交易市场是________。
   A. 伦敦　　B. 纽约　　C. 香港　　D. 洛杉矶
4. 下列关于美国总统的叙述正确的是：________
   A. 总统的行政命令没有法律效力。
   B. 总统必须是美国本土出生的美国公民，至少年满 35 岁。
   C. 总统选举每五年举行一次。
   D. 总统为直接选举产生。
5. 以法制为中心，综合运用“法势术”是法家成熟的表现，而提出这一理论的是________。
   A. 慎到　　B. 韩非　　C. 商鞅　　D. 李悝
6. 在我国历史上，________第一次把“教”与“育”两个字联用，以“得天下英才而教育之”为君子三乐之一。
   A. 孔子　　B. 孟子　　C. 荀子　　D. 庄子
7. 孟子针对道义的修养提出了著名的“养气”说。“养气”就是培养道德力量的过程，从而达到“________”的境界。
   A. 亲亲而仁民，仁民而爱物
   B. 富贵不能淫，贫贱不能移，威武不能屈
   C. 万物皆备于我
   D. 泛爱万物，天地一体
8. 关于爱德华·赛义德说法不正确的是：________
   A. 他是巴勒斯坦裔美国文学批评家。
   B. 他认为翻译活动是跨语言、跨民族和跨文化的。
   C. 他否定文化间的差异性。

D. 他对文化帝国主义进行了研究。

9. 下面哪一项不属于查普曼的翻译原则？________

A. 反对逐字死译，以意译为主。

B. 采用“释义”法主张译文要有文饰。

C. 译者应该尽量表明作者的意图。

D. 修辞中的比喻及习语可以翻译成非比喻性的语言。

10. 下列哪一项不属于西塞罗的翻译主张？________

A. 在翻译过程中译者应该保持对母语身份的认同。

B. 译者有权选择他认为适当的风格和习惯用法来再现原文的意义，即应该做到灵活地表现罗马文化和风格。

C. 不能任意增删是译者的神圣使命。

D. 强调翻译不是字字对等，而是表现语言所蕴含的意义。

11. 在豪斯看来，语言使用层面不包括：________。

A. 媒介　B. 参与　C. 社会角色关系　D. 社会影响

12. 在明末清初的翻译高潮中，中国人译者中最著名的有徐光启、李之藻、杨廷筠、王徵等人。他们的主要译著和有影响的译著，是关于________。

A.“圣教”类　B. 西方科技类　C. 民歌类　D. 外国文学类

13. 金岳霖先生对于中国传统译论的最大贡献，在于提出了________。

A. 译意和译味说　B.“翻译思想而为文字”

C. 翻译的“言意之辨”　D. 文学的可译性

14. ________在翻译的语言问题上也作了一系列精彩的论述。他认为白话文“一无规则、二无体制”。

A. 傅雷　B. 鲁迅　C. 周作人　D. 郭沫若

15. 自然科学中最早出现的学科是________。

A. 数学　B. 天文学　C. 医学　D. 化学

16. 被誉为世界奇观之一的“空中花园”建立在________。

A. 古巴比伦　B. 古希腊　C. 古罗马　D. 古印度

17. 毕达哥拉斯定理是关于________的。

A. 计算圆形面积　B. 直角三角形边长关系

C. 锥体体积　D. 推算圆周率

18. 建安七子中，以________成就最高，他的诗歌、辞赋都独步当时，号称“七子之冠冕”。

A. 孔融　B. 陈琳　C. 王粲　D. 刘桢

19. ________是我国第一部纪传体的断代史，记事始于汉高祖，止于王莽末年，全书由十二本纪，八表，十志，七十列传组成，是《史记》之后史传散文的又一个高峰。

A.《左传》　B.《战国策》　C.《国语》　D.《汉书》

20. 温庭筠诗词的特点是擅长于描写女子的容貌、服饰、意象等，他开了“词为艳科”的先河，他被誉为________的鼻祖。

A. 竟陵派　B. 桐城派　C. 花间派　D. 江西派

21. 元曲的角色主要有________。

A. 生、旦、净、末、丑　　B. 生、旦、净、末

C. 生、旦、净、杂　　D. 末、旦、净、杂

22. 下面哪一项不属于货币职能？________。

A. 流通手段　B. 世界货币职能　C. 贮藏手段　D. 等价交换职能

23. 在下列话剧名和剧中主要人物对应中，哪一项是错误的？________。

A.《茶馆》——王利发、常四爷、松二爷

B.《雷雨》——周朴园、鲁大海、四凤

C.《龙须沟》——程疯子、丁四嫂、李大妈

D.《原野》——仇虎、焦大星、白傻子

24. 长江三峡水利枢纽的首要任务是________。

A. 发电　B. 防洪　C. 通航　D. 保护生态

25. 我国 1984 年确立开放的沿海开放城市中，不含下列哪一个城市？________。

A. 秦皇岛　B. 青岛　C. 湛江　D. 珠江

26. 下列有关“天人合一”的思想，不正确的一项是：________

A. “天人合一”思想由西汉董仲舒提出，迎合了汉武帝的“大一统”思想。

B. “天人合一”是唯心主义价值观，但“天”的示警作用一定程度上约束了封建统治者的行为，使得儒家“仁政”思想获得立足之地，并借以推广传播。

C. “天人合一”思想确立了“天子”的至高无上地位，巩固了皇权。

D. “天人合一”思想是中国传统文化中的重要组成部分。

27. 下列关于“赋”的表述，正确的一项是：________

A.《说文解字》认为“赋”从“敛”，说明“赋”与“敷陈”有一定区别。

B.《诗经》中“赋”的比例很大，说明《诗经》与《楚辞》不同，更擅长于白描。

C. “赋”的创作手法对后世影响很大，奠定了中国古典文学现实主义的基调。

D. 朱熹认为，《诗经》中的“赋”即“敷陈其事而直言之者也”，这与汉代赋的表现手法相似。

28. 下列诗句中不包含意象的一项是：________

A. “鸡声茅店月，人迹板桥霜”(温庭筠《商山早行》)。

B. “枯藤老树昏鸦，小桥流水人家”(马致远《天净沙·秋思》)。

C. “江雨霏霏江草齐，六朝如梦鸟空啼”(韦庄《金陵图》)。

D. “乱石穿空，惊涛拍岸，卷起千堆雪”(苏轼《念奴娇·赤壁怀古》)。

29. 中国古代专制时代控制人身自由最基层的组织形式是________。

A. 什伍里甲制度　B. 郡县制度　C. 户籍制度　D. 宗法制

30. FDI 这个缩略语的意思是________。

A. 外资企业　B. 外国直接投资　C. 经济特区　D. 合资经营

**二、填空题（10 分）**

1. “谦受益，满招损”出自于________。

2. 被赞誉为“诗中有画，画中有诗”的唐代诗人是________。

3. 传说中的“斑竹”是怎样形成的？________。

4. 历时最长的封建王朝是________。
5. 民国时期的中国南方________________是长江沿线较具知名度的城市，夏季气温比较炎热，被传称为“三大火炉”。
6. 地震的震级每差一级，通过地震波释放的能量约差________倍。
7. 《史记》中的“世家”是给________作的传。
8. 位于尼罗河三角洲顶端的城市是________。
9. 耶路撒冷旧城是________、伊斯兰教和基督教三大宗教发源地，三教都把耶路撒冷视为圣地。
10. 将括号内的中文译成英文并以适当形式填入空格中。We will expand socialist democracy, make ____________________ more responsive to the development of and changes in ____________________, and provide strong assurances for scientific development.（上层建筑、经济基础）

**三、名词解释（10 分）**

1. Refrain
2. 直接融资
3. 房地产泡沫
4. 经济适用
5. 虎门销烟
6. Doha Round
7. 冠礼
8. 宗法制
9. 骑士文学
10. 伤感主义

**四、应用文写作（40 分）**

某教育局听说某中学设备陈旧，学生出行有安全隐患，于是要求学校整顿。请以学校的名义给教育局写一篇报告书陈述整改措施和解决方案。要求字数在 400 字以上。

**五、议论文写作（60 分）**

围绕“放弃也需要勇气”，任选角度写一篇议论文。要求字数在 800 字以上。

# 模拟题十二

## 一、选择题（30分）

1. 下列关于美国司法系统的说法错误的是：________

A. 美国的法官是由总统任命并由参议院批准的。

B. 最高法院是美国最高等的法院，也是唯一有权解释的机构。

C. 联邦最高法院无权宣布联邦和各州的任何法律无效。

D. 联邦最高法院由首席大法官和8名大法官组成，终身任职。

2. 下列关于美国节日说法正确的是：________

A. 独立日纪念是美国的生日，军队每年都会鸣放13响礼炮来庆祝。

B. 为庆祝阵亡纪念日，盛大仪式通常在白宫前的草坪上举行。

C. “你想挨捉弄还是款待我们”是复活节的孩子们常说的话。

D. 退伍军人节最初是为了纪念1812年英美战争—最后一次英美交火决定的。

3. 人们所知的英国最早居民是________。

A. 伊比利来人　　B. 盎格鲁人　　C. 凯尔特人　　D. 朱特人

4. 下面关于亨利八世宗教改革评述正确的是：________

A. 1555年他获“英格兰教会最高首脑”之称。

B. 改革强调君主权力。

C. 议会重要性大大削弱。

D. 改革使英国与罗马教皇关系更加紧密。

5. 贾谊是汉初最大的政论家和哲学家，他集中选取了儒家“仁义”思想中的“崇礼”和“重民”二者加以发挥。以下不属于贾谊关于“崇礼”的论述是：________

A. 礼者，所以固国家，定社稷，使君无失其民者也。

B. 尊卑大小，强弱有位，礼之数也。

C. 道之以德，齐之以礼，有耻且格。

D. 夫礼者禁于将然之前，而法者禁于已然之后。

6. 第一次以官方神学的形式确定了伦理纲常等级结构的合法地位，对后世的伦理和政治产生了重要影响著作是________。

A.《天人三策》　　B.《白虎通》　　C.《法言》　　D.《太玄》

7. 何晏是魏晋玄学贵无派创始人，他是“________”的主要倡导者之一。

A. 崇有　　B. 以无为本　　C. 正始玄风　　D. 重玄

8. 在综合考察了孔子、孟子、董仲舒、扬雄等人的相关论述后，韩愈提出了“性三品”说。下列关于“性三品”的说法错误的是：________

A.“性”是与生俱来的先天本质。

B.“性”分为上、中、下三品。

C.“性”的内涵主要包括仁、义、礼、智、信五德。

D.“性”具体表现为喜、怒、哀、惧、爱、恶、欲七种基本情绪。

9. 尼兰贾纳批判西方中心主义翻译观的主要观点不包括：________

A. 没有考虑到文化中的不可通约性。
B. 忽视了不同语言权力不平等的现象。
C. 概念存在缺陷。
D. 建立起了一套殖民统治概念范畴和意向，应受到“拷问”。

10. 下面哪一项不属于马丁·路德的翻译原则？________
A. 目的语读者不能理解的原文，要意译。
B. 翻译时要优先考虑文本的含义和主题的内容，不要拘泥于原文语法。
C. 尽量使用普通人通俗易懂的语言。
D. 直译与意译的关系是辩证的，直译不能使优美的原文意义再现，而靠仓促的意译来弥补也是非常错误的。

11. 关于哈蒂姆和梅森提出的语境翻译模式说法不正确的是：________
A. 该模式将把翻译放在所发生的社会文化语境之下进行研究。
B. 该模式视口笔译活动为特殊的交际事件。
C. 该模式探讨语境、结构和文本观点之间的互动和共生关系。
D. 该模式可采用文本肌理-结构-语境的分析方法。

12. “夫译之为事难矣！译之将奈何？其平日冥心钩考，必先将所译者与所以译者两国之文字……务审其音声之高下，析其字句之繁简，尽其文体之变态……然后心悟神解，振笔而书，译成之文……”这段话所讲的是关于________。
A. 马建忠的“善译” B. 徐光启的“会通—超胜”
C. 严复的“信达雅” D. 赞宁的“六例”

13. 鲁迅在三十年代的有关译论，几乎涉及了翻译问题的各个重要方面，并且都是非常深刻的，他论述的内容十分丰富，其中没有涉及的是：________。
A. 翻译的目的与宗旨
B. 关于“直译”与“硬译”
C. 指出文学翻译“不是单纯技术性的语言外形的变易”
D. 关于翻译的言语、句法问题

14. 慧远在为僧伽提婆翻译的《三法度》写的序中提到的翻译方法应当是________。
A. “文过其意” B. “理胜其辞” C. “以裁厥中” D. 都未提及

15. 现代遗传学的奠基人是________，他提出了遗传学的三大定律。
A. 达尔文 B. 孟德尔 C. 约翰森 D. 摩根

16. 相对论和量子力学分别描述的是哪一类物质运动规律？________。
A. 低速运动物质和宏观物体 B. 高速运动物质和天体
C. 物体之间和物体内部 D. 高速运动物质和微观粒子

17. ________总结了历代文学创作和文学理论批评的丰富经验，构筑了一个完整的理论体系，是我国文学理论批评史上的里程碑。
A.《世说新语》 B.《文心雕龙》 C.《诗品》 D.《文选》

18. 从________起，词从品秩境界到表层范围都得到了质的提高，词在文学体裁上的地位开始能与诗歌并驾齐驱。
A. 苏轼 B. 欧阳修 C. 李清照 D. 黄庭坚

19. 作为魏晋志怪小说的突出代表，________中的许多故事都是非常优美动人甚至是惊心动魄的，其中有名篇《干将莫邪》。

A.《神异志》　B.《搜神记》　C.《冥祥记》　D.《博物志》

20. 半坡遗址属于以彩陶为代表的________。

A. 仰韶文化　B. 龙山文化　C. 红山文化　D. 良渚文化

21. 人们把乡土气息较浓的烹饪精品称为“名特小吃”，如北京的涮羊肉、广州的龙虎斗、西安的________等。

A. 佛跳墙　B. 灯影牛肉　C. 羊肉泡馍　D. 小笼包

22. 由于火山爆发而毁灭的庞贝古城属于________文明。

A. 古埃及　B. 古希腊　C. 两河　D. 古罗马

23. 下列关于区域经济发展的叙述中，正确的一项是：________

A. “泛珠三角”合作范围涵盖长江以南绝大部分省份，因此，区域合作要立足于“广”，扎根于“大”。

B. “长三角”中苏州、无锡、常州、镇江具有“脊梁作用”，因此“长三角”的“南京—苏锡常—上海”模式是目前最合理的结构，不应纳入部分发展程度不高的区域。

C. 我国目前推进的西部大开发、中部崛起、东北老工业基地建设等均属于区域建设。

D. 根据“十二五”规划，我国将建成优化开发、重点开发、限制开发和禁止开发四类主体功能区。

24. 最能代表《诗经》创作成就和时代风貌的部分是________。

A. 国风　B. 颂　C. 风和部分小雅作品　D. 雅

25. 1912 年豪华游轮“泰坦尼克号”在大西洋触冰沉没，所幸有 600 多人获救，这是因为当时动用了________。

A. 雷达技术　B. 声呐技术　C. 无线电技术　D. 通讯卫星技术

26. 19 世纪六七十年代，欧美资产阶级革命和改革潮流兴起的根本原因是：________。

A. 启蒙思想在世界得到广泛传播　B. 工业革命广泛开展

C. 封建统治严重阻碍资本主义发展　D. 封建统治面临空前危机

27. 李某为了牟利，未经著作权人许可，私自复制了若干部影视作品的 VCD，并以批零兼营等方式销售，销售金额为 11 万元，其中纯利润 6 万元。李某的行为构成________。

A. 销售侵权复制品罪　B. 侵犯著作权罪

C. 非法经营罪　D. 生产、销售伪劣产品罪

28. 两刑警在追击某犯罪嫌疑人的过程中，租了一辆出租车。出租车不幸被犯罪嫌疑人炸毁，司机被炸伤，犯罪嫌疑人被刑警击毙。该司机正确的救济途径是下列哪一项？________

A. 请求两刑警给予民事赔偿。

B. 请求两刑警所在的公安局给予国家赔偿。

C. 请求两刑警所在的公安局给予国家补偿。

D. 要求犯罪嫌疑人的家属给予民事赔偿。

29. 以下哪一个不是长城上的关隘？________。

A. 居庸关　　B. 雁门关　　C. 函谷关　　D. 娘子关

30. SOE 这个缩略语的意思是________。

A. 国有企业　　B. 民营企业　　C. 合资企业　　D. 外资企业

**二、填空题（10 分）**

1. 我国古代小说中人物形象最多的是________。
2. 壁画《最后的审判》是________的作品。
3. 马可·波罗来中国的时候，中国处于________朝代。
4. 山东、山西的“山”是指________。
5. 京剧中，表示刚正威严人物性格的脸谱颜色是________。
6. 中国现存最早的神话故事集是________。
7. 浮世绘是________国的一种传统绘画艺术。
8. 浪漫主义大师________是法国文学史上卓越的资产阶级民主作家，被人们称为“法兰西的莎士比亚”，其代表作有《巴黎圣母院》，《悲惨世界》。
9. ________是生物的基本特征之一。生物体经常不断地从外界取得生存所必需的养料，并使这些养料变成生物本身的物质，同时把体内产生的废物排出体外。
10. 将括号内的中文译成英文并以适当形式填入空格中。We will substantially improve ____________________ and significantly improve agricultural irrigation, the efficiency of water resources use and ____________________.（水利基础设施、防洪）

**三、名词解释（10 分）**

1. 产权　　2. 超验主义

3. 超现实主义　　4. 知言养气

5. 安之若命　　6. 卡特尔

7. 辉格党　　8. SOHO

9. 捆绑销售　　10. 马太效应

**四、应用文写作（40 分）**

写一篇说明文介绍你使用过的一款家用电器。要求字数在 400 字以上。

**五、议论文写作（60 分）**

围绕“每天的太阳都是新的”，从变化的观点谈一谈社会和人生的道理。要求字数在 800 字以上。

# 第十五单元
# 《汉语写作与百科知识》真题实战

## 全日制翻译专业硕士研究生入学考试
## 《汉语写作与百科知识》考试大纲

### 一、考试目的

本考试是全日制翻译硕士专业学位研究生的入学资格考试之专业基础课，各语种考生统一用汉语答题。各招生院校根据考生参加本考试的成绩和其他三门考试的成绩总分来选择参加第二轮，即复试的考生。

### 二、考试的性质与范围

本考试是测试考生百科知识和汉语写作水平的尺度参照性水平考试。考试范围包括本大纲规定的百科知识和汉语写作水平。

### 三、考试基本要求

1. 具备一定中外文化，以及政治、经济、法律等方面的背景知识。
2. 对作为母语（A 语言）的现代汉语有较强的基本功。
3. 具备较强的现代汉语写作能力。

### 四、考试形式

本考试采取客观试题与主观试题相结合，单项技能测试与综合技能测试相结合的方法，强调考生的百科知识和汉语写作能力。试题分类参见“考试内容一览表”。

### 五、考试内容

本考试包括三个部分：百科知识、应用文写作、命题作文。总分 150 分。

## Ⅰ. 百科知识

### 1. 考试要求

要求考生对中外文化、国内国际政治、经济、法律以及中外人文、历史、地理等方面有一定的了解。

### 2. 题型

要求考生解释出现在不同主题的短文中涉及上述内容的 25 个名词。每个名词 2 分，总分 50 分。考试时间为 60 分钟。

## Ⅱ. 应用文写作

### 1. 考试要求

该部分要求考生根据所提供的信息和场景写出一篇 450 字左右的应用文，体裁包括说明书、会议通知、商务信函、备忘录、广告等，要求言简意赅，凸显专业性、技术性和实用性。

### 2. 题型

试卷提供应用文写作的信息、场景及写作要求。共计 40 分。考试时间为 60 分钟。

## Ⅲ. 命题作文

### 1. 考试要求

考生应能根据所给题目及要求写出一篇不少于 800 字的现代汉语短文。体裁可以是说明文、议论文或应用文。文字要求通顺，用词得体，结构合理，文体恰当，文笔优美。

### 2. 题型

试卷给出情景和题目，由考生根据提示写作。共计 60 分。考试时间为 60 分钟。

### 答题和计分

要求考生用钢笔或圆珠笔做在答题卷上。

**《汉语写作与百科知识》考试内容一览表**

| 序号 | 题型 | 题量 | 分值 | 时间（分钟） |
|---|---|---|---|---|
| 1 | 百科知识 | 25 个选择题 | 50 | 60 |
| 2 | 应用文写作 | 一段应用文体文章，约 450 个汉字 | 40 | 60 |
| 6 | 命题作文 | 一篇 800 汉字的现代汉语文章 | 60 | 60 |
| | 共计： | | 150 | 180 |

# 广东外语外贸大学 2012 年 MTI《汉语写作与百科知识》真题

## 第一部分　百科知识（50 分）

**请用汉语简要解释以下段落中画线部分的名词（共 20 题，每题 2.5 分。）**

### 第一段

据香港《文汇报》报道，在第 61 届的（1）法兰克福书展中，（2）Google 表示有意透过 Goolge Books 计划，将数以百万计的书籍电子化，供读者在网上阅读。书展中的另一热点话题，即 Google 的另一计划——Google Editions，希望通过完善的网络连接设定令读者随时随地能以手提电话或电子书进行阅读，以挑战（3）亚马逊刚于上周推出的 Kindle 电子书。正当 Google 的计划如箭在弦，（4）欧盟却提出在 Google 现存近 100 万本的典藏中，有近 90 万本仍受（5）版权法所保护，亦即是说，Google Books 及 Google Editions 两大计划必定与欧盟法律相龃龉。

### 第二段

今年以来全世界主要（6）资本市场 IPO 的规模，中国的融资额是 900 亿元，全球所有的融资额加起来是 3000 亿元，中国当仁不让地成为世界最大的（7）IPO 市场，第二名是香港，第三名是美国，美国 IPO 的总额是（8）纽约交易所和（9）纳斯达克，因此我们是远远领先于其他成熟的市场。分析市场和（10）创业板的时候，关键要看是否可以适应社会和经济发展的需求，换句话说，是否有足够的上市资源。

### 第三段

（11）中国传统文化是一种理性的文化，越是科学发达，人们的文化水准提高，认识能力增强的情况下，越是有利于中国传统文化的传播。在人们没有文化愚昧的情况下，中国传统文化是不易推广与传播的，因为它不具备传播这种文化的软件与硬件。在中国历史上，无论什么时候，哪一个（12）封建王朝都没有真正彻底地贯彻中国传统文化，所以，中国的传统文化从来都没有像（13）《圣经》文化和（14）《古兰经》文化那样，左右一个国家的政治经济的命运。现在最有利于中国传统文化的彻底贯彻，而这种贯彻是民主的、自由的，人们自觉自愿地接受的，不愿接受马上就可以反对，而不是像欧洲（15）中世纪历史上的《圣经》文化。

### 第四段

（16）最高法院院长肖扬在提交给全国人大的工作报告中提出，未来最高法院在出台重要（17）司法解释之前，将通过互联网等媒体予以公布，广泛征求有关部门、专家学者和社会各界意见。中国属（18）大陆法系国家，从原则上说，立法权专属于宪法所规定的立法机构，主要是人大及行政部门，司法机关的职能则是严格地适用这些法律。但事实上，因为立法者永远都不可能是全能的，不可能预知未来，因而，法律全书不可能覆盖人间全部（19）法律关系。更何况，中国社会正处于迅速变革中，而诸多领域的法律要

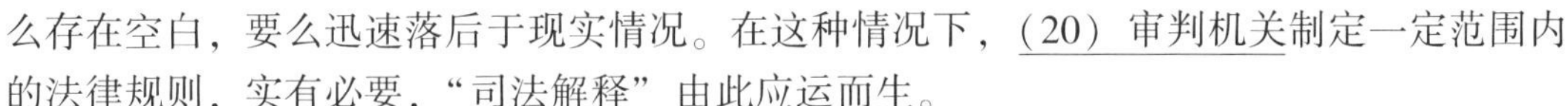

么存在空白，要么迅速落后于现实情况。在这种情况下，(20) 审判机关制定一定范围内的法律规则，实有必要，“司法解释”由此应运而生。

## 第二部分 写作（100分）

1. 请根据以下文字提供的信息，撰写一份会议通知。(40分)

要求：①内容完备，格式齐全；

②可根据实际需要，合理添加内容。

### 弹簧行业将举办技术交流会

**本报讯** 全国弹簧行业产品质量分析暨2009年弹簧行业技术交流及产品展示会，将于4月16—19日在山东省济南市召开。

这次会议由机械工业通用零部件产品质量监督检测中心、全国弹簧标准化技术委员会主办。会上将通报国内外弹簧行业质量现状和发展趋势，并通过技术讲座和交流，为企业提供体系认证与ISO9000标准2009版转换、弹簧标准化、产品质量国家监督抽查的要求与程序等信息。大会还将举办圆柱螺旋弹簧、钢板弹簧、碟形弹簧、气弹簧等产品技术及装备的展示活动，并结合专题讲座、发布等方式进行洽谈、交易。

2. 请根据下面的文字，写一篇不少于800字的现代文。题目自拟，体裁不限（诗歌、戏剧除外）。(60分)

18世纪初，在德国的匹兹堡大学，有位哲学和医学教授白令葛，他非常喜欢研究化石。一天，几个学生给他带来了一些他从没见过的奇妙的化石，其中不仅绘有飞鸟、昆虫以及其他珍禽异兽，还刻着类似希伯来文的古老而又难以理解的石头书。教授看后十分兴奋，立即跟学生一起到了发现化石的现场，又挖出若干块化石。这是匹兹堡的郊外，有着古老的地层，是教授经常采集化石并乐此不疲的地方。

从那一天起，教授便废寝忘食地埋头整理那些采集到的标本。那时，人类对化石的研究和认识还处于起步阶段。经过数十载的辛劳，教授的研究终于结出了果实——一本精美的、有21张化石图片的专著出版了，书名为《匹兹堡石志》。

然而，没过多久，一个让善良的人们永远无法想到的悲剧发生了。一天，当教授再度对化石进行研究时，突然发现有些化石中竟刻着自己的名字。他恍然大悟——可怜的教授为之耗尽了毕生心血、孜孜以求进行科学研究的客体竟然是伪造的！原来，这些是学生们事先把动物形象和文字雕刻在石灰岩上，然后埋入地下做出的人造化石。事实上，这不仅仅是学生们的恶作剧，也是其他教授为了戏弄他而暗地里设置的一个陷阱。

在经历了这一严酷的打击后不久，白令葛教授也即将走完他的人生之路。在将要离别人世的时候，教授本着一个学者的良心，尽自己的最大努力回收那些已出售的书，并把它们付之一炬。

“决不能让这些错误的研究成果流传到后世。”这是一位误入歧途的科学家惊醒之后的唯一信念。当白令葛教授亲手点燃焚烧《匹兹堡石志》的火焰时，我们看到了一个失败科学家的人性的光辉。

# 武汉大学 2010 年 MTI《汉语写作与百科知识》真题

**第一大题：选择题（25×2 分=50 分）**

1. 翻译活动最本质的作用是________，促成不同社会、不同地域、不同文化背景的国家和民族之间的沟通与交流。

A. 为人类拆除语言障碍　　B. 文化传播

C. 博采众长、为我所用　　D. 推动社会发展

2. 翻译学即翻译的科学，也就是系统地研究________，通过描述翻译的过程，总结一定的原则、理论和模式，以解释和预测一切在翻译范畴之内的现象，从而构建一套宏观结构框架和微观操作原则的翻译理论体系。

A. 自然语言现象　　B. 双语转换规律

C. 目的语言　　D. 翻译中的问题

3. 下列四项中的哪一项不是翻译学的主要研究内容？

A. 翻译学的微观理论框架及方法论

B. 中外翻译史的法医活动、翻译流派的研究

C. 专门翻译类别的特点及其相应理论与技巧

D. 翻译批评与译作欣赏

4. ________于 1972 年提出应将翻译学视为一门独立的学科并为该学科的发展制订出一幅路线图，后来中国学者关于翻译学建设的构想受到了他的影响。

A. 霍姆斯　　B. 奈达　　C. 巴斯内特　　D. 斯坦纳

5. ________在其《翻译的艺术》一书中，在总结前人翻译经验的基础上提出了“三美论”、“三化论”和“三之论”。

A. 许渊冲　　B. 罗新璋　　C. 黄龙　　D. 张今

6. 刘军平提出，“________”是我们建立现代翻译学的基础和原则，有了这样一个基础，我们就不会“将孩子和洗澡水一起倒掉”，从而保持一分清醒、一分理性。

A. 和而不同　　B. 案本-求信-神似-化境

C. 意美、音美、形美　　D. 浅化、等化、深化

7. 人类之所以能够用不同的语言进行交流，其关键在于，不同语言之间的翻译是以共同的________为基础的。

A. 语言逻辑　　B. 语言差异　　C. 文化逻辑　　D. 文化差异

8. 下面四项中哪一项不是目前国内译学研究的主要问题？________。

A. 理论自觉性较差　　B. 求术轻学，缺少原创性理论研究

C. 新的学术范式亟待建构　　D. 对国外译学理论亟待全面与深入研究

9. 关于西方翻译理论中的主要原则，多雷提出的是：________。

A. 翻译三原则　　B. 翻译五原则　　C. 翻译三分法　　D. 翻译三类别

10. 欧洲科学家布鲁诺曾有一句名言，“所有科学都是翻译的子孙”，说明了________的影响。

A. 翻译对科学　　B. 翻译对文化传播

C. 翻译对知识传播　　D. 翻译对民族文学

11. 杰罗姆于公元405年翻译刊行的________《通俗本圣经》，标志着西方翻译达到了前所未有的水平。

A. 拉丁文　　B. 希腊文　　C. 英文　　D. 阿拉伯语

12. 在文艺复兴时期的英国，1611年出版的________的翻译出版，标志着现代英语的形成，通俗和优美的译文赢得了“英语中最伟大的译著”的盛誉，对现代英语的发展产生了深远的影响。

A.《钦定本圣经》　　B.《伊里亚特》

C.《奥德赛》　　D.《希腊罗马名人列传》

13. 所谓翻译理论就是，对于翻译实践、错综复杂的________及其翻译中反复出现的各种现象、关系和特点做出适当的分析及归纳总结。

A. 语言现象　　B. 语言差异　　C. 翻译过程　　D. 文化差异

14. 元翻译理论则从________对翻译研究本身作出预测、预设、评价和质疑，从中可以寻找一些规律性的模式，以解决翻译工作上所遇到的问题。

A. 哲学的深度　　B. 思辨的高度　　C. 理论的高度　　D. 精神的高度

15. 20世纪70年代，德国语言学家________把翻译理论分为三种：应用翻译理论、特殊翻译理论及一般性翻译理论。

A. 科勒　　B. 路德　　C. 杰罗姆　　D. 西塞罗

16. 苏珊·巴内斯特与安德烈·勒费弗尔两位“文化学派”的学者提出，从古代译论到现代译论，________是其核心所在。

A. 杰罗姆模式　　B. 贺拉斯模式　　C. 施莱尔马赫模式　　D. 等值概念

17. 杰罗姆认为，________。

A. 所翻译的文本必须忠实地转换成另一种语言

B. 译者只需忠实于客户，而不必忠实于原文

C. 翻译不能逐字翻译，必须意译

D. 翻译的焦点应放在目的语语言和目的语读者身上

18. 下列翻译概念中哪一个的源头不是来自于施莱尔马赫的这种强调文化的翻译法？

A. 抵抗　　B. 等值　　C. 操纵　　D. 改写

19. 斯坦纳的主要研究兴趣是如何将________应用于文学及宗教翻译上，对其他不同的问题及理论有一定保留。

A. 社会学　　B. 哲学　　C. 解释学　　D. 语言学

20. 尤金·奈达和简·沃德合著的《从一种语言到另一种语言》一书提出，西方翻译理论大体上有四个基本流派：语文学派、语言学派、________和社会符号学派。

A. 文化学派　　B. 哲学学派

C. 宗教学派　　D. 语言交际理论学派

21. ________把翻译看做是语言交际的一个组成部分，从信息源、信息、信息接收者、信息反馈、渠道和媒介等角度研究翻译的各种难题。

A. 文化学派　　B. 交际学派　　C. 哲学学派　　D. 社会符号学派

22. 埃德温·根茨勒在其专著《当代翻译理论》中，根据第二次世界大战以来西方翻译理

论发展态势和研究方法，把当地理论划分为五大流派，其中不包括________。

A. 多元体系派　　B. 翻译科学派　　C. 文艺学派　　D. 解构主义派

23. 商标是生产经营者在其生产、制造、加工、拣选或者经销的商品或者服务上采用的，________商品或者服务来源的，由文字、图形或者其组合构成的，具有显著特征的标志。

A. 反应　　B. 描述　　C. 体现　　D. 区别

24.《政府采购法》所确定的政府采购合同总的原则不包括下列哪一项？________

A. 政府采购合同适用合同法，即政府采购合同受合同法的规范和制约。

B. 采购人和供应商之间的权利和义务，应当按照平等、自愿的原则以合同方式约定。

C. 政府采购合同应当是要式合同，即合同必须采取书面形式。

D. 政府采购合同的双方当事人可通过协商变更、中止或者终止合同。

25. 下列哪一项不符合有效经济合同要求具备的必备要件？________

A. 当事人必须依据法律规定具备经济关系的主体资格。

B. 合同自签订之日起即时生效。

C. 合同条款内容必须合法，意思表示真实。

D. 签订经济合同必须符合现行法律规定的形式和手续。

**第二大题：应用文写作（40 分）**

请起草一份"MTI 翻译硕士专业学位研究生管理规范"，内容包括入学考试、学籍管理、毕业方式等基本信息，字数不少于 450 字。

**第三大题：命题作文（60 分）**

**阅读下列文字，根据作文题目并结合下列文字写一篇不少于 800 字的议论文。**

"凡有一人的主张，得了赞和，是促其前进的，得了反对，是促其奋斗的，独有叫喊于生人中，而生人并无反应，既非赞同，也无反对，如置身毫无边际的荒原，无可措手的了，这是怎样的悲哀呵，我于是以我所感到者为寂寞"。(节选自鲁迅《呐喊》自序)

作文题目：寂寞

# 武汉大学 2011 年 MTI《汉语写作与百科知识》真题

**第一大题：选择题（共 25 小题，每小题 2 分，共 50 分）**

1. 不动产的所有权，适用________的法律。
   A. 当事人住所地　　B. 当事人约定　　C. 不动产所在地
   D. 与当事人有最密切联系的国家
2. 因产品存在缺陷造成损害要求赔偿的诉讼时效期为________，自当事人知道或者应当知道其权益受到损害时起计算。
   A. 4 年　　B. 3 年　　C. 2 年　　D. 1 年
3. 知识产权的基本内容不包括________。
   A. 商标权　　B. 版权　　C. 地理标志权　　D. 专利权
4. 根据我国《商标法》的有关规定，不可以作为商标申请注册的是________。
   A. 数字　　B. 三维标志　　C. 颜色组合　　D. 音乐
5. 属于国务院组成部门的是________。
   A. 国家体育总局　　B. 国务院研究室　　C. 中国法学会　　D. 教育部
6. 任何国家必须有一定的领土。领土是指国家主权管辖的地球表面特定部分，它包括________。
   A. 领陆、领海和领空　　B. 领陆、内水和领海
   C. 领陆、领水和领空　　D. 陆地和海洋
7. 我国现行的农村基本经济制度是：________。
   A. 以集体经济为主体，多种经济形式共同发展
   B. 以家庭联产承包经营为基础，统分结合的双层经营体制
   C. 土地家庭承包经营制度
   D. 以粮为纲、多种经营的制度
8. 下列行为中，________不属于法律规定的不正当竞争行为。
   A. "某市政府发文规定，由于最近本市连续发生多起煤气中毒事件，因此各单位必须统一使用本市煤气公司生产的煤气安全阀"
   B. "某商场为促销，张贴海报，宣传在八月间举办'浓情七日'系列有奖销售，抽奖共分三次，参加者抽奖次数不限，每次最高奖品为价值 4 900 元的彩电、空调、电脑各一台"
   C. "某市果品公司由于货源信息不畅，重新购进了一大批水果，于是决定降价促销，致使本市水果价格大幅度下降"
   D. "甲公司为打开市场，经常在各地举行座谈会，并高薪聘请演员在会上表演小品，以调侃的方式演示说明使用其他公司的同类产品可能会导致的不良后果"
9. 关于纳米材料的说法，不正确的是：________。
   A. "纳米材料"中的纳米是一个表示长度的计量单位
   B. 纳米材料具有奇特的光、电、磁、热、力和化学方面的性质
   C. 用纳米级的颗粒组成的材料就叫纳米材料

D. 用纳米技术制成的银粉会在空气里自燃

10. 磁悬浮列车在运行时会“浮”在轨道上方，从而可高速行驶。可高速行驶的原因是：________。

A. 列车浮起后，减小了列车的惯性

B. 列车浮起后，减小了地球对列车的引力

C. 列车浮起后，减小了列车与轨道之间的摩擦力

D. 列车浮起后，减小了列车所受的空气阻力

11. 近代粒子物理学研究表明，除了强力和弹力之外，还存在着________。

A. 吸引力和离心力　　B. 电磁力和离心力

C. 吸引力和重力　　D. 电磁力和引力

12. 太阳发光发热已经数十亿年，其巨大的能量来源是：________。

A. 太阳放射性元素的蜕变　　B. 氢转为氦的热核反应

C. 激烈的化学反应　　D. 其他

13. 2009 年 8 月 31 日，世界气候大会在瑞士日内瓦召开，以下对此说法错误的是：________。

A. 当前面临的最为迫切的问题是需要加强各国间的合作

B. 尤其是发达国家和发展中国家间的合作

C. 此次世界气候大会是第四届

D. 会议主题是“为美好的未来提供更好的气象信息”

14. 2010 年 1 月 1 日，中国—东盟自由贸易区正式启动，这是世界上人口最多的自由贸易区，是全球________大自由贸易区，也是由发展中国家组成的最大自由贸易区。

A. 第一　　B. 第二　　C. 第三　　D. 第四

15. 验钞机上发出的光能使钞票上的荧光物质发光，电视机的遥控器发出的光能控制电视机，对于它们发出的光，下列说法正确的是：________。

A. 它们发出的都是红外线

B. 它们发出的都是紫外线

C. 验钞机发出的是红外线，电视遥控器发出的是紫外线

D. 验钞机发出的是紫外线，电视遥控器发出的是红外线

16. 在美国航天探测研究中，曾计划采用“钚”代替“铀”做推动燃料，但遭到了强烈的反对，其中最可能的原因是：________。

A. 采用“钚”做燃料费用太高

B.“钚”的推动能力比“铀”的推动能力差

C.“钚”的衰减期太长，如果泄漏对宇宙空间环境危害极大

D. 采用“钚”做动力燃料的技术远远不如采用“铀”的技术成熟

17. 下列关于世界经济论坛的叙述中，________是不正确的。

A.“世界经济论坛成立于 1972 年”

B.“世界经济论坛是个非营利性组织”

C.“世界经济论坛每年在达沃斯举行年会”

D.“世界经济论坛总部设在瑞士”

18. 下列俗语中同时包含和体现“规律的客观性”、“矛盾的特殊性”、“内因是事物运动变化的根据”这些哲学道理是：________。

A. 日有所思，夜有所梦　　B. 士别三日，刮目相看

C. 千里之堤，溃于蚁穴　　D. 种瓜得瓜，种豆得豆

19.《管子形势解》说：“海不辞水，故能成其大；山不辞石，故能成其高。”上述材料的哲学寓意是：________。

A. 整体离不开部分　　B. 部分离不开整体

C. 坚持适度原则　　D. 联系具有普遍性和客观性

20. 欧洲的舞蹈批评家：美国芭蕾水平的提高是由于现在有更多的欧洲人在美国教授芭蕾。在美国的芭蕾教师中，在欧洲出生并接受训练的老师比例上升了，我知道这一点是因为我去年去纽约时，我所遇见的欧洲的芭蕾教师——在欧洲出生并接受训练——比从前更多。下列各项中指出了该舞蹈批评家在推理中所使用的一项有疑问的假设是：________。

A. 该论述忽视了一种可能，即美国的一些芭蕾教师可能出生在欧洲但却是在美国接受的训练

B. 该论述假设该批评家在其去年去纽约时遇见的教师在这类教师中具有典型代表性

C. 没有考虑导致美国舞蹈家芭蕾水平上升的其他可能原因

D. 该论述假设在欧洲出生并受训的舞蹈家一般比在美国出生并受训的舞蹈家天赋更高

21. 下列陈述中，________是矛盾为翻译所做的界定。

A. 如果原作者是神灵，则译者就是巫师。认识是把神谕传给凡人。译者介于神人之间，既要通天意，又要说人话，真是左右难为巫。

B. 文学翻译是用一种语言，把原作的艺术意境传达出来，使读者在读译文的时候能够像读原作一样得到启发、感动和美的享受。

C. 文学翻译的最高标准是“化境”。

D. 以效果而论，翻译应当像临摹一样，所求的不在形似而在神似。

22. 下列许渊冲先生关于诗歌翻译的叙述中，________是不正确的。

A.“诗歌的翻译有三原则，即意美、形美、音美”

B.“意美是第一位的，是最重要的”

C.“形美是第二位的，次要的”

D.“在诗歌翻译中，译者应尽可能做到‘三美’齐备”

23. 下列关于翻译的陈述中，正确的是：________。

A. 语内翻译（interlingual）是同一语言内符号之间的改写

B. 语际翻译（intralingual）是一种语言的符号与另一种语言的符号之间的口头或笔头的转换

C. 语符转换（intersemiotic）是不同语言内的符号与非言语系统的转换

D. 语际翻译可以看做是横向翻译，语内翻译可以看做是纵向翻译，而语符翻译涉及的面就比较广泛

24. 下列关于“可译性与不可译性”的论述中，________是不正确的。

A. “海涅在《诗辩》中说：译诗是徒劳无益的，把一个诗人的创作从一种语言译成另一种语言，犹如把一朵紫罗兰投入坩埚，企图由此探索它的色泽、香味和构造原理，其为不智也”

B. “两种语言和两种文化之间的差异性造成了不可译性”

C. “某些作家的特殊风格和特殊表现手法造成不可译性”

D. “完美翻译是不可能的，可能的只是一种象征性的完成”

25. 下列关于翻译的论述中，________是不正确的。

A. “翻译并不是简单的两种语言符号的转换”

B. “语言不是毫无生气的符号的化身，而是充满了变易”

C. “而翻译本身也具有变易的含义”

D. “语言符号与现实之间以及概念范畴之间的关系，不是静态得一成不变的，而是依赖于环境的”

**第二大题：应用文写作（共 40 分）**

你就职的市政府外事处现有一主管亚非事务的副处长空缺，请起草一份竞聘演讲词，字数不少于 600 字。

**第三大题：自命题作文（共 60 分）**

阅读下列文字，自拟作文题目并结合下列文字写一篇不少于 1000 字的议论文。

**被犀利的“犀利哥”**

一夜走红并持续处于公众焦点的“犀利哥”事件终于有了结果。昨天，喧嚣了十多天的媒体终于发现，热炒多日的“犀利哥”其实并不犀利，34 岁的他与远道而来的母亲和弟弟在宁波精神病院相认团聚，在外流浪了 10 年的他这几天就会踏上回乡之路，他的妻子和岳父母去年因车祸离世，他的两个孩子在江西老家上学。

“犀利哥”的故事源于今年 2 月 23 日某论坛的一篇帖子《秒杀宇内穷极华丽第一极品路人帅哥!》，随即迅速走红，此人被称为“极品乞丐”、“乞丐王子”等。日本、新加坡、美国、英国等国及港澳台地区的媒体也相继跟进，使“犀利哥”的影响波及海外。

“犀利哥”原本并不犀利。他流浪街头，风餐露宿，衣衫褴褛，神情木讷，害怕与人交流。在被炒作和被围观之后，他也毫无犀利之举，无奈之中他会哭，惊恐之中他大吼，最后因害怕而奔逃……他只是一个让人怜悯的流浪汉。然而，在网络泛娱乐化和网络犬儒主义盛行的今天，这个本不犀利的流浪汉被犀利了，不仅外表被犀利，而且精神也被犀利。

“欧美粗线条搭配中有着日范儿的细腻，绝对日本混搭风格，绝对不输藤原浩之流。发型是日本最流行的……发型。外着中古店淘来的二手衣服搭配 LV 最新款的纸袋，绝对熟谙混搭之道……”这段最初出现在网络上的文字是“犀利哥”形象的由来。更有网民借“犀利哥”进行再创作，把“犀利哥”置身于各种娱乐明星乃至政治明星之间，与之相伴的是媒体蜂拥而至的各种报道。

最让人不可思议的是对“犀利哥”及“犀利哥现象”的评说。3 月 3 日，有媒体以《“犀利哥”：我们时代的精神自由符号》为题发表评论称：“‘犀利哥’其实正是无名的大众为自己创造的代言人。当人们无法直接讲述时代与人性的困境时，只有通过这种貌似荒诞的行为，来表达自己的心声。可以说，网络中这些看似低俗的事件，构成了我们这个时代的精神自由，也自然流淌着我们智慧的源泉。”还有评论说，“犀利哥”的那份自由宁静，正是人们精神世界状态中的共鸣。现在对“犀利哥”的“追捧”已经变成了思考和探讨……

“犀利哥”在被犀利的过程中，其实不过是充当了一个符号而已，有人借之表达自己对现实的不满，有人借之娱乐和消遣一通，有人借之充分发挥自己的想象力，满足一种猎奇心理……在不同的评论中，“犀利哥”被赋予了不同的内涵。笔者不由想起了鲁迅笔下的细节，那种看客围观的兴奋，竟与此有几分相似，只是，网民们在围观“犀利哥”的同时，不也围观了自己的无聊和寂寞吗？（万润龙，《文汇报》，2010 年 3 月 7 日）

# 武汉大学2012年MTI《汉语写作与百科知识》真题

**第一大题：共包括选择题和填空题两个部分（共25小题，每小题2分，共50分）**

Ⅰ. 选择题（共10小题，每小题2分，共20分）

1. 中国古代传统文化中“岁寒三友”和“四君子”实际上是指________种植物。

   A. 7　　B. 6　　C. 5　　D. 4

2. 提出“宇宙便是吾心，吾心便是宇宙”的哲学家是________。

   A. 陆九渊　　B. 王守仁　　C. 孟子　　D. 周敦颐

3. 清廷一度重用西方传教士，但因为罗马教廷颁布针对中国的“禁约”，西方传教士活动在________年间被禁止。

   A. 康熙　　B. 雍正　　C. 乾隆　　D. 嘉庆

4. 下列书籍中属于徐光启的著作是________。

   A.《齐名要术》　　B.《农书》　　C.《农政全书》　　D.《农学丛书》

5. 四书五经的“四书”是________。

   A.《论语》、《尔雅》、《孟子》、《中庸》

   B.《论语》、《孟子》、《中庸》、《大学》

   C.《论语》、《中庸》、《大学》、《礼记》

   D.《孟子》、《中庸》、《大学》、《礼记》

6. 起草美国《独立宣言》的是________。

   A. 麦迪逊　　B. 杰弗逊　　C. 汉密尔顿　　D. 华盛顿

7. 1781年，在美国的约克镇英军投降，在________年被迫承认美国独立。

   A. 1774　　B. 1781　　C. 1783　　D. 1776

8. 美国独立战争的转折点是________大捷。

   A. 盖兹堡　　B. 约克城　　C. 特伦顿　　D. 撒拉托加

9. 中国常把一个人遭到挫折或失败称为“走麦城”，西方常称为人生的“滑铁卢”。与这一典故有关的历史人物是________。

   A. 路易十六　　B. 罗伯斯庇尔　　C. 拿破仑　　D. 克伦威尔

10. 下列叙述在历史上不可能发生的是：________。

    A. 18世纪末，瓦特坐在电灯下研究蒸汽机图纸

    B. 第二次工业革命后，德国人可以开汽车上班

    C. 第三次科技革命期间，美国人可以坐飞机去旅游

    D. 20世纪第一个春节，人们可以通过电话拜年

Ⅱ. 填空题（共15小题，每小题2分，共30分）

1. 严复参照古代翻译佛经的经验，根据自己翻译的实践，在《天演论》卷首的________中提出了著名的____________翻译标准。

2. __________在其专著《当代西方翻译理论》中，根据____________以来西方翻译理论发展态势和研究方法，把当代译论分为五大流派。

3. 彼得·纽马克将翻译分为____________和____________两种翻译方法。

4. 卡特·福德是应用语言学派最有代表性的翻译理论家，他出版了________翻译的语言学理论________，并且提出了________等值转换________理论。
5. 与《圣经》有关当代翻译史话一定是________________。它出自于《旧约》________第十一章。
6. 中国最早的翻译官被称之为________________，主要是为__________民族服务的。
7. ______________记载的是周代的历史，也是最早记录翻译活动的权威文献之一。其中说："东方曰寄，南方曰象，西方曰狄鞮，北方曰________译________。"
8. 在我国先秦诸子中，最早谈及语言哲学问题的是________老子________。他首次提及到名与________实________的关系。
9. 罗曼·雅各布逊把翻译分为三个分支，即语内翻译、____________和________。
10. 理查兹在谈到翻译时曾说，"翻译很可能是整个______________过程中，迄今为止，我们所遇到的______________一种活动。"
11. 贺拉斯主张，译者只需忠实于__________，而不必忠实于________________。
12. 西方几个翻译时期是伴随着________________、埃及文明、希腊文明、罗马文明以及________阿拉伯文明__________的诞生、发展和消亡而产生的。
13. ______________于 1972 年提出应将翻译学视为一门独立的学科并为该学科的发展制订出一幅__________。
14. 在文艺复兴时期的欧洲，作家、学者和思想家同时是通晓数门语言的翻译家，最有代表性的译论是但丁的________文学不可译论__________和多雷的翻译______________原则。
15. 奈达的翻译理论可分为草创阶段、发展阶段、________成熟________、语义翻译回归阶段、语义、语境________功能和文化____________等阶段的综合研究。

**第二大题：应用文写作（分为Ⅰ、Ⅱ两个部分，共 40 分）**

**Ⅰ. 国内某大学外国语学院邀请到某一知名学者到该院举行有关翻译研究的讲座，请起草一份报道稿。(不少于 500 字，25 分)**

**Ⅱ. 根据上述背景，写一篇有关该学者本人或其研究成果的报道。（不少于 300 字，15 分）**

**第三大题：命题作文（分为Ⅰ、Ⅱ两个部分，共 60 分）**

**Ⅰ. 阅读下列文章，自拟作文题目，并结合下列文章写一篇不少于 800 字的议论文。(30 分)**

## 留学北美的故事

**"不"就是"不"。**

吴绢，2010 年通过维伯教育到美国的北卡罗来州立大学留学。初到学校时，听说中国留学生只喜欢与中国人做室友。当时她心里想，这样的话，英语怎么提高？她决定找个美国室友，以此提高自己的英语水平，了解美国深层次文化。在出国之前，中介的老师给她做了很多国外生活的辅导，但与美国室友相处的时间里，文化差异的碰撞还是让她尴尬了一回。

第一个美国室友也是在读研究生。搬家第一天，这位美国室友令人有些费解，她的家里除了植物就是植物，来来回回搬上来的都是一盆盆植物。因为租房子的事情，吴绢和她比较熟，于是动身帮忙："让我帮你吧？"美国室友客气地说："不用，真的谢谢你。""没关系，我反正也没什么事。"吴绢说完，准备去搬一盆植物。不料，这位温婉的美国室友突然大声嚷叫起来："我说了不用，你知道'不'的意思吗？'不'的意思就是'不'！"吴绢一下呆住了，根本没有料到自己的一番好心会是这样的下场。后来，或是有点不好意思，这位美国室友送了吴绢一本图画书，算是道歉。

刚开始，吴绢想不通，为什么自己的GRE、托福考那么高的分，却连最简单的一句"No Means No！"都不明白。这边，一片好心天地可鉴；那边，室友大概觉得她是一个无视他人感受的"坏蛋"。后来，吴绢慢慢领悟到，这不是谁的错，只是文化差异的碰撞。

**从抱着电话哭到拿全A**

吴雅，2009年9月赴加拿大多伦多大学就读商业，并拿到入学奖学金。

抵达多伦多的第四天，吴雅参加迎新活动，看到女生们聚在屋子里喝酒、聊天，她站在一边，什么也听不懂。走出门，吴雅给家里打电话，之后号啕大哭。语言障碍和文化差异带来的无助，让她有点崩溃。可是，异国他乡的生活才刚刚开始。

最初，吴雅总在校园里迷路；要花一整晚预习完教授两个小时讲完的课程，总向身边的人借笔记。在一次行为学的课上，教授问谁愿意当Liaison（公共关系专员），吴雅本能地举起了手，却不知道"Liaison"是什么意思，结果洋相百出。但是，吴雅却没有因为此事而不敢在课堂上举手发言，相反，教授真诚的鼓励给了她很大的勇气，让她在以后的课堂上更加用心听课，不懂就问。在生活上，吴雅时常用这个办法：当不知道怎么说的时候，身体语言是最好的表达方式。

慢慢地，她能听懂课，看懂书，生活和学习变得顺利，她常常在图书馆里呆一整天，也开始去参加各类讲座和社团活动。后来，吴雅还当上了学校对外经贸社语言组的负责人。期末考试，她拿了全A的成绩。

**Ⅱ. 近年来西方一些人宣扬"中国威胁论"，国际上一些有识之士就一针见血地指出，这实质上是为限制中国发展造舆论的。围绕此主题，自拟作文题目，请写一篇不少于800字的议论文。（30分）**

# 武汉大学2012年MTI汉语写作与百科知识全真模拟

**第一大题：Ⅰ．选择题（共25小题，每小题2分，共50分）**

1. 下列人物中唯一没有亲自著书立说阐发其思想观点的是________。

   A. 孔子　　B. 孟子　　C. 老子　　D. 墨子

2. 下列有关利玛窦的说法中不正确的说法有：________。

   A. 他曾经朝见过明神宗　　B. 他曾将《五经》翻译成拉丁文
   C. 他曾将《几何原本》翻译成汉语　　D. 他逝世后葬于北京

3. “天人合一”的说法是宋代哲学家________明确提出来的。

   A. 周敦颐　　B. 孙复　　C. 张载　　D. 程颐

4. “菩提本无树，明镜亦非台，本来无一物，何处惹尘埃”的作者是________。

   A. 弘忍　　B. 神秀　　C. 道信　　D. 慧能

5. 佛教是在________传入中国的。

   A. 战国时期　　B. 西汉初年　　C. 两汉之际　　D. 东汉末年

6. 英国有记录的历史始于________。

   A. 罗马入侵　　B. 诺曼征服
   C. 北欧及北欧海盗入侵　　D. 盎格鲁·撒克逊人的入侵

7. 创建于19世纪50年代的美国共和党最初是________。

   A. 赞成蓄奴的党派　　B. 反对邦联的党派
   C. 反对奴隶制的党派　　D. 倾向于民主的党派

8. 美国宪法第一修正案又被称之为________。

   A.《大宪章》　　B.《权利和上诉法案》
   C.《三权分立法案》　　D.《权利法案》

9. 美国参议院共有________参议员。

   A. 51　　B. 201　　C. 100　　D. 231

10. 在英国资产阶级革命时期被砍头的英国国王是________。

    A. 查理一世　　B. 查理二世　　C. 詹姆斯一世　　D. 亨利二世

**Ⅱ．填空题（共15小题，每小题2分，共30分，请将答案写在答题纸上）**

1. __________参照古代翻译佛经的经验，根据自己翻译的实践，在__________卷首的《译例言》中提出了著名的“信、达、雅”翻译标准。

2. 英国著名学者______________于1792年在其《论翻译的原则》一书中给“好的翻译”下了定义并提出了翻译中的________项基本原则。

3. 公元283年，最负盛名的西方翻译家______________主持翻译理论________文《圣经》。

4. ______________的翻译理论家______________在“论两种不同的翻译方法”一文中提出了异化翻译法和归化翻译法。

5. 霍姆斯于1972年提出了应该将翻译学视为一门独立的学科，并认为该学科可分为________________和________________两大部分。

6. 许渊冲在总结前人和自己的翻译经验的基础上提出了________“三美论”和________“三化论”。
7. 阿拉伯百年翻译运动时期发生在________世纪至________世纪。
8. 埃德温·根茨勒在其专著________中，根据二战以来西方翻译理论发展态势和研究方法，把当代译论分为________大流派。
9. 鲁迅提出过________的翻译观点；钱锺书认为文学翻译的最高标准是________。
10. 台湾地区著名诗人兼翻译家________先生说，________是介乎人与神之间的巫(“左右难为巫”)。
11. ________石碑的发现证明了欧洲文明与________交往的具体情形。它的发现为了解古代象形文字提供了线索。
12. 庞德根据东方学者费诺罗萨的遗稿而翻译成的中国古诗英译本名为________。他提出的翻译是译者要有充分创造性的原则称之为________。
13. 1977 年乔治·斯坦纳的有关翻译的专著________出版后，在翻译界产生了重大影响。其依据的主要理论基础是________，它认为，理解即是翻译。
14. 21 世纪初，西方学者巴斯内特和勒费弗尔所提出的________转向，经过十年的发展后，又提出了文化研究的________转向。
15. 20 世纪中后期，西方翻译理论百花齐放，各种流派竞相角逐。其中影响较大的翻译理论家有美国的________，英国的________。

**第二大题：应用文写作（分为 Ⅰ、Ⅱ 两个部分，共 40 分）**

Ⅰ. 国内某大学外国语学院准备承担一次有关外国语言文化的学术会议，请起草一份学术会议的征文通知。(不少于 500 字，20 分)

Ⅱ. 根据上述学术会议的内容，起草一份会议邀请函。(不少于 300 字，20 分)

**第三大题：命题作文（分为 Ⅰ、Ⅱ 两个部分，共 60 分）**

Ⅰ. 阅读下列文章，自拟作文题目并结合下列文章写一篇不少于 800 字的议论文。（30 分）

### “擦鞋爷”暴露傲慢和做派

“里面的爷也不出来露个脸?”一辆悬挂福建省南平市牌照的警车停在浙江省衢州市路边，一只脚从警车伸出来，一位擦鞋妇女坐在车门口，正在低头擦鞋。（11 月 13 日《西安晚报》）

有人说，又不是不给钱，警察擦鞋何错之有?错就错在，那个叫人擦鞋的警察太“爷”了——连车都不下，对擦鞋者不尊重。对公众也不尊重——那辆警车是逆向停车、违法停车，有点霸道，有损公车和司法机关形象。

擦鞋女是服务者，有素质、有教养的顾客应懂得尊重服务者。“尊重”的概念，有时候可能不好具体和量化，然而什么叫尊重，什么动作不尊重，作为公职人员，应该懂得如何把握，懂得什么样的动作不合适。

我就不信，如果面对的是领导，“伸脚哥”会不下车?领导来了，一般要起身表示礼貌，上级领导来视察或慰问，一般还要迎在门外恭候。

“伸脚哥”擦鞋不下车，或许算不得什么大不了的事儿，然而这个有关尊重、礼貌的细节，折射的却是某些公职人员在底层人面前的高傲。他自己或许无意识，但是给大家感觉他就像个“爷”，过去时代那些被称为“老爷”的人，不就是这样的做派吗？当然了，过去时代的“老爷们”现在正越来越多地复活，一些有钱人，一些掌权者，讲究“老爷”做派的越来越多。法院的警车里伸出一只脚来，网友们的联想马上会丰富起来，不能全怪网友们喜欢联想，恐怕要归咎于现实中存在太多的条件反射因素。

今天这位“伸脚哥”或“爷”，因为“警车”这个符号的扎眼，而成为网络围观的对象；然而比“伸脚哥”更“爷”的人和事，在酒店、足疗店、歌厅那些场所，肯定更让你开眼：某文明检查团人员，嫌服务员服务不好，怒而砸坏歌厅茶几；某地纪委常委带家人吃饭，对服务不满意，先是夫人与服务员对骂，而后是常委亲自挥拳打警察；某县劳动局干部喝酒时调戏老板娘不成怒砸饭店……官员在机关外面耍威风、摆派头，原因是他们把自己当成了“爷”。

公职人员擦鞋很正常，不正常的是傲慢和做派——习惯了自己是“爷”。

（2011 年 11 月 14 日　新京报）

**Ⅱ. 现在中国人很喜欢使用网络词汇，如将英文“Thank You”简写“3Q”（谢谢你）。你是怎样看待这类流行网络词汇的使用？请写一篇不少于 800 字的议论文。(30 分)**

# 北京外国语大学2010年MTI《汉语写作与百科知识》真题

**一、百科知识：解释出现在下列短文中画线的名词，共25个名词，50分。**

1. 原始人对自然界不只是简单地解释和探索，为了更好地生活，他们还要与自然做不屈的斗争，于是就创造了歌颂与自然作斗争的英雄的故事，如精卫填海、夸父逐日、鲧禹治水等。

2. 从天宝十五载六月潼关失守，杜甫到奉先携家属北上避难，到乾元二年秋赴秦州之前，产生了两个系列的作品，一是自叙经历，兼抒优家国心情的作品，如《月夜》、《春望》、《喜达行在所》、《述怀》、《羌村三首》、《北征》、《彭衙行》等。二是集中写时事见闻的新乐府诗，如《哀王孙》、《悲陈陶》、《悲青坂》、《哀江头》、《塞芦子》、《洗兵马》及”三吏”、”三别”等。

3. 佛教对中国文化的影响广泛而深刻，远不止于上述几方面。佛教是中国民众的一种普遍信仰，因此形成了很多佛教圣地，如佛教四大名山，它们分别是文殊菩萨、普贤菩萨、观音菩萨、地藏菩萨的道场。

4. 在明清之际三大思想家中，王夫之的哲学思想丰富而深刻，代表了中国古代哲学发展的高峰。他对前代哲人提出的问题几乎都进行了重新审视，或引申发挥，或批判匡正。

5. 五代时，在南方和河东地区，先后存在过十个割据政权（不包括一些小的割据势力），史称”十国”。

6. 唐代书法作品流传至今者比前代为多，留下了大量宝贵的艺术珍品。“初唐四大家”、“颜柳”并称，成为书法史上的高峰。

7. 《本草纲目》共分16部60类，以部为纲，以类为目。每一种药又以正名、余名为目。这个纲目分类法已经具有与现代科学双名法相同的性质，有的科学史家将之与林标的分类法相提并论。

8. 古代四大发明是我国之所以成为文明古国的标志之一。古代，我国的科学技术在许多方面居于世界的前列。5世纪后的千余年里，欧洲处在封建社会中。在这个漫长的时期里，我国的科学技术一直在向前发展，而欧洲的科学技术却停滞不前。四大发明在欧洲近代文明产生之前陆续传入西方，成为“资产阶级发展的必要前提”。

9. 作为四大文明古国之一的埃及，古王国时期包括3—6王朝，时间约为公元前2686—2181年，建都于孟菲斯。金字塔的修建开始于此时期，而且最大的金字塔也修建于此时期，所以古王国时期又被称为金字塔时期。

10. 吐鲁番有着著名的中国古代三大工程之一的坎儿井。坎儿井引出了地下河水，使沙漠变成绿洲。吐鲁番被辟为旅游区后，修建了形式典雅、古朴、富有伊斯兰建筑风格的园林式宾馆等各种文化游览服务设施，皆待海内外游客，向五大洲游人展现出她迷人的容颜。

11. “地球日”的发起人创立了“地球日网络”组织，将全世界环保主义者联合起来推动“地球日”活动的开展。地球是人类的共同家园，但人类的活动却对地球造成了严重的破坏。生物赖以生存的森林、湖泊、湿地等正以惊人的速度消失；煤炭、石油、天然

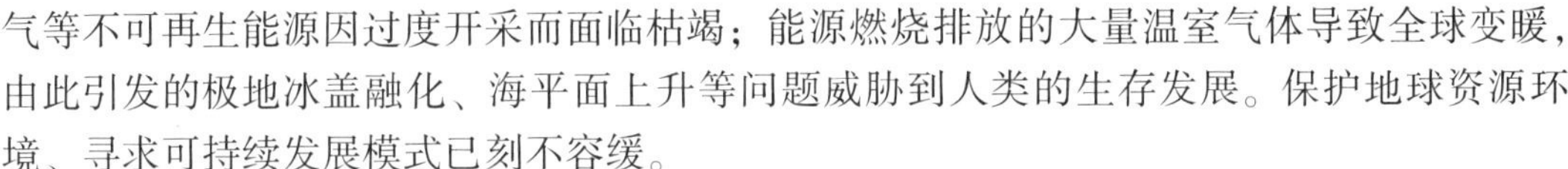

气等不可再生能源因过度开采而面临枯竭；能源燃烧排放的大量温室气体导致全球变暖，由此引发的极地冰盖融化、海平面上升等问题威胁到人类的生存发展。保护地球资源环境、寻求可持续发展模式已刻不容缓。

12. 地球村的出现打破了传统的时空观念，使人们与外界乃至整个世界的联系更为紧密，人类变得相互间更加了解。地球村现象的产生改变了人们的新闻观念和宣传观念，更加注重时效性和内容上的客观性。地球村促使世界经济一体化进程。

13. 印度是一个多民族、多语系、多宗教的地区。对古代印度产生巨大影响的宗教主要有婆罗门教、耆那教、印度教、佛教和伊斯兰教等。其中佛教不仅对古代印度产生巨大影响，而且对东方乃至西方产生了巨大影响，是世界三大宗教之一。

14. 1968 年，川端康成以其三部代表作获诺贝尔文学奖。瑞典皇家文学院常务理事、诺贝尔文学奖评选委员会主席安德斯·奥斯特林致授奖辞。突出强调："川端先生明显地受到欧洲近现代现实主义的影响，但是，川端先生也明确地显示出这种倾向：他忠实地立足于日本的古典文学，维护并继承了纯粹的日本传统的文学模式。在川端先生的叙事技巧里，可以发现一种具有纤细韵味的诗意。"

15. 欧盟首脑会议室欧盟最高决策机构，由成员国国家元首或政府首脑组成，每任主席国期间举行一次首脑会议。欧盟部长理事会负责日常决策并拥有欧盟立法权，由成员国外长或专业部长组成。

16. 诺曼底登陆的胜利，宣告了盟军在欧洲大陆第二站场的开辟，意味着纳粹德国陷入两面作战，减轻了苏军的压力，迫使法西斯德国提前无条件投降。

17. 南北战争是美国历史上的第二次资产阶级革命，它废除了黑人奴隶制，较好地解决了农民的土地问题，维护了国家统一，为美国的资本主义发展扫清了道路，并为美国跻身于世界强国之列奠定了基础。

18. 金融危机的产生多数是由经济泡沫引起的，以 21 世纪最大的美国金融危机来举例，可以看出金融危机产生的原因。

19. 公元前 5 世纪是希腊悲剧的繁荣时期。这一时期涌现出大批悲剧诗人，上演了许多悲剧作品，流传至今的有著名的三大悲剧诗人的作品。他们的创作反映了奴隶主民主制发展不同阶段的社会生活，也显示出希腊悲剧在不同时期的思想和艺术特点。

20. 沙普兰起草的《法兰西学士院对〈熙德〉的批评》指责高乃依抄袭别人，违反"三一律"。高乃依愤然搁笔，以示抗议。但是他终究还是屈服了，在以后的几部作品里，都不得不接受古典主义的规范。

21. 斯丹达尔刻画人物擅长于运用心理分析的方法，细致地描摹人物在特定情境下的心理状态。像于连在与玛特儿的爱情追逐中，他的自尊与自卑、欢乐与痛苦、热情与冷静，思绪起伏瞬息即变。

22. 弗洛伊德把人的心理结构分为三个层次：最底层为无意识（潜意识），中间是前意识，最上层为意识。认为人的意识是由无意识变化的，人的细腻现象是由无意识决定的。

23. 当卢米埃尔兄弟拍出历史上最早的影片时，他是不需要考虑蒙太奇问题的。因为他总是把摄影机摆在一个固定的位置上，即全景的距离（或者说是剧场中中排观众与舞台的距离），把人的动作从头到尾一气拍完。

24. 古代两河的定期泛滥，给这一区域带来了适宜农耕的肥沃泥土。这里有优越的自然环境，并地处东西交通要冲，因此，在公元5000年以前，苏美尔人就开始在这里定居繁衍，并逐步开创了两河流域文化的先河。

25. 汉字的演变是由甲骨文到金文，由金文到篆书，由篆书到隶书，然后才是现在实用的行书和楷书。

**二、应用文写作（40分）**

产品介绍广告是经常运用的一种广告文体，它通过文字、画面、影视形象等，把一种产品的性能、特点、使用情况以及购买方式等向人们进行宣传介绍，让人们了解这种产品。产品介绍广告是一种宣传产品的形式，是组织商品流通的手段，可以通过向消费者或用户介绍产品，以吸引顾客，达到推销产品的目的。因此必须抓住产品的特点，讲清其独具的优点，同时还要了解不用消费者的心理特点，恰到好处地介绍，引起消费者的欲望。请根据你所熟悉的一种商品，替厂家拟一份产品介绍广告。字数在450字左右。

**三、命题作文（60分）**

《老子》论述了事物向反面转化，有一个由小到大，由低向高，由近及远，由易而难，由弱变强，由弱而刚的变化发展过程。它说："合抱之木，生于毫末；九层之台，起于累土；千里之行，始于足下。"《老子》反复论述小与大、难与易、弱与强、柔与刚之见的辩证发展，目的在于指出事物总是发展到一定程度时就会向其相反的方面转化。就是说，从细小种子到合抱大树，从一堆泥土到九层高台，从迈出一步到行程万里，都有一个由小到大，由低到高，由少到多的发展变化过程。这些虽然都是从事物的量变讲起，但也直观地看到了事物的量变到一定程度时，会发生质变，会自我否定，这是《老子》朴素辩证法思想的光辉之点。《易传》也强调变化，它说："变化日新"，"穷则变，变则通，通则久"。

试以"每天的太阳都是新的"为题写篇文章，从变化的观点，谈社会或人生的道理。不少于800字。

# 四川大学2010年MTI《汉语写作与百科知识》真题

## 第一部分 百科知识（50分）

**请简要解释以下段落中画线部分的知识点**

1. 秦汉是中国文学的形成期。秦代文学成就甚微，稍有成就的仅李斯一人。汉代是我国文学自觉的萌动期，汉赋是汉代文学的代表，政论散文和史传文学也取得了突出的成就，诗歌远不及前二者，但在文学史上亦有重要地位及影响，尤其是乐府民歌。汉赋经过了骚体赋、大赋、小赋三个发展阶段。代表两汉史传文学的最高成就的是《史记》，在史学、文学方面都有显著的成就，被鲁迅先生誉为“史家之绝唱，无韵之《离骚》”。《汉书》是继《史记》之后我国古代又一部重要史书，与《史记》、《后汉书》、《三国志》并称为“前四史”。

2. 《联合国气候变化框架公约》中将“气候变化”定义为：“经过相当一段时间的观察，在自然气候变化之外由人类活动直接或间接地改变全球大气组成所导致的气候改变。”1979年，第一次世界气候大会呼吁保护气候；1992年通过的《联合国气候变化框架公约》确立了发达国家与发展中国家“共同但有区别的责任”原则；1997年通过的《京都议定书》确定了发达国家2008—2012年的量化减排指标。在人为因素中，气候变化主要是由于工业革命以来人类活动，特别是发达国家工业化过程的经济活动引起的。化石燃料燃烧和毁林、土地利用变化等人类活动所排放温室气体导致大气温室气体浓度大幅增加，温室效应增强，从而引起全球气候变暖。全球变暖将导致地球气候系统的深刻变化，使人类与生态环境系统之间业已建立起来的相互适应关系受到显著影响和扰动。

3. 二十国集团（G20）伦敦金融峰会2009年4月2日落下帷幕，与会领导人就国际货币基金组织增资和加强金融监管等、全球携手应对此次金融危机的议题达成多项共识。二十国集团领导人同意为国际货币基金组织和世界银行等多边金融机构提供总额1.1万亿美元资金，以帮助陷入困境的国家。与此同时，国际货币基金组织将增发2 500亿美元特别提款权分配给各成员，以增强流动性，并向发展中的贫穷国家倾斜。此外，二十国集团领导人一致承诺，保持贸易和投资开放，抵制贸易保护主义。与会领导人重申在2008年11月份华盛顿峰会上所做出的承诺，即不设置任何新的投资或贸易壁垒，不采取任何新的出口限制措施，不实行任何违反世贸组织规则的出口刺激措施，同时表示把这一承诺延长至2010年底。

4. 社会主义法治理念主要内容是依法治国、执法为民、公平正义、服务大局、党的领导。是立法、执法、司法、守法和法律监督等法治领域的基本指导思想。是党的领导、人民当家做主和依法治国思想的统一体，是社会主义法治的精髓和灵魂，是马克思列宁主义关于国家与法的理论与中国国情和现代化建设实际相结合的产物，是中国社会主义民主与法治建设实践经验的总结。

5. 公元前1世纪，罗马帝国攻占希腊后，吸收了古希腊的科学、哲学、民主、建筑、文学以及艺术，并在此基础上做进一步的发展。希腊语、拉丁语也随着罗马法传遍了欧洲。罗马文化融合了日耳曼、斯拉夫以及凯尔特文化。但随着罗马的衰落，希腊与罗马的许多艺术、文学以及科学都消失或被取代了。随着罗马基督教地位的提高，《圣经》成为西方文艺中的核心部分，几乎影响到了西方文化的所有领域。阿拉伯文化保存了一些古希腊和古罗马的知识。随着十字军东征，西班牙、黎凡特的摩尔人所具有的阿拉伯文化，对西欧产生影响，终于在 14 世纪，希腊的文化遗产重新又被西欧发现，于是文艺复兴诞生了。

**第二部分　应用文写作（40 分）**

**根据下面的文字说明写一篇 450 字左右的应用文，要求包含标题、正文、结尾语、落款等几个要素。**

假设你是中国长虹集团电子产品海外销售部经理贾俊朋先生。今天你刚刚从阿里巴巴国际网站上了解到，世界 500 强之一、全球最大的移动通讯公司——英国沃达丰公司 2010 年将面向全球采购一款高端手机，数量是 100 万支/台。沃达丰公司要求该手机要具备时兴高端款式的所有功能，以满足用户的需求；手机的样式要很好看，能吸引消费者；手机的价钱不能高于目前市场上同等产品的价格，但手机的质量要更好。同时，沃达丰还要求供应商能及时完成交货且售后服务有保证。刚好你们公司生产的一款手机 CH880 符合上述要求。

请以你的名义致函沃达丰公司的采购部经理约翰·史密斯先生，极力推荐你们的产品。注意公文书写的相关要素，文中严禁出现任何与考生真实身份有关的信息。

**第三部分　现代汉语写作（60 分）**

一位老人在行驶的火车上，不小心把刚买的新鞋弄掉了一只，周围的人都为他惋惜。不料那老人立即把第二只鞋从窗口扔了出去，让人大吃一惊。老人解释道：“这一只鞋无论多么昂贵，对我来说也没有用了，如果有谁捡到一双鞋，说不定还能穿呢！”放弃是一种选择，有时候，放弃比坚持更需要勇气！

请以《放弃也需要勇气》为题，写一篇不少于 800 字的作文。

# 中山大学 2011 年 MTI《汉语写作与百科知识》真题

## 第一部分：选择题（25 题，每题 2 分）

1. “Over the hill” 最合适的翻译？________。
   A. 风光不再　　B. 曾经沧海难为水
   C. 一山更比一山高　　D. 过了这个村没这个店

2. 釜底抽薪的“釜”字的意思是________。
   A. 斧　　B. 锅　　C. 盾　　D. 柴

3. “你走你的阳关道，我过我的独木桥”中说的阳关通向哪里？________。
   A. 西域　　B. 中原　　C. 关东　　D. 山海关

4. “清明上河图”属于哪个朝代？
   A. 唐代　　B. 宋代　　C. 明代　　D. 汉代

5. 长恨歌里“天生丽质难自弃，一朝选在君王侧”写的是谁？________。
   A. 西施　　B. 貂蝉　　C. 王昭君　　D. 杨玉环

6. “Lemon maket”是什么意思？________。
   A. 次品市场　　B. 期货市场　　C. 股票市场　　D. 蔬菜市场

7. “蚁族”是什么意思？________。
   A. 住在城乡结合部的人　　B. 农民工
   C. 低收入群居的大学生　　D. 群居的人

8. 股票中的“猴市”是什么意思？________。
   A. 持续上涨　　B. 市场方向不明显
   C. 风险较大　　D. 上涨和下降幅度大

9. 2010 年诺贝尔文学奖获得者是哪国人？________。
   A. 美国　　B. 英国　　C. 秘鲁　　D. 墨西哥

10. 文艺复兴的核心是什么？________。
    A. 科学和民主　　B. 追求自由　　C. 宗教改革　　D. 人文主义

11. 六艺中的“御”指什么？________。
    A. 驾车　　B. 烹饪　　C. 防御　　D. 武术

12. 词语“小康”出自哪本典籍？________。
    A.《大学》　　B.《中庸》　　C.《诗经》　　D.《论语》

13. 包容性增长含义不包括：________。
    A. 可持续增长　　B. 在经济增长过程中保持平衡
    C. 强调投资和贸易自由化，反对投资和贸易保护主义
    D. 共同富裕

14. Memorandum of Understanding 的翻译是________。
    A. 国家信用评价体系　　B. 体谅备忘录
    C. 谅解备忘录　　D. 最后通牒

15. 对于 Glocalization 下面不正确的理解：________。

A. 可以翻译为“全球在地化”　　B. 可以翻译为“在地全球化”
C. 强调地方化和全球化之间的张力　　D. 全球化与本土化相反相成，互相促进

16. 一个丈夫打死了不忠诚的妻子，律师为他找了一个人类学专家，专家说，丈夫打自己不忠诚的妻子是文化传统。法庭竟然接受了这一建议，只判了他 18 年。问上述辩护属于美国法律中的什么辩护？________。
A. 文化辩护　　B. 人类学辩护　　C. 民事辩护　　D. 刑事辩护

17. “大三通”是指________。
A. 通讯、通路、通航　　B. 通邮、通航、通商
C. 通电、通水、通话　　D. 通船、通航、通邮

18. 大陆法系又称“日耳曼—罗马法系”，在中国称“大陆法系”，大陆是指什么大陆？________。
A. 亚洲大陆　　B. 欧洲大陆　　C. 澳洲大陆　　D. 中国大陆

19. UNESCO 是什么意思？________。
A. 联合国开发署　　B. 太空总署
C. 联合人民阵线　　D. 联合国教科文组织

20. 常春藤联盟（The Ivy League）一般隐喻着和高等学校有关，但只有一些学校被公认为“常春藤联盟”。常春藤联盟由美国东北部之八所学校组合而成。常春藤联盟不包括哪个大学？________。
A. 达特茅斯学院　B. 康奈尔大学　　C. 布朗大学　　D. 伯克利大学

21. 西方文化中的“铁三角”是指：________。
A. 女权、黑人、同性恋　　B. 少数族裔、白人、黑人
C. 政府、民间、军队　　D. 女性、白人、黑人

22. 中国在国外建立教授汉语传播文化的机构称为________。
A. 孔子书院　　B. 孔子学院　　C. 对外汉语教学办　D. 儒家书院

23. 孔子说“民有三疾”，是哪三疾？________。
A. 头疼、牙疼、肚子疼　　B. 愚、懒、狂
C. 愚、矜、狂　　D. 愚、狂、颠

24. 什么词语不是佛教用语？________。
A. 顶礼膜拜　　B. 五体投地　　C. 祈祷　　D. 圆满

25《天演论》的英文书名是什么？________。
A. *On Evolution*　　B. *Ethics*
C. *Evolution*　　D. *Evolution and Ethics*

**第二部分　应用文写作（40 分）**

你所在的培训机构负责给某酒店员工进行英语培训。目的是通过提高英语水平来提高服务质量，提高酒店档次。员工平时工作繁忙，基础薄弱，水平参差不齐。写一个策划书，包括目的、方式、时间、预期效果等。字数要求在 450 字左右。

**第三部分　命题作文（60 分）**

就《“城”长的烦恼》一文的观点发表看法，写一篇 800 字的议论文。要求：用词优美、文体合适、结构合理。

# 厦门大学2011年MTI《汉语写作与百科知识》真题

**一、百科知识，请回答下列问题。(25小题，每题2分，共50分)**

1. “天下为公”出自中国哪部典籍？
2. 1966年联合国通过的两项人权公约分别是什么？
3. 19世纪在自然科学领域能与生物进化论齐名的两大发现是什么？
4. 写“三吏三别”组诗的唐朝诗人是谁？
5. 光谱三原色是什么？
6. 美国的两大通讯社是什么？
7. 植物传花粉有哪两种方式？
8. 被称为浏阳双杰的维新变法人士是哪两位？
9. 唐朝时负责定旨出命、复核封驳的政务机构是什么“省”？
10. 谱写《伦敦交响乐》、《告别》、《钟声》的奥地利作曲家是谁？
11. 写《日知录》《天下郡国利病书》的明末清初学者是谁？
12. 与玄奘齐名的佛经翻译者还有哪两位？
13. 在印象派画家中，《向日葵》的作者荷兰画家是谁？
14. 与银杏齐名并称为植物界三元老的中国仅有的植物还有哪两种？
15. 2010年诺贝尔文学奖获得者是谁？
16. 晚清小说《官场现形记》是谁写的？
17. 五大宗教中产生于我国汉族本土的宗教是哪个？
18. “连中三元”指的是哪三元？
19. 中国古代杰出农学家贾思勰的著名农学著作是什么？
20. 日本明治时期被称为“日本近代教育之父”的教育家是谁？
21. “古希腊七贤”指的是哪些人？(写出一个人名即可)
22. 南非的立法、行政、司法首都分别在哪几个城市？
23. 三权分立的基础《政府论》和《论法的精神》的作者分别是英国和法国的谁和谁？
24. 18世纪意大利法理学家贝卡利亚在他的哪部作品中首次主张废除死刑？
25. 美国著名管理学家彼得提出的“短板理论”的主要内容是什么？

**二、应用文写作(40分)**

题目：假如你是大学学生会主席，将在大会上对新生讲话，介绍学生会的职能，并说说加入学生会对学校和对每个学生的好处。请就以上内容写一篇450字左右的演讲稿，注意格式。

**三、命题作文(60分)**

请就题目“吾生也有涯，而知也无涯”写一篇800字左右的现代汉语短文。

# 中国海洋大学 2011 年 MTI《汉语写作与百科知识》模拟真题

## 一、百科知识（50 分）

用一段文字解释下列每一组词中的每个概念和它们之间的相互关系，每一组的解释不超过 250 字。（这一部分内容主要涉及英美文化和国际时事，国内时事政治和经济知识，中国传统文化，科普知识等。）

举例：

启蒙运动　法国革命　马赛曲

启蒙运动是 18 世纪发生在欧洲的思想解放运动，它的核心是理性诉求，要求以理性判断任何一个事务，反对教会和君主专制、主张以法律规范人律社会活动，法律面前人人平等。（2 分）启蒙运动为法国革命作了舆论准备。1789 年发生的法国革命推翻了以封建等级制度为基础的旧秩序，确立法律面前人人平等的政治原则和制度。（2 分）革命时间，国内外贵族试图用武力推翻革命。法国人民奋起保卫革命，马赛曲就是马赛人民为保卫革命走上前线时创作歌唱的，这首歌曲长期被作为革命的象征，并成为法兰西共和国的国歌。（2 分）

1. 美国独立宣言　1787 年费城制宪会议　美国联邦制度（6 分）

**参考答案：**

1776 年英属北美殖民地人民的代表在第二次大陆会议上通过了《独立宣言》，成为一个独立的国家，（2 分）这个国家采取了联邦制，各个州的权力很大，而中央政府的权力很小，对美国的内外发展产生了不利的影响。1787 年各州代表在费城召开制宪会议，通过了 1787 年宪法（2 分），建立了中央政府与各州分权的联邦制度，联邦政府主管外交、国防和涉及全联邦及各州间的事务，其他事务由各州自行处理。（2 分）1787 年宪法为美国在其后两百多年的快速发展奠定了政治基础。（209 个字）

2. 市场经济　　公平　　效率（6 分）
3. 印欧语系　　日耳曼语族　　诺曼征服　　现代英语（8 分）
4. 论语　老子　　佛教（6 分）
5. 社会保险　　新医改　　扩大内需（6 分）
6. 碳排放　　温室效应　　清洁能源（6 分）
7. 好莱坞　　美国电影学院奖　　艾美奖（6 分）
8. 进化论　　达尔文　　社会达尔文主义（6 分）

## 二、应用文写作（40 分）

根据下面的文字说明写一篇 450 字左右的应用文，要求包含标题、正文、结尾语、落款等几个要素。

××省教育委员会接群众反映，提出小学入学年龄不能卡得太死，不能以某一天，如 8 月 31 日作为可以入学的年龄标准，这样差一天就可以在学龄上差一年。该教育主管部门责成某教育科学研究所进行研究，看是否可以按心理年龄入学。经过研究调查，研究所向教育主管部门提出相关建议上报。请为此起草一份答复性的报告，说明两种入学年龄的优缺点、实施的可行性、实施成本。注意要写标题、发文字号、主送机关、正文、结尾语、落款等公文要素。

（这一部分除上述应用文要求的基本要素外（10 分），要求主题鲜明（5 分），思路清晰（5 分），文笔流畅通顺（5 分）。总体印象 15 分。）

**三、现代汉语写作（60 分）**

读下面短文，以“创新不易”为题，一篇现代文，题材不限（诗歌、戏剧除外）。不少于 800 字。

既成的事物，即使并不优良，也会因已被习惯所适应而不断坚持。而新事物，即使更优良，也会因不适应于旧的习惯而受到抵制。对于旧习俗，新事物好像陌生的不速之客，它很容易引起惊异的争议，却不易被接受和欢迎。

（这一部分要求立意新颖（10 分），写作主题明确（5 分），思路清晰、逻辑性强（10），文笔流畅通顺（10 分），具有一定文采（5 分）。总体印象 20 分）

# 西南科技大学2011年MTI《汉语写作与百科知识》真题

**第一部分　百科知识：请简要解释以下段落中画线部分的知识点（50分）**

1. 绵阳建城已达2200年之久，文化积淀深厚，历史名人辈出。每当人们看见桑、蚕、丝织和“丝绸之路”就会怀念起中华民族的母亲——嫘祖。在绵阳盐亭县境内至今留有嫘祖山，嫘祖穴，蚕丝山，丝织坪等有关嫘祖的人文遗址33处。华夏文化的开拓者，大禹就出生在北川的禹里乡禹穴沟，《史记》、《吴越春秋》皆有记载，毫无疑问。关于大禹治水的故事，在《诗经》、《左传》、《孟子》、《管子》、《楚辞》、《国语》中都有记载。古典长篇小说《三国演义》创作了大量与绵阳有关的历史故事，在民间的广为流传，如《刘备命名“富乐山”》、《张飞柏》、《蒋琬降龙》等等。

2. 按照中国史学界的习惯分法，中国近代史包括从鸦片战争到五四运动80年的历史，即中国旧民主主义革命的历史。1840—1949年中国半殖民地半封建社会的历史。以1919年五四运动为界，划分为旧民主主义革命和新民主主义革命两个时期。1840年英国发动的侵略中国的鸦片战争，是中国近代史的开端。1842年8月，清政府在英国侵略者威逼下签订了中国近代史上第一个不平等条约——中英《南京条约》。随后，美国和法国胁迫清政府签订了中美《望厦条约》、中法《黄埔条约》。于是，中国社会性质发生了根本性变化，开始由独立的封建国家逐步变为半殖民地半封建社会的国家。

3. 国家主席胡锦涛在上海合作组织成员国元首理事会第九次会议上讲话指出：“当前，国际形势正在经历着前所未有的复杂深刻变化，国际格局酝酿重大调整，国与国相互依存日益紧密，世界多极化和经济全球化深入发展。同时，粮食安全、能源资源安全、公共卫生安全问题突出，恐怖主义、毒品生产走私、跨国有组织犯罪猖獗，海盗肆虐。特别是国际金融危机仍在蔓延深化，对全球经济冲击日益显现，世界经济金融形势依然严峻，不少国家经济陷入衰退、社会稳定面临巨大挑战。”

4. 中国特色社会主义政治文明的集中体现。人民民主是社会主义的生命。发展社会主义民主政治，是中国共产党始终不渝的奋斗目标。早在革命战争年代，以毛泽东为代表的中国共产党人，在创建人民政权、发展民主政治方面进行了卓有成效的探索，积累了丰富的经验。中华人民共和国成立后，我国实行了人民民主专政的国体和人民代表大会制度的政体，实行了共产党领导的多党合作和政治协商制度以及民族区域自治制度。这些伟大实践奠定了我国政治建设和政治文明发展的基础。

5. 通过一系列航天活动中国已建立了各类人造卫星、运载火箭、发射设备和测量控制系统的研究、设计、试验和生产的基地，建成了能发射近地卫星和对地静止轨道卫星，拥有光测、遥测和雷达等多种跟踪测量手段的酒泉和西昌航天器发射场；组成了由控制中心地面台站和测量船构成的卫星测控网，造就了一支富有经验的航天科学技术队伍，从而有能力不断开拓航天活动。10月15日到16日神舟五号载人飞船发射成功，是中国高科技领域继“两弹一星”之后又一座光辉的里程碑，中国由此成为世界上继俄罗斯和美国之后第三个有能力将航天员送上太空的国家。

**第二部分　应用文写作（40分）**

请写一篇450字的说明文，介绍你使用过的一款家用电器。

**第三部分 现代汉语写作（60 分）**

孔子说过“三人行，必有我师”，请以“身边的老师”为题写一篇记叙文，不少于 800 字。

# 上海外国语大学 MTI《汉语写作与百科知识》模拟真题

## 一、选择题（15 分）

1. 关于语言与思维的关系是：________。
   A. 语言决定思维　B. 思维决定语言
   C. 语言是表，思维是里　D. 语言是里，思维是表
2. 以下哪一项是中国传统学术之缺门？________。
   A. 文学　B. 算学　C. 历史学　D. 语法学
3. 《道德经》又称为________。
   A.《论语》　B.《孟子》　C.《老子》　D.《孝经》
4. 星期又被称为“周”，星期的“星”是指下列哪一个？________。
   A. 恒星　B. 卫星　C. 行星　D. 恒星、卫星、行星
5. 先秦九流十家中，小生产者出身的是________。
   A. 墨家　B. 法家　C. 阴阳家　D. 杂家
6. 周易推衍是以什么作为原点出发？________。
   A. 天地　B. 日月　C. 男女　D. 阴阳
7. 兵家在《汉书 · 艺文志》中为________。
   A. 三教　B. 九流　C. 十家　D. 九流十家之外
8. 明确提出太极就是无极的是________。
   A. 道家　B. 玄学家　C. 理学家　D. 考据家
9. 以下哪一个为佛教用语？________。
   A. 民主　B. 宇宙　C. 社会　D. 世界
10. 农历历法是指________。
    A. 阴历　B. 阳历　C. 阴阳历　D. 太阴历
11. 以下哪种文体属于散文？________。
    A. 骈文　B. 韵文　C. 古文　D. 长短句
12. “白马非马”是谁说的？________。
    A. 惠施　B. 公孙龙　C. 赵高　D. 吕不韦
13. 以下哪一部文学作品是以现实生活为题材的？________。
    A.《水浒传》　B.《金瓶梅》　C.《红楼梦》　D.《儒林外史》
14. 以下谁被称为“诗仙”？________。
    A. 李白　B. 杜甫　C. 鲁迅　D. 郭沫若
15. 《边城》是谁的作品？________。
    A. 鲁迅　B. 郭沫若　C. 钱锺书　D. 沈从文

## 二、成语解释：（7 分×5=35 分）

1. 敝帚自珍　2. 五音不全　3. 越俎代庖　4. 风声鹤唳　5. 倚马可待

三、应用文写作（40分）

## 2岁女童不慎10楼坠落　楼下女邻居伸手勇救小生命

浙江在线07月03日讯。昨天中午12点多，杭州滨江香溢白金海岸小区传来呼救声，小区22幢某单元10楼一个小女孩挂在窗外，她的双手抓在窗框上，只坚持了不到两分钟就突然掉落。

最危险的时候，有人伸出了最温暖的双手：同住在一个小区的女邻居吴菊萍，伸出手臂去接这个孩子……

这个事情，很快被目击者发到了网上。很多网友都对吴菊萍竖起了大拇指。

也许很多人已经在微博上看过了事情的原委，但我们仍然想为你白描一下当时的场景：当时正逢午休，突然，一声惊呼从22幢的10楼传出："不得了了，小孩子要掉下来了！"呼救的是22幢10楼的一位阿姨，在她家隔壁，一个2岁左右的小女孩两只手抓着窗框，脚因为踏空，整个人就悬在窗外，摇摇欲坠，不停地哭。小女孩楼下住的是潘金文一家，听到外面的呼救，他立刻冲到阳台上。

整个小区都被惊动了，有人去敲门，有人给物业打电话，潘金文试了试，自己的手够不到。于是他把阳台上的一副木头梯子，使劲往外面伸，想接住小女孩。可梯子刚伸出去，小女孩就抓不牢掉了下来，脚碰了一下梯子，还是掉了下去。

就在大家以为惨剧就要发生的时候，楼下一位路过的女邻居突然向着空中伸出了手。小女孩重重地砸在这位女士的手臂上，然后滚落在一旁的草坪里，而这位女邻居也立即坐倒在地上。

赶来的物业工作人员抱起小女孩送往医院，伸手接小孩的女子在老公的搀扶下一起去了滨江武警医院。随后，小女孩被转院去了省儿保。女子则去了富阳骨伤科医院。

小女孩名叫妞妞，肠道破裂伤势不轻。

意外坠落的女孩子叫妞妞，今年才两岁，还没有开始上幼儿园，平时就在家里由爷爷奶奶照看。昨天中午只有奶奶和妞妞两个人在家。当时奶奶去14楼楼顶准备收被子，就把门反锁好出门了，但是她没想到就那么一会儿工夫，妞妞会自己爬到窗户外面。昨天下午3点，我们来到妞妞家门口，门前还扔着一床没来得及收进的被子，还有一辆蓝色机器猫造型的童车，邻居说这就是妞妞平时骑的。

在省儿保的重症监护室里，我们看到了正在抢救中的妞妞，医生拿出了一件妞妞出事时穿的白色小裙子，上面有斑斑血迹。妞妞妈妈看到衣服，眼泪一下流了下来。

病床上的妞妞眼睛紧闭，额头上有擦破的血迹。医生初步诊断孩子的大肠小肠都有破裂迹象，48小时内有生命危险。救人的女邻居，有个七个月大的宝宝。

据记者了解，伸手接妞妞的是和妞妞家住同一幢楼的吴菊萍，她是阿里巴巴公司的一名员工。吴菊萍的上司说："中午，她突然打电话给我说胳膊断了，可能要请两个月的假，但语气挺轻描淡写的。"

昨天下午1点左右，当吴菊萍还在去往医院接受治疗途中的时候，她没有想到，自己会被这么多的人关注。但她不想因此成名，所以婉拒了本报记者拍摄正面照的要求。在她看来，她只是在大家都不知所措的时候做出了一个决定而已。

"当时我和我老公两个人正要出门。"昨天下午，我们在富阳骨伤科医院见到了吴菊萍。她安静地躺在病床上，开始讲述，"我们刚刚走到小区门口，就听到我婆婆很焦急的喊叫声。跑回去一看，就看到邻居家的宝宝挂在外面了。我没多想，只是想如果我能接她一下，这个孩子或许就有救。”

为了接住孩子，吴菊萍脑海中迅速闪过了各种方法。“我开始想用我的那个阳伞接她一下的。”但是伞太小了，怕接不住。吴菊萍决定伸手去接。她先脱掉了脚上的高跟鞋。她说，在孩子坠落的一刻，她完全是凭着本能让孩子掉到自己怀里。

“当时孩子直接砸到了我的左手臂上，接着我们就一起倒在地上了。那个时候我就想，手臂这么痛，八成是断了。”

吴菊萍的病情被诊断为：左尺桡骨多段粉碎性骨折。在拍出的 CT 中，可以明显看到，她的左前臂断为了三截。待挂点滴消肿后手术，治愈可能性 95%，完全康复要半年。“以后这样的情况，我还是会选择去站出来救人。毕竟是一条生命。”吴菊萍是一个新手妈妈，她的宝宝才 7 个月大，但这次意外受伤很可能会让她不得不暂时中断孩子的母乳喂养。她已经请婆婆过来照顾宝宝。

拟以妞妞的家长向吴菊萍写一封表达谢意的信函。

**四、写作（60 分）**

根据以下材料，写一篇有关话题的议论文，字数不少于 800 字。

**东北一铁路工程安全隐患问题调查：通了我可不敢坐**

2011 年 10 月 20 日。“这趟火车通了我可不敢坐！”——东北一铁路工程违规分包、安全隐患问题调查。

新华网北京 10 月 20 日电（舒静、王洪禹）一个总投资 23 亿元的重要铁路项目，竟被层层转包、违规分包给一家“冒牌”公司和几个“完全不懂建桥”的包工头；本应浇筑混凝土的桥墩，竟在工程监理的眼皮底下，被偷工减料投入大量石块，形成巨大的安全隐患。

记者调查东北的一项在建铁路工程时发现，工程中潜藏的管理漏洞与质量问题令人惊心。一条连施工者都直言“通车后我可不敢坐”的铁路线，究竟在哪些环节出了问题，又在滋生怎样的灰色链条？层层分包：施工队负责人称“不懂建桥”。×××曾做过厨师、开过饭店、修过路的农民工吕天博对建桥一窍不通，然而，2010 年 7 月，吕天博却签订了一份“施工合同”，带着几十名农民工开始修建一项重要铁路工程的一座特大桥。吕天博参与修建的铁路名为“靖宇至松江河线工程”，位于吉林省白山市的靖宇县和抚松县境内，线路全长 74.1 公里，2009 年由铁道部批准建设，项目业主单位为沈阳铁路局。

2009 年 6 月，沈阳铁路局对该项目进行公开招标，中国中铁九局集团有限公司（以下简称中铁九局）中标，随后将这一工程分割为多个标段，分包给多家建设公司，而其中一家江西昌厦建设工程集团公司（以下简称江西昌厦）又将工程包给几个并无资质的农民工队伍。

吕天博向记者介绍说，江西昌厦承包的工程内容包括头道松花江二号特大桥、三号特大桥与胜利村隧道等，吕天博自己负责二号特大桥的施工，而三号桥及隧道工程的施工负责人和他一样，都是没有路桥建设经验的农民工，签订施工合同前，没人对他们进行过资质审查。更蹊跷的是，记者在调查此事时，又得到一个匪夷所思的消息：负责承包该项目的江西昌厦突然于 2011 年 9 月发表声明，称该公司从未与中铁九局签订过靖宇至松江河新建铁路项目的合同，并称被犯罪分子伪造该公司印章承接了该项工程。

为证明此事，江西昌厦一名姓黄的法律顾问还向记者出示了由南昌市公安司法鉴定中心出具的几份公司印章鉴定文书，黄律师称，与中铁九局和施工队签合同的并非江西昌厦的人员，而是一伙诈骗分子。于是，一条投资数十亿的铁路工程，竟出现了被“骗子承包、厨子施工”的荒唐局面。

安全隐患：“这趟火车我可不敢坐！”

更为严重的是，在几座特大桥的施工过程中，还普遍存在偷工减料问题，由此带来的质量与安全隐患难以预测。据吕天博、郑伟等施工人员反映，几座特大桥在修建过程中，一些原本应全部由混凝土浇灌的桥墩基座，都被填放了大量碎石、砂石等混合物，给桥墩留下极大的安全隐患，而项目经理部却照样签字验收。通过多方取证和现场调查，记者找到了 3 号特大桥 12、13 号桥墩被投放石块的多份相关证据。在头道松花江 3 号特大桥施工现场，记者找到一位住在工地附近的李瑞林老人，问及向桥墩内扔石块的事时，他十分肯定：“是有这事！在这干活的村里人都知道”。李瑞林向记者介绍说，施工人员都是从对面山上的采石场买石头，有时白天监理在不敢填，工人就连夜将石头填入基座中。“12 号墩（基座）是 2011 年六七月份施工的。施工那天，挖好的墩坑边上本来有一大堆石头，第二天早晨就没了，你说石头去哪了呢？”

一个名叫大伟的施工人员也在电话中承认，今年 6 月份，他曾亲自向 12 号桥墩内扔过石块：“一个姓高的雇我们干的，从山上石场买了 5 000 元的石头，雇了两辆翻斗车，从下午两点开始，干了一下午和半宿，石头都用翻斗车扣到坑里去了。”

记者又从几段暗中拍摄的工地施工视频中看到，有多台铲车正将大量碎石和渣土向基座内倾倒，而施工现场开着黄色的灯，明显可看出视频拍摄时间是在夜里。三号桥的另一名施工人员柴芳则在电话中回忆当时的情况：“5，13，8，9，11 号墩，都用翻斗车往里翻石头，哪个都得一二百方的样子，石块不够用时，连废渣都呼呼往里推。”她还说：“13 号墩就在江心，你要往下钻（取样检测），（钻下去）不到两米就都是石头……”

记者搜集到了 3 号特大桥的设计图纸，按照图纸，所有桥墩基座必须全部由混凝土浇灌。那么，在混凝土中掺杂石块，会有怎样的质量问题？记者就此采访了中铁大桥局桥梁科学研究院的一名赵姓研究员。他表示，这种偷工减料的行为会带来巨大隐患。“基座就好比是鞋，混凝土浇筑的桥墩是脚，鞋里如果有大量碎石子，能站得稳吗？”他介绍称，在桥墩低部投放石料会使桥墩底部出现斜坡或严重的受力不均。一旦铁路建成，长期遭受到各种力作用，就可能出现桥墩倾斜甚至断裂的后果。

对于这样的工程质量，一位叫丽明的施工人员更是直言：“他们扔石头，我说千万别这么整。将来这趟火车通了，我可不敢坐。”

# 湖北大学 2011 年 MTI《汉语写作与百科知识》真题

第一部分：百科知识（50 分）

一、单选题（每题 1 分）

1. “风声鹤唳”这个成语出于中国古代哪一次战争？________。
   A. 淝水之战　B. 长平之战　C. 巨鹿之战　D. 官渡之战
2. 世界上流经国家最多的是哪一条河流？________。
   A. 多瑙河　B. 尼罗河　C. 莱茵河　D. 亚马逊河
3. “凡有一人的主张，得了赞同，是促其前进的，得了反对，是促其奋斗的，独有叫喊于生人中，而生人并无反应，既非赞同，也无反对，如置身毫无边际的荒原，无可措手的了，这是怎样的悲哀呵，我于是以我所感到者为寂寞。”以上段落出自鲁迅哪一部著作？________。
   A.《呐喊》　B.《且介亭杂文》　C.《故事新编》　D.《华盖集续编》
4. 作为一位最伟大的、百科全书式的科学家，亚里士多德对世界的贡献无人可比，其开创了逻辑学的巨著是哪一部？________。
   A.《工具论》　B.《天论》　C.《诗学》　D.《分析前篇和后篇》
5. 中国有一种戏曲，唱腔委婉清新，分花腔和平词两大类，以高胡为主要伴奏乐器。该戏曲称之为什么？________。
   A. 川剧　B. 黄梅戏　C. 徽剧　D. 昆剧
6. “大漠孤烟直，长河落月圆。”
   “莫愁前路无知己，天下谁人不识君。”
   “与天地兮比寿，与日月兮同光。”
   与上述诗句匹配的诗人是谁？________。
   A. 王维　杜牧　蔡文姬　B. 李白　高适　屈原
   C. 王维　高适　屈原　D. 李白　杜牧　蔡文姬
7. “从 16 世纪的新教改革到现在，仅有三个事件可以被称作革命，而其他的事件仅是四次大震荡中的一次局部性的余震”，上述论述中的三次革命不包括下列哪一次革命？________。
   A. 17 世纪的君主制革命
   B. 贯穿 18—19 世纪的“法国”革命
   C. 18 世纪大洋彼岸的美国独立战争
   D. 20 世纪社会性的、集体性的“俄国”革命
8. 下面哪一位作家是 19 世纪与狄更斯齐名的英国批判现实主义作家？________
   A. 萨克雷　B. 勃朗特姐妹　C. 哈代　D. 盖斯凯尔夫人
9. 2010 年网络最红流行语之一“神马都是浮云”的意思是什么？________
   A. 时空的错乱　B. 匪夷所思
   C. 什么都不值一提　D. 对社会不良现象的不满
10. 我国第一部纪传体通史是下列哪一部作品？________。

A.《汉书》　　B.《后汉书》　　C.《史记》　　D.《春秋》

**二、回答下列问题（每题 2 分）**

1. 听到"采菊东篱下，悠然见南山"等脍炙人口的诗句时，人们就自然而然地跟"世外桃源"的意境联系起来。请问此诗句的作者是谁？是哪个朝代的？
2. 据《圣经》记载，人类始祖亚当和夏娃因听了神蛇的话偷吃禁果犯下了罪，这个罪过从此代代相传。因此，凡笃信上帝的人必须经过洗礼来洗刷此罪。请问此罪是何罪？
3. 中国历史上，"楚汉之争"是指哪两大集团为争夺政权而进行的一场大规模战争？
4. 据《说文解字》记载，黄帝的史官、汉字的创造者被后人尊为中华文字始祖。请问这个传说中的人是谁？
5. 清代诗人吴梅村的名句"恸哭六军俱缟素，冲冠一怒为红颜"。请问"一怒"是对谁怒的？"红颜"又是指谁？

**三、请简要解释下面段落中画线加粗部分的知识点（每个 2 分）**

1. 美国在科学和技术研究，以及技术产品创新方面都是极具影响力的国家之一。美国政府一贯认为，科学技术开支是对国家未来的投资，并以此为准则指定科技政策。人类工业史上许多重要发明都源自美国，如生产线、电灯泡、飞机、电话等。20 世纪美国策划了著名的曼哈顿计划、阿波罗计划和人类基因组计划。在第二次世界大战时期，美国最早研制出原子弹，将人类科技带入原子时代新纪元。冷战开始后，美国最先在太空科学和技术领域取得成功，在太空竞赛中领跑，从而导致了火箭技术、材料科学和计算机等领域的重大进步。
2. 在五四青年节即将到来之际，中共中央总书记、国家主席、中央军委主席胡锦涛给中国农业大学师生回信，向广大青年朋友致以节日的祝贺，勉励青年和青年学生在推进社会主义现代化的奋斗实践中书写美好的人生。胡锦涛指出，解决好"三农"问题是全党工作的重中之重，实现农业现代化是我国基本实现现代化的一项重要任务。这为农业院校赋予了重大责任，也为广大农科学子提供了广阔舞台。
3. 书面语和口语的差别一直相当大。在"五四"时期白话文运动以前，书面语与口语的区别实际上是古今语的区别。以唐宋时代为例，当时人口里说的话是白话，笔下写的是文言，即以先秦诸子和《左传》、《史记》等广泛传诵的名篇为范本的古文文体。这种情形往上大概可以追溯到两汉时期，往下一直延续到 20 世纪初叶。孙中山 1925 年立的遗嘱就还是用文言写的。不过，2000 多年来，作为书面语的文言本身也在变化。仿古终归难以乱真，后世人模仿古语不可能不受当时口语的影响。有人指出韩愈的文章里就有明显的不合先秦语法的地方。清代桐城派古文家模仿先秦文和唐宋古文家的文章，结果当然更为驳杂。清末梁启超用一种浅显的文言文写政论文章。由于通俗易懂，风行一时，为报纸杂志广泛采用。
4. 美国独立革命虽然是对盎格鲁·撒克逊母国英国的"叛逆"，但是上至华盛顿、杰弗逊、亚当斯等全体"国父"，下到北美殖民地人口主体，无不是白种盎格鲁·撒克逊新教徒。两百多年来，WASP 族群把持了美国的政治、文化、经济。从肯尼迪之前的几乎所有总统，以及常春藤盟校代表的精英教育和领袖培养体系，直到长期在中南部叱咤风云的三 K 党，都是这一 WASP 族群统治的代表和象征。如此长期和绝对的领导地位，所以学者将美国政治形容为"WASP 族群统治"。

5. 18 世纪的欧洲被称为理性时代或启蒙时代。这个时期产生了全欧性的思想运动——启蒙运动。启蒙思想家们把启蒙教化民众看做改造社会的基本途径，他们推崇人的理性，以理性检验旧的制度、传统观念。在崇尚理性的文化环境中，英国文学中自德莱顿开始的古典主义蔚然成风，在 18 世纪上、下半叶分别以蒲伯和约翰逊为代表人物。在前期出现的新的散文文学：期刊文学和现实主义小说，也具有启蒙的性质。在中期，特别是 40~50 年代，现实主义小说取得辉煌成就。到 18 世纪后期，英国文学中出现了引人注目的新的文学潮流：感伤主义和前浪漫主义，表现出对理性主义的不满，预示着英国文学中新的时代——浪漫主义时期的到来。
6. 欧洲是从绵延不断的亚洲大陆伸出来的一个半岛。16 世纪的宗教改革只涉及了半岛最西端的部分地方：从德国、波兰、奥地利、意大利向西直到大西洋。巴尔干地区属于信奉伊斯兰教的土耳其，而俄国信奉的是东正教。根据这个清楚的划分，西方即可称为“西欧”。

**第二部分：应用文写作（40 分）**

根据下面的文字说明写一篇 450 字左右的招募启示。

中国商务部拟举办一次大型的国际贸易洽谈和招商会，现征集韩语、日语、法语、德语和葡萄牙语等语种的翻译志愿者。请以中国商务部的名义起草一份招募志愿者的启示，注意以下事项：

1. 标题
2. 招募的原因
3. 志愿者的条件

志愿者应满足以下条件之一：

（1）以韩语、日语、法语、德语和葡萄牙语等语种专业在读的三年级以上学生及研究生

（2）在相关语言的国家学习或工作超过一年以上

（3）或因工作关系能熟练操作以上语种的在职人员

4. 活动的时间：2010 年 12 月 10—17 日
5. 地点：北京
6. 结束语、落款等要素。

**第三部分：命题作文（60 分）**

据《北京晨报》报道，湖南娄底教师谭胜军日前在上课时，为制止两名学生下棋与学生发生冲突。让人意外的是，其中一名白姓学生竟然对他动手。随后班主任通知家长让小白同学当众道歉。在小白同学毫无诚意道歉后，谭老师突然下跪，他希望以此方式来震撼和唤醒孩子们。

值得注意的是，有网友认为谭老师下跪是因为迫于当时两名学生家长的压力，因为其中一名学生的家长是娄底市的主要领导。或许，这为看待这起事件提供了一个重要切入口，从中可以去探寻“跪着教书”背后深刻的社会根源。

请以“教育是圣洁的”为题写一篇 800 字左右的议论文。

要求：思路清晰，文字通顺，用词得体，结构合理，文笔优美。

# 第十六单元
# 各单元参考答案

## 第一单元　中国哲学知识参考答案

### 第一章

一、选择题

1. B　2. A　3. B　4. C　5. C　6. B　7. D　8. B　9. D　10. D

二、填空题

1. 平常，不易
2. 辞让之心，是非之心
3. 有，无
4. 化性起伪，制天命而用之
5. 《论六家要旨》

### 第二章

一、选择题

1. C　2. C　3. A　4. B　5. D　6. C　7. B　8. A　9. B　10. D

二、填空题

1. 天人感应
2. 父为子纲，夫为妻纲
3. 诸父，诸舅
4. 王充
5. 桓谭

### 第三章

一、选择题

1. C　2. D　3. B　4. A　5. B　6. B　7. B　8. C　9. B　10. D

**二、填空题**

1. 庄子，周易
2. 名教，自然
3. 得意忘象
4. 贵无论，崇有论
5. 辨名析理（名理）

## 第四章

**一、选择题**

1. A　2. D　3. D　4. C　5. B　6. B　7. D　8. C　9. A　10. D

**二、填空题**

1. 止观
2. 重玄
3. 道
4. 《成唯实论》
5. 《五经正义》

## 第五章

**一、选择题**

1. D　2. C　3. D　4. D　5. A　6. B　7. C　8. D　9. C　10. C

**二、填空题**

1. 闽学
2. 性理论（心性论）
3. 程颢，程颐
4. 四端之心
5. 朱陆合流

## 第六章

**一、选择题**

1. A　2. A　3. C　4. C　5. C　6. B　7. B　8. B　9. D　10. A

**二、填空题**

1. 形，光
2. 宰理，通几
3. 尊疑
4. 康子篇
5. 严复

## 备考习题

**一、选择题**

1. A　2. B　3. D.　4. C　5. A　6. D　7. A　8. B　9. D　10. B
11. C　12. A　13. D　14. A　15. C　16. A　17. B　18. A　19. D　20. D
21. D　22. C　23. D　24. C　25. D　26. A　27. B　28. A　29. D　30. D

## 二、填空题

1. 乐经
2. 今文经学，师长
3. 斗宵（小人）之性，中民之性
4. 术，势
5. 仁，义
6. 阮籍，嵇康
7. 《老子》，《庄子》
8. 八卦，五行
9. 王弼
10. 辨名析理（名理）
11. 《五经正义》
12. 妙法华莲经
13. 韩愈
14. 法大行，法大弛
15. 中庸
16. 宰理，通儿
17. 张载
18. 孟子
19. 古文经派
20. 孟子
21. 《劝学》

## 三、名词解释

1. 天行有常：天道即自然规律，并不与人事相涉，不以人的意志为转移。社会的治乱不是由于天的主使。
2. 为道日损：获得知识靠积累，要用加法或乘法，一步步肯定；而体验或把握“道”则要用减法或除法，一步步否定。
3. 克己复礼：“克”是“约”的意思，克己是约束、克制、修养自己，复礼是合于礼。礼是一定社会的规矩、规范、标准、制度、秩序，用来节制人们的行为，调和各种冲突，协调人际关系。孔子主张以礼修身，强调教养。
4. 涤除玄监：“涤除玄监”即洗去内心的尘垢。老子认为，德养深厚的人，如无知无欲的赤子婴孩，柔弱平和，身心不分离，这才合于“道”。
5. 天人感应：董仲舒认为人与天是同类的。而“同类”事物之间会出现相感相动的现象。所以，天与人之间也存在相互感应的关系，这就是所谓的“天人感应”。
6. 今文经派：两汉时用当时流行的文字（隶书）抄录儒家经典所称的定本。
7. 名教与自然：“名教”指的是社会的等级名分、伦理仪则、道德法规等的统称；“自然”则是指人的本初状态或自然本性，同时指天地万物的自然状态。
8. 兼相爱：墨子主张兼爱互助。“相爱”指国与国、家与家、人与人之间相互爱护，所以又叫“兼相爱”，即不分人我、彼此，一同天下之利害、好恶，把“兼相爱”看成是“仁者”所追求的最高道德观念。
9. 安之若命：庄子万物一齐的哲学观，反映到人生实践上，表现为自然无为的处事原则，也就是用完全顺从自然的态度来对待人生。
10. 知言养气：“养气”就是培养道德力量的过程，从而达到“富贵不能淫，贫贱不能移，威武不能屈”的境界。“养气”方能“知言”，即可以根据道德准则去判断言辞的邪正。

## 四、简答题

1. 王弼“以无为本”思想的基本意义有两个方面。一是宇宙观意义：“无”是宇宙万物赖以化生和形成的根本；二是社会政治意义：“无”是社会政治生活的支配力量和决定因素，人类社会的一切事功业绩皆靠“无”得以完成，一切个人皆以“无”得以安身立命。

2. 孟子认为，人有自然的食色之性，但人之所以为人，或者说人与禽兽的本质差异，在于人有内在的道德的知、情、意，这是人所固有的道德属性。他说："恻隐之心，人皆有之；羞恶之心，人皆有之；恭敬之心，人皆有之；是非之心，人皆有之。"恻隐，同情，内心不安，不忍人之心（不忍牛无辜被杀等），是善的开端、萌芽。这是人内在固有的，而不是外力强加的。
3. 朱熹用《大学》"致知在格物"的命题，探讨认识领域中的理论问题。在认识来源问题上，朱熹既讲人生而有知的先验论，也不否认见闻之知。他强调穷理离不得格物，即格物才能穷其理。
4. 方以智将所有的知识分为三大类：质测、宰理和通几。质测，相当于实证自然科学；宰理，则指传统的"外王之术"，相当于社会政治学和经济学；通几，指研究事物存在依据的学科，大体相当于现在的哲学。

   他认为，质测包含着通几。通几只有质测化才能真正发挥通几的作用，而质测也只有以通几为方向和指导，才能真正发挥其作用。质测、通几不可偏废，二者具有互补关系。

# 第二单元　中国文学知识参考答案

## 第一章

**一、选择题**

1. A　2. C　3. B　4. B　5. B　6. A　7. B　8. C　9. D　10. B

**二、填空题**

1. 《九辨》　　2. 《论语》
3. 仁　　4. 《三国演义》
5. 《水浒传》

**三、名词解释**

1. 志怪小说：即魏晋南北朝时期盛行的记叙神仙方术，鬼怪妖魅，殊方异物，佛法灵异的小说，与志人小说相对而言，它的兴盛与当时民间巫风、道教及佛教的盛行有关。志怪小说对后世影响巨大，唐传奇即于此基础上发展而来。
2. 《国语》，我国第一部国别体史书，全书二十一卷，记事起于周穆王（前 967 年），终于鲁悼公（前 453 年），分叙周，鲁，齐，晋，郑，吴，越八国之事，反映了各国的社会政治大轮廓，展示了相关人物的精神面貌，全书以记言为主，语言古朴简明，人物刻画生动。
3. 乐府双璧：这里说的是长篇叙事诗《木兰诗》为北朝民歌中最为杰出的作品，与南朝的《西洲曲》遥相辉映，并举为"双璧"。
4. 山水诗：中古诗歌的一种体式，产生于晋宋之间，与田园诗的产生时代，背景大致相当。由谢灵运开创，山水诗让自然界的山水成为独立的审美对象，成为诗歌吟咏描摹

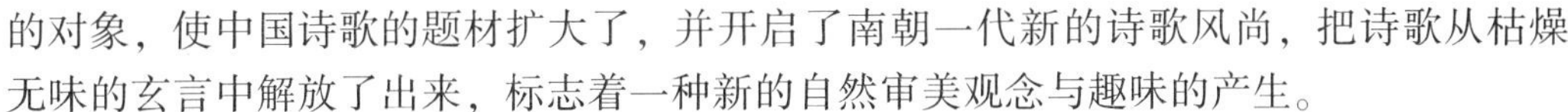

的对象，使中国诗歌的题材扩大了，并开启了南朝一代新的诗歌风尚，把诗歌从枯燥无味的玄言中解放了出来，标志着一种新的自然审美观念与趣味的产生。

5. “三曹”“七子”为代表的邺下文人集团创作了很多反映社会动乱现实与民生疾苦的作品，又表现了统一天下，建功立业的理想与壮志，他们创作了一大批文学作品，形成了内容充实、感情丰富的特点，有着鲜明的时代特色，具有慷慨悲凉的风格，这种文学艺术特色被称之为“建安风骨”，建安文人直接继承汉乐府民歌的现实主义传统，掀起一个诗歌高潮。

**四、简答题**

1. 作为“四大名著”之一，《红楼梦》代表了中国古典小说发展的最高峰，是一部描述封建社会后期社会生活的“百科全书”式作品，因为整部书在内容上写的是贾宝玉和林黛玉的爱情悲剧故事，但小说并未停留在这一点上，而是借助重要人物的活动，描写了荣国府和宁国府两个官僚世家从繁荣到衰败的全过程，在一定意义上可以看做是整个封建社会命运的写照，并且在人物形象的塑造上也取得了突出的艺术成就，就如曹雪芹自己说的那样：“字字看来皆是血，十年辛苦不寻常。”
2. 李白的诗歌，题材丰富，形式多样，达到了唐诗的顶峰，可概括为豪迈与飘逸，诗圣杜甫也赞誉他“笔落惊风雨，诗成泣鬼神”，如“安能摧眉折腰事权贵，使我不得开心颜”，“仰天大笑出门去，我辈岂是蓬蒿人”等；如果要为李白的诗意人生总结几个“关键词”，那么“诗，酒，侠，月”大致不会错，把酒，倚剑，问月，诗相互交织，用现代著名诗人余光中的话说，李白“酒入愁肠，七分化作月光，余下三分呼为剑气，秀口一吐，就是半个盛唐”。

## 第二章

**一、选择题**

1. D　2. A　3. D　4. C　5. C　6. C　7. B　8. B　9. C　10. A

**二、填空题**

1. 风景照　　2. 《围城》

3. 《雷雨》　　4. 老舍

5. 徐志摩

**三、名词解释**

1. 《阿Q正传》是中国现代最早涉猎社会边缘人物题材的小说，寓庄于谐是它最大的艺术特点，寓悲于喜让它的悲剧艺术达到了中国现代文学前所未有的艺术境界。
2. 巴金的“激流三部曲”是(《家》，《春》，《秋》)。成都高公馆，一个有五房儿孙的大家族。高老太爷是这个大家庭的统治者，五房中的长房有觉新、觉民、觉慧三兄弟，他们的继母及继母的女儿淑华。因为父母早亡，现在是大哥觉新当家。觉新是长子长孙，早熟而性格软弱，受过新思想的熏陶却不敢顶撞长辈，他年轻时与梅表妹相爱，但却接受了父母的安排另娶了珏。婚后他过得很幸福，有了孩子，也爱自己美丽的妻子，但又忘不了梅，特别是出嫁不久后梅就成了寡妇，回到成都，两人的见面带给他无穷的痛苦。不久，梅在忧郁中病逝。觉民与觉慧在外参加新文化运动和学生运动，遭到爷爷的训斥，并被软禁家中。觉民与表妹琴相爱，但爷爷却为他定下亲事，觉民为此离家躲避，觉新夹在弟弟与爷爷中间受气。觉慧是三兄弟中最叛逆的一个，他对家中的丫头鸣凤有朦胧的好感。高老太爷要将鸣凤嫁给自己的朋友孔教会会长冯乐山做妾，鸣凤在绝望中投湖自尽，觉慧决心脱离家庭。

3. 《女神》是郭沫若的第一本诗集，也是他的代表作，其中收录了《凤凰涅槃》等草创时期的精品，《凤凰涅槃》堪称五四白话新潮诗歌创作的经典。

4. 鲁迅是中国现代杂文写作的奠基者和领航人，特点表现在思维简洁，逻辑性强，举证涉猎古今中外的各种史实，行文中常夹叙夹议，虚实并举，思想深刻，擅用讽刺笔法，由此而形成了“鲁迅风”。

5. 问题小说最早出现于 1919 年，罗家伦的《是爱情还是苦痛》、俞平伯的《花匠》、叶圣陶的《这也是一个人?》等可谓问题小说的发端之作。到 1919 年下半年，冰心发表在《晨报副刊》上的《斯人独憔悴》等作品则将问题小说创作引向了高潮。其实，问题小说的概念非常宽泛，只要有社会价值和社会反响的作品都或多或少会提出一些社会问题，因而广义上的“问题小说”包括一切思想性强和有社会针对性的小说。但五四时期的“问题小说”有着独特的内涵，“它是五四启蒙主义精神和初步入世的学生青年的社会热情和人生思考相结合的产物，是流派竞起之前的特殊形式的“为人生的文学”。

**四、简答题**

1. 他是中国现代杂文写作的奠基者和领航人，特点表现在思维简洁，逻辑性强，举证涉猎古今中外的各种史实，行文中常夹叙夹议，虚实并举，思想深刻，擅用讽刺笔法，由此而形成了“鲁迅风”。

2. 《家》是巴金影响最大的作品，也是巴金创作倾向的一个代表，一个封建大家庭的维系有其内部的经济关系，礼仪习俗，家法家规，这些都与社会制度和社会组织形式有某种协调对应的关系，挖掘封建家庭运行规则的不合理，揭示它的内在矛盾，无疑等于敲响了封建社会灭亡的丧钟，作品中质朴、拙讷的艺术情趣，坚持了作者一贯的倾诉式写作风格。

## 备考习题

**一、选择题**

1. B　2. C　3. C　4. A　5. B　6. C　7. A　8. B　9. B　10. C
11. C　12. B　13. B　14. C　15. B　16. B　17. C　18. B　19. B　20. C
21. A　22. B　23. A　24. B　25. A　26. A　27. C　28. A　29. B　30. A

**二、填空题**

1. 《窦娥冤》　2. 《西厢记》
3. 《聊斋志异》　4. 陆游
5. 谢灵运　6. 顾炎武
7. 纳兰性德　8. 《雷雨》
9. 《骆驼祥子》　10. 《围城》

## 三、名词解释

1. 世情小说：也叫人情小说，直接从现实的社会生活中选取题材，它所塑造的人物不再是超人或半超人的传奇人物，而是现实生活中的普通人。“世情小说”以产生于明代中后期的《金瓶梅》作为代表，《红楼梦》，《醒世姻缘传》等作品都曾受到它的影响。
2. 英雄传奇：是在戏曲前代文学各种艺术积累的基础上逐渐形成的，它的艺术渊源是史传文学和说话艺术。史传文学的思想精神，人物和故事情节，结构模式和叙述视角，多被英雄传奇模仿、借鉴。说话艺术在篇幅上为英雄传奇长篇化提供了条件，它使用的技巧和手法也为后世英雄传奇所效法，尤其是在体制上的特点直接影响到英雄传奇“分章别回”形式的形成。英雄传奇小说可以将历史记载和民间传说结合起来，着重刻画英雄人物和描绘其传奇般的事迹，故事虚多于实，它创作的目的是为了宣扬英雄良将的“忠义”精神。
3. 语录体：是中国古代散文的一种体式。常用于门人弟子记录先生的言行，也用于佛门的传教记录。因其偏重于只言片语的记录，短小简约，不重文采，不讲求篇章结构，也不讲求篇与篇之间甚至段与段之间时间及内容上的必然联系，还没有构成单篇的、形式完整的篇章，故称之为“语录体”。
4. 《诗经》六义：即风，雅，颂，赋，比，兴。前三个是指《诗经》的体式：风即国风，十五国风多为民间歌谣；雅即大雅和小雅，为朝廷朝会燕享之乐章；颂即周颂、鲁颂和商颂，为祭祀时颂赞之乐歌。后三个是指《诗经》的创作手法：赋，即直截了当地陈述所要表达的思想内容；比，则是用熟悉的事物比拟陌生的事物；兴，指诗歌音乐上的起调或引起主题的景物或象征物。可以说，“六义”所形成的现实主义创作方法以及“比兴”诗学传统，对后世诗歌创作产生了重要的影响。
5. 楚辞：是指以具有楚国地方特色的乐调、语言、名物而创作的诗歌，是以战国时楚国屈原的创作为代表的新体诗。楚辞的直接渊源是以《九歌》为代表的楚地民歌。楚辞是继《诗经》之后，我国古代又一部具有深远意义的诗歌集。由于屈原的《离骚》是楚辞的代表作品，所以楚辞又被称为“骚”或“骚体”。
6. 《古诗十九首》所写内容不是游子之歌便是思妇之词，主要内容是对生命短暂和命运无常的感叹。比如：“人生天地间，忽如远行客”(《青青陵上柏》)，“去者日以疏，来者日以亲”(《去者日以疏》)等。《古诗十九首》取得了巨大的艺术成就，刘勰称赞它是“五言之冠冕”，钟嵘也说它“一字千金”。它的艺术成就表现在：情感真挚动人；具有民歌的特点；借景抒情，以景衬情，移情入景。（诸如“四顾何茫茫，东风摇百草”，“盈盈一水间，默默不得语”等）总之，在五言诗的发展史上，它占据着关键性的地位，它的形式、题材、语言风格和表现技巧等对后代诗歌产生了深远的影响。
7. 田园诗：是以描写田园风光与农村生活，农务劳作体验为主要内容的诗歌。田园诗也是我国农业文明的产物。陶渊明是我国文学史上第一个致力于田园诗歌创作的诗人，是我国田园诗的鼻祖，他与谢灵运的山水诗对唐代“山水田园派”的形成产生了重要而深远的影响。
8. 南朝民歌分为“吴歌”和“西曲”两种。南朝民歌大部分产生于城市，多半出自于商贾、歌女、船户、中下层文士，以及市民之口，述说着城市中下层居民的生活与内心情感，男女之情是人们不厌其烦地反复咏唱的内容，比如情意缠绵的《西洲曲》，堪称南朝民歌中的绝佳之作。总之，南朝民歌给人的整体感觉都是清新艳丽，浪漫色彩浓厚，基调哀怨伤感，少欢娱之辞，南朝民歌还有一个特点就是喜欢用双关隐语。北朝民歌风格迥然有异，北方高峻巍峨的大山和广袤的原野养就了他们胸怀开阔的性格与精神气质，他们作歌抒怀，直率粗犷，质朴刚健。长篇叙事诗《木兰诗》是北朝民歌中最为杰出的作品，与南朝的《西洲曲》遥相辉映，并举为"双璧"。

9. 古文运动：是由韩愈，柳宗元发起的一场文学革新运动，其目的在于反对六朝以来的骈文而提倡"奇句单行"，上继先秦两汉的古文，特别是韩愈，苏轼赞誉他"文起八代之衰"；这场运动发展至韩柳方有了明确的理论纲领，即"文以明道"，"明道"强调的是文章的教化作用，韩柳强调"道"，更重视"文"，"文"即文采，主张将个人情绪体验融入作品，将文章的审美性和抒情性完美结合，同时又注重对骈文长处的吸收融合，这场运动延伸至宋初，唐宋古文运动的影响极为深远。

**三、简答题**

1. 杜甫对诗史的贡献在于开法门无数：他的诗歌关注社会，关注百姓生活"感事写意"的一面，为白居易，元稹等人发扬；讲究练字造句，这种形式方面的追求为韩愈，李贺等人继承；而杜诗在感事抒怀中频繁插入对时政见解的做法成为宋诗以议论为诗的先声。
2. 《西游记》的文学成就首先在于人物形象的成功塑造；还表现在其精巧的故事情节；寄寓着对现实的批评，从而使小说具有很强的真实感，对于世态的讽刺是小说的重点；最后，小说对人性弱点的讽刺也是十分深刻的。

# 第三单元　中国历史地理参考答案

## 第一章（略）

## 第二章

**一、选择题**

1. D　2. C　3. B　4. A　5. C　6. B　7. A　8. C　9. C　10. A

**二、填空题**

1. 魏晋南北朝时期
2. 张骞；西域都护府
3. 进士；明经
4. 江南
5. 郑成功；荷兰

## 第三章

**一、选择题**

1. D 2. B 3. B 4. B 5. B 6. B 7. A 8. B 9. A 10. D

**二、填空题**

1. 宁波，上海
2. 左宗棠
3. 京师大学堂
4. 北京东交民巷
5. 黄帝

## 第四章

**一、选择题**

1. B 2. A 3. C 4. C 5. C 6. D 7. C 8. C 9. C 10. A

**二、填空题**

1. 1919 年巴黎和会
2. 李大钊
3. 国民党第二十九路军
4. 国民党公布中共提交的国共合作宣言
5. 刘伯承，邓小平

## 第五章

**一、选择题**

1. A 2. D 3. D 4. A 5. B 6. B 7. C 8. A 9. D 10. D

**二、填空题**

1. 1956
2. 大跃进
3. 有法可依、有法必依、执法必严、违法必究
4. 撒切尔夫人
5. “神舟一号”

## 下篇第一章

**一、选择题**

1. D 2. A 3. A 4. B 5. C 6. B 7. C 8. B 9. B 10. A

**二、填空题**

1. 世界屋脊
2. 宜昌，湖口
3. 华北，西北
4. 塔里木河
5. 渤海，黄海

## 第二章

### 一、选择题

1. C　2. D　3. D　4. B　5. C　6. B　7. D　8. C　9. C　10. C

### 二、填空题

1. 黑龙江
2. 滕王阁
3. 东北地区
4. 江西省
5. 华北，东北

## 备考习题

### 一、选择题

| | | | | | | | | | |
|---|---|---|---|---|---|---|---|---|---|
| 1. C | 2. B | 3. D | 4. D | 5. C | 6. B | 7. C | 8. A | 9. B | 10. A |
| 11. C | 12. B | 13. D | 14. D | 15. A | 16. B | 17. A | 18. B | 19. D | 20. D |
| 21. C | 22. C | 23. C | 24. D | 25. D | 26. D | 27. A | 28. D | 29. C | 30. C |
| 31. D | 32. A | 33. B | 34. C | 35. A | 36. C | 37. B | 38. B | 39. B | 40. A |

### 二、填空题

1. 周武王
2. 匈奴；越族
3. 西汉；蔡伦
4. 波斯湾和印度半岛南端
5. 兴中会
6. 袁世凯
7. 全面抗战
8. 徐州；武汉
9. 1919；巴黎和会
10. 济南惨案
11. 《论人民民主专政》
12. 都江堰；郑国渠
13. 《资政新篇》
14. 上海
15. 《告台湾同胞书》
16. 徐霞客
17. 长芦盐场
18. 漠河
19. 九江
20. 紫荆；绿

### 三、名词解释

1. 张骞通西域：西汉武帝时，为反击匈奴，于公元前 138 年和公元前 119 年两次派张骞出使西域。张骞及其副使先后到达大宛、康居、大月氏、大夏等国，把这些国家的情况介绍到国内，扩大了人们的视野，促进了汉族和少数民族之间、东西方之间的经济交流。
2. 郑和下西洋：郑和下西洋是指明朝初期郑和奉命出使 7 次下西洋的航海活动。郑和下西洋时间之长、规模之大、范围之广都是空前的。它不仅在航海活动上达到了当时世界航海事业的顶峰，而且对发展中国与亚洲各国家政治、经济和文化上友好关系，做出了巨大的贡献。
3. 百日维新：百日维新是 1898 年 6 月 11 日至 9 月 21 日光绪帝在维新派推动下进行的一次变法运动。这次变法自 1898 年 6 月 11 日（光绪二十四年 4 月 23 日）光绪帝颁布

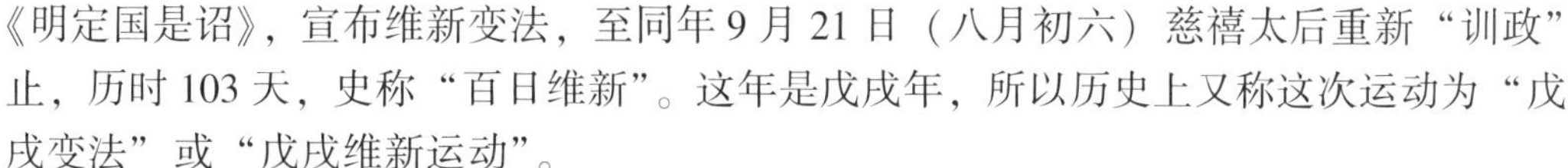

《明定国是诏》，宣布维新变法，至同年9月21日（八月初六）慈禧太后重新“训政”止，历时103天，史称“百日维新”。这年是戊戌年，所以历史上又称这次运动为“戊戌变法”或“戊戌维新运动”。

4. 武昌起义：武昌起义发生在1911年10月10日（农历辛亥年8月19日），起义地点为武昌，是革命党人旨在推翻清朝统治的兵变。在孙中山民主革命思想的旗帜下集结起来的湖北革命党人，打响了辛亥革命“第一枪”，成功夺取武昌，于1911年10月11日组建了军政府，宣告废除清朝宣统年号，结束了两百多年清王朝封建统治和两千多年君主专制统治，吹响了共和国诞生的号角。

5. 科举制度：中国封建社会培养和选拔人才的制度。隋朝废除九品中正制，打破士族对政治的垄断，设进士科，考试及格，就可做官。唐朝初年，科举制进一步完备。科举制多少能选拔一些人才，是我国封建选官制度的一次重大改革。但到明清两朝，科举考题限定以“四书五经”为范围，答卷只能以朱熹等人的注解为根据，文体必须按照死板的形式，分成八个部分，叫“八股文”。这种八股取士制度又成为培养封建统治阶级忠实奴仆的工具。

6. 蔡元培（1868—1940年），资产阶级民主革命家、教育家。浙江绍兴人，进士出身。1902年，在上海组织中国教育会，办爱国学社，宣传民主革命思想。1904年，与陶成章等成立光复会，任会长。次年，参加同盟会。中华民国成立时任南京临时政府教育总长。1917年，任北京大学校长，采用“兼容并包，思想自由”的办学方针，提倡学术研究和学派争论，使北大成为学术研究的中心。1919年“五四”运动爆发后，他被迫出国。“九·一八”事变后，他主张抗日。后病逝于香港。

7. 魏源（1794—1856年），清代的思想家和诗人。湖南邵阳人，进士出身，官至高邮知州。鸦片战争时，他参与浙东抗英战役。他切身体会到清政府的愚昧。1846年，他写了《海国图志》一书，系统地介绍了南洋和欧美各国的历史地理，目的在于学习外国的长处，以抵抗外国的侵略。他主张学习西方资本主义国家的科学技术，自办船厂、炮厂，巩固海防；改造军队，学习西方选兵和练兵的方法；改革科举制度，增设水师科，凡能制造新式武器的人，授予官职。在当时的社会背景下，魏源的这种思想和主张是难能可贵的。

8. 孔子（公元前551—前479年），春秋末期思想家和教育家，儒家的创始者。名丘，字仲尼，鲁国陬邑（今山东曲阜东南）人。曾任鲁国司寇，后又周游宋、卫、齐、楚等国，未见用。晚年致力教育，整理古代典籍《诗》、《书》，并修订鲁国史官所编的《春秋》。孔子宣传“仁”的学说，认为“仁”即“爱人”，而“仁”的执行要以“礼”为规范，“克己复礼为仁”。这种思想的实质是维护奴隶主贵族等级秩序。孔子对鬼神迷信采取存疑态度，但强调“天命”。在教育方面，孔子开创私人讲学的风气，主张“有教无类”，因材施教，注重学与思的结合，但鄙视生产劳动。孔子的言论由门徒编为《论语》。

9. 梁启超（1873—1929年），资产阶级改良主义者。广东新会人，举人出身。1895年，在北京协助康有为发起“公车上书”，组织强学会。第二年，在上海主编《时务报》。1897年，到湖南任长沙时务学堂主讲，和谭嗣同一起积极鼓吹维新变法。变法失败后，逃亡日本，继续鼓吹君主立宪，反对孙中山领导的民主革命。辛亥革命后回国，拥护袁世凯，出任司法总长。1916 年，与蔡锷联合反袁。后来依附段祺瑞，任段政府财政总长。他反对马克思主义在中国的传播。其著作编为《饮冰室全集》。

10. 《史记》是由司马迁撰写的中国第一部纪传体通史。记载了上自上古传说中的黄帝时代，下至汉武帝元狩元年间共 3000 多年的历史，与司马光的《资治通鉴》并称“史学双璧”。

11. 《水经注》是公元 6 世纪北魏时郦道元所著，是我国古代较完整的一部以记载河道水系为主的综合性地理著作，在我国长期历史发展进程中有过深远影响，自明清以后不少学者从各方面对它进行了深入细致的专门研究，形成了一门内容广泛的“郦学”。

12. 西域：狭义上是指玉门关、阳关以西，葱岭即今帕米尔高原以东，巴尔喀什湖东、南及新疆广大地区。而广义的西域则是指凡是通过狭义西域所能到达的地区，包括亚洲中、西部，印度半岛的地区等。

13. 长江三峡：是万里长江一段山水壮丽的大峡谷，为中国十大风景名胜之一。它西起重庆奉节县的白帝城，东至湖北宜昌市的南津关，由瞿塘峡、巫峡、西陵峡组成，全长 191 公里。

14. 二十四史：是我国古代二十四部正史的总称。即：《史记》(汉·司马迁)、《汉书》、《后汉书》、《三国志》、《晋书》、《宋书》、《南齐书》、《梁书》、《陈书》、《魏书》、《北齐书》、《周书》、《隋书》、《南史》、《北史》、《旧唐书》、《新唐书》、《旧五代史》、《新五代史》、《宋史》、《辽史》、《金史》、《元史》、《明史》。

15. 庙号：封建皇帝死后，在太庙立室奉祀，特立名号，称庙号。从汉朝开始，每个朝代的第一个皇帝一般称为太祖、高祖或世祖，以后的嗣君则称为太宗，世宗，等等。

## 四、简答题

1. 原因：第一，战争后中国的社会性质发生了根本性变化，由一个落后封闭但独立自主的封建国家沦为一个半殖民地半封建社会。第二，中国的发展方向发生变化，战前中国是一个没落的封建大国，封建制度已经腐朽，在缓慢地向资本主义社会发展，如果没有外来势力干扰，中国最终也会向西方大国那样发生资产阶级革命成为资本主义国家；而鸦片战争后中国的民族资本主义不可能获得正常发展，中国也就不可能发展为成熟的资本主义社会，而最终选择了社会主义道路。第三，社会主要矛盾发生变化，战前中国的主要矛盾是农民阶级与封建地主阶级的矛盾，而战后主要矛盾则包括农民阶级和地主阶级的矛盾及中华民族与外国殖民侵略者的矛盾，也就是社会主要矛盾复杂化。第四，革命任务发生变化，原先的革命任务是反对本国封建势力，战后则增加了反对外国殖民侵略的任务，革命的性质也由传统的农民战争转为旧民族主义革命。

2. 社会背景：春秋、战国新旧阶级之间，各阶级、阶层之间，由于处于向封建地主制过渡的时期，斗争复杂而又激烈。当时的学者或思想家，都企图按照本阶级（层）或本集团的利益和要求，对宇宙对社会对万事万物做出解释，或提出主张，于是出现了一个思想领域里的“百家争鸣”的局面。

3. 民族英雄：吉鸿昌、张自忠、左权、赵一曼、冯玉祥、杨靖宇、李宗仁、佟麟阁、郝梦龄（任意五位即可）

4. 主要原因：1）地处湿润地区，降水丰沛，径流量大；2）地处二三阶梯交界处，河流落差大。

5. 华北地区缺水问题：产生原因：1）自然原因：温带季风气候，全年降水少，河流径流量小；降水变率大；春季蒸发旺盛。2）人为原因：人口稠密、工农业发达，需水量大；水污染严重；浪费多，利用率低；春季春种用水量大。

治理措施：1）南水北调；2）修建水库；3）控制人口数量，提高素质；4）减少水污染；减少浪费，提高利用率；5）限制高耗水工业的发展；6）发展节水农业，采用滴灌、喷灌技术，提高利用率；7）实行水价调节，树立节水意识；8）海水淡化等。

# 第四单元　政治、经济法律知识参考答案

## 第一章

**一、选择题**

1. B　2. A　3. B　4. D　5. D　6. C　7. D　8. A　9. C　10. B

**二、填空题**

1. 大力发展生产力
2. 坚持执政为民
3. 实事求是
4. 一个中心，两个基本点
5. 50 年

## 第二章

**一、选择题**

1. D　2. D　3. C　4. A　5. A　6. D　7. C　8. A　9. A　10. C

**二、填空题**

1. 出口需求
2. 亚当·斯密
3. 集约型增长
4. 股东大会
5. 世界贸易组织

## 第三章

**一、选择题**

1. C　2. A　3. D　4. A　5. A　6. C　7. D　8. A　9. B　10. D

**二、填空题**

1. 6 个月
2. 出生，归化
3. 特别法
4. 全国人大常委会
5. 法律行为

# 备考习题

## 一、选择题

1. A　2. C　3. A　4. D　5. B　6. C　7. C　8. D　9. D　10. A
11. A　12. A　13. B　14. B　15. C　16. B　17. C　18. C　19. B　20. C
21. C　22. A　23. C　24. D　25. C　26. B　27. C　28. D　29. C　30. B
31. C　32. B　33. D　34. C　35. C　36. A　37. D　38. D　39. B　40. D

## 二、填空题

1. 民主法治
2. 多极化
3. 联合国大会
4. 人民代表大会制度
5. 以人为本
6. 十二大
7. 《关于建国以来党的若干历史问题的决议》
8. 出口需求
9. 强制性
10. 价值规律
11. 支付手段
12. 需求拉动的通货膨胀
13. 股份有限公司
14. 宪法
15. 犯罪客体
16. 拘役
17. 法人
18. 处分
19. 平等原则
20. 父母

## 三、名词解释

1. 通常把国家的性质称为国体，具体地说，就是社会各阶级在国家中所处的地位。统治阶级的性质决定着国家的性质。
2. 社会主义初级阶段：是指我国生产力落后、商品经济不发达条件下建设社会主义必然要经历的特定阶段。即从 1956 年社会主义改造基本完成到 21 世纪中叶社会主义现代化基本实现的整个历史阶段。
3. 霸权主义：是指政治、军事和经济的优势，在全世界或个别地区破坏、控制他国主权，谋求统治地位的政策。
4. 宏观调控：是国家综合运用各种手段对国民经济进行的调节与控制，宏观调控主要运用价格、税收、信贷、汇率等经济手段和法律手段及行政手段进行调节。
5. 通货膨胀：指在纸币流通条件下，因货币供给大于货币实际需求，也即现实购买力大于产出供给，导致货币贬值，而引起的一段时间内物价持续而普遍地上涨现象。
6. 国内生产总值：是指一定时期内（一个季度或一年），一个国家或地区的经济中所生产出的全部最终产品和提供劳务的市场价值的总值。
7. 边际效用：指在一定时间内消费者增加一个单位商品或服务所带来的新增效用，也就是总效用的增量。
8. 正当防卫：是指为了使国家、公共利益、本人或者他人的人身、财产和其他权利免受正在进行的不法侵害，而对不法侵害者所实施的没有明显超过必要限度并且未造成重大损害的防卫行为。
9. 知识产权：是指权利人对其所创作的智力劳动成果所享有的专有权利，一般只在有限时间期内有效。

10. 公民：是指具有一国国籍，并根据宪法和法律规定享有权利和承担义务的人。

**四、简答题**

1. 科学发展观既符合时代发展潮流，又符合当代中国国情；既体现出鲜明的时代特征，又包含着深刻的人文精神。科学发展观进一步指明了新世纪、新阶段我国现代化建设的发展道路、发展模式和发展战略，进一步明确了中国要发展、为什么发展和怎样发展的重大问题，是全面建设小康社会和实现现代化的根本指导方针。

如果将这一发展观付诸实践，将对中国的改革和发展产生巨大而深远的影响，将对全人类的可持续发展做出巨大贡献。

第一，树立科学的发展观是贯彻“三个代表”重要思想的本质要求。贯彻“三个代表”重要思想，关键在于坚持与时俱进，核心在于坚持党的先进性，本质在于坚持立党为公、执政为民。树立科学的发展观，要根据时代的变化，更新发展的观念，丰富发展的内容，加深对发展规律的认识，更好地体现与时俱进的创新精神。

第二，树立科学的发展观是全面建设小康社会的重要保障。全面建设达到全部人口的更高水平的小康社会，必须树立科学的发展观，不仅要促进物质财富的增长，实现经济增长翻两番的目标，全面改善人民的物质生活、精神生活，最终实现人的全面发展。

第三，树立科学的发展观，是解决现实矛盾问题的迫切需要。改革开放以来，我国的经济发展取得了举世瞩目的成绩，但是由于经济增长的方式尚未实现根本性的转变，投入产出的效率还不高，可持续发展的能力还不强，经济增长的资源、环境的代价很大。解决这些矛盾，迫切要求我们树立科学的发展观。

2. （1）反对霸权主义，维护世界和平是我国对外政策的基本方针和首要任务。在新的历史时期，邓小平强调反对霸权主义对事不对国，重申中国永远不称霸。（2）独立自主是我国对外政策的基本原则，坚持独立自主的和平外交政策，必须从国家利益为最高原则。（3）和平共处五项原则是处理国际关系的基本原则，在这五项原则基础上，遵循睦邻友好原则，创造和维护和平友好长期稳定的周边环境，是我国长期实行的外交方针之一。

3. 正面影响：（1）有利于中国进口（2）原材料进口依赖型厂商成本下降（3）国内企业对外投资能力增强（4）在华外商投资企业盈利增加（5）有利于人才出国学习（6）外债还本付息压力减轻（7）中国资产出卖更合算（8）中国 GDP 国际地位提高（9）增加国家税收收入（10）中国百姓国际购买力增强

反面影响：（1）人民币在资本账户下不能自由兑换（2）导致对外资吸引力的下降，减少外商对中国的直接投资（3）对中国的外贸出口造成极大的伤害（4）人民币汇率升值会降低中国企业的利润率，增大就业压力（5）财政赤字增加，同时影响货币政策的稳定。

4. （1）财政赤字。中央银行向政府发放贷款弥补财政赤字，通过财政支出，转变为商业银行存款，再对商业银行贷款，数倍扩张，即产生派生存款，增加货币供给量。而财政支出绝大部分是非生产性支出，增加货币供给量的同时，不能相应增加生产，因而为弥补财政赤字而增加的货币供给量，是过多的货币。

（2）信用膨胀。当信贷规模的扩大超过了生产、流通的需要，致使货币供给量超过货币需要量时，出现通货膨胀。

（3）经济发展速度。一些国家经济发展速度过快，积累率过高，建设规模超过了生产所能承担的能力，影响市场商品供求结构，造成货币流通与商品流通不相适应。

（4）外债。一些大量举借外债的国家，在外债资金使用效率不高的情况下，沉重的还本付息负担阻碍了这些国家经济的正常发展，经济发展的迟滞和难以应付的还本付息负担而造成的财政赤字，必然导致通货膨胀。

（5）国外通货膨胀通过价格途径、需求途径、国际收支途径传导到国内。

5. 我国刑法规定的犯罪是指“一切危害国家主权、领土完整和安全，分裂国家、颠覆人民民主专政的政权和推翻社会主义制度，破坏社会秩序和经济秩序，侵犯国有财产或者劳动群众集体所有的财产，侵犯公民私人所有的财产，侵犯公民的人身权利、民主权利和其他权利，以及其他危害社会的行为，依照法律应当受到刑罚处罚的，都是犯罪，但是情节显著轻微危害不大的，不认为是犯罪。”

犯罪有三个基本特征即：犯罪是危害社会的行为，具有一定的社会危害性。犯罪是触犯刑律的行为，具有刑事违法性。犯罪是应当受到刑罚惩罚的行为，具有应受惩罚性。

# 第五单元　西方文化知识参考答案

## 第一章

**一、选择题**

1. B　2. B　3. A　4. C　5. A　6. C　7. D　8. A　9. D　10. D

**二、填空题**

1. 尼布甲尼撒二世时期
2. 雅典是小国寡民的城邦
3. 抽签选举制，有限任期制
4. 陪审法庭
5. 极力维护私有财产

## 第二章

**一、选择题**

1. D　2. C　3. D　4. D　5. D　6. D　7. D　8. C　9. B　10. C

**二、填空题**

1. 查尔曼
2. 拿撒勒派
3. 狄奥多西
4. 日耳曼人
5. 封君封臣制

## 第三章

**一、选择题**

1. B　2. C　3. D　4. D　5. D　6. C　7. D　8. D　9. C　10. B

**二、填空题**

1. 提出了资本主义的政治构想
2. 马丁·路德
3. 资本主义萌芽的产生
4. 莎士比亚，汤显祖
5. 渴求得到黄金

## 第四章

**一、选择题**

1. A　2. A　3. B　4. D　5. C　6. D　7. A　8. B　9. C　10. D

**二、填空题**

1. 阿克莱特
2. 斯蒂芬森（逊）
3. 搅炼和碾压法
4. 蒸汽
5. 《法典》

## 第五章

**一、选择题**

1. B　2. A　3. C　4. B　5. D　6. A　7. D　8. D　9. C　10. A

**二、填空题**

1. 萨拉热窝事件，1914 年 7 月
2. 西、东、南，西、东
3. 同盟国，帝国主义的掠夺战争
4. 1939 年，波兰
5. 奥地利，捷克斯洛伐克

## 备考习题

**一、选择题**

1. D　2. B　3. A　4. D　5. B　6. D　7. D　8. B　9. A　10. D
11. C　12. A　13. B　14. C　15. B　16. A　17. D　18. B　19. D　20. D
21. D　22. B　23. D　24. A　25. C　26. B　27. B　28. B　29. C　30. C

**二、填空题**

1. 伦敦，巴黎
2. 封建社会；中世纪
3. 亚历山大帝国
4. 工业革命；新航路的开辟
5. 英国宪章运动；《人民宪章》
6. 三国同盟；三国协约
7. 牛顿
8. 达尔文；《物种起源》
9. 《共产党宣言》；马克思主义
10. 市民；资本主义
11. 原子弹；原子能
12. 20
13. 第二国际
14. 波义耳
15. 印象派
16. 政治、经济发展不平衡，导致力量对比的改变

17. 凡尔登战役；索姆河战役
18. “音乐之父”；贝多芬
19. 德拉克洛瓦
20. “彼得大帝”
21. 王朝战争
22. 埃米尔·勒瓦瑟；莱特兄弟
23. 法兰西第二帝国
24. 加里波第；“红衫军”
25. 奴隶制度的存废问题

**三、名词解释**

1. 克里特文明：也称米诺斯文明，约存在于公元前 3000 年到前 1340 年。古王宫时期是克里特文明的形成期。新王宫时期是克里特文明的繁荣期，此时的克里特被米诺斯王朝统治着，建立了海上霸权，商业繁荣。大约公元前 1450 年，操希腊语的民族侵入克里特，占领了米诺斯王朝的克诺索斯王宫，克里特文明至此衰落。
2. 十二铜表法：是古罗马历史上的第一部成文法典，因篆刻在 12 块铜牌上得名，颁布于公元前 451 年到前 450 年，起因于平民反对贵族奴隶主滥用职权，以习惯解释法律。事实上，铜表法也是对以前习惯法律的汇编，仍然是保护奴隶主的法律。但是因为有了成文法典，这就在一定程度上限制了奴隶主贵族滥用权力，一定程度上保障了平民的利益。
3. 法国等级代表会议的名称，由教会贵族、世俗贵族和市民代表三个等级组成。第一次三级会议于公元 1302 年由法王腓力四世在巴黎召开，这是腓力四世在与教皇斗争的关键时刻为取得国内广泛支持而召开的会议。
4. 11—14 世纪西欧中世纪主要的哲学思潮，因产生于教会的学院，故而得名。它运用亚里士多德形式逻辑等理性形式，通过抽象的、烦琐的辩证方法论证基督教信仰，并将正统教义的明显谬误证明为正确的，是为宗教神学服务的思辨哲学。主张理性服从信仰，哲学是神学的“婢女”，教权高于世俗权力。
5. 玛雅文明：指的是古代中美洲印第安人的文明，主要分布在墨西哥南部、危地马拉、洪都拉斯和萨尔瓦多西部地区。大约公元前 1000 年初期发展到定居的农业文明，公元 1541—1546 年间，被西班牙殖民者征服。
6. 1688—1689 年英国资产阶级和新贵族发动的推翻詹姆斯二世的统治、防止天主教复辟的政变。西方资产阶级历史学家传统地将这次事件称之为不流血的光荣革命。
7. 1775 年 4 月 18 日晚，英国殖民军准备偷袭北美波士顿西北郊来克星顿和康科德两地民兵的秘密火药库。当地民兵事先得到消息，立即武装起来，埋伏于各个交通要道。4 月 19 日拂晓，当英军到达莱克星顿时，民兵立即从各处向英军射击。一部分英军继续向康科德前进，但同样遭到民兵们的袭击。北美独立战争的第一枪，就这样在莱克星顿和康科德打响了。
8. 大陆会议于 1776 年 7 月 4 日通过了由托马斯·杰斐逊等人起草的《独立宣言》，《独立宣言》的发表，标志着北美第一个资产阶级政权的建立。《独立宣言》是世界上第一个资产阶级政治纲领。
9. 罗伯斯庇尔用暴力镇压了左、右两派之后，表面上消除了危机，实际上彻底动摇了它的统治基础。花月法令更弄得人人自危，加速了各种反对派的联合，丹东派、埃贝尔派的残余以及国民公会中的沼泽派迅速联合起来，组成一个反对罗伯斯庇尔的联盟，即以后人们所说的“热月党人”。1794 年 7 月 27 日共和二年热月，雅各宾派专政被推翻。这就是历史上有名的“热月政变”。

10. 1815年初，拿破仑在厄尔巴岛获悉反法联盟在维也纳会议上由于分赃不均而几乎分裂，率旧部逃离厄尔巴岛回巴黎，重登帝位。英、普、奥、俄等国君主停止争吵，结成第七次反法联盟，集结了70万重兵，准备分头进攻巴黎。18—19日发生了著名的滑铁卢战役，拿破仑最后遭到失败。从此结束了拿破仑的“百日政权”和拿破仑帝国在法国的统治。6月21日，拿破仑回到巴黎，自动宣布第二次退位。
11. 1823年美国总统J. 门罗提出的美国对拉丁美洲的基本政策。1823年12月2日，门罗在致国会咨文中提出美国对外政策的原则，史称门罗主义或门罗宣言。门罗主义在防止欧洲列强对美洲的侵略，维护拉丁美洲已独立国家的地位方面起了积极作用。但在一段时间内，英、法曾多次对拉美国家进行侵略和殖民占领，美国却未表示抗议。相反，美国也不断侵犯拉美国家的主权，破坏其领土完整，第二次世界大战后，美国成为超级大国，1949年与欧洲国家签订了北大西洋公约，正式与欧洲国家结盟。从此门罗主义逐渐丧失其作用。
12. 发生在萨拉热窝的刺杀事件。第一次世界大战的导火线。1914年6月28日，奥地利皇储弗朗茨·斐迪南在萨拉热窝检阅奥匈帝国军队演习时，被塞尔维亚秘密民族主义组织“青年波斯尼亚”成员刺杀。奥匈帝国在德国支持下，于7月23日向塞尔维亚提出最后通牒，并于28日正式宣战，第一次世界大战爆发。
13. 陶片放逐法：也被翻译为“贝壳放逐法”，是古希腊雅典城邦实施的一项政治制度，由雅典政治家克里斯提尼于公元前510年左右创立，约公元前487年左右陶片放逐法才首次付诸实施。雅典公民可以在陶片上写上那些不受欢迎人的名字，并通过投票表决将企图威胁雅典民主制度的政治人物予以政治放逐。
14. 日本封建武士通过幕府实行的政治统治形式，又称为武家政治。幕府一词出自汉语，指出征时将军的府署。在日本，最初指近卫大将住所，后指武士的领袖征夷大将军的府邸，以后又称将军为首的中央政权为幕府。该政治形式中，幕府的实际权力要远远超过朝廷和天皇。幕府政治始于公元1192年镰仓幕府建立，中经室町幕府，至公元1867年江户幕府的德川庆喜还政于天皇，幕府政治结束。
15. 非暴力不合作运动：是指20世纪20年代印度民族运动的领袖甘地倡导的斗争方式。主要内容是印度人不参加英国人控制的征服，不到英国人办的学校接受教育，抵制英货，使用印度本地的产品，以绝食、静坐等和平手段进行对英国殖民者的斗争。

## 四、简答题

1. 第一，启蒙思想要求消灭专制王权和教会，贵族的特权，实现民主政治，权利平等和个人自由。法国大革命推翻了封建王朝的专制统治，取消了贵族特权，颁布了《人权宣言》和《1791年宪法》，拿破仑统治时期，又颁布了《民法典》等一系列法典，促进了法国和西方向资本主义社会的过渡。第二，通过革命，资产阶级摆脱了政治上无权的地位，在经济上摆脱了封建政府的压制和盘剥，革命后建立的国家政权还采取各种措施鼓励资本主义工商业的发展。第三，拿破仑的战争把大革命的精神传播到欧洲各地。动摇了欧洲大陆的封建统治，同时，战争侵犯了许多国家的独立，促进了各国人民的觉醒和民族主义思想的萌发。
2. 根本原因：战后苏美战略目标和战略利益的冲突，社会主义和资本主义两种社会制度矛盾的升级。

直接原因：北大西洋公约组织和华沙条约组织的建立。杜鲁门主义出台标志着苏美冷战的全面开展，马歇尔计划与莫洛夫计划的对抗，是冷战在经济领域的开始，两个朝鲜和两个德国的出现是“二战”和冷战的产物。以美国为首的资本主义阵营和以苏联为首的社会主义阵营，北约和华约两大军事集团开展了全面的紧张的对峙和对抗。

3. （1）根本原因：人地矛盾突出。(2) 条件：多良港，多岛屿，航海业发达，海军强大。

海外殖民运动的范围：地中海地区和黑海沿岸。

海外殖民运动的影响：第一、扩大地域，解决土地问题，缓解城邦人口压力；第二、促进希腊各地商品生产和海外贸易发展；第三、工商业奴隶主阶层壮大，有利于公民集体稳定和城邦制度巩固，有利于平民反贵族斗争，有利于民主政治建立；第四、开阔了希腊人的眼界，从东方文明吸收先进文明成果，奠定了自己独特文明的基础。

4. 实质：凡尔赛体系是战胜国对战败国肆意掠夺的体系；建立了在欧洲、西亚和非洲的国际“新秩序”，但它只维持了短暂的，主要是欧洲的和平。

内在矛盾：(1) 战胜国与战败国之间：构成该体系的几个重要条约对战败国过于苛刻的条件是它崩溃的主要原因。(2) 战胜国与战胜国之间：利益的分配是按战后各国实力主要是军事实力大小进行的，因而各国所得的利益相差很大。(3) 战胜国列强与“民族”独立国家和殖民地半殖民地国家的矛盾。

5. 背景：11 世纪西欧各国城市的兴起，是与当时社会生产力的发展紧密相关的，这时候西欧各国生产得到恢复和发展，工农业生产的门类越来越多，技术也日趋复杂；手工业者生产性质和目的也由此发生变化，商品生产的出现和发展促进了城市的兴起。同时农业生产力的提高是城市兴起的前提。西欧各国经过几百年的生产实践，农业生产技术得到改进，通过实行三田制、采用重犁和广泛开垦荒地等措施使产量有所增加，从而为城市兴起创造了条件。

途径：中世纪西欧城市的兴起主要有两个途径：首先，罗马时代的一些城市在日耳曼人入侵后没有彻底消失，并且随着生产的发展而得到复兴；其次，有些城市是在中世纪新兴起来的，主要来源除了人们自发的聚集之外，还有一些是封建主所新建立的。

历史意义：经济上，城市的发展导致商品交换的加强和商品流通范围的扩大，使西欧单一的经济结构趋向多元化。政治上，城市，特别是那些拥有自由与自治权利的城市，成为西欧封建社会中新的政治实体，从而使西欧社会的政治力量格局更加复杂化。文化上，随着城市的繁荣发展，城市文化也应运而生，世俗学校、大学等纷纷建立，从而使西欧中古文化更加丰富多彩和充满生机。

# 第六单元　主要英语国家概况参考答案

## 第一章　英国概况

### 一、选择题

1. A　解析：人们所知的英国最早居民是伊比利来人。盎格鲁人和朱特人出现于英国约在

公元 446—871 年。约公元前 700 年，凯尔特人来到不列颠岛。

2. C　解析：是英格兰和威尔士的十一个国家公园中最大的一个湖，又名讷湖。

3. D　解析：英国议会起源于大议会。B/C 为其组成部分。

4. A　解析：英制造业中纺织业最不景气，但电子和光学设备、人造纤维和化工产品，特别是制药行业仍保持雄厚实力。

5. B　解析：百年战争指 1337 年到 1453 年英法之间一场断断续续的战争。

6. D　解析：英国内战推翻了英国的封建制度。

7. C　解析：所需资金来源于全国保险税和赋税。无论个人收入如何，国民保健制度为每个居民提供全面医疗服务。国民保健制度中多数牙科治疗都要收取一定比例的费用，包括检查费。

8. C　解析：亨利的改革强调了君主权力，自然加强了亨利的地位；议会以往从未做过如此漫长而重要的工作，自然其重要性也有所加强；他对教皇权力的打击鼓舞许多人批评指责天主教会，并希望从天主教转向新教。

9. B　解析：是罗马对英国的影响。

10. D　解析：每届任期为 5 年，实际的大选可在 5 年任期之前的任何时间举行。

**二、填空题**

1. 盎格鲁-撒克逊人、凯尔特人
2. 朱特人、撒克逊人和盎格鲁人
3. 查尔斯
4. 少量人口从事农业生产；农业生产机械化程度高
5. 1688 年的光荣革命

## 第二章　美国概况

**一、选择题**

1. C　　2. D

3. A　解析：在美国所有州中，阿拉斯加是面积最大的州，罗得岛最小。但仅就美国大陆而言，最大的州是得克萨斯州。

4. B　　5. D　　6. A　　7. C

8. D　解析：官方名称为《欧洲复兴计划》。是对西欧各国进行经济援助、协助重建的计划。该计划于 1947 年 7 月正式启动。

9. C　解析：民主统一党、社会民主工党、新芬党为北爱尔兰的党派。

10. A　解析：国会的主要职权有：立法权、行政监督权、条约及官员任命的审批权（参议院）和宪法修改权。对总统、副总统的复选权等。
国会对总统、副总统及官员有弹劾权，提出弹劾之权属于众议院，审判弹劾之权属于参议院。两院议员由各州选民直接选举产生。

**二、填空题**

1. 教育，工作努力，家庭　　2. 弗吉尼亚的詹姆斯
3. “五月花号”，普利茅斯　　4. 1812 年英美战争

5. 大公司的出现，城市化，新技术的迅速发展

## 第三章　加拿大概况

### 一、选择题

1. A　　2. C　　3. C　　4. D　　5. B

6. A　解析：参众两院通过的法案由总督签署后成为法律。　　7. B

8. C　解析：由总督代表女王执掌国家的行政权。

9. D　解析：联邦议会由参议院和众议院组成。总督有权召集和解散议会。众议员由按各省人口比例划分的联邦选区直接选举产生。

10. D　解析：加拿大是西方七大工业化国家之一。制造业、高科技产业、服务业发达。加拿大以贸易立国，对外贸易依赖性较大，经济上受美国影响较深。

### 二、填空题

1. 联邦；省；地方　　2. 自由党；保守党

3. 《环球邮报》；《全国邮报》　　4. 西北地区；育空地区；努纳武特地区

5. 和平；秩序；良政

## 第四章　澳大利亚

### 一、选择题

1. C　　2. A　　3. B　　4. D　　5. A　　6. B　　7. B

8. A　解析：采矿业为传统产业。澳大利亚的制造业和高科技产业发展较快。是世界最大的羊毛和牛肉出口国。最大的鱼产品出口国是加拿大。

9. C　解析：服务业已成为国民经济主导产业

10. D　解析：澳大利亚被划分为两个地区。

### 二、填空题

1. 服务业　　2. 墨尔本河

3. 澳大利亚　　4. 联邦议会

5. 澳联合新闻社

## 备考习题

### 一、选择题

1. B　　2. D

3. D　解析：贤人会议是今天枢密院的基础。

4. A　　5. C

6. A　解析：英国文化的复兴并不是直接通过古典作品，而是通过受古典作品影响同时代的欧洲人实现的。乔叟出现在14世纪。文艺复兴和英格兰的宗教改革在时间上有所交叉。

7. D 8. B

9. D 解析：是圈地运动的影响。

10. C 11. B 12. D

13. D 解析：(1) 未经大议会同意，不得征税；(2) 只有根据国家有关法律才能逮捕、监禁自由人以及剥夺他们的财产；(3) 教会应享受其所有权利且有选举自由；(4) 伦敦和其他城镇应保留其古时的权力和特权；(5) 全国要使用统一的重量和长度度量衡。

14. B 15. C

16. B 解析：黑死病在 14 世纪传播到欧洲。黑死病对经济造成的后果更为深远。1351 年政府颁布"劳工法令"。

17. A 18. C

19. C 解析：足球传统老家在英格兰。伦敦的马拉松赛，每年春季举行。高尔夫球的故里是苏格兰。

20. D 解析：民主党没有固定的党员人数，一般在总统大选中投民主党候选人票者就成为其党员。

21. C 解析：社会保障收入属于非社会保险项目。

22. C 解析：美国的医疗保障体系主要由联邦医疗保险和政府医疗补助两部分组成。联邦医疗保险主要为 65 岁以上老人、残障人士和晚期肾衰竭病人提供医疗保障，奥巴马政府执政后，大力推动医保改革立法进程。

23. C 解析：鸡蛋和野兔是复活节的象征物

24. D 解析：美国两院议员均可连任，任期不限。

25. B 解析：总统的行政命令与法律有同等效力。总统选举每四年举行一次。总统为间接选举产生。

26. A 解析：在美国，总统选举赢者全赢的制度适用于除缅因州外的各州。

27. C 解析：联邦最高法院有权宣布联邦和各州的任何法律无效

28. A 29. B

30. A 解析：为举行阵亡纪念日，盛大仪式通常在华盛顿特区附近的阿灵顿国家公墓的无名将士墓前举行。"你想挨捉弄，还是款待我们"是万圣节孩子们常说的话，退伍军人节是为了纪念 1918 年第一次世界大战停战协议的签订。

**二、填空题**

1. 威廉一世
2. 限制国王权力
3. 1381
4. 《工会法》
5. 清教徒革命
6. 议会；国王
7. "光荣革命"
8. 托利党
9. 《圈地法》
10. 地方政府；中央政府
11. 路透社、新闻联合社、AFX 新闻有限公司
12. 美国
13. 美联社
14. 《北大西洋公约》
15. 社会保险；非社会保险
16. 联邦医疗保险；政府医疗补助
17. 教学；研究；公众服务
18. 托马斯·杰斐逊

19.《人权法案》　　20. 澳大利亚

三、名词解释

1.《大宪章》是约翰国王于1215年在封建贵族压力下签订的。《大宪章》总共63条，其中最重要的内容是：(1) 未经大议会同意，不得征税；(2) 只有根据国家有关法律才能逮捕、监禁自由人以及剥夺他们的财产；(3) 教会应享受其所有权利且有选举自由；(4) 伦敦和其他城镇应保留其古时的权力和特权；(5) 全国要使用统一的重量和长度度量衡。尽管人们普遍认为《大宪章》为英国的自由奠定了基础，但该宪章只是规定国王和贵族之间封建关系和法律关系的文件，保证了教会的自由，限制了国王的权力。《大宪章》的精神是限制国王权力，使其在英国封建法律允许的范围内活动。
2. 百年战争：指1337年到1453年英法之间一场断断续续的战争，战争的起因既有领土因素又有经济因素。领土原因是与英国国王拥有法国的阿基坦大片公爵领地有密切关系，随着法国国王势力日增，他们渴望占领这片在他们领土内的土地。经济原因则与弗兰德斯有关。弗兰德斯地区生产棉布的城镇是英国羊毛的主要进口商，但这些城镇在政治上却效忠法国国王。其他原因还有英国试图阻止法国帮助苏格兰人，以及不断觉醒的民族意识。
3. 宪章运动：是19世纪三四十年代英国发生的争取实现人民宪章的工人运动，是世界三大工人运动之一。宪章运动的目的是，工人们要求取得普选权，以便有机会参与国家的管理。“普选权问题是饭碗问题”，工人阶级希望通过政治变革来提高自己的经济地位。
4. 玫瑰战争：是指从1455年到1485年，以红玫瑰为象征的兰开斯特大家族和以白玫瑰为象征的约克家族之间战争的普遍接受的名称。1485年，兰开斯特家族的后代亨利都铎取得了博斯沃恩战役的胜利，建立了都铎王朝。这些战争使英国的封建主义受到致命打击，贵族阶层受到了削弱。
5. 英国内战：又称为清教徒革命。由于查尔斯的“君权神授”统治权，他与议会的对峙发展成了内战。战争开始于1642年8月22日，结束于1651年。最后查尔斯被处死。这是议会和国王间的冲突，也是城市中产阶级的经济利益与皇室传统经济利益之间的冲突。城市中产阶级经济利益刚好与他们的宗教（清教）思想吻合，相应地，皇室传统的经济利益则与圣公会教的宗教信仰结合在一起。英国内战不仅推翻了英国的封建制度，而且动摇了欧洲封建经济的基础。英国内战通常被看做是现代世界史的开端。
6. 1979年撒切尔夫人成为英国第一任女首相。她提出的政策被称为“撒切尔主义”。其内容包括国有工业私有化，采用货币主义政策以控制通货膨胀，削弱工会的影响，加强市场因素在经济中的作用，强调法律和秩序。在一定程度上讲，她的计划是成功的。她领导英国经济度过了一段最繁华的时期之一。
7. 波士顿倾茶事件：又称波士顿茶，发生在1773年12月16日的政治示威。因北美被殖民者不满英国，因而当地居民在马萨诸塞州波士顿倾倒茶叶，来对抗英国国会，最终引起著名的美国独立战争。它是美国革命的关键点之一，也是美国建国的重要历史事件之一。
8. “杜鲁门主义”：被普遍地认为是美国外交政策上的一个新的急剧转变，其对全世界的影响相当于1823年宣布西半球不再受欧洲殖民主义支配的门罗主义。苏联认为杜鲁门

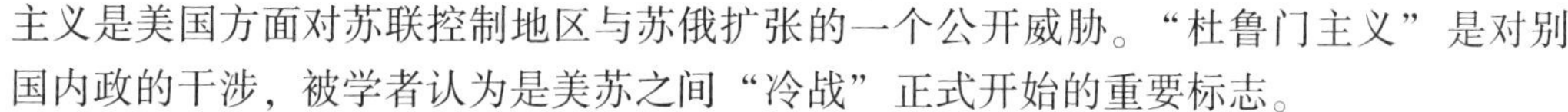

主义是美国方面对苏联控制地区与苏俄扩张的一个公开威胁。“杜鲁门主义”是对别国内政的干涉，被学者认为是美苏之间“冷战”正式开始的重要标志。

9. “马歇尔计划”：官方名称为欧洲复兴计划，是“二战”后美国对被战争破坏的西欧各国进行经济援助、协助重建的计划，对欧洲国家的发展和世界政治格局产生了深远的影响。该计划于1947年7月正式启动，并整整持续了4个财政年度之久。在这段时期内，西欧各国通过参加经济合作发展组织总共接受了美国包括金融、技术、设备等各种形式的援助，合计130亿美元。

10. 水门事件：在1972年的总统大选中，为了取得民主党内部竞选策略的情报，1972年6月17日，以美国共和党尼克松竞选班子的首席安全问题顾问詹姆斯·麦科德为首的5人闯入位于华盛顿水门大厦的民主党全国委员会办公室，在安装窃听器并偷拍有关文件时，当场被捕。由于此事，尼克松于1974年8月8日宣布将于次日辞职，从而成为美国历史上首位辞职的总统。

**四、简答题**

1. （1）罗马对英国的影响：罗马人修建了许多城镇网、道路、澡堂、庙宇和其他建筑物。他们还很好地利用了英国的自然资源。罗马人还把基督教这门新宗教带到不列颠。

　（2）罗马对不列颠的影响有限的原因：首先，罗马人把不列颠人当作奴隶阶段的属民来对待。其次，罗马人不允许和不列颠人通婚。最后，罗马人也未影响普通不列颠人的语言和文化。

2. （1）原因：亨利八世负责进行教会的宗教改革。改革教会的渴望已有多年，现在又受马丁·路德成功的鼓舞，许多人认为时机已到；人们痛恨教职人员的威望和财富；亨利需要钱。

　（2）过程改革以争取离婚而开始，以脱离教皇而告终。亨利八世欲与阿拉贡的凯瑟琳离婚，但是教皇拒绝了。亨利改革的目的是摆脱英国教会与教皇的联系，成立独立的英格兰教会。1529年至1534年间逐渐地与罗马脱离了关系。他解散了所有英国的修道院和修女院，因为后者对教皇比对英国国王更忠诚。1534年的《继位法》和1535年的《至尊法案》使改革具有了可行性。1535年他获“英格兰教会最高首脑”之称号。

　（3）影响：亨利的改革强调了君主权力，自然加强了亨利的地位；议会以往从未做过如此漫长而重要的工作，自然其重要性也有所加强；他对教皇权力的打击鼓舞许多人批评指责天主教会，并希望从天主教转向新教。

3. （1）1744年9月，第一届大陆会议在费城召开，鼓励美国人拒绝购买英货。

　（2）1775年，马萨诸塞的农民和英国军队在莱克星顿和康科德的战斗标志着独立战争的爆发。

　（3）1775年第二次大陆会议在费城召开。会议组建大陆军并任命乔治·华盛顿为总司令。

　（4）1776年，托马斯·杰斐逊起草《独立宣言》，它明确阐述了支撑这场革命的政治理论。

　（5）1776年的圣诞节，美军在新泽西的特伦顿挫败英军，这之后不久，美军在萨拉托加击败英军，史称“萨拉托加大捷”这次胜利被认为是北美独立战争的转折点，并直接导致美法联军的建立。

(6) 1783 年 9 月签订《巴黎和约》，英国式承认美国独立。

(7) 1789 年，美国联邦政府成立。华盛顿成为美国第一任总统。

# 第七单元　西方翻译理论知识参考答案

## 第一章

**一、选择题**

1. B　2. A　3. D　4. D　5. D　6. C　7. D　8. D　9. D　10. D

**二、填空题**

1. 对等语
2. 特殊翻译理论，一般翻译理论
3. 归化法
4. 《民众的圣经》
5. 阿米欧

**三、名词解释**

1. 杰罗姆模式：一种强调译文对原文的忠实转换和语言层面上的直译的翻译模式。
2. 贺拉斯模式：一种着眼于目的语语言和目的语读者的翻译模式。
3. 翻译的语言学派：围绕原文和译文的语言结构方面的差别，对翻译原则进行探讨的学派。
4. 翻译的语言交际理论学派：注重话语交际功能，从信息源、信息、信息接收者、信息反馈、渠道和媒介等角度研究翻译的学派。
5. 翻译的社会符号学派：强调翻译中的社会文化因素，从社会语言学和符号学角度出发，剖析社会人及其行为与语言运用关系的学派。

**四、简答题**（略）

## 第二章

**一、选择题**

1. B　2. C　3. D　4. A　5. C　6. B　7. A　8. D　9. C　10. B

**二、填空题**

1. 语内翻译、语际翻译、符际翻译
2. 《翻译问题探索》
3. 产品导向研究、过程导向研究、功能导向研究
4. 等值成分，本质和条件
5. 翻译语用学，翻译修辞学

**三、名词解释**

1. 语际翻译：是两种语言之间的解释，即用另一种语言的语符来解释一种语言的语符，

这就是人们通常所指的严格意义上的翻译。

2. 文本等值：指在特定的语境中，译语文本或部分文本成为原语特定文本或部分文本的等值成分。

3. 动态对等：从语义到语体，在接受语中用最贴切的自然对等语再现原语信息。

4. 交际翻译：力图在目的语中再现原文读者感受到的同样效果，以译文读者为交际目标的翻译方法。

5. 翻译语言学：是以语际交流为基础，涵盖双语间在语法、语义、语用、修辞等方面的等值问题的语言学。

**四、简答题**（略）

## 第三章

**一、选择题**

1. B　2. C　3. A　4. B　5. C　6. C　7. A　8. D　9. B　10. C

**二、填空题**

1. 《神州集》或《华夏集》　　2. 翻译，创作

3. 现实主义翻译理论　　4. 《通天塔之后》

5. 互文性

**三、名词解释**

1. 阐释性翻译方法：充分利用译者的创造性，打乱句式，重塑原文的翻译方法。

2. 自我翻译：作者和译者同为一人，原文和译文界限模糊不清的一种翻译。

3. 现实主义翻译方法：利用现实主义方法，使译文形式和内容忠于现实，真实、忠实，创造性的再现原文的一种翻译方法。

4. 仿古译法：在译文中保留大量的含有古风古韵的词汇的翻译方法。

5. 互文性：文本之间相互参照、相互借用、彼此牵连、相互指涉的一种特性。

**四、简答题**（略）

## 第四章

**一、选择题**

1. A　2. B　3. A　4. A　5. C　6. D　7. A　8. C　9. B　10. D

**二、填空题**

1. 征服性的　　2. 再生

3. 有调节的转换　　4. 可重复性

5. 相对主义翻译观

**三、名词解释**

1. 纯语言：指存在于各个具体语言之中的一种无所不包的普世语言。

2. 异延：既指某种现已存在的“被动”差异，又指产生各种差异的撒播行为。

3. 印迹：是能指与所指之间的意义的标记，其特征是既存在，又不存在，既显现，又隐藏。

4. 前理解：在具体的理解开始之前，对要理解的对象业已存在的某种观点、看法或信息。
5. 彻底翻译：在完全自然状态下的翻译，在没有解释者、词典或语法的帮助下，甚至不知道要翻译的话语者的信仰、喜好、意图或陈述态度等有关知识的情况下，所进行的翻译。

四、简答题（略）

## 第五章

一、选择题

1. C　2. B　3. B　4. C　5. A　6. C　7. D　8. C　9. B　10. B

二、填空题

1. 概念功能，人际功能，语篇功能
2. 语言使用者层面，语言使用层面
3. 地域，社会地位，时间
4. 三方互动
5. 心理记忆模式，信息处理模式，意义模式

三、名词解释

1. 隐性翻译：就是寻求在目的语中，翻译出与目的语读者直接相关的文本的一种翻译方式。
2. 语境翻译模式：把翻译放在所发生的社会文化语境之下，视口笔译活动为特殊的交际事件，作为社会行为的方式加以研究，探讨语境、结构和文本肌理之间的互动和共生关系的一种翻译模式。
3. 对话口译：指发生在陪同参观、商务谈判、各种访谈、交谈等过程中，由译员以双向交传为媒介而进行地面对面的交际活动。
4. 关联理论：是一个关于语言交际的理论，关注的核心问题是交际和认知，其作用是对人类认知和交际规律作出合理的解释。
5. 间接翻译：指译者不需要翻译原文的语境线索，或者触及原文语境，而是把注意力放在取得与原文相同的解释性相似上的一种翻译方法。

四、简答题（略）

## 第六章

一、选择题

1. A　2. C　3. A　4. B　5. C　6. C　7. A　8. A　9. A　10. D

二、填空题

1. 吉登·图里
2. 动态结构
3. 文本内，文本外
4. 产品规范、过程规范；或期待规范、职业规范
5. 精确性、多产性、恒久性

三、名词解释

1. 多元系统：指相互联系的各种因素组成的一个多层次的集合体，随着其中各个因素的相互作用，该集合体也会发生改变和变异。

2. 起始规范：制约着译者在两种极端倾向之间的选择规范，一种极端是向原语语言和文化的规范靠拢，另一种则是服从目的语语言和文化的规范。
3. 明晰法则：译者翻译的译文比原文明晰晓畅的翻译法则。
4. 翻译米姆：能够反映翻译概念、翻译思想和翻译理论本身的米姆。
5. 原语—目的语超级米姆：说明翻译是从一种语言到另一种语言的单向活动的米姆。

**四、简答题**（略）

## 第七章

**一、选择题**

1. D　2. C　3. D　4. D　5. C　6. A　7. A　8. D　9. A　10. C

**二、填空题**

1. 功能语言学
2. 卡特琳娜·赖斯
3. 表情功能
4. 忠诚
5. 工具性翻译

**三、名词解释**

1. 文化置换：指在翻译中选择与目的语语言和文化特征保持一致，而非与原语语言和文化保持一致的做法。
2. 工具性翻译：指为了目的语文本，在目的语文化中实现不同功能的翻译。
3. 纪实性翻译：就是在目的语交际中，记录原文文本所包含的信息。
4. 文内连贯：指就目的语文本的可接受性和意义而言，应与所接受的情景保持连贯。
5. 信息功能文本：指主要是给读者传递真实世界中的事物和现象的文本，语言和风格的选择都要从属于信息功能。

**四、简答题**（略）

## 第八章

**一、选择题**

1. A　2. C　3. B　4. C　5. B　6. D　7. A　8. B　9. A　10. D

**二、填空题**

1. 等值问题，不可译性问题
2. 有机翻译
3. 话语体系，语言
4. 他者
5. 滥译的忠实

**三、名词解释**

1. 文化转向：指从把翻译当做文本转移到把翻译当做文化的转变。
2. 赞助人：有权势的人或机构，能促进或阻碍文学阅读、文学创作和文学改写。
3. 滥译：以一种较为偏激的不忠实形式出现的抵抗式译法。
4. 伪翻译：指没有真正原文，而在目的语中被视为翻译的文本。
5. 他者：指与主体既有联系又有区别的参照。

四、简答题（略）

## 第九章

一、选择题

1. A 2. C 3. D 4. C 5. A 6. D 7. C 8. A 9. C 10. A

二、填空题

1. 性别 2. 女性语言
3. 作者，译者 4. 构架，注解
5. 增补原文、加前言和脚注和挪用

三、名词解释

1. 女性主义翻译观：即从女性主义的角度对翻译进行研究，它颠覆了传统译论中原文与译文的主仆关系，瓦解了传统译论关于译文要忠实原文的观点，为翻译研究带来全新的启迪。
2. 身体翻译：即一种强调女性的独特意识，彰显女性主体性的翻译方法。
3. 精英主义翻译法：指在翻译时采取试验方式故意扭曲和结构文本本身，使得原文更加难懂，只会引起少数社会精英的兴趣的做法。
4. 雌雄同体：指在翻译及理解过程中进行角色互换。
5. 女性语言：即女性用以解放自己，表述自己身份的语言。

四、简答题（略）

## 第十章

一、选择题

1. C 2. A 3. A 4. D 5. C 6. B 7. C 8. A 9. D 10. C

二、填空题

1. 间隙空间 2. 意识形态
3. 静默 4. 混杂性
5. 描写角度

三、名词解释

1. 混杂性：指文化的杂交的、混成的特性，异质性和断裂性是混杂性的两个最根本特点。
2. 东方主义：本质上是西方试图制约东方而制造的一种政治教义，它作为西方人对东方的一种根深蒂固的认识体系，始终充当着欧洲殖民主义意识形态的理论支柱。
3. 换喻：是一种修辞手法，即整体的某一方面或特点替代另一整体，或者用部分代替整体。
4. 惯用翻译对等词：指除了隐含的比喻和互文联想外，原文中不露痕迹的借词在两种语言的写作中，可以在词汇上达到对等。
5. 后殖民翻译理论：后殖民翻译理论是后殖民主义在翻译研究中的一种应用形态与研究范式，该理论延续了翻译研究的文化转向，围绕“权力关系”、“翻译的政治”、“归化与异化”等核心问题，从不同视角研究了不同历史语境下的翻译与文化政治问题。

## 备考习题

### 一、选择题

1. D　2. D　3. C　4. C　5. D　6. A　7. A　8. D　9. A　10. A
11. D　12. A　13. C　14. B　15. A　16. C　17. B　18. D　19. A　20. D
21. A　22. A　23. C　24. B　25. C　26. A　27. A　28. C　29. A　30. A

### 二、填空题

1. 《奥德赛》
2. 翻译史，翻译总论，翻译分论
3. 文艺学翻译理论路线，语言学翻译理论路线
4. 《论翻译的方法》
5. 纯真语言
6. 《钦定本圣经》
7. 《英国诗人传》
8. 《论翻译的语言学问题》
9. 描写理论
10. 《翻译理论概要》
11. 平行语料库，多语语料库，对比语料库
12. 特殊翻译理论，一般翻译理论
13. 产品导向研究，过程导向研究，功能导向研究
14. 互文性
15. 相对主义翻译观
16. 概念功能，人际功能，语篇功能
17. 动态结构
18. 他者
19. 女性语言
20. 混杂性

### 三、名词解释

1. 释译：即翻译原文文本的意思而不拘泥于对原作字面忠实的译法。
2. 完全翻译：指原文本从语法结构到词汇都有目标文本的对等形式。
3. 语际翻译：两种语言之间的翻译，即用一种语言的符号去解释另一种语言的符号，这就是人们通常所指的严格意义上的翻译。
4. 释意理论：一种立足于实践，把翻译作为语言学行为来研究，并从语言因素、文化因素、超语因素等各个方面来阐释和传递语言的意义的理论。
5. 翻译分论：涉及两种具体语言互译的特指性理论。
6. 可译性：词、词组或文本能够从一种语言译成另一种语言的程度。
7. 动态对等：从语义到语体，在接受语中用最贴切的自然对等语再现原语信息。
8. 纯语言：指存在于各个具体语言之中的一种无所不包的普世语言。
9. 归化翻译：用暴力置换外国文本的语言及文化差异，给目的语读者提供一种可读性强的文本。
10. 互文性：文本之间相互参照、相互借用、彼此牵连、相互指涉的一种特性。
11. 显性翻译：一种以原文读者为导向的翻译方法，强调原文的社会、文化背景，译文寻求的是与原文相近的对等形式。
12. 多元系统：指相互联系的各种因素组成的一个多层次的集合体，随着其中各个因素的相互作用，该集合体也会发生改变和变异。
13. 滥译：以一种较为偏激的不忠实形式出现的抵抗式译法。
14. 后殖民翻译理论：后殖民翻译理论是后殖民主义在翻译研究中的一种应用形态与研究范式，该理论延续了翻译研究的文化转向，围绕“权力关系”、“翻译的政治”、“归

化与异化”等核心问题，从不同视角研究了不同历史语境下的翻译与文化政治问题。

**四、简答题**（略）

# 第八单元　中国翻译史知识参考答案

## 第一章

**一、选择题**

1. C　2. B　3. B　4. D　5. A　6. A　7. D　8. B　9. D　10. A

**二、填空题**

1. 《越人歌》
2. 象胥
3. 意译派
4. 名实
5. 彦琮

## 第二章

**一、选择题**

1. B　2. D　3. B　4. D　5. D　6. B　7. A　8. A　9. D　10. B

**二、填空题**

1. 徐光启
2. 古代汉语的语法
3. 《译例言》
4. 林纾
5. 《论语·述而》

## 第三章

**一、选择题**

1. B　2. B　3. C　4. D　5. C　6. A　7. D　8. B　9. A　10. D

**二、填空题**

1. 林纾
2. 神气句调
3. 《非有复译不可》
4. “诗人译诗，以诗译诗”
5. 《翻译论》

## 备考习题

**一、选择题**

1. D　2. C　3. B　4. B　5. D　6. A　7. D　8. C　9. A　10. C
11. C　12. B　13. A　14. B　15. B　16. A　17. D　18. C　19. A　20. C
21. A　22. D　23. B　24. D　25. B　26. A　27. A　28. C　29. B　30. D

## 二、填空题

1. 案本—求信—神似—化境
2. 王佐良
3. 形似、意似和神似
4. “风韵”与“气韵”
5. 彦琮
6. 通顺
7. 《几何原本》
8. 政治、经济和科技
9. 《论世变之亟》
10. 林纾
11. 《周礼》和《礼记》
12. “舌人”
13. 首次提出译事不易
14. 彦琮
15. 翻译要例十条
16. 翻译方法
17. 玄奘
18. 《大唐西域记》
19. 《历书总目表》
20. 林则徐
21. 反抗外国的欺辱，并战胜之！
22. 小说
23. 爱国与救世
24. 《硬译与文学的阶级性》
25. 《非有复译不可》

## 三、名词解释

1. 其一，首次提出译事不易。其二，反映了早期“质派”的译学观点。其三，说明我国译论从一开始便深植于传统文化土壤之中。
2. “文”派一味意译，“质”派胶于直译。因此，慧远指出应该“文不害意”，又“务存其本”，两种翻译方法互相参考(“以此考彼”)，并研究两种语言的基本规律(“参通胡晋”、“详其大归”)，最后以一种适中的方法完成翻译(“以裁厥中”)。
3. 僧睿认为所谓“名实”(译名)问题，首先是详细地理解原意，并反复考虑汉译名之是否对等(“交辨文旨”)。然后才能正确定名(“审其文中，然后书之。”)。
4. “五不翻”由玄奘提出。一、秘密故，如“陀罗尼”。二、含多义故，如“薄伽”，梵具六义。三、此无故，如“阎浮树”，中夏实无此木。四、顺古故，如“阿耨菩提”，非不可翻，而摩腾以来，常存梵音。五、生善故，如“般若”尊重，“智慧”轻浅。
5. 由赞宁提出，“译字译音为一例，胡语梵言为一例，重译直译为一例，粗言细雨为一例，华言雅俗为一例，直言密语为一例也。”
6. 徐光启在《历书总目表》中指出：“臣等愚心以为；欲求超胜，必须会通；会通之前，先须翻译。”也就是说，只有通过翻译才能“会通”(学习与掌握)，只有“会通”了才能“超胜”(超越于争胜)。
7. 马建忠在《拟设翻译书院议》一文中提出“善译”标准，意思是译者必须精通原文和译文，比较其异同，掌握两种语言的规律，译书之前，必须透彻了解原文，达到“心悟神解”的地步，然后下笔，忠实地表达原义，“无毫发出入于其间”，而且译文又能够摹写原文的神情，仿效原文的语气。
8. 为使译诗颇富诗意，郭沫若提出了“两道手”译法，让那些精通外文的人先把原诗翻译成汉语，再请诗人重新修改译文并加以润色使译诗更为诗化。
9. 在《论翻译》中，林语堂指出翻译有三个标准“忠实、通顺和美”，分别指译者对原文或原著者，对译文读者和对艺术的责任。他反对呆板的、字面上的忠实，指出“忠实非字字对译之谓”、“忠实须求传神”；通顺的译文，林语堂认为应该是以句为本位且根据中文心里行文的；至于美的问题，他主要是针对诗文小说之类艺术文而言的，并非一概而论。

10. 钱锺书指出：“文学翻译的最高标准是‘化’。把作品从一国文字转变成另一国文字，既能不因语文习惯的差异而露出生硬牵强的痕迹，又能完全保存原有的风味，那就算‘化境’。”

**四、简答题**（略）

# 第九单元　自然科学知识练习题参考答案

## 第一章

**一、选择题**

1. B　2. B　3. A　4. C　5. D　6. C　7. A　8. C　9. B　10. D

**二、填空题**

1. 原子论　2. 毕达哥拉斯定理，勾股定理
3. 《几何原本》　4. 浮力
5. 毕达哥拉斯

**三、名词解释**

1. 原子论由德谟克利特提出，这种思想认为万物的本源是原子，草木禽兽以及人的生命最早都是由一种原始粒土产生的。
2. 杠杆原理由阿基米德提出来，其主要思想为：1）在无重量的杆的两端离支点相等的距离处挂上相等的重量，它们将平衡；（2）在无重量的杆的两端离支点相等的距离处挂上不相等的重量，重的一端将下倾。
3. 欧几里得（约公元前330—前260年）是古希腊最著名的数学家，他系统地整理了以往的几何学成就，写出了十三卷《几何原本》，由10个公理出发按严格的逻辑证明推出467个命题。欧几里得的工作不仅为几何学的研究和教学提供了蓝本，而且对整个自然科学的发展有深远的影响。

**四、简答题**

阿基米德把力学研究与数学研究相互结合，其力学著作有《论浮体》、《论平板的平衡》、《论杠杆》、《论重心》等。他系统总结并严格证明了杠杆定律，为静力学奠定了基础。阿基米德系统地研究了物体的重心和杠杆原理，提出了精确地确定物体重心的方法，指出在物体的重心处支起来，就能使物体保持平衡。在《论平板的平衡》一书中，进一步确定了各种平面图形的重心。在《论杠杆》一书里，得出重物的重量比和它们离支点的距离成反比的杠杆定律。在著名的《论浮体》一书中，他总结出了著名浮力原理，从此使人们对物体的沉浮有了科学的认识。

## 第二章

**一、选择题**

1. B　2. B　3. D　4. B　5. C　6. B　7. C　8. C　9. A　10. C

**二、填空题**

1. 麻沸散
2. 浑天仪，地动仪
3. 祖冲之
4. 沈括
5. 《金刚经》

**三、名词解释**

1. 《齐民要术》：是我国现存最古最完整的一部农书，作者贾思勰是北魏人。全书所阐述的内容包括了农、林、牧、副、渔各个方面。《齐民要术》内容广泛，它系统全面地总结了公元六世纪以前我国农业技术方面的丰富知识。
2. 华佗：（约公元141—208年）精通外科手术，被后人称为“外科圣手”、“外科鼻祖”，他曾用“麻沸散”使病人麻醉后并施行剖腹手术，这是世界上有记载的首例全身麻醉手术。除此之外还创作了“五禽戏”的体操。
3. 《本草纲目》：共有52卷，载有药物1 892种，收集药方11 096个，分为16部、60类，其作者为李时珍。这本药典被誉为“东方药物巨典”，对人类近代科学以及医学方面影响最大，是我国医药宝库中的一份珍贵遗产。
4. 《天工开物》：的作者是宋应星，这本书是世界上第一部关于农业和手工业生产的综合性著作，是中国古代一部综合性的科学技术著作，有人也称它是一部百科全书式的著作，外国学者称它为“中国17世纪的工艺百科全书”。

**四、简答题**

造纸术极大地促进了文化的传播，流传到西方以后对文化的交流传播和启蒙起到巨大作用；活字印刷更是加快了文化传播的脚步，让文化和先进的思想走进了更多人的心里；火药炸开了封建城堡，使得长时间以来欧洲的骑士制度开始改变，资产阶级的力量一天天强大；指南针直接促进了地理大发现。四大发明不仅代表着中国传统文化的极高成就，也推动了欧洲资产阶级革命的进程，推动了人类文明的发展进步。

## 第三章

**一、选择题**

1. B　2. C　3. C　4. A　5. D　6. B　7. A　8. C　9. D　10. B

**二、填空题**

1. 《心血循环运动论》
2. 弗朗西斯·培根
3. 波义耳
4. 日心说
5. 拉普拉斯
6. 富兰克林

**三、名词解释**

1. 日心说：是哥白尼在《天体运行论》一书中提出来的，其主要内容为太阳是宇宙的中心，地球围着太阳转动。日心说的提出颠倒了流传一千多年的地心说观点，是天文学上的革命，也是自然科学向教会权威的挑战，成为近代自然科学独立的标志。
2. 牛顿第一定律：其定义为一切物体在没有受到外力的作用下，保持静止状态或匀速直线运动状态，它由牛顿在伽利略的基础上加以推广，使之成为普遍适用的惯性定律。
3. 波义耳，1627—1691年，是英国化学家，著有《怀疑派化学家》一书，他提出自己对于“元素”的见解，提出了化学发展的科学途径。他被恩格斯誉为把化学确立为科学的人。

4. 德国化学家施塔尔总结了燃烧现象和其他人的见解，系统地提出了燃素说。燃素说认为燃素广泛存在于天地之间，在燃烧过程中，物体失去燃素变为灰烬；灰烬得到燃素，又会重生。
5. 法国科学家库仑（Coulomb，1738—1806 年）通过实验发现，两个电荷间的作用力与电量乘积成正比，与距离的平方成反比，作用力的方向在它们的连线上。这个定律后来被称为“库仑定律”。由于库仑定律的建立，电学走进了科学的行列。

**四、简答题**

牛顿第一定律：一切物体在没有受到外力的作用下，保持静止状态或匀速直线运动状态。

牛顿第二定律：物体加速度的大小跟作用力成正比，跟物体的质量成反比，加速度的方向跟作用力的方向相同。其数学表达公式为 $F=ma$。

牛顿第三定律：两个物体之间的作用力和反作用力，在同一直线上，大小相等，方向相反。这三条定律构成了近代力学的基础，也是整个近代物理学的重要支柱。

万有引力定律的发现，是牛顿力学的最高成就。万有引力定律可表述为：“每个物体都以这样一种力吸引其他每个物体，这种力和它们的质量乘积成正比，而和它们间距离的平方成反比。”

牛顿所总结的三大定律和他发现的万有引力定律是物理学史上第一次大综合，人类认识自然界宏观低速运动的一次大飞跃。

## 第四章

**一、选择题**

1. A　2. B　3. D　4. B　5. C　6. D　7. C　8. B　9. B　10. D　11. C　12. C

**二、填空题**

1. 诺贝尔
2. 卡诺
3. 迈尔
4. 分子
5. 《地质学原理》
6. 施莱登，施旺
7. 达尔文，《物种起源》
8. 欧姆定律

**三、名词解释**

1. 细胞学说：最初由德国植物学家施莱登和德国动物学家施旺提出，认为一切生物都由细胞组成，细胞是生命的结构单位。
2. 最早提出能量守恒概念的是迈尔，而最早确定能量守恒定律的是焦耳，他认为能量是不灭的，只能由一种形式转化为另一种形式。
3. 元素周期律：由俄国化学家门捷列夫提出来，它表明了元素的性质与元素的原子量有周期性的依赖关系。
4. 达尔文（1809—1882 年）是英国生物学家，进化论的奠基人，1859 年发表了《物种起源》这一划时代的巨著，提出生物进化论的观点。恩格斯将“进化论”列为 19 世纪自然科学的三大发现之一。

5. 电磁感应定律：即当闭合电路的磁通量发生变化时，线路里就能产生感应电流，其电动势大小与穿过闭合路线的磁通量变化率成正比。它由法拉第于 1831 年发现。

**四、简答题**

1. 奥斯特通过实验得出电流的磁效应，法拉第则发现了电磁感应现象，如果说奥斯特发现了电动机原理，那么法拉第则发现了发电机的原理。麦克斯韦总结了前人的研究成果，建立起完整的电磁理论。此后，人们根据电磁理论发明了电报、电话、电磁铁、收音机、雷达、电视机等。电磁理论的形成和应用，是自然科学伟大力量所在，是科学时代到来的标志。
2. 19 世纪是科学时代的开始。在天文学领域，科学家们开始论及太阳系的起源和演化。在地质学领域，英国的地质学家赖尔提出地质渐变理论。在生物学领域，细胞学说、生物进化论，孟德尔的遗传规律相继被发现。在化学领域，原子—分子论被科学肯定；拉瓦锡推翻了燃素说，并成为发现质量守恒定律的第一人；1869 年，俄国化学家门捷列夫发表了元素周期律的图表和《元素属性和原子量的关系》的论文。19 世纪最重大的科学成就是电磁学理论的建立和发展。

## 第五章

**一、选择题**

1. C　2. A　3. C　4. B　5. B　6. C　7. D　8. B　9. D　10. D

**二、填空题**

1. X 射线，放射性，电子　　2. 普朗克，量子论

3. 《论动体的电动力学》　　4. $E = mc^2$

5. X 射线

**三、名词解释**

1. X 射线：是一种穿透能力极强的射线，它能穿过人体骨骼、书本、木板和铝片，由德国物理学家伦琴首次发现，因此也叫伦琴射线。
2. 放射性：就是指物质能够放射出肉眼看不见的某种射线的特性。1896 年，由法国科学家贝克勒尔在探索 X 射线及荧光物质的性质时首次发现放射性现象。
3. 当光照射到金属上会使金属表面有电子逸出，这就是光电效应。它由德国物理学家赫兹于 1887 年发现，而正确解释为爱因斯坦所提出。
4. 光的波粒二象性：光既具有波动性又有微粒性的双重特性，它的发现首次揭示了微观客体的波动性和粒子性的对立统一。

**四、简答题**

1905 年，爱因斯坦在《论动体的电动力学》一文中首先创立了狭义相对论，他在这篇论文中大胆地提出了两个基本假设，即狭义相对论的两条原理：第一，对于任何惯性系，一切自然定律都同样适用，也就是相对性原理；第二，对于任何惯性系，自由空间中的光速都是相同的，也就是光速不变原理。

狭义相对论的建立在科学上具有划时代意义，它从根本上否定了形而上学的绝对时空

观念，揭示了时间、空间、物质和运动之间不可分割的联系；此外，它还揭示了物质的质量随运动速度的变化而变化，提出了 $E=mc^2$这一质能关系。

## 第六章

**一、选择题**

1. B　2. D　3. A　4. C　5. B　6. D　7. C　8. D　9. B　10. D

**二、填空题**

1. DNA 双螺旋
2. 赫斯，迪茨
3. 核裂变反应
4. 价键理论，分子轨道理论
5. 大陆漂移假说

**三、名词解释**

1. 中子通过含有大量氢的物质时，和氢原子核发生碰撞，其速度变慢了，产生的人工放射性更强。这种现象通常被称做慢中子效应。
2. 原子失去或夺得电子，就形成了稳定离子，这些离子一部分带正电，另一些带负电，它们因库仑引力而相互结合成化合物，表示这种结合方式的化学键叫电价键。
3. 大爆炸宇宙论：由荷兰天文学家德西特提出，认为宇宙当初处于超高温超高密的状态，由于特殊的物理条件而发生大爆炸，以致膨胀成为现今的宇宙。
4. 大陆漂移假说：由德国的魏格纳提出，他认为早在 3 亿年前，全世界只有一整块陆地，后来大陆分裂成若干块，并逐渐漂移、分开，形成新的大陆和大洋板块。
5. DNA：全称脱氧核糖核酸，是一种带有遗传信息的大分子，可以指导遗传物质合成相应的蛋白质，1953 年，DNA 的双螺旋结构提出。

**四、简答题**

德国化学家费舍尔提出蛋白质的肽键结构，美国科学家萨姆纳认识到生物催化剂酶也是蛋白质；后来人们逐渐认识到，构成生物细胞的是包括蛋白质、核酸、脂肪和糖等生物大分子，这也是人们开始研究分子生物学的开始。1953 年，沃森和克里克发现了 DNA 的双螺旋结构，是分子生物学诞生的标志。人们通过实验发现了“中心法则”，它揭示了生物遗传、变异的现象。1969 年，科学家将 64 种遗传密码的含义全部测出。在分子生物学发展的基础上，还出现了把一种生物体携带的基因引入到另一种生物体内的基因工程。

## 第七章

**一、选择题**

1. B　2. C　3. B　4. C　5. B　6. B　7. B　8. A　9. C　10. D

**二、填空题**

1. “阿波罗 11 号”
2. 酶工程、发酵工程、细胞工程、基因工程
3. 域名　　4. 梅曼　　5. 23

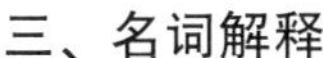

三、名词解释

1. 原子弹：亦称为裂变弹，是利用重元素核裂变反应在瞬间释放出巨大能量起到杀伤破坏作用的爆炸性核武器。1945 年，世界上第一颗原子弹在美国成功爆炸。
2. 激光：激光的原意是“受激辐射的光放大”，早在 1916 年，爱因斯坦就提出受激光辐射的概念。1960 年 7 月，美国的梅曼（T. Maiman）利用人造红宝石制成了第一台激光器并得到了波长为 0.6943μm 的红色脉冲激光。
3. 互联网：核心是使用共享的公共传输信道，将多台计算机相互连接，使它们之间能实现远程信息交换和处理，共享彼此的资源。
4. GPS：是全球定位系统的英文简称，它是 20 世纪 70 年代由美国研制的新一代空间卫星导航定位系统。
5. 基因工程：是现代生物技术中具有代表性的一种，它是在分子水平上创造或改造生物类型和生物机能，将外源的或是人工合成的基因即 DNA 片段（目的基因）与适宜的载体 DNA 重组，然后将重组 DNA 转入宿主细胞或生物体内，以使其高效表达。

四、简答题

基因工程是一项很高端的生物技术，它可以创造出自然界本来不存在的重组基因。一方面，它为医药界带来新的希望，可以用来筛选和治疗遗传疾病，也可以改良农作物，提高产量；另一方面，基因工程在转基因方面的应用可能会危害人类健康，破坏大自然生态平衡，克隆技术还引起了人们关于伦理道德的广泛思考。总之，基因工程的兴起是生物革命发展的必然阶段，它带给人们的利益是显而易见的，同时科学家们在应用基因工程时应该本着良心，不做违反人类道德的事情。

## 备考习题

一、选择题

1. A　2. C　3. B　4. B　5. A　6. C　7. A　8. B　9. C　10. C
11. D　12. B　13. A　14. C　15. B　16. B　17. C　18. D　19. B　20. B
21. B　22. B　23. A　24. B　25. C　26. B　27. B　28. D　29. C　30. B

二、填空题

1. 金字塔，胡夫　2. 德谟克利特，伊壁鸠鲁　3. 欧几里得　4. 氾胜之书，齐民要术，陈敷农书，王祯农书，农政全书　5. 黄帝内经　6. 天工开物　7. 星云说　8. 心血循环运动论　9. 牛顿第一定律（惯性）　10. 孟德尔，显性，分离，自由组合　11. 电磁场动力学，电磁理论　12. 拉瓦锡　13. 迈尔　14. 原子学说　15. 施莱登，施旺　16. 奥斯特　17. 钋，镭　18. 奇异粒子，共振态粒子　19. 价键理论，分子轨道理论　20. 大爆炸宇宙　21. 海陆的起源　22. 电子管计算机，晶体管计算机，集成电路计算机，大规模集成电路计算机　23. 双螺旋结构　24. “神舟五号”，杨利伟　25. 细胞工程

三、名词解释

1. 原子论：是古希腊自然哲学中的最大成就之一，其主要阐述者是德谟克利特、伊壁鸠鲁。原子论者认为世界万物都是由原子组成，原子是肉眼看不见的物质微粒，其自身是密实的，不可分割的。

2. 《黄帝内经》：大约成书于春秋战国时期的医术。它以阴阳说和五行为据，强调人体的有机整体性，提出了研究人体生理和疾病的脏腑学说和经络学说，为中医药学理论奠定了基础。
3. 日心说：是波兰天文学家哥白尼在《天体运行论》中阐述的观点。他认为，太阳是宇宙的中心，所有行星围绕太阳旋转，地球也是一颗普通的行星。它从根本上纠正了自古流传并为基督教会所支持的地心和地静说的错误，动摇了教会的权威。
4. 万有引力定律：是牛顿力学的最高成就，其表述为：任何两个物体之间的引力与它们的质量的乘积成正比，与两物间距离的平方成反比。
5. 电磁波：由英国物理学家麦克斯韦提出的概念。他认为如果空间某处存在一个变化的电场，它将在周围激发出一个变化的磁场，这变化的磁场又在周围激发出一个变化的电场，这样就会连续出现电场和磁场的振动，以原先的变化电场为中心向四面八方传播，这就是电磁波。
6. 物质自发放出射线的性质就叫放射性。具有这种性质的元素叫放射性元素。放射性物质的辐射流有 $\alpha$ 射线、$\beta$ 射线和 $\gamma$ 射线。
7. 重核裂变：是指重元素的原子核，在中子的轰击下，可以分裂为两个质量相近的核的裂变的过程，同时还放出中子，并释放出巨大能量。
8. 染色体：是细胞核中一种很容易被碱性染料着色的物质，它具有特殊的结构和功能。染色体是遗传信息的载体，可以自我复制，从而把细胞核中的遗传信息携带到子细胞中去。染色体的化学成分主要是脱氧核糖核酸和蛋白质。
9. 狭义相对论：是由爱因斯坦在洛伦兹和庞加莱等人的工作基础上创立的时空理论，是对牛顿时空观的拓展和修正。在狭义相对论中，爱因斯坦提出了相对论原理和光速不变原理，建立了新的时空观。

**四、简答题**

1. 在农业科技方面，《齐民要术》是我国现存最古最完整的一部农书，其作者是贾思勰，它系统全面地总结了公元六世纪以前我国农业技术方面的丰富知识。《齐民要术》是我国古代一部伟大的农业百科全书，为后来的农学奠定了基础。在医学上，《黄帝内经》奠定了中医理论基础，李时珍的《本草纲目》总结了一千多年来的药物学知识，被誉为“东方药物巨典”。在数学上，《九章算术》是一本综合性的历史著作，是当时世界上最先进的应用数学，它的出现标志中国古代数学形成了完整的体系。宋应星的《天工开物》是世界上第一部关于农业和手工业生产的综合性著作，是中国古代一部综合性的科学技术著作。沈括的《梦溪笔谈》集前代科学成就之大成，是一部划时代的科技巨著，堪称为中国科学史上的里程碑。
2. 19 世纪自然科学的三大发现是：细胞学说、能量守恒和转化定律、生物进化论。细胞学说认为细胞是动、植物有机体的基本结构单位，也是生命活动的基本单位，细胞学说使全部生物学发生了革命，动物和植物在结构上的巨大壁垒被冲垮了，动植物显示了统一性。能量守恒和转化定律揭示了物质运动变化过程中能量是不灭的，它是自然界最基本的规律，它为人类以后利用自然界的各种能量提供了科学依据。英国生物学家达尔文在《物种起源》中提出了生物进化论，他指出遗传和变异是生物界普遍存在的规律，还指出了进化过程中自然选择的重要性。达尔文的进化论第一次对整个生物

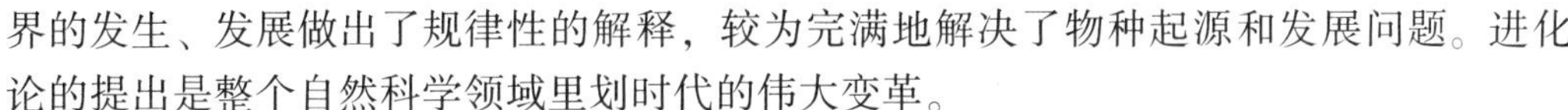

界的发生、发展做出了规律性的解释，较为完满地解决了物种起源和发展问题。进化论的提出是整个自然科学领域里划时代的伟大变革。

3. 现代物理学的三大发现是：X 射线、放射性和电子。物理学的三大发现使物理学进入微观领域，由研究宏观低速的运动，进入到研究微观高速的运动，并是以牛顿力学为基础的经典物理学，逐步过渡到以相对论和量子论为基础的新物理学，这是物理学发展史上的一次重大飞跃。
4. 现代技术革命即第三次科技革命，它是人类文明史上继蒸汽技术革命和电力技术革命之后科技领域里的又一次重大飞跃。它以原子能、电子计算机、空间技术和生物工程的发明和应用为主要标志，涉及信息技术、新能源技术、新材料技术、生物技术、空间技术和海洋技术等诸多领域的一场信息控制技术革命。这次科技革命不仅极大地推动了人类社会经济、政治、文化领域的变革，而且也影响了人类生活方式和思维方式，使人类社会生活和人的现代化向更高境界发展。正是从这个意义上讲，第三次科技革命是迄今为止人类历史上规模最大、影响最为深远的一次科技革命，是人类文明史上不容忽视的一个重大事件。

# 第十单元　英汉短语互译参考答案

## 一、请将括号内的中文译成英文并以适当形式填入空格中

1. overall national strength
2. warded off the impact of the global financial crisis
3. the manned space mission, the lunar exploration program
4. The per capita disposable income of urban residents, the per capita net income of rural residents
5. the excessive trade surplus, structural and imported inflation
6. a multi-point plan, made structural tax reductions
7. low-income housing projects, energy conservation, emissions reductions
8. a subsidy system for grain growers
9. the issue of floating non-tradable shares of listed companies, ChiNext stock market, stock index futures
10. constructing low-income housing, redeveloping run-down areas
11. the renovation of dilapidated primary and secondary school buildings in rural areas
12. the transformation of government functions
13. be driven by a balanced mix of consumer spending, investment and exports
14. prevent and mitigate natural disasters
15. water conservancy facilities, resistance to flooding
16. the superstructure, the economic base
17. the purchase and operating costs of motor vehicles, official entertainment
18. provincial governors taking responsibility for the "rice bag" (grain supply) program, city mayors taking responsibility for the "vegetable basket" (non-grain food supply) program

19. the manufacture and sale of counterfeit or substandard goods
20. strategic emerging industries, the integration of the telecommunications network, the radio and television broadcasting network, and the Internet

## 二、句子翻译（汉译英）

1. We worked tirelessly to ensure everyone has access to old-age care, medical treatment, and housing.
2. Secondary vocational education was made free for students from poverty-stricken rural households and low-income urban households and students whose majors are related to agriculture.
3. We intensively carried out administration in accordance with the law, developed law-based government, and made the government more service-oriented and government affairs more open.
4. We improved the administrative accountability system, tirelessly combated corruption, and made positive progress in government capacity building.
5. We must hold high the great banner of socialism with Chinese characteristics, take Deng Xiaoping Theory and the important thought of Three Represents as our guide and thoroughly apply the Scientific Outlook on Development.
6. We will accelerate the transformation of the pattern of economic development and economic restructuring and adhere to the new path of industrialization with Chinese characteristics.
7. We will uphold and improve the distribution system whereby distribution according to work is dominant and multiple forms of distribution exist side by side.
8. We will further improve the mechanism for setting RMB exchange rates, closely monitor and control cross-border capital flows and prevent the influx of hot money.
9. Foster the healthy development of strategic emerging industries so they more quickly build their production capacity and core competitiveness.
10. We will implement and improve the government financial aid system for students and ensure no children are obliged to discontinue schooling at any stage of education due to their family's financial difficulties.

## 三、短语翻译（英译汉）

1. 听觉语音学
2. 粘着语素
3. 交际性动力
4. 互补分布
5. 会话含义
6. 克里奥尔语；混合语
7. 描写语言学
8. 语篇分析；话语分析
9. 自由变体
10. 行事行为
11. 天赋假设
12. 语言习得机制
13. 最小对比对
14. 语义三角
15. 转换生成语法
16. 混杂性
17. 贺拉斯模式
18. 穿梭外交
19. 基地组织
20. 零翻译

**四、短语翻译（汉译英）**

1. translation norm
2. Holmes' map of translation studies
3. pure translation studies
4. faithfulness, expressiveness and elegance
5. dynamic equivalence
6. subtitling
7. interlingual translation
8. think-aloud protocols (TAPs)
9. Hermeneutic Translation
10. Skopos theory
11. financial derivatives
12. Dow Jones Indexes
13. ripple effect
14. harmony without uniformity
15. hush money
16. the Bali Road Map
17. group purchase
18. potential risk

# 第十一单元 常用英汉缩略语参考答案

**一、名词解释**

1. 鉴别能力倾向测试
2. 联合国开发计划署
3. 最惠国
4. 欧洲经济共同体
5. 限制战略武器会议
6. 消费者物价指数
7. 洲际弹道导弹
8. 北大西洋自由贸易区
9. 世界野生生物基金会
10. 日本广播协会
11. 美国海军陆海空三栖特种部队
12. 翻译专业本科
13. 中国国际人才交流协会
14. 全球移动通讯协会
15. 联合国经济开发特别基金
16. 预期平均寿命
17. 个人识别码
18. 信用证
19. 保护知识产权法案
20. 格林尼治平均时
21. 受影响最严重的国家
22. 国际标准工业分类
23. 国际空间站
24. 北大西洋公约组织
25. 面向商业的通用语言
26. 正常市场需求量
27. 联合国安全理事会
28. 金砖国家
29. 首次公开募股
30. 汇率机制
31. 日本自卫队
32. 地球轨道测量卫星
33. 国际贸易术语解释通则
34. 犯罪现场调查
35. 新兴工业化国家
36. 空气污染控制系统
37. 体重指数
38. 对外英语教学
39. 国际原子能机构
40. 建筑及拆迁废料

**二、填空题**

1. Aided
2. Synchronous
3. Emerging
4. Disposable
5. Appreciation
6. Convention
7. Freight
8. Positioning

9. Based
10. Syndrome
11. Veterans
12. Projections
13. Commonwealth
14. Maritime
15. Applied
16. Medicated
17. Flexible
18. Preferences
19. Intellectual
20. Allowance

# 第十四单元 《汉语写作与百科知识》模拟题参考答案

## 模拟题一

**一、选择题**

1-5 DCABA
6-10 DDBDA
11-15 ACAAD
16-20 BDDAB
21-25 CCCBB
26-30 CCABA

**二、填空题**

1. 《论世变之亟》
2. 爱国与救世
3. 《解放奴隶宣言》
4. 仁、义、礼、智、信
5. 《雷雨》
6. 原子弹/原子能
7. 漠河
8. 一年
9. overall national strength
10. 边际成本

**三、四、五**（略）

## 模拟题二

**一、选择题**

1-5 BDBAD
6-10 CCABC
11-15 BCBBB
16-20 DDDBD
21-25 CDDBB
26-30 CBCAA

**二、填空题**

1. 《译例言》
2. 哥本哈根
3. 月球引力
4. 意译派
5. 《围城》
6. 纳兰性德
7. 制作方法的差别
8. 基督教
9. warded off the impact of the global financial crisis
10. 蒙古人种

**三、四、五**（略）

## 模拟题三

**一、选择题**

1-5 ABAAB
6-10 BADDD
11-15 BBCBD
16-20 BCBCC
21-25 DBCCA
26-30 CADBC

**二、填空题**

1. 木兰辞
2. 春季
3. 微电子
4. 北宋
5. 牡丹
6. 由许多块布补缀而成
7. 巴黎
8. 南非
9. structural and imported inflation
10. 法国

三、四、五（略）

## 模拟题四

**一、选择题**

1-5 BADCB
6-10 DBDCA
11-15 CCCCA
16-20 DBBBA
21-25 DABCC
26-30 BDACA

**二、填空题**

1. 以互赠月饼的办法把字条夹在月饼中传递消息，为了推翻元朝政权
2. 二氧化碳
3. 包头
4. 堪培拉
5. 吉祥如意
6. 206
7. 明朝
8. 浙江普陀山
9. be driven by a balanced mix of consumer spending, investment and exports
10. 赵飞燕

三、四、五（略）

## 模拟题五

**一、选择题**

1-5 DDCBB
6-10 ABABA
11-15 CDAAB
16-20 BABAB
21-25 DAACA
26-30 BBCDA

**二、填空题**

1. 印度
2. 夏至

3. 《兰亭序》
4. 范蠡
5. 13 颗
6. 卢梭
7. 巴西利亚
8. 河南洛阳
9. 清朝
10. the manufacture and sale of counterfeit or substandard goods

三、四、五（略）

## 模拟题六

**一、选择题**

1-5 CBABA
5-10 DBDDD
11-15 CAACC
16-20 AAADA
21-25 AABDB
26-30 DBBBA

**二、填空题**

1. 16 世纪
2. 《人权法案》
3. 《华盛顿邮报》
4. “圣人之性”“斗宵（小人）之性”
5. 信用证
6. 嵩山
7. 木头
8. 林肯
9. 四川盆地
10. prevent and mitigate natural disasters

三、四、五（略）

## 模拟题七

**一、选择题**

1-5 ABDBA
6-10 ACDAB
11-15 DCDCB
16-20 ADABA
21-25 CDDBC
26-30 CABBB

**二、填空题**

1. 歌德
2. 英国
3. “镀金时代”
4. “仁”、“义”、“礼”、“智”
5. 天体
6. 比邻星
7. 史记
8. 基督以前
9. 78% or 80%
10. strategic emerging industries

三、四、五（略）

## 模拟题八

**一、选择题**

1-5 ACDDA
6-10 CDCCA

11-15　CBABB

16-20　CCABC

21-25　BDABD

26-30　DDBAC

**二、填空题**

1.《奥德赛》

2. “他者”

3. 孟子

4. 8

5. 言论，出版

6. 12

7. 前苏联

8. 西班牙王室

9. 小麦

10. The per capita disposable income of urban residents

三、四、五（略）

## 模拟题九

**一、选择题**

1-5　DDDDB

6-10　CCDBA

11-15　DDCAB

16-20　BBCDA

21-25　BBBBA

26-30　BCCCA

**二、填空题**

1. 17

2. 臧克家

3. 希伯来文

4. 阿芙若狄蒂

5. 印象派

6. 利物浦

7. 金刚石

8. 伊斯兰教

9.《资政新篇》

10. low-income housing projects, energy conservation, emissions reductions

三、四、五（略）

## 模拟题十

**一、选择题**

1-5　CDACC

5-10　DCCCC

11-15　AACBC

16-20　CBBCA

21-25　CBBDC

26-30　DBAAC

**二、填空题**

1. 方、圆的校正器

2. 拿破仑

3. 庄子

4. 黄河

5. 顾城

6. 毕加索

7. 中国同盟会

8. 空气受到地球引力的影响

9. 佛教

10. the transformation of government functions

三、四、五（略）

## 模拟题十一

### 一、选择题

1-5 ABABB
6-10 BBCDC
11-15 DBAAB
16-20 ABCDC
21-25 DDCBD
26-30 CACAB

### 二、填空题

1. 《诗经》
2. 王维
3. 舜的妃子的眼泪染成的
4. 唐朝
5. 重庆、武汉、南京
6. 30 倍
7. 诸侯王
8. 开罗
9. 犹太教
10. the superstructure, the economic base

### 三、四、五（略）

## 模拟题十二

### 一、选择题

1-5 CAACC
6-10 BCDAD
11-15 CACCB
16-20 DBABA
21-25 CDDCC
26-30 BBCCA

### 二、填空题

1. 《红楼梦》
2. 米开朗琪罗
3. 元朝
4. 太行山
5. 紫色
6. 《搜神记》
7. 日本
8. 雨果
9. 新陈代谢
10. water conservancy facilities, resistance to flooding

### 三、四、五（略）

# 武汉大学 2013 年攻读硕士学位研究生入学考试试题

（满分值 150 分）

科目名称：汉语写作与百科知识（C 卷）　　　　科目代码：448

**注意：所有答题内容必须写在答题纸上，凡写在试题或草稿纸上的一律无效。**

## 一、选择题（共 25 小题，每小题 2 分，共 50 分）

1. 泰特勒所提出的翻译三原则不包括：________。
   A. 译作必须考虑读者的感受
   B. 译作应完全复写出原作的思想
   C. 译作应具备原作所具有的通顺
   D. 译作的风格和手法应和原作属于同一性质
2. 西方最早的翻译理论家是：________。
   A. 维吉尔　B. 毕达哥斯拉　C. 西塞罗　D. 普鲁塔克
3. 下列哪一项不是尼采的翻译理论主张？________。
   A. 翻译的风格不可译　B. 翻译就是征服
   C. 翻译应忠实原文　D. 在翻译过程中应体现译者的主体性
4. 英国语言学家韩礼德提出的“field of discourse”的概念指的是：________。
   A. 交际场所　B. 交际风格　C. 交际方式　D. 交际内容
5. 黄河上游与长江上游共同的特点是：________。
   A. 含沙量大　B. 有冰期　C. 水力资源丰富　D. 流量小，灾害最多
6. 世界上绝大多数动植物都能在我国找到适合生长的地方，主要是因为________。
   A. 雨热同期　B. 季风气候显著　C. 夏季普遍高温　D. 气候复杂多样
7. “大将筹边尚未还，湖湘子弟满天山。新栽杨柳三千里，引得春风度玉关。”这首诗弘扬了一位晚晴名将率军收复新疆、治理边疆的业绩。这位名将是________。
   A. 刘铭传　B. 左宗棠　C. 林则徐　D. 曾国藩
8. 下列中国古代科学文化成就，由我国少数民族人民创造的是：________。
   A.《论衡》　B.《天工开物》　C.《四部医典》　D.《齐民要术》
9. “四顾何茫茫，东风摇百草”，“盈盈一水间，默默不得语”这些诗句都写得情景难分，情意委婉缠绵。它们出自于________。
   A.《楚辞》　B.《诗经》　C.《乐府诗集》　D.《古诗十九首》
10. 汉代的乐府包括叙事诗和抒情诗，其中叙事诗的成就更为突出，以“感于哀乐，缘事而发”为创作主旨，比如说那首________就运用了镜里看花式烘托对比的手法。

A.《木兰辞》　B.《东门行》　C.《陌上桑》　D.《孔雀东南飞》

11. 被后人称为“诗佛”，在山水田园诗的发展上有着杰出贡献的是________。

A. 孟浩然　B. 王勃　C. 王维　D. 陶渊明

12. “问世间，情为何物？只教生死相许”的刻骨铭心之语出自于金代“桂冠诗人”________的《摸鱼儿》一词。

A. 元好问　B. 林靖和　C. 周邦彦　D. 卢照邻

13. “情不知所起，一往情深，生者可以死，死可以生。”这是汤显祖“至情”论的呼唤，也是________的题词，它与《紫钗记》、《南柯记》、《邯郸记》并称为“临川四梦”。

A.《西厢记》　B.《郁离子》　C.《莺莺传》　D.《牡丹亭》

14. “男人对于女人的怜悯也近于爱……总带点崇拜性”，“恋爱中的男子向来喜欢说，恋爱中的女人向来喜欢听。恋爱的女人破例地不大爱说话，因为下意识地她知道：男人彻底地懂得了一个女人之后，是不会爱她的……”________聪颖敏感的心灵，老道细腻的语言，她的出现是中国女性文学意识成熟的体现。

A. 冰心　B. 凌淑华　C. 卢隐　D. 张爱玲

15. ________对倡导新文学，介绍西方文学新潮，特别是写实主义、自然主义和现实主义文学的提倡起到了举足轻重的作用，他的代表作是《子夜》。

A. 巴金　B. 沈从文　C. 矛盾　D. 老舍

16. 为了帮助人们学习儒家经典，朱熹从儒家经典中精心节选出“四书”。下列不属于“四书”的著作是________。

A.《论语》　B.《易经》　C.《大学》　D.《中庸》

17. 佛教是宗教，佛学是作为佛教理论基础的哲学体系。佛教和佛学的理论前提是________。

A. 无明　B. 因果报应　C. 生死轮回　D. 神不灭论

18. 唐朝诗人李白的《侠客行》最后一句“白首太玄经”，指的是________。

A.《老子》　B.《法言》　C.《周易》　D.《太玄》

19. 中国古代的桥梁建筑技术是非常高超的，其中以坚固实用、美丽壮观而闻名中外的卢沟桥是________建造的。

A. 金代　B. 北宋　C. 元代　D. 辽代

20. 海上“丝绸之路”（陶瓷之路）是古代中国与外国交通贸易和文化交往的海上通道，起点是福建泉州。唐朝时经过海上“丝绸之路”最远可到达________。

A. 印度　B. 波斯湾　C. 孟加拉　D. 非洲东海岸

21. 世界上最大的鱼产品出口国是________。

A. 日本　B. 挪威　C. 加拿大　D. 澳大利亚

22. 法的适用是指________。

A. 国家立法机关制定法律的活动

B. 法律在社会实际生活中的具体运用和实现

C. 国家行政机关及其公职人员在行使职权过程中，贯彻和实施法律的活动

D. 国家司法机关根据法定职权和法定程序，具体应用法律处理案件的专门活动

23. 法律终止生效是法律时间效力的一个重要问题。在以默示废止方式终止法律生效时，

一般应当选择下列哪一条原则？________

A. 国际法优于国内法　　B. 特别法优于一般法

C. 法律优于行政法规　　D. 后法优于前法

24. 意大利是古代罗马的故乡，有大量的古代希腊罗马文化遗存。文艺复习时期，有的人文主义者提出：精通古典即可成为上帝造物中的最优秀者。这表明他们强调对古典的学习和研究________。

A. 只是与人的世俗生活有关　　B. 可以显著提升个人的素质

C. 只是与人的宗教生活有关　　D. 须符合对古典的传统阐释

25. 对文艺复兴时期天文学研究成果的评述，不正确的是：________。

A. 否定了中世纪天文学的理论　　B. 标志着近代科学的形成

C. 是文艺复兴深入发展的产物　　D. 采取科学的态度和方法

**二、应用文写作（40分）（不得少于800字）**

武汉大学外语学院翻译系近日将承办“第四届海峡两岸口译大赛华中地区区级赛”，请草拟一份邀请函，发往华中四省（湖北、湖南、安徽、河南）各高校。

**三、命题作文（60分）（不得少于1200字）**

己所不欲，勿施于人

# 武汉大学 2013 年攻读硕士学位研究生入学考试试题参考答案

（满分值 150 分）

**科目名称：汉语写作与百科知识（C 卷）** **科目代码：448**

**一、选择题（共 25 小题，每小题 2 分，共 50 分）**

1~5 ACBDC 6~10 DACDC 11~15 CADDC 16 ~20 BDDAB

21~25 CDDBB

**二、应用文写作（40 分）（不得少于 800 字）**

**三、命题作文（60 分）（不得少于 1200 字）**

# 武汉大学2014年攻读硕士学位研究生入学考试试题

（满分值 150 分）

**科目名称：汉语写作与百科知识（D卷）** **科目代码：448**

**注意：所有答题内容必须写在答题纸上，凡写在试题或草稿纸上的一律无效。**

**一、选择题（共25小题，每小题2分，共50分）**

1. 1778年1月26日，英国流放到澳大利亚的第一批犯人抵达________，英国开始在澳大利亚建立殖民地。

   A. 基茨港　　B. 悉尼湾　　C. 皮里港　　D. 卡奔塔利亚湾

2. 英国殖民扩张开始于________。

   A. 纽芬兰的殖民化

   B. 东印度公司的建立

   C.《英国北美法案》确定加拿大为自治领土

   D.《巴黎条约》将加拿大割让给英国

3. ________通常被看作现代世界史的开端。

   A. 百年战争　　B. 英国内战

   C. 第一次工业革命　　D. 第二次工业革命

4. 英国君主立宪制是从________后开始的。

   A. 英国内战　　B. 光荣革命　　C. 宪章运动　　D. 宗教改革

5. 美国罗斯福新政最先是从________着手的。

   A. 工业　　B. 农业　　C. 第三产业　　D. 金融业

6. 下列哪个典故不是出自战国时期：“__________”。

   A. 六月飞霜　　B. 毛遂自荐　　C. 一言九鼎　　D. 一箭双雕

7. 清李渔《蜃中楼·传书》“若问起牧羊之事呵，不但小妇人要哭倒长城，连你这司马青衫只怕也要湿透了一半”中的“司马青衫”用以形容悲伤，源自古代________的典故。

   A. 司马相如　　B. 杜甫　　C. 白居易　　D. 陶渊明

8. 下列选项中，不正确的是：________。

   A.“百折不挠”形容意志坚定，源自东汉桥玄的故事。

   B.“负荆请罪”表示向人认错道歉，源自战国时期赵国重臣蔺相如与廉颇的故事。

   C.“老骥伏枥”形容人随年老但仍有雄心壮志，源自东汉末年曹操的《步出夏门行》。

   D.“百步穿杨”形容箭术高超或比喻料事准确，源自春秋战国时期鲁国名将养由基的故事。

9. 周恩来《题词》“千古奇冤、江南一叶；同室操戈、相煎何急”中的“同室操戈”指兄弟相残的内部纷争，该典故源自________的故事。

A. 春秋郑国公孙黑与公孙楚　　B. 三国魏曹植与曹丕

C. 三国魏司马昭与司马师　　D. 后汉何休与郑玄

10. 下列关于古代科学成就的选项中，不正确的是：________。

A. 亚里士多德的《物理学》被视为世界上最早的物理学专著。

B. 阿基米德被后人誉为“静力学之父”，通过实验和数学推理提出和证明了杠杆原理和浮力定律。

C. 欧几里得以几何学的方法研究光学问题，开创了物理学“几何光学”的新领域。

D. 托勒密系统总结了古罗马天文学的优秀成果，写出了流传千古的 13 卷本《天文学大成》。

11. 下列关于火药的陈述中，不正确的是：________。

A. 火药是唐代炼丹术士在炼丹过程中偶然发现的

B. 北宋时火药已开始用于战争，制成了火箭、火球等武器

C. 元代时发明的“突火枪”已是以火药爆力射出“子窠”的管形火器

D. 明代以后发展出手榴弹、地雷、水雷、定时炸弹、子母炮等新型火药兵器

12. 下列关于中国古代建筑技术的陈述中，不正确的是：_________ 。

A. 唐代长安城代表了我国古代都市建筑的高超水平。

B. 山西应县宋代木塔，历经千年仍完好屹立，是世界现存最高的木结构建筑。

C. 河北隋代赵州桥，采用了“敞肩拱”桥形，比国外要早 1200 多年。

D. 南宋李诫编著的《营造法式》全面系统总结了中国古代建筑经验。

13. 下列关于中世纪大学教育的陈述中，不正确的是：________。

A. 学位制最初只是教师行会的一种自我保护措施，起着决定职业标准和保证学生学习质量的作用。

B. 学士最初根本就不是一种学位，只是教师行会新招学徒的一种身份。

C. 硕士和博士学位并无程度上的差别，区别在于硕士考试不公开，合格者发给证书，取得教学资格，而博士考试公开举行，有隆重仪式。

D. 只有取得博士学位者，才可以称为教授。

14. 下列关于工具性翻译的特点中，不正确的是：________。

A. 发现文本的其他功能　　B. 取代原文的效果

C. 与原文保持神似　　D. 尽可能替代原文功能

15. 下列关于翻译研究文化转向的陈述中，不正确的是：________。

A. 出现于 20 世纪 40 年代

B. 其倡导人为巴斯内特等人

C. 其标志是翻译研究文化模式的产生

D. 强调学科的自足性、学科范式的规律性和开放性

16. 在勒费弗尔看来，文学系统内制约翻译功能的因素不包括：________.。

A. 主流诗学　　B. 系统外赞助人

C. 系统内专业人士　　D. 价值观念

17. 下列陈述中，不属于雪莉·西蒙的观点的是：________。

A. 翻译研究应该从女性语言着手

B. 应打破传统的等级序列差异、文化偏见和二元对立的绝对性

C. 主张从构建主义观点出发、指出翻译的衍生性和女性的从属性

D. 女性主义译者挑战了传统文本意义生成的方式

18. 巴斯内特提出的翻译学基本内容不包括：________。

A. 结构语言学研究　　B. 翻译史研究

C. 目的语文化中的翻译研究　　D. 翻译与诗学研究

19. 下列有关以作者为中心的女性主义翻译策略的陈述中，不正确的是：________。

A. 流畅翻译的概念应该重构　　B. 实现原作者的意图

C. 女性译者是合法的文本生产者　　D. "注解"是具体操作方式之一

20. 英国杰出汉学家阿瑟·韦利遵循的翻译原则之一是：________。

A. 译文必须通顺流畅，给人以自然优美的感受

B. 译作的风格和手法应和原作属于同一性质

C. 译作应具备原作所具有的通顺

D. 译文必须立足于读者，不必拘泥原文风格

21. ________认为，翻译一是求知、求真理，二是抓重点，抓"急需"，并能从哲学方法论角度着眼。

A. 严复　　B. 梁启超　　C. 林则徐　　D. 徐光启

22. 量子力学和相对论分别是描述________运动规律的。

A. 天体和高速运动物质　　B. 宏观物体和低速运动物质

C. 物体内部和物体之间　　D. 微观粒子和高速运动物质

23. ________被认为是"问题小说"的代表作家，写下了众多充满"爱的哲学"的文本。

A. 萧红　　B. 丁玲　　C. 冰心　　D. 张爱玲

24. 下列行为中"________"可以构成伪证罪。

A. 在民事诉讼中证人作伪证的

B. 在刑事诉讼中辩护人伪造证据的

C. 在刑事诉讼中诉讼代理人帮助当事人伪造证据的

D. 在刑事诉讼中证人故意作虚假证明意图陷害他人的

25. ________是林纾的第一本译作。

A.《茶花女》　　B.《十字军英雄记》

C.《巴黎茶花女遗事》　　D.《西利西郡主别传》

## 二、应用文写作（40分）（不得少于400字）

武汉大学外语学院翻译系近日将举办"第三届全国口译大赛（英语）湖北区复赛"，请撰写一份组织复赛的计划书，上报院领导审批。

## 三、命题作文（60分）

A. 阅读下列短文，并根据短文内容撰写一篇评论，要求观点明确、论述充分、言之有物，字数不得少于800。(30分)

根据中国新闻出版研究院在今年4月发布的《中国第十次国民阅读调查》结果，2012年，中国18岁至70周岁的国民其图书阅读率为54. 9%（阅读率，一般是指经常有阅读行为的国民在全体国民中所占的比例）。也就是说，在中国有4成多的人很少阅读。同样的调查，来自《国际出版蓝皮书》的统计显示，即便是在出版业发展比较成熟的发达国家，也有大概4成以上的人不读或很少读书。

从数量上看。2012年，中国人均纸质图书的阅读量为4. 39本。而来自联合国教科文组织的统计显示，北欧国家国民每年读书24本左右，几乎是中国的6倍。美国人年均阅读7本书，韩国人11本，日本、法国国民每年读书数量在8. 4本左右，新加坡5本，中国的国民人均读书数甚至还落后于泰国的5本。即便算上电子书，数字仍然不乐观。算上电子书，中国去年年龄在18岁至70岁的公民平均读了6. 7本书，而来自皮尤（Pew）调查显示，若包括电子书，2012年美国人平均读了10. 5本书。

再看种类，美国整个图书市场销售的图书，40%是虚构类的小说。法国、德国、英国等国的情况也同样，图书35%到38%为小说类。中国的情况也类似。

可见，全球都面临“阅读和学习”问题。联合国教科文组织把每年的4月23日定为了“世界阅读日”，而中国人的读书情况虽然不如传言中的那么差，但仍和不少国家存在差距。

B. 命题作文。请根据下列标题撰写一篇议论文，字数不得少于800。(30分)

论低调

# 武汉大学2014年攻读硕士学位研究生入学考试试题参考答案

（满分值 150 分）

科目名称：汉语写作与百科知识（D卷）　　科目代码：448

**一、选择题（共25小题，每小题2分，共50分）**

1~5 BBBBD　6~10 DCDAD　11~15 CDDCA　16~20 DAAAA
21~25 DACDC

**二、应用文写作（40分）（不得少于400字）**

**三、命题作文（60分）（每个部分不得少于800字）**

# 武汉大学2015年攻读硕士学位研究生入学考试试题

（满分值 150 分）

**科目名称：汉语写作与百科知识** **科目代码：448**

**注意：所有答题内容必须写在答题纸上，凡写在试题或草稿纸上的一律无效。**

**一、选择题（共25小题，每小题2分，共50分）**

1. “水则载舟，水则覆舟”是我国古代思想史上________提出的著名论点。
   A. 老子　　B. 孟子　　C 荀子　　D. 墨子
2. 中国第一个全国性的统一的资产阶级革命政党是________。
   A. 兴中会　　B. 同盟会　　C. 国民党　　D. 文学社
3. 雨果曾愤怒地谴责道：“两个强盗走向圆明园，一个抢了东西，一个放了火……”这两个强盗是________。
   A. 英国和法国　　B. 英国和美国　　C. 美国和俄国　　D. 法国和俄国
4. 根茨勒在其《当代翻译理论》一书中对翻译流派的划分不包括________。
   A. 翻译科学学派　　B. 美国翻译培训学派
   C. 解构主义学派　　D. 描写翻译学派
5. 在我国历史上，________第一次把“教”与“育”两个字联用，以“得天下英才而教育之”为君子三乐之一。
   A. 孔子　　B. 孟子　　C. 荀子　　D. 庄子
6. 司马迁的父亲司马谈在《论六家要旨》中，将百家首次划分为________。
   A. 儒、释、墨、法、道、阴阳六家　　B. 儒、释、道、兵、法、墨家六家
   C. 法、农、阴阳、名、刑、墨家六家　　D. 儒、墨、名、法、道、阴阳六家
7. 董仲舒认为，哲学所要讨论的一个重要问题就是所谓“天人相与之际”。他所宣扬的天人感应论的理论基础是________。
   A. 天副人数　　B. 以德配天　　C. 天人同类　　D. 天人之际
8. 因遭陷害而被司马昭处死，临刑前弹奏《广陵散》，曲罢摔琴，从容赴死，留下“广陵绝响”的典故的哲学家是________。
   A. 阮籍　　B. 何晏　　C. 嵇康　　D. 向秀
9. 中国翻译专业资格考试的英文缩略词是________。
   A. CATTI　　B. CACTI　　C. CATAI　　D. CITTA
10. 陆九渊与当时著名的理学家朱熹齐名，史称“朱陆”。他是________的开山鼻祖。
    A. 理学　　B. 心学　　C. 阳明学　　D. 濂学

11. 苏珊·巴斯内特和安德烈·勒费弗尔对翻译流派的划分不包括下面哪一种________。
A. 杰罗姆模式　　B. 西塞罗模式
C. 贺拉斯模式　　D. 施莱尔马赫模式
12.《埃涅阿斯记》是谁的著作________。
A. 西塞罗　　B. 安德罗尼斯　　C. 昆体连　　D. 维吉尔
13. 提出“动态对等“观念的是________。
A. 奈达　　B. 巴尔胡达罗夫　　C. 穆南　　D. 纽马克
14. 下列对结构文本与解构文本特点描述不正确的是________。
A. 结构主义作品是表征的实体
B. 解构主义文本是敞开的、意义等待发现
C. 结构主义作品的所指充满多义性、非对应性
D. 解构主义文本的翻译是一种转换
15. 下面哪一位不属于翻译的功能学派学者________。
A. 豪斯　　B. 赖斯　　C. 荷尔德林　　D. 曼塔里
16.《译者的隐身》作者是________。
A. 韦努蒂　　B. 巴巴　　C. 赛义德　　D. 伯尔曼
17. 庄子主张人之精神的自由与解放，主张要“齐物我”、“齐是非”。那么庄子思想的核心是________。
A. 万物一齐　　B. 自然　　C. 安之若命　　D. 道
18. 孔子把德育放在首位。他认为教育的根本目的在于培养人的高尚道德情操。教育的具体科目表现为“六艺”。下列不是这“六艺”的一项是________。
A. 礼　　B. 乐　　C. 御　　D. 法
19. “帘外雨潺潺，春意阑珊，罗衾不耐五更寒……流水落花春去也，天上人间。”王国维在《人间词话》中对这首词的作者高度评价：“词至后主而眼界始大，感慨遂深，遂变伶工之词而为士大夫之词。”他是________。
A. 温庭筠　　B. 李煜　　C. 李商隐　　D. 李清照
20. 在________的笔下，边地的风物人情，无不呈现出新鲜瑰丽的色彩，显得那样新奇不凡，他以梨花喻雪，“忽如一夜春风来，千树万树梨花开”。
A. 高适　　B. 岑参　　C. 王之涣　　D. 崔颢
21. 图里认为，在实际翻译过程中译者常受到三类规范的制约，其中不包括________。
A. 预备规范　　B. 起始规范　　C. 结束规范　　D. 操作规范
22. 美索不达米亚文明的创建者是________。
A. 米底人　　B. 苏美尔人　　C. 阿卡德人　　D. 埃兰人
23. 伏尔泰逝世13年后的1791年，他的遗骨被迁葬到巴黎先贤祠。迁葬之日，六七十万人迎送灵柩。他被法国人民爱戴的原因是________。
A. 他发展了洛克的分权学说，明确提出“三权分立”学说
B. 他热情倡导“社会契约”论和“人民主权”说
C. 他是法国启蒙运动不可争辩的领袖，影响深远
D. 他编撰了《百科全书》，使启蒙思想深入人心

24. 汉语金融术语“对冲基金”翻译成英文是________。
   A. Hedge Fund　　B. Offsetting Fund　　C. Influx Fund　　D. Mutual Fund
25. 我国首篇谈翻译的重要译论记载在支谦写的________之中。
   A.《翻译名义集》　B.《译经篇》　C.《众经目录》　D.《法句经序》

**二、应用文写作（共 40 分）**

国内一所高校的一位本科生计划于 2015 年赴美国一所大学攻读硕士研究生，请以他的老师的身份给这位学生起草一份中文推荐信。（不少 400 字）

**三、命题作文（分为 I、II 两个部分，共 60 分）**

A. 阅读下列文章，自拟作文题目，并结合下列文章写一篇不少于 800 字的议论文。（30 分）

最近，百度公司创始人李彦宏给员工指了两条明路，其一，想要坐在自由而无用的躺椅上享受人生，最好卷铺盖走人。其二，愿意披上狼皮大氅，改造自我，最后可以跟随他上 IT 战场冲锋陷阵。除此之外，似乎没有第三条路了。

这两种选择，出自他最近在公司内部发表的一封公开信。这位有海归背景、被媒体形容为谈吐儒雅的 CEO，直截了当地表示，淘汰小资，呼唤狼性。在他眼中，小资青年“有良好背景，流利英语，稳定收入”，但他们“信奉工作只是人生的一部分，不思进取，追求个人生活的舒适才是全部”；与此相比，狼性青年则具有“敏锐的嗅觉、不屈不挠奋不顾身的进攻精神，群体奋斗”，可以带给公司最大化的利益。

就像出现在新闻中的“狼爸”那样，44 岁的李彦宏对麾下的年轻人语重心长地说：“你一定要吃苦，你没吃过苦，将来不可能干成什么事儿。”因此，如果你是一个刚刚毕业、走入职场的年轻人，在这样的企业文化里，面对的似乎只有两种选择，李彦宏称之为小资与狼，有人则更直白地形容为做羊还是做狼。其背后的逻辑，是职场成功学里一直流行的法则——非此即彼，弱肉强食。

十几年前，一家本土通信设备公司在面对全球化危机时，率先提出这种提倡拼搏、奋不顾身为工作的精神。在媒体的记录中，“狼性文化”表现在这样的细节：那家公司的员工常常加班到深夜，有人索性在工位旁放了一张折叠行军床；“先死后生”、“自我批判”等用语在那里随处可见；由于长期加班导致的精神压力，一些员工猝死或者选择跳楼自杀。

尽管如此，这种可以给企业带来快速收益的文化，还是在企业界里颇受推崇。一家百科类网站为“狼性文化”建立了词条，将狼性描述为“贪”、“残”、“野”、“暴”，并宣称在一个竞争的时代，没有这种特性就会撞得头破血流，败下阵来。

可实际上，这种动物性与创造力之间到底有没有直接的逻辑关系？可以肯定的是，即使每天在有台球桌、游泳池、按摩房和大沙发的地方工作，穿短裤、带宠物上班，累了就小资地弹弹钢琴，同样可以创造出好产品。如果说，不认同这种企业文化的员工还有选择离开的权利，那么，当“狼性文化”已经从商业文明中向社会各个角落溢出时，人们可不那么容易逃开了。

香港科技大学教授陈建华在一次演讲中提到了他的观察：新世纪以来，以狼作为文化符号的图书、音像制品被广泛追捧。过去印象中被认为狡猾、阴险、残忍的狼，如今得到人们的崇拜，这种文化范式的转变让他感到惊讶。据他分析，这是人们在弱肉强食的竞争环境中，希望用动物身上的攻击性来武装自己。

这个强调和时间、和对手、和自己赛跑的时代，虽然在短时间内积累了巨大的财富，但也存在不可忽视的负面效应。本来应该作为社群的企业组织，如今在强调竞争的环境中几乎变成动物园，有“狼人”、“程序猿”还有“码字猴”。人与人的社交关系变成动物与动物之间的食物链，最终在动物世界的竞争中失去自我。这不应该成为刚进入职场的年轻人所被普及的价值观。

在狼与羊、狼与小资的道路之外，显然还有很多条纵横交错的小径。一个价值多元的社会，应该鼓励年轻人成为更好的自我，而不是被改造成同一种产品。一个健康的企业组织，即使员工被定义为毫无攻击力的羊、只图享受的小资，也可以找到自己的位置，发挥特性。在“狼性文化”最被推崇时，曾有这样一个故事。一位工商管理学教授在 MBA 课堂上向学生提问，在市场经济中，我们应该选择做“狼”，还是做“羊”？大部分学生选择做“狼”，小部分学生选择做“羊”。

这位教授最后颇有警世意味地说：我们既不该选择做“狼”，也不该选择做“羊”，我们应该选择的，首先是做一个“人”。

B. 围绕“你笑，全世界都跟着你笑；你哭，全世界只有你一个人哭。”这句话，任选角度，自拟作文题目，请写一篇不少于 800 字的议论文。(30 分)

# 武汉大学2016年攻读硕士学位研究生入学考试试题

（满分值 150 分）

**科目名称：汉语写作与百科知识** **科目代码：448**

**注意：所有答题内容必须写在答题纸上，凡写在试题或草稿纸上的一律无效。**

**一、选择题（共25小题，每小题2分，共50分）**

1. 工业革命、第二次科技革命和第三次科技革命是人类历史上的三次科技革命，它们的相同之处是________。
   A. 电子计算机的广泛应用　　B. 从发明和使用机器开始
   C. 促进了经济发展，改变了人们的生活　　D. 使人类进入了“电气时代”
2. 犯罪行为的最基本特征是________。
   A. 刑事违法性　　B. 应受刑罚惩罚性
   C. 行为人具有主观恶性　　D. 社会危害性
3. 股票中的“猴市”指的是________。
   A. 持续上涨　　B. 持续下跌
   C. 市场方向不明显　　D. 风险较大、上涨和下降幅度大
4. “大陆法系”又称日耳曼—罗马法系，在中国称为大陆法系，此处的大陆指的是________。
   A. 亚洲　　B. 澳洲　　C. 美洲　　D. 欧洲
5. 下列关于诺曼征服的影响说法错误的是________。
   A. 开放了与欧洲大陆的关系
   B. 创立了议会，成为今天仍存在的枢密院的基础
   C. 封建制度的英国完全建立
   D. 教会与罗马的联系更为紧密，教会法庭与世俗法庭分离
6. 汇率变动会对一国对外经济活动产生影响，加入某国货币升值，则下列表述不正确的是________。
   A. 会导致热钱流入　　B. 有利于公民出境旅游
   C. 有利于消除贸易逆差　　D. 不利于出口贸易
7. 下列有关天文知识的表述，正确的是________。
   A. 开普勒制成人类历史上第一台天文望远镜，并证实了哥白尼学说
   B. 月食发生时地球、月球、太阳在一条直线上，且月球居中
   C. 世界最早的哈雷彗星记录是《诗经》中的“鲁庄公七年星陨如雨”

D. 四象中的青龙、白虎、朱雀、玄武分别代表东、西、南、北四个方向

8. “司空见惯”中的“司空”指的是________。

A. 一位高僧　　B. 一个人名　　C. 一位诗人　　D. 一个官职

9. 下列人物中，________主张“心物交格”，第一次区别了心和脑，认为人的神明在脑而不在心。

A. 方以智　　B. 王夫之　　C. 顾炎武　　D. 谭嗣同

10. 从 2006 年元旦起，我国政府正式取消了延续两千六百年的农业税，我国农业税的征收始于________。

A. 春秋时期鲁国的初税亩　　B. 秦朝时期的按亩纳税

C. 战国时期的商鞅变法　　D. 西汉的编户齐民

11. 中国和________基本是 1965 年同时起步发展核电，但 40 多年后，该国核电装机已经占该国总电源装机容量的 35%，而中国，尽管近年发展较快，但在全世界核电装机容量中，中国仍然排最后一名。

A. 德国　　B. 瑞典　　C. 日本　　D. 意大利

12. 孔子在中国历史上留下了光辉的文化轨迹，以下关于孔子的说法正确的是________。

A. 著作《论语》，记录孔子本人及弟子言行

B. “罢黜百家，独尊儒术”使孔子一跃成为当时名家

C. 孔子在教育学上的贡献是打破公学，创办私学

D. 孔子核心思想是“仁政”，提出“民贵君轻”观点

13. 下列音乐作品与创作者对应不正确的是________。

A.《天鹅湖》——柴可夫斯基　　B.《蓝色多瑙河》——巴赫

C.《命运交响曲》——贝多芬　　D.《安魂曲》——莫扎特

14. 在超市里常常看到牛奶装在方形的容器中出售，而碳酸饮料则常装在圆形的容器中出售。下列关于此现象的原因解释不合理的是________。

A. 牛奶通常需要存放在冷藏柜中，立方体容器更节约空间

B. 圆柱形易拉罐下底可做成半球形凹槽以承受更大的压力

C. 视觉上圆形比方形更柔和舒缓，吸引更多的顾客购买

D. 碳酸饮料通常直接用包装罐饮用，圆柱体拿在手里更舒服

15. “在青春的列车上，如果你要提前下车，请别推醒装睡的我，这样我可以沉睡到终点，假装不知道你已经离开。”这句话选自作品________。

A.《我所理解的生活》　　B.《从你的全世界路过》

C.《偷影子的人》　　D.《谢谢你离开我》

16. 关于中国的交通建设，下列说法不正确的是________。

A. 宋元时期的泉州港是当时世界上最大的贸易港之一

B. 20 世纪 50 年代，新中国第一架自制飞机在南昌试飞成功

C. 我国自建的第一条铁路——京张铁路由詹天佑主持设计修建

D. 目前国道线采用数字编号，分别以 1，2，3，4 开头

17. 下列有关书法艺术的表述，正确的是________。

A. 东汉著名书法家张芝被称为“书圣”

B.《真书千字文》是唐代著名书法家怀素的代表作

C. 唐代书法家颜真卿是楷书四大家之一

D.“苏、黄、米、蔡”中的“黄”指的是黄公望

18. 下列对哲学家及其思想的认定不正确的是________。

A. 老子早于庄子，庄子早于韩非子

B. 亚里士多德师从柏拉图，柏拉图师从苏格拉底

C. 尼采的非理性主义源于叔本华，叔本华的非理性主义源于培根

D. 毛泽东的实践观同于列宁，列宁的实践观同于马克思

19. 地热资源、太阳能、水能资源均丰富的地区是________。

A. 海南岛　　B. 塔里木盆地　　C. 四川盆地　　D. 青藏高原

20. 有些学者认为：“西方是经济全球化最大的赢家，第三世界却可悲地扮演着输家的角色。”对此认识正确的是________。

①. 经济区域化阻碍了全球化的实现

②. 经济全球化加剧了全球竞争中的利益失衡

③. 发展中国家必须全面实现西方化

④. 经济全球化加强了西方国家的经济优势

A. ①②④　　B. ③④　　C. ②④　　D. ①②

21. 下列做法在日常生活中可行的是________。

A. 医用酒精和工业酒精的主要成分相同，都可用于伤口消毒

B. 由于淀粉有遇碘变蓝的特性，可利用淀粉检验加碘食盐的真假

C. 低血糖症状出现时，吃馒头要比喝葡萄糖水见效快

D. 喝牛奶、豆浆等富含蛋白质的食品可有效环节重金属中毒现象

22. 关于哈蒂姆和梅森提出的语境翻译模式，说法不正确的是________。

A. 该模式探讨语境、结构和文本观点之间的互动和共生关系

B. 该模式将翻译放在所发生的社会文化语境之下进行研究

C. 该模式可采用文本肌理—结构—语境的分析方法

D. 该模式视口笔译活动为特殊的交际事件

23. WANO 这个缩略语的意思是________。

A. 世界非官方组织协会　　B. 世界非转播权持有者广播组织

C. 世界核运营者协会　　D. 世界河口海洋学协会

24. 下列行为中________可以构成伪证罪。

A. 在民事诉讼中，证人作伪证的

B. 在刑事诉讼中，辩护人伪造证据的

C. 在刑事诉讼中，诉讼代理人帮助当事人伪造证据的

D. 在刑事诉讼中，证人故意作虚假证明意图陷害他人的

25. 我国采用十进位的计算方法是在________。

A. 夏代　　B. 商代　　C. 西汉　　D. 南北朝

**二、应用文写作（40分）**

武汉大学外国语言文学学院翻译系（Master of Translation & Interpreting）与澳大利亚麦考瑞大学（Master of Advanced Translation & Interpreting）“1+1双硕士学位”项目合约近日到期，双方均有意续约，请以武汉大学外国语言文学学院翻译系名义撰写续约申请书，提交武汉大学研究生院领导审批。

**三、命题作文（60分）**

A. 阅读下列短文，并根据短文内容自拟题目撰写一篇评论，字数不得少于800。（30分）

日前，著名财经作家吴晓波的自媒体频道今日发出消息，将众筹重译出版亚当·斯密的《国富论》，并开出了“史上最高翻译费”：500元/千字。对此，有人质疑，用这种众筹的方式来翻译和出版经典的做法是否有些草率、不够严谨，是否能够保证翻译的质量。其实，经典著作的翻译对于译者来说是一种无法抗拒的诱惑，即使是重译也在所不惜，《莎士比亚全集》、《唐·吉诃德》、《老人与海》……许多经典名著的中译本层出不穷。如何看待这种经典重译现象？

B. 命题作文。（30分）

论个人素质与受教育程度的关系

# 武汉大学 2017 年攻读硕士学位研究生入学考试试题

（满分值 150 分）

科目名称：汉语写作与百科知识　　　　科目代码：448

**注意：所有答题内容必须写在答题纸上，凡写在试题或草稿纸上的一律无效。**

**一、选择题（共 25 小题，每小题 2 分，共 50 分）**

1. 下列判断中________不属于马丁·路德的翻译原则。
   A. 翻译时要优先考虑文本的含义和主题的内容，不要拘泥于原文语法。
   B. 直译不能再现优美的原文意义，仓促的意译弥补也是极端错误的。
   C. 对于目的语读者不能理解的原文，需要意译。
   D. 尽量使用普通人通俗易懂的语言。
2. 鲁迅在 20 世纪 30 年代的有关译论，内容丰富而深刻，几乎涉及翻译问题的各个方面，但其中并未涉及的是________。
   A. 关于翻译的言语、句法问题
   B. 关于文学翻译“不是单纯技术性的语言外形的变易”
   C. 关于“直译”与“硬译”
   D. 翻译的目的与宗旨
3. ________提出了遗传学的三大定律，是现代遗产学的奠基人。
   A. 约翰森　B. 达尔文　C. 孟德尔　D. 摩根
4. ________不属于货币的职能。
   A. 贮藏手段　B. 等价交换　C. 世界货币职能　D. 流通手段
5. 在下列作品名和作品中主要人物对应中：________是错误的。
   A.《原野》——仇虎、焦大型、白傻子
   B.《龙须沟》——程疯子、丁四嫂、李大妈
   C.《茶馆》——王利发、常四爷、松二爷
   D.《雷雨》——周朴园、鲁大海、四风
6. ________是中国古代专制时代控制人身自由最基层的组织形式。
   A. 郡县制度　B. 户籍制度　C. 宗法制　D. 什伍里甲制度
7. 下列关于亨利八世宗教改革的判断中正确的是________。
   A. 改革强调君主权力
   B. 改革使英国与罗马教皇关系更加紧密
   C. 议会重要性大大削弱

D. 1555 年他获得“英格兰教会最高首脑”之称

8. 下列论述中，________不属于汉初最大的政治家、哲学家贾谊关于“崇礼”的论述。

A. 尊卑大小，强弱有位，礼之数也

B. 道之以德，齐之以礼，有耻且格

C. 礼者，所以固国家，定社稷，使君无失其民者也

D. 夫礼者禁于将然之前，而法者禁于已然之后

9. ________提出以法制为中心，综合运用“法势术”是法家成熟的表现。

A. 商鞅　　B. 韩非　　C. 慎到　　D. 李悝

10. ________第一次在我国历史上将“教”和“育”两个字联用，以“得天下英才而教育之”为君子三乐之一。

A. 荀子　　B. 庄子　　C. 孟子　　D. 孔子

11. 孟子认为道义的需要必须“养气”，培养道德力量，从而达到“________”的境界。

A. 万物皆备于我　　B. 泛爱万物，天地一体

C. 亲亲而仁民，仁民而爱物　　D. 富贵不能淫，贫贱不能移，威武不能屈

12. ________认为白话文“一无规则、二无体制”，并在翻译的语言问题上也作了一系列精彩的论述。

A. 周作人　　B. 郭沫若　　C. 鲁迅　　D. 傅雷

13. 下列关于韩愈“性三品”的说法，不正确的是________。

A.“性”是与生俱来的先天本质

B.“性”分为上、中、下三品

C.“性”的内涵主要包括仁、义、礼、智、信五德

D.“性”具体表现为喜、怒、哀、乐、惧、恶、欲七种基本情绪

14. ________的主要倡导者之一是魏晋玄学贵无派创始人何晏。

A. 重玄　　B. 崇有　　C. 以无为本　　D. 正始玄风

15. 下列关于 FOB 的判断中，不正确的是________。

A. FOB Liner Terms 是指有关装船费用由负责签订运输合同的一方当事人（即买方）支付。

B. FOBS 是指卖方负责将货物装入船舱，并支付包括理舱费在内的装船费用。

C. FOBT 是指卖方将货物装入船舱，并支付包括平船费在内的装船费用。

D. FOBST 是指卖方负责将货物装上船，并支付包括理舱费和平舱费在内的装船费用

16. 我国于 2016 年 10 月 17 日发射升空的载人飞船是________。

A. 天宫二号　　B. 神州九号　　C. 天宫一号　　D. 神州十一号

17. TRADOS 是一款常见的机辅翻译软件，其英文名称代表________ 。

A. Translation、Addition 和 Operation System

B. Translation、Documentation 和 Software

C. Translation 和 DOS

D. Translation、Rendition、Adobe 和 System

18. 目前国外最长的长城位于________.

A. 澳大利亚　　B. 德国　　C. 印度　　D. 朝鲜

19. 动物纪年最早起源于________以前，这种 12 肖纪年法，是我国民族文化的产物。

A. 秦朝　　B. 东汉　　C. 西汉　　D. 魏晋

20. 中国历史上有四次民族大融合，其中大量汉族融合于少数民族出现在________.

A. 春秋战国时期　　B. 魏晋南北朝时期

C. 宋辽金元时期　　D. 清代

21. 下列关于经济术语的表述不正确的是________。

A. 资本收益是指人们卖出股票时所获得的超过原来为它支付的那一部分。

B. 捆绑销售指这样一种市场营销手段，出售两种产品的厂家，要求购买其中一种商品的客户，也要购买另一种产品。

C. 资本是指用于生产、销售及商品和服务分配的设备、厂房、存货、原材料和其他非人力生产资源。

D. 平均可变成本等于总产量除以投入品的数量

22. 由于消费者或者其他人和厂商的产出所引起的一个人或厂商无法补偿的成本，称之为________.

A. 显成本　　B. 边际成本　　C. 外部经济　　D. 外部不经济

23. 下列关于 FOB 的判断中，不正确的是________。

A. FOB Liner Terms 是指有关装船费用由负责签订运输合同的一方当事人（即买方）支付。

B. FOB Under Tackle 是指有关装船的各项费用均由卖方负责。

C. FOBS 是指卖方负责将货物装入船舱，并支付包括理舱费在内的装船费用。

D. FOBT 指卖方将货物装入船舱，并支付包括平船费在内的装船费用。

24. ________是最能代表《诗经》的创作成就和时代风貌的。

A. 国风　　B. 颂　　C. 雅　　D. 风和部分小雅作品

25. ________是魏晋神话志怪小说的代表，其中许多故事都是非常优美动人甚至是惊心动魄的，其中有名篇《干将莫邪》。

A.《冥祥记》　　B.《博物志》　　C.《神异志》　　D.《搜神记》

**二、应用文写作（40 分）（不得少于 400 字）**

武汉大学外国语言文学学院本科生学生工作办公室欲招收一名全职辅导员，请以武汉大学外国语言文学学院名义撰写一份招聘公告。

**三、命题作文（60 分）**

A. 阅读下列短文，并根据短文内容自定题目撰写一篇评论，字数不得少于 800。（30 分）

临近期末，早上没课的时候，内蒙古大学研二的佟若怡就会在早上 8 点钟从寝室出门，到图书馆复习功课。她喜欢在图书馆自习，觉得这里空间宽敞，还有复习资料可以随时查询。中国传媒大学的李晗喜欢坐在图书馆角落，那里有插线板的位置，方便用电脑写作业。她说，比起自习室，图书馆是她更常来学习的地方。

北京大学生阅读联盟对北京各大高校阅读情况的一项调查发现，在图书馆的同学大部分是在做习题，阅读书籍的人并不多。中国青年报·中青在线记者随机走访了几所大学，各采访了10名在图书馆的同学：在北京科技大学，有7名同学是来自习的；在北京工业大学，有6名是来自习的；而在中国人民大学，有9名是来自习的。

……

B. 命题作文。（30分）

凡事预则立，不预则废

# 武汉大学2018年攻读硕士学位研究生入学考试试题

（满分值＿150＿分）

科目名称：汉语写作与百科知识　　　　科目代码：448

**注意：所有答题内容必须写在答题纸上，凡写在试题或草稿纸上的一律无效。**

## 一、选择题（共25小题，每小题2分，共50分）

1. ＿＿＿＿向以颓废著称，擅长于欲望的描写，其小说作品钟情于第一人称叙事，富有个性的“我”称为其小说的一大亮点。

   A. 郁达夫　B. 林徽因　C. 苏青　D. 叶紫

2. 牛顿第二定律又可以称为＿＿＿＿。

   A. 惯性定律　B. 能量定律　C. 电子反射定律　D. 加速度定律

3. 宋代大画家＿＿＿＿论山水画时说“山水有可行者，有可望者，有可游者，有可居者”。可行，可望，可游，可居，这也是中国园林的基本思想。

   A. 郭熙　B. 计成　C. 叶令仪　D. 王梦生

4. ＿＿＿＿是中国第一部理法方药皆备、理论联系实际的中医临床著作。

   A.《备急千金要方》　B.《伤寒杂病论》　C.《本草纲目》　D.《黄帝内经》

5. 中华人民共和国成立后，我国在前沿技术领域取得了一批具有较大国际影响的创新成果。下列属于近30年取得的重大突破的一组是＿＿＿＿。

   A. 哥德巴赫猜想、载人航天、古生物考古、南水北调
   B. 超大规模集成电路、第三代移动通信、高性能计算机、超级杂交水稻
   C. 月球探测、核电工程、反西格玛负超子、陆相成油理论
   D. 激光照排技术、量子通讯、古生物考古、人工合成牛胰岛素结晶

6. 在中国佛教史上，有人把鸠摩罗什、不空、玄奘、＿＿＿＿四人并称为四大译师。

   A. 道安　B. 彦琮　C. 真谛　D. 赞宁

7. 下列作品中，＿＿＿＿是属于“五子”之一的杨雄的著作。

   A.《太玄》　B.《新语》　C.《新论》　D.《白虎通》

8. 下列交通工具中，＿＿＿＿在动力的使用方面和第一次工业革命有着紧密联系。

   A. 汽船　B. 飞机　C. 汽车　D. 磁悬浮列车

9. 欧洲的中世纪被称为“黑暗时代”，该时期所发展的一套社会制度和生活方式，大抵而言是＿＿＿＿。

   A. 市民政治　B. 城邦

C. 议会政治　　D. 封建制度和庄园生活

10. 1961 年，赫斯与迪茨在地幔对流的基础上提出了________。

A. 大陆漂移说　　B. 板块结构说　　C. 断块结构说　　D. 海底扩张说

11. 下列关于通货膨胀的叙述，不正确的是________。

A. 通货膨胀对经济发展有弊无利

B. 通货膨胀是货币实际价值高于面值的结果

C. 通货膨胀预期会促进生产、分配、消费等环节畸形增长，威胁经济稳定

D. 通货膨胀与一定时期内货币发行量、流通次数、外部市场影响、金融秩序等密切相关

12. ________在翻译的语言问题上，认为白话文“一无规则，二无体制”。

A. 周树人　　B. 周作人　　C. 郭沫若　　D. 傅雷

13. 中国宗教建筑始兴于________，中国第一座佛寺——白马寺便是当时的代表。

A. 秦朝　　B. 汉朝　　C. 南北朝　　D. 唐朝

14. 下列典故中________与《庄子》无关。

A. 鹏程万里　　B. 刻舟求剑　　C. 庄生蝶梦　　D. 庖丁解牛

15. 冰是水在低温条件下的一种形态，然而生活中我们发现，在我国北方的冬季，河流往往是表面结冰而深层依然是流动的水，这种现象的原因是________。

A. 水固化成冰时会释放出热量

B. 水在 0℃左右具有热缩冷胀的性质

C. 表面冰层具有隔热保温的作用

D. 气温尚未低到使河流整体冰冻的程度

16. 关于经济全球化，下列说法不正确的是________。

A. 经济全球化和经济区域化是当今世界经济发展的两个主要趋势

B. 经济全球化的本质是资本在全球范围内的新一轮扩张

C. 经济全球化催生了知识经济的兴起和发展

D. 经济全球化给各国经济提供了同等的发展机会

17. 在中世纪的欧洲，“人类把自己用才华和智慧创造的一切视为上帝的恩典”，________最先给这种认识带来了冲击。

A. 宗教改革　　B. 启蒙运动　　C. 文艺复兴　　D. 新航路的开辟

18. 在第三次科技革命中，最具划时代意义、并得到迅速发展和广泛应用的是________。

A. 生物工程业　　B. 高分子合成化工业

C. 纳米技术　　D. 电子计算机

19. 作为“初唐四杰”之一的________，在人间虽只停留了 27 个春秋，却以辉煌的作品千古留名，如“闲云潭影日悠悠，物换星移几度秋”，“无为在歧路，儿女共沾巾”。

A. 骆宾王　　B. 杨炯　　C. 王勃　　D. 卢照邻

20. 魏晋流行至今的《庄子》通行本有 33 篇，下列选项中________不属于《庄子》的主要表现形式。

A. 寓言　　B. 卮言　　C. 重言　　D. 警言

21. 下列选项中，不属于中国传统绘画所遵循的美学原则的是________。

A. 散点透视　　B. 以大观小　　C. 焦点透视　　D. 遗貌取神

22. “用尽世利俗文字，则求达难，往往仰义就词，毫厘千里”，这是________的观点。

A. 梁启超　　B. 林纾　　C. 徐光启　　D. 严复

23. 在豪斯看来，语言使用层面不包括________。

A. 媒介　　B. 参与　　C. 社会影响　　D. 社会角色关系

24. 元曲的角色主要有________。

A. 生、旦、净、杂　　B. 生、旦、净、末

C. 旦、净、末、杂　　D. 生、旦、净、末、丑

25. 尼兰贾纳批评西方中心主义翻译观的主要观点不包括________。

A. 概念存在缺陷

B. 忽视了不同语言权利不平等的现象

C. 没有考虑到文化中的不可通约性

D. 建立了一套殖民统治概念范畴和意向，应受到“拷问”

**二、应用文写作（40 分）（不得少于 400 字）**

武汉大学外国语言文学学院拟申请教育部 2018 年中央修购专项基金，用于更新现有语言实验设备，并新增一部分语言实验设备，请以武汉大学外国语言文学学院的名义，向武汉大学设备处和教育部撰写一份项目申请计划书。

**三、命题作文（60 分）**

A. 阅读下列短文，并根据短文内容自定题目撰写一篇评论，字数不得少于 800。（30 分）

大学生就业是一个永恒的话题。2017 年我国应届毕业生总量为 795 万，2018 年应届毕业生总量将会超过 800 万。“毕业意味着失业”虽然不是重点大学的现象，但在很多大专院校或三本院校却很普遍，大学生就业难问题依然严峻。

今年上半年，《人民日报》、共青团中央纷纷发布了一篇《沉睡中的大学生：你不失业，天理难容!》的文章，将大学生失业的原因，归咎于大学生的“沉睡”。文章列举了诸多当今大学生的共性问题，比如沉迷游戏、上课睡觉、不运动、不看书等。

……

B. 命题作文。（30 分）

明者因时而变，知者随事而制

# 参考文献

[1]蔡继明主编．宏观经济学．北京：人民出版社，2003.
[2]崔常发．中国特色社会主义理论体系学习读本．北京：国家行政学院出版社，2010.
[3]陈昌曙．自然科学发展简史．沈阳：辽宁科学技术出版社，1984.
[4]陈铁君．图解文学常识．北京：九州出版社，2010.
[5]邸黔，赵炜．中国文化科目认证指南．北京：华语教学出版社，2011.
[6]丹尼斯·舍尔曼著．西方文明史读本．赵立行译，上海：复旦大学出版社，2010.
[7]董建．中国当代文学史新稿．北京：北京师范大学出版社，2011.
[8]房龙著．人类的故事．杨丽华，译，北京：北京出版社，2008.
[9]方梦之编．中国翻译学大辞典．上海：上海外语教育出版社，2011.
[10]冯友兰．中国哲学史新编．北京：人民出版社，1984.
[11]冯友兰．中国哲学史新编．北京：人民出版社，2001.
[12]冯达文，郭齐勇．新编中国哲学史．北京：人民出版社，2004.
[13]谷春德．法律基础．北京：高等教育出版社，2003.
[14]郭建中．当代美国翻译理论．武汉：湖北教育出版社，2000.
[15]郭齐勇．中国哲学史．北京：高等教育出版社，2006.
[16]郭著章等编著．翻译名家研究．武汉：湖北教育出版社，1999.
[17]韩高年．一本书读懂中国文学史．北京：中华书局，2010.
[18]胡壮麟．语言学教程．北京：北京大学出版社，2011.
[19]李虹．世界各国与地区不同机构缩略语辞典．北京：外文出版社，2008.
[20]李捷．中国近现代史纲要．北京：高等教育出版社，2008.
[21]李宁．英汉军事缩略语大辞典．北京：解放军出版社，2008.
[22]李培．中国历史文化常识．北京：高等教育出版社，2011.
[23]李永新主编．湖北省事业单位公开招聘工作人员考试专用教材：公共基础知识．北京：人民日报出版社，2010.
[24]刘纯豹．综合英汉文科大辞典．南京：译林出版社，1997.
[25]刘金玉．科学技术发展简史．广州：华南理工大学出版社，2006.
[26]刘军平．张岱年哲学思想研究．北京，人民出版社，2007.
[27]刘军平．西方翻译理论通史．武汉：武汉大学出版社，2009.
[28]罗伯特·勒纳、斯坦迪什·米查姆、爱德华·麦克纳尔·伯恩斯．西方文明史．王觉非译．北京：中国青年出版社，2003.
[29]罗新璋，陈应年编．翻译论集．北京：商务印书馆，2009.

[30]马积高．中国古代文学史．上中下．北京：人民文学出版社，2009.
[31]马祖毅著．中国翻译简史．北京：中国对外翻译出版公司，1998.
[32]马祖毅著．中国翻译通史．武汉：湖北教育出版社，2006.
[33]隋铭才．英语国家概况．北京：高等教育出版社，2011.
[34]唐弢．中国现代文学史简编．上海：复旦大学出版社，2008.
[35]童鹰．现代科学技术史．武汉：武汉大学出版社，2000.
[36]王恩铭．英语国家概况．上海：上海外语教育出版社，2008.
[37]王建国，王建军．中国历史大事表．银川：宁夏人民出版社，2010.
[38]王静爱．中国地理教程．北京：高等教育出版社，2007.
[39]王士舫．科学技术发展简史．北京：北京大学出版社，1977.
[40]王寿南．中国历代思想家．北京：九州出版社，2011.
[41]杨凤城．中国共产党历史．北京：中国人民大学出版社，2010.
[42]杨洁、方欣．经济学基础．北京：人民邮电出版社，2010.
[43]杨沈．自然科学简史．武汉：武汉大学出版社，1986.
[44]杨希义，陈峰．中国通史教学纲要．北京：高等教育出版社，2007.
[45]杨永泉，夏德富．国际组织手册．北京：中国对外翻译出版公司，2003.
[46]谢福之．英语国家概况．上海：外语教学与研究出版社，2007.
[47]袁国兴．中国现代文学史教程．广州：广东人民出版社，2008.
[48]袁锦翔著．名家翻译研究与赏析．武汉：湖北教育出版社，1990.
[49]岳中生，张发祥．英语国家概况．河南：河南人民出版社，2008.
[50]张岱年．中国哲学史．北京：中国大百科全书出版社，2010.
[51]张健，邵磊主编．英汉缩略语大词典．北京：商务印书馆，2003.
[52]张旭鹏．西方文明简史．成都：四川文艺出版社，2011.
[53]《中国翻译》，2000—2011 年期刊.
[54]《中国政府工作报告》，2010、2011.
[55]周谷城．世界通史．北京：商务印书馆，2005.
[56]周书麟．新编英美概况教程．北京：北京大学出版社，2009.
[57]诸大建. 20 世纪科技革命与社会发展．上海：同济大学出版社，1997.
[58]子志．一本书掌握中国地理．北京：外文出版社，2010.